JN437311

신발전 행정이론

김영종 지음

숭실대학교 출판부

머리말

발전은 개인, 사회, 그리고 국가나 할 것 없이 미래지향적인 가치개념이며, 궁극적인 각 존재의 목적이라고도 할 수 있다. 발전은 시간과 공간 속의 미래지향적인 가치개념이요, 변화에 대응하는 구조적인 변수의 의미이다. 종래의 발전이론은 단선적이고 평면적인 이론의 틀 안에서 논의하여 왔다. 그러나 이러한 발전모형은 다양한 인간의 욕구와 변화에 따른 인간의 삶의 질 향상에 충분한 기여를 하기에 미흡하다. 더구나 현대의 사회와 행정구조는 다양하고도 복합적인 사회현상으로서 내재하거나 표출하는 다변수적인 원인과 결과 그리고 전략을 찾아야 한다. 본서는 이러한 발전주체들이 그 발전과정상의 문제점과 그 치유방안 등을 지적하고 발전의 실체를 보다 분석적이면서도 체계적이며 통합적인 접근에서 제시하려고 한다. '신발전행정이론'에서 강조되는 것은 다음과 같은 점이다.

첫째, 그동안 1960년대와 1970년대 성행하였던 행정주도의 발전모형과 거점중심적인 불균형적인 성장모형의 부산물은 사회적인 갈등을 야기하고 엄청난 고비용의 정치행정사회구조로 전락하였으므로 사회갈등문제의 치유의 논의가 필요하다. 21세기에는 미래의 인적지도자의 자원을 심도있게 논의하여야 하기 때문이다.

둘째, 1990년초에 출범한 문민정부는 1960년대 이후 군의 국가발전과정에 있어서의 역할에 대한 활발한 논의를 하였다. 본서는 군의 재평가를 통하여 신발정행정이론과 연결을 시도하였다.

셋째, 국가발전의 중심적인 역할을 수행하여야 할 관료제가 역기능과 갈등, 그리고 부패를 유발하여 국민의 신뢰성을 상실하게 되었고, 부패치유가 새로운 국가발전의 과제로 등장하였으며 반부패이론과 정책은 이제 발전이론의 핵심적인 분야가 되었다.

넷째, 종래의 정태적인 발전이론보다 통합적인 접근을 통하여 발전문제를 보완하려고 하였다.

다섯째, 세계화와 지방화, 그리고 정보화시대에 있어서의 발전의 의미와 실체를 다루었다.

여섯째, 사회주의의 대실패이후 사회주의국가에서 왜 발전문제가 심각하게 논의 되어야하는지를 논의하였다.

본서가 나오기까지 도와주신 분들이 있다. 먼저 하나님의 은혜에 감사하고 그리고 저자가 미국 유학시절 본인의 연구활동을 적극적으로 지도하여 준 플로리다 주립대학교 (The Florida State University)의 행정학과, 정치학과, 그리고 사회학과의 여러 교수들 (Dr. Malcolm B. Parsons, Dr. Douglas St. Angelo, Dr. Francis R. Allen, Dr. Frank P. Sherwood, Dr. Richard Chackerian)에게 이 지면을 통하여 감사하고 싶다. 그리고 본서의 출판을 기꺼이 맡아준 숭실대 출판부에 고마움을 드린다. 특히 출판부 이병덕 부장님과 임경란 선생님에게 깊은 감사를 드린다.

끝으로 하나님의 은혜 안에서 일평생 동고동락하면서 일생의 반려자로서 최선을 다하여 온 아내에게 이 지면을 통하여 고마움을 표한다.

2007.2.14.

숭실대학교 연구실에서

저자 씀

목 차

제1장 —— 발전행정론의 역사적 전개와 이론적 모형 • 13

제1절/문제의 제기 • 13
제2절/비교행정과 발전행정과의 관련성 • 16
제3절/발전행정의 이론적 모형 • 18
(1) 체제모형 (system model) • 19
(2) 행정문화모형 (administrative culture model) • 20
(3) 구조기능주의모형 (structural-functional model) • 21
(4) 관료제발전 모형 (bureaucratic system development model) • 23
(5) 현상학적 발전모형 (phenomenological development model) • 24
(6) 균형발전 이론모형 (equilibrium- development model) • 25
(7) 불균형적 발전 이론모형 (non-equilibrium development model) • 25
(8) 상황적응 이론모형 (contingency theory model) • 26
(9) 비교 역사적 발전 이론모형 (comparative & historical development model)• 27
(10) 통합적 발전모형 (integrated development model) • 28
제4절/결 론 • 29

제2장 —— 발전행정의 개념론 • 31

제1절/발전과 발전행정의 개념정립 • 31
제2절/행정 철학적 시각에서의 발전행정 개념논의 • 39
제3절/결 론 • 41

제3장 —— 국가발전과 발전행정론 • 43

제1절/현대국가의구조적 특징 • 43
Ⅰ. 문제의 제기 • 43

Ⅱ. 이론적 배경 • 43
Ⅲ. 구조적 특징 • 44
Ⅳ. 결 론 • 52
제2절/국가발전의 개념과 지표 • 53
제3절/국가발전의 문제점과 처방전략 • 58
Ⅰ. 국가발전의 문제점 • 58
Ⅱ. 문제점의 처방전략 • 60
제4절/결 론 • 63

제4장 —— 정치발전론 • 65
제1절/정치발전의 개념론 • 65
제2절/정치발전의 지표 • 70
제3절/정치발전의 유형 • 72
제4절/정치발전의 전략 • 73
제5절/한국의회정치발전전략 • 80
Ⅰ. 문제의 제기 • 80
Ⅱ. 정치발전과 의회발전의 개념 • 84
Ⅲ. 정치발전전략방안으로서의 의회정치 • 87
Ⅳ. 요약 및 결론 • 96
제6절/결 론 • 97

제5장 —— 관료제발전론 • 99
제1절/관료제발전의 중요성 • 99
제2절/분단국의 정부관료제의 발전방향 • 101
Ⅰ. 문제의 제기 • 101
Ⅱ. 분단국의 정부관료제의 문제점 • 102
Ⅲ. 분단국의 정부관료제 발전방향 • 109
Ⅳ. 결 론 • 119
제3절/관료부패의 방지전략 • 121
Ⅰ. 문제의 제기 • 121
Ⅱ. 부패연구의 명제논의 • 123
Ⅲ. 한국관료부패 현상의 진단 • 131
Ⅳ. 부패현상의 원인분석과 방지전략 • 134
Ⅴ. 결 론 • 152
제4절/결 론 • 153

제6장 —— 경제발전론 • 155
제1절／경제발전의 기초이론 • 155
제2절／경제발전의 균형이론과 불균형이론 • 158
제3절／경제발전의 전략 • 166
제4절／한국적 상황에서의 경제발전모형진단 • 168
제5절／경제발전의 문제점: 한국의 사례를 중심으로 • 172
제6절／결 론 • 175

제7장 —— 사회발전론 • 177
제1절／사회발전의 개념 • 177
제2절／사회발전의 지표개념 • 179
제3절／사회지표의 유형 • 181
제4절／한국의 사회지표특징 • 190
제5절／사회발전과 사회체제 • 224
제6절／결 론 • 226

제8장 —— 문화발전론 • 227
제1절／문화발전의 개념 • 227
제2절／문화발전지표 • 232
제3절／문화발전전략 • 236
제4절／결 론 • 238

제9장 —— 기획발전론 • 241
제1절／기획이론의 체계적 개념 • 241
제2절／전략적 기획체계 • 244
제3절／발전기획의 방향 • 247
제4절／결 론 • 249

제10장 —— 조직발전론 • 251
제1절／조직발전의 개념 • 251
제2절／조직발전의 특징 • 253
제3절／조직발전의 과정 • 255
제4절／조직발전의 전략 • 258

제5절／갈등문제와 조직발전 • 261
-중소기업조직의 노사간의 갈등문제를 중심으로
Ⅰ. 문제의 발견 • 261
Ⅱ. 갈등의 개념 및 이론 • 262
Ⅲ. 중소기업조직의 노사간의 갈등관계 실태 • 264
Ⅳ. 노사간 갈등해소의 행정관리적 방안 • 269
Ⅴ. 결 론 • 283
제6절／결 론 • 284

제11장 —— 기술발전론 • 287
제1절／기술발전의 의미 • 287
제2절／기술이전의 단계 • 288
제3절／기술발전의 실태 • 293
제4절／기술발전을 위한 발전행정전략 • 302
제5절／결 론 • 308

제12장 —— 행정발전과 행정개혁론 • 311
제1절／행정발전의 개념 • 311
제2절／행정개혁의 개념 • 313
제3절／행정개혁의 접근방법 • 315
제4절／행정개혁의 과정 • 317
제5절／행정개혁의 저항 • 320
제6절／행정개혁의 비교 • 322
제7절／한국의 행정개혁 • 326
제8절／행정발전과 행정개혁의 접목 • 341
제9절／한국행정의 미래발전방향 모색 • 342
Ⅰ. 문제의 제기 • 342
Ⅱ. 미래사회현상의 특징 • 343
Ⅲ. 미래행정의 발전모형정립 • 353
제10절／결 론 • 367

제13장 —— 대학발전론 • 369
제1절／문제의 발견 • 369

제2절／대학의 민주화 개념 • 371
제3절／대학민주화의 주요변수 • 374
제4절／대학사회의 민주화 전략 • 379
제5절／대학문화의 발전전략 • 392
제6절／결 론 • 406

제14장 —— 발전과 사회갈등문제론 • 407
제1절／문제의 제기 • 407
제2절／갈등의 개념론 • 409
제3절／갈등의 원인 • 411
제4절／갈등의 실체발견: 경험적 접근 • 414
제5절／갈등문제 해결방안 • 434
제6절／결 론 • 439

제15장 —— 발전이념 및 발전철학론 • 441
제1절／행정이념 • 441
제2절／행정이념과 발전철학방향 • 445
제3절／발전행정철학과 미래 패러다임(paradigm) • 452
제4절／결 론 • 454

제16장 —— 발전행정과 군의 근대화이론 • 455
제1절／근대화의 개념 • 455
제2절／군의 순기능적 역할 • 456
제3절／군의 역기능적 역할 • 458
제4절／군의 사회발전을 위한 역할 • 462
Ⅰ. 사회발전(social development)의 개념 • 462
Ⅱ. 군의 역할 • 463
제5절／바람직한 군의 위상과 방향 • 465
제6절／결 론 • 467

제17장 —— 사회주의 국가의 정치행정발전과 부패론 • 469
제1절/사회주의 국가의 붕괴과정배경 • 469
제2절/정치 행정부패의 개념틀 • 470
제3절/사회주의 국가의 부패 특징 • 472
제4절/중국과 북한의 정치행정 부패모형 비교 • 473
Ⅰ. 중국과 북한의 부패원인과 결과 • 473
Ⅱ. 주요 정치행정 부패사례 • 485
Ⅲ. 중국과 북한의 부패모형 비교 • 490
제5절 /결 론 • 495

제18장 —— 분권과 지방행정발전론 • 497
제1절/분권의 개념 • 497
제2절/지방행정발전과 분권론의 관계 • 498
제3절/분권의 비판 • 503
제4절/결 론 • 504

제19장 —— 인적자원개발론 • 505
제1절/인적자원개발의 개념 • 505
제2절/인적자원개발의 내용 • 506
Ⅰ. 국가발전의 개념 • 506
제3절/지도자자원 개발 • 508
제4절/지도자적 인적자원 특질 • 510
Ⅰ. 도덕지향적 인적자원 • 512
Ⅱ. 민주지향적 인적자원 • 516
Ⅲ. 신뢰성 지향적 자원 • 517
Ⅳ. 발전지향적 인적자원 • 520
Ⅴ. 평화지향적 인적자원 • 521
제5절/지도자적 인적자원의 전략 • 522
제6절/결 론 • 523

제20장 —— 발전과 부패문제론 • 525
제1절/부패의 개념정의 • 525
제2절/발전의 장애: 부패현상의 역기능 • 527

제3절/반부패정책의 문제점 분석 • 529
제4절/부패현상의 정도와 원인진단 • 533
제5절/바람직한 발전방향: 부패통제의 시스템과 그 역할 • 540
제6절/부패통제를 위한 입법방향 • 546
제7절/결 론 • 554

제21장 —— 정보사회와 발전행정론 • 555
제1절/정보사회의 개념 • 555
제2절/정보사회의 특징 • 556
제3절/정보사회의 역기능: 컴퓨터 범죄를 중심으로 • 558
Ⅰ. 정보사회와 컴퓨터범죄의 관계성 • 558
Ⅱ. 컴퓨터 범죄의 개념 • 560
Ⅲ. 컴퓨터 범죄의 실태 • 562
Ⅳ. 컴퓨터 범죄의 원인 • 563
Ⅴ. 컴퓨터 범죄의 대책 • 566
Ⅳ. 결 론 • 572
제4절/정보사회화에서의 발전행정전략 • 573
제5절/결 론 • 575

참고문헌 • 577
사항색인 • 605
인물색인 • 611

제1장 발전행정론의 역사적 전개와 이론적 모형

제1절 / 문제의 제기

1960년 초 이후에 크게 유행하게 된 발전행정은 근대적 국가사회의 발전목표의 성취를 위한 중대한 역할을 하게 하였고, 특히 개발도상국이나 제3세계에 있어서 발전전략과 국가 발전의 계획의 달성에 지극히 큰 역할을 하게 되었다. 이 발전행정은 미국의 경우 1887년 「행정의 연구(The Study of Administration)」라는 유명한 논문을 쓴 W. Wilson 이후 행정학(public administration)의 실체(reality)와 패러다임(paradigm)에 관한 많은 논의가 있었다. 행정학은 역시 행정학이며 행정학이 행정과학(science of administration)이나 정치학이 될 수 없다는 정상과학(normal science)[1]적 위치와 역할에 동의하는 것이라고 하겠다. 이러한 행정학이 궁극적으로는 인간의 삶의 질(quality of life)의 향상을 추구하는데 필요한 합리적이고 체계적인 학문으로서 그 궁극적인 목적은 바로 미래지향적 가치개념인 발전행정이 가장 중요한 행정학의 분야인 것을 강조하게 된다. 원래 발

---

[1] 이 말은 Kuhn에 의하여 사용된 것이며 정상과학은 학계에서 보편적으로 인정된 과학이며 통설이라 할 수 있다. T.S. Kuhn, *The Structure of Scientific Revolution* (Chicago: The University of Chicago Press, 1970), pp.23-42.

전행정은 역사적으로 비교행정에서 출발하였다. Robert Dahl이 1947년에 쓴 「공공행정의 과학」(The Science of Public Administration)이라는 논문에서 "행정학의 연구에 비교연구가 없는 한 행정의 과학이라는 주장은 공허하다"고 지적하면서 비교발전의 중요성을 강조하였다.[2]

따라서 비교행정연구는 발전행정의 전신으로서 행정의 새로운 패러다임(paradigm)에 공헌을 하게 되었다. 바로 그러한 비교행정의 출발이 발전행정으로 연결되어지는 데는 몇 가지 행정사적 변화가 있었는데 그 중요한 맥락을 정리하면 다음과 같다.

① 비교 행정의 필요성이 증대된 점, 예컨대 공공행정의 연구범위가 확대되고 전후 후진국 원조계획의 평가과학자들의 현실참여[3]

② APSA(American Political Science Association)에서 비교행정연구특별위원회의 조직(1953년)

③ ASPA(American Society for Public Administration)에서 비교행정연구회(Comparative Administration Group)의 조직(1960년)

④ CAG(Comparative Administration Group)가 Ford 재단으로부터 1960~1971년 기간 중 총 50만 불의 보조금 원조 수령.

⑤ Sub-Committee가 생기고 다양한 주제에 의거한 연구 활동 및 정기간행물의 발행(예컨대 Duke대학의 연구물과 Sage출판사의 비교행정지의 발행 등)

⑥ 각 대학에서의 비교행정연구와 정규교과목 채택

⑦ 비교행정운동(Comparative Administration Movement)의 확산과 연구의 수행[4]

⑧ 비교행정의 쇠퇴와 발전행정의 대두

---

2 Robert Dahl, "The Science of Public Administration: Three Problem", Public Administration Review(1947, Winter), pp. 1-11.

3 김규정, 행정학원론(서울: 법문사, 1985), p. 96.

4 박동서외 2인 공저, 비교행정론(서울: 박영사, 1984), pp. 16-24.

⑨ 발전행정연구의 유행, 특히 후발국의 발전목표와 환경, 문화에 대한 독립변수적 발전전략의 강구(1970년대 이후)

이상과 같은 일련의 발전행정의 발달배경은 한마디로 2차 대전 후 여러 신생국가들의 발전목표와 전략은 미국행정의 모방이나 이식으로서는 만족할 수 없다는 발전철학적 필요성에서 문제의 중요성이 제기되었다고 할 수 있다. 그러나 그 실은 발전행정의 출발과 대두는 비교행정연구가 그 시작이었다고도 할 수 있다. 행정의 비교연구가 행정학자들에게 도움을 준 의미에 대하여 간략하게 요약 정리하면[5] ① 행정의 체계적 연구를 위한 중요한 추세가 된 점, ② 비서구국가들의 행정환경에 서구의 행정모형의 적합성 검토, ③ 미국의 행정체제와 상이한 행정체제를 비교함으로써 장·단점의 평가, ④ 국내의 여러 행정체제의 상이점과 유사점 비교적용가능(예컨대 정책개발, 집행, 주와 지방정부간의 비교분석 등) 등의 유익한 점이 있다고 하겠다.

발전행정은 실제로 1960년대에 들어와서 비교행정지(The Journal of Comparative Administration)에서나 CAG의 저작물과 Duke 대학의 출판물 등에서 비교라는 대신에 발전행정의 용어가 종종 사용되어 왔다. 그러나 그 개념과 연구의 대상이 명확하지 않았고 특히 비교행정의 연구와는 구별하기가 곤란하다고 하였다.[6]

발전행정(development administration)이라는 용어를 가장 명확하게 개념적 정리를 한 사람 중에 George Gant를 들 수 있는데[7] 그도 발전이라는 것은 절대적 조건이 아닌(Development is not an absolute

---

[5] 전종섭, (윤재풍·정용덕 공?) 행정학: 구상과 문제해결(서울: 박영사, 1987), pp. 77-78.

[6] Fred W. Riggs, *Frontiers of Development Administration* (Durham, N.C.: Duke University Press 1970), pp. 1-6.

[7] George Gant, *Development Administration: Concepts, Goals,* Methods(Madison: The University of Wisconsin Press, 1979), pp. 1-29.

condition) 상대적인 것이고 특히 주목할 것은 발전이 어떤 국민, 지역, 또는 국가이든지 미개발상태에서 완전히 발전된 상태로 평가할 만한 정도는 아무것도 없다는 것이다.

여기에서 필자는 발전의 개념이 바로 시간과 공간적 개념이며, 완전한 목적과 목표달성이 아닌 과정(process or means)이면서 목표이고, 수렴(convergency)이며 확산이고(divergency), 또한 보편적(universal) 현상이요 특수한 현상(specific phenomena)이라고 본다. 뿐만 아니라 발전은 질의 변화(change of quality)이며 양의 변화(change of quantity)이고 인간적인 발전(human development)이요 물량적 개발(material development)을 포괄하는 개념이라는 것이다. 따라서 발전은 미래 지향적 가치개념(value oriented concept)이며 또한 구체적인 실체적 사실(facts) 그 자체이기도 하다. 이와 같은 발전의 문제는 통합적 접근(integrated approach)에 의하여 그 실체발견에 더욱 가깝게 접근할 수 있겠고 이러한 맥락에서 발전행정은 행정학의 가장 첨단을 의미하는 궁극적 존재 목적과도 일맥상통하다 할 수 있을 것이다.

제2절 / 비교행정과 발전행정과의 관련성

1950년대에 출발한 비교행정연구가 1962~1972년간의 약 10년간은 비교행정운동의 전성기(The Heyday of Comparative Administration Movement)라 할 수 있는데 그 이유는 CAG에 대한 Ford 재단의 원조와 조직적인 연구 활동, 연구물의 산출, 학계의 관심의 고조 등이 었다고 하겠다.[8] 그러한 비교행정운동도 1970년 초부터 Ford 재단

8 Ferrel Heady, *Public Administration: A Comparative Perspective*(New York: Marcel Dekker, Inc., 1979), pp. 15-22.

의 지원중단과 함께 점점 쇠퇴하기 시작하였고 대신 제3세계의 여러 국가들은 새로운 국가발전의 방향을 모색하고 탈서구형의 발전전략을 주장하기 시작하며 미국의 행정학계도 발전이 절대적 요건이 아닌 상대적인 개념과 요건임을 인식하기 시작하여 발전문제와 전략수립에 새로운 관심을 가지게 되었다. 여기에서 발전행정이 비교행정에 대신하여 등장하며 활발한 연구가 있게 되었다. 특히 1980년대에 들어오면서 발전행정은 장족의 진전을 보게 되었다. Hondale에 의하면[9] 1980년대에 있어서는 특히 다음과 같은 부문에 관심을 가지게 되었다고 말한다. 즉 ① 자연자원의 사용, ② 가용가능한 능력제고 전략, ③ 공사부문의 상호유기적 관련성, ④ 집행성과 지속성(sustainability)의 행정정책 등이다.

여기에서 우리는 비교행정은 점점 발전행정의 중요성과 전략으로 변화되고 있다는 것을 인식할 수 있다. 비교행정과 발전행정을 상호 구별한다면 다음과 같이 지적할 수 있을 것이다. 비교행정은 미국의 행정현상과 타행정현상을 그 특징과 생성, 구조적 특징을 주로 정태적 시각(static point of view)에서 연구하고, 그러한 행정현상의 특징을 역사적, 문화적 구조기능주의적 분석을 통하여 비교하게 된다. 그리고 생태론적(ecological) 관점에서 후진국의 행정현실을 파악하며 그 규범성을 고찰하게 된다. 따라서 비교행정은 행정의 역할과 기능이 발전에 대한 종속변수(dependent variable)로서의 의미를 갖게 된다. 이러한 맥락에서 비교행정에서 전통적으로 사용되어온 이론적 모형은 구조기능주의 모델, 프리즘 모델(prismatic model)과 관료모델 등이었다.[10]

다른 한편 발전행정은 동태적(dynamic)이며 사회변동에 대한 적응능력의 증진뿐만 아니라 사회변동을 유도하여 미래지향적, 가치지

---

9 George Hondale, "Development Administration in the Eighties: New Agendas or Old Perspectives", PAR, Vol. 42;2(March/April, 1982), pp. 174-179.

10 박동서외 2인 공저, op. cit., p. 54.

향적인 개념의 특징을 가진다. 따라서 발전행정은 행정현상의 원인과 처방전략을 제시하게 된다. 특히 비교행정과 비교하여 발전행정은 행정의 독립변수(independent variable)적 기능과 역할을 강조하게 된다. 그리고 후발국의 발전전략은 단순한 단선적이고 평면적인 것이 아니라 다면적(multidimensional)인 전략방법이 요청되는데 왜냐하면, 발전전략은 후발국의 역사문화적인 변수 및 사회구조적인 특징과 그리고 인적 물적자원이 효율적 관리의 목표와 과정의 접목을 고려하여야 하기 때문이다.

이와 같이 비교행정과 발전행정을 구별한다는 것이 개념적으로나 학술적인 차원에서는 어느 정도 가능할지는 모르지만 사실상 그 영역과 개념 그리고 그 특징들을 명확하게 구별한다는 것은 실제와 사실의 세계(world of practice and facts)에서는 매우 어렵다는 점을 이해할 필요가 있다.

제3절 ／ 발전행정의 이론적 모형

발전행정의 실체를 접근하는 방법(approach)은 무엇이며 특히 그 이론적 모형은 어느 것이 바람직한가 하는 문제는 논의의 가치가 있는 중요한 주제이다.

비교 및 발전행정의 연구방법에 대하여 1960년대 초 F. Riggs가 제시한 것은 매우 중요한데[11] 그 내용은 ① 규범적 접근방법(normative approach)에서 경험적 접근방법(empirical approach)으로, ② 개별 기술적 접근방법(ideographic approach)에서 일반 법칙적 접근방법(nomothetic

---

[11] Fred Riggs, "Trends in the Comparative Study of Public Administration," International Review of Administrative Sciences, Vol. XXVIII, No. 1(1962), pp. 9-15.

approach)으로, ③ 비생태론적 접근방법(nonecological approach)에서 생태론적 접근방법(ecological approach)으로 그 경향이 바뀌어져야 한다고 주장하였다.

그러나 이러한 F. Riggs의 주장도 1968년의 신행정학(new public administration) 및 후기 행태주의(post-behaviorism)의 등장[12]과 발전행정의 새로운 발전전략의 개념적 이론모형에는 크게 몇 가지로 나눌 수 있는데 예컨대 ① 체제 모형, ② 행정문화 모형, ③ 구조기능주의 모형, ④ 관료제발전 모형, ⑤ 현상학적 발전모형, ⑥ 균형발전 이론모형 ⑦ 불균형적발전 이론모형, ⑧ 상황적응 이론모형, ⑨ 비교 역사적 발전이론모형, ⑩ 통합적 이론모형 등이다.

(1) 체제모형 (system model)

발전행정에 있어서 체제모형은 모든 조직의 총체적 개념으로서 일반적으로 발전을 체제구성과 변동의 변수간의 상호의존성(independence)과 상호유기성(interaction)을 가지면서 연속적으로 영향을 주고 받는 전체로서의 접근모형이다. 환언하면 체제이론은 1950년대 초 이후 사회과학의 전반적인 분야에 걸쳐서 매우 중요하게 적용된 이론이다. 예컨대, 사회학, 심리학, 인류학, 언어학, 조직론, 산업관계론, 정치학, 그리고 행정학 등에 점점 활용하게 된 분석방법이었다. 여기에서 체제를 일반적으로 사회체제를 의미하는데 그것은 사회유기체의 상호관계변수와 요인들의 복합체(complexes)라고 할 수 있다.[13] 이 체제이론의 모형을 대표하는 학자들은 D. Easton, T. Parsons, Von Bertalanffy, G.C. Homans, D. Katz and R.L. Kahn, J.T. Dunlop

---

12 George Fredrickson, *Toward a New Public Administration* (Alabama: The University of Alabama Press, 1980), pp. 1-150. Michael Harmon, Action Theory for Public Administration(New York: Longman, 1981), pp. 1-300.

13 Gibson Burrell & Gareth Morgan, Sociological Paradigms and Organizational Analysis(London: Heinemann, 1980), p. 58.

와 W. Buckley 등인데 이 이론의 특징을 요약하면 다음과 같다.

① 체제의 각 구성인자는 상호유기적 의존관계로서 전체체제(total system)를 형성한다.

② 체제는 상호적응(adaptation), 목표달성(goal attainment), 통합(integration), 그리고 유지(maintenance)의 기능을 가지며 이러한 관계는 끊임없이 환류(feedback)관계를 가진다.

③ 체제는 폐쇄적이고 정태적(static)관계를 가질 수도 있고 동태적(dynamic)이며 개방적일 수도 있다.

④ 체제는 투입(input), 전환(transformation), 산출(output) 그리고 환류(feedback)의 과정을 겪으면서 끊임없이 연속적인 관계를 유지하고 변화와 발전을 한다.

⑤ 체제는 환경과 유지적 관계를 잘 유지하며 영향을 주기도 하고 영향을 받기도 하는 것이고 개방적인 체제가 보다 발전지향적인 특징을 가진다.

⑥ 체제는 거시적(macro)인 접근모형으로서 발전의 동태적이고 전체론적(holistic) 모형이라 할 수 있다.

요컨대 이 접근모형은 인위적이고 단순한 모형의 가설로서 정태적이고 비교적 현상유지적인 균형발전 이론모형으로서 급속한 사회변동을 설명하기 어렵고 발전도상국가의 소용돌이치는 행정현상(administrative phenomena)들을 충분히 설명할 수 없다고 하겠다.

(2) 행정문화모형 (administrative culture model)

발전행정에 있어서 행정문화적 접근모형은 행정현상의 실체발견을 행정행태요인, 예컨대 생활양식, 가치, 신념, 태도, 그리고 역사적, 사회적 유산으로 파악하여 복합적인 행정체계의 수립을 인간적인 변수를 중심으로 발전의 방향을 정립해 보려는 접근모형이다.

이 접근이론의 대표자들은 G.A. Almond, G. Myrdal, E.E. Hagen,

L.W Pye, Sidney Verba 등이다. 행정문화의 발전모형이 주장하는 몇 가지 주요특징을 요약한다.

① 발전은 정치 및 행정의 문화적 행태의 변화를 동반함이 중요하다는 것이다.

② 행정문화는 역사적 전통적인 변수가 강하게 작용되며 행정환경의 변화를 통하여 행정인의 행태변화가 가능하게 된다.

③ 행정인의 의식구조와 가치관이 변화되지 않는 발전이란 무의미한 결과이다.

④ 한국의 경우, 관료제의 특징인 권위주의, 가족주의, 형식주의, 운명주의, 의식주의, 정적인간주의, 공사무분별, 무사안일과 보신주의, 그리고 권력만능주의 등의 풍조의 쇄신 없이는 발전을 이루기 곤란하다.[14]

⑤ 한국행정문화의 쇄신은 전통적인 행정문화의 극복과 문화창조론적 시각에서 발전을 주도하여야 할 것 등이다.

(3) 구조기능주의모형 (structural-functional model)

구조기능주의의 접근모형은 구조와 기능과의 상호관련성을 강조하며 발전은 이러한 두 관계 부문간의 상호 총체적 연관관계를 통하여 조직과 체제의 발전을 목적으로 하는 모형이라 하겠다. 이 이론의 대표자는 Rad-cliff Brown, Auguste Comte, Durkheim, Carl Friedrich, T. Parsons 등이다. 이 이론의 특징을 요약하면,

① 수평적이고 동시대적인 분석을 통하여 지속적으로 발전을 기대하려면 상응하는 필요조건(functional requisites)의 충족을 강조한다.

---

14 김규정, op. cit., p. 13 백완기. 한국의 행정문화(서울:고려대학교출판사, 1984), pp-1-238

② 발전에 있어서 자율성, 민주주의, 안정, 참여, 제도화, 분화, 평등성, 정당성 분배, 통합 등을 강조하는 목적론적 접근방법(teleological approach)이다.

③ 발전에 있어서 방향성보다는 내용성(contents)을 중시하고 변수와 변수와의 관계의 명확성을 강조한다.[15]

④ 구조기능주의의 모형은 합리성(rationality)을 전제로 하며 조직의 발전도 합리적 행위(action)의 구조적 표현이라고 주장하게 된다.[16]

⑤ 발전전략에 있어서 이 모형은 정치변수를 독립변수(independent variable)로 간주하면서 정치체계의 자율성을 강조하게 된다.

⑥ 이 모형은 직접간접으로 서구지향적 이데올로기와 문화종속적인 특징을 갖게 되며 발전전략의 다면적이고 비서구적인 독립모형을 거부하게 된다.

⑦ 특히 균형주의(equilibrium)적 시각에 의하여, 발전을 구조적 상호 유기적 관계와 평형성 또는 균형성을 주장하며 발전의 자동조절장치적(self-steering mechanism)[17] 기능을 강조하게 된다.

⑧ 이 모형은 목적론적이고 합리적 보수적인 접근이론으로서 정통적인 발전모형(orthodox development model)이다. 따라서 이 모형은 후진국과 개발도상국가 등과 같은 제 3세계에 있어서는 적용가능성의 문제가 비판을 갖게 된다. 왜냐하면 서구적이고 비역사적 시각에 의한 지배적 발전 패러다임(dominant development paradigm)이기 때문이다.

---

15 김기우, 정치발전이론(서울: 박영사, 1988), pp 78-83

16 Burrel and Morgan, op, cit., p. 152.

17 A. James Gregor, "political science and the uses of functional analysis", APSR, 52 (June 1952), p. 427.

(4) 관료제발전 모형 (bureaucratic system development model)

관료체제에 의한 발전모형은 매우 다양한 개념을 갖고 있는 관료체제가 보다 동태적이고 역동적이며 도덕성을 회복한 기능을 발휘할 수 있을까 하는데 초점을 맞춘다. 국가발전에 있어서 관료제의 보수성과 역기능적(dysfuntional) 문제점을 탈피하여 활용할 때 매우 바람직한 발전의 도구로 활용될 수 있다는 것이다. 그런 의미에서 Max Weber적 고전적 개념의 관료제도가 비판을 받아야 할 것이며 Peter Blau나 Philip Selznick 혹은 Robert K, Merton 등에 의하여 지적되고 있는 관료적 병리현상(pathodological phenomena)은 시정되어야 할 것이다. 이 관료제의 발전모형은 근대적 관료제가 국가발전에 필수불가결한 요소임을 인식하고 보다 환경의 변화에 잘 적응하고 국민의 지배적 가치관과 행정수요에 탄력성있는 상응성을 보여서 발전지향적 미래지향적 도덕성있는 민주적 관료제의 쇄신(innovation)을 통하여 발전을 가속화시킬 수 있다는 점에서 중요한 발전모형이라고 하겠다. 이 모형의 대표적 학자는 중범위이론을 주장하는 F. Heady, "관료제는 장래에도 존속할 것이며 대규모 정부조직에 대한 대표는 없다"고 한 D. Waldo를 비롯하여 관료제의 병리현상을 지적한 R. K Merton, P.M Blau, Victor A. Thompson 그리고, Michael Crozier 등을 들 수 있다. 이 모형의 특징을 요약하면[18]

① 관료제의 병리현상(예: 문서주의, 형식주의, 동조주의, 할거주의, 권위주의 등)의 시정이 발전의 요체이다.

② 관료제의 행태와 도덕성 회복이 발전에 지극히 중요하다.

③ 관료제는 보다 탄력성있고 개방화되어야 한다.

④ 관료제는 사회변동과 환경변화에 적응할 뿐만 아니라 적절한 가치 지향적 영향력을 발휘하여 발전을 주도함이 필요하다.

⑤ 관료제의 합리성과 능률성은 민주성과 조화균형을 이루며 발

---

18 김규정. op. cit., p. 81 : Young Jong Kim, Bureaucratic Corruption: The Case of Korea (seoul: Choon Choo Gak Publishing Co., 1986). pp. 1-265

전되어야 한다.

⑥ 관료제는 관료문화의 근대화를 통하여 쇄신될 필요가 있으며, 행정정책을 통하여 끊임없이 발전지향화 될 필요가 있다.

요컨대 관료제발전 모형은 핵심적인 역할을 감당할 관료들의 사명감과 공직관, 그리고 발전지향적 행태의 변화가 매우 중요한 발전의 변수이다.

(5) 현상학적 발전모형 (phenomenological development model)

현상학적 발전접근모형은 원래 현상학적 철학(phenomenological philosophy)과 행정학의 접근방법에 의한 발전방향을 모색하는 것으로써 종래의 전통적인 행태주의 방법을 탈피하여, 인간내면적 세계, 감정·동기(motivation) 그리고 문화심리학 변수를 발전과정과 방향에 접목시키는 이론적 모형이라 하겠다. 따라서 이 발전접근방법은 거시적이기 보다는 미시적이고 간주체적이며 후기행태주의(post-behaviorism)적 발전가치를 논리성과 도덕성, 특히 행태(behavior) 보다는 행위(action)의 발전방향을 강조한다. 즉 발전의 paradigm은 도덕성과 윤리성, 적극성과 사회성, 주관과 주관의 간주체(intersubjective)적 의미의 지향이 발전의 모형이라 할 수 있다. 이 이론적 모형은 Michael Harmon이나 D. Waldo, 그리고 전종섭 교수 등이 주장하고 있다.[19] 이 발전모형의 특징은 ① 발전의 질적 주관적 인식과 논리성의 개발을 강조, ② 관료제의 탈관료화(debureaucratization)에 의한 인간성의 회복과 도덕성의 강조, ③ 조직의 민주화의 지향, ④ 발전에 있어서 자기관리(self-management)와 방향성의 강조, ⑤ 발전에 있어서의 형평성(equity),

---

19 Michael Harmon, Action Theory for Public Administration (New york: Longman, 1981), pp. 52-53. Jong S. Jun, "Renewing the study of Comparative Administration: Some Reflections on the Current Possibilities", PAR, Vol. 36(Nov/Dec,. 1976), pp. 641-647.

행정에서의 참여성, 그리고 자율성(autonomy) 강조 등이 발전의 전략이 될 수 있다고 지적한다. 요컨대 이 발전모형은 제 3세계의 특수 상황을 고려하여 권장할 만한 발전의 모형이나 실제로 너무 추상적이고 이론적이라고 하는 점에서 비판을 받게 된다.

(6) 균형발전 이론모형 (equilibrium-development model)

균형발전이론의 모형은 발전의 경우에 정치발전과 경제발전 또는 사회발전 등과의 균형적 상호 동시적 보완적인 발전을 하여야 한다는 전략이다. 관료제나 행정발전의 내부에 있어서도 각 부문과 기관(institution)에 있어서 행정의 균형발전을 도모하여야만 바람직한 국가발전 전략이라는 것이다. 이러한 경우에 행정의 역할과 기능은 독립변수보다는 종속변수적 입장이며 결국 행정의 구조기능적, 생태적(ecological) 요인을 중시하게 된다. 한마디로 이 균형론적 발전모형은 행정의 발전이 정치, 경제, 또는 사회발전과 동시에 이루어져야 바람직하다는 것이고, 특히 Fred W. Riggs를 비롯하여[20] Lucian W. Pye, S.N. Eisenstadt, Joseph Lapalombara 등이 대표학자라고 할 수 있다.

(7) 불균형적 발전 이론모형 (non-equilibrium development model)

불균형적 발전 이론의 모형은 균형발전의 문제점을 지적하면서 행정이 국가발전의 주도적 역할을 하여야 하고 독립변수로서의 기능을 강조하고 있다. 특히 개발도상국가에서의 국가발전의 전략 중

---

20 Fred W. Riggs, "Bureaucrats and Political Development", in Joseph LaPalombara(ed.), Bureaucracy and Political Development (Princeton, N.J.: Princeton University Press, 1963), pp. 128-129. 조창현, 행정학원론(서울: 법문사, 1989), p. 104.

에서 경제발전과 물량적 성장의 우선(priority)과 중요성을 주장하면서 경제발전이 정치적 사회적 변화를 촉진시키는 동태적 역할을 가져온다고 지적한다.[21] 불균형발전이론은 특히 행정발전과 정치 및 경제발전 혹은 사회발전과의 상호의존적인 관계를 결코 배제하지는 않으면서 행정자체가 타 분야의 발전을 유도할 수 있다고 보는 시각이다. 이 모형을 주장하는 학자들은 Milton Esman, Ralph Braibanti, 그리고 Edward W. Weidner 등이다.

(8) 상황적응 이론모형 (contingency theory model)

상황적응 이론은 원래 조직발전 이론으로서 조직의 발전은 일정한 원칙이 절대적으로 주어진 것이 아니라 조직과 환경, 상위조직과 하위조직, 조직간의 관계, 혹은 하위체제(sub-system)간의 유기적 관계에서 조직의 개방적 기능을 할 때에 발전이 된다고 하는 모형이다. 이 상황 적응이론의 특징을 요약하면 ① 조직과 그 기능의 생물학적 기관의 적용, ② 환경과의 상호 유기적 관계의 강조, ③ 조직과 환경과의 관계 조직의 생존필요성, ④ 조직을 전체적으로 볼 때 그 하위체계와의 상호의존성의 중요성, ⑤ 조직의 상위 체계(supra system)와 하위체제와의 상호 연관성, 특히 정보관리의 중요성 강조, ⑥ 조직변동과 발전에 있어서의 다변수(multivariables)적 관계와의 중요성 등을 열거할 수 있다. 이러한 상황적응 이론모형의 대표적인 학자는 Richard Hall, D. Katz, R.I. Khan, J.W. Lorsch, P.R. Lawrence, T. Burns, G.M. Stalker, J. Woodward, F.E. Emercy, 그리고 E.L. Trist 등이다.[22]

상황적응 이론적 모형이 1970~1980년대에 걸쳐서 새로운 발전

---

21 Erderzer Kaynak, A Waiting and Economic Development (New York : Praeger Publishers, 1986), pp. 2-3.

22 Gibson Burrell and Gareth Morgan , op. cit., pp. 164-184

이론의 모형으로서 각광을 받고 있음은 그 이론이 보다 경험적이고 현실의 상황과 특수성, 그리고 격동하는 사회변화와 불투명한 환경의 변화에 적응하기 위하여서는 발전전략에 있어서 환경과의 관계를 고려, 최대한의 관계변수를 잘 활용하고, 또한 상호의존적 관계와 하위체계의 중요성을 강조하는 점 등이다. 그러나 이 이론은 지나치게 실증적이고 환경의 개방체제와 함께 그 조직구조의 인간성의 개발과 가치관, 도덕성의 인간내면적 주관적 변수를 거의 고려하지 않는다는 단점이 있기 때문에 비판을 받게 된다.

(9) 비교 역사적 발전 이론모형 (comparative & historical development model)

비교 역사적 발전 이론모형은 국가사회의 발전사를 타 조직이나 국가사회와 발전현상을 상호 비교하면서 발전의 문제와 전략을 강구하게 되는 모형이다. 이 모형이 갖고 있는 특징은 ① 실증적이고 경험적이며 동적인 모형, ② 상호 비교 국가간의 역사, 문화, 전통, 국가체제 등과 같은 상호 변수들을 분석하고 발전전략을 모색하는 거시적 모형, ③ 주로 귀납적 방법(inductive methode)을 활용하며 역사의 실제적 상황과 내용을 검토하는 발전전략, ④ 타 국가와의 관계에 있어서 국제적인 맥락과 변수를 고려하고 현실적이고 입체적인 발전방향을 모색하는 발전의 모형이다.[23] 대표적인 학자는 C.E. Black, Barriton Moore, 그리고 E.K. Trimberger 등을 들 수 있다.

이 비교발전 모델은 위와 같은 특징과 장점도 있으나, 발전의 연구대상의 대부분이 강대국의 역사 비교나 발전모형을 중심으로 연구되어 온 관계로 제 3세계의 특수성을 고려하여 새로운 발전의 모형을 탐색해야 할 것이다.

---

23 김기우, op. cit., pp 156-161.

(10) 통합적 발전모형 (integrated development model)

통합적 발전모형은 위에서 논의한 여러 발전의 접근방법과 이론적 모형들을 고려하여 보완적인 발전전략을 제시하는 통전적인 모형이다. 통합적 발전모형을 정립하는데 고려되어야 할 기본적 명제는 발전이론[24]이 ① 단선적인 것만이 아닌 다면적 관계변수가 고려되어야 한다는 점, ② 시간과 공간의 개념이 적용되어 과정과 목표를 접목시키는 모형이 되어야 하는 점, ③ 발전에 관계되는 조직이나 국가의 특수성을 고려하고 보편성(universality)을 접목할 수 있어야 한다는 점, ④ 특히 인적 물량적 상호보완적 발전전략을 강구하도록 하여야 하는 점 등이다. 뿐만 아니라 이 통합적 발전의 모형은, ⑤ 발전의 과정에서 유발되는 제발전의 역기능(dysfunction)을 최소화하는데 최대한 발전전략을 수립하여야 할 것이다. 한마디로 위에서 논의한 여러 발전의 모형은 상호보완적 관계로서의 발전전략과 모형으로 보아야 하며, 이러한 맥락에서 발전의 새로운 전략은 발전철학(development philosophy)의 도움이 필요하게 될 것이다.

---

24 김영종, "발전의 제문제: 통합적 시각을 중심으로," 국가발전의 사회과학 (서울: 박영사, 1987), pp. 394-414.

제4절 / 결 론

이상에서 발전의 역사적인 전개과정을 통시적(diachronic)인 시각으로 살펴보았고 또한 발전의 여러 모형과 접근방법을 소개하였다. 발전행정은 비록 비교행정에서 출발하였으니 1960년대 이후 특히 1970년대와 1980년대를 거치는 동안 새로운 행정학의 패러다임(paradigm)을 구축하면서 행정학에서의 확고부동한 위치를 유지하고 있다. 오늘날 우리의 주위에는 발전이 요청되지 않는 것은 하나도 없다. 개인이나 조직이나 국가나 혹은 국제간이나 우리는 미래지향적 발전의 상을 그리며 끊임없이 나아가고 있다. 그러나 역사의 흐름을 반드시 발전으로만 볼 수도 없듯이 발전전략의 참다운 모형은 발전철학의 필요성 아래 발전의지, 발전계획, 발전자원, 그리고 발전정책 등의 모든 관계자료가 필요하다 하겠다.

다만, 우리의 참다운 미래발전의 모형은 인간의 삶의 질의 향상을 위하고 물량적 만족보다는 인간내면의 정신적 만족과 행복을 가져다 줄 수 있는 발전의 이론적 모형이 더욱 개발되어야 할 것이다.

제2장 발전행정의 개념론

제1절 ／ 발전과 발전행정의 개념정립

발전행정의 개념은 발전에 관한 개념 정립이 먼저 필요하다. 발전은 인간과 환경에 있어서의 가시적인 주요한 변화를 가져올 수 있는 설계 프로그램을 계획하고 관리하는데 관련된 "존재(being)"와 "진행(doing)"에 관련된다. 즉 발전은 능력(변화를 가져올 수 있는 능력과 에너지 확대를 필요하는 것), 형평성(상이한 집단의 분배문제의 적정성), 권능(권능을 가지면, 발전의 이점을 획득할 수 있음), 상호유기적 행정력(발전목표달성을 위한 행정능력의 증가) 등을 포괄한다. 발전행정에 관한 학자들의 개념 정의는 너무 다양하다. 몇몇 주요 학자들의 정의를 먼저 소개한다.

Weidner는[1] 발전행정은 발전적인 정치적 경제적, 그리고 사회적 목표의 달성을 위하여 조직을 이끌어가는 과정이다. Weidner에 의하면 어떤 발전을 결정하는 요인들, 예컨대 정치, 경제, 사회적 목표의 달성요인들을 강조한다.

Gant는[2] 사회적 , 경제적 발전의 계획을 촉진시키고 활용하기 위

---

1 Richard W. Gable, Development Administration: Background Terms, Concepts, Theories, and A New Approach(Washington: S.I.C.A., American Society for Public Administration, 1976), pp. 2-21

2 George F. Gant., Development Administration (Madison: The University of

하여 공공기관을 조직하고 관리하는 데 초점을 두고 있다. 따라서 Gant의 관점은 발전행정의 방향을 발전계획을 위한 조직관리에 초점을 맞추고 있다.

Montgomery(1966)는[3] 발전행정에 있어서의 경제에 계획된 변동, 자본의 하부구조, 그리고 국가에 대한 사회업무에 초점을 두고 있고, Riggs(1971)[4]는 발전목표의 달성에 관계된 계획을 수행하기 위한 조직된 세력을 의미한다고 정의 내리고 있다. Riggs가 발전계획의 행정에 있어서 성공을 위한 필요한 여건으로서 정치와 행정발전을 강조하는데 대하여, Montgomery는 발전행정의 실체로서 계획된 변동(planned change)을 강조한다.

이상과 같이 발전의 실체(reality)가 무엇인가에 대한 개념정립은 학자들의 시각에 따라서 다양한 모습으로 논의되고 있고, 아직도 일치된 개념정립상의 결론은 없으나, 사실상 발전은 인간과 환경에 있어서의 가시적인 변화의 설계와 프로그램(program)에 관련된 "존재(being)"와 "진행(doing)"의 문제와 연관된다.[5] 이와 같이 발전에 관한 다양한 개념의 접근이 학자들 간에 논의되고 있으나 여기서 중요시해야 할 것은 발전개념 논의에 있어서 고려되어야 할 몇 가지 주요변수와 시각인데 이것을 정리하면 다음과 같다.

첫째, 발전개념의 정립과 체계화에 있어서 보다 통합적 시각의 필요성이다. 즉 발전은 발산(divergency)과 수렴(convergency), 변동(change)

Wisconsin Press, 1982), pp. 1-28

3 John D. Montgomery, "A Royal Invitation: Variations on Three Classic Themes in Montgomery and William J. Siffin(eds.)," Approaches to Development: Politics, Administration and Change (New York: Mcgraw-Hill., 1966), pp. 257-294

4 Fred. W. Riggs, "The Context of Development administration," in Riggs(ed), Frontiers of development Administration(Durham: Duke University Press, 1971), pp. 72-108.

5 김영종, "발전의 제문제: 통합적 시각을 중심으로," 국가발전의 사회과학 (서울: 박영사, 1987), pp. 394-414.

과 방향(direction), 과정(process)과 목표(ends), 보편성(universality)과 특수성(specificity), 그리고 양적(quantitative)인 것과 질적(qualitative)인 것을 포함하며 정치적이거나 경제적 또는 사회적 요인들을 포함하는 포괄적 개념이다. 예컨대 Smelser와 Eisenstadt[6]는 발전을 구조적 분화(structural differentiation)와 사회, 경제적, 정치적 동조성을 주장하는 반면에 Lerner는 미시적 차원에서는 개인 인격의 변화에서부터 거시적으로는 물량적, 경제적 성장이나 정치적 참여(political participation) 사회적 이동성(social mobility)에 이르기까지 포괄적인 개념으로 파악하고 있다. 뿐만 아니라 Brian Loveman은 발전을 보다 인간적 요인에 초점을 맞추어서 문화적 환경을 이루기 위한 인간사회의 계속된 능력을 강조하는가 하면, Gant와 Montgomery 등은[7] 발전을 물량적, 경제적 측면을 강조하고 있다.

이상과 같이 발전의 여러 상이한 시각은 상호 보완적 관계로 보아 종합되어야 그 실체를 보다 잘 파악할 수 있을 것 같다.

둘째, 발전은 발전행정, 행정발전 또는 행정개혁(administration innovation)과 상호 공통적인 기초개념이 되지만,[8] 상이한 개념 정립이 또한 필요하다. 예컨대 발전행정은 발전목표를 지향하기 위한 가정적 의미가 초점이 되며, 관료제도와 합리성, 기술, 제도적 전이, 그리고 운영상의 정보자료의 축적, 논리와 가치 그리고 그 역기능

---

6 Neil Smelser, The Modernization of Social Relation In Modernization, edited by weidner(New york: Boston Books, 1966), S.N. Eisenstadt, "Studies in Modernization & Sociological Theory," in history and Theory, Vol. 13, 1974, pp. 25-52.

7 Daniel Lerner, Modernization: Social Aspect(New York: Macmilian & Free Press, 1968), pp. 386-395. Brian Loveman "The Comparative Administration Group," Public Administration Review, Vol. 36 (November/December, 1976), p 616.

8 George F. Gant "A Note on Applications of Development Administration," in Montgomery, John D. & Smithies Arthur(eds.), Public Policy, Vol. Ⅸ (Cambridge, Mass.: Graduate School of Public Administration, Harvard University, 1966), pp. 99-211.

이나 부산물의 제기에 최대한 역점을 두면서 제도, 환경, 그리고 인간적 요인 등의 포괄적 노력을 주요한 핵심으로 보고 있다. 그 반면에 행정발전(administration development)은 발전행정의 어떤 측면의 일부로서 협의의 개념이 있으며 행정자체의 발전에 초점을 두고 있다. 환언하면 행정발전을 발전의 외적변수(external variable)인 환경적 요인이나 정치, 경제, 문화, 사회 등의 제요인들이 행정의 발전을 유도할 수 있는가 하는 점에 초점을 두어서 행정의 발전실체(reality)를 추구하는 개념적 지원을 의미한다.

그리고 행정개혁(administration innovation)은 국가개발의 적극적 목표를 위한 제도개선이며 의식적 행위이고, 이와 관련된 행정제도(administration system)의 주요 특징에 관한 일정한 변동을 의미한다. 따라서 행정개혁의 주요내용은 ① 목표지향적 ② 새로운 방법의 방안을 적용 ③ 의식적, 인위적 노력 등을 포함하는 개념이다.[9]

셋째, 발전행정은 발전의 실체진단의 접근방법과 인식론(epistemology)적 배경에 따라서 논의의 초점이 달라질 수 있다. 예컨대 발전의 지표를 계량적 경제개발에 초점을 둔다면 GNP, 생산성(productivity), 자원의 동원과 배분, 산업구조, 그리고 과학과 기술의 수준 등의 가시적 측면이 측정단위가 될 것이다. 반면 정치발전(political development)을 강조하는 측정은 자율성(autonomy), 참여성(participation), 의회의 구성방법, 국회의 기능적 효과성, 그리고 국민의 정치의식의 정도나 수준 등이 도구로 삼게 될 것이다. 뿐만 아니라 발전의 실체를 미래지향적 가치개념으로 분석하고 그 구조적 분화(structural differentiation)와 통합, 그리고 변화와 변동(change)에 대한 대응능력(adaptability)이라고 할 때는 그 발전행정은 균형론적 시각에서 비교적 지속적이고, 현상유지(status quo)와 안정(stability) 위에서 합의(consensus)와 만족을 점진적으로 이루어 나가는데서 발전의 측정은 가능하다고 본다. 그러나 발전을 사회현상의 갈등(conflict)

9 김광웅 외 5인, 발전행정론(서울: 법문사, 1985). pp. 148-149.

이나 강제성 위에 두면서 구조적 갈등(structural conflict)과 모순(contradiction)으로부터의 탈피를 주장하면서, 그러한 목표가치를 달성하기 위해서는 급진적 변동(radical change)이 필요하다고 보게 된다. 즉 발전행정의 방향은 과학철학(philosophy of science)과 사회철학(philosophy of society)의 입장과 시각에서 계량적, 환경적, 실증적인 외면성과 가시적 발전을 추구하게 되면, Burrell과 Morgan이 지적하듯이[10] 발전의 객관성에 초점을 두게 될 것이다. 발전의 실체가 질적인 면, 의식적인 면, 내면적인 개인의 근대성이나 불가시적(invisible) 주관주의적 입장의 paradigm에서는 보다 주관적 가치면의 발전을 다루어야 할 것이다.

넷째, 발전행정의 개념은 방향지향에 있어서 바람직한 방향이 필요하고, 체제의 변동(system change)과 의도적 계획(intended plan)이 필요하다고 할 수 있다. 이러한 세 가지 특징은 특히 Weidner의 발전행정의 개념에서 매우 흥미있게 지적되고 있다. 그 중요한 것은 <표 2-1>에서 보는 바와 같다.

〈표 2-1〉 Weidner의 발전행정개념

유 형	특 징		
	방향지향적 성장	체제 변동	의도적 계획
1. 이상적	+	+	+
2. 단기적 결과	+	–	+
3. 장기적 결과	–	+	+
4. 실패	–	–	+
5. 환경적 자극	+	+	–
6. 위기	–	+	–
7. 정적 사회	–	–	–

10 Gibson Burrell & Gareth Morgan, Sociological Paradigms & Organizational Analysis (London: Heinemann, 1980), pp. 1-30

<표 2-1>에서 보는 바와 같이 이상적 발전의 개념을 일정한 방향으로 체제변동과 의도적 계획으로 보고 있다.

요컨대 발전행정은 발전의 실체분석을 위한 진단이 전제되어야 할 것이고 변동의 방향, 과정과 목표의 연결, 수렴(convergency)과 발산(divergency), 보편성과 특수성, 양적인 면과 질적인 면을 포괄하는 가치지향적이고 미래지향적인 변화의 개념으로 볼 수 있다. 특히 발전은 정적 개념이 아니라 동적 개념이며 단순한 개념이 아니고, 복합적 개념이고 과정이며 목표이고 질적이며 양적이고, 사실이면서 가치이고 인간의 개발이면서 물량적이고 기술을 포함하는 매우 포괄적인 개념이라는 것이다. 따라서 발전행정의 실체를 접근하기 위하여서는 통합적 시각에서 문제의 핵심을 진단하고 처방하려는 지혜가 필요하고 방법론의 동원이 요청된다. 그리고 미래행정과 행정철학적 접목을 통하여 그 실체에 더욱 접근할 수 있다고 하겠으며, 발전행정의 개념이 분석적 목표보다는 학술적이고 실제적인 선호성에 그 초점을 두고 있다고 할 수 있다.[11] 통합적 시각에 의하여 발전과 발전행정의 개념을 다음과 같이 체계화 할 수 있고, 중간에 줄친 부분이 개념변수에 해당되는 통합적 부분의 발전행정이라 할 수 있다.

---

11 Young Jong Kim, A Personal Concept of Development Administration (Unpublished) (Tallahasse: The Florida State University, 1984), pp. 1-15.

〈표 2-2〉 통합적 시각에서 본 발전모형

발전전략 / 모형요소	장 소 (place)	목 표 (ends)	질 적 (qualitative)	환 경 (environment)	경 제 (economic)
시 간 (time)	t·p(+)	t·e(+)	t·ql(+)	t·et(+)	t·eco(+)
과 정 (means)	m·p(+)	m·e(+)	m·ql(+)	m·et(+)	m·eco(+)
물량적 (quantitative)	qt·p(+)	qt·e(+)	qt·ql(+)	qt·et(+)	qt·eco(+)
인 간 (human)	h·p(+)	h·e(+)	h·ql(+)	h·et(+)	h·eco(+)
정 치 (political)	pol·p(+)	pol·e(+)	pol·ql(+)	pol·et(+)	pol·eco(+)
구조적 분화 (structural differentiation)	sd·p(+)	sd·e(+)	sd·ql(+)	sd·et(+)	sd·eco(+)
제도변화 (system change)	sc·p(+)	sc·e(+)	sc·ql(+)	sc·et(+)	sc·eco(+)
가치변화 (value change)	vc·p(+)	vc·e(+)	vc·ql(+)	vc·et(+)	vc·eco(+)
문제 발견 (problem discovery)	pd·p(+)	pd·e(+)	pd·ql(+)	pd·et(+)	pd·eco(+)
자율화 (autonomy)	at·p(+)	at·e(+)	at·ql(+)	at·et(+)	at·eco(+)

발전전략 / 모형요소	분화의 통합 (integration of differentiation)	의도적 방향 (intended direction)	사실 변화 (facts change)	문제 해결 (problem solving)	민주화 (democratization)
시 간 (time)	t·id(+)	t·idn(+)	t·fc(+)	t·ps(+)	t·dem(+)
과 정 (means)	m·id(+)	m·idn(+)	m·fc(+)	m·ps(+)	m·dem(+)
물량적 (quantitative)	qt·id(+)	qt·idn(+)	qt·fc(+)	qt·ps(+)	qt·dem(+)
인 간 (human)	h·id(+)	h·idn(+)	h·fc(+)	h·ps(+)	h·dem(+)
정 치 (political)	pol·id(+)	pol·idn(+)	pol·fc(+)	pol·ps(+)	pol·dem(+)
구조적 분화 (structural differentiation)	sd·id(+)	sd·idn(+)	sd·fc(+)	sd·ps(+)	sd·dem(+)
체제 변화 (system change)	sc·id(+)	sc·idn(+)	sc·fc(+)	sc·ps(+)	sc·dem(+)
가치 변화 (value change)	vc·id(+)	vc·idn(+)	vc·fc(+)	vc·ps(+)	vc·dem(+)
문제 발전 (problem discovery)	pd·id(+)	pd·idn(+)	pd·fc(+)	pd·ps(+)	pd·dem(+)
자율화 (autonomy)	at·id(+)	at·idn(+)	at·fc(+)	at·ps(+)	at·dem(+)

주 : 이 표는 종래의 단선적인 발전개념으로 보던 접근을 필자가 포괄적으로 다변수적 통합적 발전개념으로 정리한 것으로서 민주화의 개념은 자율화와 동시에 추구되어야 한다는 보완적 관계로 보게 된다. 상기 표에서 중간의 줄친 부분의 경우가 일반적으로 두 개의 관계변수의 상호보완적 통합적 개념이 된다.

제2절 / 행정 철학적 시각에서의 발전행정 개념논의

발전의 문제는 궁극적으로 행정철학적 문제로 접목되어야 그 실체에 더욱 가깝게 접근되어질 수 있을 것이다. 예컨대 후진국에 있어서나 개발도상국에 있어서 바람직한 인적 자원의 결핍은 근본적으로 발전의 큰 저해요인으로 지적되고 있으며[12] 특별히 발전 엘리트들의 논리적 타락과 병폐는 행정의 궁극적 목적이 시민의 삶의 질을 향상하기 위하여 주어진 봉사요 합리적 협동적 행위(cooperative action)이며 적극적 관리능력이고 기술이며 가치있는 사실을[13] 망각한 결과요 행정철학적 의식이 부족한 관료들의 일탈행태적 결과라고 하는 점에서 논리적 근거가 마련될 수 있다.[14] 발전전략이나 모형은 어떻게 수립되는가 혹은 적용되는가 하는 문제는 다변수적 영향을 받아서 선택되는 것이 사실이지만, 발전행정의 실체의 이해는 궁극적으로 발전가치(development value)의 문제라 할 수 있으며[15] 가치문제는 행정철학의 영역에서 논의함이 바람직하다고 본다, 실제로 가치문제는 사실의 세계(the world of fact)와는 다르다고 할 수 있다. 사실의 세계가 주어진 세계(the world of fact is given)라면 가치의 세계는 만들어지는 세계(the world of value is made)라고 할 수 있을 것이고,[16] 발전행정은 사실상 미래지향적 가치문제에 속한 것을 궁극적으로 행정철학의 안내와 지도를 받아서 그 실체에 가깝게 접근할 수 있게

---

12 SICA, Some Major Issues in Public Administration for Development (Austin: The University of Texas, 1982), pp 1-8.

13 김영종, 고시행정학(서울 : 법지사, 1988), p. 11.

14 김영종 외 3인 공저, 관료제와 행정철학(서울: 법문사, 1987), pp. 433-425

15 Richard W. Gable, Development Administration: Background, Terms, Concepts, Theories and a New Approach (Davis: University of California, 1976), pp. 114-116.

16 Hodgkinson Christopher, Towards a Philosophy of Administration (New York: St Martin's Press, 1978), p. 104.

된다.

행정철학의 시각에서 볼 때 인식론적(epistemological) 차이에 따라서 발전의 실체가 외부의 세계와 사실(facts)의 세계에 있다고 보면서 실증적(positive) 물량적 기능적 분화와 통합을 강조하는 입장에서는 물량적 경제적 발전을 강조하게 된다. 반면에 주관적(subjective) 비실증주의(antipositivism)적 입장에서는 논리성, 민주성 또는 자율성, 가치성 등의 미시적 불가시적인 개인의 근대화 등 인간적 면의 발전을 더욱 강조하게 될 것이다. 그러므로, 행정철학적 시각에서 볼 때 미래지향적 발전행정론은 끊임없이 변화를 겪고 있는 사회에 반응하기 위해 정신적으로 준비해야 될 과제가 주어지는 것이다.[17]

문 제 점 (problems)	결 과 (consequences)
① 행정학은 고유한 인간적 특성을 가지나 그 인간상은 불명확하고 구체화되지 못한다. ② 고유한 인간성의 문제를 의식적으로 회피함은 행정의 도덕적 혼란을 야기시켰다. ③ 행정이 기술의 하녀로 전락되고 행정은 기술적 합리성과 효율성을 사용한 근사치(proximate)의 문제에 멤돈다. ④ 과학과 기술의 도구로서 지배하는 행정엘리트의 통제를 가속화시킨다.	① 검토되지 않은 인간상은 단명적인 이론화와 정책결정의 근원이 된다. ② 행정적 지도력의 오용과 조직목표와의 연결미숙, 형이상학적 방향의 상실결과 초래 ③ 행정이 도덕적 파산지경이 되고, 행정의 목적달성이 불가능하게 된다. ④ 도덕적 형이상학적 특색없는 결과는 전체주의(totalitarianism)적 행정 통제의 방향으로 유도된다.

특히 흥미있는 것은 발전행정의 개념을 논의할 때 발전의 Paradigm의 정체성(identity)의 위기도 행정학의 경우와 마찬가지로 유발되어

17 Jong S. Jun, Public Administration: Design & Problem Solving (윤재풍, 정용덕 공저) (서울: 박영사, 1980), p. 548.

왔다고 전제하고, 현대행정학의 문제점과 결과를 살펴보면 발전행정의 방향을 진단하게 될 것으로 보게 된다는 것이다.

발전행정의 행정철학적 지원 하에 그 방향을 모색함은 아래에서 보는 바와 같은 현대행정학의 문제점과 그 결과를 고찰하여 봄으로써 더욱 확실하게 된다고 본다.[18]

위에서 논의한 바와 같이 발전행정은 행정철학적 시각에서 논의하여야 보다 더 실체에 접근할 수 있을 것으로 판단된다. 왜냐하면 행정학의 궁극적 목적은 행정철학과 접목될 때 비로소 그 실체를 잘 파악할 수 있고, 발전과 발전행정의 개념도 바로 이러한 범주를 벗어날 수 없다고 보기 때문이다. 그러나 행정철학의 보다 심층적인 논의는 이 책에서는 논의하지 않기로 한다.

제3절 / 결 론

발전문제는 발전개념의 정립의 여하에 따라서 그 전략과 처방 또는 그 결과적 산출(output)도 달라질 수 있다. 발전문제는 흔히 즐겨 쓰는 용어이지만 인식론이나 사회과학의 다양성 그리고 환경의 특성 때문에 매우 다양하게 사용되고 있다.

발전의 개념은 발전문제와 연결되고, 또한 더욱 무엇이 과연 발전인가의 실체분석을 더욱 명확하게 밝혀 줄 책임과 패러다임의 설정이라는 과제에 놓여있다. 무엇이 삶의 질을 향상시킬 수 있는가

---

18 Vincent Ostrom, The Intellectual Crisis in American Public Administration (Alabama: The University of Alabama, 1974), p. 13. Scoff, William G., Hart, David K., "Administrative Crisis: The Neglect of Metaphysical Speculation," Public Administration Review, Vol. 33 (September/October 1973), pp. 415-422.

는 발전의 척도와 지표와도 관련되지만 반드시 GNP(Gross National Product)의 성장만을 의미하는 것보다는 보다 가치적이고 정신적인 GNS(Gross National Satisfaction)의 설정과 강조가 중요하다고 하겠다. 발전은 결코 정적 개념이 아니고 동적 개념이며, 단순한 개념이 아니고 복합적 개념이며, 과정(process)이며, 목표(value)이고 인간의 개발이면서 물량적이고 기술을 포함하는 포괄적 개념이라고 하겠다. 따라서 발전의 개념의 실체는 보다 통합적 시각에서 문제의 핵심을 진단하고 처방하려는 지혜가 필요하고, 방법론의 동원이 요청된다. 특히 발전은 미래행정과 행정철학과의 접목을 통하여 그 개념정립을 하여야 할 것이다.

특히 한국에 있어서의 발전의 개념은 서구적 구조기능주의적인 발전론을 비판적인 입장에서 보아야 할 필요성이 점점 증가하고 있는 것 같다. 즉 인간적 발전모형과 조화와 균형을 추구하여야 할 것이다. 그리고 물량적 경제적 발전우선주의적 개념정립은 질적 발전적 조화가 되어야 하겠고, 이렇게 함으로써 궁극적으로 발전개념과 인간의 삶의 질과 행복을 추구하게 될 발전철학의 이념과 연결된다고 하겠다.

제3장 국가발전과 발전행정론

제1절 / 현대국가의 구조적 특징

Ⅰ. 문제의 제기

현대사회는 과학기술의 발달, 산업구조의 분화, 경제발전과 문화적 욕구의 증대, 사회변동과 도시화, 자본주의의 급속한 발달과 거대정부(big government)화로 인한 행정수요(administration demands)가 증대하고 이에 따라서 통치구조가 확대 및 증대되는 경향을 갖게 된다.[1]

특히 이러한 경향은 행정권의 강화와 확대를 가져오게 되어 행정국가(administration state)화 하는 추세에 있다.[2]

Ⅱ. 이론적 배경

현대사회는 그 구조적 분화 현상이 급속하게 발생하고 있으며 이것은 사회적 개편구조와 사회적 이동성에 큰 영향을 주며 발전지표도 세분되고 이러한 사회변동과 발전은 현대국가의 다양한 기능의 강화와 정부구조의 확대강화 현상을 초래하게 된다.[3]

---

1 김규정, 신행정학원론(서울: 법문사, 1985), pp. 22-25.

2 이세창, 행정권 강화의 이론과 실제, 고대논문집(1955), pp. 213-282

현대국가의 정의는 일반적으로 국가에 관한 학설의 다양성으로 인하여 D. Easton은 145종의 정의가 있다고 한다. 여기에서는 국가의 역사적, 사회적, 정치적 발전사에 착안하여 중세의 봉건국가, 17~18C의 야경국가(night state)적 국가형태에서 현대의 국가기능의 양적·질적 확대 강화로 인한 행정국가 형태(Verwaltungs State)나 복지국가(Welfare state)적 입장에서 그 정의와 개념을 정리하여 국가는 인류공동체의 정치생활의 일면으로서 통치기구를 중심으로 정치생활의 행동을 정리하고 규제하는 정치형태이며 특수한 인간의 결합과 독특한 질서를 가진 구조체로 파악한다.[4]

현대사회는 조직사회이며 인간은 조직인이다. 인간은 요람에서 무덤까지 운명적으로 불가분의 조직 속에서 출생, 성장, 사망하게 된다. 조직 그 자체가 목표지향적이고 가치개념인 이상 현대국가는 직접, 간접으로 구성원을 지배하는 작용으로 나타나며 이것은 통치권(Herrschaftgewalt)으로 나타나게 된다. 통치권은 ① 불가분성, ② 고유성, ③ 상대성, ④ 권리의무의 양면성 등의 성격을 갖고 있다. 그리고 내용은 ① 자주조직권(selbstorganizationsfahigkeit), ② 영토고권(Gebietshoheit). ③ 대인고권(Personalhoheit), ④ 조약국제법에 의한 특별한 권리 등으로 세분된다. 여기에서는 통치구조의 용어를 통치권의 목적을 달성하기 위한 모든 국가의 권력구조로 지칭한다.[5]

Ⅲ. 구조적 특징

(1) 일반적 특징

현대국가는 일반적으로 몇 가지 통치구조상의 변화경향을 갖고

3 박동서 외 6인 공저, 발전행정론(서울: 법문사, 1986), pp.276-297.

4 김운태, 정치학요론(서울: 박영사, 1988), pp. 25-39

5 문기주, 제6공화국 위국헌법(서울: 해암사, 1987), pp. 66-69. ; 김철주, 헌법학개론(서울: 박영사, 1988), pp 93.

있다. 예컨대 고전적 삼권분립의 형태에서 권력통합의 경향으로, 비상시를 대비한 위기정부의 구조, 전통적 주권행사 방법의 변모, 입법 및 사법부의 권한보다 행정부 우위의 경향과 권력의 집권 및 강화, 행정조직의 복잡화와 세분화 등으로 분류할 수 있다.

현대국가의 통치구조는 행정의 능률성과 전문성 및 민주성의 조화의 목적으로 ① 행정조직이 방대화하는 확대경향, ② 행정조직의 통일성과 개연성을 유지함으로써 명령과 복종관계로서 통일적 pyramid형을 이루고, ③ 행정조직의 독립성, 합의성, 관료성 및 전문성의 확보를 위한 특질로서 조직의 분화, 직무수행상의 독립성, 행정위원회 직업공무원제도, ④ 행정조직의 민주성 등으로 세분된다.[6]

(2) 행정권의 확대

현대사회와 국가는 발전지향적,[7] 미래지향적, 역사적, 사회적, 정치적 필요성으로 인하여 행정기능이 확대되고 있다. 그러므로 현대행정의 특징을 ① 기능의 변천, ② 행정의 양적·질적으로 변화라고 하는가 하면,[8] ① 행정국가에의 변모와 행정기구의 확장, ② 국민경제에 있어서의 정부기능의 확대강화, ③ 행정기능의 확대강화, ④ 중앙집권화라고 하는 학자들도 있다.[9] 어쨌든 현대국가가 그 본질적인 목적을 달성하기 위하여 그 방법상의 변모를 하고 있는 것은 사실이다. 그러면 이러한 변모의 요인은 어디에서 찾아 볼 수 있을까?

첫째, 대중사회(mass society)의 출현이다. 현대국가는 대중사회의 출현으로 인하여 대량생산은 물론, 산업주의(industrialism)의 발달,

---

6 김규정, op. cit,. pp 26-29.

7 Fred W. Riggs, Administration Development (New York: McGraw-Hill, 1966), pp. 230-231.

8 박동서, 한국행정론(서울: 법문사, 1989), pp. 49-55.

9 안해균, 현대행정학(서울: 다산출판사, 1982), pp. 38-43.

도시집중현상, 교육의 보편화, 선거권의 확장(특히 보통선거제 실시) 등의 대중민주주의, 압력단체(pressure group)증가, 사회의 분화 및 변동 등으로 그 원인을 파악하게 된다.

둘째, 경제적 기능의 증대이다. 1930년대의 자본주의의 변모는 실로 국가적 통제경제(control economy)로 그 양상을 달리 할 수밖에 없었고 최근에는 다발적으로 발생하는 국제 인플레이션과 1973년의 Oil Shock 이후 자원전쟁 등으로 인하여 국가기능은 변모를 할 수 밖에 없다.

셋째, 노동문제에 대한 국가관여이다. 현대사회는 인구증가로 인하여 여러 가지 사회적 문제가 속출하는 데 그 중 하나가 노동 특히 저임금, 소년 및 부녀자 등 노동약자에 대한 국가적 보호문제가 매우 중요한 문제로 부각되고 있다.

넷째, 사회적 시설의 확대이다. 국민의 욕구증대로 인하여[10] 국가는 사회적 시설의 확대가 점진적으로 또한 필연적으로 필요하게 되었다.

국민의 욕구는 바로 행정수요의 다양성과 증대를 의미하며 구체적으로 예를 들면, 경제적 수요로서는 GNP를 높인다든지, 교통, 전화사업, 에너지, 그리고 기계화를 추진하는 것 등이다. 그리고 사회적 수요로서는 교육과 문화적 욕구와 해결, 국민의료문제, 주택과 보건문제, 근로자의 복지증진, 그리고 인력의 개발 등이다. 정치적 수요로서는 정치참여의 확대와 자율화 등에 대한 것이다.

이상과 같은 제요인들은 예시에 불과하며 실질적으로 확대강화는 동시적현상으로서 확대는 양적 면을, 강화는 질적 면에서 보는 견지의 차이일 뿐이고 그 본질은 동일성을 가졌다고 할 수 있다.[11]

아래에 각국의 행정권의 확대에 관한 구체적 실례를 간략하게 요약한다.

---

10 유기현, 인간관계론(서울: 무역경영사, 1975), pp. 71-73.

11 Dwight Waldo, The Enterprise of Public Administration: A Summary View (Novato, Calif: Chandler & Sharp,. 1980), pp. 186-187.

① 영국의 경우

영국의 경우 공무원은 신중한 수호자로서 현존하며 19세기 초에는 대장성, 해군성, 대법관청(Lord Chancellor's Dept), 내무, 외무, 육군, 식민, 우정성 등이었으나, 19세기 중엽에는 공무성(Board of Works)이 설치되고 1854년에는 식민성이 육군성에서 독립, 1858년에는 인도성이 창설되고, 1862년에는 상무성(Board of Trade), 1871년에는 지방성, 1889년에는 농, 어업성의 신설, 1899년에는 교육성, 1916년에는 노동성과 연금성, 1917년에는 항공성, 1919년에는 보건성, 1925년에는 자치성, 1926년에는 국무성, 1932년에는 공급성, 1939~1945년에는 국방성, 생산성, 내국보장성, 경제전략성, 식료성, 정보성, 비행기 생산성, 민간항공성, 지방계획성, 재건성 등으로 발전하였다.

전후에는 경제전략성과 재건성, 옛 성중에는 인도성과 해외무역부만을 완전폐지, 생산성은 경제사무성으로 되고, 그 후 대장성이 합병 내국보장과 비행기 생산성은 각 내무성과 공급성으로 합병하고 정보성은 추밀원의장하의 일국으로 되었다. 2차 대전 후 주요생산의 국유화를 단행함에 따라서 public governmental corporation, governmental corporation이라고 하는 소위 정부기업체가 증설되었다.[12]

② 미국의 경우

미국의 경우 공무원은 쇄신자로서 존재하며 행정조직의 확대현상을 요약하면 1798년에 해군성, 1849년에 내무성, 1830년에는 사법성, 1874년에는 우정성, 1889년에는 농무성, 1903년에는 상무성,

---

12 W. Friedmann(ed.), The Public Corporation: A Comparative Symposium (Toronto: The Carswell Co., 1954), pp. 542-544. ; 주요국의 행정기구(입법참고자료 163)(서울: 국회도서관, 1972), pp. 87-116.

1919년에는 노동성, 1947년의 국방장관 하에 육군성, 해군성, 공군성의 상성 설립, 1953년에는 보건복지성 등의 설립 조직되었다.

그리고 미합중국 헌법 제 2조 1항에는 "행정권은 미대통령에게 부여되고 있다"고 규정되어 있으며 11개 행정부성과 내각 11개성이 있고 내각사무장(Cabinet Secretary) 대통령부(Excutive Office of President)가 있고 그 외 백악관(The White House Office) 및 독립기관으로서 57개국이 있는 것 등이다.

③ 독일 및 프랑스의 경우

독일의 경우는 연방수상과 연방장관으로 구성되며 장관은 수상의 제청으로 연방대통령이 임명하며(63조) 내각은 15명의 각성 장관으로 구성된다. 수상은 정치의 일반방침을 결정하고 책임을 지며 이 방침범위 내에서 각 연방장관은 독립적으로 자립책임 하에 그 소관사무를 관리한다.

프랑스의 경우 1958년 제 5공화국 이후 성의 수는 15개이며 최근에는 사회성을 분리하여 노동고용인구성과 보건사회보장성을 신설하고 생산성을 개조하여 수상직속의 과학기술연구총국, 원자력위원회, 국립우주연구center 등을 생산성에 이관하여 생산성의 명칭을 생산과학개발성으로 개칭하고 자연환경보호에 관한 행정기술을 집중시켜 수상직속기관으로서 자연환경보호청을 설치키로 하고 동청의 통괄자로서 수상부 자연환경보호담당관장을 임명하였다.

(3) 행정권의 강화

행정권의 강화는 질적 면에서의 변화현상인데 입법국가 → 행정국가로의 전환, 경찰국가 → 봉사국가에의 변모를 뜻한다고 할 수 있다. 환언하면 근대국가의 권력적 기초인 권력분립, 법치주의, 의회주의의 변모와 변질을 의미한다.

현대국가는 행동하는 국가로서 행동하는 행정부의 지위가 각광을 받고 있다. M. Weber는 이런 점에서 「근대국가에 있어서 진정한 통치가 그 효과를 발휘하는 것은 결코 의회에 있어서의 토론이라든지 국왕의 명령도 아니고 도리어 불가피적으로 관료의 지배하에 있어서의 일상생활에 관한 행정수행인 것이다.」라고 말하고 있다. 고로 H. Finer는 「현대의회, 내각, 대통령은 군림은 하나 통치는 행정직원이다.」라고 한다.

아래에서 근대민주제의 원리에 대한 변모상황을 간략하게 요약한다.

첫째, 삼권분립주의의 변모이다.

현대 행정국가는 국민생활의 안전과 발전을 위한 보호(protection), 규제(regulation), 조성(assistance) 및 봉사(service)를 주 내용으로 한다. 최근의 행정은 법 집행만이 아니고 행정형성이나 법안기초 등을 포함하게 되었다. 영국의 경우 ① 의회에 제출하는 법안은 의원에 의해 제출되는 공법안(Public Bills), ② 법안제출권이 부여된 공공기업회사(예 : 철도), 법령상의 기관(예 : London항), 지방당국으로부터 제출되는 사법률안(Private Bills), ③ 정부에서 제출하는 정부안(Government Bills) 등이 있다.

①의 경우 추천으로 왕에 상정되며 정부가 채택 않는 한 통과가치가 거의 없는 고로 법안으로서 중요성이 없고, ②의 경우 의회에 제출하려면 다액의 수수료를 지불해야 하므로 이를 절약하기 위하여 이런 법안을 제출할 수 있는 기관에 권한 허가를 조직적 심사에 두기 위해 편의상 최근 수 십 년 내의 잠정명령(provisional orders)으로서 대신할 수 있게 했다. 잠정명령이란 정부관계자가 충분히 조사한 결과가 해당 회사기관에 권한을 허가하여줌이 타당하다고 인정할 때 행정부의 각성에 허가의 권한을 부여하고 있는 일반법령에 준거하여 발하는 명령이다. 미국의 경우는 행정각부가 입법권이 없으나 실제로는 의원은 전달수단이고 대부분은 행정부에서 온 것이다.

미국 Ohio주립대학 Harvey Walker교수가 Ohio주 의회가 상원에 제출한 267건의 법안에 대하여 알아본 결과 70건은 의원이나 입법위원회가, 78건 지방행정 각부 및 공무원이 법안제출의 원천이고, 119건이 각 시민 또는 사적 단체가 법안제출의 원천이 되어 있었다.

요컨대 Loewenstein이 지적하는 바와 같이 고전적 Montesquieu의 삼권분립 이론에 수정을 하게 되었고 그는 현대에 와서 다원적인 현실사회(pluralist mass society)에 부응할 수 있는 권력과정의 구분으로서 정책결정(policy determination), 정책집행(policy execution), 정책통제(policy control)의 세 가지를 내걸고 종래의 권력분립(seperation of powers)에 갈음하여 기능분립(separation of functions)이 이루어져야 한다고 주장한다.[13]

고로 권력분립이론은 Löwenstein의 주장대로 국가기능의 확대강화로 인하여 전통적인 권력분립론은 "20세기의 현실에 비추어보면 낡고 현실유리적인 것이 되었다"고 주장한다.[14]

실제로 행정상의 권리는 준사법(quasi-judical)및 준입법(quasilegislative)의 기능까지는 행정위원회 같은 새로운 형태의 조직은 분립이 권력의 개략적 배분이고 각각 독립보다도 상호의존적임을 나타낸다.

고로 사회경제의 급격한 발달로 인한 권력분립주의는 국가권력의 무절제한 남용과 비대를 방지키 위한 국가원력 상호간의 견제와 균형의 원리(principals of checks and balances)라고 할 수 있다.

둘째, 법치주의의 동요이다. 국가의 적극적인 정부화로 인하여 위임입법 등의 증대되고 법률에 의한 행정(Gesetzmassigkeit der Verwaltung)

---

13 김철주, op, cit., pp. 586-587.

14 Loewenstein, Political Power and Governmental Process (Chicago: The University of Chicago, 1957), p. 35: "Ever since, the separation of powers has been the standard equipment of the constitutional state. Even the vintage of recent constitutions after the Second World War exhibits it loudly and proudly, Wholly oblivious of the fact that in the twentieth century the doctrin has become absolute and devoid of reality."

은 대폭적으로 동요되었다.

법치주의는 대륙법계가 입법부의 우위를 과제로 한 법률의 지배(Herrschaft des Gesetzes)를 뜻하고 영미법 국가는 개인의 권익, 즉 행정부에 대한 사법부의 우위를 과제로 한다.

우리나라의 경우는 헌법 10조(평등권), 35조(국민의 자유와 권리의 존중·제한) 등에 비추어 실질적 의미의 법치주의를 기본으로 한다.

법치주의의 동요는 현대각국의 위임입법의 증가추세에서 그 기능을 발견할 수 있다. 예컨대 영국의 경우, 1920년대에는 일반법률(public general act)은 600건이었는데 위임입법(Statutary Rules and Orders)은 5부가 넘었고 1929년 Lord Heuvart는 신전제주의라고까지 했다.

미국의 경우, 1930년 이래 중요관심사가 되었고 1932년 James Beck의 주장에 자극을 받아 미국법안협회(American Bar Association)는 행정법부(Section on Administration law)와 위원회를 창설하여 영국과 같은 문제를 검토했다.

프랑스의 경우도, 1962년 뽀앙가레 정부는 수권법을 제정하였으며, 독일의 경우, 1919년 간역입법이 인정되었고, 1922, 1923년에 많은 수권법이 제정되었다.

셋째, 의회주의의 위기를 들 수 있다.

의회주의란 주지하는 바와 같이 다수결 원리로서 간접민주정치의 한 방편인 국민의 대의정치를 말한다.

의회주의가 위기를 몰고 온 그 원인분석 몇 가지를 예시하면 ① 의회구성원의 국민대표성의 상실, ② 의회의 동질성을 위협하는 이질적 요소의 출현, ③ 의회는 특수이익과 결부하는 정당의 대립장소화, ④ 다수정당의 횡포와 거수기계화 및 행정부의 시녀화, ⑤ 계급적 정당의 발생의 가능성과 국민과의 동질성의 파괴 및 국민의 불신감 등이다.[15]

---

15 윤세창, op, cit., p. 5 ; 정인흥, 정치학원론(서울: 제일문화사, 1975), pp.

(4) 한계성

이상에서 현대국가의 통치구조상의 특징에 관하여 서술하였다.

현대국가가 행정수요(administration demands)의 증가로 인한 국가기능과 임무의 확대, 나아가서 행정국가로 변모하고 행정권이 확대강화되는 그러한 추세에 있지만 그렇다고 하여 무한정한 것이 아니고 그 한계점을 인정해야 한다. 그것은 한마디로 자유민주주의적 본질적 차원에서의 한계가 있는 것이다.

환언하면 현대국가가 행정복지(administration and welfare) 국가로 옮아가고 있는 것이 세계적 현상이지만 이러한 경향에도 불구하고 국가적 안전과 개인의 자유는 조절되어야 하고, 공공복리 사회질서와도 조화되어야 하지만, 그래도 인간의 존엄과 가치를 기반으로 한 개인의 자유는 존중되어야 함은 영원한 진리가 아닐 수 없다.[16]

그러므로 현대 자유민주주의 국가에 있어서 행정권의 확대, 강화현상에도 불구하고 그 본질적인 특징인 국민의 자유권 보장이나 권력분립제도, 의회주의, 법치주의, 성문헌법, 국민주권주의, 생활권, 국제평화주의 등은 결코 버릴 수 없는 속성이라고 할 수 있다.

Ⅳ. 결 론

현대국가는 의회의 입법부나 사법부에 대한 행정부 우위의 국가인 행정복지 국가의 경향을 가지고 있으며 따라서 18세기적인 최소의 정치가 최선의 정부(Government is best when governing is least)에서 최대의 도합이 최선의 정치(Government is best when governing serve most)로 변모하였다.

환언하면 조직(organization)의 본질적 측면에서 현대국가는 미래 및

227-235.

16 문기주, op. cit., p. 306.

발전 지향적 가치개념으로서 국민의 행정요구(administrative demands)의 충족은 물론 대외적 관계에서의 그 존립목적을 계속 유지하기 위하여 국가의 임무와 기능은 확대 강화되고 또한 정부구조는 이러한 목적실현을 위해 위기정부(crisis government)의 형태를 취하기도 한다.

확실히 현대국가는 근대에서 현대로 이행하면서 억압적 존재에서 생산자로서 행동자와 발전자로서 면모를 바꾸어가고 있다.

현대행정국가의 출현은 조직사회에서 시달리는 현대의 조직인에게 미래의 발전을 약속하는 선물이며 특히 정치적, 문화적, 경제적, 사회적 제욕구해결자로서의 기능을 갖고 있다. 최근의 동구 제국의 사태로 미루어 복지행정 국가의 제목표로 향한 강한 추진력은 민주복지 국가로 향한 현대 행정국가의 자연적 추세의 결과적 현상이라 말할 수 있다.[17] 그러나 이러한 특징은 그 당위성과 한계성이 동시에 동시되고, 민주성과 능률성이 상호조화를 이룰 때 국가발전의 엔진의 틀이 이루어질 것이다.

제2절 / 국가발전의 개념과 지표

국가발전의 실체를 보다 정확하게 알기 위해서는 국가의 본질과 실체가 무엇인가를 이해하고 또한 발전의 개념을 잘 알아야 유익할 것 같다.

일반적으로 국가론은 여러 가지 이론이 있으나 대표적 예를 들면, ① 국가 유기체설, ② 정복론, ③ 국가 신의설, ④ 가족설, ⑤ 다원적 국가론, ⑥ 국가계약설 등이 존재한다. 국가의 본질에 대한

---

17 복지국가의 지향입법(참고자료 141호) (서울: 국회도서관, 1977), pp. 25-28

이러한 제 학설은 그 나름대로 논거가 있으나 현대국가는 국가계약설이 자유민주주의의 본질과 일치된다고 본다. John Locke, Montesquieu, Voltaire, Rousseau, 그리고 근대자연법론자 Huge Grotius 등이 대표적이라고 하겠다.[18]

국가발전은 근대적 자유민주주의적 국가의 시각에서 국가의 여러 발전의 지표 즉 정치적, 경제적, 사회적 지표의 달성을 향한 목표접근의 과정, 양적 성장과 바람직한 질적 가치적 향상, 수렴과 확산의 접목, 또한 보편성(universality)과 특수성(specificity)의 종합이며 인간적 삶의 질(quality of life)의 향상과 물량적 경제적 생활의 풍부와 편의라고 할 수 있다. 그런 의미에서 발전과 근대화(modernization)는 Dunkwart Rustow나 J.S. Nye가 지적하고 있는 것과 같이 유사개념으로 보게 된다.[19]

발전의 지표문제는 첫째, 정치적 발전의 경우는 학자에 따라서 상이한 주장이나, Lucian W. Pye의 경우는 ① 정치참여성, ② 보편주의적 법집행 ③ 업적주의, ④ 경제적 기능의 확대, ⑤ 유효성과 능률성, ⑥ 행위의 합리성, ⑦ 구조의 분화(structural differentiation), ⑧ 구조적 과정의 통합주의를 들고 있다. 그 반면에 S.N. Eisenstadt는 ① 분화와 합일된 정치성(polity), ② 정부의 활동의 확대, ③ 집단에서의 잠재력(potentiality)의 확대, ④ 지배자의 이데올로기와 제도적 책임성 증대 등이다. 환언하면 인적 물적 차원의 성공적 동원체제 즉 근대국가(nation-state) 형성이라고 할 수 있다.[20]

둘째, 경제발전이란 경제성장(growth)과 경제구조의 변동(change)

---

18 황산덕, 법철학강의(서울: 박영사, 1971), pp. 105-155.

19 J.S. Nye, "Corruption and Political Development: A Cost Benefit Analysis," APSR, Vol. LXI, No. 2(1967), p. 418; Dankwart A. Rustow, "Modernization and Comparative Politics," Comparative Politics, Vol. 1,(1968), p. 37.

20 Lucian W. Pye, "The Concept of Political Development," The Annals of the American Academy of Political and Social Science, Vol. 358, March, 1965, pp. 1-13. 동기벽, 근대화방법론(서울: 박영사, 1980), p. 103

의 복합적 개념으로서 전자는 양적 변화이며 후자는 그러한 양적 변화를 가능케 하는 구조적 내지 질적 변화(qualitative change)를 의미한다.[21] 경제발전의 측정단위로서 경제지표(economic indicators)가 사용된다. 즉, ① 경제성장률(economic growth rate)로서 기준 년도에 비교하여 비교 년도의 경제성장의 비율 즉 GNP의 백분율을 말한다.

② 1인당 국민소득(per capital income)으로서 1인당 국민총생산액의 증가로서 경제발전의 지표로 사용한다. 1인당 국민소득의 개념은 국민총생산액을 인구수로 나눈 것이고, 그리고 그 성장률은 기준연도와 비교연도간의 1인당 GNP의 증가율을 말한다.

③ 상업구조의 측면에서 영국의 경제학자 Colin Clark의 주장에 따라서 후진국의 경제구조가 2차 < 3차 < 1차 산업의 유형에서 선진국의 생산구조인 1차 < 2차 < 3차 산업의 형태로 이행되는 경우를 경제의 중요한 지표로 볼 수 있다. 최근에는 소위 정보산업(information industry)의 발전이 제4차 산업으로서 선진국의 경우는 이러한 정보산업의 발전이 크게 발전되고 있다. 바로 그것은 Alvin Toffler, Daniel Bell, John Naisbitt, Thomas E, Jones, Herman Kahn, Joseph F. Coats 등의 여러 미래 사회학자들이 주장하는 바이다.

④ 다음으로는 수출산업의 신장 즉 무역 거래액이나 수출총액으로서 경제지표를 세우기도 한다. 경제발전은 산업의 분화와 전문화를 내용으로 하므로 수출의 총액의 증가가 경제발전의 주요한 지표가 된다. 특히 한국의 경우는 1988년 말 현재 세계 10대 무역국에 속하며 수출흑자가 약 $100억에 육박하고 있다.

⑤ 자본형성과 저축률이 경제지표로 등장하게 된다. 자본형성은 특히 투자율을 의미하며 투자율의 경우, 우리나라는 1차 5개년 경제개발계획기간 중에는 GNP의 16.5%를 차지하였으나 3차 경제개발 계획기간에는 26%를 차지하게 되었다. 저축률도 총투자소요 중

21 황인정, "경제발전," 발전행정론(서울: 법문사, 1985), p. 75

해외의존율이 1962년 83%에서 1977년 3%로 줄어들었다.

⑥ 실업률을 보면 그 나라 경제발전의 측정을 알 수 있다. 실업률이란 경제적 가용인구 중 근로를 할 수 있는 능역이 있는데도 일정한 직업이 없는 비율을 말한다. 한국의 경우는 1961년에 실업율은 9~10%에 이르렀으나 1978년경에는 불과 3%에 이르렀다.

⑦ 최근에는 한 국가의 경제지표를 나타내는 중에 평균수명년도를 가지고 측정하는 경우를 볼 수 있다. 이것은 ALE(Average Life Expectency)라고 하는데 그 이유는 선진국의 경우일수록 경제적 여건과 사회여건이 훌륭함으로 인하여 더욱 ALE가 높아질 것임에 틀림없다.

⑧ GNP 대신에 GNS(Gross National Satisfaction)로서 한 국가의 진정한 의미의 경제발전의 정도와 수준을 나타내는 지표로 삼을 수 있다. GNS는 국민총만족도라고 할 수 있는데 이것은 물량적 경제 발전의 지표보다는 보다 복지적, 정신적, 불가시적, 가치차원의 복지지표라고 할 수 있다. 특히 오늘날에서는 인간다운 삶의 보장을 위한 정부의 역할이 특히 강조하게 되므로 이러한 GNS가 측정된다면 퍽 도움이 될 것으로 보인다.

셋째, 사회적 발전(social development)의 지표인데[22] 다양하다. 그러나 무엇보다도 사회적 구조의 분화(structural differentiation)라고 할 수 있다. 여기에서 구조적 분화는 계층간의 벽이 무너지고 종적인 면에서 빈부간의 결과자 좁혀지는 경우가 될 것이고, 제도적 발전의 경우는 정치, 경제, 문화 등의 상호갈등관계의 해소를 뜻하여 지역적 구조분화는 도농간 혹은 지역간의 불균형적 발전이 시정되는 경우를 의미한다.

구조적 분화만이 아니라 사회적 통합(social integration)의 문제도 중요한 사회지표가 될 수 있다. 사회적 통합이란 사회적 분화가 하

[22] Ross D. Parke(ed.), Readings in Social Development (New York: Holt, Rinehart and Winston, Inc., 1969), pp. 1-107.

나의 목표전략을 향하여 정체성(identity)을 가지고 상호 밀접한 유효성을 하면서 조화와 균형을 이루어 나가는 것을 의미한다. 사회적 통합의 여부가 사회적 발전의 중요한 지표가 될 수 있는 것은 마치 자동차의 경우 약 2만개의 부품이 상호 유기적 관련을 유지하면서 자동차가 움직이는 활동을 잘 영위해 나갈 수 있는 것이 이러한 좋은 예라 할 수 있다.

넷째, 문화적 심리적 발전의 지표를 지적하면 ① 인간적 기질, ② 자발적 의사표시와 태도, ③ 미래지향적 시관(time orientation), ④ 시간관념, ⑤ 계획성과 능률성, ⑥ 인격의 존엄성과 가치, ⑦ 합리적 사고, ⑧ 공평성과 형평성에 대한 신념 등을 들 수 있다.[23] 특히 Lucian W. Pye는 민족적 주체성(national identity)의 전부인 개인적 주체성(personal identity)[24]을 지적하는가 하면 Daniel Lerner는 새 환경에 잘 적응하는 심리적 능력인 감정이입(empathy)[25] 그리고 Almond와 Verba는[26]는 시민문화 즉 전통적 문화와 근대적 문화가 혼합된 제 3의 문화를 지적하고 있다.

발전적 가치관을 백완기 교수는 그의 저서, "한국의 행정문화"에서 다음과 같이 주장하고 있다.[27] ① 물질적 가치의 중시, ② 감정이입, ③ 인간의 능력에 대한 신뢰, ④ 가치의 다원화의 추구, ⑤ 자기능력에 대한 한계성의 인식, ⑥ 성취욕구, ⑦ 성악적 인간해석관, ⑧ 행동론, ⑨ 파이(Pie)의 팽창성 등이다.

요컨대, 국가발전의 다양한 지표 설정은 논자의 시각에 따라서

---

23 Alex Inkeles, What is Sociology? (Englewood Cliffs: Perntice-Hall, Inc., 1964), pp. 47-91.

24 Lucian W. Pye, Politics Personality and Nation Building (New Haven: Yale University, 1962), pp. 3-6.

25 Daniel Lerner, The Passing of Traditional Society: Modernizing the Middle East (Glenoe: Free Press, 1958), pp. 47-50.

26 G.A. Almond and S. Verba, the Civic Culture (Princeton: the Princeton University Press, 1962), pp. 3-6.

27 백완기, 한국의 행정문화(서울: 고려대학교 출판부, 1984), pp. 132-155.

상이하나 문제의 핵심은 국가발전의 초점이 과연 어느 측면을 강조하는가에 따라서 그 지표는 매우 달라질 수밖에 없을 것이며, 따라서 국가발전의 개념과 지표도 궁극적으로는 국가발전의 미래지향적 철학적 기반 위에서 논의되어야 될 것이다. 필자의 시각으로는 통합적 시각과 접근(integrated approach)에 기초하여 국가발전을 보다 균형과 조화로운 방향으로 상호보완적인 방향으로 그 좌표설정을 하여야 될 것이다.

제3절 / 국가발전의 문제점과 처방전략

Ⅰ. 국가발전의 문제점

국가발전문제는 제2차 대전 이후 특히 인기 있는 주제이지만 그동안 개념정립의 애매성은 물론 역기능이나 전략 등의 내용에는 논쟁이 되고 있다. 예컨대 국가발전과정상의 부산물이나 발전전략의 모형 또는 실체진단의 방법 그리고 부산물의 치유방안 등이다.

특히 행정부패(administration corruption)만 하더라도 1960년대에서는 발전과정상에 불가피하게 발생되는 필요악(necessary evils)적 부산물로 보는 입장이 있는가 하면, 1970년대에서는 그것은 선진국이나 후진국이나 할 것 없이 행정부패란 발생되는 보편적 현상(universal phenomena)이기 때문에 반드시 발전과정상의 부산물로 보기는 어렵다고 하는 시각이 우세하게 되었다. 전자를 기능주의(functionalism)적 시각이라고 한다면 후자는 후기기능주의(post-functionalism) 입장에서 보는 발전의 시각이라 할 수 있을 것이다. 이와 같이 국가발전이란 반드시 좋은 것인가 혹은 전연 부산물을 동반하지 않고 이상적으로 인간의 삶의 질(quality of life)의 향상을 도모할 수 있는 것인가 하는 문제는 매우 심각한 논의가 필요하다고 할 것이다. 따라서 여기에서는 국가발전의 과정상에 유발 될 수 있는 여러 가능성과 부산물들을 초점으로 논의하기로 한다.

행정부패나 관료부패는 과연 불가피한 필요악이며 국가발전의 과정에 어느 나라나 일어날 수 있는가? 또는 빈부의 격차 심화현상은 불균형발전의 부산물이 아닌가? 뿐만 아니라 사회의 여러 가치관의 혼란현상과 갈등현상은 어떠한가?

실제로 행정부패 혹은 관료부패문제는 개발도상국가나 후진국에서 사회적 통제기능(control mechanism)의 약화와 특히 사회기강(soocial discipline)의 해이 또는 행정문화의 미성숙과 혼란으로 발생되는 경우가 많다.

Darling은[28] 아시아의 여러 국가들의 만연된 부패현상을 보고 비능률과 연고주의(nepotism)또는 불신에서 유발된다고 지적하고 있다.

Shelley는[29] 개발도상국의 경우 부패적 뇌물공여가 없이는 행정관료들로부터 적절하게 봉사를 받을 수 없다고 생각하는 일선시민들의 행정관료들과 복합적 이해관계 현상으로 이해하는 입장이다. 특히 여기에서 우리가 극복해야 하는 것은 관료부패나 행정부패가 발전의 종속변수(dependent variables)로서 보는 입장은 허구라고 보는 것이 후기기능주의적 입장인데 이러한 주장에도 다음과 같은 의문이 제기될 수 있을 것이다. 예를 들면 ① 왜 개발도상국이나 후진국은 부패현상이 선진국에 비교하여 더 만연되어 있으며 국가의 사회적 발전을 위협하거나 몰락을 가져오는 결과가 되고 있는가?

② 만약 부패의 유발이 보편적 현상이라면 과연 그것을 방지하려는 정책은 얼마나 가능하며 또한 가치 있는 일인가?

③ 역사적 문화적 환경의 영향은 없는 것인가? 등의 의문이 제기될 수 있다.

---

28 Frank C, Darling, The Westernization of Asia: A comparative Political Analysis (Washington D.C.: Schenkman Publishing co., 1980), pp.1-30.

29 Louis I. Shelley, Crime and Modernization: The Impact of Industrialization and Urbanization on Crime (Carbondale: SIU Press, 1981), p. 45.

특히 여기서 주목할 사항은 1980년대 이후 또는 1990년대에 있어서는 기능주의적 시각이나 후기기능주의적 주장 양자 모두가 부패문제의 실체를 단면적으로 보고 있는 약점을 보완하기 위하여서는 통합적 시각(integrated approach)이 바람직하다고 보는 것이다. 이러한 통합적 시각에서는 부패문제를 국가발전과정에서 유발되는 부산물이며 관료의 행태나 제도적 미비, 또는 사회문화적 환경과의 부적응에서 오는 복합적 현상이라고 보는 것이 바람직하다고 하겠다.

요컨대 발전과정상의 부산물이라고 하는 기능주의적 시각도, 혹은 어느 나라이고 언제나 보편적으로 일어나는 보편적 현상이 부패현상이라는 접근도 문제를 보는 단면적 시각이라고 할 수 있다. 따라서 통합적 시각에서 볼 때 부패문제와 같은 발전의 역기능 문제는 단순하게 발전의 부작용이라고만 하는 기능주의적 입장이나 보편적 현상이라고만 하는 것보다는, 발전에 관련된 특수성을 가진 국가의 역사적 혹은 문화적 변수와 또한 부패의 그 자체가 가지는 확산효과(spillover effect) 양자를 상호보완하여 고려하는 것이 바람직한 접근이다.

II. 문제점의 처방전략

앞서 논의한 발전의 문제점은 처방전략이 필요하고, 그 처방전략은 발전모형의 적용과 상호 유기적 관련을 가진다고 할 수 있다.

발전모형(development model)은 접근방법에 따라서 다양하다. 예를 들면 시간적 개념에 따라서 장기·중기·단기적 모형, 장소와 공간적 개념에 따라서 지방(local development model), 지역(regional development model), 국가(national development model), 그리고 국제발전모형(international development model) 등으로 분류할 수 있다. 뿐만 아니라 발전의 분야에 따라서 경제발전모형(economic development model), 정치발전모형(political development model), 사회발전모형(social development model), 또는 문화발전모형(cultural development model) 등으로

분류할 수 있다. 뿐만 아니라 발전목표를 달성하기 위한 과정에 있어서 우선권을 어디에 두는가 또는 강조하는가에 따라서 균형발전이론(equilibrium development model)과 불균형발전이론(disequilibrium development model)로 양분할 수 있다. 전자는 정치발전이나 사회발전을 경제발전과 상호 조화있게 비중을 두고 최대한의 발전과정상의 충격과 부산물을 줄이려는 모형이라고 한다면, 후자는 경제성장과 발전을 개발도상국의 최우선순위로 두고 여타 발전문제는 차선으로 볼 수 있다는 모형이라 할 수 있다.

발전에 있어서 수렴(convergency)을 강조하는 전략모형은 발전을 보편적인 현상으로서 모든 근대화된 사회에 공통적으로 요청되는 결과 예컨대 도시화(urbanization), 경제적 물량적 생산성의 증대, 과학과 기술의 수준확대 등을 발전전략으로 주장하게 된다.

따라서 이러한 모형에 의하면 서구화, 도시화, 기계화, 산업화(industrialization) 또는 공업화 등의 개념적 적용은 발전의 모형에 대한 상징적 특징으로서 서구적인 모형은 개발도상국가의 적용에는 큰 무리가 없는 것으로 이해된다. 이 모형은 최근에 날카로운 비판을 면치 못하고 있는데 왜냐하면 그 발전모형은 지나치게 단선적(unlinear)이고 획일적이며, 보편적으로 봄으로써 개발도상국가 자체의 특수한 내재적 변수(예 : 역사적 문화적 환경의 특수성)를 너무 소홀하게 여기기 때문이다.[30]

이와 반대로 발산(divergency)의 발전이론이 주장된다. 이 모형은 발전모형이 결코 서구적 단선모형으로서는 문제의 핵심을 설명하기 곤란하므로 발전전략은 그 나라의 특수한 환경적 변수나 또는 역사적 사회적 변수에 따라서 발전전략은 상이할 뿐 아니라 그 특수성을 고려하여 다의한 발전모형을 응용 또는 적용한다는 것이다. 예

---

30 Peter F. Klaren & Thomas J. Bossert(ed.), Promise of Development: Theories of change in Latin America (Boulder & London: Westview Press, 1986), pp. 318-332.

를 들면 T. Parsons가 구조기능주의적 시각에서 전근대적 사회와 근대화된 사회로 분류한 이분법(dichotomy)적 행동정향 즉 ① 정의성(affectivity) → 비정의성(affectivity neutrality), ② 확산성(diffuseness) → 특정성(specificity), ③ 귀속성(ascription) → 업적성(achievement), ④ 특수성(Particularism) → 보편성(universalism), ⑤ 집단지향성(collective-orientation) → 개인지향성(self-orientation) 등의 분류는[31] 서구적·단선적인 시각에서 표출된 개발모형으로 비판을 받을 수도 있다는 것이다.

왜냐하면 현대의 급진적 산업화 과정에서 발생되고 있는 몰인간화, 비인간화 또는 인간소외 현상을 고려하여 본질을 해하지 않는 한 얼마간의 정의성과 확산성은 오히려 순기능적인 역할과 의미를 가지고 있다는 논의도 있다.[32]

이상에서 우리는 다양한 발전모형을 고려하였고, 어떤 발전모형을 적용할 것인가에 대하여 학자들의 의견이 상이하다.

이러한 다양한 발전모형의 논의에도 불구하고 새로운 발전모형은 어떠한 것이며 어떠한 점에 초점을 두어야 할 것인가? 하는 질문에 대한 대답은 발전전략의 문제이며 그 국가의 특수적 변수와 외면적 변수를 다각적으로 고려하여 결정하여야 할 것이다. 중요한 것은 발전모형은 종속변수인가 독립변수인가이다. 독립변수(independent variable)적 의미가 강조하며, 그렇다고 행정이 정치를 우위하거나 정치가 행정을 우위하는 것은 별로 바람직하지 못하고 각각 기능과 역할의 부분문제를 적절하게 하여야 될 것으로 본다.[33]

요컨대 다양한 발전모형은 그 국가발전의 문제처방 그 적용에 있어서 그 발전모형 적용의 객체가 어떠한 특성을 가지고 있는가 또

---

31 김영종, op. cit., p. 160. ; Tackson Toby, Contemporary Society (New York: John Wiley & Sons, Inc., 1971), pp. 372-374.

32 김광웅 외 5인 공저, 발전행정론(서울: 법문사, 1986), p. 136.

33 백완기, "행정기능의 배분 및 재정립문제," 한국행정학보, 제20권 제1호(서울: 한국행정학회), pp. 15-30.

는 환경과의 관계, 미래현상의 예견 등 내외적 변수와 시간적 개념을 고려하여야 할 것이다.

제4절 / 결 론

국가발전의 문제는 궁극적으로 그 국가의 발전을 어디에 초점을 두는가에 따라서 모형과 전략이 달라질 수 있다. 특히 개발도상국가들의 바람직하고 유능한 인력자원(human resources)의 결핍은 발전의 큰 저해요인으로 지적되며, 발전엘리트들의 도덕적 윤리적 타락과 부패는 행정철학적 의식이 부족한 관료들이나 공직자들의 일탈행태의 결과라고 할 수 있다. 특히 현대국가의 구조적 특징은 발전전략의 방향이 국가들의 발전욕구(development needs)의 충족을 위한 정부역할의 극대화라고도 할 수 있는데 이때에 필요한 것은 바로 발전가치(development value)문제이고, 그러한 것은 발전전략의 초점을 인간의 삶의 질(quality of life)의 향상과 행복의 추구에 최대한의 역점을 두어야 할 것이다. 결국 도덕성과 논리성 그리고 민주성을 겸비한 물량적 풍부와 직결하는 균형적 발전전략(balanced development strategy)이 이상적인 국가발전의 모형이라고 말할 수 있을 것이다.

제4장 정치발전론

제1절 / 정치발전의 개념론

정치발전(political development)이란 무엇인가? 그 개념정립에 대하여 학자들은 상이한 접근과 주장을 하고 있다. 마치 발전의 실체(reality)가 다양한 시각이 대립하는 것같이 정치발전의 실체 역시 논의의 시각에 따라서 상이하다.

그러나 정치발전의 포괄적인 가설 혹은 명제는 아래와 같은 기본적 요소를 포함한다. 예컨대 ① 정치발전은 어떤 변수(variables)로 구성되고 있는가 하는 문제, ② 정치발전은 정치적 방향과 좌표를 결정하고 있는 점, ③ 정치발전을 발전의 과정(process)과 목표(ends)로 보고 있는 점, ④ 정치발전을 사회체제(social system)의 하위체제(subsystem)로서 정치체제의 능력의 발전을 의미하고 있다는 점, ⑤ 정치발전은 발전의 일면을 의미하고 있는 점, ⑥ 정치발전을 계량적인 것보다는 가치측면의 정치의식, 태도, 행위, 정치문화, 정치적 안정, 제도적 변화, 정치적 합의 등을 포함하는 면이 논의의 초점이 된다는 점, ⑦ 정치발전은 정치변동(political change)과는 달리 정의 방향으로의 정치체제, 정치적 가치, 정치적 문화 등이 변화를 가져온다는 것, ⑧ 정치발전에는 특히 여러 발전모형(model)에 따라 상이한 결론이 있고 특히 정치적 모형 중에 elite모형과 복수주의적 모형(pluralistic model)이 매우 첨예하게 대립되고 있는 점 등이 포함될 수 있다.

정치발전의 개념을 논의하는데 있어서 우선 몇몇 학자들의 주장을 소개하면 다음과 같다.

첫째, Pye는[1] 정치발전의 개념을 다음과 같은 내용이 포함되는 것으로 이해한다.

① 경제발전의 전제요건으로서의 정치발전의 필요성
② 산업사회의 정치의 필요성
③ 정치적 근대화가 이룬 상태
④ 민주국가의 형성과 운영
⑤ 행정적 법적 발전
⑥ 대중의 이동성(mobilization)과 참여
⑦ 민주주의의 형성
⑧ 안정성과 질서있는 연동
⑨ 이동성과 권력
⑩ 다양한 사회변동의 과정의 일면 등을 주요내용으로 지적하고 있다.

이러한 정치발전의 내용은 비판적인 측면에서 예를 들면 ⑤번의 행정 및 법적발전이 중요하지만, 시민의 건전한 민주의식과 태도의 발전과 훈련이 빠져있고 또한 대중의 참여가 결여되어 있으므로 단편적인 견해라 할 수 있다. 뿐만 아니라 ①번의 경제발전에 정치발전이 선행됨은 큰 무리가 없는 주장이지만 경제성장과 발전이 반드시 정치발전과 일치된다는 견해는 무리한 주장이라고 할 수 있다. 그리고 ②번의 경우처럼 정치발전이 산업사회의 정치라고 함은 적

[1] Helio Jaguaribe, *Political Development: A General Theory and a Latin American Case Study*(New York: Harper & Row, Publishers, 1973), pp. 196-197. Lucian W. Pye, *Aspect Political Development*(Boston: Little Brown, 1966), Chapter 5.

절치 못한 기초이며, ③번의 경우에도 정치적 근대화는 정치발전과 동일개념으로 볼 수 있지만, 한가지 중요한 것은 정치발전이 반드시 서구화(westernization)라고 하는 데에는 이론상의 무리가 있다는 것이다.

둘째, Packenham은[2] 정치발전을 "기본적으로 개인의 자유를 유지하면서 근대화를 향한 계속적인 변화에 대응하고, 변화를 일으키는 의지와 능력(the will and capacity)"이라고 주장한다. 그의 주장은 매우 미시적 견해라고 할 수 있고 근본적인 시각에는 동의하나 너무 단순하며 특히 제도적 환경적인 측면을 소홀하게 보고 있는 것이 흠이다.

셋째, Eisenstadt는[3] 정치발전을 정치적 근대화(modernization)와 유사한 개념으로 보고 있다. 특히 그의 주장은 ① 고도의 다양한 정치적 구조의 발전, ② 중앙정부의 활동의 점진적 확대, ③ 전통적인 elites들의 변화 등이라고 지적하고 있다. 그의 견해에 있어서 특히 중앙정부의 활동의 점진적 확대가 정치발전의 핵심이라고 하는 데에는 일면의 주장도 있으나, 오늘날은 분권화와 지방화 시대에 보다 지역주민들을 위한 지방정부의 활동이 강화되어야 한다고 하는 기대가 상승되고 있는 추세에서 조명할 때에는 그의 논의의 내용은 문제가 있다고 보아야 할 것 같다.

넷째, Almond의 주장에 의하면[4] 정치발전은 다음과 같은 요소를 포함하여야 한다고 본다. 예컨대 ① 역할과 하위체제의 전문성, 자원의 융통성, 기능의 합리화, 자원의 창출을 포함한 역할의 변화(role differentiation), ② 하위체제 자율성, ③ 세속화(secularization)라

---

2 Robert Packenhant, "Political Development Doctrine in the American Foreign Aid Program," *World Politics* 18: pp. 194-235.

3 N. Eisenstadt, "Breakdown and Modernization," Economic Development and Cultural Change, July 12, 1964, pp. 345-367.

4 Gabriel Almond, Bingham Powell, *Comparative Politics-A Development Approach*(Boston: Little, Browm, 1966).

고 주장한다.

Almond의 주장은 매우 흥미 있는 지적인 것이 사실이다. 왜냐하면 정치발전을 보다 분석적으로 설명하고 있기 때문이다. 그러나 ③의 세속화가 반드시 정치발전에 포함되어야 하는지는 매우 의문이 갈 수밖에 없다. 왜냐하면 비서구적 모형에서의 정치발전은 오히려 비세속화도 문화적 측면에서 유지할 수 있으면서 정치발전을 유지할 수 있기 때문이다.

다섯째, Deutch의 주장은[5] 정치발전을 보다 광범위한 조명을 통하여 정치적 이동성과 동일하게 보고 있으며, 사회적 이동성을 정치적 이동성의 일반적 요건으로 보고 있다. 나아가서는 사회적 이동성은 사회적, 경제적, 그리고 심리적 단일성이 깨어지고 새로운 유형의 사회화와 행태가 이루어지는 과정을 말한다.

여섯째, Huntington은[6] 정치발전이란 정치조직과 과정의 제도화를 말하며 여기서 제도화(institutionalization)란 정치체제 내에서 특수한 조직의 제도화의 증감을 측정할 수 있는데 그것의 주요한 변수로 다음과 같은 것들이 있다. 예컨대 ① 적응성(adaptability)과 경직성(rigidity), ② 복잡성(complexity)과 단순성(simplicity), ③ 자율성(autonomy)과 지배성(subordination), ④ 응집성(coherence)과 분열성(disunity) 등이다.

특히 흥미있는 것은 Huntington에 의하면 정치발전의 속도가 경제발전이나 사회적 이동성(social mobilization) 즉 개인이나 집단 그리고 사회적 욕구기대감의 수준에 미치지 못할 때 욕망과 만족간의 차이(gap)가 생기고 그것은 바로 정치적 괴리(political gap)가 발생되어 정치적 불안정, 소득의 불평등, 인플레이션, 만연된 부패, 그리고 도시와 농촌간의 결과 등의 현상들이 발생된다고 주장하고 있다.[7]

---

5 Karl W. Deutch, "Social Mobilization and Political Development," American Political Science Review 55: pp. 493-514.

6 Samuel A. Huntington, "Political Development and Political Decay," *World Politics* Vol. 17(1965), pp. 386-430

이것은 매우 주목할 만한 논의이며 실제로 많은 개발도상국가, 특히 한국의 경우도 이와 같은 현상들이 나타나고 있다고 볼 수 있다.

일곱째, Diamant는[8] 정치발전이란 어떤 정치체제가 성공적이고 계속 적으로 새로운 형태의 목표와 수요와 새로운 유형의 조직의 창출을 유지하기 위한 증가된 능력을 획득하는 과정이라고 보고 있다.

여덟째, Organski는[9] 정치발전이란 국가의 목적달성을 위하여 그 국가의 인적 물적 자원을 활용하기 위한 정부의 효율성을 증대시키는 것이라고 주장하고 있다.

아홉째, Apter는[10] 정치발전을 어떤 지역사회에 있어서 기능과 역할의 분화와 통합이라고 보고 있다.

열번째, Weiner는[11] 정치발전의 연구에 크게 기여한 학자라고 할 수 있는데 정치발전은 ① 정치체제의 기능의 확산, ② 정치체제의 확산에 필요한 새로운 수준의 정치통합(political integration), ③ 이러한 새로운 통합문제에 대응하기 위한 정치제도의 능력의 제고 등을 정치발전의 개념으로 보고 있다.

Weiner의 견해는 정치발전에 필요한 요인을 정치체제의 기능확산, 그 능력의 확대, 그리고 제도화의 요청에 필요한 통합성 등을 상호 연결시키는 것이 특징이라고 할 수 있다.

이상과 같은 여러 학자들의 정치발전의 시각은 거의 단편적인 시

---

7 Somuel P. Huntington, Political Order in Changing Societies (New Haven: Yale University Press, 1968), pp. 53-54.

8 Alfred Diamant, "The Nature of Political Development," in *political Development and Social Change*, edited by Jason L, Finkle and Rishard W. Gable (New York: John Wiley, 1966), pp. 91-95.

9 A.F.K., Organski, *The Stages of Political Development*(New York: Knopf, 1965), p.7

10 David E. Apter, *The Politics of Modernization* (Chicageo: University of Chicago Press, 1965)

11 Myron Weiner, "Political Integration and Political Development," *Annals*, Vol. 358 (1965), pp. 52-64.

각이라 할 수 있다. 우리는 여기에서 통합적이고 체계적인 정치발전의 개념정의를 요청하게 되는데, 정치발전이란 궁극적으로 인간의 삶의 질의 향상을 위한 정치체제의 변화, 정치문화(political culture)의 향상, 그리고 정치적 환경의 바람직한 방향으로의 의식적·계획적 목표와 과정의 연속적이고 상호 유기적인 활동이라고 할 수 있으며, 그것은 인간의 존엄성과 가치의 보장이란 미래지향적 가치개념이라고 할 수 있다.

제2절 / 정치발전의 지표

정치발전의 정도를 나타내는 척도로서 지표(indicator)를 이용하는 방법이 있다. 사실상 정치발전은 경제발전과 같이 계량화(quantification)한다는 것은 매우 어려운 일임에 틀림이 없다. 왜냐하면 첫째, 정치발전은 고도로 주관적이고 가치판단적인 영역이므로 만약 논의하는 자의 가치판단의 기준에 따라서 정치발전의 지표는 상이할 수밖에 없다고 보기 때문이다. 둘째, 정치발전의 "다기능성(the multifunctional character)을 지니고 있는 만큼 단일한 척도를 가지고 정치발전도를 추정할 수는 없기 때문이다."[12] 그러나 정치발전의 척도를 하나로 정하기는 어렵다고 하더라도 학자들은 그 지표를 적어도 몇 가지로 나누어 설명하는 경향이 있는데, 예컨대 S.N Eisenstadt는 정치발전의 특성을 다음과 같이 설명하고 있다.[13]

① 정치적 역할과 제도에 대한 고도의 분화와 특수한 목표지향적

---

12 차기벽, 근대화정치론 (서울: 박영사, 1980), p. 101

13 S. N. Eisenstadt, "Bureaucracy and Political Development" in LaPalombara(ed.), Bureaucracy and Political Development (Princeton: Princeton University Press, 1973), p. 99

인 중앙집권적인 통일된 정치체(polity)의 발전이다.

② 중앙행정 및 정치조직의 활동의 확대 및 사회의 제영역과 지역에 대한 점진적 침투(permeation)라고 한다.

③ 그 사회와 모든 성인시민들에까지 보다 광범위한 집단으로 잠재력이 파급되는 경향을 말한다.

④ 잠재력(potential power)을 가진 피지배자에 대한 지배자들의 이념상 제도적 책임(accountability)의 증대이며 또한 지배자들의 정통성의 약화와 전통적 elite들의 약화 등을 들고 있다. S.N. Eisenstadt의 이러한 정치지표는 정치발전의 지표를, 특히 후진국이나 개발도상국가에 적용하여 볼 때, 정치구조의 내부적 능력증대로 보는 점이 특징이라 할 수 있을 것이다.

둘째, Joseph LaPalombara에 의하면[14] 정치발전의 지표는 ① 정치적 기능의 수행에 관련된 제도의 구조적 변화의 정도(degree of structural differentation), ② 정치제도의 범위나 크기(magnitude)로서 예컨대 정치활동의 비율, ③ 정치적 인사의 모집 및 역할변화에 적용되는 성취지향적(achievement orientation)의 정도, ④ 모든 정치적 기능의 지속적 수행에 있어서 세속화의 정도(degree of secularization) 등 네 가지를 지적하고 있다.

셋째, F. Heady에 의하면[15] 정치발전의 지표는 다양한 것을 제시하고 있는데 예컨대 민주성, 안정성, 정당성, 참여성, 동원성, 제도화, 동일화, 능력성, 다분성, 침투성, 분배화, 결합화, 합리화, 관료화, 안전화, 복지, 정의 그리고 자유 등을 열거하고 있다.

---

14 Joseph LaPalombara, "Bureaucracy and Political Development: Notes, Queries, and Dilemmas," in *Bureaucracy and Political Development*, edited by Joseph LaPalombara(Princeton: Princeton University Press, 1963), pp. 39-46.

15 F. Heady, Public Administration: A Comparative Perspective(3rd edition) (New York: Marcel Dekker, Inc., 1984) pp. 84-97.

넷째, 특히 정치발전의 지표에 있어서 Helio Jaguaribe의 지적은 흥미 있다.[16] 몇 가지 대표적인 지표의 예를 들면, ① 정치발전의 방향성(political direction), ② 정치발전의 변수의 다양성, ③ 정치발전의 과정(process)성, ④ 정치발전의 정치적 근대화(political modernization)와 정치적 제도성(political institutionalization)(PD=M+I)[17] 등으로 나누고 있다. F. Heady는 Helio Jaguaribe의 정치발전의 개념의 지표가 근본적으로 근대화와 제도화의 두 구성단위로 연결된다고 지적하고 있다.

다섯째, A.F.K Organski에 의한 정치발전의 지표를 지적하면 사실상 발전의 단계적인 면과 일맥상통하는데 예컨대 ① 일반적인 통일의 단계에서의 지표, ② 산업화의 정도를 나타내는 지표, ③ 국가의 복지를 나타내는 정치의 지표, ④ 풍요를 나타내는 지표 등으로 분류하고 있다. 따라서 Organski에 의하면 개발도상국의 정치발전의 지표는 산업화의 발전지표와 연결될 수 있겠는데, 실제로 정치발전과 경제발전간의 지표상의 차이를 발견할 수 없는 고로 이것은 결코 예리한 분석이라 할 수 없을 것 같다.

제3절 / 정치발전의 유형

정치발전의 유형의 특징을 고려하는 것은 흥미있는 일인데 왜냐하면 각 국가는 정치발전의 유형이 시대별로 상이하나 특히 이 문제에 대하여 L.E. Black은 매우 잘 분류하고 있다. 실제로 그는 역

16 Helio Jaguaribe, op. cit., pp. 207-208

17 정치적 근대화는 다시 ⓐ 합리성 ⓑ 구조적 변수 ⓒ 능력(capability) ⓓ 정치적 이동성 ⓔ 정치적 통합성(political integration) ⓕ 정치적 대표성(political representation) 등으로 나뉜다.

사적인 차원과 함께 근대화된 leadership을 이룬 통합단계, 경제와 사회변형의 발전단계 그리고 사회의 통합단계로 세분하여 유형을 설명하고 있다. 주목할 것은 Black은 사회통합의 단계에서 전체의 일곱 유형 중에서 제 1유형을 영국과 프랑스, 제 2유형을 미국, 캐나다, 오스트레일리아, 뉴질랜드를, 제 3유형은 벨기에와 룩셈부르그, 네덜란드, 스위스 등 21개국, 그리고 제 4유형은 브라질, 칠레, 우루과이 등 22개국, 제 5유형은 일본, 소련, 중국 등의 8개국, 제 6유형은 알제리, 타이완, 필리핀, 한국 등의 49개국, 그리고 마지막 제 7유형의 국가부류로 가나, 리베리아, 기니아 등 40개국을 예로 들고 있다. 주목할 것은 그에 의하면 발전의 유형에 따라서는 경제사회적 변화나 사회통합의 면에서 아직 확실하게 밝혀지지 못하고 있는 것을 볼 수 있고, 발전유형 중 제 4유형~제 7유형은 모든 국가가 사회통합과정을 받지 못했다고 주장하고 있다. 그는 역사학자적인 면에서 근대화와 발전을 논의하기 때문에 이러한 자료의 근거는 역사적 변수가 주로 활용되었을 줄로 알지만, 정치적 발전의 정도를 leadership, 경제사회변형, 사회통합으로 시대별로 나눈다는 것은 지극히 어려운 일이고, 그 국가마다의 정치적 변수를 고려해야 될 것인 고로 이것은 너무 단조로운 분류인 것 같다.

제4절 / 정치발전의 전략

정치발전의 전략은 선진국의 경우보다도 정치발전이 늦은 후진국이나 개발도상국의 중요한 국가적 과제라 할 수 있다. 왜냐하면 비록 경제발전이 잘 되었거나 계속 상승하고 있더라도 정치발전이 뒤따르지 못할 때는 심각한 사회적 불안정과 갈등(conflict)이 유발될 수 있기 때문이다.

정치발전을 논의하는 데 있어서 몇 가지 전략을 고려해 보기로 한다.

우선 구조기능주의적 시각(structural functional approach)에서 Gabriel과 Almond는 정치발전에 있어서 정치문화(political culture)와 태도(attitudes), 가치 혹은 신념의 향상과 발전이 정치제도와 연결될 때 정치발전이 이루어진다고 함으로써 정치사회학(politic sociology)적 측면에서 발전전략을 논의한다.

특히 정치발전의 전략 중에서 균형발전론(equilibrium development theory)은 매우 설득력이 있다고 보는데, 왜냐하면 경제발전이나 사회발전과 정치발전은 어느 것 하나가 균형을 상실할 때 심각한 괴리현상(gap phenomena)이 발생하게 되고 이것은 사회적 정치적 불안정과 계층간의 갈등이 유발되기 되기 때문이다. 이러한 발전전략은 S. Huntington의 시각에서 매우 논리적으로 설명되고 있는데 정치사회의 불안정의 원인을 정치적 괴리(political gap)현상이라고 지적한다.[18] 불균형이론은 경제성장과 발전을 최우선 순위로 둠으로써 정치발전의 속도와 현저한 차이를 두게 되는데 이러한 것은 후진국이나 개발도상국에서 흔히 발생되는 현상이다.

앞서서 논의한 바와 같이 정치문화적 차원에서의 정치개발전략은 실제로 후진국이나 개발도상국에 있어서 매우 바람직한 발전전략이라 할 수 있다. 여기에서 정치문화란 James Wilson에 의하면[19] 어떻게 정치와 통치가 이루어져야 하는가에 대한 유형화된 사고방침이다(a patterned set of ways of thinking). 따라서 정치문화적 태도신념, 그리고 가치의 통합적 개념이라고 할 수 있으며 그것은 근원적으로 어떻게 정치과정이 운영되고 그러한 것이 당연한 것으로 받아들여지는 가설에서 출발한다.[20] 정치문화적 발전전략은 매우 중요하게

18 S. P Huntington, "Political Development and Political Decay," World Politics 17(1965), pp.386-430.

19 James Wilson, American Government (2nd ed.) (Lexington: D.C. Heath and Co., 1983), p. 72.

정치발전의 측정과 방법으로 사용된다. James Wilson은 정치문화적 시각에서 미국인들의 여러 가지 정치적 가치와 태도를 연구하고 지적하는 중 그들의 정부불신이 점점 증대하고 있음을 다음의 예를 들어 설명한다.[21]

특히 흥미있는 것은 미국인들의 정치적 가치는 자유(liberty), 개인주의(individualism), 평등(equality), 법치주의(rule of law), 시민의 의무(civic duty) 등이지만 많은 때에 정치문화적 가치는 사실(facts)과 규범(norm) 사이에 심각한 괴리현상이 내재하고 있다고 하는 복수주의적 시각에서 예리하게 비판하고 있음을 주목할 필요가 있다.

[그림 4-1] 미국인들의 정부 불신의 증대

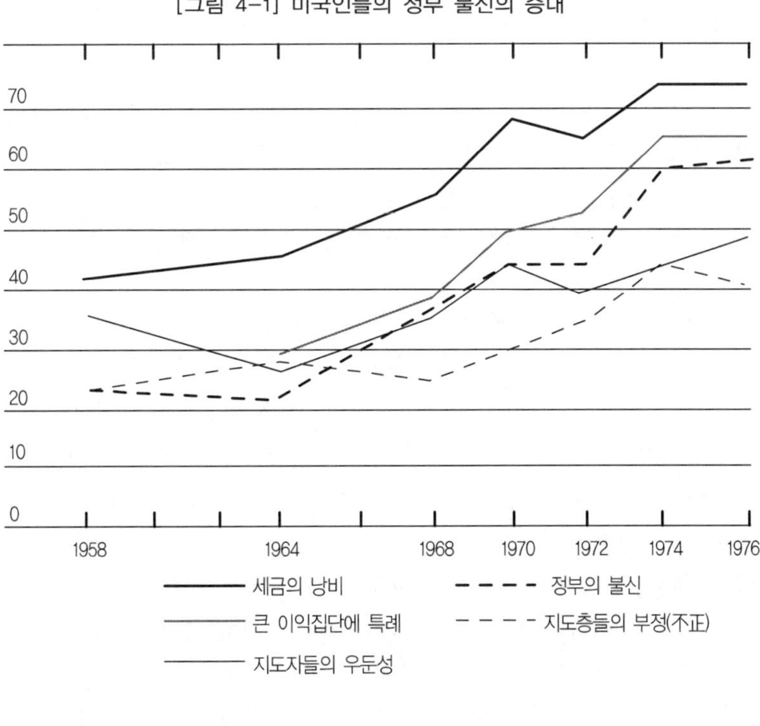

20 Ibid., p. 73.

21 Ibid., p. 73.

[설문내용]

1. 당신은 올바른 일을 하기 위해 워싱턴 정부를 얼마나 오랫동안 신뢰할 수 있습니까?
즉 언제나, 대부분, 단지 얼마동안?

2. 당신은 정부가 큰 이익집단에 의하여 운영되고 있다고 봅니까? 그렇지 않으면 대다수 국민들의 이익을 위하여 운영되고 있다고 봅니까?

3. 당신은 정부가 우리가 내는 세금을 낭비하고 있다고 봅니까? 혹은 부분적으로나 또는 전혀 낭비하지 않는다고 봅니까?

4. 당신은 정부를 운영하는 거의 모든 지도자가 그들이 언제나 무엇을 하고 있는가를 알고 있는 지혜로운 사람들이라고 봅니까? 그렇지 않으면 상당수가 그들이 무엇을 하는지 알고 있지 않는 것처럼 보입니까?

5. 당신은 정부를 운영하는 상당수의 지도자들이 약간 부정하다고 합니까? 그렇지 않으면 전혀 부정하지 않다고 봅니까?

출처: 미시간대학교 사회조사연구소에서 제공된 자료에서 John McAdams에 의한 도표.
James Q. wilson, American Government(Lexinton: D. C. Heath & Co, 1983), p. 82.

한국적 상황에 적용하여 볼 때 우리는 오래 동안 건전한 정치문화가 형성되지 못하였다. 정치문화와 군사문화의 혼재, 정치문화와 행정문화의 갈등 그리고 개인의 정치지도자를 중심한 비합리적 사적 할거주의(sectionalism)가 판을 치고 또한 공사구별이 없는 사인주의(personalism)와 가족주의적 정실주의(favorism)가 정치문화를 불건전하게 지배하여 왔다고 할 수 있다. 이러한 불건전한 정치문화는 발전전략적 차원에서 개선되어야 할 것이다.

다음으로는 정치지도자(political leader)의 발전을 통하여 정치발전의 전략을 수립 할 수 있을 것이다. 사실 지도자(leader)는 모든 조직문화(organizational culture)의 쇄신적 개발역할 담당자로서 매우 중요하다. 더구나 정치조직에 있어서의 지도자의 개발은 정치발전의 전략으로서 매우 중요한 의미를 가지고 있다.

예컨대 1958년경에 Tannenbaum과 Schmidt는 조직의 지도자가 갖는 태도를 독재적 leadership style(boss centered leadership style)과 부하중심적(subordinate centered leadership style) 민주적 leadership style로 나누어서 조직에서 주어진 권위(authority)의 행사정도에 따라서 일곱 가지의 유형으로 나누어서 설명한 일이 있다.[22]

이러한 Leadership style을 정치적 조직에 접목시켜 볼 때 정치발전의 핵심적 변수인 정치지도자가 아직도 독재적 leadership style을 계속 행사한다면 민주적 정치발전을 기대하기는 어렵다고 할 수 있을 것이다. 그와 반대로 정치지도자가 부하의 인격과 가치를 신뢰하고 보다 자율적이고 민주적으로 정당조직을 운영한다면 매우 바람직한 정치발전을 기대할 수 있을 것이다. 이와 관련하여 최근에 Lindenberg와 Crosby[23]는 개발도상국가에 있어서의 정치발전을 정치적 관리환경을 적극적이고 창의적으로 감당할 중견간부의 양성이 필요하다고 지적하고 있으며 이어서 Hondale도 1980년대에 있어서의 발전행정의 중요한 문제는 바로 인간의 복지향상(human well-being), 조직관리와 활동, 그리고 전략적 관여의 지속성(sustainability)이라고 지적하고 있는데[24] 이것은 바로 정치적 leadership을 발휘할 수 있는 인적 자원이 필요하다는 것이다.

정치적 지도자의 능력은 크게 기능적 차원에서 지도자가 태어날 때 가지고 있는 지도자로서 속성(trait)에 초점을 맞추어 보는 연구가 있는가 하면 또 하나는 후천적 이론적 원인에 있어서 상황적 접근연구(situational approach)가 있어서 leader는 태어나는 것이 아니라

---

22 Schmidt Tannenbaum, "How to Choose a Leadership Pattern," Harvard Business Review (March/April, 1958), in Leadership Organizations written by Gary A. Yukl(Englewood Cliffs: Prentice-Hall, Inc.,1981), p.205.

23 Young Jong Kim, Bureaucratic Corruption: The Case of Korea(Seoul: Choon Choo Gak Publishing Co., 1986), p.67.

24 George Hondale, "Development Administration in the Eighties: New Agenda or Old Perspective," in Public Administrative Review, Vol.42,No.2 (April 1982), pp.174-179.

형성된다고 보는 것이다. 그러나 이 두 이론은 각각 일면적인 견해라고 반박하면서 소위 행태이론(behaviorism)이 있는데 이것은 두 견해를 모두 수용할 수 있는 특징이고, 속성과 환경을 절충론이라고 할 수 있다.[25]

특히 흥미있는 것은 R.M.Stogdill은 leadership에 관한 124개의 문헌자료를 분석하여 leader가 갖는 특징을 분석하고 있는데[26] 그것은 ① 능력 ② 업적 ③ 책임감 ④ 참여 ⑤ 지위 등을 들고 있다. Gray Yukl에 의하면 지도자가 구비해야 할 자질로서 ① 대화기술 ② 인간관계기술 ③ 융통성 ④ 조직성과 계획성 ⑤ 정력 ⑥ 창조성 ⑦ 의사결정력 ⑧ 안정감 등을 듣고 있다.

다음에 정치적 지도자의 집단의 구조적 분석과 특징을 통하여 leadership을 이해하는데 도움이 된다. 이 문제는 특히 Elite Theory와 Pluralist Theory의 양대 이론이 정치학계의 큰 두 줄기의 대립된 학맥라고 할 수 있다. 따라서 이러한 이론적 상이성이 바로 분석의 초점이다.

첫째, 복수주의적 모형에서는 지도자를 일종의 사회구조적 관계로서 대중(mass)에 의하여 창출되고 형성된다고 본다. 대중이 power의 주체이며 대중이 정치발전의 주력부대이다. 대중은 근원적으로 ① 갈등의 존재, ② 경쟁의 필요성, ③ 협상(compromise)에 의한 의견조정필요, ④ 개인의 관계, 인간의 가치 존중, ⑤ 정치지도자를 대중의 여론에 의하여 만들고 배출된다고 보게 된다. 이러한 이론에 의한 정치발전의 철학은 전통적으로 민주주의적 정치발전의 철학적 배경과 매우 친밀한 관계에 있고, 이것은 미국의 정치적 흐름과 배경의 큰 주류를 이루고 있음이 사실이다. 대표적인 학자는 James Wilson과 Robert Dahl 등이다.

---

25 Gray A. Yukl,op.cit., pp. 67-81.

26 R.M. Stogdill, "Personal, Factors Associate with Leadership," Journal of Psychology, Vol.25, No.64(1948), pp.35-71.

반면에 정치조직의 구조 속에는 대중의 힘이 아니라 소수의 지배계급(ruling class)이나 지배엘리트(ruling elites)가 있어서 모든 정치현상을 주도하며 특히 파워란 바로 지배엘리트들의 가치(value)분배 그 자체이며 그것이 바로 체제(system)라고 하는 elite이론이 강력하게 도전하고 있다. 이러한 elite이론가들은 어느 사회, 어느 국가, 어느 시대를 막론하고 인간의 삶의 조직구조에는 언제나 지배자는 소수의 elites이라는 것이다. 대중은 오히려 무력하고, 비전문성이며, 때로는 비관용적이고 폭력적이기도 하다고 공박한다. 따라서 그들의 주장은 이상론이라기보다는 실제론이며 사실과 현실에 입각한 지배철학에서 나왔다고 할 수 있다. elite이론가들은 그들이 오히려 민주적이라고 하는데 그 이유는 대중은 매우 비합리적이고 감정적이며 폭력적이 되기 쉽기 때문이다. 정치적 의사결정(political decision making)과정에 있어서 실제로는 전문성을 가진 elites이론가들이 의사결정을 거의 행한다고 본다. 오히려 그들이 관용적이고 합리적이라는 것이다. 이러한 주장의 대표자들은 Mosca, Domhoff, Dye, Edelman, Michels 등을 들 수 있다.[27]

이 양대이론이 정치발전을 전략에 관계되는 의미는 결론적으로 요약하면 어느 것이 옳다고 하는 가치판단을 내리는 것은 잠시 유보해야 할 필요가 있을 것 같다. 왜냐하면 정치발전의 전략은 실제로 국가사회의 구조적 특징, 역사성과 문화적 변수, 지정학적(geo-political) 요건과 상황, 주어진 과제의 성격, 발전의 정도, 미래지향적 발전목표와 지표의 강조성의 차이 등 때문이라고 일단 보기로 한다. 일반적으로 정치발전이 강력한 지도자의 등장과 elites에 의한 의도적이고 수직적인 힘으로 유도하여 왔고, 사실상 그러한 것은 불행하게도 많은 경우 신생국가나 후진국 또는 개발도상국가들의 정치 발전의 전략에 실패한 경우를 많이 본다. 비록 그것이

---

27 Tomas R. Dye and Zeigler Harmon L., The Irony of Democracy(Monterey: Duxbury press,1981), pp.146-166.

때로는 경제성장의 성공적 사례가 되었다고 하여도 정치발전은 실패한 경우가 바로 그러한 경우이고, 한국의 경우가 그 대표적 사례국이라고 하여도 과언은 아닐 것이다.

이러한 맥락에서 볼 때 정치지도자에 의한 정치발전이론은 실제로 대중의 정치적 의식과 정치문화적 수준의 향상 그리고 그들의 정치적 참여(political participation)가 매우 중요한 발전의 전략으로 지적된다. 특히 한국의 사례에도 적용하면 정치지도자는 외생적(exogeneous) 여건에 의하여가 아니라 내생적(endogenous) 요인을 시민에 의한 합의(consensus)로서 지도자가 배출되고 그렇게 됨으로써 국민의 지지와 사회적 통합성(social integration)이 커지는 민주적 정치발전이 이루어질 수 있을 것이라고 본다. 왜냐하면 무력과 외생적 힘과 권위주의적 정치지도자는 결코 건전한 정치발전을 이루는 지도자가 될 수 없기 때문이다.[28]

제5절 / 한국의회정치발전전략

Ⅰ. 문제의 제기

모든 사회과학이 궁극적으로는 과학철학(philosophy of science)의 배경을 가지고서 사회현상(Social phenomena)을 분석, 체계화 그리고 통합화하는 이론적 실체(reality)의 접근을 시도하는 것처럼 한국의회정치 현상도 정치철학의 맥락적 배경(contextual background)을 중시하지 않을 수 없다.

의회정치현상(political phenomena)은 보는 시각에 따라서 그 실체를 분석하는 방법과 또는 결과가 상이할 수 있고 특별히 의회정치

---

28 김영종, "의회정치발전," 민족지성, 통권 제 4호(1986년 6월), pp.1110-120.

형상을 미래지향적 가치개념인 정치발전적 측면에서 상호 연계성을 지울 때는 더구나 접근시각의 명제가 필요하다 할 수 있다. 예를 들면 한국의회정치현상을 실증주의(positivism)적 실재론(realism) 또는 일반결정론(determinism)적 시각에서 조명할 때 의회정치현상은 보다 객관적인 면을 강조하게 되어, 한국의회정치현상의 문제점이나 그 배경은 보다 거시적 체계나 제도적 측면, 또는 정치환경(political environment)적 변수에 역점을 두게 된다. 따라서 그 문제점의 실체는 보다 외면적, 제도적, 객관적, 결정요인을 중시하여야 그 실체에 더욱 접근할 수 있다 하겠다.

다른 한편 한국의회정치현상을 의사자유론(voluntarism)적, 명목주의(nominalism)적 또는 비실증주의(anti-positivism)적 시각에서 논의할 때는 의회정치현상의 현주소는 보다 주관적, 미시적, 그리고 의회조직구성(즉 의원이나 전문위원 등)들의 개별적 행태나 의식구조 또는 그들의 정치가치관 등이 표출된 현상을 분석하는데 초점을 맞추어야 될 것이다. 물론 의회정치도 정치현상의 중요한 부분을 차지하고 있고 한국의회정치현상의 정치발전적 시각으로는 일단 문제점이 있는 것으로 명제화할 때 그 문제점의 실체분석은 어느 방법이 가장 바람직할 수 있을까 하는 것이 여기에서 논의하는 첫 번째 중요한 과제라고 할 수 있다. 대체적으로 사회과학철학의 현대적 조류가 과제의 실체분석에 지나친 양극적 이분법(dichotomy)적 분석시각은 많은 문제성을 내표하는 것으로 보기 때문에,[29] 우리는 한국의회정치현상의 분석방법론은 과학철학의 일반적 조류에 따라서, 실제를 보는 시각을 상호보완하거나 통합(integration)하여 보는 접근방법이 이상적일 것이다. 본 연구의 접근방법의 초점은 정치이상을 정치문화현상(political cultural phenomena)으로 파악하며 의회정치이상을 의회정치체제를 구성하고 있는 의원 개인들의 정치적 태도,

---

[29] Gibson Burrell and Gareth Morgan, Sociological Paradigms and Organizational Analysis (London: Heinemann, 1980), pp. 1-35.

동기, 신념, 그리고 가치 등의 집합적 개념이라고 보게 되는 것이다.[30] 따라서 한국 의회정치현상을 정치문화현상적 입장에서 파악하고, 나아가서 elites이론집단, 체제, 기타 정치경제학적 시각에서 보완하여 설명할 때 더욱 의회정치현상의 실체에 가깝게 접근할 수 있다고 하겠다.

한국의회정치현상을 논하는데 있어서 제기될 수 있는 문제점을 몇 가지 명제를 정하여 다음과 같이 논한다.

첫째, 건전한 의회정치문화의 형성이 시급하다. 즉, 의회기능의 활성화 문제이다. 다시 말하면 현대국가의 행정수요의 증대와 조직의 거대화 및 국가기능의 확대에 따른 행정부의 우위는 필연적으로 입법부의 기능을 약화 내지 무력화하여 통법부로 전락하게 한 것에 유의할 때 그것을 극복하기 위한 방법으로 국회기능의 활성화가 시급하다고 할 수 있다.

둘째, 의회정치문화의 구조적 변수에 관련된 의원들의 정치행태의 개선점이다. 민주주의는 의회정치이며 의회정치는 바로 건전한 민주주의의 구체적 철학인 문제의 발견, 타협과 협상, 그리고 문제의 해결의 연속적 역학관계가 역사철학의 변증법적 정도에서 발전되어야 한다. 지나친 양극화된 정치장과 물리적 힘의 사용으로 인한 긴장된 의회정치현상, 그리고 소위 장내정치현상을 장외정치현상으로 유도하는 극단적 정치문화가 문제의 심각성을 초래하게 된다고 할 수 있다.

셋째, 의회정치의 독립변수적 역할이다. 물론 현대국가의 일반적 정치현상이 의회정치보다는 행정부 우위에 입각하여 정책형성과 달

30 Glenda M. Patrick, "Political Culture" in Social Science Concepts: A Systematic Analysis, edited by Giovanni Sartori (Beverly Hills: SAGE Publications, 1984), pp. 265-310. Patrick는 1961~1980년의 기간 중 35명의 학자들의 정치문화연구논문을 통하여 분석하여 본 결과 정치문화의 특징을 가치 (Values), 신념(beliefs), 태도(attitudes)가 가장 중요한 변수임을 발견하였다.

성 그리고 행정부의 정치 elites와 의회정치 elites와의 지나친 권력협상은 의회정치의 입법통제적 기능을 약화시킬 수 있는 소지가 됨은 주지의 사실이다. 이것은 의회중심에서 행정부중심의 신공공철학에 의하여[31] 의회정치의 위기를 초래하고 말았다. 위기극복을 위해 의회정치는 곧 독립변수로서 정치발전의 중요한 지표적 역할을 하여야 할 것이다. 바로 이것은 의회정치와 행정부와의 관계에서 정치현상의 역학적 관계로서 파악되어야 하며 억제와 균형(check & balance)의 원리라는 Montesquieu의 권력분립논리에도 부응되는 정치철학적 배경을 가지고 있다.

넷째, 의회정치는 다양한 민의의 수렴역할을 가져야 한다는 점이다. 의회정치는 근본적으로 Elite Model보다는 복수주의적 Model에 입각하여 각계각층의 사익집단(interest groups)의 사익관계를 조정하고 통합하는 조직발전역할자의 기능을 강화해야 한다는 명제이다.[32] 민의를 수렴하기 위하여 의원들의 활동을 더욱 강화되어야 하고 일반국민과 긴밀한 의사소통으로 민의반영의 역할담당자로서 고유한 의미를 더욱 승화시켜 나가야 정치발전에 기여할 수 있다.

다섯째, 의회정치발전은 주어진 제도적 장치를 가장 합리적으로 운영하는 지혜와 기술을 구비할 수 있어야 할 것이다. 특히 정치발전의 중요한 지표의 하나로서 자율성과 분권 그리고 참여성을 확보하기 위하여 보다 생산적인 운영방법과 지혜가 필요한데 특히 상임위원회(standing committee) 제도를 최대한 활용하고 그들에게 권한의 위임과 전문성의 제고를 키워나가야 할 것이다.

---

31 Theodore, J. Lowe, The End of Liberalism (New York: W.W. Norton & Company, 1979), pp. 94-126. Lowi는 New Public Philosophy란 말로 표현하면서, 행정부중심에서 White House 중심의 정치라고 한다.

32 이 논의는 갈등과 대립을 경쟁, 협상, 그리고 참여에 의한 해법은 Pluralistic Model이 실질상 국민의 대의기관의 본질에 상응한다고 하는 관점에서 보는 것이며, 결코 elites model을 반론적 입장에서 부인하는 것이 아니다. Thomas R. Dye and Zeigler Harmon L, The Irony of Democracy (Monterey: Duxbury Press, 1981), pp. 1-25, 356-397.

상임위원제도를 활용함은 분권화 전문성에 기인한 의회 제도를 활성화하는 것이요 나아가서는 긴장과 대결 협상의 중추적 기능을 회복한다는 뜻을 의미한다고 할 수 있다.

여섯째, 의회정치의 질적 향상을 위한 방법의 문제로서 의원들의 정치역량증대를 위한 정치환경적 변수조정문제이다. 거시적 환경으로서는 특히 권력구조상의 문제가 되겠으나 미시적 시각으로서는 의원들이나 전문위원의 정치적 역량의 향상을 위한 심층분석적 방안이 제기될 수 있다. 한마디로 위와 같이 문제의 설정과 명제로서 한국의회정치현상을 독립변수 또는 종속변수로 보는 통합적 시각에서 초점을 맞추고 특히 기술적 또는 규범적 측면에서 문제의 실체를 논의하나 때로는 실증적 자료도 제시하여 본다. 독립변수적 시각은 의회정치는 대의기능과 일반국민여론의 수렴을 위해 복수주의적 측면에서의 민주통합적 기능을 의미하고, 의회정치의 합리화와 발전은 행정정책결정자와 정치 elites의 매개변수적 역할과 기능을 수행하여야 된다고 보는 것이다.[33] 종속변수적 개념이란 정치발전의 지표 등에 의회정치발전의 지표를 설정하여 주로 정치발전에 대한 제독립변수의 발전으로 인하여 의회정치변수도 변동될 수 있다는 개념적 지원을 의미한다.

Ⅱ. 정치발전과 의회발전의 개념

정치발전이란 용어는 무수히 많은 학자들의 시각에 의하여 분석되어 왔고 주장되어 왔다. 그러나 아직도 논쟁이 종결되지 않은 것은 발전문제의 실체분석에 관한 철학적 관점 내지 시각의 차이 때문이거나 또는 발전 지표에 대한 선정문제, 환경적 차이에 따라서

33 Henry, Nicolas, Public Administration and Public Affairs (Englewood Cliffs: Prentice-Hall Inc., 1975), p. 4. ; 안병만, 한국정부론(서울: 차산출판사, 1985), pp.274-275.

발생하는 발전의 변수에 대한 우선순위의 문제 또는 시간과 공간의 차이에 따른 발전역학관계 등의 차이 때문이라고 생각한다. 예를 들면 최근에 F.Riggs[34]는 발전의 개념을 정의하면서 특성과 빈도수(frequencies)를 기준으로 서열을 두고 있는데 선택, 생산, 분화, 사회적 이동성, 참여, 근대화, 통합성, 전통적 가치와 현대적 가치(SARUS), 생존성, 자율성, 정통성, 민주성 그리고 안정성 등으로 순서를 배열하고 있다. F.Riggs의 이러한 시각에 의하면 물량적, 계량적 측면의 특성이 바로 발전의 우선권을 차지함을 강조한다. 이에 반하여 G.Hondale[35]은 인간복지, 조직관리 그리고 전략적 관여 등을 내세우므로서 질적인 면에서 발전을 논하고 있다. 특히 정치발전의 시각은 단선적인 결정론적 정치진화론 입장, 몰가치적 객관적인 면을 강조한 전통적인 서구적 개념에 보완하여, 통합적 시각에서, 개발도상국가들의 특수성을 고려함으로서 그들이 갖고 있는 역사적, 문화적, 정치현상의 여건을 강조한다. 나아가서 시간 공간론적 정치발전은 사차원의 세계적 발전론적 입장이니 공간으로서의 구체적 장소에 시간개념을 포함한 동태적 분석에 의한 가치지향성으로서의 단위간의 비교발전론적 접근방법이다. 이와 같은 다양한 정치발전의 논의는 E.W. Weidnerd의 주장과 같이[36] 방향설정지향적, 체제변동, 그리고 의도된 계획 등의 세 가지 의미를 포괄하는 것이 이상적 발전모형이라고 하는데 주목할 필요가 있을 것이다.

한마디로 발전은 진보와 변동성장과 변형을 포함하여 양적·질적 개념이고 보편성과 특수성 또는 장기적 단기적 그리고 목표와 과정

---

34 Fred Riggs, "Development" in Social Science Concept, edited by Giovanni Sartori(Beverly Hills: SAGE Publications, 1984), pp.125-203.

35 George Hondale, "Development Administration in the Eighties: New Agenda or Old Perspectives," in Public Administration Review, Vol.42 (March/ April, 1982), pp.174-179.

36 Edwark W. Weidner(ed.), Development Administration in Asia (Durham: Duke University Press, 1970), pp. 8-20.

의 총체적 가치개념이라고 할 수 있다. 그런데 특별히 경제발전의 계량적 의미에 비교하여 정치발전은 질적개념으로서 가치지향적 목표와 과정 그리고 선진국과 개발도상국의 보편성과 특수성의 상호보완적 형이상학적 개념이다.[37] 이러한 정치발전의 개념은 독립변수적 개념으로서의 의회발전을 선도하는 주체적 의도적 개념이 있는가 하면 의회발전이 독립변수이며 정치발전은 종속변수로서 전자의 발전은 정치발전의 결과적 의미를 가져올 수 있다. 따라서 의회발전 내지 의회정치발전과 정치발전은 상호함수관계적인 개념 설정을 할 수 있다. 예컨대 정치발전을 P.D라고 하고 의회정치를 L.P라고 할때 P.D=f(LP)가 될 수 있고 L.P=f(P.D)도 될 수 있는 관계등식이 성립된다. 나아가서 의회정치발전의 여러 변수 중 인적변수인 의원을 중요정치발전의 구성요인으로서 보아 P라고 놓고, 의회제도의 개선을 S라고 하고, 의회조직체의 외적관계 특히 행정권과의 역학관계를 G로 놓고, 기타 일반사회문화적 정치적 환경의 변수를 E라고 할 때 우리는 다음과 같은 공식을 만들 수 있다. 즉 PD=f(P.S,G,E). 요컨대 우리가 문제의 제기 부분에서 이미 논의한 바와 같이 한국 의회정치의 현주소는 몇 가지 문제점이 있는 것으로 명제를 설정하였으므로 의회정치발전은 바로 정치발전의 가장 큰 변수로서 작용한다고 할 수 있다. 특히 한국적 상황에서는 주권자인 국민의 정치적 대표로서 국민의 다양한 여론을 정치제도권의 장내로 수렴하고 대립과 갈등의 제이익집단(interest groups)의 이익을 조정, 화해하며, 정치사회를 통합하는 사회통합적 기능과 역할을 수행함으로서 의회정치발전지향적이 되어야 할 것이다. 특히 현대 행정국가의 조류에 따라서 행정부의 일방적 독주로 인한 관료제도의 역기능에 제동을 가하고 균형과 견제를 통하여 국가발전의 이상과 목표를 실현해야 하다는 데에도 큰 의미가 있다고 하겠다.

---

37 Young Jong Kim, A Model Building of Bureaucratic Corruption in Developing Countries: The Case of Korea (Tallahassee: The Floria State University, 1985), pp. 50-64.

Ⅲ. 정치발전전략방안으로서의 의회정치

위에서 논의한 바와 같이 의회정치는 정치발전에 깊은 함수관계를 가지고 있다는 개념적 명제를 설정하고 특히 한국정치발전은 독립변수인 의회정치발전으로 가속화를 가져올 수 있다는 것을 고려할 때, 그 전략방안으로서 의회정치의 현황에 대한 발전적 조명을 하여 본다.

첫째, 한국의회정치의 질적 변화, 자율성 및 활성화제고이다. 의회정치의 질적 변화란 의회정치현상의 주체자인 의원들의 정치문화의 변화에 초점을 맞출 수 있다. 예를 들면 한국의회정치의 주역인 국회의원의 학력별 배경을 보면, 제1공화국 때의 국회의원은 40.0% 제2공화국 때에는 41.8%, 그리고 제3공화국 때에는 70%, 제4공화국 때에는 84%가 대졸자 이상이었다.[38] 제1공화국부터 제4공화국까지의 평균 대졸이상 학력은 59%로서 선진국인 미국의 91~100%가 대학졸업자 국회의원인 것을 볼 때 아직도 상당히 차이가 많은 것을 볼 수 있다. 물론 고학력이 우수한 국회의원의 자격인 것으로 평가하는 척도에는 무리도 있으나 국회의원이 민의의 대변인으로서 기능을 발휘하는 데 중요한 변수임에는 틀림없으며 “국회의원의 높은 교육은 극히 바람직한 일이며 국회의원이 되기 위한 하나의 현실적 필요조건이 되기도 한다.[39] 특히 논자가 직접 실증적으로 조사한 자료에 의하면[40] 미국의 경우 1959년에는 91%, 1969년에는 96%

---

[38] 한정일, 한국정치행정론(서울: 박영사), p. 227. : 조정현, 의정 30년사료: 제헌국회 - 제10대국회(서울: 국회도서관, 1983), p. 92.

[39] 한정일, op, cit., p. 213.

[40] Young Jong Kim, "A Comparative study on the Selected and the Anointed: Concentration of the Two American Elites"(Unpublished)(Tallahassee: The Florida State University, 1983), pp. 1-15: 이 자료는 “The Fortune Directory," "World Almanic and Book of Facts," "Road Atlas," " Food's Industrial Directory," "Who's Who in America," "The Congressional Directory," "Who's Who in Commerce and Industry," "Barron's Profiles of American Colleges," 등의 자료를 통하여 Content Analysis에서 얻은 결과의

그리고 1979년에는 100%가 대졸자 이상의 학력인 것으로 발견되었다(그중 명문 사립은 15%, 26%, 32%, 기타 사립은 36%, 38%, 38%, 주립대학 40%, 32%, 30%, 비대졸자 9%, 4%, 0%였다). 이러한 것을 비교할 때 의원들의 질적 향상문제는 의회정치사적 측면에서도 의미 있는 것으로 판단된다.

다음에 의회정치의 활성화는 물론 조속한 기간 내에 의회정치는 지방의회정치로까지 확대되어 민주주의 훈련과 정치발전의 획기적 계기가 되어야 할 것이다. 특히 우리가 주목할 사항은 입법부 elites들의 자율성문제와 정치행태의 활성적 문제는 의회정치발전의 주요한 요인으로 등장할 수 있는데 실증적 사료로서 역대국회에서의 법률안제출 중 제 6대부터 10대까지의 의원법률안제안비율은 야당의원이 총 290건, 여당의원이 373건, 위원회발의 199건이다. 이 기간 중 정부제출 건수는 1231건으로서 의원발의 대정부제출은 41.2% 대 58.8%의 비율을 차지하고 있음으로서 의회정치활동의 기본적 핵심인 입법의 자율성은 행정권의 과다개입으로 인하여 장애받고 있다.[41]

특히 우리가 주목해야 할 것은 제 9대부터 10대까지의 유신국회 때에는 의원들의 입법활동(즉 자율성)은 가장 약화되는 시기였으며 11대부터는 국회의 자율적 기능은 상승하기 시작했으나 아직도 자율성과 활성화는 미흡한 상태라고 할 수 있겠다. 따라서 입법활동을 강화함으로써 국민의 여론을 수렴하고 반영하는 활기찬 의회정치문화가 형성되어야 할 것이다.

일부분이다. 필자가 재조사한 논문은 : Andrew Hacker, "The Elected and the Anointed : Two American," "Elites," in APSR(sept, 1961), pp. 539-549.

41 김용구, “입법과정에 영향을 미치는 제요인에 관한 고찰,” 입법조사일보, 통권 141호(1984년 7/8호), p. 5 : 안병만, op. cit., p. 279.

[표 4-1] 통합적 의회정치문화모형

환 경	사회정치문화 (비교적 안정된 환경)	발전적통합적 사회정치문화	미래 사회정치문화 (예측불허의 미래환경)
사회발전체계	Ⓐ	Ⓒ	Ⓑ
전략목표설정	① 문제발견	Ⓓ ① 동시목표설정	Ⓓ' ① 문제해결
의원의 태도	② 권위주의	Ⓓ ② 참여주의	Ⓓ' ② 민주주의
의원의 역할	③ 효율성	Ⓓ ③ 생산성	Ⓓ' ③ 민주성
의원의 변화	④ 집단주의	Ⓓ ④ 발전적조직인	Ⓓ' ④ 개인주의
구조적 변화	⑤ 집권주의	Ⓓ ⑤ 통합주의	Ⓓ' ⑤ 분권주의
의원의 신뢰성	⑥ 불 신	Ⓓ ⑥ 공 신	Ⓓ' ⑥ 과 신
의원의 문제해결 방법	⑦ 극단적대결	Ⓓ ⑦ 토론과 해결	Ⓓ' ⑦ 극단적동조

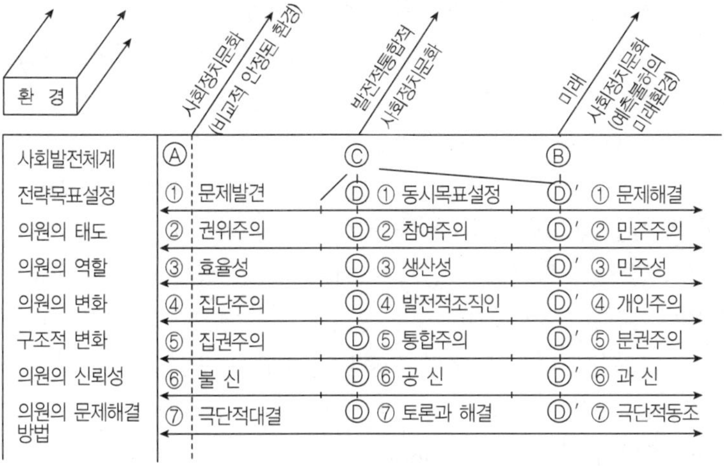

주 : 이 표에서는 상황변수 ⓓ가 어느 쪽으로 가는가에 따라서 의회정치발전의 내용이 달라질 수 있다는 가설에서 수립된 개념모형이다. 즉 상황적응이론의 적용을 전제로 한 것이다.

둘째, 의회정치문화의 구조적 변수에 대한 정치발전적 측면에서의 변수조정이다. 한국의 정치문화의 핵심적 특징인[42] 권위주의(authoritarianism), 분권주의(factionalism), 저항의식(protest mentality), 공공체성(community)의 발전적 창조적 개선전략이다. 특히 논자는 의회정치문화의 발전적 전략으로 통합적 의회정치문화모형을 제시하고자 한다.[43]

---

42 이지훈, 한국정치문화의 기본요인(서울: 고려대), p. 46 : Glenda M. Patrick, op, cit., pp. 265-310

43 원래 이러한 idea는 조직발전 이론에 있어서의 Contingency Theory에 응용하여 본 것이다. Contingency Theory는 다음과 같은 자료에서 참조할 수 있다.

Kast,F. E, and Rosenweig J. E, Contingency Views of Organization and Management.(Chicago: Science Research Associates, 1973) ; Law rence, P. R. and Lorsch, J. W,. Organization and environment (Cambridge: Harvard

상기 표에서 제시하는 바와 같이 한국의회정치문화의 발전적 전략은 개념모형에서 통합발전적 형태가 이상적이라 할 수 있는데 특히 우리 의회정치문화가 전통적으로 좌편의 경우와 같은 정치문화적 행태를 가지고 있다고 보고 우편은 미래의 정치문화(불확실한 변수)로 본다. 중간에서는 장황변수와 환경에 따라서 일정한 정치문화형성의 변수는 조정될 수 있다는 것이다. 여기에서 중요한 것을 통합적 발전적 가치변수는 환경의 변수에 따라서 변경될 수 있는 것이다. 좌편의 특징은 우편으로 의도적으로 방향설정을 하고 변동되어야 전전한 의회정치문화가 형성될 수 있다고 보는 것이다.

셋째, 의회정치문화는 각계각층의 여론을 수렴하고 통합하는 역할과 기능을 강화함으로서 더욱 발전적 가속화를 가질 수 있다. 특히 의원은 이익집단(interest groups)들의 제이익(interests)과 갈등(conflicts)을 해결하고 통합(integration)내지 조작(control)하는 순기능적 역할증대를 통하여 의회정치문화를 창출할 수 있어야 하겠다.

의원들은 특히 소위 제 3원(The Third House)이라고 하는 lobbists와의 접촉을 중시하여 여론을 경청할 수 있어야겠다.

그 구체적 방법의 하나로서 우리나라에는 "자본주의의 미발달로 이익집단이 많이 분화되어 있지 않은데다가 정당의 국회에 대한 강력한 통제하에서는 로비스트들의 압력활동이 발달될 수가 없다."[44]

그러나 이러한 중요한 정치자원을 가능하면 의회정치활동에 참여(예 : 위원회 증언이나 공청회 발언 등)토록 함으로서 여론을 수렴하여 입법정책 등에 기여토록 할 수 있을 것이다. 뿐만 아니라 의원들은 보다 많은 국민들과 대화를 통하여 그들의 여론을 수렴하는 국민의회정치 참여의 극대화를 가져올 수 있어야 할 것이다. 국민들의 여론이 국회의 활동에 별로 반영되지 못하고 있었다는 것은

University, 1967) ; R, H. Hall, Organizations: Structure and Process (Englewood Cliffs: Prentice Hall, 1972). Burell and Morgan, op. cit.

44 최요환, 의회정치의 이론과 실제(서울: 박영사, 1981), p. 263.

실증적인 자료로서 볼 수 있다. 예컨대 지난 1대~11대 의회에 제출된 청원의 접수사항과 처리결과를 보면 1982년 10월 유신이후 제9대 및 제10대 국회에서는 1일 평균 청원서류 건수가 1.5건 내외로 줄어들다가 그 후 11대 국회에서는 1일 평균 4건 이상으로 증가 추세를 보여주고 있는데 이것은 청원과 국회정치 활성화의 함수관계가 있다고 하겠다.

그러나 의회정치가 국민들의 여론을 통합하는 통합적 역할기능을 정치발전적 차원에서 더욱 승화하여 활성화한다고 함은 민원의 내용별 분석에 있어도 잘 나타나 있는 것처럼 각계각층의 행정수요(administration demands)와 직결된다.

국회에 대한 청원수리와는 달리 행정부의 경우 청와대의 대통령 민원비서실이 1973~1978년 6월까지의 기간 중 청원으로 접수된 것은 1일 평균 44.3건에 달하고 있음을 주목해야 하며 특히 같은 기간 중의 대국회청원보다 40배 이상이 되었던 것은[45] 의회정치현상의 기능의 강화가 긴요하다는 것을 실증적으로 나타내고 있다. 특히 청원내용이 입법사정 27%, 행정사정 47%, 공공복리 15%, 비위, 범법, 재판 8%, 개인, 고정 3%(1981. 4. 11~1982. 4. 10) 등으로 나타난 것에서도 알 수 있다. 이익집단의 정치적 영향력은 정당활동을 통하여 당론결정에 영향을 미치게 하고 다원적 통로에 의해 정치 활성화가 이루어지면 자율적 정치발전은 가속화될 수 있을 것이다.[46] 특히 여기에서 유의할 것은 입법 elites들의 정치과정에 있어서 민주적 도덕성의 제고가 전제되어 이익집단의 여론수렴과정에서 특정한 이익집단만의 이익을 도모하는 정치적 부패(political corruption) 문제의 예방이 매우 중요하다 할 것이다.[47] 그것은 바로 여기에 입

---

45 안병만, op. cit., p. 283; 김용구, "국회의 민원처리제도에 관한 처방", 입법조사월보 통권 136호(1983. 9/10월호), p.12.

46 이경구, 국민대표론(서울: 일조각, 1982), p.197.

47 Young Jong Kim, op. cit., pp. 1-184; Young Jong Kim, "New Directions of Corruption Study in the 1980's in Soong-Jun University Essays and

법 elites들의 협상의 한계가 있는 것이다.[48]

넷째, 의회정치현상에 대한 국민의 공신력 회복을 이루는 것이며 소위 장외정치는 장내정치로 회복해야 할 것이다. 의회정치불신은 행정 불신과 함수관계를 가진다고 함이 어떨까. 공신력 없는 정치발전이란 모래위에 집을 짓는 것과 같다고 할 수 있다. 모든 정치현상은 여야를 막론하고 정치인이 책임을 지는 모범을 보여야 한다. 의회정치현장은 보다 고차원적인 민주적 토론과 대화의 장이 되어야 하며 물리적, 양극적 힘의 대결이 결코 의회정치발전을 가져올 수 없는 것이다. 입법 elites들은 끊임없이 "연구하는 국회", "끊임없이 연구하는 국회의원"[49]이 되어야 하며, 대화의 방법은 상호인격을 존중하는 민주적 의식구조에서 출발해야 할 것이다. 예컨대 "의회정치의 꽃"[50] 이라고 하는 대정부 질문을 위하여 국회의원들의 준비사정에 대한 몇몇 입법 elites들의 실태를 분석하면:

"국토개발을 위해 20여일씩 대관령 산 속에서 보낸 S의원, 농경지 감소를 막기 위한 면 단위 공동묘지 개발계획을 마련하기 위해 공동묘지 등 산야만을 찾아다녔던 K의원, 탄광촌 실태를 알아보기 위해 11일 동안 강원도 일대를 누비면서 갱구에서 2천m 떨어진 막장까지 들어가 광부들의 생생한 얘기를 듣기도 한 K의원 같은 극성파 의원도 있다."

고 함은 퍽 다행이다.[51] 그러나 국회도서관 정보에 의하면 의원들의 도서관 이용실태를 통하여 더욱 실감 있게 입법 elites들의 의회정치문화형성에 대한 연구태도를 감지할 수 있다. 국회도서관 이용률은

Papers, Vol. 3, 1985, pp. 1-20.

48 Emerttes Redford, Democracy in the Administration State (New York: Oxford University press, 1969), pp. 197-200.

49 Morrisp Florina, Keystone of Washington Establishment (New Haven ; Yale University Press, 1977), p. 최요환, op. cit., p. 264.

50 조명구, 오의, 마의, 민의, (서울: 일월서각, 1984), pp. 172-191.

51 조명구. Ibid., p. 191.

지난 10년간 증가하는 추세를 보이고 있으나 아직도 매우 미흡한 상태여서 국회의원들의 의회발전을 위한 활동과 역할이 더욱 기대된다. 구체적으로 <표 4-2>와 같다.[52]

[표 4-2] 의원의 국회도서관 이용률

년도별	연 이용자 수	%	1일 평균
1972	1,939	3.4	2.6
1973	1,574	2.8	4.3
1974	2,090	3.7	5.7
1975	2,177	3.8	6.0
1976	4,752	8.3	1.3
1977	5,966	10.5	1.6
1978	2,712	4.8	7.4
1979	2,094	3.7	5.7
1980	3,196	5.6	8.8
1981	6,053	10.6	16.6
1982	7,183	12.6	19.7
1983	8,586	15.0	29.5
1984	8,741	15.3	23.9
총계(13년)	57,093(명)	100.1	12(명)

자료 : 김영종, "한국의회정치와 정치발전," 민족지성, 통권 제 4호(1986.6), p. 118.

52 이 자료는 국회도서관에 직접 전화 문의하여 얻은 것을 통계처리하여 본 것이다.

<표 4-2>에서 보는 바와 같이 국회의원들은 도서관 이용률이 매우 저조한 것으로 볼 수 있으며 특히 제 4공화국 때의 유신국회에서는 도서관 이용률은 제 5공화국 국회에 비교하여 매우 저조한 것으로 비교될 수 있다. 재론할 필요 없이 의원들의 연구활동은 입법 elites들에 대한 역할인지의 증대요 공신력의 활성화와 같은 것으로 의회정치문화의 바람직한 형성에 필요한 중요한 행태요인이라 할 수 있다. 흥미 있는 것은 입법조사국에 의뢰한 자료요청 빈도수는 <표 4-3>과 같이 나타나고 있는 점이다.[53]

[표 4-3] 입법자료요청 빈도표

년도별	연 이용자 수	%	1 일 평균
1972	228	2.2	0.6
1973	672	6.4	1.8
1974	1,022	9.7	2.8
1975	778	7.4	2.1
1976	837	7.9	2.3
1977	1,387	13.1	3.8
1978	886	8.4	2.4
1979	1,069	10.1	2.9
1980	440	4.2	1.2
1981	1,085	10.3	3.0
1982	1,003	9.5	2.7
1983	630	6.0	1.7
1984	541	5.1	1.5
총계(13년)	10,578	100.3	2.2

자료 : 김영종, "한국의회정치와 정치발전," 민족지성, 통권 제4호(1986.6), p. 119.

[53] 이 자료는 국회사무처 입법조사국의 협조로 통계 처리된 것이다.

<표 4-3>에서는 유신국회에서나 제5공화국에서 크게 다를 바 없이 의원들은 입법자료 요청을 매우 적게 하고 있는 것으로 역시 의원들은 보다 적극적인 의원정치문화 창조자로서의 역할이 요청된다고 하겠다.

다섯째, 입법 elites들의 공개토론을 통한 정치발전역할증대이다. 이 문제는 다른 말로 말하면 의원들의 역할인지에 결부되는데 구체적으로 역할인지는 역할정향(role-orientation)과 역할기대(role-expectation)로 나뉜다. 지금까지 조사연구된 바로는 한국국회의원이 스스로 인지하는 역할정향은 체제정향적(system orientation)이었던 성격이 강하게 나타나는 반면에 유권자들이 원하는 역할기대는 유권자를 위한 ① 정책설명, ② 법안제출 및 토론, ③ 지역사회개발, ④ 관료와 주민간의 중재, ⑤ 지역갈등의 해소 등으로 나타난다고 지적하고 있다.[54] 여기에서 우리는 토론정치의 발전은 바로 의회정치의 활성화와도 일맥상통하는 중요한 역할기대라는 것을 인식할 수 있다.

우리 의회정치의 기능이 제대로 발휘되지 못함은 의회정치문화시각에서 토론정치의 부재나 공허에서 찾아볼 수 있는데 민주정치란 바로 토론정치가 발전의 엔진이 될 수 있기 때문이다. 왜냐하면 토론정치야말로 문제제기에서 논의한 바와 같이 의회정치현상의 실체분석에 접근하는 통합적 방법이기 때문이다. 다시 말하면 토론정치는 너와 나의 간주체적(inter subjective) 공통의미(shared meaning)를 찾아내는 정치발전 방법론상의 타당성과 합리성과도 통하며 모든 의사결정(decision-making)과정에 필요한 필연적 요인이 될 수 있다.[55] 토론은 ① 참여(participation), ② 합의(consensus), ③ 협상(compromise), ④ 자율성(autonomy), ⑤ 분권(decentralization), ⑥ 민주성(democracy), ⑦ 신뢰성(confidence), ⑧ 합리성(rationlization) 등의

---

54 김광웅, "한국의회정치의 정착화," 국회보, 통권 193호 (1982, 11월호), pp. 48-51.

55 Michael Harmon, Action Theory for Public Administration (New York: Longman, 1981), pp. 109-116 ; Burrell and Morgan, op. cit., pp. 82-108.

제요인을 들 수 있는 정치발전 전략이기 때문이다. 토론과정을 통하여 문제의 발전(problem-discovery)과 문제의 해결(problem-solving)의 동시전략목표가 달성될 수 있다고 하겠다.

Ⅳ. 요약 및 결론

앞에서 우리가 논한 바와 같이 의회정치는 정치발전의 핵심이며, 독립변수적 측면에서 의회정치는 정치발전을 주도할 수 있는 역할기능이다. 정치발전전략이 독립변수로서 설정될 때는 의회정치는 종속변수의 기능을 감당한다고 할 수 있다. 필자는 사회과학의 일반적 연구경향에 따라서 의회정치현상을 보는 시각을 통합적 시각에서 분석함이 바람직하다고 하였다. 그러나 특히 이러한 분석시각은 정치문화적 차원에서 파악함이 가장 바람직하다는 명제를 설정하였다. 의회정치문화적 차원에서는 의원들의 행태를 중심으로 정치발전전략을 제시하고 그 문제점을 실증적 자료로서 제시하였다. 의원들의 정치행태의 발전과[56] 건전한 의회정치문화의 체계화야말로 한국정치발전의 중요한 과제라 아니할 수 없다. 이러한 시각에서 의회정치기능의 ① 질적 변화, 자율성, 활성화, ② 변수조정, ③ 통합적 기능으로서의 여론의 수렴과 입법정책반영 및 행정부의 독주에 대한 통제역할 증대, ④ 의회정치의 공신력 증대, ⑤ 공개토론정치의 역할 증대 등이 무엇보다도 시급한 전략방안이라 할 수 있겠다.

결론적으로 한국의회정치의 독립변수적 역할증대는 그동안 불균형 성장발전정책으로 파생된 여러 가지 부산물을[57] 치유하는 치유자로

---

[56] 의원정치행태 연구는 거의 미비한 분야이다. 한국의원들의 정치행태는 특히 후기행태주의(post-behaviorism)적 입장에서 의회정치문화를 개발시킴이 어떨까. George H. Frederickson, New Public Administration (Alabama: The University of Alabama Press, 1980), pp. 1-121.

[57] 능률성과 효과성 위주의 행정주도형 성장정책 및 양적성장인 경제성장과 정치발전의 부조화를 말한다. T. M. Lilla, "Ethic and the Public Service,"

서의 의미를 가지며 정치발전의 가속화를 위한 촉매적 의미를 가지고 있다. 왜냐하면 국회야말로 특출한 토론의 광장(an opinion forum par excellence)으로서[58] 국민의 정치욕구를 수렴, 승화시키는 역할기능이 한국의 정치발전의 최우선순서이기 때이다. 이러한 시각에서 볼 때 현재 제기되고 있는 제정치적 문제는 국민의 대토론장인 의회에서 수렴하여 바람직한 정치발전을 가속화 시켜야 할 것이다.

제6절 / 결 론

정치발전은 발전행정의 필요불가결한 발전요인임에도 불구하고, 한국의 경우 이 부문은 매우 후진성을 면치 못하여 불행한 결과를 가져왔음이 사실이다. 정치발전의 핵심의 정치제도적 변화와 발전의 개혁도 중요하나 실제로 더욱 강조해야 할 부분은 정치지도자의 정치행태(political behavior)와 가치(value) 그리고 정치문화(political culture)의 발전이라고 볼 수 있다. 한국 정치지도자들은 이러한 부문에서 변화가 있고 발전이 가속화되어야 할 것은 물론이다. 뿐만 아니라 행정부의 정치지도자의 경우도 물론이지만 의회정치문화의 건전한 육성과 개발이 더욱 시급하다고 하겠다. 한마디로 정치발전 없이 경제발전이나 사회발전을 기대할 수 없을 것이다.

The Public Interest, Vol.63(Spring,1981), pp. 7-9: Kim, Young Jong, op. cit., pp. 92-119.

58 박문옥, "우리나라 의정의 나갈 길," 국회보, 통권 179호(1981년 5,6월호), p. 68 ; 동아일보, 1986. 1. 29. p. 3.

제5장 관료제발전론

제1절 / 관료제발전의 중요성

먼저 관료제의 개념을 보면 학자에 따라서 다양한 개념정의가 있으나 한마디로 말하면 합리적이든 비합리적이든 조직목표를 달성하기 위한 협동적 유목적적 인간의 행위를 포함한다.[1]

관료제는 국가발전에 있어서 핵심적인 역할을 할 수 있다. 예컨대 관료발전은 정치발전의 측면에서 구조적 변화(structural change)로서 정치적 기능의 수행을 하는 데 기여하며, 실적주의의 발전을 도와주며 국민의 행정수요의 공급을 수행함으로서 정치적 안정과 번영을 촉진시킬 수 있다. 뿐만 아니라 경제발전면에서도 경제구조적 경제활동의 질과 양의 변동과 성장에 관료제의 발전은 기여하게 된다. 특히 사회발전의 면에서는 복지사회와 국민의 삶의 질의 향상에 주도적 역할을 관료제의 발전을 통하여 기여할 수 있어야 된다. 이렇게 볼 때 관료제의 발전은 국가기능의 핵심적인 위치를 차지한다고 할 수 있다. 그러나 고전적인 Max Weber의 관료제의 모형의[2] 전문

---

1 김영종, "개발도상국가들의 관료병폐모형정립," 한국행정학보, 통권 제19권 제 2호(1985. 12), p. 90.

2 Max Weber "Essay on Bureaucracy" in Bureaucratic Power in National Publics, edited by Francis E. Rourke (Boston: Little Brown and Co., 1978), pp. 85-96.

성(professionalism), 분업의 원리(division of labor), 권위성(authority), 계층성(hierarchy), 공식성(formalism) 그리고 합리성(rationality) 등의 특징은 Merton, Selznick, Gouldner, 그리고 Blau등에 의하여 비판을 받고 있다. 예컨대 Merton은[3] 관료제도의 내적 긴장과 압박성을 지적하면서 M. Weber의 공식적 의식주의야 말로 구조적 일탈성의 원천이 된다고 주장하고 있다. Blau[4]는 반면에 관료들의 상하주종관계에서 예상치 않는 조직체의 불균형성이 유발될 수 있다고 하고 있다. Gouldner는[5] 관료제의 비인간적 요인과 지나친 엄격성을 비판하고 있으며 Selznick는[6] 관료제도의 과두제(oligarchy)가 비합리적인 인간 행태면의 극복에는 부족함을 지적하면서 관료제와 환경과의 상호유기적 작용면을 강조하고 있다. 최근에 Nachmias와 Rosenbloom도[7] 관료와 시민간의 이해관계의 불일치가 건전한 관료문화형성의 장애들이 된다고 하면서 민주적인 관료제의 발전을 위하여서는 공공정책결정의 과정에 있어서 시민들의 참여의 확대를 역설하고 있다.

관료제가 현대국가에 와서는 정치, 경제, 사회, 또는 문화의 어느 면에서나 시민의 일상생활에 밀착하고 있는 것을 볼 때 관료제의 순기능과 역기능의 논의도 활발하게 진행되어야 하지만 탈관료화(debureaucratization)의 전략도 논의되고 있는 현실이다.[8] 그러나 우리는 좋든 싫든 관료제가 우리의 삶의 많은 영역까지 침투되어 있고, 특히 한국의 현실은 분간국가이며, 민주화와 성장을 동시에 이

---

3 R, K. Merton, 'Bureaucratic Structure and Personality" in Social Theory and Social Structure (New York: Free Press, 1968).

4 P. M. Blau, The Dynamics of Bureaucracy (Chicago: University Press, 1955).

5 A. W. Gouldner, Patterns of Industrial Bureaucracy (Glence : Free press, 1954).

6 P. Selznick, TVA and Grass Roots (New York: Harper and Row, 1966).

7 David Nachmias et. al, Bureaucratic Culture: Citizens Administrators in Israel(New York: St. Martin's Press, 1978).

8 Michael Crozier, The Bureaucratic Phenomenon (Chicago: The University of Chicago Press, 1964), 145-203.

루어 나가야 할 중대한 과제에 있다. 특히 6공화국의 수립 이후 5공화국 청산과 도덕성 있는 정부관료제가 과거 어느 때보다도 절실하게 요청되고 있다. 따라서 관료제의 건전한 발전은 우리 국가발전의 핵심적인 엔진(engine)이 되어야 하고, 발전행정의 가장 중요한 부분의 하나가 되어야 할 위치에 있다.

제2절 / 분단국의 정부관료제의 발전방향

Ⅰ. 문제의 제기

제2차 세계대전 후 이 지구상에는 강대국들의 국제정치학적인 힘의 역학(mechanism)배분의 결과로 인하여 파생된 분단국이 몇 개 있는데 바로 한반도문제가 그 중의 하나이다. 한반도의 분단사는 카이로 회담과 얄타 회담 그리고 포츠담 선언을 거치는 기간 동안 북한은 공산주의의 일당독재의 정치적 권력형태의 정부가,[9] 남한은 자유민주주의를 표방하는 민주공화국(대한민국헌법 제1조 1항)이 수립되어 하나의 민족이 사실상 이념과 체제가 다른 두 국가처럼 긴장과 대결, 갈등(conflict)과 도전을 60여년 이상이나 계속하여 오고 있는 사정임은 주지의 사실이다.

분단국의 문제가 어느 특정한 변수(variable)로 인하여 결정된다든지 혹은 치유된다든지 하는 것은 사회과학의 방법론적 차원에서 시각상의 약점을 노출하게 된다. 여기에서는 행정문제를 가지고 그 문제의 실체를 진단 분석하고, 나아가서는 해결전략과 미래지향(future-orientation)을 모색하려고 하는 것이다. 왜냐하면 한반도문제

9 북한헌법은 제 1조와 제 7조에서 권력이 노동자, 군인, 근로, 지식층에 의하여 행사된다고 하며, 북한을 독립된 사회주의국가라고 규정하고 있다.

는 정치문제 이상으로 행정문제가 분단국의 제 갈등의 원인을 심화하여 긴장을 고조시키고 문제의 해결을 더욱 어렵게 만드는 결과로 될 수 있다고 보기 때문이다.

주지하는 바와 같이 행정은 바로 인간의 삶의 질을 높이기 위하여 합리적으로 행하는 조직의 공동행위라고 한다면 분단국이 안고 있는 행정의 문제는 바로 우리 국민들의 행정수요(administrative demands)에 대한 적절한 행정공급(administrative supply)을 통하여 행정문제를 해결할 수 있을 것이다. 적절한 행정공급은 분단국이 처하고 있는 행정문제(administrative problems)의 진단(diagnosis)을 통하여 할 수 있으며 나아가서는 처방(prescription) 전략을 모색하고 미래의 정향(orientation)을 추출하게 되는 것이다.[10]

II. 분단국의 정부관료제의 문제점

(1) 분단국의 개념론

분단국의 개념을 몇 가지 가설을 세워 설명할 수 있다. 예컨대 분단국은 지역적, 영토적 공간적인 개념으로서 분단국이라고 할 수 있다.

나아가서는 지역적 면보다도 인적 구성요인을 강조하여 동일한 민족이지만 상이한 지역에서 상이한 정치체제하에서 삶을 영위할 때는 인적인 분단국이라고 할 수 있다. 나아가서는 한 국가에 두 정부의 형태를 취하는 경우로서 대외적으로 한 국가이지만 대내적으로는 상이한 정치체제하에서 양분된 경우도 있을 수 있다.

---

10 Young Jong Kim, "Self- Diagnosis of Public Administration and Future Paradigm: A Special Consideration of Administrative Philosophy," 숭전대학교 대학원 논문집(Ⅳ집), (서울: 숭전대학교, 1986), pp. 129-141.

1990년 초 이전까지만 하더라도 한반도의 경우 영토적으로 양분된 분단국가이면서 또한 정치제도적으로, 이념적으로 그리고 인간구성에 있어서 전혀 상호 왕래가 없고 단절된 극단적인 분단국의 대표적인 예가 되고 있다. 다른 분단국의 경우를 보면, 최근에 동독과 서독의 장벽이 무너지고 자유왕래가 가능케 된 것이나 대만(자유중국)의 정부가 대만의 국민들로 하여금 본토의 중공을 제한된 범위나마 허용하기 시작한 것은 참으로 놀라운 분단국의 정치적 변동이요, 새로운 détente를 향한 국제적 화해분위기와 환경이라고 할 수 있다. 한반도의 경우는 불행하게도 단절된 분단국의 아픔을 계속 가지면서 남북대화는 단절된 채 통일에 대한 전망은 매우 불투명하여 긴장과 초조가 고조되고 있었다.

최근의 북한은 소위 선군정치와 핵실험 등을 통하여 그들 나름대로의 국가위상을 높일려고 하나 대다수 주민들은 기아와 빈곤에서 허덕이고 탈북자가 계속 증가하는 등 국민의 삶의 질을 높이는 행정의 서비스 문제가 심각하게 제기되고 있는 실정이다.

이러한 맥락에서 한반도의 행정문제는 바로 분단국이 가지는 특수성과 외적 환경의 변수 그리고 내외적인 행정수요에 미치는 변화, 또는 현대행정국가가 복합적으로 안고 있는 필연적인 행정문제 등을 고려하여 한반도의 역사적 문화적 특수성과 일반적 보편적 행정문제를 동시에 고려하여 행정의 문제를 분단국과 연결시켜 고찰하여야 될 것이다.[11]

(2) 분단국의 정부관료제 문제점 발견

한반도라는 국가조직을 분석하여 행정문제의 발견을 하기 위해서는 무엇보다도 한국 관료제의 진단이 선결요건이다. Michael Beer가

---

11 김영종, "남북한관계의 최근 동향(미발간)," 통일문제학술 심포지움(서울: 숭전대학교 사회과학연구소, 1985), pp. 1-13.

소개하는[12] 조직변동과 발전을 진단키 위한 개념적 틀은(conceptual framework) ① 발생학적인 자료, ② 거시적 체제에서의 현재의 조직의 기술과 분석, ③ 해석적인 자료, ④ 분석과 결론의 단계로 나누어진다. 이러한 모형을 응용하여 보면 한반도에서의 관료제의 생성에 의한 역사적 자료, 현재의 분단국 관료제의 거시적 분석, 관료제의 생성에 의한 역사적 자료, 현재의 분단국 관료제의 거시적 분석, 관료제의 기능과 관료들의 태도와 관계변수 그리고 관료제의 통합적 미래지향의 분석 등으로 응용될 수 있다

분단국 한국은 그 발생학적 시작부터 필연적으로 그 이념적 갈등을 안고 남북한은 상호 다른 관료제가 형성되었고 그러한 긴장과 대결은 60여 년 이상이나 계속되어 오고 있는 것이다. 남북한이 상호 상이한 정치체제와 관료제도를 상이한 이념적 기초 위에서 설정하여 그들의 국가목표를 달성하려고 하는 그것은 필연적으로 정치문제만 아니라 행정문제를 유발 할 수밖에 없고[13] 그 결과는 보다 심화된 양극적 갈등을 가져오게 된 것이 사실이다. 정치제도와 이데올로기 하에서 남북한의 문제를 다루는 입장은 한동안 많았으나 관료제의 발전 또는 역기능적인 측면에서 분단국의 행정문제를 발견하고 해결하려는 전략은 불행하게도 그동안 적었던 것이 사실이다. 분단국의 행정문제의 진단은 바로 이러한 점에 초점을 두어서 그 실체를 분석하고, 해결전략을 모색하게 됨에 큰 의의가 있을 것이다. 분단국의 행정문제의 발견에는 다음과 같은 진단이 필요하게 될 것 같다. 첫째, 한국의 경우 통일행정이 행정의 이념과 접목되고 있으며 발전지향적 시각에서 볼 때 보다 알맹이 있는 행정발전을 표시하고 있는가? 이 문제는 단순한 정치이데올로기나 안보의식의

---

12 Michael Beer, Organization Change and Development: A System View (Snata Monica: Good Year Publishing Co., Inc., 1980).

13 여기에서 정치문제와 행정문제는 실제로는 매우 구별하기 힘든데도 불구하고, 잠정적으로 편의상 이분법적인 구별을 할 수밖에 없다. 즉 정치는 국가의지의 결정이고 행정은 그 의지의 집행과정으로 분류한다.

차원을 떠나서 통일행정의 선결요건으로서의 행정의 이념과도 일맥 상통하는 문제제기가 된다.[14] 왜냐하면 분단국의 통일행정이 자칫 잘못하면 "행정의 궁극적 목적이 바로 인간성과 밀접한 관련을 가지며 보다 풍부한 삶의 질을 향상시키는 합리적 공동노력이라는 것"을 망각하기 쉬운 우를 범하게 되기 때문이다.[15] 분단국 행정의 여러 문제들 예컨대 행정과 정치기능의 혼동과 미분화로 인하여 발생하는 정치발전의 미숙이나, 관료주의나 권위주의적 행태로 인한 민주행정의 발전저해, 관료들의 부패로 인하여 일반시민들의 정부에 대한 불신감 및 공신력의 저해현상으로 인한 정치적 불안정과 사회적 갈등, 그리고 지나친 집권주의적 권력지향적 성향으로 인한 국민들의 참여기회의 결핍과 풀뿌리로부터의 민주주의(grass-root-democracy)적 발전의 미비 등은 대부분 행정철학적 이념적 결핍으로 야기된 효과적 의미인 것이다. 따라서 이러한 것은 분단국행정의 문제점으로 지적되지 않을 수 없다. 즉 분단국은 안보의 중요성을 지나치게 강조한 나머지 효과적이고 실질적인 안보행정의 핵심을 외면하는 경우가 종종 있다. 통일과 안보는 국민과 정부, 국민과 국민, 조직과 조직의 공신력 위에서 실질적인 민족화해와 안보의 발전적 의미를 찾아볼 수 있기 때문이다.[16]

둘째로 분단국의 행정문제는 통일에 대비한 사회변동과 정치변동에 적응될 수 있는 예방적 행정에 충실한 조직과 기능, 그리고 목

---

14 통일행정의 이념과 접목이라 함은 통일지향적 제행정조직 및 기능이 일반행정의 이념(예컨대 봉건성, 효율성, 민주성, 형평성, 그리고 신뢰성 등)과 괴리되지 않고 조화되고 있는 것을 말한다.

15 김영종, "기독교와 행정이념," 기독교와 문화(서울: 도서출판 풍만, 1987), p. 166.
William G Scott and Hart, David K, " Administrative Crisis: The Neglect and Metaphysical Speculation," Public Administration Review, Vol. 33 (Sept./Oct., 1973), pp. 415-422.

16 김영종, "공신력의 회복," 지식인선언(서울: 독서신문사, 1986), pp. 177-180.

표에 접근될 수 있는 행정의 수요와 공급은 어떻게 이루어질 수 있는 것인가? 가 문제된다.

물론 그것은 앞으로 2000년에 있어서는 가속화될 것으로 전망되는 급속한 정치사회의 변화와 통일에 대비하여 행정수요에 대한 행정의 공급적 측면을 논의의 대상으로 하게 된다.

한국의 미래사회현상의 발전 실체는 대체적으로 몇 가지로 요약할 수 있다[17] 예컨대 미래의 한국사회는 고도의 과학기술 및 정보화시대가 될 것이고, 더욱 도시화(urbanization)와 분화(decentralization)가 가속도적으로 될 것이다. 나아가서는 한국의 미래사회가 보다 분권적 정치화로 발전됨에 따라서 경제의 보편화는 물론 대학 교육열은 가속화되고, 중산층은 확대되고 국민들의 정치의식과 수준은 성숙되어가고 특히 남북한의 통일문제는 낙관도 비관도 할 수 없는 불투명한 상태가 될 것 같다. 그러나 최근의 동서화해의 새로운 détente의 물결과[18] 국제환경적 변화로 인하여 북한은 남북대화의 광장으로 나오지 못하면 국제적 고립을 면치 못한다는 폐쇄조직(closed system)의 필연적 속성을 진단할 때 우리는 다시금 통일에 대비한 융통성 있는 행정개혁(administrative innovation)을 시도하여야 할 것이다.

말하자면 단순한 외적환경의 변수에 적응될 수 있는 행정의 진단을 떠나서 더욱 우리는 행정조직과 기능 및 역할에 있어서 발전지향적이고 민주적인 봉사행정(service administration)의 공급으로 지금까지 통일행정이 외생적(exogenous) 생산(outputs)에 초점을 둔 것보다는 내생적(endogenous)인 생산을 도모하고 보다 사회통합(social integration)적 신뢰의 행정을 공급함으로써[19] 활력있는 미래지향적 통일행정의 문

---

17 김영종, 한국 미래행정의 모형정립," 숭전대학교 사회과학논문집 제4집 (서울: 숭전대학교, 1986), pp.34-36.

18 예컨대 최근의 미국과 소련의 동서긴장의 화해정책과 중거리 핵무기 폐기협정조약 등이 있다.

19 Gary. A. Yuki, Leadership in Organizations (Englewood Cliffs: Prentice-

제점을 발견하여 나가야 할 것이다.

셋째, 최근에 분출되고 있는 각계각층의 행정수요가 자칫 잘못하면 과잉민주주의의 욕구가 되거나 과거의 과소 민주주의 공급은[20] 적절하게 균형과 조화를 이루어야 되고, 안보행정은 정권안보의 행정이 아닌 국민들의 내면적 의식에서 도출된 행정합의의 집합적 산출이 되어야 할 것이다.

여기에 주목해야 할 것은 과잉민주주의 즉 과잉참여주의, 과잉적인 자율성, 과잉적 분권주의 등은 과연 분단국의 행정으로서 적절한가 하는 적정성의 문제가 검토되어질 수 있다. 행정의 공급은 행정의 수요에 부응하여야 되나, 적절한 행정의 수요는 바로 분단국의 행정에 필요한 전제조건이라고 할 수 있다. 과잉수요에 과잉공급이나 과소수요에 과소공급은 모두 적절한 행정이라고 볼 수 없다. 분단국의 국민들은 사회심리적 차원에서 항상 불안정한 요인들은 지닐 가능성이 있으므로 국가적 위기의식으로 인한 고조된 경직된 행정의 공급은 일반적으로 바람직하지 못하므로 안정되고 일관성있는 통일행정의 발전과 진단이 필요할 것이다.

넷째, 분단국의 행정은 안보의 중요성을 지나치게 강조한 나머지 권위주의적 관료주의 행정을 강조하는 경향이다.[21] 행정문화의 차원에서 분단국의 행정의 문제를 진단하면 행정은 바로 권위주의, 관료주의적 행태의 경향임을 발견할 수 있다. 분단국의 관료제가 학자들의 시각에 따라서 여러 가지로 논의될 수 있으나, 특히 한국인이 갖기 쉬운 취약점인 사인주의(personalism), 계층주의, 관인지배주의나 권위주의, 가족주의, 정적인간주의, 의식주의 또는 운명주의 등의 다양한 행태로 나타나고 있음이 사실인 것 같다.[22] 그런데 특히 60년대

Hall, Inc., 1981), pp. 201-230.

20 한승조, "한국의 민주성, 어디로 갈 것인가," 민족지성 통권 19호(1987년 9월호), pp-20-23.

21 Young Jong Kim, Bureaucratic Corruption: The Case of Korea (Seoul: Choon Chu Gak, 1986), pp. 102-108.

이후 군 elite인들의 집권으로 인한 효율성과 효과성을 목표지향적으로 한 경제발전과 안보우선주의, 물량적 성공제일주의적 행정현상들이 강조되었던 것이 사실인 것 같다. 그런데 권위주의적 행정체제(administrative system)의 지속은 급속한 사회변동과 분화로 말미암아 다양한 행정의 요정과 욕구에 별로 설득력이 없는 행정체제이며, 과거에 일부 정치인은 정치권력의 정통성(legitimacy)의 유지(maintenance)를 위하여 관료제를 편리한 방법으로 활용하여 왔음도 사실인 것 같다.[23] 권위주의적 행정체제보다는 차라리 시민참여의 활성화와 민주적 규모의 가치강화나 분권화 또는 행정책임의 강화 등은 분단국의 행정이 처한 현실을 직시하면서 고려될 중요한 시안이 될 수 있을 것이다. 특히 1960년대 이후 1970년대에 걸쳐 나타난 행정부패의 원인은 행태적, 제도적 그리고 사회문화환경적 제요인으로 상호작용하였다고 보여지나 특히 그 중에 중요한 요인 중의 하나가 관료의 공직사유관과 권력의 남용 또는 주종관계적 권위주의적 행정문화의 풍토 하에서 유발된 결과적 산물이었다고 할 때 이러한 관료 병폐적 행정체제는 분단국의 행정의 발전에 크나큰 장애요인이 아닐 수 없다. 아무리 환경적 변수 또는 외생적 변수(exogenous variables)로 인해 정치적 불안과 긴장을 가져온다고 하더라도 내생적 변수(endogenous variables)로 인하여 행정발전이 제대로 못될 때 그것은 건전한 통일을 대비한 발전 한국의 미래상의 정립을 기대할 수 없다. 오히려 만연된 부패병(corruption disease)으로 인하여 국가발전은 심각한 장애를 받지 않을 수 없게 될 것으로 판단된다.[24] 요컨대 분단국의 행정문제의 실체발견은 종전의 단순한 정치현상을 주축으로 한 안보문제로서의 시각에서 떠나서 통일에 대비한 예방

---

22 박동서, 한국행정론(서울: 법문사, 1985), pp. 225-228 ; 백완기, 한국의 행정문화(서울: 고려대학교출판사, 1984), pp. 1-233.

23 이재풍, "한국행정의 민주화 발전을 위한 토론," 국가발전의 사회과학(서울: 박영사, 1987), pp. 274-288.

24 Young Jong Kim, "Bureaucratic Corruption," op. cit., pp. 1-269.

행정적 차원에서 행정의 진단과 개혁을 통하여 대외적 요인보다도 내재적인 통일행정의 효율성과 효과성 그리고 민주주의의 극대화를 도모하며 나아가서는 급속한 사회변동과 정치경제의 변동에서 유발되는 통일의식의 실체를 보다 근원적으로 처방하여 미래지향적이고 가치지향적인 분단국의 행정모형을 발전적이고 통합적인 시각에서 개선전략을 본질로 할 필요가 있을 것으로 판단된다.

Ⅲ. 분단국의 정부관료제 발전방향

일반적으로 분단국의 행정체제는 안보우선이라는 명제 하에 행정기능의 정상적 활성화와 행정공급의 극대화가 행정수요의 변화에 따르지 못하는 불균형적 괴리(gap)현상이 유발되어 온 것 같다.

특히 구조적인 문제에 있어서도 정책결정 면에서 군 elites와 정치 elites의 갈등현상까지 일어나고,[25] 관료제도 매우 경직되어 민과 관의 적절한 대화와 의사소통이 부족한 것 같다. 나아가서는 성장(growth)이데올로기의 부산물로 인하여 관료들의 가치규범과 행정철학의 빈곤, 또는 사회적 기강과 제도적 장치의 부족, 역사적 사회문화적 변수로 인하여 분단국 특유의 위기관리행정의 이론을 수용하여 행정의 민주성은 적절하게 실험되지 못하고, 행정은 부패되고, 정부의 공신력(public confidence)은 낙후되는 현상들을 보게 되는데, 이러한 것은 분단한국의 경우도 결코 예외는 아닌 것 같다.

이러한 문제의 의식에서 처방전략과 해결책은 무엇일까? 이러한 것은 기술적이고 규범적 차원이지만 몇 가지 그 해결방법과 미래정향을 살펴본다.

첫째, 분단국의 행정은 보다 공신력의 변수의 제고를 통한 효율성과 효과성, 그리고 민주성의 행정목표와 이념의 구체화를 통하여

---

25 이한빈, 사회변동과 행정(서울: 박영사, 1973), pp. 238-257.

행정능력의 극대화를 도모할 수 있는 미래지향적 통일행정을 지향하도록 하여야 할 것이다.

분단국의 통일문제는 외생적 환경적 변수나 강대국간의 국제정치학상의 역학(mechanism)관계로 보는 시각에서는 그 원인처방과 치유도 역시 외생적 변수의 조정으로 문제해결을 가져올 수 있다는 거시적 전략이 있다. 반면 내생적 원인으로 인하여 통일의지의 응집력(cohesiveness)과 일체성(identity)을 강화 혹은 극대화하는 데에는 무엇보다도 신뢰성의 바탕 위에서 통일행정의 목표를 달성할 수 있도록 노력하여야 할 것이다.

통일이 분단국의 궁극적인 목표라면 공신력은 분단국의 통일을 더욱 효율적으로 가능케 하는 필연적 요인이라고 할 수 있다.

공신력 제고는 현대행정이 안고 있는 행정부패의 제역기능을 치유하고자 하는 조직발전의 전략이기도 하기 때문에 또한 중요하다. 예를 들면 제 5공화국의 집권당인 민정당은 그 기본정책 중에서 정치, 행정면에서 깨끗한 정치 풍토와 신뢰받는 공무원을 주장하여[26] 행정부패를 제거하고 국민으로부터 신뢰받는 행정을 통하여 공신력을 제고하여 나가려고 하였다. 그러나 불행하게도 제도적 장치의 결함 혹은 권력 elites들의 가치구조와 행태의 미숙 혹은 오랫동안의 사회문화적 환경의 영향으로 인하여 괴물과 같은 행정부패는 결코 사라지지 않고 끊임없이 유행하며 국민들의 정부불신을 가중시켜 왔다.[27]

그러나 중요한 것은 현행 헌법상의 최고통치기관인 대통령의 단임제도가 평화적 정권교체의 역사적 전통을 수립하였다. 평화적 정권교체는 정부 수립 후 제 4공화국까지 전에 없었던 일로서 정부의 신뢰성을 제고한다는 의미에서 매우 바람직하다고 평가할 수 있다.

---

26 안해균, 한국행정체제론: 정치행정분석의 체계적 접근(서울: 서울대학교 출판부, 1986), pp. 391-392.

27 김영종, "Bureaucratic Corruption," op. cit., pp. 1-73. 여기에서 필자는 행정부패방지법을 입법화 할 것을 제의한다.

한 연구보고에서[28] 통일논의의 주체가 아직도 정부가 주체가 되어야 한다는 견해가 42.7%로서 압도적이고 다음이 민간단체로서 17.5%, 그리고 여야정당이 14.4%, 언론이 8.7%의 순서인 것을 보면 우리에게 정부의 역할과 기능의 중요성을 재인식시키고 있다. 만약 분단국의 정부가 주체가 되어서 통일논의를 해야 한다는 전제라면 신뢰성 있는 행정의 방법론적 시각은 무엇일까?

먼저 분단국의 행정은 그 이념적 방향설정부터 신뢰성에 기초한 행정정책이 세워져야 한다고 볼 수 있다. 환언하면 보다 민주적 행정과 봉사행정, 그리고 시만중심적 행정으로 나아가야 할 것으로 보아진다. 말하자면 신행정학(new public administration)적 행정이념의 설정과[29] 구현이 실현되어야 할 것으로 판단된다. 예컨대 분단국의 행정은 보다 고객 중심적으로 유도되어야 하고, 시민의 행정수요(administrative demands)에 알맞도록 개혁지향적일 것, 의사결정과정(decision-making-process)에 있어서의 국민의 최대한 참여유도, 분권화와 행정의 논리성 그리고 행정의 공공봉사(public service)의 중요성의 강조 등이 될 수 있다. 그러나 여기에서 확인하여야 될 것은 그 행정이념은 분단국행정의 실현과 접목되는 과정에서 지나친 이념론에 빠져 들어가서는 안 된다고 본다. 왜냐하면 분단국의 행정이념은 분단국의 시대적 요청이나 현실에 맞는 조직의 구조적 형태와 연결되어 있음을 간과할 수 없기 때문이다.[30] 말하자면 한국의 현실과 구조적 특성에 알맞은 이념적 접목이 필요하다고 보기 때문이다. 구조적 유인과 함께 공신력의 현실적 제고 방안으로서 또한 중요한

---

28 중앙일보, 1987. 9. 22일자, 이것은 중앙일보 창간 22돌 "국민생활의식조사"에서 나타난 자료이다.

29 김영종, "기독교와 행정이념," 기독교와 문화(서울: 도서출판 풍만, 1987), p. 167.
George H. Frederickson, New Public Administration (Alabama: The University of Alabama Press, 1980), pp. 1-72.

30 김종술, "행정이론의 규범성," 한국행정학보(제21권, 제1호), pp. 195-212.

것은 신뢰제고를 위한 제도적 장치, 예컨대 각 관료조직의 내에 신뢰행정평가위원회(가칭) 같은 기구를 설치하여 정책평가를 수시로 평가하여 행정업무를 집행하는 것이 바람직하다. 신뢰성의 제고는 행정책임(administrative responsibility)의 강조를 통하여 이루어지는데[31] 물론 행정의 통제(administrative control)즉 내적·외적 통제를 강화함으로써 이루어질 수 있다.[32] 외적 통제는 제도적·규범적 통제의 의미가 더 강하고 내적 통제는 내부적 행정기관자체의 통제적 의미가 중요하다. 이상적인 것은 자율적 통제의 기능을 확대 강화하는 것이나 상호유기적 조화가 필요하다.

뿐만 아니라 신뢰성의 제고를 위하여 행정청문제도 같은 장치를 하거나 특히 일선행정공무원[33]에 대한 시민의 평가제도(evaluation system)같은 것을 통하여 행정공무원의 인사정책에 반영케 하는 행정정책도 필요하다. 물론 여기에는 시민과 직접대화를 하는 대화정책(dialogue-administration)도 중요한 방법론이 될 수 있다.[34]

둘째, 분단국의 행정은 보다 사실중심적 행정(facts-orientated administration)과 가치중심적 행정(value-orientated administration)의 갈등의 상호적절한 보완과 조화가 필요하다. 사실중심과 가치중심의 이분법적 행정은 행정학의 생성과 함께 오랫동안 논의되어 왔다. 예컨대 가치중심적 행정을 강조하면,[35] 과학철학(philosophy of science) 맥락(context)에서 볼 때 주관주의적 입장에서 행정의 전체를 분석하는 면에 초점을 두게 될 것이며 행정의 발전과 논리, 철학, 행정책임, 정책의 평가, 행정인의 교육 등의 행정의 미래정향면을 강조하

31 김규정, 행정학원론(서울: 법문사, 1985), pp. 749-775.

32 Gary Dessler, Organization and Management: A Contingency Approach (Englewood Cliffs: Prentice-Hall, Inc., 1976), pp. 365-387.

33 김영종, "개발도상국가들의 관료병폐모형정립," 한국행정학부(제19권2호), pp. 85-107.

34 김영종, "한국미래행정의 모형정립," op. cit., pp. 36-42.

35 Michael Lipsky, Street Level Bureaucracy(New York: Russell Sage Foundation, 1980).

게 될 것이다. 분단국의 경우, 관료들의 권위주의나 집권주의, 권력 지향적 행정인의 행태, 정치와 행정의 기능의 혼동현상, 비합리성과 행정의 연고주의, 분석주의나 행식주의로 인한 행정의 비능률성 등의 행정병폐를 치유하기 위해서는 가치중심의 행정의 중요성이 강조되어져야 한다. 따라서 행정이념에 충실한 행정의 미래정향을 모색하고 행정의 틀(frame work)을 조직케 되고, 통일행정이나 안보행정을 강조하게 된다. 이러한 측면에서 분단국의 행정문제는 보다 통일행정의 정책방향을 설정하여 주는 기준과 근거가 되어야 할 것이다. 분단국의 행정의 방향은 가치의 세계(the world of value)로서 발전방향을 결정지어주는 만들어지는 세계(the world of value is made)로서의 명제가 필요하다. 가치의 문제는 형이상학(metaphysics)적 행정철학적 문제[36]인데 분단국의 행정이념은 국가발전의 미래지향적 지표 설정으로서 모든 분단국행정의 목표추구적 전략적 개념이 될 수 있을 것이다.

나아가서는 사실중심적 행정은 분단국 행정을 보다 효율적이고 효과적인 합리적 행정과 문제중심적 실체분석과 객관적이고 과학적인 행정에 초점을 두게 된다. 주지하는 바와 같이 탈공업사회(post-industrial society)와 정보사회(information society)[37]에서 요청되는 지식과 기술의 축적과 계획을 강조하게 된다. 분단국의 행정이 바로 이러한 고도의 과학기술에 의한 효율적인 행정이 됨은 비능률과 불만, 그리고 잘못된 행정관리(mis-administrative management) 등에 그 원인을 찾아 볼 수도 있을 것이다. 요컨대 분단국의 행정은 행정이념적으로 가치지향적인 행정이 요청되고 실천적으로는 사실중심적 행정문제로 연결되어져야 될 것으로 본다. 즉 가치중심적 행정과 사실중

---

36 Christopher Hodgkinson, Towards a Philosophy of Administration (New York: St. Martin's Press, 1978), p. 104.

37 Daniel Bell, The Coming of Post Industrial Society (New York: Basic Book, Inc.,1973), John Naisbitt, Megatrends (New York: Waner Books Co., 1982).

심적 행정은 상호적절하게 접목되어져야 행정의 문제가 잘 해결될 수 있으리라고 본다.

셋째, 분단국의 행정은 행정수요(administrative demands)에 대한 적절한 행정공급(administrative supply)을 통하여 분단국 국민들에게 오는 대내 대외적 안보 위협성과 긴장을 완화하여 주며 나아가서는 보다 풍부한 삶의 질을 추구하기 위한 행정의 역할의 극대화를 도모하여 주어야 한다.[38]

주지하는 바와 같이 분단국은 근본적으로 지리적 영토적 또는 공간적 분리와 사회문화적 접근의 단절로 인하여 국가발전에 막대한 지장을 초래할 뿐만 아니라 이미 수 십 년간의 분단으로 인하여 민족적 이산과 비극적인 가족의 분리는 물론이고 나아가서는 동질민족에 이질적인 정치 이데올로기의 주입, 확산의 결과로 인하여 가일층 분단의 사실이 심화되어 온 것이 현실인 것 같다.[39] 특히 북한의 경우 일당독재의 권위주의적 관료체제와 이 지구상에서 가장 폐쇄적인 조직체(closed system)하에서 끊임없이 적화통일의 야욕을 드러내어 왔던 것은 잘 아는 사실이다.

그렇다고 하여도 우리는 중단된 남북한대화를 위한 통일행정의 시각에서 정치적으로는 4강의 남북한교차승인 등으로 인한 국제환경의 변수의 조정은 물론 행정적으로는 부단한 국민들의 행정수요의 적절한 공급으로 인하여 사회통합(social integration)과 행정만족(administration satisfaction)[40]을 가져올 때 정부의 신뢰도가 높아지고 국가발전은 가속화될 수 있다고 본다. 행정의 적절한 공급은 물론 시민을 고객으로 보는 신행정학적 시각에서 이루어져야 할 것이다.

---

38 안병준, "국제환경의 변화와 통일문제," 한국사회의 변화와 문제(서울: 법문사, 1986), pp. 17-34.

39 정천구, "통일정책과 이데올로기 정향," 국제문제 통권 203호(1987년 7월호), pp. 18-26

40 필자는 행정의 기능과 역할을 수요자에 적절하게 공급할 때 행정의 만족을 가져올 수 있다고 보고 이 용어를 사용한다.

행정의 수요는 다양한 욕구를 측정하는 과학적 방법론에 입각한 행정조사(administrative survey)를 기초로 하여 찾을 수 있다. 예컨대 대통령 선거 때 각 정당에서 선거공약을 수십 가지씩 내어놓은 사례가 있는데 이러한 것도 과연 어떤 것이 우선권이 있으며 그것을 국민들이 시급히 요청하는가 하는 문제를 보다 과학적으로 조사 설정하여야 될 것이다.[41] 특히 분단국의 경우 빈부격차의 갈등문제(conflict problem)는 통일행정에 심각한 장애요인으로 등장할 수 있다는 점에서 보다 철저한 행정공급을 통하여 갈등문제를 완화시켜주는 정부의 역할과 기능이 바람직하다고 할 수 있다.[42] 왜냐하면 계층 간의 갈등은 통일목표의 접근에 대하여 국민조직 및 집단 간의 균형을 깨뜨리고 불안을 조성하며 사회통합을 파괴하게 되고 불안과 긴장을 초래하게 된다.[43] 특히 여기에서 지적해야 할 사항은 분단한국의 경우 1962년 이후의 불균형 성장이론에 기한 성장이데올로기, 그리고 그러한 목표지향적 정책집행의 부산물로서 그동안 심각한 빈부격차와 계층 간의 갈등현상을 야기시켰다는 사실이다.

예컨대 정부의 경우 50대 재벌이 GNP에서 차지하는 비중이 23%(1980년은 15.8%), '84년의 경우 30대 재벌에 대하여 은행대출 또는 지불보증한 여신의 총액이 전체의 43%라는 통계나, 통화액의 경우 '77년에 29.3%이던 것이 '82년에 36.6%로 높아진 것을 보아도 알 수 있다.[44] 또한 10대 재벌의 매출액이 국민총생산(GNP)에서 차지하는 비중은 1979년 33%에서 1989년 54%, 2000년에는 82%로 늘어나 이제 90%선을 넘보고 있다.[45] 배분의 정의가 제대로 되어

41 정정길, "정책목표결정상의 사실판단과 가치판단: 발전정책의 방향전향과 정책학의 기여가능성," 국가발전의 사회과학(서울: 박영사, 1987), pp. 347-371.

42 배한복, "이념교육의 회고와 전망," 국제문제, 통권 203호(1987년 7월호), pp. 27-34. 신동아, 1987년 1월호, pp. 197-198.

43 유종해, 현대행정학(서울: 박영사, 1986). p. 519.
백완기, 행정학(서울: 박영사. 1985), pp. 264-278.

44 신동아, 1987년 1월호, p. 198.

있지 않을 때 사회적 통합의 기능은 악화되고 이것으로 인한 심리적 불안정과 생존적인 박탈감은 바로 이 사회의 구조적 문제로 제기되고 결국은 정부가 그토록 부르짖고 있는 통일논쟁에서의 체제의 우월성에 회의를 갖게 될 수 있다. 나아가서는 사회안정과 정치안정을 불안케 하고 통일행정과 안보행정에 크나큰 위협적인 요소로 등장케 된다. 과거 우리나라의 정치 지도자는 권력형 부정부패에 눈이 어두워 안보를 내세워 정권안보를 유지하면서 소위 "떡고물론"이란 해괴망측한 괴변을 내세운 일이 있다. 이것은 정경의 지나친 유착으로 인한 권력형 부패를 통하여 한사람이 무려 수 백 억 원 이상을 부정축재하는 엄청난 비리를 저질렀는데 이러한 부패현상은 바로 행정의 부재현상이요 국민의 행정수요에 적절한 행정공급을 하지 못한 단속성이 결핍된 통일행정이요 안보행정이었다고 할 수 있다.[46] 이러한 부패의 결과는 분단국의 통일의 대내적 승공변수를 취약하게 만들 수밖에 없고 일반국민들의 불만과 불안, 그리고 불신의 위기의식으로 연결될 수 밖에 없게 된다.

통일행정은 수요의 우선권, 그리고 유형 등을 신속하게 파악함으로써 적절한 행정공급이 시민들의 삶의 질의 향상과 사회적 통합(social integration)그리고 연대의식을 고양하고 신뢰성을 높여 나가야 될 것이다. 단순한 GNP의 성장 이데올로기를 떠나서 GNS(Gross National Satisfaction)적 사회연대성과 국민들의 자율성과 참여성에서 도출되는 안정적 귀결이 보다 유익한 통일행정의 미래정향이 될 것이기 때문이다.

넷째, 분단국의 행정은 분권과 화해와 대화의 행정 우선주의로 나아가는 미래정향이 필요하다.[47] 자유민주주의는 공산주의나 사회

---

45 세월따라 경제따라 '재벌 40년'

46 이상우, "박정권하 권력형 부채의 정체," 신동아, 통권 30권 1호(1987. 1월호), pp. 278-295.

47 유석렬, "남북대화와 한국의 입장," 국제문제, 통권 204호(1987년 8월호), pp. 55-62.

주의보다 월등하게 우수한 이념적 실체이다. 그러나 과거 분단 한반도의 경우 분열과 대립, 갈등과 비방의 연속선상에서 모든 행정문화는 연결되어 왔다고 하여도 과언이 아닐 것이다. 문제는 안보와 통일행정의 elites들이 우리의 제도의 우월성을 실질적으로 실현하고자 하는 변화된 사회적 지도자의 행태와 태도가 절실히 요청된다. 왜냐하면 아무리 분단국이 안보와 통일문제가 중요하다고 하여도 대화와 협력을 통한 점진적인 민주행정의 미래정향이 이러한 제도적 이념적 우월성을 실질적으로 보장해 주는 첩경이기 때문이다.

의미 있는 것은 지난 1987년에 6.29선언으로 인하여 분단한국의 각계각층에서 민주화와 정치발전의 바람이 불고 있었다. 물론 혹자는 과소민주주의에서 과잉민주주의에로의 이행으로 보는 시각도 있으나 원칙적으로는 바람직한 현상이고 고무적인 행정현상이다. 흥미있는 것은 연구보고에서[48] 60년대 이후 성장의 원동력은 국민전체의 단합이란 응답이 46.8%, 남북한의 비교에서 북한의 군사력은 59.7%가 더 높다고 응답한 반면에 21.8%가 한국이 강하다고 하였고 만일 전쟁이 일어나면 48.1%는 한국이 이길 것이다 한 반면에 10%는 북한이 이길 것이다 라고 하였고 78%가 민주화를 확신하고 있다는 태도를 보였다. 그리고 77%가 지방자치제를 지지한다 하였고 빈부격차문제는(27.1%) 여러 사회문제 중 우리 정부가 해결해야 할 가장 큰 우선권을 두어야 할 문제라고 지적하였다.

우리는 분단국이 화해와 대화행정을 통하여 분단국의 통일기반이 실질적으로 다져지는 통일행정의 전략방안이 반드시 필요하다고 지적된다. 그 구체적 행정방안이 특히 지적되고 있는 분권문제, 참여성 고양, 자율성 고양행정, 그리고 건전한 행정문화의 구축 등이라고 지적할 수 있다.

사회의 모든 조직문화의 발전에는 민주적 변화가 일어나는 것이

---

[48] 중앙일보 1987. 9.22일자, p. 1.

바람직하나 개개인이 보다 착실한 통일기반의 조성에 지대한 역할을 하여야 하며 또한 가장 중요한 통일행정변수로서의 기능을 다해야 할 것으로 판단된다. 물론 통일행정문화에 있어서도 정치인이나 행정관료, 기타기업가 등의 역할이 중요하다는 것은 사실이나 국민각자의 통일의식의 고양과 자유민주주의에 대한 확신과 신뢰가 우선되어야 할 것이다. 종래의 수직적인 통일행정은 근본적으로 재검토되고 통일행정문화의 확신과 기반조성을 보다 자발적인 조직문화에서 이루어지도록 행정지도와 환경조성이 절실히 요청된다고 할 수 있다.

다섯째, 분단국의 행정은 보다 독립변수적인 통일행정문화지향적 관료행정문화의 발전이 시급하다고 지적하면서 이러한 통일행정문화의 발전을 위한 정책지원과 국민적 성원이 요청된다고 할 수 있다.

한국의 통일지향 관료문화는 신념(belief), 가치(value), 그리고 태도(attitude)의 집합적으로 축적된 산물이다.[49] 전통적으로 통일지향적 행정문화가 종속변수적인 입장을 탈피하여 통일행정문화를 창출해야 한다. 따라서 종래의 관료문화의 제역기능을 극복하고 참신한 미래지향적 통일지향적 안보문화의 창출을 위하여 보다 과감함 투자와 정책적 지원이 있어야 된다. 여기에서 통일지향적 관료문화창조란 관료들로 하여금 통일에 대한 철저한 교육훈련과 의식의 고양, 조직문화의 건전화를 위한 논리와 정화운동, 민주적 지도자의 행태에 관한 훈련, 관료부패방지를 위한 행정개혁, 그리고 시민문화의 조화 등을 들 수 있을 것이다. 요컨대 이상에서 논의된 분단국의 행정문제의 해결방안은 공신력의 제고전략, 사실중심적 행정과 가치중심적 행정의 보완과 조화, 행정수요와 행정공급의 상호기능의 적절한 조화, 화해와 대화를 바탕으로 한 민주행정우선주의, 그리고 통일지향적 관료문화의 발전 등으로 요약될 수 있다. 이러한 전략들이 분단국의 행정에 대한 미래정향이 되어야 하고 그러

---

49 백완기, op. cit., pp. 1-233.

한 것은 바로 통일을 대비한 관료제 발전의 기본적인 특이 되어야 할 것이다.

Ⅳ. 결 론

분단국의 통일행정의 기본변수를 다음과 같이 개념적인 모형(model)으로 표시할 수 있다([그림 5-1] 참조).

[그림 5-1] 통일행정의 발전모형

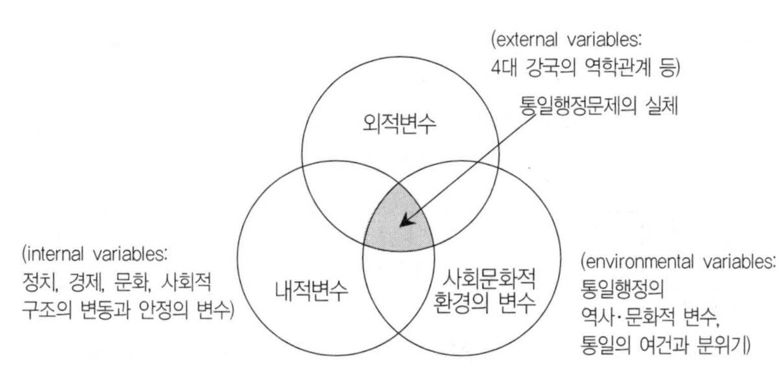

상기 모형에서 표시되는 바와 같이 분단국의 통일행정의 발전모형은 외적으로는 강대국의 힘의 역학관계(power-mechanism)를 잘 활용하여 통일행정의 발전에 접근시킨 수 있는데 물론 그것은 국제정치적 이해관계의 타협의 산물이 적용될 경우가 많다고 할 것인즉 미국, 소련, 일본, 중공의 4대강국의 교차승인 같은 과정의 진행은 실제로 중요한 통일행정의 발전요인이 될 수 있다. 다음에는 주로 내적변수가 통일행정에 미치는 영향이 매우 큰 것으로 보게 되는데

여기에는 정치, 경제, 문화 또는 사회의 변수가 중요한 요인이 되겠으나 특히 정치, 행정변수는 통일행정의 활발한 변화를 가져올 역할을 극대화하여야 할 것이다. 물론 환경적 변수는 통일분위기 조성이 주된 변수로서 통일문화의 확산을 통하여 할 수 있을 것이다. 좀 더 간결하게 분단국의 행정문제의 진단과 해결의 동태적 분석의 모형은 다음과 같이 표시할 수 있다([그림 5-1] 참조).

〈표 5-1〉 분단국의 정부관료제 모형과 발전방향

모형Ⅰ: 문제의 진단 (problem- diagnosis)	모형Ⅱ: 문제의 해결 (problem-solving)	모형Ⅲ: 발전방향 (development-direction)
①통일행정과 행정이념과의 접목	①공신력의 고양 및 민주성의 행정목표와 행정능력의 극대화	①통일행정문화의 창조와 독립변수적 역할의 확대
②예방적 행정과 조직기능의 검토	②사실중심적 통일행정과 가치중심적 행정의 조화와 균형	②내생적(endogenous)통일의식의 고양
③통일의식의 심도와 자율성 및 합의성 문제	③행정수요와 공급의 균형과 행정역할의 극대화	③외생적(exogenous)통일행정변수와 조화
④안보의 문제와 권위주의적 관치행정	④분권과 화해, 대화 및 민주행정의 우선주의 ⑤독립변수(independent variables)적 통일행정 문화의 발전	④통일행정에 대한 환경적 변수의 극대화 ⑤통일행정의 하위체제(sub-system)의 기능 활성화

자료 : 김영종, "분단국의 행정문제의 진단과 미래정향," 숭실대학교 사회과학논문집 (제 5집 1987), pp. 131-132.

그러나 특히 강조되어야 할 점은 종래의 정치적인 접근과 거시적 외적 변수의 의미에 대한 중요성 강조경향에서 내생적 변수가 통일행정의 중요한 독립변수가 되는 것과 통일의식과 통일행정문화의 확산을 통하여 분단국의 통일에 더욱 가까이 접근할 수 있는 첩경이다. 이러한 맥락에서 통일행정은 더욱 효율적이고 효과적이어야 하며 나아가서는 민주적이고, 발전지향적, 예방행정적이며 미래지향적이어야 될 것으로 판단된다.

이상에서 논의한 것을 요약하면 위와 같은 모형(model)이 될 것이다(<표 5-1> 참조).

제3절 / 관료부패의 방지전략

Ⅰ. 문제의 제기

관료부패는 민주주의의 발전과 경험의 기둥을 위협하고[50] 특히 개발도상국가에 있어서는 사회적 기강의 증대노력을 저해하는 요인이 되고 있다.[51] 최근에 필자는 자료수집차 인도(India) 영사관에 방문한 적이 있는데, 인도의 영사는 필자가 요청한 자료(즉 인도의 부패관계법)제공에 응하면서 부패문제는 세계 어느 나라이든 발생하는 현상이 아니냐고 하였다.

사실상 부패현상에 대한 학계의 시각 중 특히 1960년대에 있어서는 기능주의(functionalism)적 입장을 취하였다. 말하자면 관료부패 문제는 발전과정에 있어서 거의 필연적으로 발생하는 것으로서 개발도상국가에 있어서는 필요악(necessary evil)적 현상으로 보는 것이다. 즉 부패현상은 자연적 성숙과정에 있어서 "자기파괴"(self- perpetuation)적 현상이라는 것이다.[52] 뿐만 아니라 개발도상국가이든 선진국이든간

---

50 Werner, Simcha B., "New Directions in the Study of Administrative Corruption" in Public Administration Review, Vol. 43, No. 2(March/April, 1983), pp. 146-154.

51 김영종, "개발도상국가들의 관료부패모형정립: 한국을 중심으로", 한국행정학보 제 19권 2호(1985), p. 141.

에 보편적으로 일어나는 확산효과적 "자기영속성" (self-perpetuation)의 현상이 관료부패라고 하는 소위 후기기능주의적 시각이 있음이 사실이다.[53]

그런데 중요한 것은, 기능주의적 시각이든 후기기능주의적 입장이든 관료부패현상은 엄연히 발생하는 괴물적 존재(monstrous existence)로서 국가발전에 큰 역기능을 초래하고 정부의 공신력을 와해시키는 결과가 되기 때문에 우리는 더욱 연구의 대상과 초점으로 삼지 않을 수 없게 된다.

그러나 불행하게도 이 지구상의 대부분의 개발도상국가에서는 부패문제의 연구와 논의를 금기(taboo)시 하여왔던 것이 사실인 것 같다.[54] 그와 같은 결과로 인하여 부패현상의 연구는 고도의 학술적인 시각에 의하여 측정되지도 못하였고 또한 잘 설명되지도 못하였다.[55]

한국에 있어서 관료부패 문제가 얼마나 심각한가 하는 문제는 해방이전은 일단 보류하고, 해방 이후 제1공화국부터 제5공화국까지 현대 행정사적 측면에서 매우 중요한 미해결의 과제로 계속 제시되어 왔음이 사실인 것 같다. 특히 제1공화국의 몰락은 관료부패에 기인하였다고 할 수 있고, 또한 제4공화국 역시 관료부패의 종국적 의미를 암시하는 역사적 교훈이었다고 할 수 있다. 나아가서는 제5공화국에 있어서도 결코 예외는 아니어서 괄목할 만한 경제발전과 정치발전이 있었음에도 불구하고 대형 사건들이 발생하여[56] 관료부

52 Simcha B., Werner op. cit., pp. 146-154.

53 김영종, op. cit., p. 141.

54 G. Myrdal. Asian Drama: An Equity into the Poverty of Nations(New York: The Twentieth Century Fund, 1968).

55 Arnold J Heidenheimer(ed). Political Corruption: Readings in Comparative Analysis (New Brunswick: Transaction Books, 1978), p. 9.

56 예컨대 권력형 경제부정부패의 장영자 사건(1982. 5.)이나 박종철 군 고문치사사건(1987. 1. 14)으로 인한 수사기관 관료들의 부패사건을 예로 들 수 있다. 신동아 부록, 현대한국을 뒤흔든 60대 사건: 해방에서 제 5

패의 괴물에 시달려 왔으며 정부의 공신력을 추락시켰음은 주지의 사실이다.

이제 제 6공화국, 김영삼 정부, 김대중 정부를 거치면서 관료부패는 여전히 국민의 삶의 질(quality of life)을 향상시키기 위하여서나 정부신뢰를 위한 과제가 되어 왔다. 이러한 맥락에서 볼 때 역대정권의 최고정치지도자들은 부패문제의 척결이 가장 우선적인 정책결정 사항인 것을 인식하고 과감한 부패방지 정책을 추진하여야 될 줄로 안다.[57] 왜냐하면 부패의 만연과 확산은 바람직한 안정과 변화 또는 발전에 암적 존재이기 때문이다.

부패의 실체(reality)를 연구하는 방법론은 학자들에 따라서 그 개념의 정립문제부터도 다양하고, 분석시각도 상이하다. 그리고 그 부패현상의 정도는 국가마다 다름은 물론이다.

우리는 여기서 부패현상을 분석하고 그 방지전략을 수립함에서 보다 다면적(multidimensional)이고 통합적(integrated) 접근방법을 동원하려고 한다. 뿐만 아니라 부패연구에 선행되어 논의되어야 할 몇 가지 문제점을 정리하여 보고 가급적 이론적 부패연구의 체계화는 물론이고 실증적 경험적 자료들과의 상호 접목하고 연결시켜 보다 참신한 부패연구를 시도하려고 한다.

Ⅱ. 부패연구의 명제논의

부패의 연구는 아직도 생성단계를 탈피하지 못하였다고 할 수 있다. 왜냐하면 전술한 바와 같이 이 연구는 제 3자의 대상처럼 소외되었거나 또는 금기시되어 왔기 때문이다. 아래의 사항들은 부패현상연구에 있어서 제기될 수 있는 제문제점들로서 비교적 간략하게 논의하여 본다.

공화국까지(서울: 동아일보사, 1988), pp. 270-358.

57 이 문제는 대통령선거 공약에서도 계속 언급하여 온 것이 사실인 것 같다.

(1) 개념의 정립문제

관료부패의 개념은 논자에 따라서 상이한 개념적 접근을 하고 있어서 아직도 그 실체에 대한 정확하게 정리된 정의가 없는 것이 사실인 것 같다. 이 문제는 매우 중요한 문제제기점이 되는데 몇 가지 대표적인 개념정립론을 소개하면 다음과 같다.[58] 예컨대 ① 부패현상을 권력의 비논리적 도덕적 일탈행위로 보는 학설의 입장이다. ② 제도적 접근방법(institutional approach)으로서 부패현상을 특히 개발도상국가에 있어서 제도적 취약성에서 오는 부산물로 보게 된다. ③ 부패현상을 교환되지 않아야 할 상품이 교환되는 경우 즉 특수적 이익을 추구하는 것으로 보는 시장 교환 관계의 개념적인 접근이다. ④ 기능주의 입장은 부패현상을 행위의 결과와 효과면을 지정하고 순기능과 역기능적 역할로 보면서 특히 개발도상국에서는 근대화의 부산물로 보는 입장이다. ⑤ 후기기능주의적 개념접근방법으로서 부패현상을 선, 후진국 어느 국가에서나 발생하는 보편적 현상이라고 "자기영속성"의 성격으로 파악하는 입장이다. ⑥ 공익위반의 현상으로 보는 공익설이 있다. ⑦ 사회문화적 환경과 역사적 전통의 부산물로 이해하는 사회문화적(socio-cultural)개념정립접근이 있다. ⑧ 권력관계의 현상으로 관료제의 병폐와 권력의 남용으로 보는 권력설(power-relation theory)이 있다.[59]

상기와 같은 제학설의 난무로 인하여 관료부패의 개념이 혼란되고 있고 실제로 단면적 측면을 보는 개념정립이 되고 있다. 여기에서 우리는 부패현상을 관료가 국민의 공익추구라는 공직을 망각하고 또한 국민들의 바라는 기대가능성을 저버리고 사회문화적 규범을 위반하거

---

58 Young Jong Kim, Bureaucratic Corruption: The Case of Korea(Seoul: Chun Choo Gak, Publishing Co., 1986), pp. 9-10.

59 Herbert H. Werlin, "Elasticity of Control: An Analysis of Decentralization," Journal of Comparative Public Administration, Vol. 2., No. 2(August 1970), p. 196; Fred W. Riggs, Administration in Developing Countries (Boston: Houghton Mifflin, Co., 1964). p. 283.

나 일탈하는 행정현상이요 그것은 관료행태(bureaucratic behavior), 관료체제(bureaucratic system), 그리고 사회문화적 환경간의 상호 적절한 조정의 결함에서 야기된 관료현상(bureaucratic phenomena)이요 일탈현상(deviant behavior)이 관료부패라고 보는 통합적 개념의 정립을 제기하게 된다.[60] 그런데 여기에서 중요한 것은 비록 관료부패의 문제는 부패라는 삶의 의미에서 볼 때는 일부분에 불과하고 이러한 개념의 포괄성은 정치적 부패(political corruption), 사회부패(social corruption), 기업부패(business corruption), 행정부패(administration corruption) 등의 개념의 확산에도 응용될 수 있을 것이다.

(2) 연구방법론

관료부패의 실체를 분석하는 데 있어서 그 연구방법론 역시 일반적인 사회과학 방법론처럼 다양하고 광범위 할 수 있을 것이다. 다만 우리는 그 다양한 방법론을 어떻게 활용함이 부패현상의 실체를 파악하고 대처하는 데 가장 효과적이고 바람직할 것인가가 문제의 초점이 될 것 같다.

사실상 부패현상은 미확인 비행접시(U.F.O)와 같이 보는 사람의 관점에 따라서 상이한 설명과 주장이 있으므로[61] 우리는 상이한 연구방법을 통합하는 것이 바람직하다고 본다. 즉, 주관주의와 객관주의적 접근, 기능주의와 후기기능주의 통합, 이론적 방법과 경험적 방법의 상호보완, 그리고 계량적 방법과 질적 방법 등의 균형, 특히 비교론적 방법과 역사문화적 방법 등을 첨가하여 동원할 수 있으면 바람직할 것이다.

---

60 이 현상은 아래와 같은 통합적 개념의 배열도가 필요할 것 같다.

61 Young Jong Kim, "New Directions of Corruption Study in the 1980's" 숭전대학교 사회과학논문집 제 3집 (1986), pp. 41-57.

(3) 실체접근의 곤란성

부패현상의 실체는 분석하거나 접근하기가 매우 어렵다. 대체로 우리는 언론기관 등에서 보도된 부패사건을 통하여 외형적으로 사건을 접할 수 있을 뿐이다. 원칙적으로 부패현상의 실체는 사건의 실체를 통시적 맥락에서 관측(observation)함으로써 보다 정확하게 알 수 있을 것이다. 사건의 빈도수도 세상에 보도된 외형적인 수량보다도 노출되지 않은 내부적인 실체는 더욱 많이 있을 것이다. 부패현상은 이러한 맥락에서 소위 빙산모형(iceberg model)이 적용될 수 있을 것이다.[62] 구체적으로 [그림 5-2]와 같다.

[그림 5-2] 빙산모형

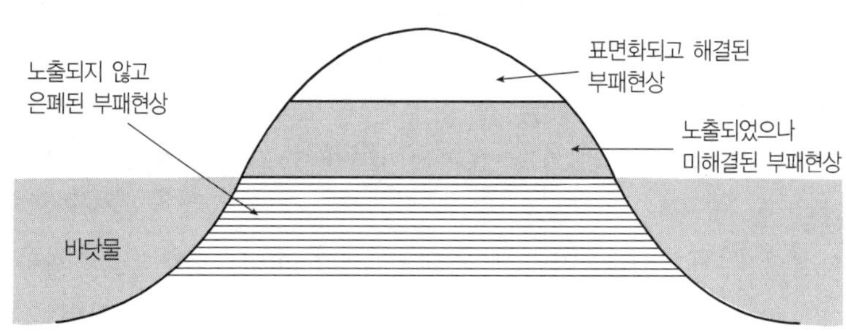

자료 : 김영종, "한국관료부패와 부패방지," 사상과 정책, 통권 18호(1988년 봄호), pp.155-169

위의 그림과 같이 표면에 노출된 부패현상보다는 은폐된 부패현상의 실체를 접근하기가 매우 곤란하므로 결국 고도의 심층 분석적 전략과 연구가 필요하게 된다.

---

62 Herschel Prins, Criminal Behavior: An Introduction to Criminology and the Penal System (London: Tavistock Publications, 1982), p. 20.

(4) 이론과 실제의 접목

부패현상은 개념정립과 접근 그리고 원인 및 결과에 이르기까지 체계적이고 논리적인 연구가 필요함은 명백한 사실이다. 그러나 부패연구가 단순하게 이론적인 연구에만 그치기에는 부족한 면이 많다. 왜냐하면 부패실체는 보다 동태적이고 복합적 관계변수의 분석으로부터 더 잘 접근될 수 있기 때문이다. 이러한 맥락에서 실제적인 현상과 통계적인 자료가 보다 필요할 것 같다. 바로 실증적이고 경험적인 자료의 분석을 통하여 부패현상의 추세와 변화를 고찰할 수 있기 때문이다. 그러한 점에서 내용분석(content analysis)같은 경험적인 방법은 연구자가 과정상에 영향을 주지 않고 부패현상을 사회 행태로서 살펴볼 수 있는 주요한 방법이 될 수 있을 것이다.[63] 요컨대 부패연구에 있어서는 이론적 측면에서 부패현상의 분석을 보다 체계적이고 과학적으로 정리하고 실제에서는 보다 실증적이고 경험적인 자료를 제시함으로써 이론을 뒷받침할 수 있으므로 상호 접목이 중요하게 된다.

(5) 순기능과 역기능

부패현상의 순기능과 역기능 문제는 학자들에 따라서 종종 대립된 논의를 거쳐 왔다. J. S. Nye은 부패의 순기능으로서[64] 자본의 형성과 번문욕례(red tape)를 제거하고, 기업가정신에 유인요소를 부여함으로써 경제발전을 도모하게 된다고 주장한다. 그리고 전통적 사회에서 현대사회로 이동하는 과정에 있어서 부패는 엘리트(elite)의 새로운 상류층의 계층으로 승계하는 역학관계에 주요한 기여를 하

---

63 Richard W. Budd, content Analysis of Communication(Belmont: Wadsworth Publishing Co., Inc., 1979).

64 J. S. Nye, "Corruption and political Development: A Cost-Benefit Analysis," American Political Science Review, Vol. LXI: 2(June 1967), pp. 417-427.

게 된다고 한다. 반면에 역기능으로서 자본의 유출, 투자의 왜곡이나 기술의 낭비 등으로 인한 자원의 낭비 등의 결과를 초래하게 되고, 정치권력의 정통성을 파괴하고 윤리적 균형을 저해하는 불확정과 정통성의 상실과 행정능력의 감소로 인한 정치능력의 감소 등을 지적하고 있다.

David H. Bayley는 부패의 역기능으로서[65] ① 다양한 계층에 대한 객관적 정치지도가 불가능하게 되고, ② 생산적 노력의 상실과 공신력의 감퇴, ③ 개인의 이기심을 채우기 위한 부정한 방법의 횡행, ④ 정부의 신뢰성과 권위의 추락과 국가들의 불신감 증대, ⑤ 도덕적 윤리적 기준의 쇠퇴, ⑥ 행정역무(administrative services)의 부진과 행정가격(price of administration)의 상승, ⑦ 행정의 업무가 인간의 필요에 의한 결정 대신 화폐에 의하여 결정되므로 불공정한 행정공급의 성립이 되기 쉽다는 점 등이다. 이와 반대로 부패는 순기능의 역할도 한다고 지적되는데 예컨대 ① 부패는 정부의 목표를 달성하는데 엄격성을 완화시켜 줌으로써 보다 나은 선택을 하는데 도움을 준다는 것, ② 부패는 자원의 배분증가에 기여한다는 것, ③ 부패의 소지는 관료의 질을 향상시키는데 기여할 수 있다는 점, ④ 부패는 권력에 배제된 자들이나 집단에게 그 체제에 이해관계를 부여하는 수단이 된다는 점, ⑤ 부패는 경제 및 사회발전을 위한 elite들의 독점을 감소하는 방법이 된다는 점, ⑥ 부패는 관료들과 정치인, 그리고 시민들과의 긴장의 완화 또는 반응성(responsiveness)을 증가시키는 기능을 하다는 것 등이다. 우리는 부패에 대하여 비록 순기능과 역기능의 대립된 논의가 있음은 사실이나 중요한 것은 개발도상국가에서 특히 한국적 상황에서는 역기능 문제가 더욱 심각하게 문제시되어야 한다는 것은 명백한 실증적 사실이 되고 있음을

---

65 David H. Bayley, "The Effects of Corruption in a Developing Nation," Western Political Quartery, Vol. XIX, No. 4(December 1966), pp. 719-732.

잊어서는 안 될 것이다. 예컨대 해방 이후 우리는 부패문제로 인하여 수차례의 정권의 몰락을 가져온 경험과 민주발전에 커다란 이괴물적 존재의 위협으로 인하여 공신력의 추락, 불신의 풍조, 사회적 기강의 해이, 벼락출세주의와 찰나주의적 처세형 철학의 대두,[66] 행정철학의 빈곤으로 인한 관료들의 부패로 인한 국민들의 저항감과 불만,[67] 정책결정이나 집행에 대한 시민들의 불신과 반응성 결여, 또는 계층간의 갈등의 유발요인과 권력만능풍조 또는 물질만능주의 사상의 팽배로 인한 민주주의 발전의 저해 등 이루 헤아릴 수 없는 역기능을 초래하였다고 하는 명제에서 출발하게 된다.

(6) 부패현상의 악순환 문제

의미 있는 것은 후진국가에서는 저소득은 저소비를 낳고 저소비는 저생산과 저고용을 유발하고 이러한 현상이 악순환함으로 말미암아 결국은 빈곤문제는 계속 된다는 논리적 분석과 같이,[68] 부패문제 역시 후진국이나 개발도상국가에서는 끊임없이 국가발전의 저해요인으로 악순환되어 왔다는 사실이다. 이러한 문제는 부패의 방지전략을 강구한다고 하여도 결국 일시적 단편적인 치료약에 불과하여 대체로 정권이 교체될 때마다 부정부패척결을 들고 나오는 최고정치지도자를 비웃기라도 하듯 부패현상은 만연되어 결국 부패병에 걸려서 그러한 정권은 몰락하고 말게 되는 것을 흔히 볼 수 있다. 예컨대 한국의 경우도 제3공화국이 들어서면서 특히 그 공화국의

---

66 이기상, "한국철학교육 이대로 좋은가?," 계간경향, 통권 16호(1987, 가을호), pp. 165-181.

67 김영종 외 공저, 관료제와 행정철학(서울: 법문사, 1987), pp. 424-425.

68 Michael P. Todaro, Economic Development in the Third World (New York: Longman, 1977), p. 612; Milton H. Spencer, Contemporary Economics (4th ed.)(New York: Worth Publishers, Inc., 1971), pp. 43-60; Heidenheimer Arnold J., op. cit., pp. 479-564.

전신인 5·16 군사혁명 때 공약에서 부정부패척결을 최우선으로 정책과정과 혁명이유로 내세웠지만 결국 3·4공화국을 거치는 동안 엄청난 부패사건은 발생하고 만연된 부패병은 결국 제4공화국의 몰락을 가져오는 악순환을 초래한 것이다. 물론 이 문제를 우리는 부패 방지전략에서 구체적으로 논의하겠지만 부패병은 합병증과 같아서 단편적인 치료약으로서는 치유되지 않는 것이고 종합적이고 근본적인 대책과 전략(예컨대 통합적인 부패방지법의 제정)으로만 부패의 악순환을 어느 정도 막을 수 있다는 것을 전제해야 할 것이다.

(7) 부패학(corruptionology)의 성립은 가능한가?

저자가 학위논문에서[69] 부패학이란 조어를 처음으로 사용한 일이 있고 1985년 12월의 한국행정학회 연차총회에서 관계 논문을 발표하면서 부패학의 학문적 체계화를 주장한 적이 있다.

부패를 논할 때 흔히 우리는 관료부패를 초점으로 하여 논의하기 쉬우나 부패현상의 실체를 분석하고 거기에 대한 적절한 대응책을 강구하는 것은 결코 단편적인 학문의 지원으로서는 불가능하지 않을까 생각된다. 예컨대 부패문제는 복합적이고 다양한 변수로 인하여 발생하는 괴물적 존재라고 한다면 그것을 분석하기 위하여서는 보다 심층적인 고도의 인접학문의 통합적이고 유기적 지원이 요청된다고 보기 때문이다. 그러한 맥락에서 가령 부패현상과 경제발전과의 관계에서 부패경제학(corruption-economics)[70]이든지, 부패정치학(corruption-political science)을 통하여 정치과정에서 유발되는 제문제점을 부패현상과 연결시켜 볼 수 있을 것이다. 또한 부패현상이 사

---

69 Young Jong Kim, A Model Building of Bureaucratic Corruption in Developing Countries: The Case of Korea(Tallahassee: The Florida State University, 1985), p. 71.

70 예컨대 지하 경제학의 기능과 역할 등을 분석하여 볼 수 있다.

회변화나 발전과정에서 어떠한 의미를 구조적으로 가지는가 하는데 분석의 초점을 두어서 부패사회학(corruption-sociology)을 생각해 볼 수 있고 부패행위에서 도출되는 심리적 갈등이 현상 또는 변화 등을 초점으로 하는 부패심리학(corruption-psychology) 등의 제개념적 지원을 가정할 수 있을 것 같다. 특히 부패문제는 일정한 사회규범을 일탈한 범죄의 차원에서 부패범죄학(corruption-criminology)이나 법률적인 제재나 규범과의 접목을 고려하여 부패법학(corruption-jurisprudence)의 개념적 지원도 매우 필요할 것 같다.

나아가서는 부패의 실체가 고도의 종교적 차원의 죄(sin)문제까지 폭넓게 취급되는 경우에는 종교학적인 지원도 필요할 것 같다.

요컨대 부패학은 단순히 행정학의 차원을 넘어서서 인접사회과학 등의 폭넓은 지원과 관심을 통하여 그 학문적 체계화가 이루어진다면 부패문제는 이 지구상에서 추방하는데 보다 효율적인 전략이 될 수 있지 않을까?

Ⅲ. 한국관료부패 현상의 진단

관료부패가 일종의 질병이라면 그 치유를 위하여서는 먼저 정확한 진단이 필요하고 또한 부패병의 증세와 수준 및 정도를 고찰함이 선행되어야 할 것이다.

한국관료부패 현상은 어떤 정도인가 하는 것은 매우 힘든 측정임에 틀림없는데 왜냐하면 전술한 바와 같이 부패현상은 매우 복합적 변수로 발생하며 미확인된 비행접시(U.F.O.)처럼 보는 사람의 관념에 따라 다르고 비록 그 실체가 드러나도 빙산모형처럼 지극히 적은 부분만 세상에 노출되기 때문이다. 다만 이러한 복합적 행정현상이지만 여기에서는 저자가 내용 분석조사를 통하여 얻은 실증적 자료의 일부와 그리고 총무처 또는 정부기관에서 발표된 몇 가지 자료와 언론가관 등에서 발표한 자료들을 통하여 부패의 현황과 실체를 먼저 알아보기로 한다.

필자는 우리나라의 5대 일간신문 중 한국일보와 동아일보를 통하여 연도별 2년씩 단위로 1960년~1961년, 1970년~1971년, 그리고 1978년~1979년의 총 6년간에 걸쳐서 관료부패현상의 보도된 사건을 내용분석을 통하여 조사한 일이 있다. 특히 총 보도된 사건이 기간 중 평균 총 527건이 보도되었으며 이것을 정치면과 사회면의 보도된 페이지의 구별, 강도성의 구별, 부패유형의 구별, 처리결과의 구별, 단독 혹은 조직적인 부패유형인가의 구별 등으로 분류하여 내용조사를 하였다. 여기에서 통계자료의 전체는 지면관계로 생략하기로 하고 주로 제3공화국과 제4공화국 때의 부패현상의 현황과 흥미 있는 특색을 매우 간략하게 요약한다.[71]

① 표면적으로는 한국관료부패 현상은 경제발전과 성장을 할수록 점점 감소하는 추세인 것처럼 보인다(1960년: 140건 27.1%, 1961년: 100건 19.4%, 1970년: 91건 17.7%, 1971년: 94건 18.2%, 1978년: 43건 8.3%, 1979년: 48건 9.3%).

② 부패사건의 강도는 사실상 증가되고 있었다(1960년: 92.7%, 1961년: 87.4%, 1970년: 94.5%, 1971년: 84.3%, 1978년: 98.1%, 1979년: 96.1%).

③ 부패의 유형 중 권력남용(a buse of power)이나 직권남용 또는 관료의 품위손상 등이 많은 부분을 차지하였고(직권남용: 24.5%, 품위손상: 21.2%), 특히 뇌물로 인한 부패현상은 기간 중 계속 증가추세에 있었다(1960년: 9.8%, 1961년: 21.0%, 1970년: 28.9%, 1971년: 28.1%, 1978년: 40.4%, 1979년: 39.2%).

④ 부패의 규모 중 단독적인 것보다는 2인 이상의 집단적 또는 조직적인 부패사건이 점점 증가하였으며 이것은 심각한 현상을 초래하였다(1960년: 54.3%, 1961년: 71.6%, 1970년: 71.1%, 1971년:

71 Young Jong Kim, op. cit., pp. 148-174.

〈표 5-2A〉 연도별 공무원 징계통계

(단위 : 명)

공무원별 / 년도별	합 계	국가공무원	지방공무원	경찰공무원	교육공무원
1980	7,184	1,833	3,158	1,982	265
1981	6,681	1,258	1,892	3,346	185
1982	5,259	1,197	2,502	2,226	334
1983	5,361	1,198	2,359	1,591	213
1984	4,528	1,153	1,849	1,392	134
1985	3,580	1,005	1,429	1,000	146
1986	4,094	977	1,665	1,265	187

자료 : 총무처, 총무처 연보(1987), pp. 183-186.

〈표 5-2B〉 연도별 공무원 징계통계

(단위 : 명)

구분	합계	공무원 수		합계	징계 공무원 수	
		국가공무원	지방공무원		국가공무원	지방공무원
2002	850,032	548,003	302,029	3,898	780	1,791
2001	854,114	548,120	305,994	3,682	625	1,613
2000	859,555	549,502	310,053	4,507	856	1,901
1999	857,616	547,563	310,053	5,866	986	2,670
1998	870,871	555,50	315,370	6,140	1,054	1,872
1997	919,145	561,952	357,202	5,689	877	2,076
1996	909,802	560,645	349,157	5,308	744	1,825
1995	889,762	558,489	33,273	5,016	747	2,143
1994	892,463	567,435	325,028	6,223	1,447	1,923
1993	884,828	568,413	316,415	7,16	894	3,392
1992	871,410	565,115	306,295	4,092	762	1,612
1991	839,801	553,104	286,697	3,996	710	1,719

자료 : 행정자치부(1991-2002), 통계연보, 부패방지위원회(각 년도), 부패방지백서.

80.9%, 1978년: 86.5%, 1979년: 86.3%). 즉 기간 중 527건의 부패사건 중 327건인 70.6%는 단독으로 저지른 부패사건이 아닌 집단적·조직적 부패사건이었다. 제5공화국 이후의 관료부패현황은 <표 5-2A>에서 볼 때 1980년을 기준으로 점점 감소현상을 보였으나 '86년에서는 오히려 다시 증가하기 시작하는 추세를 나타내고 있다. 최근의 연도별 공무원 징계통계는 <표 5-2B>를 참고하기 바란다.

Ⅳ. 부패현상의 원인분석과 방지전략

(1) 원인분석

관료부패현상의 방지전략은 논하려면 무엇보다도 그 원인분석이 선결문제라고 볼 수 있다. 앞에서 우리가 논한 바와 같이 부패현상의 실체는 고도의 복합적 현상이고 또한 다변수적 결과로 발생하는 것이므로 한마디로 말하기는 곤란하나 여기에서 주요변수를 논하면 다음과 같다.

첫째, 관료 행태(bureaucratic behavior)적 변수를 들 수 있다. 관료행태를 한국적 상황에서 연결시켜 볼 때 전통적으로 한국관료들의 권위주의적 복종관계 또는 공직의 사유관 등에서 도출된 한국관료들의 의식구조와 연결될 수 있다. 이러한 의식구조의 역사적 과정은 특히 중국의 유교와 일상식민지의 통치하에서의 피지배적 경험에서 온 권력 지향적 관료문화의 유산이 깊이 관련되어 있다.[72] 특히 유교문화의 영향은 긍정적인 면도 찾아 볼 수 있을 것이나[73] 관료문화 측면에서 관료 행태에 큰 영향을 끼치는 철학적 기초를 이

---

72 Hae-Dong Kim, "Corruption: Its Concept, Scope & Causes," in Korean Journal of Public Administration, Vol. 14, No. 2(Seoul: Seoul National University, 1976), p. 246.

73 예컨대 동양적 윤리적 규범 하에 기초한 가족제도의 발전 등을 들 수 있다.

루었는데 Henderson은 권위주의적 관료 행태의 주요한 요인으로 보고 있으며 이러한 것은 관료부패의 주요원인의 하나로 지적되어질 수 있다.[74]

둘째, 최고정치지도자들의 장기집권의 병폐와 카리스마적 leadership, 또는 권력남용으로 인한 역기능은 관료부패의 주요변수로 등장하게 된다. 주지하는 바와 같이 현대국가의 최고 정치지도자인 대통령들은 제1공화국 이후 단 한 번도 평화적인 정권교체에 의한 계승을 하지 못한 채 대부분 1인의 독재와 장기집권의 계획을 추진하다가 몰락되었다. 예컨대 Rhee 대통령의 카리스마적 leadership은 최고통치자인 자신에게 충성을 강요하였고 이러한 것은 장기집권과 권력남용 등으로 이어지고 결국 3·15 부정선거와 4·19 학생혁명에 의하여 몰락되고 말았다. 뿐만 아니라 5·16 군사혁명 후 권력을 장악한 박대통령은 괄목할 만한 경제발전정책의 성취를 이루는 등 긍정적 평가를 할 수 있는 부분도 있으나 18년 동안의 장기집권과 유신 등의 권력의 남용에 기인한 부패 등으로 제4공화국의 몰락을 자초하고 말았다. 권력남용에 근거한 부패는 지나친 중앙집권적 피리미드형의 권위주의 문화를 창출하게 되고 나아가서는 국민과 정부의 깊은 불신과 갈등 혹은 괴리현상을 유발하는 결과를 초래하게 된다. 실제로 제5공화국의 경우 단임 임기의 헌법에 근거한 전대통령의 평화적 정권이양의 전통수립은 실제로 권력남용과 장기집권의 원인에 의한 부패의 소지는 감소되는 제도적 장치였다고 할 수 있다. 그러나 지난 7년간의 제5공화국의 정부치적에 대한 국민들의 다음과 같은 반응에 의하면 대체로 물가 안정이나 안보강화는 잘하였으나(잘한 일 : 물가안정 63%, 안보강화 60%), 민주정치나 부패척결은 아직도 매우 우려될 만한 수준이었으니(못한 일 : 민주정치 64%, 부패척결 63%)[75] 부패의 원인이 장기집권에 의한 권력남용이 그 주요

---

74 Gregory Henderson, Korea: The Politics of Voltex (Cambridge: Harvard University Press, 1968), p. 921.

75 동아일보 1988. 1. 22일자. 이 통계는 전국 유권자 1961명의 면담조사

변수에는 틀림없으나 또 다른 주요변수를 고려해야 한다는 논거가 되는 점이다.

[그림 5-3] 제 5공화국 치적에 대한 평가

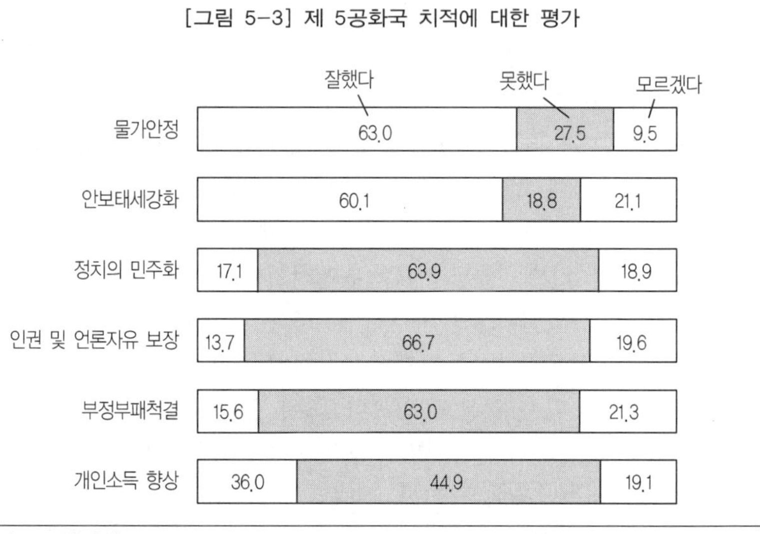

자료 : 동아일보, 1988. 1.22

셋째, 관료들의 경제적 욕구기대(needs expectation)와 현실적인 보수구조와의 심각한 괴리(gap)현상을 지적할 수 있다. 관료들의 보수란 관료들이 국가에 대하여 제공한 노동에 대한 대가로서의 보상관계이고[76] 또한 직무수행을 위하여 필요한 최소한의 경제적 생활비로서의 보상관계인 국가의 지급형태를 의미한다고 할 수 있다. 이러한 맥락에서 관료들의 보수구조는 기본적 생활급이 되어야 되고 또한 사기와 직무의 만족도에도 관계 있는 중요한 변수라 할 수 있

결과에 의하여 나타난 여론조사 분석이다.

76 Franklin P. Kilpartick & Milton C. Cumming, The Image of the Federal Service (Washington: The Brookings Institution, 1964), p. 128.

다.[77] 왜냐하면 관료들의 욕구와 보수의 심각한 괴리현상[78]은 바로 부패의 소지(opportunity)를 만들었고, 생계비의 미달의 보수구조는 부패의 원인이 되었다. 한국공무원들의 보수체계는 어떤가 하는 문제를 아래 도표에서 볼 수 있다.

[그림 5-4] 봉급과 생계비 비교(변동)

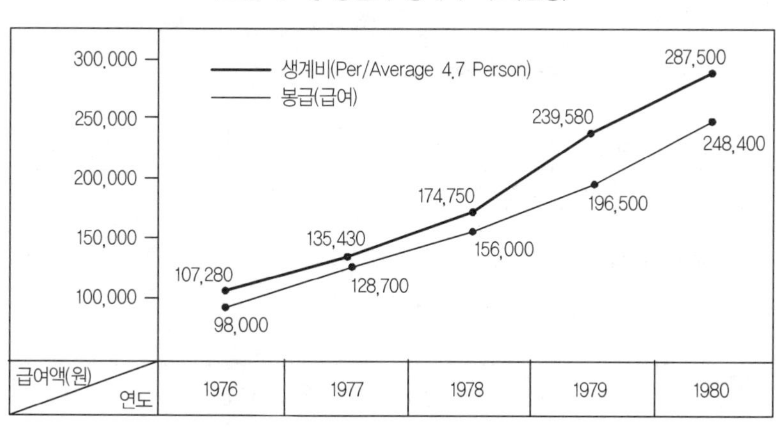

자료 : 총무처 관리연보, 1980. p. 27.

[그림 5-4]에서 볼 때 1976년~80년의 5년 동안의 공무원 보수체계는 생계비의 증가에 비교하여 점점 깊은 간격이 벌어짐을 알 수 있다. [그림 5-5A]에서는 기간 중 공무원의 보수구조와 기업의 보수구조와의 비교에서 대기업, 국영기업, 또는 중소기업과 해가 갈수록 점점 심각한 괴리현상이 일어남을 볼 수 있다. 최근의 공무원 보수구조와 업종별 민간보수와의 비교는 [그림 5-5B]를 참고하기 바란다.

77 Donald E. Klingner, Public Personnel Management: Context and Strategies (Englewood Cliffs: Prentice Hall, Inc., 1980), pp. 275-290.

78 Ibid.

[그림 5-5A] 관료보수 체계와기업과의 비교

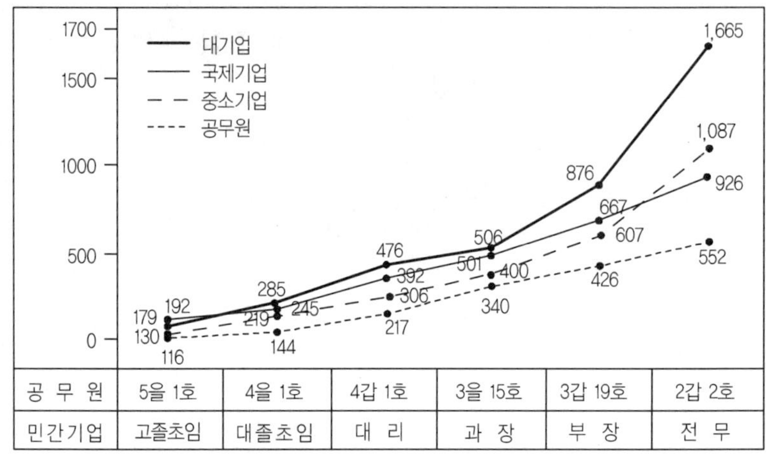

자료 : 총무처 관리연보, 1980 p. 27.

[그림 5-5B] 업종별 민간보수와의 비교

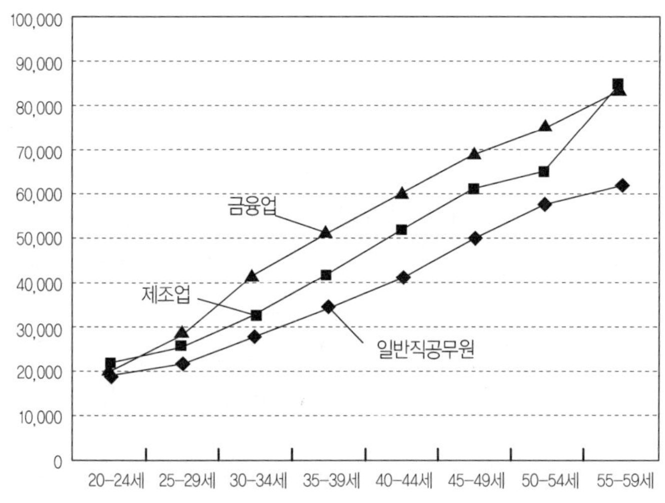

자료 : 중앙인사위원회 급여포탈 pay.csc.go.kt

뿐만 아니라, [그림 5-6A]에서는 제5공화국 이후 '81년~86년'의 6년 동안의 공무원 보수인상률은 평균 8.7%로서 기간 중 소비자물가 상승률의 평균 9.5%, GNP성장률의 평균 14.6%, 그리고 가계비 상승률의 평균 10.7%보다 월등하게 낮게 책정되어 있는 상태이다. 최근의 공무원 보수와 관련지표 변동추이는 [그림 5-6B]를 참고하기 바란다.

이러한 현상은 보수와 부패와의 관계에 대한 실증적인 자료에서 나타나고 있는데 예컨대 [그림 5-7A]에서 보는 바와 같이 일반적으로 범죄는 저소득층일수록 발생률이 높고 고소득층일수록 낮다는 점을 입증한다.

반드시 낮은 보수가 공무원들의 부패를 유발하는가 하는 문제는 별도의 다른 주요변수를 고려하지 않을 수 없게 된다. 최근의 자료는 그림 [5-7B]를 참고하기 바란다.

[그림 5-6A] 연도별 공무원 보수와 관료지표 변동추이

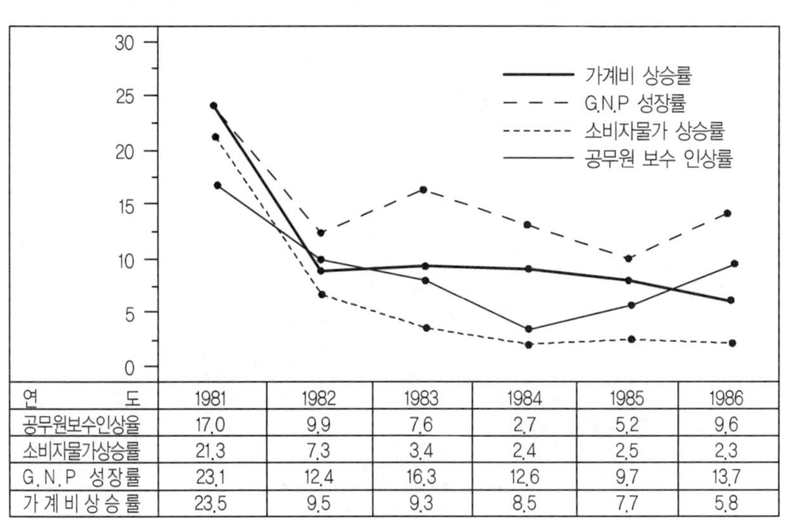

연 도	1981	1982	1983	1984	1985	1986
공무원보수인상율	17.0	9.9	7.6	2.7	5.2	9.6
소비자물가상승률	21.3	7.3	3.4	2.4	2.5	2.3
G.N.P 성장률	23.1	12.4	16.3	12.6	9.7	13.7
가계비상승률	23.5	9.5	9.3	8.5	7.7	5.8

[그림 5-6B] 연도별 공무원 보수와 관련지표 변동추이

년도	처우개선률 (기본급)	민간임금 접근률	민간임금 상승률	소비자물가 상승률	경제성장률
'96	9.0(5)			4.9	7.0
'97	5.7(5)			4.4	4.7
'98	−4.1(0)			7.5	−6.9
'99	−4.5(0)			0.8	9.5
'00	9.7(3)	88.4	4.7	2.3	8.5
'01	7.9(5.5)	93.1	8.6	4.1	3.8
'02	7.8(8.5)	94.8	15.6	2.8	7.0
'03	6.5(3)	95.5	9.7	3.5	3.1
'04	3.9(3)	95.9	8.1	3.6	4.7
'05	1.3(0)	93.1	6.0	2.8	4.0
'06	2.0(1.8)	91.8		2.2	5.0
'07	2.5(1.6)				

※ 민간임금접근률 : 공무원 보수와 상용근로자 100인 이상 사업체의 사무, 관리직 임금을 비교(매년 6월 기준)

※ 민간임금상승률 : 상용근로자 100인 이상 사업체 기준

자료 : 중앙인사위원회 급여포탈 pay.csc.go.kr

[그림 5-7A] 공무원의 범죄분석

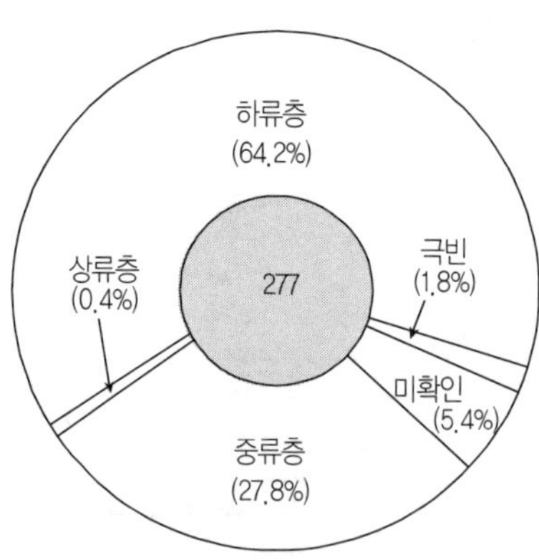

자료 : 범죄분석(2/4), 대검찰청, 1970, pp. 1-20

[그림 5-7B] 공무원범죄자 생활정도

(단위 : 명)

2003년	계	생활정도			
		하류	중류	상류	미상
계	9,373	4,215	4,632	167	359
	①100.0	45.0	49.4	1.8	3.8
형 법 법	4,441	2,028	2,040	85	288
	①100.0	45.7	45.9	1.9	6.5
재 산 범 죄	37.0	167	175	13	15
	①100.0	45.1	47.3	3.5	4.1
절도	43	19	24	-	-
장물	-	-	-	-	-
사기	192	100	80	9	3
횡령	72	28	35	1	9
배임	27	9	13	3	2
손괴	36	11	24	-	1
강 력 범 죄(흉악)	85	44	39	1	1
	①100.0	51.8	45.9	1.2	1.2
살인	3	2	1	-	-
강도	2	-	1	-	1
방화	6	4	2	-	-
강간	74	38	35	1	-
강 력 범 죄(폭력)	1,495	758	685	25	27
	①100.0	50.7	45.8	1.7	1.8
폭행	65	30	34	1	-
상해	186	86	96	3	1
협박	13	3	9	-	1
공갈	1	1	-	-	-
약취와유인	1	1	-	-	-
체포와감금	10	3	7	-	-
폭력행위등(단체 등의 구성 활동)	-	-	-	-	-
폭력행위등처벌에관한법률	1,219	634	539	21	25
위 조 범 죄	310	101	166	5	38
	①100.0	32.6	535.	1.6	12.3
통화	-	-	-	-	-
유가증권, 인지, 우표	-	-	-	-	-
문서	310	101	166	5	38
인장	-	-	-	-	-
공 무 원 범 죄	774	248	325	18	183
	①100.0	32.0	42.0	2.3	23.6
직무유기	349	132	156	4	57
직권남용	296	93	93	5	105
수뢰	123	21	76	7	19
증뢰	6	2	-	2	2
풍 속 범 죄	162	72	83	2	5
	①100.0	44.4	51.2	1.2	3.1
간통	59	30	26	2	1
혼인빙자간음	7	2	5	-	-
기타음란행위	1	1	-	-	-
도박과복표	94	39	51	-	4
신 앙	1	-	1	-	-
과 실 범 죄	74	29	35	6	4
	①100.0	39.2	47.3	8.1	5.4
과실치사상	13	7	3	-	3
업무상과실치사상	57	21	29	6	1
실화	4	1	3	-	-
기 타 형 법 범 죄	1,171	609	532	15	15
	①100.0	52.0	45.4	1.3	1.3

자료 : 범죄분석, 대검찰청, 2003.

넷째, 거시적 시각에서 볼 때 행정제도의 결함이 행정통제의 미약으로 인한 관료들의 기강의 해이를 지적할 수 있다. 이러한 요인은 특히 개발도상국가에서는 아직도 통제기능이 연약한 연성국가(soft states)로서 관료들은 제도적 혹은 체제적 결함 때문에 부패소지를 유발할 경우가 많은 것이다.

행정통제문제는 조직목표를 달성하기 위한 가장 중요한 관리기능과 작용의 하나로서[79] 관료들의 부패행태를 적절하게 제도적 방지하거나 처리할 수 있는 역할을 의미한다. 대체적으로 통계에는 내적통제, 외적통제, 입법통제, 민중통제, 사법통제, 중앙통제, 또는 자율적 통제 등의 다양한 유형이 있으나 가장 적절한 통제란 이러한 제통제가 상호보완적 장치로서 역할과 기능을 수행하여야 부패의 소지를 감소시킬 수 있을 것이다. 특히 한국의 경우 가령 권력남용적 부패현상은 행정관료들의 독주를 가능케 한 입법부의 활동의 약화 또는 의회정치문화의 미성숙[80]으로 인하여 국정조사권 또는 국정감사권 등이 제기능을 발휘하지 못하였거나 아예 발동치 않았던 사실을 통하여 알 수 있다.[81] 그런데 실제로 행정통제중 가장 중요한 이상적 차원은 관료조직의 자율적 통제인데 이러한 변수는 거시적 제도적 변수에서 다시금 미시적 행태적 변수로 이행될 수도 있을 것이다. 그런데 제도적 장치가 미약한데 관료의 윤리의식의 구조적 변수만 강조하거나 이와 반대의 현상들도 고려할 수 있는데 이러한 변수관계의 부적절성이 부패의 소지를 마련하는 결과만 초래할 가능성이 많게 되는 것이다.

---

79 Gary Dessler, Organization and Management: A Contingency Approach (Englewood Cliffs: Prentice-Hall, Inc., 1986), pp. 360-387.

80 김규정, 행정학원론(서울: 법문사, 1985), pp. 744-775; 김운태, 행정학원론(서울: 박영사, 1986), pp. 775-814; 유종해, 현대행정학(서울: 박영사, 1985), pp. 188-195.

81 김영종, "한국의회정치와 정치발전," 민족지성, 통권 제4호(1986, 6월호), pp. 110-120.

다섯째, 사회문화적 환경의 변수를 지적할 수 있다. 사회문화적 환경의 변수는 부패소지의 환경적 변수로서 주로 부패유인과 조장적인 외적인 요인들이 될 수 있다. 그것은 일반시민들의 의하여 부패유혹과 통합적 측면이 매우 심각하다. 필자가 조사한 부패사건의 경우 뇌물(bribery)에 의한 부패사건의 증가현상이 1960~1979년간의 기간 중 꾸준히 있었다는 것은 전술한 바와 같다. 그런데 인간은 환경을 정복할 수 있지만 괴물적 존재인 부패현상은 인간으로 하여금 오히려 유혹하고 유인하며 부패를 유발시킨다는 측면에서 볼 때에 이 환경적 변수는 매우 중요한 변수임에는 틀림없다고 할 수 있다.

관료를 둘러싸고 있는 사회문화적 환경은 긍정적으로 볼 때는 삶의 현장이요 인간존재의 모습 그대로이겠으나 부패학적 측면에서 조명할 때는 다양한 부패의 교환 시장적 현장이라고 할 수 있다.[82] 일반적으로 사회문화적 환경의 측면에서 볼 때는 그 국가가 갖고 있는 역사성이나 가치규범적 특수성 등이 복합적으로 작용하며 부패현상을 유발시킨다. 따라서 이러한 부패소지는 결코 관료개인이나 집단의 자발적이고 고의적인 동기로만 일어난다고 볼 수 없다. 말하자면 관료의 부패행위를 유인하는 환경적 변수가 더 강도성을 가질 때 일어나는 경우를 의미한다. 예컨대 사회적 불안정과 물량주의적 성공지향으로 인한 유혹, 또는 금전만능주의적 조류, 가치관의 혼돈과 아노미(anomie)현상[83] 등으로 인하여 관료의 부패행위에 주는 변수를 말한다.

요컨대 관료부패의 주요변수는 관료행태적 변수, 최고정치자의 leadership의 형태에서 야기되는 권력남용적인 변수, 관료들에 대한 대우의 미흡에서 오는 경제적 보수구조, 행정제도와 행정통제의 미

---

82 Michael Jonston, "The Political Consequences of Corruption," in Comparative Politics, Vol. 8, No. 4(July 1986), pp. 459-477.

83 Gibson Burrell & Gareth Morgan, "Sociological Paradigms and Organizational Analysis: Elements of the Sociology of Corporate Life"(London: Heinemann, 1979), pp. 91-92.

약으로 인한 관료들의 기강의 해이, 그리고 사회문화적 환경의 변수 등의 주요 변수들을 지적할 수 있다.

(2) 방지전략

관료부패의 방지전략은 관료부패현상의 원인진단과 처방의 결과에 따라서 주요한 모형이 설정될 수 있는데, 우리는 여기에서 부패방지의 전략을 통합적 모형과 접근방안에서 논의하려고 한다.

왜냐하면 통합적 모형의 시각에서는 부패현상의 실체를 관료제도의 역기능과 병리현상(pathodology)이며 발전의 불균형현상의 부산물이고, 관료들의 행태나, 제도적인 결함, 그리고 사회문화적 환경과의 부적응에서 유발되는 복합적 현상(complex phenomena)으로 보기 때문이다. 따라서 이러한 통합적 시각에서는 그 부패전략수립에 있어서 부패현상을 미시적 분석시각과 거시적 시각의 보완, 주관적 접근과 객관적 접근의 체계화, 특수적 현상이라고 보는 기능주의적 주장과 보편적 현상이라고 하는 후기 기능주의적 시각의 상호적절한 보완, 이론적인 연구와 실증적 연구의 상호보완적 분석 등을 통하여 적절한 방지전략을 모색하여야 이상적일 것이라고 주장하게 되는 것이다.

위에서 논의한 맥락에서 한국관료부패의 방지전략을 제기하면 다음과 같이 할 수 있다.

① 행정개혁(administrative innovation)을 통한 거시적 전략

관료부패현상이 단순한 부패행위자의 차원에서가 아니라 그 부패행위가 외부적 변수라고 할 수 있는 제도적 요인과 귀인(attribution)된다고 볼 때[84] 우선 앞서야 할 것은 행정개혁적 차원에서 부패방

84 조철옥, “원인귀인(causal attribution)형태와 상벌체계의 괴리현상에 관한

지의 장치가 선행되어야 할 것이다. 왜냐하면 부패행위자의 처벌에만 관심을 가지면 결국 귀인착오를 범하게 될 우려가 있기 때문이다. 그런데 중요한 것은 행정개혁이 단순한 행정조직의 구조적 변동만이 아닌 행태적 접근이나 행정인의 가치관(value), 신념(belief), 또는 태도(attitude) 변화 등을 포괄하는 개념임에도 불구하고,[85] 편의상 여기에서는 주로 행정체제의 혁신적 의미로서 초점을 맞추어 생각할 수 있다. 예컨대 세계 여러 나라에서 채택되고 있는 옴부즈만(ombudsman)제도의[86] 한국적 모형의 정립과 개발을 고려할 수 있다. 왜냐하면 최근의 부패현상이 권력남용과 행정부의 독주 또는 무책임한 권력발동으로 인하여 국민의 권리침해를 받게 되고 특히 박종철사건 등을 비롯한 제5공화국에서의 인권침해사건과 경찰의 공신력의 실추 또는 직권과 권력남용 등의 경우에 국민의 권리침해를 방지하기 위하여서 우리나라의 정치·행정문화적 여건에 알맞은 한국적 옴부즈만 제도의 개발이 절실히 요청된다고 할 수 있다.[87] 또한 부패에 관련되어 있는 정치인이나 관료 혹은 시민들을 포괄적으로 취급할 수 있는 부패방지법에 의한 행정개혁 등도 포함하고, 부패방지를 위한 범국민적 제도적 장치로서 가칭 부패방지위원회를 정부 내에 상설 독립기구로 설치하여 운영하는 것이 바람직할 것이다. 이 위원회 단순한 관료들만의 부패를 다스리는 것을 넘어서 기업부패, 정치부패, 사회부패, 언론부패, 선거부패 등을 조사하고 방지하는 독립적인 조직을 설치할 것도 검토할 수 있다. 특히 앞서

연구: 부정사건을 중심으로," 한국행정학보, 제19권 1호(1985. 6), pp. 127-148.

85 박동서, 한국행정론(서울: 법문사, 1985), pp. 543-566.

86 Petters, B. Guy, The Politics of Bureaucracy: A Comparative Perspective (New York: Longman, 1978), pp. 202-208.

87 옴부즈만 제도의 한국적 모형개발은 그 서구적 제도의 도입가능성의 차원을 넘어서 국정조사권이 전혀 발동되지 못하고 있는 한국적 현실을 고려하여 시민의 청구나 국회의 직원에 의하여 부패문제가 된 사건을 조사하는 내용이 될 수 있는 제도적 장치의 개발을 포함한다.

논의한 바와 같이 생계비 수준이나 타 기업과의 현저한 보수구조 차이를 줄이는 보수구조의 개선 같은 획기적인 정책적 결단이 행정 개혁적 차원에서 이루어져야 할 것이다.

② 관료행태의 변화와 미시적 전략

관료행태의 변화는 관료부패방지의 가장 긴급한 과제 중의 하나임에 틀림없다. 관료의 형태를 어떻게 변화시킬 수 있는가 하는 문제는 조직발전(organizational)의 여러 기법[88] 등이 활용될 수 있으나 한국 관료행태의 변화에 시급한 것으로 최고정치지도자의 관료부패방지에 대한 의지의 결과에 의한 한국관료들의 권위주의적 행태의 변화에 대한 철저한 행정통제적 역학(administrative control mechanism)을 우선 지적할 수 있다. 권위주의적 관료행태가 관존민비의 사상과 직결되고 전통적 유교문화의 유산에서 나온 역기능인 점은 본 논문의 부패원인 분석에서 이미 논의했기 때문에 재론할 필요는 없는 것 같다. 다음으로 중요한 것은 부패행위에 대한 예방적 조치로서 행정교육과 훈련의 강화를 지적할 수 있다. 부패방지교육은 철저한 행정윤리교육의 강화를 통하여 달성될 수 있는데 현재의 중앙공무원 교육원이나 지방공무원 연수원 등에서의 현직 공무원들의 교육훈련과정에 부패방지교육 프로그램을 반드시 첨가하여 공무원의식의 고양을 통한 부패방지를 도모하는 방법도 도움이 될 것이다. 또한 현재의 전국 약 70개 이상의 대학 행정학과 커리큘럼에 부패방지에 관한 행정윤리나 행정철학 과목 등을 설치, 부패방지교육을 시킬 수 있을 것이

88 예컨대 C. Argyris, W. Bennis 등의 인간자원개발접근법(human resource development approach), K. Lewin이나 L.P. Bradford 등이 개발한 감수성 훈련(sensitivity training), Blake와 Mouton 등이 개발한 관리망훈련(managerial grid training) 등을 지적할 수 있다. Karl O. Magnusen, "Organizational Design, Development, and Behavior" (Glenview, Scott Foresman and Company, 1977), pp. 26-37.

다. 왜냐하면 많은 행정학과 학생들은 내일의 한국관료 엘리트가 될 후보자들이기 때문이다. 이러한 관료들의 행태적 변화를 우리는 부패방지를 위한 자율적 혹은 도덕적 통제기능(self-control mechanism or self-moralizing control function)이라고 할 수 있다.[89]

③ 관료조직의 발전과 중범위적 전략

이 방법은 개개의 관료조직 단위별로 부패방지를 위한 내부적 통제를 하든지 또는 구조적인 행정쇄신 등을 통하여 청렴도를 고양시키는 전략이라고 할 수 있다. 말하자면 관료조직에 있어서 수직적인 상급 감독자에 의한 행정통제보다는 관료조직의 자체가 보다 자생적이고 자발적인 부패방지를 위한 적극적인 조직발전적인 방법을 강구함으로써 이루어질 수 있다. 앞에서도 논의한 바와 같이 한국의 관료부패는 단독부패보다는 조직적·집단적 부패현상이 점점 증가하고 있는 추세에 있음이 실증적인 조사결과 발견되었으므로[90] 이러한 조직적 부패방지전략이 시급하게 요청되는데 그것은 건전한 관료조직문화의 확산을 통하여 부패의 확산효과(spill-over effect)[91]를 방지하는 방법이다. 구체적으로 예컨대 매월 정기적으로 수평적인 관료조직 간의 청렴도 점검을 통하여[92] 우수한 수준의 기관은 승진 등의 인사행정에 반영하는 방법을 지적할 수 있다. 말하자면 조직의 분위기, 사기, 근무실태, 업무의 추진현황, 대민관계의 청렴도 등을 종합적으로 조직진단과 leadership 개발 및 조직문화향상을 통하여[93] 부패방지를 추구하는 전략이라고 할 수 있다.

---

89 김영종, "개발도상국가의 관료부패의 모형정립: 한국을 중심으로," op. cit., pp. 154-155.

90 Young Jong Kim, "Bureaucratic Corruption: The Case of Korea," op. cit., pp. 171-174.

91 Simcha B. Werner, op. cit., p. 150.

92 예컨대 동일한 수준의 관료조직(주로 소규모의 조직을 의미한다)인 세무서, 동사무소, 파출소 등에 있어서 조직진단을 의미한다.

④ 통합적 부패방지법의 제정과 규범적 전략

부패방지전략을 논함에 있어서 통합적 부패방지법(integrated prevention of corruption act)를 입법화할 필요성이 매우 시급하다. 필자는 1986년 초에 국가의 최고정책기관에 통합적인 부패방지법을 입법화할 것을 건의한 적이 있다. 왜냐하면 현재 우리나라는 관료부패에 대해 그 방지전략의 중대성·시급성은 인정하면서도 통합적·체계적이고 체계화된 부패방지법이 제정되지 않은 상태이기 때문이다. 기껏해야 국가공무원법이나 지방공무원법 등의 관계공무원법에서 공무원의 부패문제를 산발적으로 다루고 있거나 형법에서[94] 처벌을 부분적으로 하고 있거나 또는 공무원 윤리헌장,[95] 공직자윤리법[96] 등에 의하여 고위직공무원 등에 대한 재산등록을 의무화하고 있는 정도이다. 그러나 외국의 경루를 예로 들면 동남아의 각국의 경우에도 많은 나라가 부패방지법을 입법화하고 있다. 말레이시아의 부패방지법(1961년 제정 후 1971년 개정), 인도의 부패방지법(1947년 제정), 필리핀의 독직·부정행위방지법(Anti-Graft and Corrupt Practices Act, 1961년 제정), 싱가폴의 효과적 부패방지법(An Act to Provide for the More Effectual Prevention of Corruption, 1960년 제정), 그리고 자유중국의 감난시기빈오치죄조례(1963년 제정, 1973년 개정) 등을 들 수 있다. 그리고 미국의 경우는 1978년에 정부윤리법(Ethics in Government Act)를 제정하여 공직기간 동안의 정당한 수입 외의 것을 뇌물로 간주하여 신고하도록 되어 있고 위반하면 처벌된다.[97] 특히 흥미있는 것은 자유중국의 경우 부패행위는 감난시

---

93 Gary A. Yukl, Leadership in Organizations (Englewood Cliffs: Prentice-Hall, Inc., 1981), pp. 284-285.

94 예컨대 형법 122조-135조에서 공무원의 직무에 관한 죄를 규정하고 있다.

95 1980년 12월 29일 대통령 훈령 제44호로 제정된 것이다.

96 1981년 12월 31일 법률 제3520호로 제정된 것이다.

97 미국의 정부윤리법은 102조에서 신고사항을 정하고 있는데 주요사항을 예를 들면 다음과 같다. ①정부 외의 급여와 $100이상의 사례금과 근로

기빈오치죄조례(Anti-Corruption Act) 제 4조에 의하여 사형, 무기징역 혹은 10년 이상의 유기징역에 처하도록 하는 중벌을 규정하고 있다. 예컨대 공용물의 절취, 부정거래, 부당이득, 뇌물 등의 경우이다. 또한 인도의 부패방지법에 의거 직권을 이용해 재산을 부당하게 취득한 경우 최소 1년의 징역에서 최고 종신역까지 받게 된다.[98] 이러한 제 부패방지법의 입법화 추세를 고려하고, 한국적 상황에 적절한 통합적인 부패방지법을 제정하여야 할 것이다.[99]

⑤ 사회문화적 환경의 개선과 자율적 통제전략

사회문화적 환경의 개선전략은 부패자체가 근본적으로 시민과 관계관료와의 쌍무적인 관계에서 유발되는 관계라는 점에 초점을 두게 되고, 부패현상의 사회적·문화적·환경적 변수를 정화하고 개선함으로써 부패사건을 감소시킬 수 있다는 데 문제의 핵심이 있다. 흔히 사회문화적 환경은 사회 정화적 차원으로 이해하게 되나 좀더 확대하여 부패방지를 위한 국민의 내면적 의식구조의 개선과 태도변화 등의 요인을 포괄하게 된다. 말하자면 깨끗한 관료조직의 분위기를 위한 시민사회의 건전한 질서 향상과 시민문화의 육성을 통하여 이루어질 수도 있을 것 같다. 구체적으로 시민들의 민주적 의

소득(any source other than from current employment by the U.S. Government and other source aggregating $100 or more in value), ② $100이상의 이자, 배상금, 임대료(The source and type of income which consists of dividends, interest etc.), ③ 친족 이외로부터 받은 $100 이상의 증여물(aggregating $100 or more in value received from any source other than a relative) 등이다.

98 자유중국의 부패방지법 제4조, 인도의 부패방지법 제5조 1항(1947년 제정)의 경우에 해당된다.(제4조 빈오죄(1) 유좌별행위지이자처벌형무기주형혹십년소상기주형).

99 예컨대 고급공무원의 재산은 공개한다든지 또는 정치적 부패소지를 방지하는 것 등을 포괄적으로 다룰 수 있는 체계적이고 종합적인 부패방지법을 말함이다.

식구조와 사회의식의 향상을 위한 범국민적 교육과 훈련 등이 제도적으로 이루어지고 공직자들에 대한 부당한 청탁 또는 뇌물 등을 금지하는 깨끗한 사회환경 조성을 통하여 부패유인의 소지를 방지하여야 할 것이다. 사회문화적 환경의 정화는 단순한 관료부패의 방지전략 차원을 넘어서 각종의 사회구조적 부패의 척결[100]도 동시에 취급하는 동시전략적 방법이 유효적절하다고 볼 수 있다. 왜냐하면 부패현상(corruption-phenomena)은 행정현상인 동시에 사회현상이며 시민과 관료, 시민과 시민, 관료와 관료, 혹은 관료조직과 시민집단간의 상호 유기적 관계에서 구조적으로 발생하는 복합적 현상(complex phenomena)이기 때문이다.

⑥ 범국민적 부패추방운동의 전개와 민주적 구국적 전략

우리는 부패현상을 단순히 관료들의 행위에서만 유발되는 원인과 결과로 보지 않고 시민과 호혜적 또는 유기적으로 일어나는 복합적 현상이라고 보기 때문에 범국민적 부패추방운동 전개를 주장한다. 왜냐하면 부패병(corruption disease)은 망국병(national ruin disease)적 현상으로 진단되므로 범국민적 협조 없이는 불가능하기 때문이다. 반부패 또는 부패 추방운동의 전개는 사회 구성원을 도덕적으로 승화시키며 사회안정과 정치권력의 정당성은 물론 공신력을 제고시켜 국가발전의 지속성을 보장 할 수 있는 관건이 되므로 이 운동을 매우 가치있는 국가발전의 엔진(development engine)이 될 것이다. 특히 우리나라의 정치사상 처음으로 평화적 정권교체의 정통성을 수립한 제 6공화국의 출범에 즈음하여 과거에 수차례에 걸쳐 부패병으로 인한 몰락된 공화국들의 쓰라린 경험을 거울삼아 집권자들은

100 예컨대 부패심리, 퇴폐적 부패, 지하경제부패, 투기성 부패 등을 포괄하는 개념이다. 구조적 부조리의 실태와 대책(서울: 현대사회연구소, 1982), pp.339-357.

이러한 부패의 해악과 역기능을 척결하기 위한 범국민적 부패추방 운동을 전개하는데 협조하여야 할 것이다.

그 구체적 전개방안으로서 몇 개의 시안을 열거하면 다음과 같다.

첫째, 부패추방운동은 국민운동으로서의 관과 민 또는 군 등과의 연계성을 가지고 전개해 나가야 한다.

둘째, 최고 정치지도자와 정책결정자들의 확고한 부패척결신념이 선행되어야 한다.

셋째, 언론기관은 이 운동을 적극적으로 협조하는 용기가 필요하다.

넷째, 모든 교육기관은 부패추방에 대한 범국민적 계몽과 협조를 하고 교육프로그램에 반영시켜야 한다.

다섯째, 모든 공공기관에 반부패운동의 계몽을 위한 홍보자료를 공급하고 활용할 수 있어야 한다.

여섯째, 입법기관에 부패방지법을 제정하여 단순한 행정적 차원이 아닌 입법정책적 지원과 노력이 있어야 한다.

일곱째, 부패추방운동을 구국적 차원에로 승화시켜 나가기 위해서 최근에 많이 거론되고 있는 권력기관의 엄정한 중립이 제도적으로 보장되어야 한다. 예컨대 경찰중립이나 군의 정치개입금지 등이 제도적으로 보장될 수 있도록 입법화되는 것도 필요할 것이다.[101] 그리고 선거 때마다 관권개입문제가 심각해지는 것을 감안하여[102] 이러한 것도 반부패추방운동의 일환으로 전개하여 나가는 것이 바람직할 것이다.

---

101 동아일보 1988. 1. 29.

102 동아일보사에서 전국 유권자의 1961년 면접조사에서 지난번의 대통령 선거 관권개입이 “심했다”가 41.2%로 나타났다. 동아일보, 1988. 1. 22 일자.

V. 결 론

지금까지 한국관료부패 현상을 논의하면서 제1장에서는 관료부패 문제는 심각한 역기능적 역할에 초점을 맞추어서 그 문제의 부패병은 망국병이라는 차원까지 인식을 깊이 하였다. 특히 그 실체분석의 시각은 다양하고 이론이 많으나 새로운 접근방법과 체계적 논의를 지적하면서 통합적 접근방법(integrated approach)에 의한 부패현상의 실체분석 접근방법이 바람직함을 주장하였다.

제2장에서는 부패현상을 연구함에 있어서 흔히 제기되는 제 문제점을 지적하면서 특히 부패학(corruptionology)의 성립은 차원까지 문제를 연결시켜 나가려고 하였다. 왜냐하면 부패현상은 괴물적 존재로서 행정학은 물론 입접 사회과학 등의 학제간연구(interdisciplinary study)를 통하여 통합적 실제적 연구가 필요하기 때문이다.

제3장에서는 한국 관료부패현상을 주로 필자가 내용분석(content analysis)한 자료를 통하여 제시하였고 제5공화국에서의 자료는 제4장 원인분석에서 정부에서 발간된 자료를 통하여 제시되었다.

제4장에서는 부패현상의 원인을 주요변수별로 분석하였는데 필자는 ① 관료행태적 변수, ② 최고정치가의 leadership style의 변수, ③ 현실적인 경제적 보수구조의 변수, ④ 행정통제적 변수, ⑤ 사회문화적 환경의 변수 등을 지적하였다. 그리고 부패방지전략으로서 ① 행정개혁의 거시적 전략, ② 관료행태 변화의 미시적 전략, ③ 관료조직 발전의 중범위적 전략, ④ 통합적 부패방지법의 제정을 통한 규범적 전략, ⑤ 사회문화적 환경개선의 통제전략, ⑥ 범국민적 부패추방운동의 민주적 구국적 전략 등으로 나누어 설명하였다.

결론적으로 관료부패현상은 민주발전과 국가발전의 기둥을 흔들어 놓는 암적 존재이고 한국관료부패현상은 건전한 국가사회 발전의 심각한 저해요인이 되어 왔으나 그 실체에 대한 정확한 분석은 아직도 체계적 통합적인 수준에 이르지 못하고 있다. 따라서 앞으로 관료부패방지는 국가발전과 관료제도개발에 매우 중요한 의미를 가지며 그 방지전략은 보다 심층적이고 관계변수의 통합적인 방법이 동원되어야 할 것이다.

제4절 / 결 론

관료제는 국가발전의 원동력이 될 수 있음에도 불구하고 오늘날 우리의 현실은 그렇지 못한 경우가 많다. 예컨대 관료제의 도덕성의 상실로 인하여 부패한다든지 지나친 경직성으로 인하여 시민과의 차가운 관계가 형성된다든지 또한 시민들의 일상생활에까지 지나치게 침투하여 오히려 삶의 질(quality of life)의 향상에 저해요인이 된다든지 하는 것 등이다. 오늘날 특히 우려되는 것은 정부관료제의 도덕성과 논리성의 쇠퇴나 상실 이상으로 우리를 슬프게 하는 것은 기업조직과 또한 사회각계각층이 관료화현상(bureaucratization)으로 인하여 많은 경우 그 조직목표와는 거리가 먼 방향으로 거대조직화 또는 비인간화하는 추세이다. 진정한 의미에서 관료제의 발전은 행정의 궁극적인 목적인 인간의 삶의 만족을 위한 편리하고 합리적인 봉사적 행위가 되어야 하는 것이다. 그러한 의미에서 관료제의 발전에 암적 역할을 하는 것은 관료부패현상이고 그것은 국가발전과 민주발전을 위협하는 괴물적 존재임에 틀림이 없다. 관료제의 도덕성회복, 인간성회복 그리고 민주성회복이야말로 우리의 진정한 의미에서의 바람이라고 말할 수 있을 것이다.

제6장 경제발전론

제1절 / 경제발전의 기초이론

경제발전은 무엇인가? 그것은 발전행정과 어떤 관계가 있는 것인가? 하는 문제는 결코 쉬운 일이 아니다 왜냐하면 경제발전은 인간의 욕망 중에서 가장 기초가 되는 생리적 욕망으로부터 출발하여 나아가서는 인간의 자아의 실현, 인간의 행동, 즉 사회적 행동과 관계에까지 연결되는 물질에 대한 학문이기 때문이다. 경제발전을 엄격하게 말하면 경제성장(economic growth)과는 상이하게 다를 수 있음은 사실이다. 즉 성장률은 경제의 양적인 면, 부분균형발전(partial equilibrium), 그리고 생활요건의 투입(input)과 산출(output)의 상호 인과관계(causality)를 다루나, 발전은 소득의 증가뿐만 아니라 생활 구조의 변화, 생활환경과 배분의 변화, 또한 일반균형분석(general equilibrium analysis)을 다루게 되고 나아가서는 그 연구방향이 생활 요건의 상호관계, 생활요건 자체의 결정요인, 혹은 비경제적인 요소가 경제에 미치는 영향 등도 포함될 수 있다.[1]

경제발전은 경제성장(economic growth)과 변화(change)의 복합적 개념으로 볼 수 있다. 경제성장은 기간 중 경제의 완전고용 실질산출이나 소득의 증가율(the rate of increase)이며 즉 일정한 기간 중에 GNP의 증가나 NNP(순국민 총생산)의 증가율이고, 기간 중의 실질

[1] 김영종 외 공저, 한국사회와 이데올로기 (서울: 형설출판사, 1987), pp.98-155.

적 GNP/1인당의 증가나 NNP의 증가율을 말한다.[2] 경제성장을 나타내는 요인들을 Milton H. Spencer 교수는 몇 가지로 지적하고 있는데 예를 들면 ① 인적자원의 양과 질 ② 자연자원의 양과 질, ③ 자본의 축적, ④ 생산의 전문성과 규모, ⑤ 기술진보의 비율, ⑥ 환경적 요인 등을 지적하고 있다. 경제의 변동은 성장과 함께 <경제조직, 산업구조, 생산의 기술, 생산의 구조, 경제의 관리능력의 향상>등을 포함하는 것이다.[3]

일반적으로 후진국의 경우는 경제발전이 늦은 이유를 다음과 같은 요인으로 요약할 수 있는데 ① 소득의 빈곤과 저축의 저하, ② 높은 인구의 증가율, ③ 농업에 종사하는 높은 노동력의 비율, ④ 높은 문맹율, ⑤ 광범위한 위장된 실업자, ⑥ 수출의 부진, ⑦ 부에 대한 통제력의 부족 등으로 지적된다.[4]

흥미 있는 것은 경제발전에는 이와 같은 여러 가지 원인으로 인한 후진 국가는 W.W. Rostow에 의하여 주장된 경제발전의 5단계가 흔히 인용되고 있는데 그 내용의 그림은 [그림 6-1]과 같다.

좀 더 구체적으로 제1단계(전통적인 사회)는 ① 과학과 기술의 부족, ② 자원이 농업에 치중되고 제조업에는 부족, ③ 생산성이 매우 낮고 국민소득이 가장 낮은 수준 등으로 지적되어진다. 제2단계의 특징으로서는 ① 새로운 과학기술이 농업과 제조업에 응용되기 시작하고, ② 자본의 동원과 새로운 투자를 위해서 은행과 같은 재정기관이 활동하게 되고, ③ 산업의 거래를 원활하기 위한 수송과 통신산업이 발전하기 시작한다.

제3단계(도약단계)의 개발도상국의 경우 ① 농업이나 공업에서는 현대적인 기술과 조직을 가진 경영이 이루어지게 되며, ② 대개 국민소득의 10%정도의 수준에서 순수한 투자가 이루어지기 시작하고,

---

2 Milton H. Spencer, *Contemporary Economics*(New York: Worth Publishers, Inc., 1980), pp. 268-281.

3 Ibid., pp. 274-276.

4 Ibid., p. 299

③ 많은 부수적인 산업의 개발을 유발시키는 주요한 새로운 산업의 창출이 있게 된다.

제4단계(성숙단계)는 ① 변천한 투자비율이 인구의 증가를 초과하는 산출의 성장을 허용하게 되고, ② 경제는 수출과 수입의 무역이 개발함에 따라 세계무역에서 주요한 역할을 하게 되고, ③ 새로운 플랜트(Plant)의 투자가 10~20%의 국민소득간의 높은 비율을 차지하게 된다.

제5단계(대량소비단계)는 ① 내구소비재와 용역이 자원의 증가비율만큼 생산되며, ② 노동의 숙련공이나 전체 인구에 대한 도시의 백분율이 증가되고, ③ 대부분의 자원의 몫이 사회의 부지와 안전에 할당된다.

[그림 6-1] Rostow의 경제발전 단계

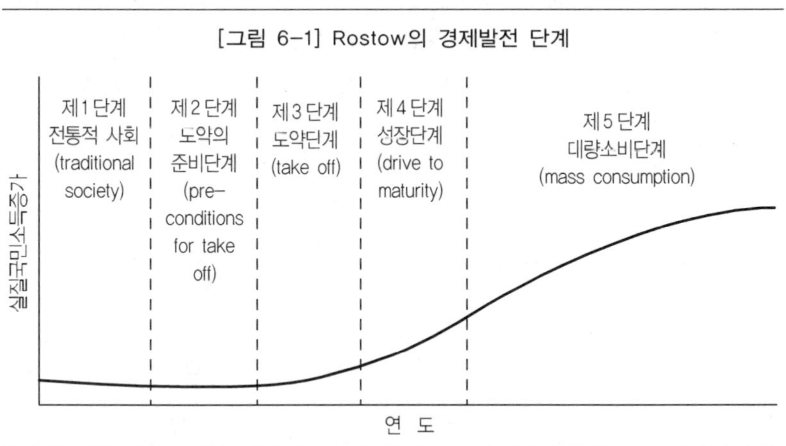

자료: Miton H. Spencer, Contemporary Economics(New York: Worth Publishers, Inc., 1980), P.301.

이상과 같은 W.W. Rostow의 경제발전 5단계는 경제발전을 위해 매우 중요한 점을 설명하고 있으나 두 가지 결정적인 단점이 지적된다.

첫째, 경제발전을 5단계로 나눈 W.W. Rostow의 견해는 결코 경제가 단절된 상태로 어떤 확실한 단계를 이루는 것이 아니라 연속적 과정을 이루는 것이므로 이렇게 구별함은 이론적으로 무리가 있다 할 것이다.

둘째, W.W. Rostow와 도약단계처럼 지속적인 성장이 이루어지기 전에 투자가 급격히 증대된다는 것은 꼭 필연적인 것이 아니다. 예를 들면, 어떤 국가에서는 비교적 장기간동안 점진적으로 상승하는 투자의 수준의 결과로 인하여 착실한 발전을 이루는 경험이 있기 때문이다.[5]

특히 후진국의 경제발전에 요청되는 몇 가지 문제점의 해결은 ① 급속한 인구증가율의 억제필요성, ② 자본의 축적의 필요성, ③ 인적자본의 투자의 필요성, ④ 노동조건적인 것과 자본조건인 산업의 균형적 발전의 추구, ⑤ 중소기업과 대기업간의 균형발전, ⑥ 공사기업의 균형발전, ⑦ 지역간 계층간의 균형발전 도모, ⑧ 기술의 혁신과 발전책 모색, ⑨ 농촌정책의 획기적 전환 등이라고 지적할 수 있다.

제2절 / 경제발전의 균형이론과 불균형이론

주지하는 바와 같이 경제발전이론에는 균형론과 불균형론(disequilibrium)이 있다. 균형이론은 모든 요인과 생활시장에 있어서 경쟁적인 균형이 개발도상국에 적용될 수 있다는 가정을 세우고 다음과 같은 공식을 사용하여 표시할 수 있다. GV=BKGK+BLGL+GA 여기에서 GV는 전체산출의 성장비율을 말하고, BK는 전체생산에 있어서의 자본의 몫이며, BL은 전체자본에 있어서의 노동력의 몫이고, GK는 자본의 성장비율, GL은 노동력의 성장비율이고, 그리고 GA는 전체생산요소의 성장비율이다.[6]

---

[5] Ibid., p. 303

반면에 불균형성장 이론인 $GV=a+a_1(\frac{1}{V})+a_2 GL+a_3 XA+a_4 Xe+aiXi$이며 이 공식에서는 XA는 농업 중 자원의 전환에 대한 측정이고, XE는 수출성장의 측정이며 그리고 Xi는 구조적 변동의 추가측정을 발한다. 물론 GV는 전체의 성장비율이다.

경제발전에 있어서 불균형이론은 실제로 정치 및 사회발전의 불균형과의 문제가 있는가 하면 또 하나는 경제내적 구조적 불균형문제가 논의될 수 있다.

특히 경제발전의 속도가 빠른데 비하여 정치발전(political development)이나 사회적 이동성(social mobility) 등이 따르지 못할 때 Huntington 교수는 정치적 괴리(political gap)현상이 발생하며 이것은 바로 정치사회적 불안과 부패의 소지가 된다고 주장하고 있다.[7]

다음은 불균형이론이 경제내적 문제로서 논의할 때 그 주요한 변수는 첫째, 산업간의 불균형발전으로서 A.O Hirschman의 '불균형성장전략'이 지적하는 바와 같이 전, 후방연관효과(forward & backward linkage effect)가 큰 전략산업인 공업에 집중투자 함으로써 농업과 공업간의 불균형발전문제가 발생한다. 한국의 경우, <표 6-1>에서 보는 바와 같이 1962년 이후 경제개발 5개년계획으로 말미암아 공업우선정책의 결과는 해를 거듭할수록 심각한 산업간의 불균형성장과 발전을 하여 온 것이 사실이다.[8] 예를 들면 1962~1983년간의 기간중 산업구조변동을 보면 농림어업이 36.5% → 13.9%로 감소하였고 그 대신 광공업의 경우는 16.3% → 28.8%로 급격히 증가하고 있다. 특히 취업인구비중의 경우는 더욱 심각하게 변화를 가져오고

6 Young Jong Kim, Bureaucratic Corruption: The case of Korea(Seoul: Choon Choo Gak Publishing Co., 1986), Hollis B. Chenery, "Interaction between theory, and Observation" in World Development, Vol. 11, No. 10(October, 1983), p. 856.

7 Heady Ferrel, Public Administration: A Comparative Perpective (New York: Marcel Dekker, Inc., 1979), pp. 98-100 ; Samuel Huntington, Political Order in Changing societies (New Haven: Yale University Press, 1968) p. 3.

8 이대근, "경제발전과 구조적 불균형," 한국사회의 변화와 문제(서울: 법문사, 1986), pp. 175-209.

있는데 1961~1983년의 농업은 기간 중 79.8% → 29.7%로 격감하고 있고 반면에 광공업은 4.9% → 23.3%로 격증하고 있다. 특히 3차산업인 사회간접자본과 서비스업의 경우는 15.3% → 47.0%로 격증하고 있다.[9]

특히 <표 6-1>은 1962년~1983년의 기간 중 산업별 총 생산 증가율이 1차산업이 2.3배, 2차산업이 17.9배, 그리고 3차산업이 5.7배의 생산증가를 가져왔고, 가령 제조업의 경우 무려 21배 이상의 증가배수를 가져왔음을 볼 때, 농·공간의 불균형을 쉽게 알 수 있는 자료이다.

〈표 6-1〉 산업별 총 생산 증가율

(단위: 10억 원)

	1962(A)	1970	1980	1983(B)	B/A(배)
국민총생산	3,071	6,363	13,842	17,089	5.6
농림어업	1,330	1,933	2,208	3,042	2.3
광공업	341	1,240	4,935	6,097	17.9
(제조업)	(279)	(1,136)	(4,764)	(5,889)	(21.1)
SOC. 서비스	1,401	3,189	6,700	7,950	5.7

주 : 불변가격 기준임.
자료 : 한국은행, 「경제통계연보」, 각년도판.

그리고 2004년 현재 산업별 총생산 구조는 다음과 같다.

국민총생산	778,446.6
농림어업	25,587.0
광공업	2,269.5
제조업	198,863.2
SOC, 서비스	23,283.6

자료: 한국은행 「경제통계연보」

9 한국은행, 한국의 국민소득, 1984년 및 조사통계월보(39권), 1985. p. 46.

[그림 6-2]는 GNP 농업과 공업간의 성장률의 변화인데 한마디로 말해서 성장률은 농업에 비교하여 제조업인 공업은 해가 갈수록 급격히 증가되고 있음을 알 수 있다. 뿐만 아니라 공업내부의 불균형문제도 심각한데 <표 6-2>가 표시하는 바와 같이 경공업과 중화학공업의 불균형발전이다. 예컨대 경공업의 경우는 1962년 71.4%였던 것이 1983년에는 48.2%로 해를 거듭할수록 감소하고 있으나, 중화학공업은 동기간중 28.6%에서 51.8%로 증가하고 있다. 그러나 여기에서 주목할 사항은 중화학공업의 성장이 급격히 높아지고 있으나, 아직도 공작 기계류의 수입의존도는 54.8%(1983)에 주요산업기계류의 수입의존도가 68.0%(1983)에 불과하다.

[그림 6-2] GNP·농업·공업의 성장률 추이

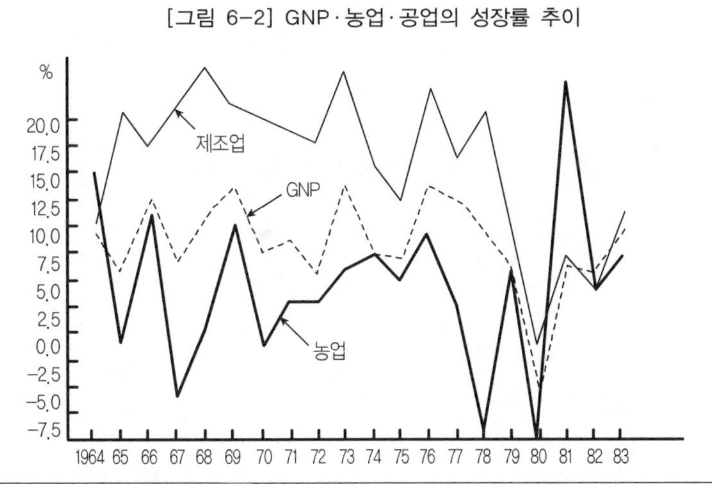

(한국은행 자료)

이와 같이 농업과 공업 간의 생선간의 불균형은 물론 공업내부의 불균형발전도 큰 문제점으로 지적된다.

둘째, 지역 간의 불균형발전이다. 특히 도시와 농촌간의 불균형과 또한 수도 서울과 지방간의 불균형문제가 매우 심각한 문제로 지적되어진다.

도농 간의 불균형 문제는 구조적 문제와 정책적 문제로 양분하여 보다 심층적인 분석이 필요할 것이다. 특히 중요한 것은 농촌인구의 이농현상(push factor와 pull factor로서 추출요인과 유인요인), 소득의 격차, 교육 및 문화생활과 환경의 불균형, 그리고 생활현상의 격차 등이 심각한 불균형이라고 지적할 수 있다. 도농 간의 소득의 격차 문제는 농가의 부채문제를 보더라도 알 수 있는데 예컨대 1982년 말의 농가부채 830천원(호당 평균)이 1983년 말 1,285천 원(54.8%증가), 다시 1984년 말 1,784천 원(38.8%)로 증가되어 농가호당 평균 부채비율이 1982년 18.8% → 1982년의 25.1% → 1984년의 32.1%로 증가되고 있는 현상이다.[11]

셋째, 서울과 지방간의 불균형발전 문제이다. <표 6-3>이 보여주듯 서울의 집중도는 안보상, 균형발전전략상 매우 심각한 문제로 지적되고 있다.

〈표 6-3〉 서울의 집중도(서울수치／전국수치)

(단위: %)

	1970	1980
면 적	0.6	0.6
인 구	17.6	22.3
지역총생산	26.5	31.9 [1]
도·소매판매액	32.3	36.5 [2]
은행예금액	63.4	64.1
상장주식보유	–	83.9
기업체본사소재	77.0	81.0
승용차보유	49.9	57.9
행정관리직보유	48.6	57.7

주 : [1]은 1981년, [2]는 1979년 수치임.
자료 : 국토개발연구원, 「수도권 정비계획(안)」, 1981, 기타.

---

11 이대근, op. cit., p. 190.

전 인구의 22.3%(1980), GRP(지역총생산)의 31.9%(1981), 은행예금의 64.1%(1980), 기업체 본사의 81%(1980) 등이 서울에 몰려 있어서 과연 정치, 경제, 사회, 문화의 50% 이상이 전국토의 0.6% 밖에 안 되는 수도 서울에 집중되어 있는 기현상적 불균형발전의 대표적인 예로 지적되어 진다.

〈표 6-4〉 서울과 수도권의 인구 집중도

	2004년	2005년
전 국	49.053	49.268
수 도 권	23.527	23.782
비 율 (%)	48	48.3

자료 : 한국은행자료(2005)

<표 6-4>는 2004년과 2005년 현재 서울로 집중된 인구는 전체 인구의 48.3%를 차지하고 있음을 주목해야 한다. 또한 지역총생산은 수도권의 경우 2003년 352조 2290억원, 2004년에는 375조 875억원에 이른다. 이것은 전체생산량의 48%에 이르는 높은 수치이다.

넷째, 중소기업과 대기업간의 불균형발전문제이다. <표 6-5>의 경우에서 보는 바와 같이 우리나라의 중소기업의 지위와 대기업간의 사업체수, 종업원수 또는 부가가치원 등에서 현저하게 불균형을 이루고 있다. 가령 1982년의 경우 중소기업의 사업체수는 95.4%인데 반하여 대기업체는 4.7%에 불과하지만 부가가치원에 있어서는 각각 28.0%와 72.0%로서 현저하게 불균형을 이루고 있다는 것이다.[12]

이것은 우리나라의 역대정권이 대기업의 편중과 재벌위주의 고도불균형성장과 특혜경제, 혹은 정경유착 등으로 인한 엄청난 정치적 부패의 부산물을 낳게 한 원인으로 이어진다고 할 수 있다.

---

12 이대근, op. cit., p. 194.

[그림 6-3] 연도별 중소기업의 GDP 비중(%)

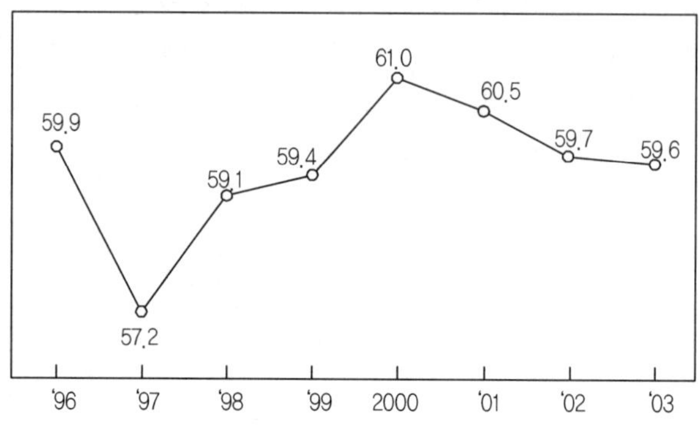

자료 : 중소기업청(www.smba.go.kr), 2005

그림 [6-3]에서 보듯이 연도별 중소기업의 GDP비중에 관하여 지난 1996년 중소기업 GDP비중의 경우 59.9%로 나타났고 이어 1997년 57.2%, 1998년 59.1%, 1999년 59.4%, 2000년 61.0%, 2001년 60.5%, 2002년 59.7%, 2003년 59.6%를 기록했다.

[그림 6-4] 제조업 내 중소기업 비중 추이(%)

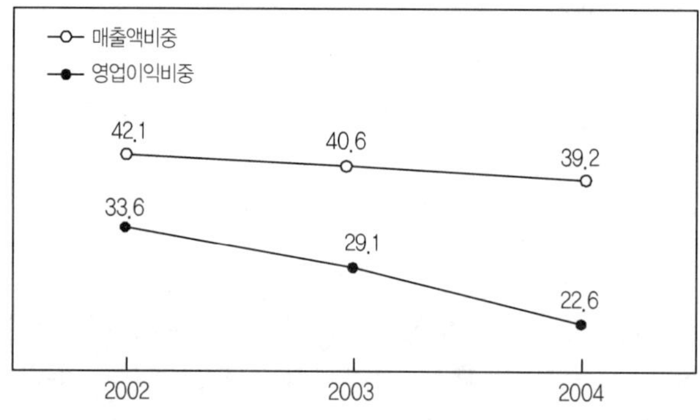

자료 : 중소기업청(www.smba.go.kr), 2005

[그림 6-4]는 제조업 내의 중소기업 비중의 추이를 나타내고 있다. 중소기업의 비중은 매출액면에서는 2002년 42.1%, 2003년 40.6%, 2004년 39.2%를 차지하고 있다. 또한 영업이익비중에서는2002년 33.5%, 2003년 29.1%, 2004년 22.6%로 감소하고 있다.

〈표 6-5〉 중소기업의 비중 추이(제조업)

	사업체수			종업원수			부가가치		
	1960	1979	1982	1960	1979	1982	1960	1979	1982
종업원 규모									
5~19인	81.3	59.3	62.7	30.9	8.1	10.9	28.6	4.5	4.7
20~49인	13.2	0.2	18.5	22.3	9.7	10.5	18.4	6.2	5.8
50~99인	3.1	9.0	9.1	11.4	9.6	11.2	9.9	7.4	7.6
100~199인	1.5	5.8	5.0	11.4	12.3	12.2	9.4	10.4	9.9
200~499인	0.7	3.7	3.2	10.7	17.0	16.6	15.8	17.1	17.0
500인이상	0.2	2.0	1.6	13.2	43.5	38.6	17.7	54.4	55.0
합계	100.0	100.0	100.0	100.0	100.0	100.0	100.0	100.0	100.0
중소기업	99.1	4.3	95.4	76.1	39.5	44.8	66.5	28.5	28.0
대기업	0.9	5.7	4.7	23.9	60.5	55.2	33.5	71.5	72.0

주 : 중소기업은 종업원 200인 미만으로 보았음.
자료 : 한국산업은행, 경제기획원, 「광공업센서스」, 각년판.

이상과 같이 경제의 불균형발전이론이 한국의 정책결정에 도입되어 적어도 1962년 이후 무려 26~27년간 적용되어 왔다. 경제의 불균형발전의 부산물은 그 순기능적 측면에서 개발도상국의 불가피한 고도성장전략의 하나로서 이해되기도 하지만, 그동안 한국의 경우는 엄청난 부작용과 정치사회적 갈등을 유발시켜 국민들을 불안케 하였다. 특히 지역과 계층 간의 갈등이 망국병적인 증후로 나타나, 사회적 집단행태와 법질서 무시, 무규범적(anomie)상태로 변질되는 역기능을 초래하기도 하였다.

이러한 현상은 결코 바람직한 발전현상이라 할 수 없고, 조속한 정책적 결단에 의하여 시정되어야 할 국가적 과제로 등장하게 된다.

제3절 / 경제발전의 전략

경제발전의 전략은 논의하는 접근과 시각에 따라서 상이함이 사실이다. 그러나 일반적으로 경제발전의 단계적 과정은 매우 의미있을 정도로 개발도상국과 선진국에 따라서 상이한 발전과정이 있다. 경제발전 과정의 설명은 시간의 흐름과 실질적인 자본산출에 의하여 다음의 [그림 6-5]로 표시된다.

[그림 6-5] 경제성장의 발전과정

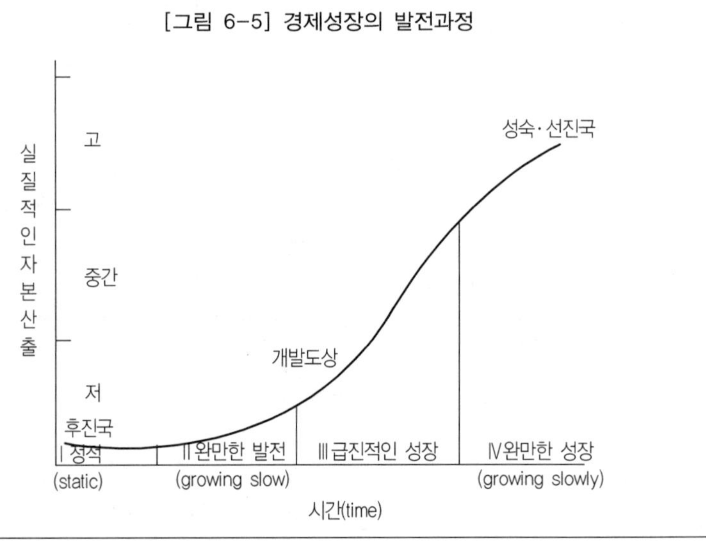

자료 : 경제 성장의 기간(160명). Sdna Doublas, 시장의 경제학(경제성장의 기반)

경제발전전략은 정치, 사회, 경제능력의 변화가 개인소득의 변화를 촉진하는 동태적 과정을 의미한다.[13] 경제발전을 이루기 위해서

13 Erderner Kaynak, A Waiting and Economic Development (New York: Praeqer Publishers, 1986), pp. 2-3.

세계의 여러 저개발 국가들은 다음과 같은 발전전략을 강구하고 있는데, 예컨대 ① 발전접근을 성취하는 조직적 능력의 개발, ② 기업의 목표, 목적, 그리고 프로그램의 재평가, ③ 각기의 발전의 형식을 위한 시장전략의 개발, ④ 응용된 인류학의 기술의 개발, ⑤ 장기적 이윤측면의 유지, ⑥ 태도변경의 역할자가 되는 것 등이다. 특히 흥미있는 것은 경제발전에 대한 여섯 가지의 접근방법과 전략방안을 비교하여 보면 다음과 같이 설명하게 된다.[14]

〈표 6-6〉경제발전의 전략모형

전략모델	발전정책의 기초	주요국의 예
성장모형 (growth)	대규모적인 산업화 고도의 기술 높은 소비율 외부 경제력과 영향.	미국(United States), 소련(Soviet Union), 영국(Great Britain), 프랑스(France), 서독(West Germany), 일본(Japan)
고립주의모형 (isolationism)	전체적 경제자립 초강대국의 지배에서 자유 토착화된 문화의 보존 엄격한 중앙기획과 통제	알바니아(Albania), 알제리(Algeria), 중국(China), 쿠바(Cuba), 캄푸치아(Kampuchea), 우간다(Uganda)
기본적 욕구모형 (basic needs)	소득의 재분배 건강교육과 대중의 복지 농업생산성의 향상	중국(China), 콜롬비아(Columbia), 코스타리카(Costa Rica), 가봉(Gabon), 말라위(Malawi), 말리(Mali), 페루(Peru), 스리랑카(SriLanka), 탄자니아(Tanzania)
적절한 기술모형 (appropriate technology)	지방 및 지역 자존(self-reliance)을 위한 점진적 진보 분권화된 의사결정 소규모적, 단순한 노동집약적인 제조 및 수공업 농촌중심의 농업산업 분화	방글라데시(Bangladesh) 부탄(Buthan) 에티오피아(Ethiopia) 가나(Gana), 인디아(India) 인도네시아(Indonesia) 필리핀(Philippines)

14 Erderner Kaynak, op. cit., pp. 8-9.

전략모델	발전정책의 기초	주요국의 예
계획적 협동모형 (calculative collaboration)	국제경제의 큰 몫 자연의 최대한 이용 국가적/지역적 이념과 문화의 보존 선발적인 공업화와 하위구조의 근대화	브라질(Brazil), 이집트(Egypt), 요르단(Jordan), 케냐(Kenya), 레바논(Lebanon), 리베리아(Liberia), 멕시코(Mexico), 사우디아라비아(Saudiarabia), 시리아(Syria), 자이레(Zaire), 베네수엘라(Venezuela)
발전의 저하모델 (de-development)	발전의 불균형 유형의 교정 외국에너지 의존의 감소 경제적 과잉낭비의 제거 인간욕구의 내면적 범위의 만족	미국(United States) 소련(Soviet Union) 일본(Japan)

주 : 이 자료에서는 한국의 경우는 주요국의 예에 들어있지 않으나, 적어도 기간 중 높은 경제성장을 이룩한 성장모형(growth)에 포함시켜야 할 것이다.
자료 : Leslie M. Dawson, "Facing the New Realities of International Development," Business Magazine (Jan/Feb., 1981).

제4절/한국적 상황에서의 경제발전모형진단

한국의 경제발전은 과연 "한강의 기적"이라 할 수 있을 만큼 6·25동란의 참혹한 전쟁 후 괄목한 성장발전을 거쳐 왔다. 그것은 고도경제성장정책의 결실이라고 하여도 좋을 것이다. 그러니 1962년 말부터 1989년의 기간 동안 괄목한 경제성장에도 불구하고, 성장의 그늘 속에서 소외된 계층과 성장의 부산물의 계층간의 갈등과 지역간의 갈등문제는 매우 심각한 양상이며 그것은 발전과 성장에 있어서 물량적인 변화에 비하여, 가치적인 면이 경시되는 결과도 있었다. 2000년대의 한국의 경제성장의 추정은 아래와 같은 지표로 연결될 수 있다. 그러나 이제는 물량적 성장과 함께 가치와 의식의 근대화와 발전이 필요하게 된다.

장기적인 측면에서 우선 2000년대에 있어서의 한국의 경제발전을 잠깐 살펴보면 국민생활수준에 있어서 우리 경제는 선진국의 대열에 충분히 진입할 수 있을 전망이다. 예컨대 1인당 GNP면에서 한국개발연구원의 지침에 의하면 2000년에 $5,016/1인당될 것이라고 보고 있다.[15]

〈표 6-7〉 우리 경제의 성장전망

	1984	1990	2000
GNP(경상가치이 조원)	65	121	343
('84년 가격 억불)	811	1,122	2,475
1인당GNP (경상가격이 만원)	166	273	695
('84년 가격)	1,999	2,542	5,076

자료 : 한국개발연구원 통계.

그러나 <표 6-7>에서 보는 것 보다는 실제로 1인당 GNP는 많을 것으로 예측되는데, 예컨대 1988년 현재로 한국의 GNP/1인당은 이미 $4,000을 넘어섰기 때문이다.

특히 <표 6-8>이 표시하는 바와 같이 세계경제와 아주 및 태평양에서 한국이 차지하는 경제성장과 발전의 전망은 2000년대에 가서는 4.1%를 차지하게(세계 경제에서 차지하는 구성비율) 될 전망이다.

15 한국개발연구원, 2000년을 향한 국가장기발전구상(서울: 한국개발연구원, 1987). p. 58.

〈표 6-8〉 세계경제 GNP성장 전망

(단위 : '80년 불변가격, 10억불, %)

	1985	1991	2000	연평균증가율	
				1986~91	1992~2000
세계	12,750	15,392	20.563	3.2	3.3
	(100.0)	(100.0)	(100.0)		
선진국[1)]	7,917	9,398	12,156	2.9	2.9
	(62.1)	(61.1)	(59.1)		
개발도상국	2,185	2,832	4,245	4.4	4.6
	(17.1)	(18.4)	(20.6)		
산유국[2)]	655	863	1,294	4.7	4.6
	(5.1)	(5,6)	(6.3)		
비산유국	1,530	1,969	2,951	4.3	4.6
	(12.0)	(12.8)	(14.3)		
(아주·태평양)[3)]	371	512	850	5.5	5.8
	(2.9)	(3.3)	(4.1)		
(아프리카)	403	495	692	3.5	3.8
	(30.2)	(3.2)	(3.4)		
공산국[4)]	2,648	3,162	4,162	3.0	3.1
	(20.8)	(20.5)	(20.2)		

주 : ( ) 안은 구성화
1) OECD 24개국
2) 알제리아, 인도네시아, 이란, 이라크, 쿠웨이트, 리비아, 나이지리아, 오만, 카타르, 사우디아라비아, 아랍 에미레이트 연방, 베네수엘라 등 12개국.
3) 한국, 대만, 홍콩, 필리핀, 타이, 싱가포르, 인도네시아, 말레이지아.
4) 불가리아, 중공, 체코슬라비아, 동독, 헝가리, 폴란드, 루마니아, 소련, 유고슬라비아 등 9개국.
자료 : 한국개발연구원.

한국경제의 성장요인이 KDI에 의하여 연구된 것을 간단하게 요약하면[16] ① 1963~1976년 사이에 약 3배의 실질성장을 이룩하여

16 박준향, 한국경제의 고도성장요인(서울: 한국개발연구원, 1980), p. 116;

GNP의 실질성장률이 10.2% GNP/1인당은 $146 → $429이고, ② 교육과 노동투입효과가 매우 큰데 전체국민소득 표준성장률의 33.5%, ③ 자본투입의 성장률은 2.2%로서 성장기여도는 23.8%인 것, ④ 규모경제(economy of scale)의 이익효과의 성장률이 1.6%, ⑤ 기술진보의 요인이 1.3%로 전체 성장률의 13.6%로서 비교적 많은 비중을 차지하고 있으며, ⑥ 자원배분의 효과로서 전체성장의 7.6% ⑦ 취업률의 교육수준의 향상은 전체성장의 4%로서 확실하게 증가되고 있다. ⑧ 경제외적, 정치행정적 요인으로서 비교적 정치적으로 안정기에 있어서는 경제성장이 컸으며 격동기에는 경제에 큰 타격을 주었다. 예컨대 1980년대 초 정치사회적 불안기에 엄청난 경제적 타격을 받은 것을 지적할 수 있다. ⑨ 사회문화적 요인으로서 국가의 경제적 가치관을 들 수 있는데 특히 제 3·4공화국 시대에 있어서 새마을 운동의 범국민적 전개와 함께 하면 된다는 신념이 전국민적으로 확산된 점을 들 수 있다. 특히 경제정책면에서 효율성과 효과성을 강조하고 교육에 대한 국가적 열의가 일조를 하였다고 하겠다. 예컨대 Harbison과 Meyers의 연구에 의하면 교육수준이 높은 국가가 GNP수준이 높다는 사실과 맥을 같이한다.[17]

김신복, 발전기획론(서울: 박영사, 1983), pp. 421-422.

17 김신복, op. cit., p. 423.

T.W. Schultz, The Economic Value of Education (New York: Columbia University Press, 1963), F. Harbison and C.A Meyers, Education, Man Power and Economic Growth (New York: McGraws-Hill, 1964).

제5절 / 경제발전의 문제점: 한국의 사례를 중심으로

한국의 경제발전이 개발도상국가들 중에서 매우 모범적이라고 지적되는 것은 사실이지만 경제발전 과정상의 문제점을 소홀히 취급한 때문이라고 지적될 수 있다. 왜냐하면 물량적 경제성장은 비물질적 가치개발과 균형발전하지 못할 때 심각한 발전상의 괴리현상(gap phenomena)이 유발되기 때문이다. 한국의 경제발전이 '한강의 기적'으로서 성공사례로 지적되는 데도 불구하고 고도경제성장정책은 많은 문제점을 유발시켰으니 그 중요한 내용은 다음과 같다.

첫째, 신흥공업국가로 등장되고 GNP와 수출이 성장되면서, 오히려 불평등과 계층간의 심각한 갈등문제를 유발시켰다. 중요한 경제성장은 시민들로 하여금 물량제일주의적 가치관을 심어주고 가지지 못한 자들의 심각한 욕구불만과 나아가서는 계층간의 갈등을 유발시켜 놓았다. [그림 6-6]과 [그림 6-7]에서 보는 바와 같이 경제발전과 정치발전 또는 사회발전의 불균형한 갈등을 유발시키고 공직자들의 관료부패현상을 유발시키는 소지를 만들었다.

둘째, 경제발전은 정치인들의 정통성의 부족을 메꾸는 "성장 이데올로기(growth idelolgy)"로서 역할을 하게 되었고 그것이 타부문의 결핍을 보충하는 구실을 하였다. 과도한 성장 이데올로기에 몰두한 반면에 정치발전은 매우 미약하였고, 민주화된 사회의 이상은 그렇게 쉽사리 이루어지지 못하였다. 결국 이러한 것은 관료부패 등의 도덕성이 부족한 정부가 국민에게 정치적 불신을 받는 신뢰의 위기(crisis of confidence)를 초래하였고, 건전한 민주사회발전을 방해하는 요인으로 등장하게 된다.[18]

---

18 김영종, "민주사회발전을 향한 행정부패의 방지전략," 제1차 국제학술대회논문집(1988년), pp. 396-421.

[그림 6-6] 시민의 민주적 욕구와 관료 및 이익집단의 역할관계

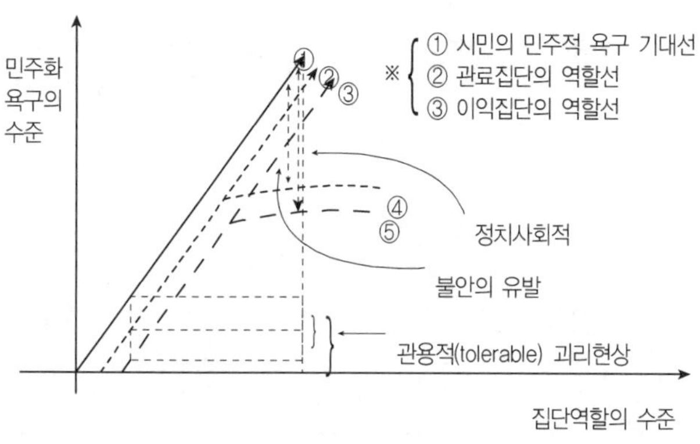

주 : [그림 6-6]은 ①시민의 민주적 욕구 기대선에, ②의 관료집단의 역할선이나 ③의 이익집단의 역할선이 비례적으로 평행되지 못하고 ④와 ⑤와 같이 역할공급이 굴절될 때 정치사회적 불안을 유발시킨다는 가설이다

셋째, 국민의 물량제일주의적 가치관과 황금만능주의적 풍조는 사회각계각층에 만연되게 되었고, 사회적 갈등해결에는 인간의 삶의 질(quality of life)의 향상을 위한 행정의 미래의 목적을 상실하고 정책결정자들과 지도자들의 편의에 사용되는 도구로 전락되는 경우가 많았다. 실제로 인간의 삶의 향상 결코 물질적 풍요가 아니라 개인의 자유와 가치의 실현이 삶의 질의 향상에 필요한 변수가 된다고 보기 때문이다.[19]

19 Jong Sup Jun, "The Paradoxes of Development: Problems of Korea's Transformation," in Administrative Dynamics and Development: The Korean Experience (Seoul: Kyobo Publishing, Inc., 1985), pp. 56-75.

[그림 6-7] 불균형성장과 갈등현상

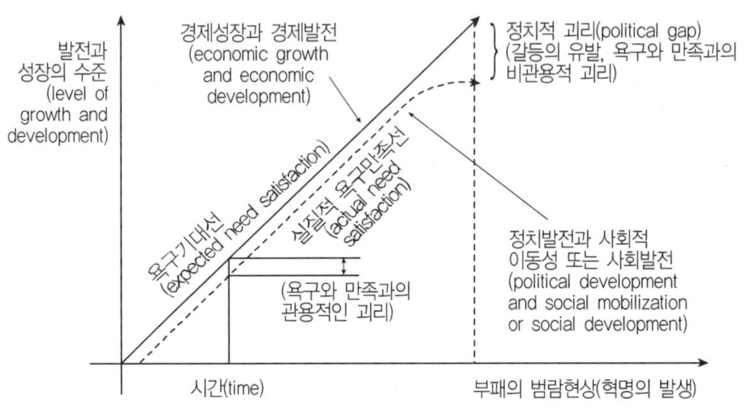

주 : [그림 6-7]은 경제발전의 속도에 정치발전의 속도가 평행되지 못할 때 정치적 괴리와 갈등 그리고 부패가 유발되고, 또한 시민의 욕구기대에 만족이 따르지 못할 때 갈등과 부패가 발생한다는 것으로 S. Huntington의 이론(political gap theory)과 J. Davis의 혁명이론을 상호원용하여 개발한 것이다.

넷째, 불균형성장은 바람직하지 못한 사회심리적 결과를 초래하였는데 예컨대 비인간적 사회풍조, 과도한 소비풍조, 불평등 범죄문제, 지역간의 불균형과 갈등의 유발 등을 지적할 수 있다.[20] 지역 및 계층간의 갈등에 대한 실증적 자료는 다른 장에서 논한다.

다섯째, 민주화된 사회의 발전에 결코 경제성장만으로 불충분한 결과를 가져왔는데 이것은 인간의 기본적 욕구인 물량적 욕구의 만족만으로서는 진정한 의미에서의 민주화된 사회라고 할 수 없기 때문이다. 정부는 획일적이고 능률위주의 경제성장과 발전이 낳는 부산물을 최소한 감소하고 자율적이고 개방적이며, 또한 인간의 존엄성이 존중되는 참된 민주화된 사회를 위하여 보다 획기적 정책결정과 집행이 있어야 될 것으로 보인다. 한국의 미래행정은 도덕성과

20 Ibid., pp. 73-74.

논리성을 지닌 행정인의 능력발전이 매우 바람직하다고 보기 때문이다.[21]

제6절 / 결 론

경제발전과 성장은 발전행정에 있어서 매우 중요한 부분이다. 그것은 인간이 물질적 생활을 필연적으로 하지 않으면 안되는 존재론적 의미까지 연결될 수 있다. 따라서 근대화와 발전의 의미를 경제발전 또는 서구화 혹은 물량적 성장과 동질개념으로 보는 것은 잘못된 것이라고 하겠다. 그럼에도 불구하고 경제발전은 발전행정의 핵심적인 부분이다.

한국적 상황에 적용시켜 볼 때 그동안 불균형성장발전 이론이 경제정책으로 추진되어 왔고, 이 결과 수많은 부산물(byproducts)(예컨대 빈부격차의 심화 및 경제의 대재벌편중, 도농간의 불균형발전, 사회적 갈등의 유발 등)이 발생하였다. 따라서 앞으로 이러한 정책은 수정되고 보완되어 균형성장과 발전정책으로 지향하여야 할 것이다.

---

21 김영종, "한국미래행정의 모형정립," 숭실대학교 논문집, Vol. 4(1986), pp. 25-42.

제7장 사회발전론

제1절 / 사회발전의 개념

발전이란 궁극적으로 물량적이고 경제적이 아닌 인간의 가치와 인간의 욕구 및 삶의 질(quality of life)의 향상에 목적이 있는 고로 사회발전의 의미는 이러한 개념과 상통한다고 할 수 있다. 환언하면 발전이란 근본적으로 인간에 관해서(about), 인간에 의하여(by), 그리고 인간을 위하여(for)존재하는 것이다. 그러므로 발전은 인간의 욕구와 일치되도록 되어야 된다. 발전의 목표는 인간의 삶의 수준을 향상시키는 데 있으며, 또한 그들의 잠재력을 개발하기 위하여 모든 인간에게 기회를 제공하는 데 있다고 한 UN 대학교 전문단(expert group)의 보고서는 적절한 것이라고 할 수 있다.[1]

사회발전(social development)은 이와 같이 모든 발전전략의 궁극적인 종착점이 된다는 것을 의식할 때 기타 다른 발전전략보다 더욱 중요하다고 할 수 있다.

사회발전은 본질적으로 사회구조의 분화(structural differentiation)을 포함하여 사회적 이동성(social mobility)의 증가, 그리고 사회적 가치관의 증대를 의미하며 또한 사회적 통합(integration)과 사회변동

---

1 이 정의는 1975년 인간 및 사회개발에 관한 UN대학교 전문단의 보고서(United Nations University Expert Group on Human and Social Development)에 나타나 있다. M.V.S. Rao, K. Porwit, and N. Baster, Indicators of Human and social Development(Tokhyo: The United Nations University, 1978), p.7.

에 대한 대응능력의 제고, 그리고 궁극적으로 인간의 삶의 질의 향상을 위한 목표와 과정이고, 계획이며 바람직한 방향이고, 또한 체제의 변화를 의미한다.[2]

여기에서 구조의 분화는 개인, 가정, 집단, 그리고 사회체제, 정부의 조직 등 모든 조직의 구성단위에서 일어날 수 있고 그 결과는 능력과 전문성의 향상이라는 결과를 나타낸다. 또한 구조의 분화는 시간적인 측면에서는 계속성과 변동성을 나타내고 공간적으로는 어느 특정한 지역이나 장소 또는 조직을 중심으로 점점 분화되는 현상이다.

사회적 이동성은 수평적으로는 어떤 지역간의 이동성의 속도가 되겠으며, 수직적으로는 어떤 조직내부에 있어서 지배층과 피지배계층의 상호변화의 정도가 될 수 있다.

사회적 가치관은 심리·문화적 차원에서 일반적으로 인간이 갖는 시각과 태도 등을 의미한다. 이러한 가치관은 존재론(ontology)적 측면에서는 가치의 실체가 인간의 내면의 세계에 있다고 보는 주관주의적 명목론(nominalism)과 외부의 세계에 있다고 가정하는 객관론적 실재론(realism)이 있다. 그리고 그러한 것을 인식론(epistemology)적 정도에 따라서 의사자유론(voluntarism)과 의사결정론(determinism)이 대립되고 있다.

특히 여기에서 사회발전의 분화문제는 통합의 문제와 연결되어야 한다고 보는데, 사회발전은 고도의 분화의 결과가 과연 무엇을 그리고 왜 어떻게 하는가 하는 문제는 분화된 개인이나 조직이 어떤 목표를 향하여 일체성(identity)을 구비할 때 적절한 발전을 할 수 있다고 본다.

사회발전이 추구하는 강조점을 몇 가지고 요약하면 다음과 같다.[3]

---

2 김영종, "발전의 제문제: 통합적 시각을 중심으로," 국가발전의 사회과학(서울: 박영사, 1987), pp. 1-20.

3 김신복, 발전기획론(서울: 박영사, 1983), pp. 471-472.

첫째, 사회발전은 인간적 삶의 질적 향상을 위한 가치발전이며 물량적 경제발전과 보완적 기능을 가진다.

둘째, 사회발전은 발전의 과정(process)인 동시에 또한 발전의 목표이기도 하다.

셋째, 사회발전은 사회적 형평성(social equity)이 민주행정과 신행정(new public administration)의 행정이념과 일치되는 이념적 특징을 가진다.

넷째, 사회발전은 인간의 삶의 질적 변화와 향상이라는 목적을 달성하는 데 필요한 요소이며 행정의 목적이고 발전행정의 궁극적 목적과도 일치된다.[4]

다섯째, 사회발전은 발전의 바람직한 방향(desirable direction)이며, 계획(planning)이고 또한 필요한 체제의 변화(system change)라고 할 수 있다.

이와 같이 사회발전은 발전의 궁극적 관심이 되는 인간의 개발과 가치의 존중 그리고 복지(welfare)의 실현과 깊은 관련을 가지며 그 목표와 주요 지표는 다음 절에서 논의한다.

제2절 / 사회발전의 지표개념

사회발전의 지표는 사회발전의 동태적 흐름과 상태를 나타내는 총체적이고 집약적인 측정단위이며, 인간생활의 전반적인 복지정도를 나타내는 척도라고 할 수 있다. 따라서 그것은 사회발전의 정도와 특

[4] George Frederickson, New Public Administration (Alabama: The University of Alabama Press, 1980), pp. 1-115.

징 또는 속성(attributions)들을 나타내는 관계단위라고 할 수 있다.[5]

사회발전지표의 역할과 기능은[6] 첫째, 그 나라 국민의 생활수준을 측정하며 그것은 양적인 면과 질적인 면의 측정을 통하여 개인 및 사회의 전체적인 복지정도를 파악하는 데 도움을 준다.

둘째, 그 국가의 사회구조의 통합적인 측정을 통하여 사회구조의 상호연관성과 균형적인 측정을 가능케 하는 정보의 역할을 한다.

셋째, 사회발전의 변화와 미래사회에 대한 예측을 함으로써 규범적인 사회적 가치와 변화의 방향을 유도하고 관리할 수 있도록 한다.

넷째, 사회발전정책을 측정하고 특히 발전과정상에서 발생된 부산물(by-product)과 역기능(dysfunction)을 측정해 줌으로써 사회개발정책의 문제점을 파악하고 효과적인 정책의 설정을 위한 방향제시도 하게 된다.

다섯째, 사회지표는 사회발전의 역사적 사건의 기록이 아니라 미래의 사회발전정책을 위한 기획의 기초로서 제공하고 있다.[7]

여섯째, 사회지표는 사회현상의 측정단위로서 명백하고도 특별한 발전목적의 측면에서 사회변동의 측정과 관련된 사회측정을 하는 단위이며 직접적인 복지의 측정단위이다.

일곱째, 사회지표는 복지의 수준과 분배의 측정이며 사회봉사의 규정과 분배 그리고 투입과 산출의 측정이며 기본적이고 통계적인 요약이라고 할 수 있다.[8]

이상과 같은 제개념적인 정의를 체계화시키면 사회지표는 사회발전의 과정과 목표를 연결시키는 발전정도의 측정단위이며 양적 질적인 인간의 삶과 복지의 총체적인 수준의 단위라고 할 수 있다.

---

5 한국의 사회지표 (Social Indicators in Korea) (서울: 경제기획원 조사통계국, 1988), p. 74.

6 Ibid., pp. 24-25.

7 M.V.S. Rao, et el., pp. 77-80.

8 UN: "Draft Guidelines on Social Indicators: Report of the Secretary-General to the statistical Commission, 19th Session (November, 1976), E/CN, 3/488.

제3절／사회지표의 유형

사회발전의 정도를 나타내는 지표는 다음과 같은 유형으로 나눌 수 있다.[9] 첫째, 생활의 수준을 나타내는 UN의 사회지표로서 예컨대 건강(health), 음식물의 소비와 영양(food consumption and nutrition), 교육, 노동의 고용과 환경, 사회보장제도(social security), 의류(clothing), 오락, 그리고 인간의 자유(human freedom) 등이 있고 기본적인 정보로서 인구와 노동력, 소득 및 경비, 통신수단과 교통 등이 있다.

둘째, UNESCO의 사회발전 중 인간자원(human resources)의 지표로서 교육제도, 고급인력, 고용정도, 교육수준, 노동력의 활용정도, 건강과 영양, 그리고 근대화정도 등을 말한다.

셋째, UN의 사회지표로서 인구, 가족구조, 소득활용, 소득의 분배, 소비와 저축, 사회보장과 복지, 건강, 주택 및 환경, 공공안전과 질서, 시간의 할당과 여가의 사용, 그리고 사회적 개방과 이동성 등이다.

넷째, UN에서의 사회지표는 인구, 가족형성, 소득의 분배, 소비 및 저축, 사회보장과 복지봉사, 건강, 주택 및 환경, 공공질서와 안전, 시간의 할당, 여가의 사용, 사회개방과 이동성 등을 들고 있다.

다섯째, OECD에서는 건강, 개인의 발전과 학습, 고용과 근로생활의 질, 시간과 여가, 개인적 경제적 상황, 물량적 환경 사회적 환경, 개인의 안전과 정의의 행정, 사회적 기회와 참여 등이다.

여섯째, 유럽의 경제위원(Council of Europe)은 인구, 소득, 소비, 부, 주택, 여가활동, 사회안전과 복지, 학습, 건강, 공공질서와 안전, 물리적 환경, 인권과 사회참여 등이다.

일곱째, ECAPE에서는 사회지표를 인구, 건강, 주택, 영양, 교육과 문화, 고용과 사회보장, 개인안전, 소비, 건강과 사회복지 등을 열거

---

9 M.V.S. Rao, et al., op. cit., pp. 83-84.

하고 있다.

요컨대 사회지표의 구조는 학자와 국가에 따라서 접근과 방법이 상이하다. 예컨대 Seymour M. Lipset의 경우는 사회지표를 교육의 보급과 문맹률, 자발적 참여성, 도시화, communication system 등과 같은 사회학적 변수를 강조하는 반면에[10] Karl W. Deutch는 국민대중에 대한 사회적 이동성(social mobility)의 증대를 위한 동적인 communication network를 강조한다.[11] 다른 한편 Myron Weiner는 사회구조의 분화와 보편성에 입각한 인간관계의 확립을 강조하며[12] Martin T. Katzman은 사회지표가 사회인식목표에 관계되는 어떤 특별한 문제가 나아지던지 혹은 나빠지든지 나타내는 사회현상의 측정으로서 보는가 하면, Doris Holleb는 명백하고 특별한 목적을 위한 측면에서 사회변동의 평가에 관계되는 사회적 측정의 지표라고 보고 있다.[13] 이와 같이 학자들의 강조하는 내용이 상이할 수 있는 것과 같이 국가별에 따라서 강조하는 사회발전의 지표가 약간씩 다를 수 있다. 예컨대 UN에서는 '복지구성요소 접근방법'(Welfare Component Approach)을 채택하고 특히 국제비교의 초점에서 생활수준의 구조적 요인을 강조하고 있으며, OECD의 회원국가 및 대부분의 많은 국가는 '사회적 관심 접근방법'(social concern approach)으로서 예컨대 보건, 교육, 문화, 고용, 여가, 소득, 범죄, 가족, 사회적 이동성 등을 관심의 영역으로 두고 있다.[14]

다음은 국가별(후진국, 개발도상국, 그리고 선진국)사회지표의 실례를 간략하게 제시한다.

---

10 Seymour M. Lipset, Political Man (New York: Douleday & Company, Inc., 1963), Chapter 2.

11 Karl W. Deutch, "Social Mobilization and Political Development," APSR, Vol. LV, No. 3 (Sep. 1961), pp. 494-510.

12 Myron Weiner, The Politics of Scarcity: Public pressure and Political Response in India(Chicago: The University Press, 1962), pp. 18-19.

13 M.V.S. Rao, et al., pp. 1-35.

14 UN, op. cit., pp. 1-80.

후진국	개발도상국	선진국
Ⅰ. 인 구		
①인구의 크기 15세이하의 전체 백분율 ② ③전체인구의 사회경제적 계급 ④출산율의 비율 ⑤순소득비율 ⑥인구 1000명당 사망률 ⑦1000명당 순국제이민수	인구의 크기 15세이하의 전체 백분율 선택된 국가 및 인종집단의 백분율 전체인구 중 사회경제적 계층의 비율 출산율의비율(전체여성중 20~24, 25~29, 30~34의 선정된 국가의 집단 총순소득비율 인구 1000명당 사망률 인구 1000명당 순국제이민수	15세이하와 65세이상의 전체백분율 전체인구의 비율에 대한 민족과 인종의 선택비율 출산율 문화횡단적 순재생산 비율 인구 1000명당 사망률 인구 1000명당 순국제이민수

B. 인구의 지리적 분포

1.인구밀도 2.인구 1000명당 이동비율	인구밀도 인구 1000명당 이동비율	인구밀도 인구 1000명당 이동비율

Ⅱ. 가족구성 세대수

A. 가족구성과 안정성		
1. 2. 3.	부부중심의 핵가족 수의 백분율 자녀 2명 이상의 핵가족 비율 기혼가족의 인구비율	부부중심의 핵가족 수의 백분율 자녀 2명 이상의 핵가족 비율 기혼가족의 인구비율

Ⅲ. 교육

A. 교육정도		
1. 문맹율 2.남녀학교 교육이수정도	문맹율 남녀학교 교육이수정도	남녀학교 교육이수정도
B. 교육보급율		
학교교육에 등록된 학생의 인구 비율	학교교육에 등록된 학생의 인구 비율	학교교육에 등록된 학생의 인구 비율
C. 교육성취		
1.	각종 시험의 성적	각종 시험의 성적
D. 교육봉사의 투입, 산출과 업적		
1. 학생대 교사의 수 비율 2. GDP에 대한 교육경비 3. 총고정자본에 대한 총 고정 교육자본 비율 4. 등록학생들의 졸업비율	학생대 교사의 수 비율 GDP에 대한 교육경비 총고정자본에 대한 총 고정 교육자본 비율 등록학생들의 졸업비율	학생대 교사의 수 비율 GDP에 대한 교육경비 총고정자본에 대한 총 고정 교육자본 비율 등록학생들의 졸업비율

Ⅳ. 소득활동

A. 노동력 참여		
1. 노동력 참여의 비율 2 3. 4.	노동력 참여비율 예상된 근로활동기간 비활동인구 비율 노동자들의 은퇴비율	노동력 참여비율 예상된 근로활동기간 비활동인구 비율 노동자들의 은퇴비율
B. 고용기회와 이동성		
1. 실업자의 비율 2. 실업세대주 수의 비율 3. 평균 년 노동주(weeks)	실업자의 비율 실업세대주 수의 비율 평균 년 노동주(weeks)	실업자의 비율 실업세대주 수의 비율 평균 년 노동주(weeks)
C. 고용보상		
1. 평균시간당 임금액 2. 평균주당 또는 월 소득액	평균시간당 임금액 평균주당 또는 월 소득액	평균시간당 임금액 평균주당 또는 월 소득액

D. 노동환경		
1. 2. 3. 4. 5.	평균 주당 근로시간수 근로자 10,000명당 산업재해 부상자 수 근로자 10,000명당 영구적인 불구자 및 사망자 발생 수 사회보장 및 유사한 보상비율 평균 유급 유가일수	평균 주당 근로시간수 근로자 10,000명당 산업재해 부상자 수 근로자 10,000명당 영구적인 불구자 및 사망자 발생 수 사회보장 및 유사한 보상비율 평균 유급 휴가일수
E. 인력의 활용		
1. 2. 3.	일정한 기간중 고용조건에 대한 등록된 실업자의 비율 공공재훈련 프로그램에 등록된 경제활동인구비율 GDP에 대한 공공재훈련 경비의 비율	일정한 기간중 고용조건에 대한 등록된 실업자의 비율 공공재훈련 프로그램에 등록된 경제활동인구비율 GDP에 대한 공공재훈련 경비의 비율

Ⅴ. 소득, 소비, 재고, 저축의 분배

A. 세대주 소득 및 저축의 수준 및 성장		
1. 1인당 소득 비율 2.	1인당 소득비율 고정가격으로 1인당 소득의 변동비율	1인당 소득비율 고정가격으로 1인당 소득의 변동비율
3. 1인당 재산 비율 4. 1인당 소득 가능액 5. 가능한 소득의 백분율로서 기본소득(primary income) 6. 세대당 총자본형성 백분율	1인당 재산 비율 1인당 소득 가능액 가능한 소득의 백분율로서 기본소득(primary income) 세대당 총자본형성 백분율	1인당 재산 비율 1인당 소득 가능액 가능한 소득의 백분율로서 기본소득(primary income) 세대당 총자본형성 백분율

B. 소비수준과 성장		
1. 1세대의 1인당 최종 소비액	1세대의 1인당 최종 소비액	1세대의 1인당 최종 소비액
2. 인구1인당 소비총액	인구1인당 소비총액	인구1인당 소비총액
3. 전체인구의 소비액에 대한 정부의 경비지출액	전체인구의 소비액에 대한 정부의 경비지출액	전체인구의 소비액에 대한 정부의 경비지출액
4. 1인당 식료품소비 혹은 공급의 계량적 표시	1인당 식료품소비 혹은 공급의 계량적 표시	1인당 식료품 소비 혹은 공급의 계량적 표시
5. 1인당 의류소비의 계량적 표시	1인당 의류소비의 계량적 표시	1인당 의류소비의 계량적 표시
6.	1세대당 차량보유의 백분율	1세대당 차량보유의 백분율
7. 1인 인구당 적절한 에너지(칼로리)섭취 백분율	1인 인구당 적절한 에너지(칼로리)섭취 백분율	1인 인구당 적절한 에너지(칼로리)섭취 백분율
8. 일정한 기간중 1인당 에너지 공급량	일정한 기간중 1인당 에너지 공급량	
C. 소득과 소비의 재분배		
1. 가구당 소득의 비율	가구당 소득의 비율	가구당 소득의 비율
2. 인구 전체소비에 대한 가구당 소비비율	인구 전체소비에 대한 가구당 소비비율	인구 전체소비에 대한 가구당 소비비율
D. 소득과 소비의 분배에 있어서의 불평등		
1. GiNi계수와 가구당 소득 비율	GiNi계수	가구당 소득 비율
2. GiNi계수, 가구당 소비경비	GiNi계수, 가구당 소비 경비	GiNi계수, 가구당 소비 경비

Ⅵ. 사회보장과 복지

A. 소득의 손실에 대한 소득의 범위		
1.	실업보험에 의하여 충당되는 노동력의 비율	실업보험에 의하여 충당되는 노동력의 비율
2.	노인보험에 의하여 충당되는 노동력의 비율	노인보험에 의하여 충당되는 노동력의 비율

B.		
1.	소득과 손실에 대한 보호의 사용 및 규모	실업과 유사한 혜택을 받는 노동력의 비율
2. 65세 이상의 노인들의 유사한 보조의 인구비율	65세 이상된 노인들의 은급 빛 유사한 보조를 받는 인구비율	65세 이상된 노인들의 은급 빛 유사한 보조를 받는 인구비율
3.	GNP에 대한 사회보험과 유사한 은급의 경비	GNP에 대한 사회보험과 유사한 은급의 경비
4.	사회보험의 비율	사회보험의 비율
5.	공공부조의 가구당 비율 복지기관에 관계하는 인구의 비율	공공부조의 가구당 비율 복지기관에 관계하는 인구의 비율
6	복지기관에 종사하는 1인당 주민의 경비	복지기관에 종사하는 1인당 주민의 경비

Ⅶ. 건강 및 건강서비스

A. 건강의 상태(state of health)		
1. 인구 1000명당 유아의 생존율과 산모의 생존율	인구 1000명당 유아의 생존율과 산모의 생존율	1000명당 사망률
2. 평균수명	평균수명	평균수명
3. 인구 10만명당 사고비율	인구 10만명당 사고비율	인구 10만명당 사고비율
4.	인구 10만 당 맹아(blindness)의 비율	인구 10만 당 맹아의 비율
5. 영양실조된 어린이 비율	영양실조된 어린이 비율	영양실조된 어린이 비율
B. 건강서비스의 활용		
1. 의사에 의한 출생비율	의사에 의한 출생비율	의사에 의한 출생비율
2.	인구 10만명당 건강서비스의 비율	인구 10만명당 건강서비스의 비율
3.		인구 1000명당 병원 침대수의 비율
4.	건강요원의 인구당 비율	건강요원의 인구당 비율
5. GDP의 비율에 비한 건강의 소비경비	GDP의 비율에 비한 건강의 소비경비	GDP의 비율에 비한 건강의 소비경비
6. 총 고정자본에 대한 고정자본비용	총 고정자본에 대한 고정자본	총 고정자본에 대한 고정자본

Ⅷ. 주택과 환경

A. 주택의 보급율		
1. 3인 이상의 공동방을 가진 인구의 비율	3인 이상의 공동사용하는 방을 가진 인구의 비율	3인 이상의 공동사용하는 방을 가진 인구의 비율
2. 무주택 인구비율	무주택 인구비율	
3. 영구적 주택이 아닌 곳에서 생활하는 인구비율	영구적 주택이 아닌 곳에서 생활하는 인구비율	영구적 주택이 아닌 곳에서 생활하는 인구비율
B. 주택공급의 적절성		
1.	유휴쥬택 비율	유휴쥬택 비율
2. 총유휴주택 보유율	총유휴주택 보유율	총유휴주택 보유율
3. 총주택 보유율	총주택 보유율	
4. 세대당 핵가족 비율	세대당 핵가족 비율	세대당 핵가족 비율
C. 주택보유와 경비		
1. 주택소유에 대한 가구당 백분율	주택소유에 대한 가구당 백분율	주택소유에 대한 가구당 백분율
2. 전체 소비경비 중 주택경비 비율	전체 소비경비 중 주택 경비 비율	전체 소비경비 중 주택 경비 비율
3.	총 고정자본 중 정부의 주택지원 비율	총 고정자본 중 정부의 주택지원 비율
4.	총 주택 소비경비 중 가구 당 소비경비의 비율	총 주택 소비경비 중 가구 당 소비경비의 비율
D. 주택환경		
1. 상수도 설치 비율	상수도 설치 비율	
2. 화장실있는 주택을 보유한 인구비율	화장실있는 주택을 보유한 인구비율	화장실있는 주택을 보유한 인구비율
3. 전기가 있는 주택에 사는 인구 비율	전기가 있는 주택에 사는 인구비율	전기가 있는 주택에 사는 인구비율
4. 가구당 전기소모 비율	가구당 전기소모 비율	가구당 전기소모 비율

Ⅸ. 공공질서 및 안전

A. 범죄의 발생		
1.	인구 10만명당 살인비율	인구 10만명당 살인비율
2.	인구 10만명당 폭행강도비율	인구 10만명당 폭행강도비율
3.		인구 10만명당 강도비율
4.	인구 1000명당 형사범죄에서 피해자의 비율	인구 1000명당 형사범죄에서 피해자의 비율
5.		재산손실의 가구당 비율

B. 범죄자의 특징과 대우		
1.	인구 1000명당 범죄자 수	인구 1000명당 범죄자 수
2. 인구 1000명당 교정기관 수용자 수	인구 1000명당 교정기관 수용자 수	인구 1000명당 교정기관 수용자 수
C. 기관의 투입산출의 결과		
1.		살인과 소탕비율
2.		폭행 및 강도의 소탕비율
3.	범죄혐의에서 판결까지의 평균 경과시간	범죄혐의에서 판결까지의 평균 경과시간
4.		수용기관에서의 평균수용수
5.	GDP비율에 대한 공공질서와 안전경비	GDP비율에 대한 공공질서와 안전경비

Ⅹ. 시간과 여가의 사용할당

A. 시간의 사용		
1. 노동시간의 비율	노동시간의 비율	노동시간의 비율
2. 세대당 및 어린이보호에 소비되는 시간비율	세대당 및 어린이보호에 소비되는 시간비율	세대당 및 어린이보호에 소비되는 시간비율
3.		자유시간비율
4.		개인당 평균 휴가일 수
B. 여가활용		
1,	평균 개인당 일주일에 연구 및 훈련시간, TV시청시간, 독서, 라디오, 영화감상시간, 운동시간	평균 개인당 일주일에 연구 및 훈련시간, TV시청시간, 독서, 라디오, 영화감상시간, 운동시간
C. 여가시간의 시설활용		
1. 인구 1000명당 영화, 운동감상자수	인구 1000명당 영화, 운동감상자수	인구 1000명당 영화, 운동감상자수
2. 1000명당 신문보급율	1000명당 신문보급율	1000명당 신문보급율
3.	공공도서관에서 1000명당 장서보유	공공도서관에서 1000명당 장서보유
4.	1000명당 도서관의 면적	1000명당 도서관의 면적
5. 라디오 보유한 가구수	라디오 보유한 가구수	
6.	TV보유한 가구수	TV보유한 가구수

XI. 사회계층 및 이동성

A. 사회계층		
1. 사회경제적 계층에 따른 가구 수의 분배	사회경제적 계층에 따른 가구 수의 분배	사회경제적 계층에 따른 가구 수의 분배
B. 세대내부간의 이동성		
1.	2일간에 주요한 직업간의 전환 비율	2일간에 주요한 직업간의 전환 비율
C. 세대와 세대간의 이동성		
1.	동일한 연령에 부친과 상이한 사회경제적 계층을 가진 21세 이상 자녀들의 비율	동일한 연령에 부친과 상이한 사회경제적 계층을 가진 21세 이상 자녀들의 비율

주 : 이 UN의 사회지표에서는 경우에 따라서 지표내용이 빠져있는 점을 유의할 필요가 있다.

자료 : M.V.S. Rao, et al., Indicators of Human and Social Development (Tokyo: The United Nations University, 1978), pp. 1-80.

제4절 / 한국의 사회지표특징

한국의 사회발전을 나타내는 주요지표의 체계를 요약하면 다음과 같다.[15]

첫째, 인구부문에서는 총인구성장, 출생과 사망의 구조, 인구분포와 이동, 인구구성 등이다.

둘째, 소득과 소비부문에서는 소득수준, 소득분배, 소비수준, 저축수준, 그리고 경제적 생활의 안정 등이다.

셋째, 고용과 노사부문에서는 고용구조, 근로조건, 안전보장, 직업선택과 이동, 근로자 자기개발, 비차별대우, 그리고 노사관계 등이다.

---

15 한국의 사회지표. op. cit., pp. 29-39.

넷째, 교육부문에서는 교육개념, 교육자원, 그리고 교육효과 등이 있다.

다섯째, 보건부문에서는 건강상태, 사망과 질병, 보건의료인력, 보건의료이용 등이 있다.

여섯째, 주택과 환경부문에서는 주거상태, 환경공해, 그리고 재해 등이 있다.

일곱째, 사회부문에서는 가족과 사회참여로 양분할 수 있는데 전자의 경우에는 가족형성 및 해체, 가족구조의 안정성, 가족관계의 원활화, 가족의 생활안정과 보호, 그리고 사회계층 등이 있고 후자는 사회참여의 증가가 될 수 있다.

여덟째, 문화와 여가부문에서는 문화활동과 여가활동으로 나누어질 수 있다.

마지막으로 안전부문에서는 범죄로부터의 안전과 범죄 이외의 사고로부터의 안전, 사회의 안정도, 보안능력, 그리고 안정감 등이다.

이상과 같은 관심영역은 다시 세부영역으로 나누어지며, 그리고 거기에 따라서 개별지표가 결정되는데 여기에서는 한국의 사회지표를 간략하게 대표적인 지표만 소개한다.

첫째, [그림 7-1A]에서 보는 바와 같이 인구성장률의 사회지표에 의하면 한국은 1970-1987년의 기간 중 1970년의 2.2%를 정점으로 해를 거듭할수록 둔화되기 시작하여 1997년 현재 약 0.98%로 떨어지는 결과를 보여주고 있다. 이것은 선진국의 형태에 유사한 것으로 보여지고 있다. 1988~2005년은 [그림 7-1B] 도표를 참고하기 바란다.

둘째, 1인당 GNP 추이에 의하면 한국은 해를 거듭할수록 상승하고 있고 1996년 GNP는 약 $10,548에 이르고 있다. 그리고 2006년 현재 한국의 GNP는 약 $16,291에 이르고 있다. 변화 추이는 [그림 7-2A]에서 보여주고 있다. 최근의 자료는 [그림 7-2B]를 참고하기 바란다.

[그림 7-1A] 총인구 및 인구 성장률

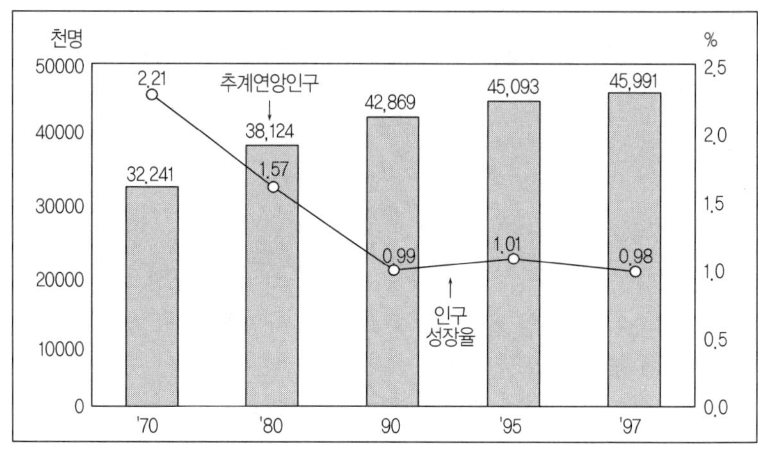

자료 : 한국의 사회지표(서울 경제기획원 조사통계국), 1997,p. 85

[그림 7-1B] 총인구 및 인구 증가률

(단위 : 천명)

구분	총조사인구	추계연앙인구			연평균 인구성장률
			남	여	
1998	–	46,430	23,296	22,991	0.72
1999	–	46,858	23,457	23,159	0.71
2000	46,136	47,008	23,667	23,341	0.84
2001	–	47,343	23,835	23,508	0.71
2002	–	47,640	23,984	23,656	0.63
2003	–	47,925	24,126	23,799	0.60
2004	–	48,199	24,261	23,939	0.57
2005	47,279	48,294	24,333	23,961	0.44

자료 : 통계청, 「한국의 사회지표」(2005)

[그림 7-2A] GNP 및 1인당 GNP

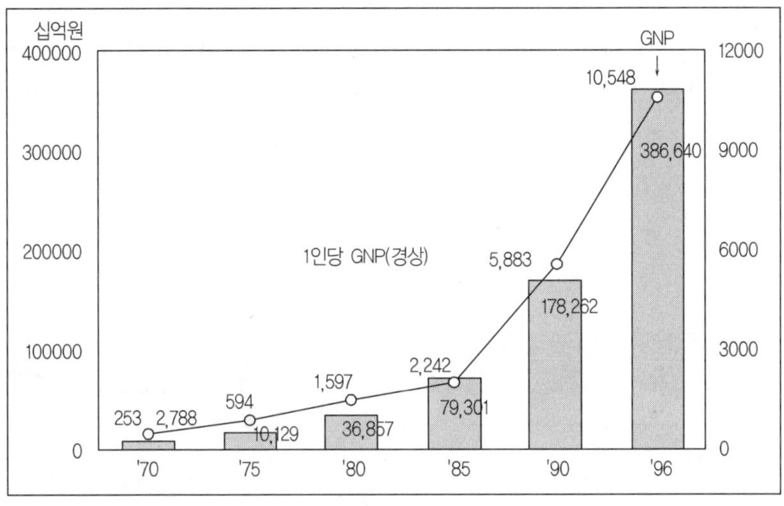

자료 : 한국의 사회지표(서울 경제기획원 조사통계국), 1997, p. 135

[그림 7-2B] 국민총소득, 국내총생산 및 국민처분가능소득 추이 : 1980~2005년

(단위 : 십억원, %, %p)

연도	GNI(명목)		GDP(명목)	국민처분가능소득(명목)	노동소득분배율
		1인당			
1980	38,118	1,645	38,775	35,258	50.4
1990	186,560	6,147	186,691	166,553	58.0
2000	576,160	10,841	578,665	493,388	58.8
2001	621,028	10,160	622,123	532,419	59.5
2002	685,069	11,499	684,264	591,979	58.2
2003	725,420	12,720	724,675	623,126	59.8
2004	781,174	14,193	779,381	672,773	59.1
2005p	805,886	16,291	806,622	692,603	60.4
증감(률) (2005/2004)	3.2	14.8	3.5	2.9	1.3

자료 : 한국은행, 「계간 국민계정」 각년도
주 : 2000년 기준임

셋째, 고용·노사(employment & labor management)에 있어서 사회발전의 지표 중에서 가령 <표 7-1A>에서 보는 바와 같은 실업률(unemployment rate)은 1970년의 경우 4.4%에서 1996년도에는 2.0% 정도로 낮아졌고 이것은 기간 중 정치적 사회적 불안정한 기간이나 경제적 불경기와 깊은 상관관계가 있는 것처럼 보인다. 최근의 것은 <표 7-1B>를 참고하기 바란다.

〈표 7-1A〉 실업률(Unemployment Rate)

(단위 : %)

연도 Year	평균 Average	남 Male	여 Female	농가 Farm	비농가 Non-Farm
1970	4.4	5.3	2.8	1.5	7.4
1975	4.1	5.0	2.5	1.2	6.6
1976	3.9	5.0	2.0	1.0	6.2
1977	3.8	4.6	2.4	1.1	5.8
1978	3.2	3.7	2.2	0.8	4.7
1979	3.8	4.7	2.4	0.9	5.6
1980	5.2	6.2	3.5	1.1	7.5
1981	4.5	5.7	2.4	0.8	6.5
1982	4.4	5.5	2.5	0.9	6.0
1983	4.1	5.2	2.2	0.8	5.5
1984	3.8	4.8	2.2	0.8	4.9
1985	4.0	5.0	2.4	1.1	4.9
1986	3.8	4.9	2.1	0.9	4.7
1987	3.1	3.9	1.8	0.7	3.8
1988	2.5	3.0	1.7	0.5	3.0
1989	2.6	3.1	1.8	0.6	3.1
1990	2.4	2.9	1.8	0.6	2.9
1991	2.3	2.5	1.9	0.8	2.6
1992	2.4	2.6	2.1	0.8	2.7
1993	2.8	3.2	2.2	0.9	3.1
1994	2.4	2.7	1.9	0.7	2.7
1995	2.0	2.3	1.7	0.5	2.2
1996	2.0	2.3	1.6	0.4	2.2

자료: 통계청, 「경제활동인구조사」

〈표 7-1B〉 경제활동인구, 취업자 및 실업자[1] : 1980~2006년

(단위 : 천명, %, %p)

연도	15세이상 인구	경제활동 인구	참가율	남자	여자	취업자	여자취업 자구성비	실업자	실업률
1980	24,463	14,431	59.0	76.4	42.8	13,683	38.2	748	5.2
1990	30,887	18,539	60.0	74.0	47.0	18,085	40.8	454	2.4
2000	36,186	22,134	61.2	74.4	48.8	21,156	41.4	979	4.4
2001	36,579	22,471	61.4	74.3	49.3	21,572	41.7	899	4.0
2002	36,963	22,921	62.0	75.0	49.8	22,169	41.6	752	3.3
2003	37,340	22,957	61.5	74.7	49.0	22,139	41.1	818	3.6
2004	37,717	23,417	62.1	75.0	49.9	22,557	41.5	860	3.7
2005	38,300	23,743	62.0	74.6	50.1	22,856	41.7	887	3.7
2006	38,762	23,978	61.9	74.1	50.3	23,151	41.9	827	3.5
증감(률) (2006/2005)	1.2	1.0	-0.1	-0.5	0.2	1.3	0.2	-6.8	-0.2

자료 : 통계청, 「경제활동인구연보」 각년도

주 : 1) 1980, 1990년은 '구직기간 1주' 기준, 2000년부터는 '구직기간 4주' 기준 적용함

넷째, 직종별 임금수준을 나타내는 <표 7-2A>의 경우에서는 1990년에서 보다는 1997년 현재에서는 매우 높은 향상을 보였다. 그러나 직종 간에 현저한 임금의 수준 차이가 난다는 사실이 이 지표에서 나타나고 있는데 예컨대 행정관리직의 경우와 생산직의 경우에는 매우 현저하게 임금수준의 차이가 나타나고 있다. 이것은 물론 사회문제(social problem)로까지 확대된다. <표 7-2B>에서는 2001~2005년의 임금격차를 보여주고 있다.

〈표 7-2A〉 직종별 임금수준

(단위 : 원)

연도	평균	전문 기술직	행정 관리직	사무직	판매직	서비스직	농림수산 및 수렵직	생산직
1975	46,654	92,400	159,399	74,679	42,964	36,052	30,332	34,820
1980	173,150	321,530	517,432	211,678	116,815	131,381	114,426	130,848
1981	209,641	368,032	587,027	260,034	153,543	159,915	188,324	159,755
1982	244,819	446,499	635,631	291,215	246,002	188,254	260,530	184,183
1983	271,178	486,811	693,165	312,963	261,708	204,372	–	201,998
1984	294,980	524,227	750,645	341,398	286,194	224,666	310,996	223,041
1985	314,213	552,851	804,328	362,590	322,270	235,025	337,550	236,365
1986	345,252	595,859	832,873	392,148	339,609	251,889	349,458	261,786
1987	378,560	679,619	897,181	421,827	345,361	275,780	392,877	292,790
1988	446,800	717,956	1020,587	492,905	407,919	342,969	387,587	361,838
1989	524,638	788,510	1120,098	566,940	441,648	378,626	500,686	433,405
1990	616,765	881,284	1303,648	665,876	499,649	442,995	525,032	509,292
1991	733,520	999,265	1750,608	778,680	550,382	515,093	509,318	611,444
1992	866,533	1102,496	1830,556	885,940	687,392	600,893	722,685	727,329
연도	평균	고위 임직원 및 관리자	전문가, 기술공 및 준전문가	사무직원	서비스 판매	농림· 어업직	기능원, 장치기계 조작원	단순 노무직
1993	956,531	1,986,602	1,270,428	942,173	711,926	813,517	836,045	629,783
1994	1,047,735	1,967,547	1,329,314	1,030,220	783,149	917,313	935,056	703,539
1995	1,195,996	2,262,150	1,525,089	1,174,666	920,324	1,019,577	1,058,823	784,108
1996	1,352,048	2,627,565	1,722,486	1,328,671	1,028,668	1,284,566	1,185,161	840,280

자료 : 노동부, 「임금구조기본통계조사보고서」
주 : '93년 이후는 신직업분류에 의한 것임.

〈표 7-2B〉 직종별 근로자 임격격차 추이 : 2001~2005년

(단위 : 천원, 사무종사자=100)

연 도	월평균임금 (천원)	임금수준(사무종사자=100)						
		고위임직원 및 관리자	전문가	사 무 종사자	서비스 종사자	농림어업 종 사 자	기능원 및 관련기능 종사자	단순노무 종 사 자
2001	1,748	189.4	154.8	100.0	77.6	87.4	99.9	60.5
2002	1,880	177.6	140.5	100.0	70.0	91.0	93.1	59.1
2003	2,038	183.4	141.8	100.0	70.5	91.1	92.4	57.9
2004	2,175	178.9	131.3	100.0	66.6	86.4	88.0	54.3
2005	2,333	176.9	130.5	100.0	63.9	88.6	86.6	53.1

자료 : 노동부, 「임금구조기본통계조사보고서」 각년도

다섯째, <표 7-3A>에서 보여주고 있는 것은 교육정도별 임금수준을 주목할 수 있는 것은 학력간의 임금차별이 너무 심하다는 것이다. 예컨대 고졸 임금수준을 100으로 했을 때 대졸의 경우는 200을 훨씬 넘는 수준이 대부분이어서 약 2배 이상의 임금수준을 나타내고 있다. 이러한 것은 능력과 기능에 따라서 인정을 받는 사회구조가 필요하다는 결론이다. <표 7-3B>에서는 2001~2005년의 교육정도별 임금격차를 보여주고 있다.

여섯째, 교육발전지표 중 진학률의 경우는 중학교 진학률은 1997년 현재 거의 100%를 이루고 있으며, 고등학교의 경우는 99.4%를 훨씬 넘고, 대학교의 경우는 60.1% 이상을 넘고 있다. 해마다 대학의 진학희망자가 수십만 명씩 적체되는 한국적 현실을 고려할 때 앞으로 이 문제는 좀더 많은 진학희망자를 수용할 수 있는 국가의 재정투자와 정책적 고려가 시급한 것으로 판단된다. 구체적인 것은 <표 7-4A>를 참고하기 바란다. <표 7-4B>는 최근의 통계를 보여주고 있다.

〈표 7-3A〉 교육정도별 임금수준

(단위 : 원)

연도	중졸이하 Middle School Graduates & Under	고졸 High School Graduates & Under	초대졸 Junior College Graduates	대졸이상 College & University Graduates & Over
1980	124,435	180,919	264,762	413,318
1985	226,272	303,049	393,450	686,490
1986	250,968	323,541	417,361	718,266
1987	279,342	347,876	442,487	779,332
1988	339,947	414,081	501,402	839,441
1989	404,910	487,013	580,133	930,396
1990	476,949	569,394	668,200	1,055,950
1991	567,630	671,103	787,938	1,202,953
1992	686,481	786,157	894,532	1,326,795
1993	776,312	881,467	965,408	1,421,811
1994	848,914	976,699	1,049,439	1,521,039
1995	959,087	1,100,306	1,192,628	1,715,411
1996	1,053,122	1,234,569	1,326,790	1,925,812
고졸임금수준=100 High School Graduates				
1980	68.8	100.0	146.3	228.5
1985	74.7	100.0	129.8	226.5
1986	77.6	100.0	129.0	222.0
1987	80.3	100.0	127.2	224.0
1988	82.1	100.0	121.1	202.7
1989	83.1	100.0	119.1	191.0
1990	83.8	100.0	117.4	185.5
1991	84.6	100.0	117.4	179.3
1992	87.3	100.0	113.8	168.8
1993	88.1	100.0	109.5	161.3
1994	86.9	100.0	107.4	155.7
1995	87.2	100.0	108.4	155.9
1996	85.3	100.0	107.5	156.0

자료 : 노동부, 「임금구조기본통계조사보고서」

〈표 7-3B〉 교육정도별 근로자 임금 격차 추이 : 2001~2005년

(고졸=100)

연 도	중졸이하	고졸	전문대학졸	대학교 졸업이상
2001	85.1	100.0	102.9	157.9
2002	83.0	100.0	100.8	153.8
2003	82.5	100.0	101.3	155.4
2004	79.9	100.0	101.2	155.0
2005	83.7	100.0	102.3	157.8

자료 : 노동부, 「임금구조기본통계조사보고서」 각년도

일곱째, <표 7-5A>에서 보는 사회지표는 학생의 체위(14세)에 관한 것으로 우리나라의 학생들은 1980~1997년 기간 중 신장, 체중, 흉위가 해가 갈수록 점점 성장하는 것을 볼 수 있다. 이것은 경제성장과 함께 국민의 경제적 생활이 향상되고 또한 국민의 보건이 매우 향상되었다는 실증적 증거로 볼 수 있을 것 같다. <표 7-5B>에서는 1997~2005년까지의 통계를 보여주고 있다.

여덟째, 주택, 환경의 사회발전의 지표 중 <표 7-6A>에서 보는 바와 같이, 주택보급률, 자가주거 가구비율 및 주택투자율(housing supply, housing ownership & housing investment rate)은 1975년 이후 투자율이 비교적 착실하게 증가되었는데도 불구하고 보급률은 해가 갈수록 하락하는 현상을 볼 수 있다. 1995년 현재 자가(owned)는 77.5%, 전세(tenement)는 10.5%, 월세(monthly rent)는 7.1%, 기타(others)가 4.8%로서 우리 국민들의 약 23% 이상이 자기집을 소유하지 못하고 있는 주택보급률을 보여주고 있으며, 이것은 사회계층간의 갈등과 정부에 대한 불만, 그리고 국민들의 위화감의 형성 또는 삶의 의욕상실 등의 심각한 사회문제를 유발시킬 수 있는 주요 요인으로 지적될 수 있다. <표 7-6B>는 최근 2004~2005년의 통계를 보여주고 있다.

〈표 7-4A〉 졸업생의 진학률

(단위 : %)

연도	초등학교 졸업자	중학교		고등학교		대학교	
		진학률	졸업자	진학률	졸업자	진학률	입학률
1970	799,969	66.1	312,814	70.1	145,062	26.9	35.9
1975	924,727	77.2	568,648	74.7	263,369	25.8	31.0
1976	949,817	79.5	629,622	75.5	310,119	23.8	29.9
1977	891,582	84.5	651,073	76.8	367,281	21.4	30.4
1978	877,207	89.7	675,325	79.3	400,421	22.0	33.9
1979	907,879	93.4	732,015	81.0	439,848	25.9	40.5
1980	874,329	95.8	741,618	84.5	467,388	27.2	43.3
1981	939,438	96.5	773,421	86.5	497,000	35.3	59.3
1982	908,544	97.7	821,211	86.9	545,598	37.7	54.9
1983	925,759	98.6	813,156	89.4	579,123	38.3	53.5
1984	981,964	98.8	874,836	89.7	614,062	37.8	51.6
1985	939,727	99.2	855,627	90.7	642,354	36.4	49.6
1986	901,027	99.4	882,722	91.2	667,779	36.4	47.5
1987	863,761	99.5	932,552	91.9	683,420	36.7	46.1
1988	799,343	99.5	899,492	93.5	685,909	35.0	44.5
1989	740,133	99.7	863,211	94.6	709,889	35.2	44.4
1990	763,694	99.8	835,699	95.7	761,922	33.2	44.9
1991	753,663	99.8	775,273	97.5	754,496	33.2	45.9
1992	841,756	99.9	717,901	98.6	740,288	34.3	50.7
1993	837,598	99.9	743,599	98.2	722,451	38.4	55.4
1994	848,283	99.9	735,679	98.8	687,794	45.3	63.1
1995	813,387	99.9	819,246	98.5	649,653	51.4	74.2
1996	736,349	99.9	816,654	98.9	670,616	54.9	78.9
1997	651,153	99.9	824,518	99.4	671,614	60.1	82.2

자료 : 교육부, 「교육통계연보」

주 : 1) 전문대학, 교육대학, 대학교 포함

2) 당해년도 졸업자수에 대한 재수생을 포함한 진학지수의 비율임

〈표 7-4B〉 진학률[1] : 1980~2006년

(단위 : %)

연도	초등학교 → 중학교		중학교 → 고등학교		고등학교 → 대학(교)[2]	
	계	여자	계	여자	계	여자
1980	95.8	94.1	84.5	80.8	23.7	22.5
1990	99.8	99.8	95.7	95.0	33.2	32.4
1996	99.9	99.9	99.0	99.1	54.9	53.1
2000	99.9[3]	99.9[3]	99.6	99.6	68.0	65.4
2005	99.9[3]	99.9[3]	99.7	99.8	82.1	80.8
2006	99.9[3]	99.9[3]	99.7	99.8	82.1	81.1

자료 : 교육인적자원부·한국교육개발원, 「교육통계연보」 각년도
주 : 1) 진학률=(상급학교 진학자 수／졸업생 수) * 100, 기타학교 진학 포함
2) 전문대학, 일반대학교, 교육대학 등 포함
3) 소수점 둘째자리에서 절사하였음

아홉째, <표 7-7A>에서 보는 바와 같이 사회지표 중 기대자녀수(expected number of children)는 1976~1985년의 기간 중 해가 갈수록 점점 적어지는 것을 볼 수 있다. 흥미있는 것은 농촌지역보다는 도시로 갈수록 기대자녀수는 적어지는 것을 볼 수 있다.

열째, [그림 7-3]에서 보는 바와 같이 여가 활용비 지출률(percentage of household leisure expenditures to total consumption expenditures)은 1983~1996년의 기간 중 거의 해마다 증가되고 있으며 특히 도시가국의 경우 1983년 이후 매년 여가활용비 지출이 증가되고 있으나, 농가의 경우는 1983~1996년까지 해마다 증가되었다. 1996년에는 갑자기 지출이 증가되기 시작하였다. 도시가구와 농가를 비교할 때에, 특히 농가에서는 도시가구에 비교하여 여가활용이 도시가구에 비교하여 여가활용의 지출이 현저히 적은 것을 이 통계에서 볼 수 있는데, 이것은 농촌사회의 구조적 발전이 경제적 사회적 혹은 문화적 면에서 매우 시급함을 보여주는 것이라 해석된다. <표 7-8A>은 가구당 여가 활용비 지출률을 나타낸다. <표 7-8B>는 1998~2005년까지의 자료를 나타낸다.

〈표 7-5A〉 연령별 학생의 신장

(단위 : cm)

연도	6세		7세		8세		9세		10세		11세	
	남	여	남	여	남	여	남	여	남	여	남	여
1980	115.0	113.7	120.0	119.6	125.1	124.5	129.9	129.4	134.4	134.8	139.3	140.3
1985	116.5	116.5	122.1	120.9	126.9	125.9	135.8	131.2	136.6	136.9	141.4	143.2
1990	118.3	117.2	123.8	122.7	128.8	128.1	133.8	133.6	138.6	139.3	144.1	145.8
1991	118.5	117.3	124.0	122.9	129.2	128.4	134.1	133.7	133.7	139.6	144.4	145.9
1992	118.7	117.2	124.3	123.1	129.5	128.8	134.5	133.8	133.8	140.7	145.3	146.6
1993	119.1	117.9	124.7	123.4	130.0	128.9	135.2	134.6	134.6	140.7	145.5	147.1
1994	119.4	118.3	125.0	123.7	130.1	128.9	135.1	134.9	134.9	141.1	145.4	147.3
1995	119.4	118.4	125.2	123.9	130.7	129.3	135.6	135.0	135.0	141.4	146.3	147.9
1996	119.6	118.5	125.2	124.2	130.6	130.0	135.7	135.3	135.3	141.7	146.6	147.9
연도	12세		13세		14세		15세		16세		17	
	남	여	남	여	남	여	남	여	남	여	남	여
1980	144.2	146.5	150.4	150.7	156.8	153.8	162.2	155.7	165.6	156.5	167.4	157.2
1985	147.4	149.7	154.1	153.4	160.2	155.5	164.8	156.7	167.6	157.0	169.1	158.8
1990	150.1	150.9	157.0	154.6	162.5	156.6	166.8	157.6	168.9	158.1	170.1	158.6
1991	150.7	150.6	157.3	154.9	163.2	156.6	167.0	157.5	169.0	158.2	170.3	158.6
1992	151.0	151.6	157.9	155.3	164.0	157.4	167.5	158.0	169.4	158.4	170.6	158.6
1993	151.6	152.4	158.6	155.6	164.4	157.4	168.4	158.3	169.9	158.8	170.9	159.0
1994	152.1	152.7	159.1	155.9	164.4	157.6	168.3	158.6	170.5	159.0	171.3	159.3
1995	152.6	153.2	159.5	156.2	165.3	158.2	168.8	158.9	170.4	159.4	171.5	159.8
1996	152.9	153.2	159.9	156.4	165.5	158.5	169.4	158.8	171.1	159.6	172.0	160.1

자료 : 교통부, 「교육통계연보」

연령별 학생의 체중

(단위 : kg)

연도	6세		7세		8세		9세		10세		11세	
	남	여	남	여	남	여	남	여	남	여	남	여
1980	20.1	19.2	22.2	21.4	24.5	23.7	26.8	26.3	29.3	29.4	32.3	32.9
1985	20.5	19.7	22.8	21.9	25.2	24.3	27.9	27.2	30.8	30.5	33.9	34.8
1990	21.6	20.9	24.2	23.5	27.0	26.3	301.1	29.7	33.7	33.2	37.3	37.9
1991	22.1	21.2	24.6	23.7	27.5	26.6	30.4	29.8	33.9	33.7	37.6	38.2
1992	22.2	21.4	24.8	23.9	27.7	26.9	30.9	30.2	34.4	34.6	38.4	39.1
1993	22.3	21.5	25.1	24.0	28.2	27.2	31.7	30.6	34.7	34.6	39.0	39.4
연도	12세		13세		14세		15세		16세		17세	
	남	여	남	여	남	여	남	여	남	여	남	여
1980	35.6	38.1	40.0	42.7	45.9	46.3	51.9	49.4	55.5	51.5	58.5	52.5
1985	37.9	40.0	43.0	44.2	48.7	47.8	53.9	50.2	57.0	51.5	59.6	52.9
1990	41.7	42.6	47.1	46.9	51.9	49.6	56.3	51.5	58.9	52.7	61.3	53.5
1991	42.3	43.1	47.5	47.2	52.7	50.1	56.6	52.0	59.3	53.1	61.4	54.0
1992	42.9	43.6	48.2	47.8	53.2	50.6	57.5	52.1	59.5	53.4	62.0	54.0
1993	43.5	44.4	48.9	48.2	54.2	51.0	58.5	52.7	60.4	53.5	62.6	54.1
1994	44.0	44.9	49.2	48.7	54.2	51.2	58.5	52.9	60.7	53.6	62.7	53.9
1995	44.6	45.4	49.8	48.8	54.8	51.9	59.1	52.8	61.4	53.5	63.4	54.4
1996	45.0	45.5	50.1	49.4	55.4	51.9	59.7	53.2	61.9	54.0	64.0	54.2

자료 : 교통부, 「교육통계연보」

연령별 학생의 가슴둘레

(단위 : cm)

연도	6세		7세		8세		9세		10세		11세	
	남	여	남	여	남	여	남	여	남	여	남	여
1980	57.6	55.9	59.2	57.7	64.4	59.5	63.1	61.4	65.0	64.2	67.1	66.9
1985	57.6	56.3	59.7	58.0	61.7	59.9	63.8	62.4	66.1	65.1	68.2	68.5
1990	58.4	56.8	60.6	58.9	62.8	61.3	65.1	63.9	67.8	66.8	70.3	70.5
1991	58.4	56.8	60.5	58.9	63.1	61.6	65.4	64.0	67.7	67.1	70.5	70.8
1992	58.6	572.57	61.0	59.2	63.4	61.8	65.7	64.5	68.5	68.1	71.3	71.5
1993	59.0	2.	61.3	59.4	63.6	61.7	66.4	64.6	68.6	67.7	71.4	71.6
1994	59.1	57.5	61.4	59.5	63.9	62.0	66.3	64.8	68.8	68.2	71.3	72.1
1995	59.1	57.5	61.5	59.9	64.3	62.5	66.5	65.1	69.0	68.4	71.9	72.5
1996	59.4	57.6	61.4	60.0	64.0	62.5	66.7	65.4	69.1	68.6	71.8	72.2
연도	12세		13세		14세		15세		16세		17세	
	남	여	남	여	남	여	남	여	남	여	남	여
1980	69.1	71.4	72.4	75.1	76.4	77.8	80.9	79.4	83.9	81.2	86.6	82.3
1985	70.5	72.9	73.9	75.9	77.6	78.6	81.4	80.0	84.0	81.0	86.4	82.2
1990	72.7	74.6	76.2	77.6	79.6	80.0	82.7	81.3	85.1	82.2	87.4	83.1
1991	73.1	74.7	76.4	77.9	80.1	80.3	83.1	81.4	85.4	82.5	87.6	83.4
1992	73.4	75.1	77.0	78.3	80.3	80.6	83.6	81.5	85.4	82.5	87.2	83.2
1993	73.9	76.0	77.3	78.5	80.8	80.6	84.0	82.2	85.8	82.9	88.1	83.8
1994	73.8	76.1	77.1	79.0	80.4	80.8	83.5	82.2	85.9	83.0	86.7	83.6
1995	74.2	76.5	77.4	79.2	80.5	81.3	83.5	82.0	85.8	82.5	87.9	83.2
1996	74.5	76.5	77.6	79.5	81.1	81.3	83.6	82.1	86.2	82.6	88.3	83.1

자료 : 교통부, 「교육통계연보」

〈표 7-5B〉 연령별 초·중등학생 체격

	시점	키 (남자) cm	키 (여자) cm	몸무게 (남자) kg	몸무게 (여자) kg	가슴둘레 (남자) cm	가슴둘레 (여자) cm
6세	1997	120	118	23	22	60	58
	1998	120	119	23	22	59	58
	1999	120	119	23	22	59	57
	2000	120	119	23	22	60	58
	2001	120	119	24	22	60	58
	2002	120	119	24	23	60	58
	2003	121	119	24	23	60	58
	2004	121	120	24	23	60	58
	2005	121	119	24	23	60	58
7세	1997	126	124	26	25	62	60
	1998	126	124	26	25	62	60
	1999	126	124	26	25	62	60
	2000	126	125	26	25	62	60
	2001	126	125	27	26	62	60
	2002	126	125	27	26	63	61
	2003	127	125	27	26	63	61
	2004	127	125	27	26	63	61
	2005	127	125	27	26	63	61
8세	1997	131	130	29	28	64	63
	1998	131	130	29	28	65	63
	1999	131	130	29	28	64	62
	2000	131	130	30	29	65	63
	2001	131	130	30	29	65	63
	2002	132	131	31	29	66	64
	2003	132	131	31	29	66	64
	2004	132	131	31	29	65	64
	2005	132	131	31	29	66	64
9세	1997	136	136	33	32	67	66
	1998	136	136	33	32	67	66
	1999	136	136	33	31	67	65
	2000	137	136	34	32	68	66
	2001	137	136	34	33	68	66
	2002	137	137	35	33	68	66
	2003	137	137	35	33	68	67
	2004	138	137	35	33	69	67
	2005	137	137	35	33	68	67

	시점	키 (남자) cm	키 (여자) cm	몸무게 (남자) kg	몸무게 (여자) kg	가슴둘레 (남자) cm	가슴둘레 (여자) cm
10세	1997	141	142	36	36	70	69
	1998	141	142	36	36	70	69
	1999	142	142	37	36	70	69
	2000	142	142	38	36	71	69
	2001	142	143	38	37	71	69
	2002	142	143	39	38	71	70
	2003	143	144	39	38	72	70
	2004	143	144	39	37	72	70
	2005	143	144	39	38	72	70
11세	1997	147	148	41	41	72	73
	1998	147	149	41	41	73	73
	1999	148	149	41	41	72	72
	2000	148	149	42	42	73	72
	2001	148	149	43	42	74	72
	2002	149	150	44	43	74	73
	2003	149	150	44	43	75	73
	2004	149	150	44	43	75	74
	2005	149	150	45	44	75	74
12세	1997	154	154	46	46	75	77
	1998	154	154	46	46	75	77
	1999	154	154	47	46	75	76
	2000	155	154	47	47	76	76
	2001	155	154	48	47	76	76
	2002	156	154	49	47	77	77
	2003	156	155	49	48	78	77
	2004	156	155	50	48	77	77
	2005	156	155	50	48	78	77
13세	1997	160	157	51	50	78	80
	1998	161	157	52	50	79	80
	1999	161	157	52	50	79	79
	2000	162	157	53	50	79	79
	2001	162	158	54	51	79	79
	2002	162	158	55	51	80	80
	2003	163	158	55	51	81	80
	2004	163	158	56	51	81	80
	2005	163	158	56	51	81	80

	시점	키 (남자) cm	키 (여자) cm	몸무게 (남자) kg	몸무게 (여자) kg	가슴둘레 (남자) cm	가슴둘레 (여자) cm
14세	1997	166	159	56	52	82	82
	1998	166	159	56	52	82	82
	1999	167	159	57	52	82	80
	2000	167	159	58	53	82	81
	2001	167	159	58	52	83	81
	2002	167	159	59	53	83	81
	2003	168	159	60	53	84	81
	2004	168	159	60	53	84	82
	2005	169	159	61	53	85	81
15세	1997	170	159	60	53	84	82
	1998	170	159	60	53	84	82
	1999	170	160	60	53	84	82
	2000	170	160	61	53	85	81
	2001	171	160	62	54	85	80
	2002	171	160	63	54	85	81
	2003	171	160	64	54	85	81
	2004	171	160	63	54	86	81
	2005	172	160	64	54	86	81
16세	1997	172	160	62	54	86	83
	1998	172	160	62	54	86	83
	1999	172	160	63	54	86	82
	2000	172	160	63	54	87	82
	2001	172	160	63	54	87	82
	2002	173	160	65	55	87	82
	2003	173	161	66	55	88	82
	2004	173	161	66	55	88	83
	2005	173	161	66	55	87	83
17세	1997	172	160	64	55	88	84
	1998	173	161	64	55	88	84
	1999	173	161	65	55	88	83
	2000	173	161	65	55	89	83
	2001	173	161	66	55	89	82
	2002	173	161	67	55	89	83
	2003	174	161	68	55	90	83
	2004	174	161	68	56	90	83
	2005	174	161	68	56	90	84

자료 : 통계청, 2006.

〈표 7-6A〉 주택보급 및 주택투자율

(단위 : 천호)

연 도	가구수[1]	주택수[2]	주택보급률 (%)	연간주택 건설호수	공 공	민 간	주택투자율[3] (%)
1975	6,367	4,734	744	180	63	117	6.1
1976	–	–	–	170	62	108	5.0
1977	–	–	–	204	78	126	5.4
1978	–	–	–	300	115	185	6.4
1979	–	–	–	251	118	133	5.8
1980	7,470	5,450	712	212	106	105	5.9
1981	7,749	5,460	705	150	78	72	4.4
1982	8,039	5,640	702	191	68	123	5.0
1983	8,340	5,852	702	226	82	144	5.8
1984	8,652	6,061	701	222	114	108	4.8
1985	8,751	6,317	698	227	132	95	4.4
1986	9,037	6,303	697	288	153	135	4.4
1987	9,320	6,450	692	244	167	78	4.2
1988	9,612	6,670	694	317	115	202	4.7
1989	9,920	7,032	709	462	162	300	5.4
1990	10,167	7,357	724	750	269	481	8.2
199	–	–	–	613	164	449	8.9
199	–	–	–	575	195	381	8.1
1993	–	–	–	695	227	469	8.4
1994	–	–	–	623	258	364	7.7
1995	11,133	9,570	860	619	228	391	7.8
1996	–	–	–	562	232	360	7.6

자료 : 통계청, 「인구주택총조사」, 한국은행, 「국민계정」, 건설교통부, 「건설교통통계연보」

주 : 1) 일반가구중 1인 가구, 비친족가구 제외

2) 빈집포함

3) 경상가격기준

주택의 점유형태별 가구분포

연도	계	자가	전세	월세[1]	무상 및 기타
			전국		
1975	100.0	63.6	17.5	15.7	3.3
1980	100.0	58.7	23.9	15.4	1.9
1985	100.0	53.7	23.1	19.7	3.6
1990	100.0	49.9	27.8	19.1	3.2
1995	100.0	53.3	29.7	14.5	2.5
			동부		
1975	100.0	44.8	31.1	21.9	2.1
1980	100.0	43.0	35.6	19.9	1.4
1985	100.0	41.4	31.2	24.5	2.9
1990	100.0	40.5	34.6	22.5	2.4
1995	100.0	46.3	35.3	16.6	1.9
			읍·면부		
1975	100.0	82.5	3.7	9.3	4.5
1980	100.0	80.8	7.5	9.1	2.6
1985	100.0	77.5	7.1	10.4	4.9
1990	100.0	77.4	7.9	9.4	5.3
1995	100.0	77.5	10.5	7.1	4.8

자료 : 통계청, 「인구주택총조사」
주 : 1) 사글세, 보증부 월세 포함

〈표 7-6B〉 주택보급 및 주택투자율 : 1980~2005년

(단위 : 천호, %, %p)

	주택수[1]		연간주택건설실적			주 택 투자율
		인구천명당 주택수(호)[2]		공공	민간	
1980	5,434	-	212	106	105	5.5
1990	7,357	169.5	750	269	481	8.8
2000	11,472	248.7	433	140	293	4.3
2001	11,892	251.1	530	128	402	4.7
2002	12,358	259.5	667	124	543	4.9
2003	12,669	264.8	585	120	464	5.2
2004	12,988	270.1	464	124	340	5.1
2005	13,223	279.7	464	141	323	5.2p
증감(률) (2005/2004)	1.8	3.6	0.0	13.7	-5.0	0.1

자료 : 건설교통부, 「건설교통통계연보」, 「2006년 주택업무편람」
주 : 1) 빈집포함
2) 추계인구 적용

주택유형별 가구분포

(단위 : 천가구)

연도	계[1]	구성비(%)	단독주택	구성비(%)	아파트	구성비(%)	연립및 다세대	구성비(%)	영업용 건물내 주택[2]
전국									
1975	6,702	100.0	6,165	92.0	96	1.4	295	4.4	146
1980	7,926	100.0	7,107	89.7	391	4.9	205	2.6	224
1985	9,536	100.0	7,838	82.2	863	9.0	442	4.6	393
1990	11,301	100.0	8,506	75.3	1,678	14.8	729	6.5	388
1995	12,909	100.0	7,716	59.8	3,478	26.9	1,139	8.8	576
2000	14,227	100.0	7,103	49.9	5,238	36.8	1,294	9.1	593
2005	15,670	100.0	7,064	45.1	6,629	42.3	1,695	10.8	282
동부									
1975	3,367	100.0	2,947	87.5	91	2.7	218	6.5	111
1980	4,634	100.0	3,912	84.4	372	8.0	174	3.7	176
1985	6,300	100.0	4,808	76.3	804	12.8	380	6.0	307
1990	8,417	100.0	5,841	69.4	1 591	18.9	655	7.8	331
1995	9,992	100.0	5,343	53.5	3 187	31.9	1,009	10.1	453
2000	11,166	100.0	4,914	44.0	4 677	41.9	1,138	10.2	437
2005	12,549	100.0	4,929	39.3	5 872	46.8	1,529	12.2	219
읍면부									
1975	3,333	100.0	3,218	96.5	5	0.2	76	2.3	34
1980	3,292	100.0	3,195	97.0	18	0.6	31	0.9	48
1985	3,235	100.0	3,030	93.6	58	1.8	62	1.9	85
1990	2,884	100.0	2,665	92.4	87	3.0	74	2.6	58
1995	2,917	100.0	2,373	81.4	291	10.0	130	4.4	123
2000	3,062	100.0	2,189	71.5	561	18.3	156	5.1	156
2005	3,121	100.0	2,135	68.4	757	24.3	166	5.3	62

자료 : 통계청, 「인구주택총조사보고서」 각년도

주 : 1) 일반가구에서 주택이외의 거처에 거주하는 가구 제외함

2) 1995년 이전은 비거주용 건물내 주택

〈표 7-7A〉 기대자녀수

구 분		전 국 (Whole Country)			시 부 (Urban Area)			군 부 (Rural Area)		
		1976	198	1985	1976	198	1985	1976	198	1985
계		3.35	2.82	2.48	2.94	2.56	2.32	3.78	3.30	2.92
연령계층별	15~24	2.25	2.02	1.69	2.08	1.95	1.64	2.45	2.14	1.89
	25~29	2.60	2.30	1.97	2.41	2.20	1.90	2.84	2.53	2.21
	30~34	3.28	2.68	2.38	2.95	2.49	2.27	3.71	3.06	2.65
	35~39	3.89	3.20	2.89	3.43	2.88	2.66	4.31	3.73	3.44
	40~44	4.51	3.90	3.54	3.93	3.39	3.22	4.92	4.54	4.11
교육정도별	국졸이하	375	337	312	327	297	285	401	372	343
	중졸	283	250	236	278	247	230	292	256	296
	고졸	255	228	206	254	228	214	261	230	213
	대졸	239	218	203	239	218	202	235	219	234
현존자녀수별	0	185	158	133	181	165	129	192	142	148
	1	203	180	151	189	176	148	226	189	168
	2	234	215	205	223	212	204	252	224	209
	3	312	305	301	306	304	301	321	308	303
	4	406	404	401	403	401	401	408	406	401
	5	566	552	539	551	532	516	571	559	552

자료 : 한국의 사회지표(서울: 경제기획원 조사통계국), 1988, p. 272.

구분		이상자녀수(Ideal Number of Children)								
		전국 (Whole Country)			시부 (Urban Area)			군부 (Rural Area)		
		1976	1982	1985	1976	1982	1985	1976	1982	1985
계		27.7	24.6	20.0	25.3	23.1	19.4	30.2	27.2	21.6
연령계층별	15~24	235	209	182	215	202	179	256	219	188
	25~29	249	221	192	235	213	189	268	239	201
	30~34	277	247	198	256	236	193	303	271	204
	35~39	298	264	207	267	243	198	328	296	230
	40~44	319	287	217	296	264	206	335	314	238
교육정도별	국졸이하	2.96	2.74	2.18	2.67	2.50	2.05	3.15	2.95	2.33
	중졸	2.54	2.29	1.95	2.48	2.27	1.93	2.65	2.32	2.02
	고졸	2.36	2.18	1.86	2.34	2.17	1.85	2.42	2.22	1.92
	대졸	2.38	2.25	2.00	2.38	2.24	2.00	2.39	2.31	1.98
현존자녀수별	0	2.25	1.98	1.73	2.09	1.94	1.69	2.45	2.06	1.88
	1	2.25	2.06	1.82	2.13	2.03	1.79	2.43	2.17	1.90
	2	2.40	2.26	1.97	2.29	2.22	1.96	2.56	2.37	2.01
	3	2.78	2.64	2.06	2.68	2.55	1.99	2.94	2.80	2.22
	4	3.09	2.85	2.27	2.91	2.66	2.17	3.25	3.05	2.40
	5^+	3.49	3.21	2.46	3.25	2.95	2.29	3.58	3.31	2.55

자료 : 한국의 사회지표(서울: 경제기획원 조사통계국), 1988, p. 273.

〈그림 7-7B〉 기대자녀수

(단위 : 명)

			기대자녀수	이상자녀수
2003	전체		2.0	2.2
	연령별	15-24	1.9	2.2
		25-29	1.9	2.2
		30-34	2.0	2.3
		35-39	2.0	2.3
		40-44	2.1	2.3
	교육정도별	초졸이하	2.3	2.4
		중학교	2.1	2.3
		고등학교	2.0	2.2
		대학이상	2.0	2.3
	현존자녀수별	0명	1.5	1.9
		1	1.5	2.1
		2	2.0	2.3
		3	2.0	2.5
		4명이상	4.3	2.6
2000	전체		2.0	2.2
	연령별	15-24	1.8	2.1
		25-29	1.9	2.1
		30-34	2.0	2.2
		35-39	2.1	2.3
		40-44	2.1	2.3
	교육정도별	초졸이하	2.3	2.3
		중학교	2.1	2.3
		고등학교	2.0	2.2
		대학이상	1.9	2.2
	현존자녀수별	0명	1.6	2.2
		1	1.4	2.0
		2	2.0	2.3
		3	3.0	2.6
		4명이상	4.2	2.7

			기대자녀수	이상자녀수
1997	전체		2.0	2.2
	연령별	15-24	1.9	2.1
		25-29	1.9	2.1
		30-34	2.0	2.2
		35-39	2.1	2.3
		40-44	2.2	2.3
	교육정도별	초졸이하	2.4	2.4
		중학교	2.1	2.3
		고등학교	2.0	2.2
		대학이상	1.9	2.2
	현존자녀수별	0명	1.5	2.0
		1	1.5	2.1
		2	2.0	2.3
		3	3.0	2.5
		4명이상	4.2	2.4
1994	전체		2.1	2.2
	연령별	15-24	1.9	2.0
		25-29	2.0	2.1
		30-34	2.0	2.2
		35-39	2.2	2.3
		40-44	2.5	2.3
	교육정도별	초졸이하	2.6	2.5
		중학교	2.2	2.2
		고등학교	2.0	2.2
		대학이상	2.0	2.2
	현존자녀수별	0명	1.6	2.0
		1	1.7	2.1
		2	2.1	2.3
		3	3.0	2.5
		4명이상	4.2	2.7

자료 : 한국보건사회연구원, 「전국 출산력 및 가족보건실태조사」
주 : 15~49세 유배우 부인을 조사대상으로 함.

[그림 7-3] 여가활용비 지출률

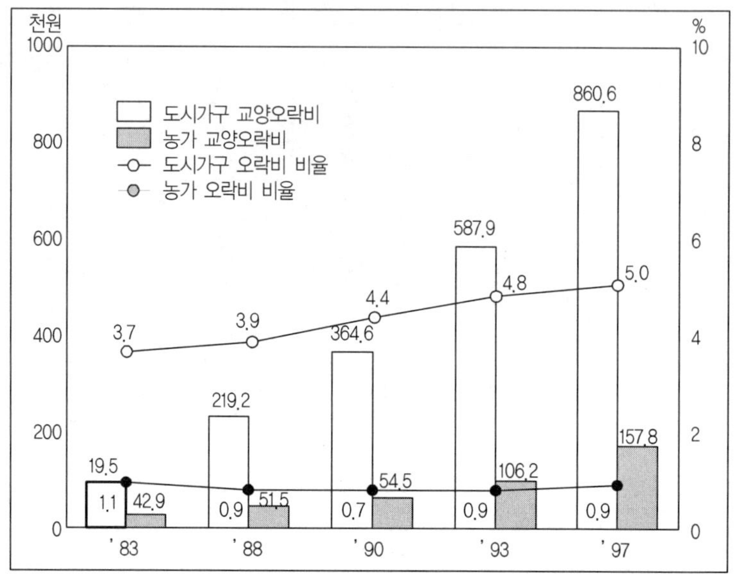

자료 : 한국의 사회지표(서울 : 경제기획원 조사통계국), 1997, p.390.

〈표 7-8A〉 가구당 여가활용비 지출률

연도	도시가구		농가 [1]		B/A(%)
	교양오락비(A)	오락비비율	교양오락비(B)	오락비비율	
1975	13,080	1.9	7,170	1.2	35.5
1976	13,560	1.6	8,353	1.1	37.0
1977	16,560	1.7	11,367	1.2	39.8
1978	24,240	1.8	16,318	1.2	40.3
1979	34,428	1.9	25,817	1.6	50.5
1980	39,420	1.8	35,755	1.7	64.1
1981	48,720	1.9	44,391	1.6	56.3
1982	104,916	3.5	59,821	1.8	57.0
1983	119,544	3.7	42,929	1.1	35.9
1984	121,632	3.4	41,410	1.0	34.0
1985	126,468	3.3	41,222	0.9	32.6
1986	148,740	3.6	43,279	0.9	29.2
1987	172,476	3.6	44,345	0.9	25.7
1988	219,240	3.9	51,536	0.9	23.5
1989	332,940	4.7	54,399	0.8	16.3
1990	364,572	4.4	54,515	0.7	15.0
1991	466,800	4.8	62,182	0.7	13.3
1992	528,324	4.7	70,165	0.7	13.3
1993	587,868	4.8	106,222	0.9	18.1
1994	664,644	4.9	116,282	0.9	17.5
1995	760,020	5.0	126,689	0.9	16.7
1996	860,556	5.0	130,517	0.8	15.2

자료 : 통계청, 「도시가계연보」
농림부, 「농가경제통계」
주 : 1) 1983년 이후는 문방구비를 제외

〈표 7-8B〉 가구 여가 활동비용 지출

(단위 : 원, %)

연도	도시가구			농가[1]		
	소비지출비 (A)	교양오락비 (B)	B/A (%)	소비지출비 (C)	교양오락비 (D)	D/C (%)
1998	15,794,664	703,068	4.5	16,442,064	143,751	0.9
1999	17,746,512	862,200	4.9	17,123,221	140,483	0.8
2000	19,587,576	1,013,772	5.2	18,003,433	150,150	0.8
2001	21,145,488	1,039,800	4.9	18,457,501	156,632	0.8
2002	22,017,744	1,040,460	4.7	17,858,245	158,180	0.9
2003	23,074,212	1,126,932	4.9	18,161,900	461,496	2.5
2004	24,218,532	1,175,772	4.9	18,386,393	574,130	3.1
2005	25,102,260	1,240,056	4.9	19,378,124	601,983	3.1

자료 : 통계청, 「가계조사연보」 각년도
「농가경제통계」 각년도
주 : 1) 1983년 이후는 문방구비를 제외

열한째, 공안(public safety)을 나타내는 사회발전의 지표 중에서 주요범죄 발생건수를 나타내는 <표 7-9A>에서 보는 바와 같이 각종 범죄의 발생율이 해를 거듭할수록 증가되고 있다는 사실이다. 1975~1997년의 기간 중, 예컨대 강력범죄인 폭행, 상해(aggravated, assault), 강간(forcible rape), 강도(robbery), 그리고 살인(murder) 등은 해를 거듭할수록 점점 증가되고 있다는 사실이다. 특히 살인, 강도, 강간 등의 범죄는 1980년 이후 꾸준하게 증가되고 있는데 이것은 경제적 성장과 함께 물량주의적 가치관의 팽배, 사회적 무규범(anomie)현상, 사회적 불안과 갈등의 유발, 정치적 불안정의 부산물, 그리고 사회적 기강의 해이 등의 제복합적 요인이 근본적인 원인으로 지적되어 진다.[16] <표 7-9B>는 최근의 자료를 나타내고 있다.

16 김영종, "사회적 갈등과 집단행태 및 조직적 범죄의 원인분석과 처방전략," 교정, 통권 제157호(1989. 5월호).

〈표 7-9A〉 형법범 중 주요범죄 발생건수

연도	형법범		주요범죄				
		10만명당	절도	살인	강도	강간	폭행·상해
1975	227,627	645	78,496	566	1,588	2,794	21,272
1976	259,241	723	95,265	556	1,380	3,087	22,464
1977	265,127	728	90,703	506	1,210	3,244	23,666
1978	271,661	735	87,167	485	1,021	3,207	22,213
1979	270,163	720	102,481	458	1,315	3,621	21,033
1980	305,162	800	97,007	536	2,374	3,977	21,838
1981	362,042	935	104,221	625	2,504	4,568	25,904
1982	288,036	732	111,686	538	2,274	5,459	27,318
1983	285,846	716	116,667	518	2,498	5,244	26,702
1984	282,792	700	107,414	581	2,834	5,482	26,945
1985	271,621	666	103,179	600	3,135	5,453	25,735
1986	254,332	618	96,596	617	2,695	5,002	25,099
1987	262,927	632	102,533	653	3,102	5,034	27,046
1988	239,660	571	93,094	601	3,446	4,658	26,018
1989	242,332	572	100,600	578	4,085	5,102	25,629
1990	240,145	560	95,031	666	4,195	5,519	25,524
1991	241,667	558	87,124	630	2,766	5,175	25,627
1992	258,176	590	77,094	615	2,549	5,465	24,799
1993	287,451	650	60,492	806	2,876	7,051	27,917
1994	325,353	729	57,219	705	4,469	6,169	30,400
1995	361,175	801	60,790	646	3,414	4,912	28,151
1996	404,965	889	68,812	690	3,586	5,688	29,240

자료 : 대검찰청, 「범죄분석」

〈표 7-9B〉 형법범중 주요범죄 발생건수 : 1980~2005년

(단위 : 건, %)

연 도	주요범죄 발생건수					
		절 도	살 인	강 도	강 간	폭행·상해
1980	125,732	97,007	536	2,374	3,977	21,838
1990	130,935	95,031	666	4,195	5,519	25,524
2000	228,394	165,261	964	5,349	6,982	49,838
2003	256,250	187,871	1,011	7,327	10,365	49,676
2004	221,882	154,850	1,082	5,762	11,105	49,083
2005	259,899	191,114	1,091	5,266	11,727	50,701
증감률 (2005/2004)	17.1	23.4	0.8	-8.6	5.6	3.3

자료 : 대검찰청, 「범죄분석」 각년도

열두째, <표 7-10A>에서 보는 바와 같이 주요범죄의 미신고 이유(1981)를 보면 미신고율(unreporting)이 무려 81.5%가 된다는 것이다. 특히 놀라운 사실은 미신고 이유(reasons for unreporting) 중에서 가장 많은 비율이 "신고해도 성과가 없을 것 같아서"가 무려 50.3%나 차지하고 있으며 그 외에 "귀찮아서"가 9.8%, 그리고 "피해가 근소해서"가 32.2%를 차지하고 있고 특히 "보복이 두려워서"(fear of retaliation)도 4.0%나 차지하고 있다. 사회발전과정 속에 가장 암적존재가 각종의 범죄발생이고 이것이야 말로 인류의 3대 적인 질병(disease), 가난(poverty)과 함께 영원히 우리가 사는 이 땅에서 추방해야 할 공적이라 할 수 있기 때문이다. <표 7-10B>는 최근의 자료를 나타내고 있다.

뿐만 아니라 <표 7-11A>은 범죄에 대한 두려움의 정도(1997)(levels of apprehensions of criminal offences)를 나타내는 사회지표로서, 우리나라 국민들은 학력이 높을수록 범죄에 대한 두려움을 많이 느끼고 있으며, 농촌보다는 도시지역의 주민들이 훨씬 두려움을 많이 느끼고 있다는 것을 알 수 있다. 그리고 전체적으로 두려움을 못 느끼는 것은 불과 20.1%에 불과하고 두려움을 느끼는 것을 무려 57.2% 이상이나 된다는 것을 알 수 있다. <표 7-11B>는 최근 자료를 나타낸다. 앞서도 지적한 바와 같이 범죄의 추방은 건전한 사회발전을 위하여서는 시급한 우리의 정책적 과제라고 할 수 있다. 온 국민의 불안에 떠는 범죄의 유발을 방지하는 것은 중요한 발전행정의 정책적 과제라 할 수 있을 것이다.

〈표 7-10A〉 주요범죄의 미신고

(단위 : %)

구 분	미신고 건수 비율[1]	미신고이유						
		피해 근소	보복 우려	성과가 없을 것 같아서	귀찮아서	명예 손실	자체 해결	기타
(1991)								
계	81.5	32.2	4.0	50.3	9.8	0.4	2.1	1.2
강 도	69.0	29.6	7.5	53.3	6.0	1.3	1.3	1.1
절 도	76.0	31.2	3.1	51.4	10.5	0.9	1.6	1.3
소매치기	87.5	33.9	3.2	51.6	9.5	0.1	1.2	0.6
폭행·상해	69.7	24.2	12.3	33.5	11.8	1.1	11.3	5.2

구 분	미신고 건수 비율[1]	미신고이유											
		피해가 없거나 크지 않다	보복이 두려워서	증거가 없기 때문에	다른 기관에 신고 했기 때문에	경찰이 조치를 취하지 않을 것 같아서	경찰이 두렵거나 싫었기 때문	경찰에서 귀찮게 할 것 같아서	범인이 아는 사람 이어서	명예손상이 있을 것 같아서	자체적으로 해결했기 때문에	부끄럽거나 알려지면 손해볼 것 같아서	기타
(1997)													
계	76.2	38.0	3.6	17.6	1.3	23.6	0.6	5.2	3.2	0.5	3.9	1.8	0.8
강 도	63.5	49.6	3.1	7.5	–	23.2	1.5	5.6	3.5	–	4.6	1.5	–
절 도	72.7	39.0	2.1	16.6	0.3	26.7	0.5	6.1	3.8	0.4	3.1	0.9	0.5
소매치기	83.1	39.3	3.2	22.3	2.0	21.8	0.5	4.4	1.3	0.2	2.7	1.4	1.0
폭행·상해	67.9	22.5	11.5	4.3	2.3	19.9	1.2	5.6	9.7	2.1	12.3	6.9	1.9

자료 : 통계청, 「사회통계조사」
주 : 1) 전체 범죄피해건수 중 미신고된 범죄피해건수의 비율임

〈표 7-10B〉 주요범죄의 미신고

(단위 : %)

시점 : 1996	미신고건수				
		소매치기	절도	폭행 · 상해	강도
제 주	67.8	75.3	69.7	52.8	-
충 북	71	78.8	63.4	86.9	50
전 북	71.1	82.8	66.1	67.4	62.8
인 천	73.8	81.2	70.2	61.2	50
경 기	74.7	82.3	72.6	60.1	56.2
서 울	75	83.2	67.5	68.8	70.1
광 주	76	87.7	72.4	67.7	51.1
전 국	76.2	83.1	72.7	67.9	63.5
대 구	77.7	85.5	65.1	81.2	73.6
경 남	77.8	81.1	78	75.1	51.6
전 남	78.6	82.9	71	85.6	76.5
부 산	79	86.8	78.6	60.7	56.1
대 전	79.6	86.2	74.7	75.8	69.9
충 남	80.5	78.6	85.1	68.3	63.8
경 북	81.1	82	81.8	69.2	82.7
강 원	81.1	86.3	82.4	73.7	-

피해가 없거나 크지 않아서	보복이 두려워서	증거가 없기 때문에	다른 기관에 신고했기 때문에	경찰이 아무런 조치도 취하지 않을 것 같아서	경찰이 두렵거나 싫었기 때문에	경찰에서 귀찮게 할 것 같았기 때문에	범인이 아는 사람이었기 때문에	명예손상이 있을 것 같아서	자체적으로 해결했기 때문에	남에게 알려지면 손해볼 것 같아서	기타
36.6	-	13	-	15.4	1.6	4.6	17	-	5.1	5.1	1.6
38.7	5	17.4	0.5	24.9	0.9	2.7	2.2	0.9	4.1	1.4	1.4
36	1.9	19.4	0.9	26.9	-	2.6	4.5	0.9	5	1.9	-
35.9	1.9	15.8	2.7	29.3	0.8	3.1	5.8	0.8	1.9	1.5	0.4
33.9	2.7	19.5	3.4	25.3	0.6	4.5	1.8	0.4	3.5	2.4	2
40.6	4.4	17.2	1.1	24	0.5	4.6	2.7	-	2.6	1.3	0.9
38.1	3	17.7	1	23.9	0.5	4.9	4.5	2.5	2.5	1.5	-
38	3.6	17.6	1.3	23.6	0.6	5.2	3.2	0.5	3.9	1.8	0.8
38.1	5.9	11.8	0.5	27.8	0.4	5.5	1.8	-	4.5	2.7	0.9
39.3	2	19	-	22.3	1.1	6.6	1.5	0.5	5.8	2	-
34.1	2.7	13.4	-	17.5	0.7	10.3	7.9	-	10.3	2.8	-
38.8	5.2	17.1	0.6	23.5	1	6.6	1.6	0.9	4	0.3	0.3
34.3	5.5	16.8	1.6	19.6	-	6	6	2.1	4.4	3.8	-
34.6	1.6	21.5	0.5	18.2	0.9	4.6	6	0.5	7.8	2.8	1.1
45.8	3.2	16.8	0.6	18.9	-	8	3.2	-	2	0.7	0.6
35.5	3.9	25.7	-	14.4	-	5.3	5.9	0.7	5.9	1.9	0.7

〈표 7-11A〉 범죄피해에 대한 두려움의 정도

구 분	1988			1991			1997		
	두려움	보통	두렵지 않음	두려움	보통	두렵지 않음	두려움	보통	두렵지 않음
전 국	50.9	25.6	23.5	57.6	19.9	22.5	57.2	22.8	20.1
시 부	57.9	25.3	16.8	65.2	19.8	16.0	61.3	22.3	16.5
군 부	33.6	26.3	40.1	38.5	20.2	41.2	40.8	24.7	34.6
남	48.0	27.3	24.7	46.9	24.4	28.6	47.0	27.4	25.6
여	53.6	24.1	22.4	67.2	15.9	16.9	66.8	18.4	14.8
초졸이하	41.9	26.4	31.7	44.9	20.6	34.5	44.5	24.8	30.8
중 졸	53.1	25.6	21.4	61.1	19.9	19.0	59.3	22.4	18.3
고 졸	56.2	25.3	18.5	62.8	19.4	17.8	61.0	22.0	17.0
대졸이상	57.8	24.0	18.2	65.6	20.4	14.0	62.8	22.3	14.8
15~19세	48.4	28.5	23.1	60.3	21.4	18.3	58.3	23.9	17.7
20~29	53.0	27.0	20.0	62.2	20.2	17.6	59.7	23.1	17.2
30~39	57.5	23.2	19.3	63.9	18.7	17.3	64.1	20.7	15.1
40~49	52.7	25.1	22.1	59.2	19.5	21.3	59.3	22.1	18.7
50~59	47.4	25.8	26.8	49.8	20.2	30.0	53.5	24.1	22.4
60	38.1	23.8	38.1	39.9	20.5	39.6	41.6	24.3	34.1

자료:통계청 ,「사회통계조사」

〈표 7-11B〉 범죄피해에 대한 두려움

(단위 : %)

시점 : 1997	15세이상 인구	매우 많이 느낀다	약간 느낀다	보통 이다	별로 못느낀다	전혀 못느낀다
전 국	100	17	41	23	16	4
서 울	100	18	45	21	13	2
부 산	100	15	43	25	14	3
대 구	100	19	45	22	12	2
인 천	100	20	43	22	12	3
광 주	100	20	43	22	12	4
대 전	100	20	41	25	13	2
경 기	100	18	41	22	15	4
강 원	100	13	32	20	26	9
충 북	100	18	39	23	16	4
충 남	100	14	31	27	22	6
전 북	100	12	34	25	21	8
전 남	100	12	31	21	27	10
경 북	100	11	36	24	21	8
경 남	100	14	41	25	16	4
제 주	100	15	34	24	21	6

제5절 / 사회발전과 사회체제

발전, 특히 사회발전에 있어서 사회체제(social system)가 가지는 의미는 무엇인가에 대하여 논의하는 것은 중요한 일이다. 왜냐하면 사회체제는 사회발전의 핵심적 요인이기 때문이다.

논의의 순서는 첫째, 체제(system)란 무엇인가? 그 체제의 이해를 돕기 위한 개념을 간략하게 요약하면,[17] 체제란 ① 적어도 두 요인(two elements)가 있을 것 ② 적어도 한 요소에서 타요소로 변하는 데 있어서의 상호의존성의 규범이 있을 것 ③ 적어도 변동의 발생기간 중 시간 내의 두 시점에 있을 것 등의 요소를 갖고 있는 특징이 있다.

그러므로 체제란 어떤 기간 중 요소 간의 관계를 설명하는 어떤 논리의 분류를 말하며 사회체제란 사회적 목적을 이루는 사회단위(units) 간의 관계이며 사회구성변수간의 상호의존관계를 나타내는 어떤 논리의 원리이다. 여기에서 사회대상이나 목적은 도시와 국가와 같은 일련의 기성단위현상이거나 생산과 같은 특수한 경제현상의 개념이라 할 수 있다.[18] 여기에서 주목할 것은 사회발전의 구성요소로서의 사회체제는 발전을 위한 분화성과 통합성의 상호의존관계를 가진다는 것이다.

사회발전을 위한 체제의 구조적 분화(structural differentiation)란 변동(change)에 대한 대응능력을 고양시키며 전체(a whole)로서의 구성요소(component)와 체제(system) 간에 관계되는 변수로서 구조가 더욱 그 기능을 세분화하고 제고시켜 나가는 것을 의미한다. 그리고 통합적(integration)은 세 가지 범위로서 구성되어 있는데, 첫째는 변화의 가능성에 상호의존성의 강화이며, 둘째는 모든 체제의 구성

---

17 Henry Teune & Zdrarko Mlinar, The Developmental Logic of Social Systems (Beverly Hills: SAGE Publications, 1978), p. 30.

18 Ibid., p. 33.

요인이 동등하게 변화되는 가능성의 범위를 나타내는 포괄성(inclusiveness)의 의미이고, 셋째는 변화에 영향을 받고 모든 구성요인들이 갖고 있는 특성의 비율의 확장이다.

여기에서 주목할 것은 사회발전은 사회체제가 구조적 분화와 통합을 이루면서 변화와 변동을 정(正)의 방향으로 하여 나가는 일련의 과정이란 것이다. Henry Teune와 Zdravko Mlinar은 이러한 맥락에서 사회발전의 동태성은 발전의 결과에서 이루어지는 구성인자들간의 관계의 변화라는 점과, 그리고 체제의 고도로 통합된 다양성(integrated diversity)의 결과라고 주장하고 있다. 그러므로 사회발전과 체제는 깊은 상호의존성을 갖는데 그 발전과정을 간략하게 논의하면 다음과 같다.[19]

① 사회발전의 다양한 변수가 일정한 시간에 자율적으로 사회체제간에 도입될 것.

② 다양한 변수가 분배됨에 따라 그 체제의 다양성도 증대한다.

③ 다양성의 증대는 체제의 통합성의 수준을 감소시킨다.

④ 다양성에 응하며, 통합성이 계속적인 기간에 걸쳐 서서히 일어난다.

⑤ 다양성은 높은 수준의 조직된 다양성(organized variety)과 더불어 체제 간에 전환되거나 이동된다.

⑥ 새로운 다양성을 취하거나 그러한 것으로 침투하는 구성요인들은 다양성의 배분을 서서히 하거나 그 증대속도를 완화시킨다.

⑦ 이러한 다양성이 침투되고 통합됨으로써 새로운 다양성을 창출하는 가능성이 증대된다는 것이다.

뿐만 아니라 왜 다양성이 통합되어야 하는가에 대하여 Henry Teune 및 Zdravko Mlinar는 다양성을 다음 4가지로 보여주어야 한다고 설명하고 있다.

---

19 Ibid., pp. 72-73.

① 통합성이 왜 다양성을 창출하는가. ② 왜 다양성은 통합성을 감소하는가. ③ 왜 통합의 감소는 일반적으로 대부분의 시간을 어떤 전수준으로 하락시키는가. ④ 왜 상이성과 다양성의 증가는 통합될 수 있는 어떤 한계이상의 통합성의 수준을 능가하지 못하는가 등에 초점을 두고 있다.

사회발전에 있어서 사회체제는 이와 같이 매우 중요한 발전요인인데 한마디로 말해서 사회체제가 구조적 분화를 하고, 분화된 하위체제(sub-system)는 다시 전체성을 향하며 상호의존적인 관련성을 가지고 통합(integration)을 하며 통합과 분화 혹은 분화와 통합이 상호동태적으로 변화할 때 사회발전은 바람직한 방향으로 발전을 하게 된다고 말 할 수 있다.

제6절 / 결 론

사회발전의 궁극적 목표는 인간성의 회복과 인간의 복지 및 삶의 풍요로운 행복을 추구하는 데 있다고 할 수 있다. 그러한 맥락에서 사회발전은 타 어떠한 부문의 발전보다도 더욱 중요한 의미를 가지고 있다. 특히 한국의 경우 그동안 물량적 경제발전의 추구에 박차를 가하는 반면에 사회발전 부분에 있어서는 상당히 부진한 결과를 초래한 것도 사실이다. 사회발전의 지표를 통하여 한국사회의 진정한 발전전략을 다시 음미하여 보며 특히 GNS(Gross National Satisfaction)적인 발전지표의 개발을 위해 노력하여야 할 것이다.

제8장 문화발전론

제1절 / 문화발전의 개념

국가발전에 있어서 문화발전은 어떤 의미를 갖고 있는가? 발전행정에 있어서 정치, 사회, 경제발전과 더불어 문화발전은 왜 중요한 것인가? 문화의 변동과 발전은 다른 분야의 발전과 함께 어떤 관계를 갖고 있는가? 하는 문제를 제기하면서 우선 우리는 문화발전의 개념을 살펴보기로 한다.

문화의 개념에 대해서는 학자들에 따라서 상이한 견해와 주장이 있음은 사실이다.

A.L. Kroeber와 C. Kluckhorn은[1] 문화를 인간의 인위적인 체제를 포함한 인간집단의 업적으로 구성되어 있고, 사고, 감정성, 반응 등을 말한다고 주장한다. 특히 그들은 문화의 가장 중요한 개념은 개인이 상호 어떻게 행동하는가에 대한 공통적 이해관계라고 주장한다.

Arnold M. Rose와 Caroline B. Rose는[2] 문화를 "모든 사회인들이 알고, 믿고 전달되어지는 사실을 말하며 특히 타 사회집단인들에게

---

[1] A.L. Kroeber and C. Kluckhorn, "The Concept of Culture: A Critical Review of Definitions," in Papers of Peabody Museum, Vol. XII(Cambridge: Harvard University, 1950).

[2] 김영종, "대학문화와 집단행태," 한국사회와 이데올로기 (서울: 형설출판사, 1987), pp. 256-302.

전해지는 모든 것"이라고 주장한다. 이들의 주장은 문화의 사회화(socialization)혹은 전달과정에 초점을 두고 있다.

특히 Ward H. Goodenough[3]는 문화를 인간학습(human learning)의 산출로서 정의하면서 다음과 같은 특징을 논하고 있다.

① 인간의 어떤 현상의 세계(world of phenomena)를 구성하기 위하여 실존세계의 경험을 조직하는 방법들

② 인간의 가치와 감정체계의 배열을 구성하는 방법들

③ 인간행동의 원인과 결과를 구성하는 방법들

④ 무엇이 결정되고 결정될 수 있으며 어떻게 결정하려는가에 대한 기준들이 문화의 요건들이라고 한다.[4]

Clyde M. Woods는[5] 문화란 사회구성인들의 특징인 학습된 행태 유형의 통합된 체제이며 생물학적 유전의 결과가 아니고 인간의 사고에 있어서 행태를 명령하는 처방이며 그것은 공통적이기는 하지만 어떤 경우는 그렇지 않을 경우도 있다고 지적한다. 특히 Woods의 주장에는 문화의 개념을 학습된 통합체제라고 하는데 매우 흥미있는 분석이라 할 수 있다.

문화에 대한 인류학적인 개념에 초점을 둔 Tylor는[6] 문화를 지식, 신념, 도덕, 규범, 관습, 예술, 그리고 사회성원으로 인간에게서 획득되는 제능력이나 습관들의 총체적 개념으로 보고 있다.

한편 Bronislaw와 Malinowski는 문화를 기능면에 초점을 두면서

---

[3] Ward H. Goodenough, Culture, Language, and Society (Monlo Park: The Benjamin Publishing Co. Inc., 1981), p. 62.

[4] Ibid., p. 4.

[5] Clyde M. Woods, Culture Change (Dubuque: W. M. C. Brown Company Publishers, 1975), p. 75.

[6] David L. Sills(ed), International Encyclopedia of the Social science, Vol. 3(New York: Cowell Coller and Macmilian, Inc., 1968), p. 527.

문화는 인간의 유기체의 욕구와 환경에 관계되는 구성기관으로서 분석되어져야 하는 기능과 활동과 효율적으로 조직되는 단위라고 한다.[7]

특히 주목할 것은 Radcliff-Brown은 문화의 사회의 구조적 의미에 대하여 강조하면서 인간의 행태와 관계되고 사회에서 인정되고 제도화되고 표준화된 규범행태라고 한다.[8] 물론 Radcliff-Brown의 개념 정의는 실제로 T. Parsons의 문화실체 분석과 유사한 것 같다. T. Parsons는 문화의 실체를 문화체계(cultural system), 인성체계(personal system), 그리고 사회체계(social system)의 세 가지 개념체계를 제시하고 있다.[9]

이상의 여러 개념적 접근의 있음에도 불구하고 문화를 인간의 실체와 존재의 이해에서 그 개념을 이해해야 된다고 보며 특히 우리는 인간의 실체는 Lawrence와 Lorsch가 주장하듯 복합적 존재이며 복합적 인간(complex man)인 고로[10] 문화를 인간이해의 단위이며 복합적 변수(complex variables)의 인간행동양식의 총체적 개념(holistic concept)으로 보는 것이 바람직하지 않을까?

다음으로 문화의 개념에 관계되는 특징을 간략하게 요약한다. 첫째, 문화는 사회적, 통제(social control)의 기능을 담당한다. 즉, 이것은 문화가 인간의 욕구충족에 있어서 일정한 범위 안에서 사회적 분화(social differentiation)를 규제하는 역할을 말한다. 이러한 역할은 사회질서와 불가분의 관계를 갖게 된다. 예를 들면 문화의 한 양태인 종교가 Durkeim에 의한 사회적 통합과 통합의 역할을 한다고 지적하는 것과 같은 것이다.

둘째, 문화는 사회통합(social integration)과 사회변동(social change)

---

7 Ibid., p. 528.

8 Ibid., p. 532.

9 김영종, op. cit., p. 4.

10 Paul R. Lawrence and Gray W. Lorsch, Developing Organizations: Diagnosis and Action (Messachusetts: Addision-Wesley Publishing Co., 1969), p. 65.

적 기능을 담당한다. 실제로 이 양자는 상호대립적이지만 또한 상호보완적 관계를 말한다. 문화의 통합적용은 문화의 유인인 법이나 도덕, 종교 등을 통하여 문화의 분화현상을 일체화(identification)시키는 결과를 말하며, 문화변동작용이란 문화의 상호변동적 작용을 통하여 사회변동의 역할을 하는 것을 의미한다. 환언하면 문화는 환경에 적응하면서도 환경을 극복하고 개선하고 발전시키는 문화창조적 기능을 담당하게 된다.

문화의 개념에 관계되는 문화의 분류는 대표적으로 물질문화, 비물질문화, 관념문화, 행동문화, 보편문화, 선택문화, 그리고 특수문화 등으로 나눌 수 있다.

첫째로 물질문화란 구체적인 물리적 업적과 사용방법, 그리고 그 활용 등에 관한 문화로서, 예컨대 도구, 건물, 도로차량, 약품, 기계 등과 같은 것을 사용하는 기술적 방법을 의미한다. 비물질문화는 정신문화와 행동문화를 포괄적으로 포함하는 체계분석으로서, 예컨대 학문, 종교, 예술 등은 정신적 창조를 나타내는 정신문화이며, 또한 정신문화의 의미와 가치를 객관화, 사회화하는 가치규범 행동의 총체는 행동문화라 할 수 있다.

둘째, 관념문화는 개인이나 집단이 소유하는 의미나 가치, 또는 규범의 총체이고, 보편문화(universal culture)는 모든 사회인들에게 요구되는 문화요소, 예컨대 종교적 감정 등이다. 그리고 선택문화는 사회인이 자유롭게 선택할 수 있는 문화의 내용을 말하는데, 예컨대 직업선택 같은 것이다. 그리고 특수문화는 사회의 어떤 특수집단에게 소유되는 문화의 형태인데, 예컨대 청년문화, 대학문화, 또는 기업문화 등을 예로 들 수 있다.

이상에서는 문화의 개념을 논의했거니와 다음에는 문화발전(cultural development)의 개념을 간략하게 논의한다.

첫째, 문화발전은 문화변동의 정의 방향의 개념이다. 문화변동은 사회변동의 하위개념(sub-concept)이며 하위체계(subsystem)로서, 특히 발명, 시안, 변이, 또는 차용 등의 문화변동의 계기에 의하여 이루어진다.[11] 여기에서 발명이란 신기술과 행동의 출현이고, 창안은 시행착오를 거쳐서 얻은 우연한 발견을 의미한다. 그리고 변이는 습관적 행동이 변화하는 것을 의미하며, 차용은 타 사회의 변화를 모방하여 획득한 기술이나 행동을 의미한다. 뿐만 아니라 문화변동에는 크게 문화전파와 문화변용(cultural aculturation)이 있는데 전자는 어떤 이질적인 문화요소가 도입되어 사회에서 받아들여지는 현상이고, 후자는 상이한 문화를 가진 집단이 상호접촉을 통하여 어느 한 편 또는 양 집단의 종래의 문화내용에 변화를 일으켰을 때 보이는 문화변동의 한 형태라고 할 수 있다.

그런데 여기에서 왜 문화변동 중 정의 방향(십방향)이 문화발전이라고 할 수 있는가 하는 대답이 자연적으로 도출된다. 왜냐하면 모든 사회변동이 사회발전이 될 수 없는 것처럼 모든 문화변동도 문화발전이라 할 수 없다. 말하자면 문화변동은 문화의 바람직한 방향도 혹은 문화쇠퇴(cultural decay)도 포괄하는 개념이지만 문화발전은 바람직한, 긍정적인 문화의 변동만을 의미한다고 보기 때문이다.

둘째, 문화발전은 문화의 거시적(macroscopic) 혹은 미시적(microscopic) 문화인자들이 바람직한 방향으로 변화되는 것을 말한다. 여기에서 거시적 문화의 모형이란 우선 공간적으로 넓은 광역지역 즉 국가나 어떤 민족 등의 단위가 되겠고 시간적으로도 비교적 장기간의 발전계획, 예컨대 10년 이상 혹은 20년에 걸친 문화적 대변혁의 발전계획을 지적할 수 있고, 미시적 모형이란 문화인자의 최소단위라 할 수 있는 개인의 문화적 행태의 변화를 의미할 수 있고, 비교적 단기간의(예컨대 1년) 계획 하에 문화변화의 목표달성의 접근이라 할 수 있다. 예컨대 개인의 교육훈련, 특수한 의식의 전환, 위법성의 제고, 기술의 습득 등은 이러한 미시적 문화발전의 모형이라 할 수 있다. 문화발전은 개인이나 집단, 조직, 기업, 공공기관, 관료제도, 국가, 민족 등의 제 바람직한 문화의 발전목표와 과정의 상호

---

[11] 김영종, 사회학개론 (4판) (서울: 형설출판사, 1989), pp. 171-172.

유기적이고 보완적인 전략이라 할 수 있다.

셋째, 문화발전은 문화종속적 역할로서의 환경적응성(adaptation)과 문화창조성(creativity)을 포괄하는 개념이지만, 문화발전은 전자보다는 후자의 목표에 더 큰 의미를 부여할 수 있다. 문화종속적 개념은 어떤 문화의 주체가 문화의 객체나 대상 또는 환경으로부터 단순하게 영향을 받고 그러한 객체에 적응하는 것으로서 수동적이고 소극적인 개념이다. 그러나 문화의 독립변수(independent variable)적 역할과 기능은 현재의 문화발전의 장애가 무엇이며 그 문제점을 해결하는 것이 무엇인가를 분석하여 그러한 문제점 해결을 의도적 변화(planned change)를 통하여 환경과 객체를 극복하고 영향을 주면서 바람직한 목표방향으로 접근하는 변화를 말한다. 그러므로 이것은 주체적이고 의도적이고 계획적인 문화의 변화라고 할 수 있다.

넷째, 문화발전은 문화의 의도적이고 계획적인 방향으로 변화를 유도 하는 것을 말한다. 그러므로 문화발전은 단순하게 문화의 정체적이거나 수동적이거나 소극적인 변화를 의미하는 것이 아니라 적극적이고 능동적이며 또한 바람직한 방향으로 전략을 대립하여 변화를 유도하는 행정정책을 말한다. 이런 맥락에서 타 발전분야에서와 마찬가지로 문화발전도 발전전략과 정책이 수립되어야 한다.

제2절 / 문화발전지표

발전을 나타내는 문화적 지표는 궁극적으로 인간의 삶의 질 내지 행복증진이라는 발전행정의 목표와 일치될 수 있는 고로 매우 중요한 지표라 아니할 수 없다. 실제로 GNP(Gross National Product)가 경제적 물량적 지표라면 근대적 인간성과 문화적 생활, 문화적 만족 등을 나타내는 문화적 태도와 가치관의 비물량적 가치관의 지표는 매우 중요한 발전지표임에 틀림이 없다 하겠다.

첫째, Alex Inkeles의 문화적 가치관으로서 몇 가지 지표를 주장하고 있는데 ① 새로운 관념과 새로운 방법의 수용기질, ② 적극적 의견표시의 마음태도, ③ 미래적 발전시관(time orientation), ④ 보다 나은 시간 엄수관념, ⑤ 계획·조직·능률에 대한 관심, ⑥ 세상사를 예측할 수 있다고 보는 경향, ⑦ 인격의 존엄성 신뢰, ⑧ 과학과 기술의 신뢰, ⑨ 공평한 분배에 대한 신념 등을 지적하고 있다.[12]

둘째, Lucian W. Pye는 민족적 주체성(national identity)인 개인의 주체성(personal identity)[13]의 확립을 문화발전의 지표로 들고 있는데 왜냐하면 미시적 문화인자인 자연적 주체성은 곧 거시적 문화인자인 민족의 주체성으로 연결될 수 있다고 보기 때문이다.

셋째, Almond와 Verba는 시민문화 (civic culture)를 문화발전의 지표로 들고 있는데[14] 이러한 시민문화란 문화상대주의적 입장인 전통적 문화의 변동을 수용하는 것과 그러한 문화변동을 통제하고 조정하는 근대적문화가 상호 혼합되고 보완된 제3의 문화를 말한다.

넷째, Ogburn[15]은 문화발전의 지표는 발명(invention)의 정도, 업적(accumulation), 교류의 정도, 그리고 적응(adjustment)을 들고 있다. 흥미 있는 것은 그에 의하면, 어떤 문화의 부문에서의 변화가 타부문의 변화에 동시에 영향을 주지 못하면 문화지체(cultural lag) 현상이 유발된다고 한다. 예를 들면 Ogburn에 의하면 자동차와 도로의 관계를 비유하면서 미국의 경우 1910년대에 있어서 도로와 자동차는 상호 잘 적응되는 편이었으나 그 후 수 십 년 동안 자동차의 속도는 더욱 빨라지고 잘 발달되었으나 도로의 폭이나 급커브(sharp curve) 등의 도로사정은 이와 병행하여 발전되지 못하였을 때 이것

---

12 차기옥, 근대화 정치론(서울: 박영사, 1980), pp. 106-107.

13 Lucian W. Pye, *Politics, Presonality and Nation Building : Burma's Search for Identity*(New Haven: Yale University Press, 1962), pp. 3-6.

14 G. A. Almond and S. Verba, *The Civic Culture*, (Princeton: Princeton University Press, 1963), pp. 6-12.

15 W. F. Ogburn, Social Change (New York: Dell, 1966), pp. 377.

이 고속도로와 자동차간의 부적응(maladjustment)에 의한 문화지체라고 설명하고 있다.[16]

특히 Ogburn에 의하면 문화발전의 지표 중 혁신(innovation)의 과정을 발명의 관계와 연결시켜 매우 중요시하게 되는데, 이것의 중요한 세 가지 요인은 ① 정신적 능력(mental capacities), ② 수요(demands), 그리고 ③ 지식의 존재라고 하고 있다. 첫째 되는 요인은 인적자원의 확보와 활용이 되겠고, 둘째 요인은 어떤 사회에서 꼭 필요하다고 인정되는 욕구(needs)와 관계되는 변수(variable)이고 셋째 요인은 그러한 것이 발달될 수 있는 기초가 되는 지식이 있어야 하는데, 예컨대 기초과학의 확보가 될 수 있을 것이다. 특히 주목할 것은 현대사회는 새로운 물질문화가 계속적으로 축적되는 반면에 그것에 대응하는 문화(adaptive culture)는 그 자체가 잘 적응하지 못하는 고로 인하여 사회적 부적응현상(maladjustment phenomena)으로 이끌리게 된다는 것이다. 실제로 Ogburn은 Marx의 변동과 발전이론과는 상이한데 Marx는 사회구조적 모순과 갈등을 급진적 변화(radical transformation)를 주어야 한다고 하는 반면에, Ogburn은 사회문화적 변동은 적은 규모의 변화(small-scale change)에 초점을 두면서 점진적으로 변화되고 한 문화단위와 다른 문화단위간의 상호유기적 관계변수(interrelated variable)를 강조하고 있다. 실제로 Ogburn의 발전지표는 T. Parsons의 구조기능주의적 이론에서 근본적인 발상을 한 것 같은데 예컨대 경제적 기술적 하위체제(subsystem)에서 변화와 발전이 이루어지면서, 교육과 사회화(socialization)에 관련된 하위체제는 구조적 유지(structural maintenance)에 기여한다는 것과 유사한 것이다.[17]

요컨대 Ogburn의 문화발전의 지표는 주로 내생적 발전분석에 초

---

16 W. F. Ogburn, Culture and Social Change(ed.), by O. D. Duncon (Chicago: University of Chicago Press, 1964), pp. 86-87.

17 Hermann Strasser and Susan C. Randall, An Introduction to Theories of Social Change (London: Routledge & Kegan Paul, 1981), pp. 72-73.

점을 두고 있다고 하겠다.

다섯째, Alvin L. Bertrand[18]는 외생적(exogenous), 문화적 확산(diffusion)과 접촉상황(contact situations)을 초점으로 문화발전의 지표를 ① 문화의 형태(일반적으로 이데올로기적인 것보다도 물질적인 항목이 더욱 빨리 확산된다), ② 문화적 접촉의 강도성(intensity), ③ 문화적 관성의 정도와 양, ④ 위기상황의 출현성의 유무, ⑤ 문화적 강제성의 정도 등을 열거하고 있다. Bertrand의 시각은 문화발전과 변동은 사회변동과 더불어 문화적 확산을 외부적 영향을 주는 외생적 요인에 의하여 발전의 실체를 분석하려고 시도하는 것이 특징이라 할 수 있다.

여섯째, J.A. Schumpeter에 의하면[19] 기술혁신(technological innovation)이 경제발전에 미치는 중요성을 강조할 뿐만 아니라 특히 기존자원을 다른 방법으로 활용하든가 또는 새로운 물건을 만들어내는 창조성(creativity)이야 말로 문화발전에 있어서 심리적 요인이라고 할 수 있는 중요한 발전지표가 되는 것이다.

일곱째, Everett E. Hagan은[20] 혁신가적 인격성(innovational personality)을 가지는 것이 변동의 중요한 지표역할을 지적하면서 권위주의적 인성을 가진 자들이 사회구성원의 대부분을 차지하고 있으나 근대화된 사회는 혁신적 인성을 가진 자들이 사회지도자로 구성되어 있다고 주장한다. 여기에서 혁신적 인성이란 조직의 실체를 새로운 정신적 개념으로 구현시키는 관계(innovation consists of organizing reality into relationships embodying new mental or aesthetic concepts)로서 발전의 문화적 지표로 볼 수 있다. 실제로 혁신적 성격은 좋은

---

18 A. L. Bertrand, Basic Socialogy: An Introduction to Theory and Method (New York: Appleton-Century-Croffs, 1967), pp. 125-126.

19 J.A. Schumpeter, The Theory of Economic Development (Combridge: Havard University, 1948), p. 68.

20 Everett E. Hagen, On the Theory of Social Change (Homewood: The Dorsey Press, Inc., 1962), pp. 86.

동기(motivation)로서 발전의 변수가 되는 것이다.

이상에서 우리는 문화발전의 지표를 몇몇 학자들의 예를 들어 설명하였거니와 확실히 정치, 경제, 사회발전의 핵심적인 발전인자는 보다 미시적 시각에서 그 조직체의 문화, 민족단위, 국가개개인 혹은 시민들의 교육의 수준, 발전의 동기, 성취욕구, 창조성과 도덕성, 합리적 사고, 준법정신과 질서의식, 가치성(autonomy), 개방성, 정직성, 또는 인격과 가치의 존중성, 혹은 역사성 등의 변수가 동태적인 차원에서 발전의 지표가 될 수 있다고 보겠다. 특히 Ogburn이 지적하듯 발전과 사회변동은 지체(cultural lag)가 되지 않도록 보다 균형적인 차원에서 발전되어야 그 부산물과 역기능을 최소화할 수 있을 것이라 본다. 이러한 맥락에서 급진적인 문화발전의 문화정책은 매우 위험성을 안고 있는 것이라 보는 것이다. 실제로 물질문화의 발전속도와 가치문화의 발전속도가 균형적으로 되어 발전되는 것이 이상적이라 할 수 있다. 환언하면 경제발전의 속도가 문화발전의 속도를 지나치게 앞질러갈 때 문화지체 현상이나 물량적 발전의 엄청난 역기능현상이 사회에 팽배하여 심각한 갈등현상이 유발되기 쉽기 때문이다.

제3절 / 문화발전전략

바람직한 문화발전의 전략은 국가발전에 있어서 지극히 중요한 발전전략이다. 왜냐하면 발전행정의 궁극적인 목적은 인간의 삶과 질과 행복을 추구하는 데 필요한 봉사요 행위라고 할 때 고도의 문화적 수준과 문화적 욕구의 충족이야 말로 행정의 참된 목적이라 할 수 있기 때문이다. 실제로 이러한 의미에서 Maslow의 논의대로 인간의 최상위의 욕구가 문화적욕구이고, 이것을 충족하고 개발하는 것은 발전행정의 궁극적 목표이기 때문이다.

문화발전의 전략을 논의하기 위하여 몇 가지 간략하게 요약하면 다음과 같은 모형이 활용된다.

첫째, 안정된 균형(equilibrium)적 발전전략이다. 즉, 이것은 Radcliffe Brown이나 Durkheim과 같은 대표학자들이 주장하는 이론으로 사회는 안정과 균형적 입장에서 질서있게 개인, 집단, 사회는 상호기능적 협조와 보완적 가치합의하에 변동한다는 사회철학적 배경을 갖고 있다.[21]

둘째, 문화발전에 있어서 급진적 정책의 전략이다. 실제로 이것의 배경은 사회이론 중 급진적 갈등이론(conflict theory)의 배경에서 도출될 수 있다. 즉, 이것의 배경에는 모든 사회현상에는 갈등과 모순, 박탈과 강제성(coercion), 그리고 급진적 변동이 요청되는데 그것은 근원적으로 사회구조자체가 급진적 변화를 요구하는 갈등관계로 보는 시각에서 출발된다.[22] 급진적 변동(radical change)의 시각에서 보는 문화는 바로 갈등과 모순관계의 사회구조관계 때문이며 이것은 사회적 계급과 개인적 의식변화의 두 상호된 급진론이 열거될 수 있는데 전자는 Marxism적 시각에서 급진적 구조적 사회갈등론에서 도출될 수 있고, 후자는 실재주의 철학자들의 급진적 인간주의(radical humanism)적 시각에서 분석되는 문화관이라 할 수 있다. 이러한 시각에서 문화발전은 급진적 발전정책이 의도적으로 사용될 수 있는데, 그것의 좋은 예는 중공의 문화혁명과 현대의 실재주의적 철학 등이 있다.[23]

셋째, 정신문화우위에 의한 발전전략이다. 앞서 문화에는 다양한 유형이 있음을 지적하였다. 대부분의 개발도상국가에서는 급속한

---

21 김영종, "현대행정학의 행정철학적 반성과 과제," 한국행정학회, 제 20권 1호(1986), pp.162-163.

22 Gibson Burrell & Gareth Morgan, Sociological paradigms & Organizational Analysis (London: Heinemann, 1980), pp. 1-50.

23 이러한 모든 사상과 정책은 문화를 의도적으로 목표접근시키기 위한 전략이라 할 수 있다.

경제정책이 문화발전정책보다 앞서 강조된 사례가 많다. 그것은 빵 문제가 시급하다고 판단되기 때문이다. 물질주의적 경제우선정책은 많은 부산물과 계층간의 갈등을 유발할 경우가 많으므로 경제변동에 따라서 건전한 가치관의 유지와 제고를 가져올 문화우선정책이 필요한 경우가 많다.

넷째, 문화창조적 발전정책전략이다. 문화의 발전은 잘못된 사회현상을 통제(control)하거나 통합(integration)하는 순기능적 문화창조적 발전전략이 요청되는 경우가 바로 이러한 전략이다. 예컨대 국가발전의 장기전략에는 교육과 인적자원의 계획 및 활용이 무엇보다 요청되고, 특히 국가들의 합의된 구심점으로서 문화적 가치관과 태도가 필요하다. 이러한 경우는 바로 문화발전이 제사회적 모순과 갈등을 극복하는 역할과 기능이 필요한데, 이러한 경우에 문화창조적 발전전략이 원용될 수 있다. 따라서 행정의 변동과 개혁도 문화의 변동과 발전을 통해서 이루어지게 된다.[24]

이러한 경우 정부는 무엇보다도 정책적으로 문화를 통한 사회통합과 일체성을 기하기 위하여 교육 및 문화에 의도적으로 공공투자가 이루어져야 될 것이다.

제4절 / 결 론

문화발전은 여타의 발전의 성공여부를 결정해 줄 수 있는 척도가 될 수 있다. 문화발전의 지표는 바로 근대적 인간성과 문화적 생활, 그리고 문화적 만족 등의 척도를 나타내는 결과를 보이게 된다. 특

---

24 Malcolm B. Parsons, "Public Administration and Cultural Change: A Note on Programs of Assistance and Development," Phillippine Journal of Public Administration, Vol 6, No. 1 (Jan. 1962), p. 28.

히 발전의 과정 속에서 지적하고 싶은 것은 한국의 경우 건전한 시민문화(civic culture)의 육성을 위한 발전행정적 지원과 정책수립이 시급하다고 할 수 있다. 그리고 궁극적으로 거시적 맥락 속에서 발전전략이 미시적 맥락에서의 인간성의 개발과 문화적 수준 및 건전한 가치, 의식의 발전이야말로 우리 사회에 주어진 중요한 문화발전의 과제이기도 하다. 특히 문화적응론적 전략보다는 문화창조론적 시각에서의 문화발전전략이 필요하고, 전통적 문화와 새로운 문화의 보완적 관계에서의 문화발전정책의 수립이 요청된다.

제9장 기획발전론

제1절 / 기획이론의 체계적 개념

기획이론은 발전이론의 동전의 다른 면이라 할 수 있다. 왜냐하면 발전(development)이 의도적 개발(planned development)을 시도하는 한 기획이론이 동원되지 않으면 결코 성공적인 발전전략은 이루어질 수 없기 때문이다. 따라서 성공적 발전은 성공적 기획을 동반하여야 될 수 있기 때문에 기획이론은 대단히 중요한 것이다.

특히 실제로 개발문제와 기획이론을 동시에 수용할 수 있는 개발기획(development planning)이라 하는 것이 타당함에도 불구하고 이 장에서는 발전이란 용어는 생략하였고, 기획이론을 체계적으로 간략하게 논한다.

그리고 이 절에서는 기획론의 개념을 체계화 시켜보기로 한다.

먼저 기획이란 무엇인가?에 대하여 상당히 많은 이견들이 있다.

첫째, 기획(planning)이란 장래의 바람직한 목표의 결정과 그 미래의 평가에 관련한 분석과정(analytical process)이다.[1] 특히 기획에 대하여 Meville C. Branch는[2] 보다 포괄적으로 "기획이란 미래에 관련

[1] Jone C. Camillus, Strategic Planning and Management Control (Lexington: Lexington Books, 1986), p. 9

[2] Melville C. Branch, Comprehensive Planning: General Theory and Principles(Pacific Palisades: Palisades Publishers, 1983), pp. 4-5.

된 인간의 행위와 자연력을 지시하는 과정"이라고 정의하며 그는 개념적으로나 분석적으로 행위의 방향을 결정하고 발전에 영향을 주는 가능한 한 많은 유기체의 핵심적 요소들을 포함한다고 한다. 따라서 Melville C. Branch의 시각은 기획을 몇몇의 구성요인보다는 전체성에 하위체제의 기획보다는 체제에 초점을 두고 있다.

다른 한편 Dror[3]은 기획의 개념을 여러 학자들, 예컨대 Newman, Gulick, Merriam, Koontz 및 O'Donnel, Dahl, Waldo, Simon, 혹은 Friedmann 등의 견해를 소개하면서 그의 자신의 정의를 다음과 같이 내리고 있다. 즉 "기획은 보다 좋은 수단에 의하여 목표를 달성하기 위하여 장래에 행동을 위한 일련을 의사결정을 준비하는 과정이다."[4] (Planning is the process of preparing a set of decisions for actions in the future, directed at achieving goals by preferable means). 한마디로 Dror은 기획을 의사결정이라 보았고 바로 그것은 정책결정과 유사한 개념으로 보고 있다. 그러나 기획은 반드시 공공조직(public organizations) 뿐만 아니라 사조직(private organizations)에서도 의사결정이 중요한 것이므로 정책결정과 동일한 개념으로 기획을 보는 것은 약간의 무리가 있을 것 같다.

따라서 우리는 기획을 포괄적으로 발전을 위한 기초적 구상과 준비과정으로 보면서 미래의 목표설정을 위한 계획수립과정이라고 보는 것이 바람직하지 않을까 생각된다. 따라서 기획이란 공·사 조직(public or private organization)에 있어서 발전 목표를 효과적이고 바람직한 방향으로 달성하기 위하여 계획을 수립하고 준비하는 의사결정과정이며 발전전략(developmental strategy)이라고 할 수 있다.

둘째, 기획과 구별되어야 할 유사한 개념을 간단하게 설명하면 다음과 같다.

---

3 Yehezkel Dror, "The Planning Process: A Facet Design," International Review of Administrative Sciences, Vol XXIX, No 1.(1963), pp. 46-58.

4 Ibid., p.55.

① 계획(plan)은 기획을 통하여 얻어지는 결과(end-result) 혹은 산출(output)이다.[5]

② 프로그램(program)은 비교적 대단위의 복합적인 계산을 말한다(예 : 사업계획)

③ 프로젝트(project)는 세부사업계획 혹은 단위사업계획(예 : 댐건설)이며 계획의 하위개념이다.[6]

④ 모형(model)은 실제의 사회현상과 이론군을 간략하게 상징화화한 추상화(an abstract)이다. 환언하면 모형은 실제세상(real world)의 부분을 간략하게 만든 구도이다.[7] 한마디로 모형은 실제세계의 실체를 설명하기 위하여 분류한 개념군에 관련한 간단한 구도라고 할 수 있다.[8]

⑤ 통제(control)는 기획의 목표를 달성하는데 필요한 가능성을 증대시키는 과정이다. 환언하면 통제란 어떤 조직단위의 업적에 대한 측정과 평가와 관련된 행동과정이다.[9] 따라서 통제는 그 과정에 기획의 목표와 평가(evaluation)를 포함시키는 것이 일반적이다.

⑥ 정책(public policy)이란 문제해결을 위한 공공의사결정과정이면 합리성, 행동의 지침, 공익성, 가치배분성 등의 요인들이 작용하는 공공기관의 의사결정과정이다. 물론 기획에도 이러한 뜻과 유사한 점도 있으나 발전목표의 달성의 과정으로서의 기획은 보다 폭넓은 개념이라고 할 수 있고, 반드시 공공조직에 국한될 필요는 없을 것이다.

⑦ 분석(analysis)은 유기체의 과거와 현재의 상황을 조사하기 위

---

5 김신복 발전기획론(서울: 박영사, 1983), p. 4.

6 Ibid., p. 7.

7 James G. March et al., An Introduction to Models in the Social Sciences (New York: Harper and Row Publishers, 1975), pp. 19-24.

8 Young Jong Kim, Bureaucratic Corruption: The Case of Korea(Seoul: Choon Choo Guk Publishing Co., 1986), p. 9.

9 John C. Camillus, op. cit., p. 11.

하여 활용되는 접근방법이며 절차(procedure)라고 할 수 있고 기획의 하위개념이 될 수 있으나 기획과는 구별된다. 왜냐하면 분석은 비교적 교정적이고, 일원적이며, 보다 계량적이라 할 수 있다.

제2절 / 전략적 기획체계

전략적 기획체계는 기획은 어떻게 효과적으로 발전방향으로 이끌어 갈 수 있는가 하는 목적으로 수립된 개념으로서 SPS(Strategic Planning System)라고 할 수 있다. SPS를 이루는 목적은 몇 가지 요약하면, ① 목표달성을 위한 전략적 수단으로서 가장 널리 활용되는 방법이며, ② 관리 통제가 발생되는 내부적 틀(framework)이며, ③ 어떤 조직에 있어서 계층과 하위단위간의 관리의 수준의 의사소통을 나타내는 목표이며, ④ 조직의 관리기술을 개발하는 중요한 수단이고, ⑤ 조직관리에 활용되는 창조성의 수준을 능가하는 설계이기도 하다.[10] SPS의 구성요인들은 John C. Camillus는 다섯 가지로 요약하고 있는데 예컨대 ① 관련활동의 과정, ② SPS와 타 기획체계와의 관련성, ③ SPS의 행정과 관리, ④ SPS의 특징에 관련된 의사결정의 적절한 시간(timing) 고려, ⑤ 과정의 산출 등이다.[11]

SPS의 설계를 위한 틀은 다음과 같이 중요한 네 가지 요인이 중간의 핵심적 목적을 향하여 상호유기적 관련성을 갖는다. 구체적인 것은 [그림 9-1]을 참고하기 바란다.

John C. Camillus의 SPS 설계틀은 관계변수를 잘 연결시켜 그림으로 표시하고 있으나 복잡한 SPS의 환경적 변수를 너무 단조롭게 표시한 것이 흠이라고 할 수 있다. 예를 들면 환경의 복합성에 대한 요

---

10 John C. Camillus, op. cit., pp. 39-44.

11 Ibid., p. 43.

인의 분석에 있어서 SPS에 미칠 수 있는 제변수들을 요약하면 매우 다양하게 많다고 할 수 있는데 대표적으로서 기술성(technology), 정치적(political), 사회적(social), 그리고 경제적(economic) 환경인 것을 들 수 있다. Donald L. Bates와 David L. Eldredge는 일반적인 환경의 분석을 <표 9-1>과 같이 요약하고 있다.[12]

[그림 9-1] SPS 설계의 틀

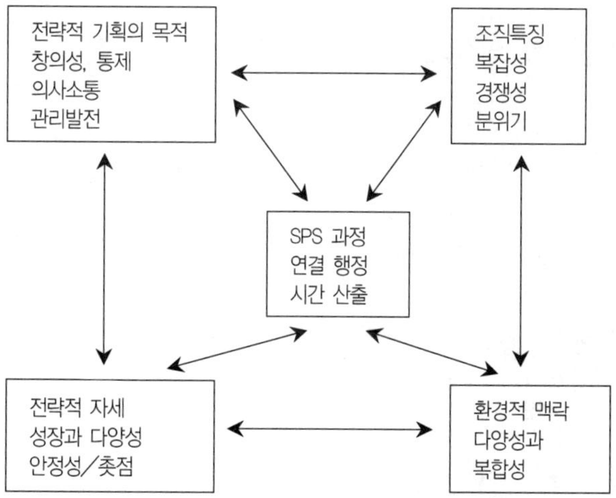

자료 : John C. Canillus, Strategic Planning and Management Control (Lexington: Lexington Books, 1986), p. 44.

12 Donald L. Bates & David L. Eldredge, Strategy and Poliscy (Dubuque: Wm. C. Brown Company Publishers, 1980), p. 69.

〈표 9-1〉 일반적 환경적 요인

① 기술
  1) 기술발전의 단계(stage)
  2) 생산집단의 미래형태(future form)
  3) 미래의 원료형태
  4) 미래의 처리기술
  5) 새로운 영역의 개발

② 정치적
  1) 정치적 힘의 근원
    a. 경쟁적 사회철학
    b. 사회적 불안과 무질서
    c. 사업집단의 기득권
  2) 정치적 힘의 영향을 주는 집단
    a. 운영기관에 의한 입법화
    b. 구조적 조직
    c. 비조직적인 일반적 이익집단
  3) 영향의 형태
    a. 사기업의 제재
    b. 운영상의 제한
  c. 재산이나 인사에 피해

③ 사회적
  1) 인구의 특징
    a. 연령분포
    b. 지리적 분포
    c. 이동성
    d. 교육
  2) 가족가치관
    a. 결혼에 관한 태도
    b. 가족형성
    c. 분만여령을 가진 여성
    d. 자녀에 대한 태도
  3) 구매력에 대한 태도
  a. 고객의 경쟁성
    b. 경쟁자에 영향을 주는 주체
    c. 구매력 행사에 있어서의 인종차별
    d. 생산이나 봉사의 바람직한 태도
    e. 시장성의 방법에 대한 태도
  4) 노동과 기업태도
    a. 노동력의 구조
    b. 노동행태
    c. 관리업적의 견해
    d. 기업에 대한 태도

④ 경제적
  1) 의외적 변수
    a. 고용정책
    b. 인플레이션 통제 정책
    c. 수출-수입 정책
  2) 내적변수
  a. 소비
    b. 투자

<표 9-1>에서 보는 바와 같이 Donald L. Bates와 David L. Eldredge는 기획의 관리와 정책에서 수많은 변수를 일반환경분석에서 추출하고 있다.

요컨대 SPS는 기획을 보다 발전의 목표에 가깝게 접근하기 위하여 창출된 발전전략이라 할 수 있다.

제3절 / 발전기획의 방향

발전기획은 발전(development)과 기획(planning)의 복합적 개념으로서 다양한 유형이 있다. 예컨대 국가발전기획의 경우는 보다 거시적 차원에서 국가전체의 정치발전이나 통제발전 등의 전략을 수립하는 과정이 되겠고, 조직발전(organization development)의 경우는 문제가 있는 조직을 진단(diagnosis)하여 그 문제점을 해결하고 조직의 목표달성을 위한 여러 가지 전략을 수립하는 절차가 되겠고, 혹은 지역사회(community)의 발전을 목표로 하는데 있어서는 보다 중범위적인 차원에서 지역사회의 구조적 문제와 환경적인 문제 혹은 경제적 문화적 제문제점을 분석하고 미래의 발전을 설계하는 계획이 될 것이다.

발전기획은 시간적 개념으로서의 방향성도 고려될 수 있는데, 예컨대 장기적 계획은 일반적으로 10~20년의 장기간에 걸쳐서 주어진 발전목표를 달성하기 위한 계획인데, 예컨대 네덜란드의 20년계획(1950~1970)이나 소련의 20년계획(1961~1980) 등이 있다.[13]

중기계획으로서는 3~7년의 대상기간으로서 일반적으로 5개년계획이 매우 많이 일반화되어 있다. 가령 우리나라의 경우 1962년부터의 5개년 통합개발계획은 이러한 중기설계에 속한다.

---

13 김신복, *op. cit.*, pp. 58-60.

단기계획은 가장 짧은 기간 동안에 발전의 목표달성을 시도하는 것인데, 1~2년 기간이 흔히 사용되지만, 실제로 1년 이하의 짧은 기간 동안에 발전목표를 달성하기는 어려우므로 단기계획은 그렇게 바람직한 계획이 못될 경우가 많다고 할 수 있다.

특히 우리가 여기에서 주목할 것은 발전기획의 목표가 무엇을 초점으로 하느냐에 있다. 발전기획은 분명히 발전전략 중 의도적 변동(planned change)을 목표로 하기 때문에 어떤 종류의 조직이나 혹은 어떤 국가단위나 할 것 없이 그 의도하는 바의 변동의 목표가 있어야 됨은 물론이다. 이 문제에 대하여 Melville C. Branch는 매우 흥미 있는 발전기획의 면을 지적하고 있는데 그것은 ① 자연적 변동(natural change), ② 인간적 변동(human change), 그리고 ③ 유목적적 변동(purposive change)로 나누어 상호 유기적 관계성(interrelationships)을 주장하고 있다.[14]

첫째로 자연적 변동이 기획에 의하여 필요한 것은 자연현상의 요인(cause)과 효과(effect)를 신뢰성 있는 정도로 기획의 방향에 접목시켜 발전을 유도하여야 한다. 인간의 기획은 외적인 자연환경의 잠재력(potentiality)과 한계성(limitation)을 확립할 수 있다.

둘째, 기획을 통한 인간성의 변화이다. 인간성의 변화는 매우 포괄적 개념을 포함하는데, 인간의 근본적 욕구(fundamental desires) 예컨대 의, 식, 주 문제는 물론 정신적인 문화적인 욕구까지도 변화시킬 수 있는 관련성을 가진다. 물론 상이한 문화와 상황에 따라서 다르지만, 인간성의 변화에 대한 미시적 심리적 변화를 위한 기획은 많은 실험과 연구에서 발견되고 있다.[15]

셋째, 변화는 조직에서나 인간성에 대한 유목적적 변화를 위한 계획이다. 이러한 것은 특히 민주사회에 있어서 의사결정이 공익성을 추구할 수 있도록 하는 것이 중요하다. 그러한 의미에서 의도적

---

14 Melville C. Branch, *op. cit.*, pp. 55-71.

15 *Ibid.*, pp. 64-65.

변화를 위한 기획은, 행정의 새로운 이념적 목표와 일치될 수 있다.[16] 발전의 방향에 있어서 이러한 의도적 변화의 기획은 행정의 민주성, 공익성, 형평성, 도덕성, 가치성, 자율성과 참여성 등의 신행정학의 이념과 일치되는 초점이 되어야 될 줄 안다. 왜냐하면 그러한 것이 새로운 발전의 지표가 될 수 있고, 기획의 방향이 되어야 되기 때문이다.

제4절 ／ 결 론

기획발전은 발전전략의 총체적 구상과 의도적 설계라고 할 수 있다. 환언하면 기획발전의 핵심적인 본질은 발전을 통합적으로 체계화시켜 그 방향을 설정하고 목표를 계획해서 보다 현실화하기 위한 발전전략이 되는 것이다. 따라서 기획발전의 체계화가 국가발전이나 혹은 중범위적인 조직발전(OD)에 미치는 영향이 매우 중요함에 틀림이 없다 하겠다. 문제는 시간과 공간 및 장소 그리고 인간과 자원의 종합적이고 포괄적인 개념을 가진 발전의 문제가 기획발전과 체계화 과정에 있어서 어느 정도 보다 심층적으로 고려되는가 여부가 발전의 상을 결정하는 척도가 된다고 하겠다. 그러한 의미에서 기획발전은 기획을 수행하는 인적 요인이 매우 중요하다고 하겠다.

---

16 George Frederickson, *New Public Administration*(Alabama: The University of Alabama Press, 1980), pp. 1-112.

제10장 조직발전론

제1절／조직발전의 개념

조직발전(Organization Development)은 현대의 조직이론으로서 일반적으로 1960년대 이후 기업조직 등에 많이 활용되고 있는 조직의 목표달성을 위하여 계획된 조직의 전략이다. 조직발전은 환경, 구조, 과정, 그리고 인간간의 불일치 여부를 발견함으로써 조직문제를 진단하는 과정으로 볼 수 있다.[1]

다른 말로 말하면 조직발전은 조직문화, 조직목표, 조직가치, 조직구조 또는 조직의 행태 등을 변화시키기 위한 보다 계획적이고, 체계적이며 관리적인 과정을 의미한다.[2] 보다 구체적으로 개념정립을 하면

첫째, 조직발전은 보다 의도적이고 계획된 변동(planned change)을 의미한다. 여기에서 계획된 변동이란 조직의 목표를 향하여 바람직한 방향으로 문제해결능력을 향상시키는 노력이다. 조직발전의 프로그램에는 조직의 구체적이고 체계적인 문제진단 그리고 계획안 등을 포괄한다.

둘째, 조직발전은 조직구성원들이 책임있는 자기방향적 변동(self-

---

1 Michael Beer, Organization Change and Development (Sonta Monica: Good Year Publishing Company, Inc., 1980), p. 7.

2 김광웅 외 공저, 발전행정론 (서울: 법문사, 1986), pp. 433-437.

directed change)을 창출하려고 하는 것이다. 조직구성원들의 협조를 구하는 것은 책임을 얻는 수단이 된다.

셋째, 조직발전은 조직변동(organization change)과는 상이한 개념이다. 왜냐하면 조직변동은 정의 방향이나 부의 방향 어느 쪽으로나 가능하지만 조직발전은 정의 방향 즉 바람직한 방향으로의 계획적이고 의도적인 변동을 말하기 때문이다.

넷째, 조직발전은 체제변동(system change)의 노력이다. 체제변동은 조직의 복합적 체제(complex systems)이고 그 하위체계(subsystem)나 관리수준이나 그 구성요소(components)들이 상호 의존적(inter-dependent)인 것을 의미한다.[3]

다섯째, 조직발전은 조직의 전체체제(total system)에 걸쳐서 조직문화의 향상, 행태의 변화 또는 관리전략 등을 의미하며 어떤 일부분적인 것에 대한 것만을 의미하지 않는다.

여섯째, 조직발전은 전통적인 관료적 유형을 쇄신하는 새로운 조직의 배열이요 관계정립이라고 할 수 있다. 이러한 의미에서 지금까지 내려오는 조직의 전통적이고 상투적인 유형은 조직발전을 통하여 개선되는 것이다.

일곱째, 조직발전은 조직구성원의 행태, 가치관, 태도, 신념 등의 변화에 목적을 두면서 이러한 것에 관련된 사회심리적 지식, 집단역학, 조직심리학, 인간관계론, 갈등관계론, 의사전달의 지식 등이 최대한 활용된다.

한마디로 조직발전이란 조직내외의 환경의 변화에 대응하는 능력의 제고와 조직진단의 결과에서 나타난 문제해결의 능력을 향상시키는 계획적이고 미래지향적인 활동이며 조직의 전략이라고 할 수 있다.[4]

---

3 Michael Beer, op. cit., p. 10.

4 김영종, 고시행정학 (서울: 법문사, 1988), pp. 286-287.

제2절／조직발전의 특징

조직발전의 특징은 우선 조직목표가 뚜렷하게 나타나 있다는 것이다. 조직발전의 목표를 요약하면 ① 조직진단과 처방을 통한 문제해결을 기한다는 것, ② 역할(role)과 지위(status)에 관련된 조직의 가치와 권위(authority)의 적절한 배분, ③ 개인과 집단간의 신뢰성 구축과 인간관계의 도모, ④ 조직목표달성을 위한 협동적 노력의 극대화, ⑤ 의사소통을 통한 문제의 상호인식과 이해의 증진, ⑥ 조직의 기능과 조직발전을 통하여 가치체계의 개발과 확립, ⑦ 조직 내부의 구성원의 자기통제와 자기방향의 증대, ⑧ 조직의 당면한 위기나 갈등문제의 해결을 위한 상호 유기적이고 공통적인 협조와 노력, ⑨ 조직발전의 역할자와 변동역군(change agent)을 통하여 조직의 의도적인 변화를 위한 지도력의 발휘 등이라고 할 수 있다.[5]

특히 W. French가 조직발전의 목적을 다음과 같이 정리하고 있다.[6]

① 조직구성원들의 신뢰와 협동, ② 당면한 문제의 접촉, ③ 의사소통의 원활, ④ 조직 내의 구성원의 만족도 향상, ⑤ 문제의 공동해결능력, ⑥ 책임감의 향상, ⑦ 전문적인 지식과 기술의 향상 등이다.

한편 유종해 교수는 조직발전의 특징을 몇 가지로 요약하고 있는데 그 중요한 것은 다음과 같다.[7]

① 행태과학의 활용
② 인간적 측면의 강조
③ 장기적 변화(long-range change)

---

5 Ibid., p. 286.

6 W. French, "Organization Development: Objectives, Assumptions, and Strategies," in N. Margulies and A. Raia, Organization Development: Development Value, Process and Technology (New York: McGraw-Hill, 1972), p. 31.

7 유종해, "조직발전," 발전행정론(서울: 법문사, 1986), pp. 436-437.

④ 전체조직의 효율성 향상이다.

위에서 첫째의 행태과학의 향상이란 이론적인 지식기반에 있어서 행태과학의 연구모형이 많이 활용되고 있다는 것이며 그 방법론(methodology)에 있어서 변동담당자(change agent) 또는 상의자(consultant) 등을 조직발전에 개입하여 활용케 한다는 것이다.

둘째의 인간적 측면의 강조는 조직구성원들간의 인간적 관계와 이해 그리고 자기개발과 실현이 추구되는 것이다.

셋째의 장기적 변화에 있어서는 조직발전은 보다 장기적이고 지속적인 성과를 높이기 위한 전략으로 사용되어야 한다는 것이다.

넷째의 전체조직(total organization)에 있어서는 조직발전은 조직의 모든 구성원과 하부체제(subsystem) 또는 조직부분간에 있어서 상호의존적(interdependent)이고 유기적인 문제의식과 해결능력을 개발하는데 주력을 두고자 하는 특징을 가진다.

한편 Michael Beer는 OD에 있어서의 여러 관계 변수와의 관계에 있어서 일정한 공식의 특징을 가진다고 한다. 즉 Ch=(DxMxP)>C이다. 여기에서 Ch는 조직의 변동을 의미하며 D는 현상유지에 대한 불만족(dissatisfaction with the status quo), M은 관리나 조직을 위한 새로운 모형(a new model for managing or organizing), P는 변동을 관리하기 위한 계획된 과정(a planned process for managing change), 그리고 C는 개인과 집단에 대한 변동의 비용(cost of change to individuals and groups) 등이라고 한다. 이러한 특징에서 조직발전이 될 수 있는 것은 현상유지에 불만을 가지고서 변화와 발전이 꼭 필요하며 조직관리에 있어서 새롭고 명백한 접근방법이 있으며 조직발전의 관리방법의 과정이 충분히 잘 계획될 때 이루어진다고 지적한다.[8]

---

[8] Michael Harmon, op. cit., p. 46.

제3절 / 조직발전의 과정

조직발전의 과정은 문제의 인지, 즉 자료수집(data collection), 조직의 진단(organization diagnosis), 그리고 개입(intervention)의 세 가지로 대별한다.[9]

첫째의 자료수집의 단계는 조직 내에서 무엇이 문제가 되는가 하는 대상을 알기 위한 여러 가지 참고자료를 수집하는 단계이다. 따라서 이 단계에서는 조직의 문화, 조직의 규범, 환경과 체제 등이 대상이 될 수 있다.

자료를 수집하는 방법은 면접(interview), 관찰(observation), 질문지(questionnaire)에 의한 사회조사방법(social survey) 등이 있다.

둘째 단계는 조직의 진단단계로서 조직 내의 갈등이나 발전의 장애요인, 또는 문제점 등의 실체를 정확하게 파악하기 위한 단계이다. 다른 말로 말하면 마치 환자가 정확한 병 진단을 의사에 의하여 진찰받는 것과 같이 조직 내의 갈등과 발전의 장애요인 등을 정확하게 알아보는 단계이다. 수집된 정보와 자료를 분석하는 단계이다. 이 진단을 위하여서는 조직 내의 전문가나 리더(leader)가 할 수 있고 혹은 외부로부터의 자문과 전문가로부터 도움을 받을 수도 있다.

예컨대, 외부자문관(outside consultants), 새로운 참모집단(staff groups), 조직체제에 전입된 새로운 관리자(new manager), 전통적 조직관련자와는 분립된 내부의 자문집단(internal group of consultants) 등이라고 할 수 있다.

셋째, 조직발전의 과정에 있어서 수직적 하향식 변화와 발전(top-down change)은 관리자가 연설이나 정책발표나 구두명령 등으로 하는 것이고, 또는 새로운 지도자를 교체하거나, 기술적인 변화나 혹은 구조적인 변화를 통하여 달성할 수 있다.

넷째, 상향식(bottom-up change) 조직발전의 과정은 조직 구성원

---

9 유종해 외 3인 편저, 행정학사전(서울: 고시원, 1989), pp. 670-672.

들의 교육훈련의 절차를 통하여 하게 되고 상향하향식의 조직발전을 위해서는 의사결정을 위한 communication의 절차나 또는 의사결정임무기관(decision making task forces)이나 조직진단과 문제해결임무의 기관을 통하여 하게 된다.[10]

요컨대, 조직발전의 과정에 있어서는 개인과 집단, 집단과 개인, 그리고 조직과 환경과의 상호유기적 접근과정을 통하여 이루어진다고 하겠다.[11]

다섯째, 조직발전의 구체적 과정에 있어서 R. Beckhards는 다섯단계로 나누어 설명하고 있는데, 예컨대 진단, 전략계획의 수립, 교육, 컨설팅 및 훈련, 그리고 평가단계를 말한다.[12]

좀 더 구체적으로 제1단계에서는 조직의 상태와 발전을 필요로 하는가 하는 진단과정이며, 예컨대 communication의 형태, 대면관계, 갈등문제, 조직목표설정, 의사설정과정 등을 진단하게 된다. 제2단계에서는 조직발전의 대상, 절차, 활동 등을 결정하며 주로 계획을 수립하는 단계이다. 제3단계는 전략계획을 실행하는 단계로서 전문적인 교육활동의 단계이다. 제4단계에서는 컨설팅과 훈련으로서 조직의 기존문제와 새롭게 발생한 문제에 대하여 조언을 하거나 조력을 주는 단계라고 할 수 있다. 제5단계에서는 지금까지 조직발전의 계획과 실행의 결과를 분석하고 평가하는 단계로서 그 평가결과는 새로운 조직발전의 전개를 위한 중요한 자료가 된다.

[그림 10-1]에서 R. Beckhard의 조직발전단계를 보게 된다.

---

10 Michael Beer, op. cit., pp. 53-55.

11 Paul R. Lawrence and Jay W. Lorsch, Developing Organizations: Diagnosis and Action (Reading, Mass: Addison-Wesley Publishing Co., 1969). pp. 2-8.

12 R. Beckhard, Organization Development: Strategies and Models (Menlo Park, CA: Addison-Wesley Publishing Co., 1969), pp. 105-116.

[그림 10-1] 조직발전의 전개단계

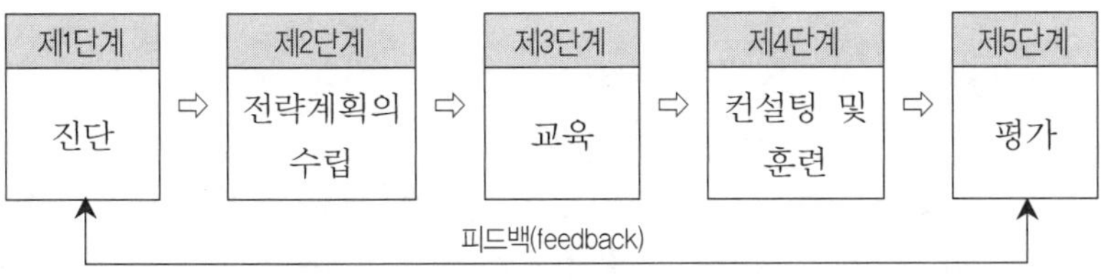

자료 : R. Beckard, Organization development: strategies and Model(Menlo Park, C.A. Addison-Wesley Publishing Co., 1964), pp. 105-116

일곱째, 조직발전의 과정에 있어서 R.A. Stringer와 G.A Litwin은[13] 다섯 단계로 나누어 설명하고 있다. 예컨대 ① 적절한 조직의 상태의 결정, ② 현재의 조직상태평가, ③ 조직발전의 계획수립과 조직간의 괴리(gap)분석, ④ 조직발전을 위한 구체적 계획의 실행, ⑤ 행동계획의 평가와 수정을 말한다. 앞에서 우리는 여러 학자들의 조직발전과정에 관한 설명을 통하여 그 핵심적인 내용을 살펴보았다. 한마디로 말하여 조직발전의 과정은 계획단계(plan), 실행단계(do), 그리고 평가단계(see)로 크게 삼분할 수 있을 것이다. 만약 여기에 진단단계(diagnosis)를 추가하면 4단계로 나눌 수도 있을 것이며 이러한 조직발전의 기본적 과정은 어떻게 구체적으로 전략을 수립하느냐에 따라서 보다 세밀한 대안이 이루게 됨은 물론이다.

13 G.H Litwin & Robert A. Stringer, Jr., Motivation and Organization Climate (Boston: Division of Research, Graduate School of Business Administration, Harvard University, 1968), p. 179.

제4절 / 조직발전의 전략

조직발전의 전략은 조직발전의 목표를 어떻게 효율적 또는 효과적으로 이루는가 하는 방법이며 활동이라 할 수 있다. 따라서 조직발전의 방향과도 일치되는데 ① 의도적으로 계획된 변동의 유도, ② 조직간 또는 조직 내의 갈등문제의 자기방향적 변동(self-directed change), ③ 체제변동(system change), ④ 조직의 전체체제(total system)와 하위체제(subsystem)과의 의존관계(interdependence)의 지속, ⑤ 조직구성원들의 행태와 가치관, 신념과 태도 등의 변화유도 등이 될 것이다.

조직발전에서의 전략에는 OD기법의 활용이 요청되고 있는데, 예컨대 팀 개발(team development), 감수성훈련(sensitivity training), 또는 그룹끼리의 회합(intergroup meeting) 등을 지적할 수 있다.

팀개발(team development)은 ① 이해와 상호합의, ② 개방적 의사소통, ③ 상호신뢰, ④ 적절한 leadership 개발, ⑤ 효율적 작업의 원리, ⑥ 갈등의 효과적 관리, ⑦ 개인의 기술의 활용 등이 팀 개발의 특징이다.

반면에 감수성 훈련(sensitivity training)은 "개인의 행동을 개선하려면 개인자신에 대한 인식은 물론 행동의 형성과정을 지배하고 있는 자신의 행동에 대한 민감성을 높임으로써 행동의 개선을 가져오게 하는 훈련"을 말한다.[14] 먼저 감수성훈련의 목표를 보면 다음과 같다(표 10-1 참조).

---

14 유종해, "현대조직의 발전-조직발전이론의 검계," 국가발전의 사회과학 (서울: 박영사, 1987), p. 234.

〈표 10-1〉 감수성훈련의 목표

대 상	변 화 양 상
자 아	1. 자신의 감정, 반응 및 타인에 미치는 자신의 영향력에 대한 인식의 증대 2. 타인의 감정, 반응 및 그들이 자신에 미치는 영향력에 대한 인식의 증대 3. 집단행위의 역할에 대한 인식의 증대 4. 자아·타인·집단에 대한 태도의 변화(예 : 자아, 타인, 집단에 대한 존경, 관용, 신념의 증대) 5. 개인간 능력의 증대(예 : 생산적이고 만족스러운 관계가 유지되게끔 개인 및 집단관계를 처리하는 수완)
역 할	6. 자신의 조직역할, 조직의 역할보다 큰 사회체계의 역할, 그리고 자아·소집단·조직에서의 변화과정의 역할에 대한 인식의 증대 7. 자신의 역할, 타인의 역할, 그리고 조직관계 등에 대한 태도의 변화 8. 자신의 조직역할이 상급자·동료·하급자와 가지는 관계를 처리하는 데 있어서의 인간관계능력의 증대
조 직	9. 상호의존적인 집단이나 부서에 존재하는 구체적 조직문제를 다룰 수 있는 인간관계능력의 증대 및 이러한 문제들에 대한 변화된 태도에 관한 인식의 증대 10. 관계에 대한 훈련이나 고립된 개인이 아닌 집단을 통한 조직개선

자료 : E.H Schein and W.G. Bennis Personal and Organization Change Through Group Methods; The Laboratory Approach(New York: John Wiley Sons, 1965), p. 37.

감수성훈련은 보다 구체적으로 목표의 상호관계성을 가지고 있으며 예컨대 효과적인 조직구성원으로서 성장, 학습방법의 학습, 협력방법의 학습, 그리고 집단과정에 반응 등을 의미한다. 따라서 구체적인 것은 [그림 10-2]에서 나타나고 있다.[15]

[그림 10-2] 감수성훈련목표의 상호관계성

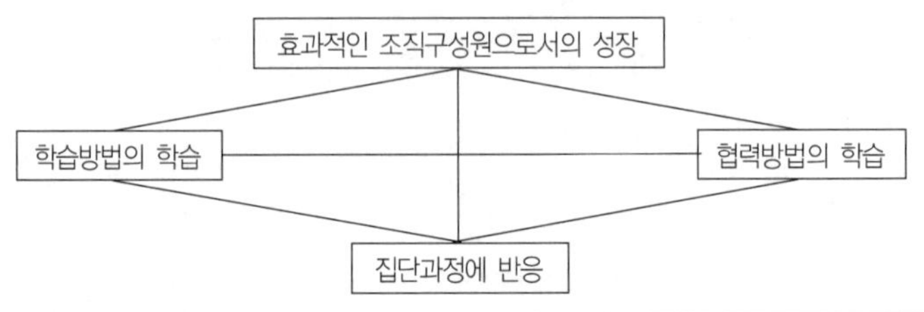

자료 : L.P Bradford, "Membership and the Learning Process," in Bradford, J,KGibb and K.D. Benne, T-Group Laboratory Method(New york :Wiley& Sons, 1964), p.215

이러한 감수성훈련은 실험실에서 1~2주일 동안의 훈련을 통하여 ① 개인의 능력의 개발, ② 개인의 특성과 조직역할의 충족에 주는 영향, ③ 갈등의 해결의 방법의 향상 등을 도모하는 것이 목적이라 할 수 있다.

특히 대면회의(confrontation meeting)의 기법은 우선순위와 행동목표를 설정하기 위하여 조직의 각 부문이 합동하는 활동으로서 그 절차를 요약하면, 제1단계에서는 조직목표를 위해 전 관리집단이 회합을 하며, 제2단계에서는 조직의 각 하위집단(sub-group)이 회동한다. 그리고 제3단계에서는 각각 독립적으로 하위집단의 개방적 토론과정이고 제4단계에서는 하위집단이 타 집단에서 발견한 문제들에 대한 경청단계이다. 그리고 제5단계와 6단계에서는 각각 조직의 갈등문제 목록이 별도의 문제해결집단에 제시되고 우선순위가 결정되며 마지막으로 제7단계에서는 조직의 문제점과 그 해소방안, 행동계획을 짜게 된다.

15 J.P. Campbell and M.D. Dunnette, "Effectiveness of T. Group Experiences in Managerial Training and Development," Psychological Bulletin (August, 1968), p. 104.

이상과 같은 감수성훈련의 문제점은[16] ① 훈련으로 인한 개인의 태도와 가치관의 변화가 조직개선과 인과관계가 있는가 하는 문제점, ② 구성원의 변화된 태도와 조직문화와 풍토성의 괴리현상이 존재한다는 점 등이다.

제5절 / 갈등문제와 조직발전

- 중소기업조직의 노사간의 갈등문제를 중심으로 -

Ⅰ. 문제의 발견

최근 한국사회에는 지역 및 계층 간의 갈등현상이 망국병적 현상으로 심각하게 부각되는가 하면, 기업 내의 노사간의 갈등과 분규가 계속 발생되어 기업경영과 성장에 매우 우려할 만한 요인으로 등장하고 있다. 특히 중소기업의 경우에도 예외는 아니어서 원화절상, 통상마찰, 임금인상, 국제원자재 상승의 요인과 함께 노사분규와 갈등은 중소기업의 성장에 심각하게 영향을 주고 있다. 예컨대 1989년의 1/4분기 중소기업경영실태분석에서도 나타난 자료에 의하면 고용면에서 기간 중 입사율이 10.4%, 퇴사율이 11.1%로서 퇴사율이 0.7%P 높게 나타났고,[17] 생산절대규모가 88년 수준을 밑돌기 시작하고 고용인원은 감소추세에 있으며 가동율도 6·29선언 이후 최저수준을 기록하는 등 악화된 상태이다. 생산증가율을 구체적으로 보면 1월 6.3%, 2월 2.8%, 3월에 2.0%, 4월에는 0.2%로 감소로 나타나 마침내 마이너스로 돌아간 셈이다. 가동율 역시 '88년 12월의 87.4%, '89년 10월의 86.2%, 4월에 84.1%로 감소하였다. 뿐만

---

16 김수영, 행정개혁론(서울: 박영사, 1988), p. 131.

17 중소기업정보, 통권 23권(1987. 5), p. 40.

아니라 조업단축이나 휴업업체도 증가하여 전체 중소기업 가운데 조업단축업체는 1월 12.2%에서 4월에는 14.5%로 증가하여 휴업율도 1.27%에 이르게 되었다.

이와 같은 중소기업의 부진은 경쟁적 요인으로서 소위 삼고현상, 즉 원화절상, 임금인상, 그리고 국제원자재의 인상 등의 변수도 있겠으나 무엇보다도 중요한 것은 중소기업내부의 조직 갈등으로 인한 노사분규가 그 중요한 원인이라 할 수 있을 것 같다.

노사간의 갈등현상은 기업의 민주화과정에서 불가피하게 제기되는 문제이지만 그러한 갈등을 보다 슬기롭게 해소하는 지혜가 요청되며 이러한 지혜는 바로 행정관리적 모형의 설정에서 그 해결점을 발견할 수 있다고 할 것이다.

이러한 연구는 이러한 기업조직내부의 갈등문제를 해소하는 전략에 초점을 두고 있으며 이러한 전략은 중소기업의 성장과 발전에 큰 기여가 될 수 있을 것이고 특히 한국기업의 민주화과정에 필요한 요건이 될 것이라고 본다.

기업의 민주화는 그 접근방법에 따라 상이한 이론이 제시될 수 있다. 특히 강조하고자 하는 것은 행정관리적(administrative managerial approach) 방법의 동원이다. 조직관리적 접근에 있어서는 갈등해소의 방안을 동태적(dynamic)으로 그 실체접근하는 통합적 접근(integrated approach)을 활용한다. 이 접근성의 강점은 바로 기업갈등의 문제 해결에는 단선적이고 응급처치적 방법은 금물이며 보다 심층적 다면적(multidimensional) 방안이 유익하다는 점이다.

II. 갈등의 개념 및 이론

갈등문제의 개념은 사회현상(social phenomena)을 접근하는 양대이론, 즉 기능주의적 균형이론(equilibrium)과 갈등이론(conflict theory)으로 대립되어 있다. 전자의 이론은 질서론(order theory)이라고도 하며 그 주요특징을 요약하면[18] ① 사회현상을 기능주의적 시각으로 보아서 균형관계로 보는 점, ② 안정(stability)과 합의(consensus) 혹은 통합(integration)과 조정(coordination)관계로 연결되는 점, ③ 사회구조는 안정적 구조와 신속적 가치합의로 되어 있는 질서가 유지되는 점 등으로 보게 되며 T. Parsons나 Auguste Comte, Hebert Spenser, 또는 Radcliff Brown 등이 이 이론의 대표자들이라고 할 수 있다.

반면에 갈등이론은 사회현상을 근본적으로 ① 지배와 복종, 박탈과 모순 그리고 해방관계로 보는 입장이며, ② 사회의 변동은 급진적이고 강제성이어야 하며 그리고 사회해체와 분화 그리고 변동성의 갈등관계로 보는 입장이다. 이 이론의 대표자라고 할 수 있는 것은 R. Dahrendorf, L.A. Coser, D. Lockwood, 그리고 K. Marx 등이다.

모든 사회현상은 갈등관계적 현상으로 보는 입장에서의 갈등개념은 간략하게 요약하면, 첫째, 갈등이란 인간내면의 심리적 무규범(anomie)과 가치의식의 대립과 혼란이라고 보는 미시적 분석시각이 있다. 둘째, 개인과 조직에서 유발되는 이해관계의 대립으로 보는 중범위적 시각이 있다. 셋째, 사회체제(social system)와 환경의 이해관계에서 유발된 복합적 현상(complex phenomena)으로 보는 거시적 시각이 있다.

뿐만 아니라, 갈등의 원인은 다양하지만 간략하게 요약하면 첫째, 개인, 조직, 체제의 목표간의 상충되는 목표(incompatible goals) 또는 상당한 가치체계(differing value structure)로 유발되는 경우 둘째, 한정된 자원(limited resources)에 대한 경쟁관계에서 유발되는 경우 셋째, 인지 또는 지각의 차이 또는 편견과 고정개념 등의 역사, 문화적 또는 심리적, 인종적 그리고 주관적 가치관의 차이에서 유발되는 경우 넷째, 다변수적 긴장(tension)과 사회심리적 불안정(socio-

18 김영종, "한국사회의 지역 및 계층간의 갈등해소방안에 관한 연구," 한국행정학보, 제 23권 제 1호(1989. 8), pp. 271-296.

psychological anxiety) 또는 사회적 고립과 소외 등으로 유발되는 경우, 다섯째, 욕구기대의 좌절 또는 정치경제의 발전의 불균형관계와 공직자들의 도덕성의 결여로 인한 불신 등으로 유발되는 경우 등의 다양한 원인으로 인하여 사회적 갈등현상은 일어나게 된다고 볼 수 있다.

이러한 갈등현상이 사회적 조직의 발전에 어떠한 결과를 초래하게 되는가에 대하여 전통적인 통설은 역기능적 입장으로 보나 L.A. Coser나 R. Dahrendorf 같은 학자들은 순기능적 역할도 한다고 보며 사회변동의 갈등과 통합과정에서 불가피하게 일어나는 사회현상이라고 보는 견해이다.

그러나 갈등의 문제가 역기능이냐 순기능이냐 하는 논리적 주장보다는 그 갈등의 실체가 보다 복합적이고 심층적 분석에서 논의되어야 한다고 보며, 특히 이러한 것은 중소기업조직의 경우 노사간의 갈등문제 해결은 보다 실체분석을 정확하게 한 후에 여러 다면적 시각에서 논의되어야 할 것으로 본다.

Ⅲ. 중소기업조직의 노사간의 갈등관계 실태

중소기업조직의 노사간의 갈등관계의 초점은 노사분규가 될 수 있다. 노사간의 갈등관계는 앞에서 논의한 제갈등의 원인과 처방을 적용하여 보면 세 가지 큰 분류를 할 수 있다.

첫째, 거시적 시각에서 볼 때 노사간의 갈등은 한국의 정치경제적 불균형 성장관계와 부의 불균형분배 그리고 사회문화적 급속한 변화와 다양한 욕구의 상승작용으로 인한 기대와 공통관계의 부적절성에서 유발되는 부산물이라고 할 수 있다. 소위 성장 이데올로기(growth ideology)의 부산물에서 유발된 결과적인 현상이라 할 수 있다.

둘째, 미시적 분석시각에서는 사용자와 노동자와의 이해관계의 대립과 가치관 그리고 편견과 고정관념 등에서 유발된 심리적, 개인적 관점의 차이에서 찾아볼 수 있다. 예컨대 노동자는 임금인상을 요구하는 것이 당연한 노동자의 대가요 보상이라고 주장하지만 기업주와 사용자는 기업이 보다 건전하게 성장발전하는 것이 급선무라고 보게 되며 그 임금인상의 우선순위를 미루게 된다.

셋째, 보다 중범위적 시각에서는 노사간의 협조적 대화에서 갈등문제를 해소하겠다는 기업조직문화의 미분화와 미성숙에 있다. 예컨대 우리의 기업조직문화는 대립과 갈등이 아닌 대화와 협조에 의하여 기업조직의 성장과 발전은 곧 기업의 근로자의 성장발전을 가져오게 된다는 일체의식(identity)과 연대성이 부족하다는 점이다.

위에서 논의한 노사간의 갈등원인은 다음과 같은 갈등실태를 통하여 실감하게 된다.

첫째로 <표 10-2>에서 보는 바와 같이 연도별 노사분규발생건수는 1975년의 133건에서 1980년의 407건으로 폭발적으로 증가하였고 나아가서는 1987년의 소위 6·29선언 이후 민주화와 자율화의 바람을 타고 또다시 폭발적으로 증가하여 무려 3,749건의 분규가 발생하였다. 그리고 1988년의 경우 1,862건의 노사분규가 발생하였다. 한마디로 노사간의 갈등은 폭발적으로 증가하고 있음을 알 수 있다.[19]

〈표10-2〉 연도별 노사분규발생건수

연 도	1975	1980	1985	1986	1987	1988
건 수	133	407	265	276	3,749	1,862

자료 : 노동부.

19 김준일. "노사분쟁의 현실과 그 법적대책," 인권과 정의, 통권 157호 (1989. 9), p. 64.

둘째, <표 10-3>의 예에서 보는 바와 같이 유형별 노사분규발생 현황은 1988년 10월 현재 총 1,686건 중에서 농성이 1,018건(60.4%)으로 제일 많은 편이고 그 다음이 작업거부의 650건(38.6%)이었으며 이러한 것은 노사분규의 대부분이 합법적인 노사분쟁의 절차를 거치지 않고 먼저 행동으로 보이며 그 후에 교섭을 보이는 전형적인 무통제분쟁이었음을 알 수 있다.[20] 특히 1988년 후반 이후에 노사분쟁은 기업조직내의 임금인상이나 대우개선 등의 조직 내의 갈등문제보다는 사회적 여론형성이나 정치적 현실을 비판하는 경향으로 변질되고 있는 경향이다.

〈표 10-3〉 유형별 노사분규 발생상황(1988.10)

	계	작업거부	농성	징역	기타
건 수	1,686	650	1,018	4	14
비 율	100	38.6	60.4	0.2	0.8

자료 : 노동부.

셋째, <표 10-4>에서 보는 바와 같이 규모별 노사분쟁과 갈등은 비교적 규모가 적은 중소기업일수록 발생건수가 더 많다는 것을 알 수 있다. 예컨대 1988년 말 현재 1년간의 분쟁건수는 1,873건이었으나 10~99인 종업원수 717건, 100~299인 706건, 300~999인 289건 그리고 1,000명 이상의 종업원을 가진 기업은 161건으로서 제일 낮은 비율을 차지한다는 것을 알 수 있다.[21]

---

20 Ibid., p. 64.

21 윤능선, "중소기업을 위한 노사분규해결방안," 중소기업, 통권 제 61호 (1989. 3), p. 37.

〈표 10-4〉 규모별 노사분규

('88. 12. 31 현재)

구 분	계	10~99인	100~299인	300~999인	1000인 이상
발 생	1,873	717	706	289	161
	(3,749)	(1,379)	(1,482)	(629)	(259)

주 : ( ) 안은 전년동기 수치임
자료 : 노동부.

중소기업의 노사분쟁의 주요원인이 주로 임금인상과 상여금지급에 따른 노사간의 의견대립, 유급휴가실시, 노동시간의 조정문제 등이 그 주요원인인 것으로 지적되고 있다.[22] 기타 부당노동작업, 체불임금의 지불, 시간외에 야간 휴일 근로수당 등 제반 법정수당지급문제 등이 아울러 중요한 요인으로 지적되고 있다.

넷째, 예컨대 1989년 상반기에 노사분쟁의 1,120건은 1988년의 동기간의 1,161건에 비교하여 3.5% 정도의 감소현상으로 나타났으나 제조업의 경우는 오히려 406건에서 1989년에는 585건으로서의 약 30%가 증가된 것으로 판명되었다.[23] 특히 노사분쟁의 원인은 1989년 5월 20일 현재 분쟁발생건수 총 711건 중 임금인상과 관련한 것이 536건이 발생하여 약 75.0%를 차지하였고, 그 다음이 208건의 23%가 단체협약체결과 관련되어 있다. 1989년 상반기에 노사분규에 있어서 임금교섭은 1989년 6월 30일 현재 전국의 종업원 100명 이상 사업장 6,801개중 임금교섭이 타결된 사업장 4,203개의 임금인상률은 18.7%로서 지난 88년의 경우 인금인상률 13.2% 보다도 5.5% 가량 높은 수준이었으나, 특히 임금인상률은 3월 27일 15.5%, 4월 25일 16.1%, 5월 22일 17.51% 등으로 나타나 기간이 지날수록 인상폭은 증가되고 있다. 특히 이러한 것은 경제성장과도 깊은 관계가

22 Ibid., p. 37.
23 김준일, op. cit., pp.75-76.

있어서 1989년에 정부당국은 3번씩이나 성장률을 축소 조정하는 결과를 초래하기도 하였다. 그리고 8월의 경상수지가 3년 6개월 만에 1억 3000만 달러의 적자로 돌아서는 결과로 나타나기도 하였다.

다섯째, 1989년의 노사갈등문제의 특징은 노사문제에 있어서 지역별, 업종별 연대투쟁이 확산되어서 갈등문제는 어떤 기업체의 내부적 문제의 차원으로부터 타기업간의 조직의 확산은 물론 임금투쟁 등의 내부적 요구조건으로부터 체제의 도전과 같은 외부적 정치적 투쟁으로 점점 확산되고 있다는 현실이다.

예컨대, 1988년 12월 31일 현재 단위노조가 6,142개소, 조합원 170만 7천명의 가입율로서 노동조합조직율은 22%를 기록하였으나 1989년 5월말 현재에는 12개의 지역조직과 9개의 업종별 조직은 물론 그 산하에 900여 단위 노조의 30여만 명의 조합원이 가입 되어 있어서 더욱더 노사갈등은 조직화 되어 있음을 알 수 있다.[24]

이상에서 노사분쟁의 한국적 현실을 중소기업체의 경우를 중심으로 논의하였다. 여기에서 알 수 있는 것은 노사간의 갈등은 현존하며 그 근본적 원인은 여러 접근의 방법이 있으나 기업체조직내부의 노사간의 이해관계의 대립 또는 상이한 시각이나 가치관의 상호 충돌 등에서 유발된 갈등현상에서 발견될 수도 있고, 타 면에서는 외부정치사회적 환경의 변화와 영향으로 인한 정적 이데올로기의 확산이 중소기업조직과 타조직, 중소기업조직과 대조직 또는 중소기업조직의 노사주체가 정치사회적 타이익집단(interest groups)과의 상호 연대적 관계에서 유발되는 경우가 있음을 지적될 수 있다.

특히 이러한 논거에는 노사간의 갈등유발이 단순한 임금인상 등의 문제에서 집단협약이나 작업조건의 개선, 사회적 지위의 향상, 문화적 욕구의 충족, 그리고 정치적 문제로까지 확산되고 있는 추

[24] Ibid., p. 76. 여기에서 지역별 노동조합협의회는 마산, 창원, 서울, 인천 등 10여개 지역별로 업종별 노동조합협의회는 연구, 전문, 기술, 사무, 금융, 언론, 병원 등 9개 업종별로 조직되어 있다.

세이다. 이러한 다양한 노사간의 갈등원인의 유발은 다음 장에서 논의하는 갈등의 해소전략에서 그 이론적 모형을 체계화하여 보도록 하겠다.

Ⅳ. 노사간 갈등해소의 행정관리적 방안

(1) 행정관리의 개념설정

행정철학자 C. Hodgkinson은[25] 행정과 관리를 구분하며 행정은 기술(art), 정책(policy), 가치(values), 상위(upper), 전략(strategy), 인간적(human), 질적(qualitative), 반사적(reflective), 일반주의(generalism)와 위계(echelons)를 나타내는데 반하여 관리(management)는 과학(science), 집행(execution), 사실(facts), 하위(lower), 전술(tactics), 양적(quantitative), 물적(material), 활동적(active), 특수주의(specialism), 그리고 위계적(echelons) 개념을 가지고 있다고 한다.

그러나 행정과 관리의 2분법적(dichotomy) 개념의 분리보다는 행정관리를 복합적 측면에서 다루는 것이 바람직하다고 보고, 여기에서는 행정관리를 "행정조직의 공동목적을 합목적적·효과적으로 달성하기 위하여 조직의 모든 협동적 활동이 보다 합리적·능률적으로 수행되도록 그것을 지도하고 촉진하는 기능 및 과정"이라고 할 수 있다.[26]

그러나 이러한 개념적 정의는 지나치게 행정을 합리성과 능률성만 강조하기 때문에 필자로서는 적절하지 못하다고 본다. 왜냐하면 행정은 인간의 삶의 질(quality of life)의 상향을 위한 책임활동이므로 거기에서는 합리성 능률성 이상으로 가치성, 그리고 동태적 변화(dynamic change)에 대한 협동적 행위(cooperative action) 등의 요

---

25 Christoper Hodgkinson, Towards a Philosophy of Admistration(New York: St. Martins Press, 1978), p. 14.

26 박연호·이상국 공저, 현대행정관리론(서울: 박영사), 1985, p 3.

소가 필요하기 때문이다. 이러한 맥락에서 행정관리의 개념을 재체계화한다면 행정관리란 행정의 이념을 달성하기 위한 합리적, 가치적, 능률적, 협동적 행위이며 활동이고 전략이며 기술이라고 할 수 있다.[27] 그리고 중소기업조직의 행정관리란 중소기업조직의 행정목표를 달성하기 위한 제 방법, 활동, 전략 및 기술을 의미한다고 볼 수 있다.

원래 갈등관리는 조직 내의 갈등의 역기능을 해소시키거나 조화시키는 뜻만을 말하는 것이 아니라, 갈등을 용인하고 그에 대응하는 조치를 취하거나, 그리고 조직에 유익하다고 판단되는 갈등을 조장(stimulation)하는 것까지를 포괄하는 활동을 말하기도 한다.[28] 그러나 특히 중소기업조직에 있어서의 갈등해소의 행정관리란 중소기업조직의 목표를 달성하기 위하여 기업조직의 핵심인 노동자와 사용자 간의 제이해관계의 대립에서 유발되는 갈등현상을 효율적, 민주적, 합리적으로 처방하기 위한 활동과 전략을 의미한다고 할 수 있다.[29]

(2) 노사간 갈등해소의 모형

노사간 갈등관리는 다양한 해소방안을 제시할 수 있으나 여기에서는 행정관리적 측면에서 갈등해소방안을 제시하여 보려고 한다.

첫째, Communication 모형으로서 노사간의 적절한 communication channel을 통한 욕구의 승화와 긴장해소의 방안을 들 수 있다.[30] 바람직한 communication은 노사간의 대화와 의사소통이 명확성(clarity), 적절성(adequacy), 일관성(consistency), 적시성(timeliness), 적응성과 통

---

27 김영종, 고시행정학(서울: 법지사, 1988), p. 11.

28 Morton Deutsch, *The Resolution of Conflict*(New Haven: Yale University Press, 1973), pp. 8-10.

29 유종해 외 3인 편저, 행정학사전(서울 고시원, 1989), pp. 190-191.

30 김영종, 사회학개론(제4판)(서울: 형설출판사, 1989), pp. 190-191.

일성(adaptability and uniformity), 혹은 배분(distribution) 등의 제원칙이 고려되어야 할 것이나 평소 노사분쟁이 발생하기 전 예방 행정 관리적 측면에서 노사간의 대화의 창구를 제도적으로 보장하여야 한다. 그 구체적인 사례로서 노사간의 대표자회담이나 고충처리제도, 또는 제안제도(suggestion system) 등의 지원도 필요하다. 그리고 공식적communication(formal communication) 뿐만 아니라 비공식적 communication(informal communication)을 통하여 긴장과 갈등을 해소하는 방법을 고려해 볼만한데 이 경우에는 행정관리의 책임자 특히 상위관리자는 물론 중간관리자 이하의 책임이 매우 중요하다. 왜냐하면 그들은 하위체제(subsystem)의 발전과 변동의 주요변동 역군(change agents)들이기 때문이다. 실제로 중소기업의 경우 대기업과 달리 노사간의 계층 폭이 비교적 짧기 때문에 대화와 의사소통의 경로가 단축되어 신뢰를 회복할 수 있는 인간관계의 유대를 가지기에 유리한 이점이 있음을 고려할 때 이러한 communication에 의한 노사간의 갈등해소는 퍽 중요한 의미를 가지고 있다고 할 수 있다.

둘째, 노사협의체 운영 모형으로서 합리적 노사간의 의사결정을 위한 노사협의체의 개선의 극대화와 민주화이다. 우리나라의 노사협의제가 처음 도입된 것은 1963년의 노동조합법이 개정되어 노사협의회의 설치 규정이 되면서부터이다. 동법 시행령에서 종업원 30인 이상의 모든 기업에 노사협의회를 설치 운영토록 의무화 행정지도한 결과 <표 10-5>에서 보는 것과 같이 1981년 이후에는 설치율이 100%에 달한다.

노사간의 갈등문제는 노사협의회의 양적 증가에도 불구하고 그 기능면에서 정당하고 적절한 제도적 조치가 더욱 필요하다고 하겠다. 예를 들면 노사협의회의 구성에 있어서 "노동조합의 대표자와 그 노동조합의 위촉하는 자로만 할 것이 아니라 근로자 전체를 대표할 수 있는 방법이 모색되어야 할 것이다."[31] 왜냐하면 노사협의제는 노동조합의 재임과는 관계없이 법체제상 단체교섭제도와 분리되어 있기 때문이며 특히 근로자 위원선출 방법에 있어서 법률이나 시행령을 두어 사용자가 개입하지 못하도록 직접 선거로 하여야 할 것이다. 아울러 중앙노사협의회 외에 법적 효력을 갖는 중재기관 또는 조정기관으로서 중간단계의 지역단위로 도 단위 또는 산업별 노사협의회의 설치가 필요하다고 하겠다.

〈표 10-5〉 노사협의회 설치현황

제 도	대 상	설치기업수	설치율(%)
1981	4,720	4,720	100
1982	4,756	4,756	100
1983	4,845	4,845	100
1984	5,310	5,310	100
1985	5,627	5,627	100
1986	6,127	6,122	99.9
1987	6,927	6,775	97.8

자료 : 한국경영자 총협회(서울: 노동경제연감, 2988), p. 64.

뿐만 아니라 기업의 조직문화적 측면에서도 노사간의 갈등을 극소화하기 위해서는 노사협의제의 본질인 기업 민주주의의 실천을 위하여 노사간의 대등한 참여에 의한 의사결정이 이루어져야 하고 공존적 동반자적 노사관과 경영자의 권위주의적 관료적 기업행정관리적 자세를 탈피하고 노사간의 건전하고 합리적 정보교환을 통한 발전전략을 모색하여야 할 것이다.

셋째, 기업의 노사간의 갈등은 조직발전모형(organization development

31 김종술, "한국의 노사협의제의 발전방향"(서울: 건국대학교행정대학원, 1988), p. 67.

model)을 통하여 해소할 수 있다. 여기에서 OD모형이란 기업조직의 진단을 통하여 기업이 처해있는 갈등문제를 파악하고 발견된 조직목표를 향하여 계획적이고 미래지향적인 활동과 전략으로 대응능력의 제고와 변동을 유도하게 되는 것이다.[32]

보다 구체적으로 OD에서의 방향은 ① 의도적 계획된 변동의 유도, ② 갈등문제의 자기방향적 변동(self-directed change), ③ 갈등해결을 위한 관리체제변동(system change)의 유도, ④ 조직의 전체체제(total system)와 하위체제(subsystem)와의 의존관계(interdependence)의 지속, ⑤ 조직구성원들의 갈등관을 바람직한 방향으로 행태와 가치관, 신념과 태도 등의 변화유도 등이 될 것이다.

특히 OD기법의 활용이 요청되는데 예를 들면 기업조직내부의 팀개발(team development), 감수성수련(sensitivity training) 또는 그룹끼리의 회합(intergroup meeting) 등을 통하여 갈등해소의 전략을 세울 수 있다.[33] 팀 개발은 몇 가지 특성을 가지고 있는데 ① 이해와 상호합의, ② 개방적 의사소통, ③ 상호신뢰, ④ 적절한 leadership 개발, ⑤ 효율적 작업의 원리, ⑥ 갈등의 효과적 관리 등이다.

그리고 감수성훈련(sensitivity training)은 laboratory training, T groups, encounter groups, education, self analytical groups 등으로 부르기도 하는데 조직 내의 각 계층에서 10~16인을 단위로 하여 실험실에서 1-2주일 동안의 훈련을 통하여 ① 개인간의 능력의 개발, ② 개인의 특성과 조직역할의 충족에 주는 영향, ③ 갈등의 해결의 방법의 향상 등을 도모하는 목적이라 할 수 있다.

그리고 그룹끼리의 회합(intergroup meeting)은 경쟁관계에 있는 두 행위집단끼리의 구성원을 모아서 상호대화와 논의를 통하여 개선하는 방법이다. 특히 갈등문제에 있어서 최고관리층과 일선기관

---

32 Michael Beer, *Organization Change and Development*(Santa Monica: Good Year Publishing Company Inc., 1980), p. 7.

33 김광웅 외 공저, *op. cit.*, pp. 433-462.

과의 관계를 개선하는데 활용될 수 있는 방법이 된다.

그 외에 OD기법에 의한 갈등해소의 모형 중 대면회의(confrontation meeting)의 기법은 중요하다. 이것은 우선순위와 행정목표를 설정하기 위해서 조직의 각 부문이 회동하는 1일활동[34]으로서 그 절차를 간략하게 요약하면 다음과 같다.

제1단계에서는 조직목표를 위해 전 관리집단이 회합을 한다. 제2단계에서는 조직의 각 하위집단(sub-group)이 회동한다. 제3단계에서는 각각 독자적으로 하위집단의 개방적 토론과정이며 제4단계에서는 하위집단이 타집단에서 발견한 문제들에 대한 경청 단계이다.

그리고 제5단계에서는 조직의 갈등문제의 목록이 별도 구성된 문제해결집단에 제시되며 제6단계에서는 갈등문제의 해결을 위한 우선순위를 결정해서 제7단계에서는 각각의 문제점에 대한 해소방안과 행동계획을 짜게 된다. 그리고 마지막으로 각각의 갈등문제 team이 개개의 문제점에 대한 해결책을 제출하고 그 후의 행동계획도 수립하는 절차를 말한다.

이상과 같은 여러 OD의 모형에 의한 갈등해소방안은 한마디로 조직 내의 갈등문제의 진단과 그 처방을 보다 구체적이고 체계적인 설계에 의하여 해결하려고 하는 조직전략이라 할 수 있을 것이다.

넷째, 기업윤리모형(business ethics)에 의한 기업조직의 갈등해소방안으로서 이 모형은 기업경영자나 고용인 또는 기업조직과 관련된 제이해관계집단 등을 포괄적으로 보다 더 도덕적인 주체로서의 사회적 책임과 의무에 초점을 맞추어 그 윤리성이나 복지성의 제고를 통하여 노사간의 갈등문제를 해소하고자 하는 이론적 모형이라고 할 수 있다. 기업조직의 주체는 노동자와 사용자요, 또한 이와 관련된 이해집단이란 타기업조직, 정부, 또는 일반소비자도 될 수 있다고 하겠다. 기업윤리의 주체는 실제로는 노동자보다는 사용자에게 더욱 윤리성이나 복지성이 강조되는 경우가 많을 것이다.[35] 그러나

---

[34] R. Beckhard, *Organization Development* (Massachusetts: Addison Wesley Publishing Co., 1969), p. 38.

노동자의 기업윤리성도 점점 증대되고 있다.

의미있는 것은 사용자들의 기업윤리의식이 문제인데 Baumhart는 그 요인으로서[36] ① 회사의 기밀누설, ② 인력의 스카웃, ③ 개인비용의 회사부담, ④ 거래처주식의 소유, ⑤ 경영자의 주주만을 위한 편향적인 경영활동 등이라고 주장하고 있다.

실제로 기업조직의 비윤리적 풍토에 영향을 주는 변수(variables)는 결코 사용자들 개인만의 의사결정이 아닌 조직의 대내적 혹은 대외적(internal or external)변수와 깊은 관련이 있을 수 있다.

Burry Z. Possner & Warren H. Schmidt의 연구에서는 ① 상사의 행동, ② 동료의 행동, ③ 기업조직내의 윤리적 풍토(또는 관행), ④ 사회의 도덕적 분위기와 환경, ⑤ 사회의 공식적 정책(정책의 결여), ⑥ 개인의 금전적 욕구 등의 순위로 발견되었다.[37] 보다 구체적으로 기업윤리에 미치는 주요변수는 [그림 10-3]에서 보는 바와 같다.[38]

특히 여기에서 주목할 것은 중소기업과 대기업간의 불균형관계가 심화되고 있을 뿐만 아니라 대기업의 경우는 최근에 기업윤리 면에서 더욱 문제가 심각해지고 갈등의 유발을 가속화하고 있는 것으로 본다. 예를 들면 30대 재벌이 전국토에 투자한 부동산 시가가 10조원이나 되며, GNP의 80%의 매출액인데도 불구하고 법인세는 전제의 30%에 불과하며[39] 탈세, 정경유착 등을 지적할 수 있다.

---

35 김용찬, 기업윤리요인에 관한 실증적 요인(박사학위논문) (서울: 숭실대학교 대학원, 1989), pp. 14-36.

36 Raymond C. Baumhart S. J., *Ethics in Business* (New York: Hart, Rinehart and Winston, 1968), pp. 37-50.

37 이 연구는 1984년의 미국 경영자, 1,460명을 대상으로 한 경영자의 가치관에 대한 연구에서 발견되었다. Burrg Z. Possner and Warren H. Schmidt, "Values and the American Manager: An Update," *California Management Review*, Vol. XXVI, No. 3(Spring, 1984), p. 212.

38 김용찬, *op. cit.*, p. 53.

39 조선일보, 1989.10.6일자.

[그림 10-3] 기업윤리의 집단변수

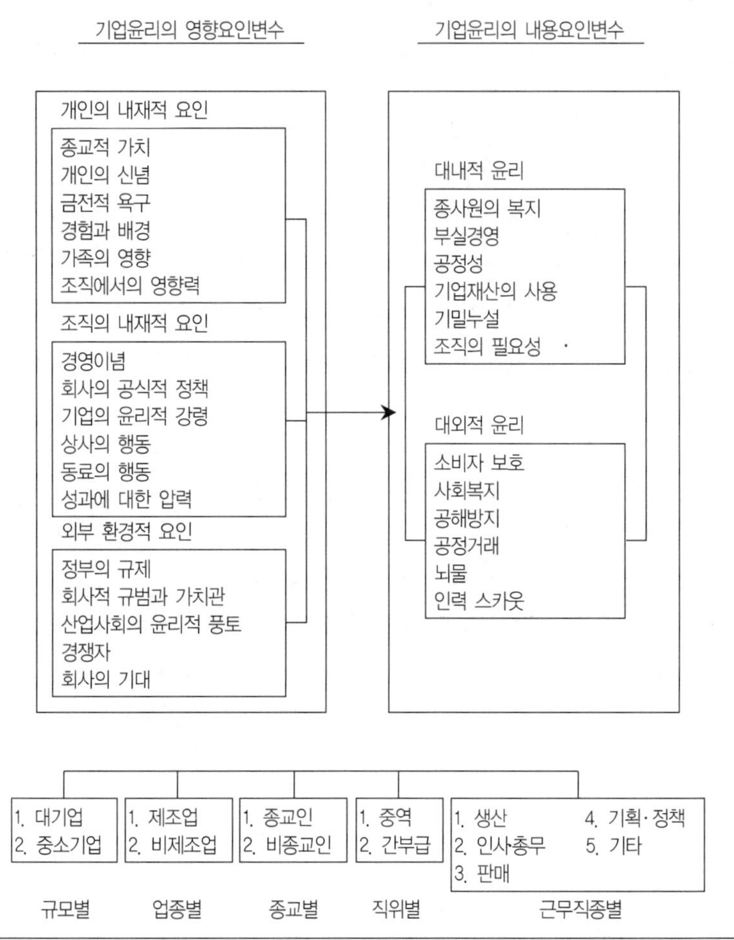

또는 특혜성 목적 금융, 또는 준조세 등으로 인한 정치권력을 이용한 기업이윤획득 등을 지적할 수 있다. 재론할 필요도 없이 예를 들면 제5공화국의 정치적 병폐의 대부분은 기업윤리의 타락으로 인하여 생긴 결과적 현상으로 볼 수 있는데 일해재단의 사건이 그 대표적인 사례이다. 정경유착의 반사회성은 곧 경제적 비효과성을 유발하고 권력과의 야합은 ① 자원의 낭비, ② 기업에 대한 소비자의 종속, ③ 분배의 왜곡 등으로 연결된다고 할 수 있고[40] 급기야는 기업윤리의 타락현상은 정치경제의 밀착으로 인하여 비민주적 기업윤리로 이어지고 그 결과로 인하여 심각한 기업조직의 갈등을 유발하게 된다. 다음의 [그림 10-4]는 정경유착의 인과도이다.

[그림 10-4] 정경유착의 인과도[41]

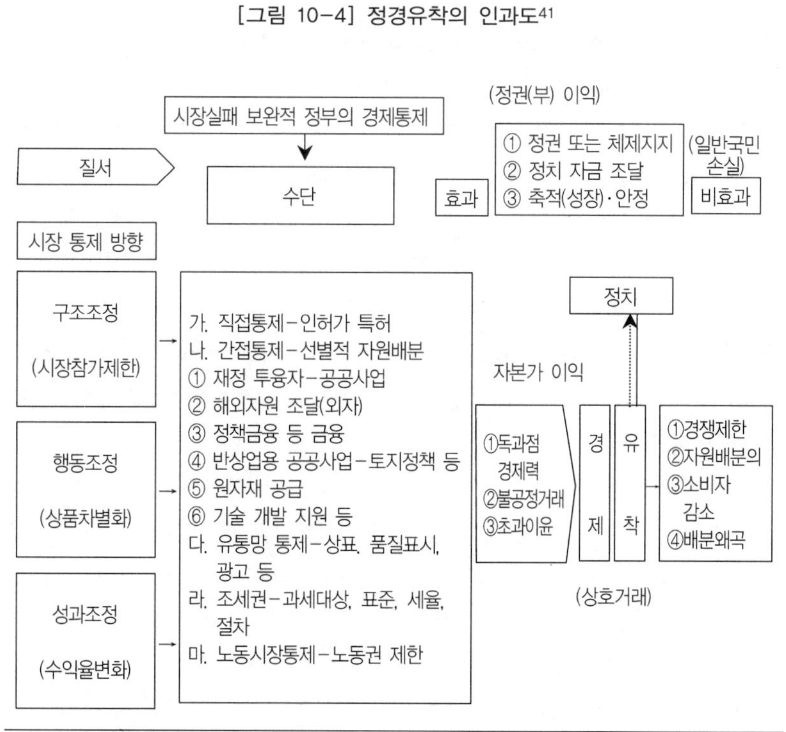

[40] 이중원, "부패의 경제," 한국경제(제4권, 1987. 1), (서울: 한국산업연구소, 1987), pp. 102-114.

[41] 전철환, "정경유착과 민주화의 과제," 사상과 정책, 18호(1988년 봄), p. 138.

특히 최근의 한 연구에서 발견된 것에서 주목할 사실은[42] 기업의 비윤리적 의사결정에 영향을 준 요인으로서 상사의 행동, 산업사회의 윤리적 풍토, 개인의 금전적 욕구, 동료의 행동, 정부의 규제, 그리고 사회적 규범과 가치관의 6개 요인이 나타나고 있다.

요컨대 기업윤리모형은 노사간의 갈등의 치유와 해소에 있어서 기업관리의 가치와 민주성을 향한 신뢰성 모형이라고도 할 수 있다. 특히 한국적 상황에 접목하여 볼 때 기업윤리모형은 근로자들의 신뢰성 구축을 위하여서도 중요한 모형이다. 특히 여기에서 제안하는 것은 "기업윤리헌장(가칭)"을 제정하여 노사간의 갈등해소를 위한 윤리적 차원의 방향제시를 하는 것도 바람직할 것으로 판단된다.

다섯째, 기업조직의 leadership 모형(leadership model)을 통하여 노사간의 갈등문제를 해결할 수 있다. leadership 모형이란 조직목적에 자발적으로 협조하도록 leader가 노동자들을 설득하는 기술이라고 할 수 있다. 실제로 leadership에 관하여서는 많은 연구가 있으나 가장 중요한 leadership style의 하나는 1958년의 Robert Tannenbaum과 Warren H. Schmidt의 의사결정에 대한 참여절차의 연속선에 관한 연구가 유명하다.[43]

[그림 10-5]에서 나타난 leadership의 style이 한국의 기업조직 특히 중소기업조직의 노사간의 갈등해소에 접목할 수 있다. 독재적이고 전제적인 leadership은 오늘날 사회변동과 발전 그리고 자율성과 민주화의 큰 흐름 속에서도 바람직하지 못하다. 그것이 노사간 갈등의 유발요인도 될 수 있기 때문이다. 그렇다면 중소기업의 경영자도 보다 민주적인 방향으로 그 영향력을 발휘하여야 할 것이고 구체적으로 [그림 10-5]의 바른쪽 방향으로 나아가야 할 것이다. 그러나 극단적인 자유방임적 권한위임도 결코 바람직하지 못하다고 할 수 있다.

---

42 *Ibid*., p. 111.

43 Gary A. Yukl, Leadership in Organization (Englewood Cliffs: Prencice-Hall, Inc., 1981), p. 205.

따라서 한국의 중소기업도 조직에 적절한 leadership은 ① 민주적 leadership이어야 하며, 그것은 기업이 운영을 권위주의적 전통적 관료적 틀에서 탈피하여 자율적으로 의사결정의 과정(decision making process)에 부하의 참여를 높여주는 민주적 leadership이 요청된다.

특히 중소기업은 사회변동과 정치경제의 변동에 신속하게 대응할 수 있는 자생력을 가질 필요가 있다.

[그림 10-5] 기업조직의 리더십 모형

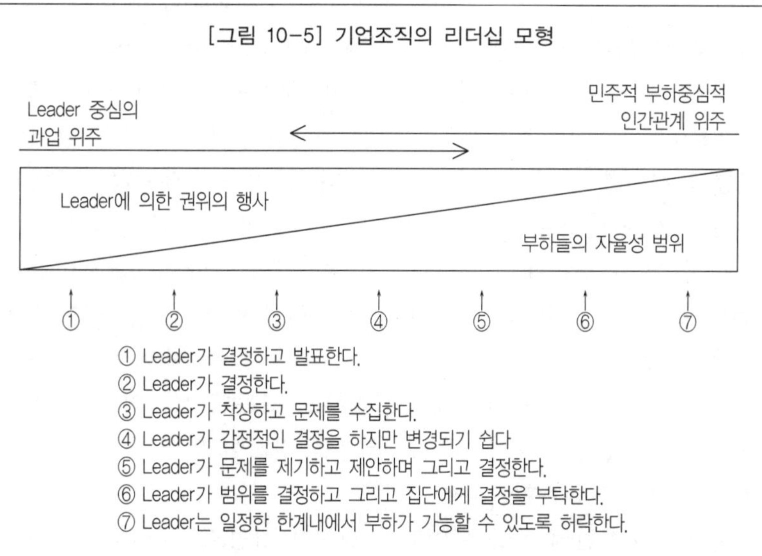

자료 : Robert Tannenbaun and Warren H. Schmidt, "How to choose a Leadership Pattern," (March-April, 1958), Haverd Bussiness Review.

② 보다 신념과 추진력이 강하며 특히 합리적인 행정능력과 정보관리능력(management ability of information)을 구비한 leadership이 필요하다. 왜냐하면 중소기업의 조직의 목표를 달성하는데 여러 가지의 대내외적 애로사항이 많이 유발될 수 있을 것이나, leader는 보다 신속한 상황판단과 처리능력을 구비하여 목표 지향적 신념을 실현시켜 나가야 성공할 수 있다고 보기 때문이다.

여섯째, 기업조직문화모형(business organization culture model)에 의한 갈등해소 방안으로서 이 모형은 주로 기업조직구조의 개혁과 쇄신에 의하며 건전한 노사간의 협조의 풍토를 유도하고 보람 있고 화목한 직장의 분위기를 조성하여 노사간의 갈등을 사전에 예방하고자 하는 것이다. 여기에서 기업조직문화란 중소기업에 참여하고 있는 기업의 사용자와 노동자들의 기업을 보는 가치관, 신념(belief) 그리고 태도(attitude) 등의 총체적이고 집합적인 개념이다. 말하자면 정치문화와 관료문화가 일반문화의 하위개념(subconcept)인 것처럼 기업조직문화도 하위개념으로서 특히 시민문화(civic culture)와는 깊은 관계가 있다. 왜냐하면 기업조직의 구성원들 역시 시민문화의 주체들이고 그들의 기업관은 그러한 문화의 틀에서 표출될 수 있는 공통적 변수를 가질 수 있기 때문이다. 그러나 무엇보다도 중요한 것은 기업가나 근로자는 그들이 일하는 삶의 터전인 직장이 평생 일할 수 있는 보람과 긍지를 차지할 수 있도록 평생 고용인(lifelong employee)이라는 기업풍토와 기업조직문화를 심어 줄 수 있도록 하여야 할 것이다.[44]

사용자가 노동자를 알뜰하게 살펴주고 그들의 복지와 삶의 보람을 가질 수 있게 하며 노동자는 최선을 다하여 일할 수 있는 기업조직풍토가 되어야 한다.

따라서 노사간의 갈등은 이러한 건전한 기업조직문화에서 해소될 수 있다고 보는 것이다.

특히 이러한 기업문화를 형성하기 위하여서는 기업에 대한 사회적 평가도 건전한 방향으로 나아가야 할 것이고, 노동교육이 이루어져야 될 것이다. 그것은 학교교육이나 사회교육 등을 통하여 소기의 성과를 거둘 수 있도록 정책적 배려가 있어야 될 것이다.

---

44 이것은 일본의 기업관리가 성공한 사례와 유사한 경우의 설명이다. Raymond McLeod, Jr., Management Information Systems (Chicago: SRA, Inc., 1986), pp. 62-63.

일곱째, 중소기업의 노사갈등을 해결하는 또 하나의 중요한 모형은 정치환경적 모형(political environment model)으로서 이 모형은 오늘날 우리 사회의 급증하고 있는 노사 갈등과 분쟁의 원인은 정치적 불안과 불신으로 유발되었다고 보며 그러한 정치환경을 보다 정화하거나 혁신 쇄신하는 획기적 노력이야말로 노사갈등의 해소방안이 된다고 보는 것이다.

특히 여기에서 주목할 사실은 우리나라의 기업들의 노사간의 갈등은 전통적으로 기업조직 내부의 문제 예컨대 임금인상이나 작업의 환경개선 등의 문제에서 점점 정치적 환경과 연대하여 정치적 투쟁의 방향으로 전환되고 있다. 예로서 1989년에 전국노동협의회라는 새로운 전국 규모의 노동단체를 조직하여 기업조직의 대내적 문제는 물론 정치적 투쟁도 불사하겠다는 것이다.[45] 이러한 현상은 그 원인과 대책을 정치환경의 개선과 개혁이라는 갈등해결모형으로 접목되어야할 것이고, 특히 정치지도자들의 정치적 역할을 최대한 발휘하여 현재 국가발전의 큰 장애요소로 등장하고 있는 빈부격차의 문제, 향락산업과 과소비 문제, 민생치안의 문제, 서민층의 복지문제, 그리고 도시 근로자의 주택 및 복지문제, 토지공개념문제, 또는 대기업과 중소기업의 불균형 시정문제, 농촌의 구조적 문제 등을 해결하는데, 박차를 가하여야 할 것이다.

이러한 의미에서 정치환경의 개선은 시급한 과제이며 과거 6공화국에게 부여된 국가적 과제를 예를 들면 알 수 있다.[46] 따라서 이 정치환경모형은 노사간의 갈등을 해소하는데 어느 다른 이론적 틀보다 더욱 중요하다고 하겠다.

여덟째, 노사간의 갈등해소를 위하여서는 입법 정책적 모형으로서 "노사간 갈등해소 촉진법"(가칭)[47]을 입법화하여 위에서 논의한

---

45 동아일보(1989. 10. 23), 전국노동조합 협의회는 1989. 10. 22.; 서울 경희대에서 전국 200여 단위노조 조합장 600여명이 참석하여 내년 1월에 전노협을 결성하기로 결정했다.

46 중소기업협동조합중앙회, 중소기업 고용환경, 조사보고서(1988), pp. 1-60.

여러 이론적 모형을 정책에 반영하는 것이 필요하다고 본다.

노사간의 갈등해소를 위한 이 입법의 기본정신은 갈등해소를 위한 국가적 의지와 국민의 화합 정신을 담아야 할 것이고 특히 갈등해소를 위한 행정적 절차와 법적 지원방안 등이 그 주요한 핵심이 되어야 할 것이다. 특히 이것이 입법화되기 위해서는 정책결정자, 입법관료, 노사의 기업조직 구성인, 그리고 국민의 광범위한 여론의 수렴이 정책과정에 반영되는 것이 바람직할 것이다.

아홉째, 노사간의 갈등해소를 위한 통합적 이론의 모형이 적용될 수 있다. 이 통합적 모형(integrated model)이란[48] 앞에서 논의한 제 이론적 틀을 상호 보완하는 기능을 가진 통합적이고 체계적인 노사갈등해소 모형이라고 할 수 있고 [그림 10-6]에서 그 구체적인 내용을 살펴볼 수 있다.

[그림 10-6]의 여덟의 모형은 각각 바른편에 있는 종합모형으로 초점이 모아진다고 가정하며 또한 좌편의 8가지 모형도 상호 유기적 관련을 맺어서 언제나 환류(feedback)될 수 있는 여건이라고 보게 된다. 따라서 이러한 갈등의 해소의 모형은 궁극적으로 기업의 갈등을 해소하고 행정의 궁극적인 목적인 인간의 삶의 질과 행복의 편의에 크게 기여하는 결과를 산출하게 된다고 보는 것이다.[49]

---

47 이 법은 노사간의 갈등해소를 촉진하기 위하여 사용자가 해야 할 일, 노동자가 해야 할 일. 혹은 관계기관이나 정부가 해야 할 일 등을 규정하여야 할 것이며, 특히 갈등의 유발이 될 수 있는 요인을 예방적으로 행정처리하는 내용이 되어야 할 것이다.

48 김영종, 발전의 제문제: "통합적 시각을 중심으로," 국가발전의 사회과학(서울: 박영사, 1987), pp. 394-414.

49 김영종 외 공저, 관료제와 행정철학(서울: 법문사, 1987), pp. 1-31.

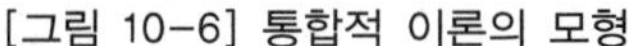

[그림 10-6] 통합적 이론의 모형

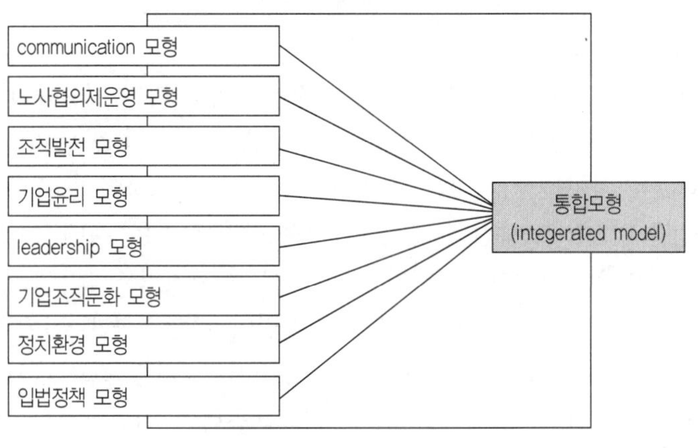

V. 결 론

결론적으로 인간의 사회현상이 근원적으로 갈등관계인가 혹은 균형관계인가 하는 분석시각은 끊임없이 논의되어 온 양대이론[50]으로서 갈등 이론의 경우는 L.A. Coser, R. Dahrendorf, D. Lockwood, 그리고 K. Marx 등이고 균형이론(equilibrium theory) 또는 질서이론(order theory)의 경우는 T. Parsons, Auguste Comte, Hebert Spencer, 그리고 Radcliff Brown 등이 대표자라고 할 수 있다. 그런데 중소기업 조직의 갈등은 기업조직의 발전에 심각한 역기능(dysfunction)을 초래한다는 명제에서 출발하여 행정관리적 차원에서 최대한 치유될 수 있다고 보는 여러 가지의 갈등해소 전략을 제시하였다. 노사간의 갈등해소는 바로 경제성장과 발전을 지속적으로 할 수 있으며, 나아가서는 국가발전을 더욱 가속화 할 수 있다고 판단된다. 특히

[50] Gibson Burrell and Gareth Morgan, *Sociological Paradigm and Organizational Analysis* (London: Heine mann, 1980), pp. 1-35.

노사간의 갈등은 건전한 사회안정 민주적 발전에도 매우 중요한 변수이기 때문에 이러한 갈등해소 모형의 정책적 반영 및 적용이 필요하다고 본다.

그러나 여기에서 간과할 수 없는 것은 기업조직의 갈등문제는 대외적으로 정치경제적 불안정과 사회적 불안의 종속변수(dependent variable)적 의미를 가진다는 것이다. 즉 대외적인 불안정 변수가 중소기업조직내의 노사간의 갈등을 더욱 유발시키는 촉매적 작용도 할 수 있다는 점이다. 그러한 맥락에서 중소기업조직의 노사간의 갈등문제는 건전한 정치사회적 민주발전이 바람직하게 진행될수록 감소되거나 치유될 수 있다. 따라서 중소기업조직의 노사간의 갈등해소를 위한 여러 이론적 모형의 적용을 통하여 기업발전과 경제발전에 독립적 변수(independent variable)로서 역할을 감당할 수 있을 것이다.

제6절 / 결 론

지금까지 논의한 조직발전의 문제는 한국의 발전에 과연 얼마나 접목될 수 있는 환경적 틀과 체계가 되어있는가 하는 문제로 초점이 모아진다고 할 수 있다. 왜냐하면 조직발전의 이론은 조직의 바람직한 변화를 통하여 조직의 목표를 성공적으로 달성할 수 있는 전략이기 때문이다. 이러한 맥락에서 한국의 행정현실과 접목되기 위하여서는 몇 가지 중요한 전제가 있어야 하겠는데 예를 들면 ① 조직이 보다 개방적인 방향으로 전환할 것, ② 조직을 보다 민주적이고 자율적인 방향으로 나아갈 것, ③ 조직은 leader가 변동역할(change agent)로서의 역할을 하고 자신의 변화가 필요할 것, ④ 조직의 핵심인 조직의 사회심리학적 연구와 정치 및 행정문화 그리고 조직문화의 연구는 물론 제도적 규범적 법적연구, 그리고 사회학적 연구의 통합된 연구가 필요할 것, ⑤ 특히 조직역학(organization dynamics)의 연구와 실증적 경험적 연구가 보완적 기능을 가질 것, ⑥ 의사결정의 과정, 행태과학, 체제이론, 정책과학 등의 연구는 물론 조직윤리와 철학적 연구와 접목될 것, ⑦ 조직의 관리과학(management science)의 지원이 필요할 것 등을 지적할 수 있을 것이다.

제11장 기술발전론

제1절 / 기술발전의 의미

현대사회는 한마디로 과학과 기술의 시대라고 할 수 있다. 역사적으로 18세기의 영국의 산업혁명은 과학과 기술의 위력을 절감하게 만든 획기적 사건이었다. 인간이 도구를 발달시켜 생활의 편의를 도모하게 된 후 우리의 삶의 구석구석 어느 곳에나 기술발달이 가져온 결과의 영향이 아닌 것이 없다. 기술발달은 경제발전을 가능케 하거나 가속화시키게 된다. 그리하여 인간의 삶의 편의를 도모하고 물량적 생활을 풍성케 하게 된다. Schumpeter는 일찍이 기술혁신(technological innovation) 없이는 경제발전은 거의 불가능하다고 지적하였다.[1]

Alexander King과 Aklilu나 Lemma가 주장하듯[2] "기술발전은 오늘날 우리가 살고 있는 세계를 창조하는 동력이 되어 왔다."(Technology has been a motor force in creating kind of world in which we live today).

---

1 J.A. Schumpeter, The Theory of Economic Development (Cambridge: Harvard University, 1959), p. 68.

2 Alexander King and Aklilu Lemma, "Science and Technology for Development," in Issues of Development : Towards a new Role for Science and Technology (New York: Pergamon Press, 1979), p. 7.

기술발전은 경제발전을 가능케 하거나 가속화시키고 생산성(productivity)을 증대시키는 중요한 변수의 역할을 하게 된다.

기술발전은 사회변동과 사회발전에 지대한 영향을 끼쳐 우리들 시민의 삶을 더욱 편리하게 하고 윤택하게 한다. 그리고 시간의 개념과 공간의 개념을 단축시켜 세계를 내 이웃으로 만들게 하는 근거가 된다. 기술발전은 문화발전에도 영향을 주어서 과학기술의 발전으로 말미암아 물질문화가 더욱 발전하게 되나 가치문화면에서 순기능이상으로 역기능(dysfunction)을 유발시킨다. 예컨대 보다 고립되고 원자화된 인간, 몰가치적 물량적 인간, 비인간적인 행태, 인간적 감성적 인간미가 상실되어가는 인간, 기계화된 인간 등으로 문화적 역기능을 일으키기도 한다. 특히 과학기술의 발전에 정신문화 혹은 가치문화가 상응하여 발달되지 못할 때 문화지체(cultural lag) 현상[3]까지 유발시킨다.

이와 같이 과학과 기술의 발전은 국가발전과 인간의 삶의 편의에 지극히 중요한 역할을 감당하나 다른 한편 그 역기능 또한 엄청나게 크다고 할 수 있다.

제2절 / 기술이전의 단계

먼저 기술이전(technology transfer)의 의미부터 고찰하여 보면 그것은 "기존의 기술이 생산에 활용되기 위하여 의도적으로 옮겨지는 현상"[4]이라고 할 수 있다. 기술이전이 단순한 기술확산(technology diffusion)과 구별되는 점은 전자가 보다 의도적이고 계획적이고 전

---

3 W.F. Ogburn, Cultural and Social Change (ed.), by O.D. Duncan(Chicago: University of Chicago, 1964), XV.

4 김현구, "기술이전의 경로와 측정," 한국행정학보, 통권 제 23 권 1호(1989. 6), p. 409.

략적이라고 할 수 있는 반면에 후자는 보다 자발적이고 순응적이라고 할 수 있다. 구체적으로 기술이전의 단계가 특히 동태적 과정을 거쳐서 발전되어 가는 단계를 설명하면 다음과 같다.[5]

첫째, 선진국 자체에서 기술이 개발되어 가고 발전되어 가는 동태적 기술혁신과정이 있다.

둘째, 선진국에서 개발도상국으로 기술이 이전되어 가는 과정으로서 비교적 단기간에 걸친 정태적 과정이라고 할 수 있을 것이다.

[그림 11-1] [6]

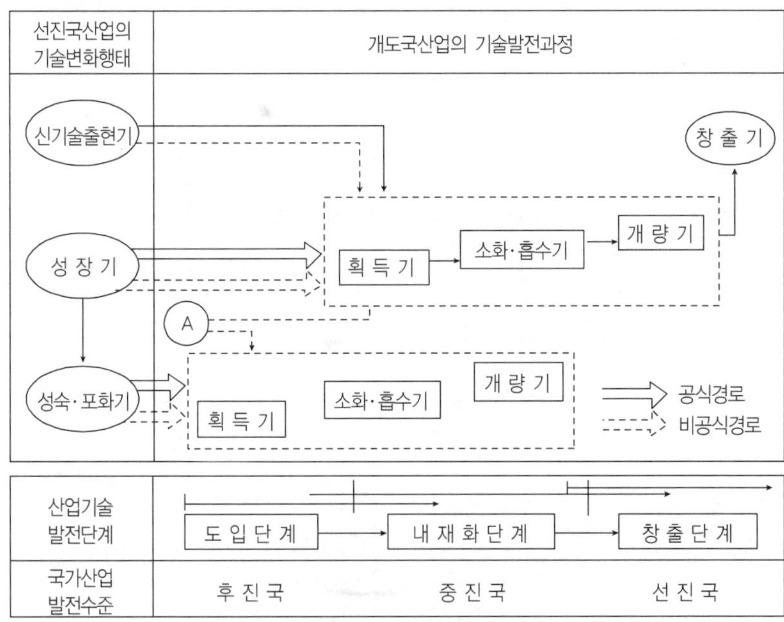

주 : 1) A(관련기술의 축적과정) : 교육·훈련·경험축적 등의 기간.
2) 국가산업의 발전수준에 따라 신규기술의 획득기에서는 보편기술의 소화·흡수, 개량발전이 동시에 일어나기도 한다.
3) 산업기술발전단계(stage)는 국가적·산업적 차원이며, 보편 및 신규기술영역의 발전단계는 기업단위기술의 차원이다.

---

5 중소기업과 기술발전(서울: 중소기업협동조합중앙회, 1988), pp. 18-20.

6 Ibid, p. 13.

셋째, 선진국의 기술이 개발도상국으로 기술이 이전되어서 개발도상국에서 습득·소화·흡수 또는 발전되어나가는 동태적 과정으로서 이것은 도입단계(introduction stage), 내재화단계(internalization stage), 창출단계(generation stage) 등으로 나눌 수 있다. 구체적인 것은 [그림 11-1]에서 잘 나타나 보이고 있다.

〈표 11-1〉한국산업의 기술변화단계 [7]

	1단계 (실용화기)	2단계 (소화기)	3단계 (개량, 자체개발기)
생산개체의 설립수단 기술적 과제의 초점	외국기술의 도입 도입기술의 실용화	국내기술자의 이동 도입기술의 소화	국내기술자의 이동 도입기술의 개량 및 자체기술개발
중요한 인력자원	외국인 기술자	국내기술인력 (기술, 기능공)	국내기술인력 (과학, 기술자)
생산공정의 형태	비효율적	비교적 효율적	극도로 효율적
기술변화의 중요한 원천	일괄기술의 도입	——→ 2)	자체개발능력
외국기술도입의 중요 형태	일괄집합형태	——→	분리된 핵심기술
기술변화에 영향을 미치는 외적 과제 환경	공급자 정부	——→	수요시장, 경쟁자
시장의 형태	보호된 국내시장	——→	경쟁적 국내외시장
연구개발의 초점	「엔지니어링」(E)	개발 및 「엔지니어링」(D&E)	연구개발 및 「엔지니어링」(RD&E)
원료부품의 공급원	대부분 수입	——→	대부분 국산
중요정부정책 국내	수입대체	도입기술의	수출촉진
연구·개발연구소의 역할	도입과 실적에 필요한 기술상담	소화에 필요한 「엔지니어링」	연구개발

주 : 1) 도입기술의 소화 및 모방기(제2단계) 이후에 와야 할 제3단계임.
2) 실용기의 특성에서 개식 및 자체개발기의 특성으로 점진적으로 변해 간다는 표시임.
3) 산업기술에 관계된 것은 [엔지니어링]이 주를 이루겠지만 기타의 경우 연구개발활동이 필요할 것임.

---

7 Ibid., p. 17.

[그림 11-1]에서 나타나 있는 각 단계를 보다 요약하면:

① 도입단계(introduction stage) – 이 단계는 개발도상국에서 공업화가 시작하는 단계로서 선진국의 성숙＝쇠퇴기의 기술이 도입되는 단계이며 획득기란 도입된 기술로서 안정된 제품생산을 할 수 있는 단계이다. 또한 소화흡수기란 제품기술의 소화흡수를 통하여 원료의 대체나 제품변경을 시도하는 시간이고 그리고 개량기란 도입된 기술을 개선하고 개량하는 단위를 말한다.

② 내재화단계(internalization stage) – 이 단계는 도입된 기술로서 신상품을 생산하거나 개선된 기술로서 새로운 제품생산 또는 공장건설이 가능해지는 단계가 여기에 해당된다.

특히 여기에서 지적할 수 있는 것은 한국산업의 경우 기술변화의 단계는 어떠한가? <표 11-1>에서 보는 바와 같이 현재 한국의 기술발전의 단계는 내재화단계나 제1단계의 실용화나 소화기의 단계를 벗어나 제3단계인 개량·자체 개발기 또는 창출단계로 접어들고 있다고 할 수 있다.

다음에 지적하고 싶은 것은 기술이전전략의 문제이다. 먼저 기술이전의 단계에 있어서 매개기업의 존재 여부에 따라서 직접이전(direct transfer)과 간접이전(indirect transfer)으로 양분되는데[8] 직접기술보유자, 기계설비제조업자, 기술용역업자 등과 접촉하여 필요한 기술을 도입, 제품생산으로 연결시키는 경우를 의미한다. 그리고 후자는 기술공여자와 도입자간에 매개기업이 도입자의 필요한 기술을 대신 취해 일괄적으로 공합하는 경우이다. 예를 들면 매개기업은 관련 기술보유자나 제품생산자 또는 기술용역업자가 해당된다. 구체적인 것은 [그림 11-2]에서 잘 나타나고 있다.

기술이전의 단계에 있어서 또 하나 중요한 것은 기술이전의 단계를 이전매체의 종류에 따라서 다음의 종류로 분류하게 된다는 것이다.

---

[8] UNCTAD, Guidelines for the Study of the Transfer of Technology to Developing Countries (New York: UN, 1972), p. 9.

첫째, 상업적 이전(commercial transfer)으로서 통제적 물량적 이윤 추구를 목적으로 기업간 기술이전이 이루어지는 경우가 있다.

둘째, 비상업적 이전(non-commercial transfer)으로서 기술이전은 비영리주체기관인 개인이나 연구기관 또는 정책 공공기관 등을 통하여 이루어지는 기술이전을 의미한다.

셋째, 지식체화형이전(disembodied or knowledge embodied transfer)으로서 기술이전이 단순한 지식 또는 정보 그 자체로 이전되는 경우를 말한다.

넷째, 인간체화형이전(human-embodied transfer)으로서 인간에게 내재한 능력의 형태로 이전되는 경우를 말한다.

다섯째, 물질체화형이전(material-embodied transfer)으로서 인간에 의하여 제조된 물질의 형태로 이전되는 경우의 기술이전 경우를 말한다.

[그림 11-2] 기술이전의 경로: 직간접이전 9

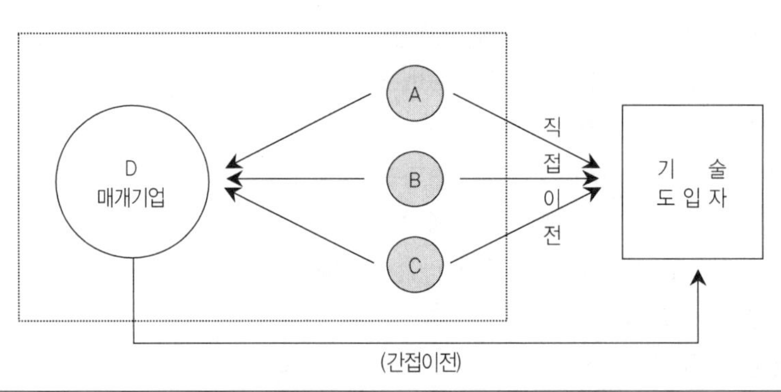

9 점선 안에 있는 A, B, C, D는 외국의 기술공여자를 나타냄.

여섯째, 다매체화형이전(multicarrier-embodied transfer)의 경우로서 기술이전이 지식이나 인간의 능력이나 또는 제조된 물질 등의 복합된 행태로 이루어지는 것을 의미한다. 구체적인 내용은 다음의 <표 11-2>에서 잘 나타나 있다.[10]

위에서 살펴본 기술이전의 단계는 한마디로 어떤 특정한 경로나 단순한 단계로 보다는 보다 동태적인 다양한 경로와 단계를 거쳐서 이전된다고 말할 수 있다. 그런데 중요한 것은 한국과 같은 개발도상국에서는 국가발전의 가속화를 촉진시키기 위해서는 무엇보다도 과학과 기술의 도입이 절실히 요청된다고 말할 수 있다. 특히 오늘날 기술이전의 경향이 상업적인 경향으로 흘러가지만 정책에서는 국가의 발전과 생업발전에 있어서 기술발전의 중요성을 감안하여 그 이전단계에 적극적으로 매입하여 기술이전의 신속성과 개발 및 확대를 위하여 개발행정적 차원에서 최대한 정부역할 및 행정의 역할을 극대화하여 나가야 될 것이다.

제3절／기술발전의 실태

위에서 논의한 바와 같이 기술발전은 국가발전의 원동력이 된다고 할 수 있으므로 여기에서는 그러한 기술발전을 위한 행정전략을 발전행정의 차원에서 검토하여 보기로 하자. 특히 이 경우는 한국의 기술발전의 실태를 먼저 살펴보는 것이 순서일 것이다.

(1) 기술발전의 실태

기술발전이 경제발전은 물론 국가발전과 행정발전에 지대한 영향

---

10 *Ibid.*, p. 410.

을 주는 것은 사실이지만 한국의 현실은 선진국에 비교하여 기술발전의 수준이 연구개발비와 예산투자의 비율을 보아도 낙후되어 있다. <표 11-2A>에서 보는 바와 같이 선진국의 경우는 기술발전을 위한 지출비율은 GNP의 2% 수준을 상회하지만 한국의 경우는 불과 1% 수준에 그치고 있다.[11] <표 11-2B>는 1998~2004년까지의 주요국의 연도별 연구개발비 추이와 한국의 연도별 개발비 추이를 나타낸다.

그리고 특히 [그림 11-3]에서 보는 것은 한국의 연도별 연구개발비의 추이로서 1970년대까지는 1% 미만의 적은 연구개발비였으나 1980년대에 들어와서야 그 규모에 있어서 상당한 부문을 차지하고 있음을 알 수 있다. 그러나 아직도 선진국에 비교하여서 매우 적은 수준으로서 1983년의 경우 불과 예산에 대비 1.06%의 6210억8천만원에 불과한 수준이었다.[12]

〈표 11-2A〉 주요국 연구개발비의 대 GNP 비율추이

(단위 : %)

	1970	1975	1980	1983
미 국	2.65	2.25	2.33	–
서 독	2.18	2.38	2.63	–
일 본	1.59	1.73	1.96	–
프 랑 스	1.93	2.02	1.84	–
한 국	0.39	0.44	0.62	1.06

자료 : 과학기술처

11 2000년을 향한 국가장기발전구상(서울: 한국개발연구원, 1987), p. 136.
12 *Ibid.*, p. 137.

〈표 11-2B〉 주요국 (G7)의 연도별 연구개발비 추이

(단위 : 억불)

구	분	1998	1999	2000	2001	2002	2003	2004
한 국	연구개발비	81	100	122	125	138	160	193.7
	GDP대비	2.34	2.25	2.39	2.59	2.53	2.64	1.0
	(정부, 민간)	(22, 59)	(27, 73)	(31, 92)	(32, 92)	(36, 102)	(39, 121)	(25, 75)
미 국	연구개발비	2,268	2,440	2,652	2,748	2,771	2,846	-
	GDP대비	2.60	2.65	2.72	2.74	2.67	2.62	-
	(정부, 민간)	(789, 1479)	(808, 1633)	(817, 1838)	(898, 1849)	(986, 1785)	(1050,1796)	-
일 본	연구개발비	1,159	1,320	1,420	1,279	1,240	-	-
	GDP대비	2.95	2.96	2.99	3.07	3.12	-	-
	(정부, 민간)	(314, 845)	(362, 958)	(386, 1034)	(340, 939)	(320, 922)	-	-
영 국	연구개발비	255	272	265	265	293	-	-
	GDP대비	1.80	1.87	1.84	1.86	1.88	-	-
	(정부, 민간)	(90, 164)	(93, 180)	(91, 174)	(91, 174)	(96, 197)	-	-
독 일	연구개발비	498	512	465	465	503	600	-
	GDP대비	2.31	2.44	2.49	2.51	2.52	2.50	-
	(정부, 민간)	(175, 324)	(166, 345)	(148, 316)	(148, 317)	(160, 342)	(195, 405)	-
프랑스	연구개발비	316	315	286	293	313	-	-
	GDP대비	2.17	2.18	2.18	2.23	2.20	-	-
	(정부, 민간)	(123, 192)	(122, 193)	(115, 171)	(113, 180)	-	-	-
캐나다	연구개발비	109	119	137	143	138	161	-
	GDP대비	1.79	1.82	1.92	2.03	1.91	1.87	-
	(정부, 민간)	(42, 67)	(47, 71)	(52, 84)	(56, 88)	(59, 79)	(71, 90)	-
이탈리아	연구개발비	127	123	115	121	-	-	-
	GDP대비	1.07	1.04	1.07	1.11	-	-	-
	(정부, 민간)	-	-	-	-	-	-	-

자료 : 과학기술부

[그림 11-3] 한국의 연도별 연구개발비 추이

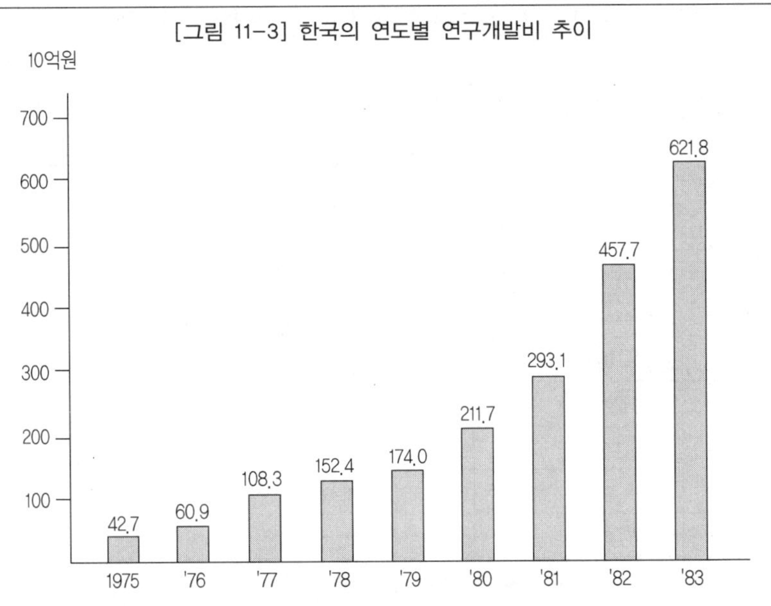

자료 : 과학기술처.

(2) 기업의 기술개발실태

우리나라 기업들은 과연 어느 정도의 기술개발에 관심을 가지고 있는가? 그리고 기술수준은 어느 정도인가? 혹은 기술개발의 애로는 무엇인가? 등의 실태분석은 기술개발의 전략에 매우 유익한 자료가 될 수 있다고 본다.

첫째, 우리나라의 통합개발정책과 기술개발의 기조를 연대별로 요약하면 다음과 같다(<표 11-3> 참조). 여기에서 요약하여 비교하면 1960년대에서는 과학기술진흥기반, 과학기술교육의 확대 그리고 자본재와 기술도입추진 등이 핵심이었으나 1970년대에서는 주로 도입기술의 소화와 개량, 중점분야 기술훈련강화, 그리고 금융 및 세제지수제등에 초점을 맞추고 있었다. 반면에 1980년대에서는 기술과 인력개발정책의 우선순위의 부여, 민간주도기술개발 추진, 그리

고 기술개발추진제도의 확충과 보완 등에 주력을 두었다. 그 구체적인 것은 다음의 표와 같다.[13]

〈표 11-3〉 우리나라의 경제개발정책과 기술개발정책의 기조

	경제개발정책	기술개발정책
1960년대	· 공업화의 기반확립 · 수입대책산업과 수출지향적 경공업의 육성	· 과학기술진흥기반 구성 과학기술진흥법의 제정(1967) 과학기술처의 발족(1967) KIST 설립(1966) · 과학기술교육의 확대 · 자본재 및 기술 도입 추진
1970년대	· 산업구조의 고도화와 중화학공업 육성 · 산업의 국제경쟁력 강화	· 도입기술의 소화, 개량추진 · 분야별 전문연구기관 설립 · 중점분야의 기술 및 기능훈련강화 · 기술개발추진을 위한 법규제정 기술개발추진법(1972), 기술용역육성법(1972), 특정연구기관육성법(1972) 등. · 기술개발을 위한 금융 및 세제상 지수제도 마련 · 국가장기대형연구개발사업 착수
1980년대	· 비교우위산업구조로의 전환 · 선진공업구조의 실현	· 기술 및 인력개발정책에 우선순위 부여 · 민간주도기술개발 추진 · 핵심전략기술의 중점개발 · 기술개발추진제도의 확충 보완 기술개발촉진법, 조세감면규제법 등의 개정, 기술개발자금지수의 확대 등

13 중소기업과 기술개발, *op. cit.*, p. pp.

	경제개발정책	기술개발정책
1990년대		과학기술혁신 5개년 계획의 실천 10대 부문 계획으로 구성 · 연구개발전략적 우선순위 설정, 과학기술정책·사업의 조정 등을 통해 효율성도 제고 · 중점 국가 연구개발사업 · 대학의 연구기능을 획기적으로 강화 · 유연한 과학기술 인력양성·활용체제 · 핵심공정·공법기술, 기본설계·감리·시험평가기술 등 상대적 도모 · 민·군 겸용기술 개발 · 기술혁신의 주체인 기업의 기술개발능력 제고 · 과학실험실 현대화, 실험보조원 증원 등을 통하여 과학기술교육을 내실화하고 시설을 확충 · 과학기술 하부구조의 구축을 위해 연구장비·시설확충 · 지속적으로 증대되고 있는 사회간접자본시설 투자와 병행하여 교통시설, 수자원, 지하공간, 건설관리 · 과학기술투자의 활력과 생산성 제고를 위한 정책 추진

자료 : 과학기술처, 과학기술연감 도감, 1982, 1998.

둘째, 우리나라 기업들의 기술개발의 주요동기는 무엇인가? <표 11-4>에서 나타난 것은 대기업과 중소기업의 기술개발동기에 관한 것으로서 신규사업으로의 전환, 경쟁사회와의 기술경쟁, 수요다양화, 그리고 제조기술보완 등의 순서로 주요동기가 되고 있다.[14]

---

[14] *Ibid.*, p. 53.

〈표 11-4〉 기술개발의 주요 동기

(단위 : 개사, %)

구분	신규사업으로 전환	기존제품의 제조기술 보완	원부자재의 대체, 개체	기술수명 주기 단축대처	임금 등 생산비용 상승 대응	경쟁사와의 기술경쟁	국내고객수요 다양화	해외바이어 품질향상 요구	선진 기술국의 기술이전 기피
대 기 업	54(32.1)	17(10.1)	10(6.0)	9(5.4)	6(3.6)	31(18.5)	29(17.3)	3(1.8)	9(5.4)
중소기업	21(25.0)	12(14.3)	1(1.2)	15(17.9)	6(7.1)	12(14.3)	10(11.9)	0(0)	7(8.3)
전 체	75(29.8)	29(11.5)	11(4.4)	24(9.5)	12(4.8)	43(17.1)	39(15.5)	3(1.2)	16(6.3)

자료 : 산기형. 기업의 기술개발 형태 및 애로요인조사연구, 1987.

다음은 우리나라 기업들의 기술개발 시 중시분야의 경우를 보면 새로운 제품개발에 최우선순위를 두고 있고, 그 다음이 기존제품의 품질이나 성능의 향상을 두고 있으며, 그리고 새로운 공정의 개발이나 기존공정의 개선이 각각 그 다음의 순서에 해당하고 있음을 <표 11-5>에서 볼 수 있다.[15]

〈표 11-5〉 기술개발시 중시분야

(단위 : 개사, %)

구 분	새로운 제품개발	기존제품의 품질, 성능향상	새로운 공정의 개발	기존공정의 개선
대 기 업	106(66.7)	41(25.8)	8(5.0)	4(2.5)
중 소 기 업	74(61.7)	36(30.0)	4(3.3)	6(5.0)
전 체	180(64.5)	77(27.6)	12(4.3)	10(3.6)

자료 : 산기협, 기업부설연구소의 현황 및 활동조사연구, 1988.

---

15 *Ibid.*, p. 54.

〈표 11-6〉 기술수준(Ⅰ)

(구성비 : %)

규 모 \ 항 목	업체수	동업타사 보다 낮다	동업타사와 비슷하다	동업타사 보다 높다	국제수준 이다
제조업	2,121	7.2	59.1	30.1	3.6
10~19인	290	16.5	64.5	18.3	0.7
20~49	578	9.2	64.4	24.7	1.7
50~99	513	5.3	60.4	31.4	2.9
100~199	454	4.0	52.4	38.3	5.3
200~299	286	2.5	51.4	34.4	8.7

〈표 11-7〉 기술수준(Ⅱ)

(구성비 : %)

규 모 \ 항 목	업체수	동업타사 보다 낮다	동업타사와 비슷하다	동업타사 보다 높다	국제수준 이다
제 조 업	2,121	7.2	59.1	30.1	3.6
음 식 료 품	234	6.4	65.0	24.8	3.8
직유, 의복 및 가죽공업	441	5.9	62.6	29.5	2.0
제재업, 나무제품 및 가구	88	9.1	65.9	21.6	3.4
종이, 종이제품 및 인쇄출판업	133	7.5	57.9	32.3	2.3
화학, 석유, 석탄, 고무 및 플라스틱	309	9.7	58.6	27.8	3.9
비금속광물제품	132	8.4	56.8	31.8	3.0
제 1 차 금속	118	11.0	60.2	25.4	3.4
금속제품, 기계 및 장비	529	6.1	54.4	35.0	4.5
기 타	137	5.8	55.5	32.9	5.8

자료 : 중소기업은행, 한국의 중소기업, 1982.

의미 있는 것은 우리나라 기업 중 중소기업의 경우 중소기업 스스로가 평가하는 자산의 기술수준현황을 보면 <표 11-6>, <표 11-7>, <표 11-8>에서 각각 보는 바와 같이 국제수준에는 크게 못 미치고 있는 실정이다. 그러나 주목할 것은 1988년의 조사에서는 선진국의 수준이라고 자신감 있게 표시한 기업이 증가되고 있으며 경쟁국과 경쟁이 가능하다고 보는 기업들이 무려 60%를 넘고 있다는 점이다. 이와 같이 우리 기업들의 기술수준은 해를 거듭할수록 점점 증가추세에 있음은 매우 바람직한 현상이라 할 수 있을 것 같다.

〈표 11-8〉 기술수준 (Ⅲ)

(단위: %)

업종규모 \ 항목	업체수	선진국 수준	경쟁국과 경쟁 가능	경쟁국에 비해 다소저위	경쟁국 수준에 못미친다	경쟁 대상이 못 된다
제 조 업	20,477	8.5	61.6	20.3	5.0	4.6
20~49인	12,103	7.1	59.3	22.6	5.7	5.3
50~99인	5,023	9.8	65.7	16.5	4.8	3.2
100~199인	2,485	10.3	65.1	18.6	2.6	3.4
200~299인	866	16.3	59.2	16.2	4.5	3.8
음식료품	1,542	13.8	47.7	14.5	5.1	18.9
섬유, 의복 및 가죽공업	6,417	7.3	74.3	14.5	1.4	2.5
제재업, 나무제품 및 가구	582	10.3	47.5	22.5	8.0	11.7
종이, 종이제품 및 인쇄출판업	1,145	7.9	74.0	10.9	5.0	2.2
화학, 석유, 석탄, 고무 및 플라스틱	2,356	7.2	56.3	26.1	5.3	5.1
비금속광물제품	877	11.9	49.3	18.9	9.5	10.4
제 1차 금속	609	7.5	53.3	24.7	9.8	4.7
금속제품, 기계 및 장비	5,856	8.2	55.3	27.0	7.3	2.2
기 타	1,093	1	60.1	22.2	6.1	0.9

자료 : 중앙회, 중소제조업기술실태조사보고서, 1988.

제4절 / 기술발전을 위한 발전행정전략

이와 같은 낙후된 기술개발과 발전을 위한 행정전략을 제시하면 다음과 같다.

첫째, 기술발전을 위한 것에는 무엇보다도 기업가정신(enterprisership)의 제고가 요청된다.[16] 기업가정신은 기술지식을 진보시키고 생산성을 향상시키며 보다 동태적으로 발전의 에너지로서 역할을 할 수 있기 때문이다.

둘째, 정부의 기술개발정책이 보다 적극적인 역할을 할 것이 기대된다. 국가발전정책에 있어서 정책의 역할을 다시 강조할 필요도 없을 만큼 기술발전에 있어서는 보다 다각적이고 과감한 정책적 배려가 요청된다고 할 수 있다. 특히 앞서 논의한 바와 같이 기술발전을 위한 과감한 예산상의 지원과 협조가 크게 요청된다고 본다.

셋째, 과학기술교육의 강화를 위한 문교교육청책 지원이 요청된다. 우리나라의 풍부한 인력을 개발하여 기술입국이 되기 위해서는 문교정책이 보다 기초과학육성과 기술교육육성에 정책적 지원과 수립되어야 할 것이다.

넷째, 통합적 행정체제의 수립으로서 범국가적 기술개발체제의 확립이 필요하다. 예컨대 기술개발의 촉진, 기술도입의 측정, 기술개발연구기관의 체계적 육성, 기술개발 유관기관과의 분업과 정보교환, 기술인력수급의 정책수립, 기술도시육성 등의 체계화가 시급하다고 할 것이다.

---

16 Joseph Schumpeter, *Capitalism, Socialism and Democracy* (New York: Harper, 1950), pp. 123-124. Joseph Schumpeter, *Theory of Economic Development* (Cambridge: Harvard University Press, 1949), pp. 74-75.

[그림 11-4] 국가연구개발 정책

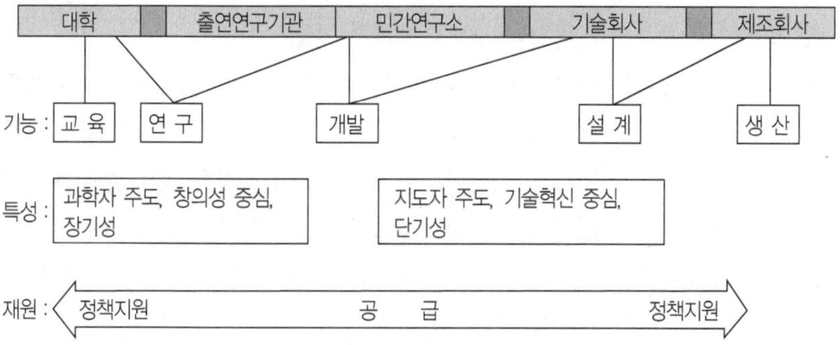

자료 : 과기처.「과학기술연감」(1985), p. 164.

다섯째, 산업협동조합의 구축과 공사기업간의 기술협조의 정책적 지원, 그리고 특히 대기업과 중소기업간의 기술이전 및 기술개발을 위한 공동적인 협력 등이 필요하다고 하겠다.[17] 특히 산업체와 대학과의 산학협동적 프로그램에 의하여 기술발전의 전략은 매우 야심적인 계획이라고 할 수 있는데 우리나라의 과학기술처는 2000년도를 향하여 아래와 같은 과학기술장기발전계획를 수립하고 있다.[18]

[그림 11-4]에서 나타난 바와 같이 대학은 기초연구와 인재양성, 연구기관은 공공기술과 기반기술(infratechnology)의 개발 그리고 민간기업은 산업기술분야를 담당하게 된다는 것이다.

여섯째, 한국사회는 정보사회(information society)화하는 추세이므로 특히 정보사회의 형성을 위하여 기술발전 중에서 정보기술(information technology)의 발전과 활용에 더욱 역점을 두어야 할 것이다. 특히 미래사회에 관한 몇몇 학자들의 시각도 과학과 기술의 발전에 의한 고

17 어윤배, "관산학협동관계의 회고와 발전," 한국행정학보, 제21권 제1호 (1987. 6), pp. 33-54.

18 *Ibid.*, p. 44.

도의 정보사회가 될 것이라는 점에서는 거의 공통적인 시각을 가지고 있는 것 같기 때문이다. 예컨대 Daniel Bell, Alvin Toffler, 또는 John Naisbitt 등은 다음과 같은 미래사회관을 갖고 있다.[19]

이러한 공통적 맥락에서 기술발전 특히 정보기술발전의 촉진을 위하여 보다 체계적인 행정정책적 지원이 필요하며, 특히 행정전산망은 하루속히 이루어져 행정의 능률과 효과성의 극대화를 통하여 시민의 삶의 질을 향상시키는데 기여하여야 할 것이다.

일곱째, 기술발전을 위한 행정체제의 강화와 모형의 정립이 필요하다. 1980년대에 들어와서 한국정부는 과학과 기술의 급성장과 발전을 위하여 기본적인 목표와 전략을 다음과 같이 요약하고 있다.[20]

"첫째, 고급인력의 국책적 양성 확보로서 이를 위하여 정부출연연구소를 통한 과학두뇌의 집중적 양성과 국책적 해외연수 및 두뇌유치를 확대하고,

둘째, 생산적 연구개발활동을 창달하는 것으로서 이를 위하여 연구개발도 수출증대, 경제성장 및 산업고도화 등 국가발전목표에 직결되는 과제를 조직적으로 수행하며 과감한 국제연구협력 및 합작을 추진할 것이다.

셋째, 핵심전략기술을 토착화하는 것으로서 이를 위하여 경제성장과 수출을 주도할 비교우위기술을 중점 개발하며 우리의 자주적 연구개발활동과 선진기술의 흡수·개량전략을 병행해 나갈 것이다."
(과학기술연보, 1981년도)

---

19 김영종, "한국미래행정의 모형정립," 숭실대학교논문집 제4집(사회과학편) (1986), p. 27.

20 김용준, "과학기술의 변화와 문제," 한국사회의 변화와 문제 (서울: 법문사, 1986). p. 482.

〈표 11-9〉 주요 사회학자들의 미래사회관

미래학자 / 실체적 특징	Bell	Toffler	Naisbitt
산업구조	역무산업과 정보산업에로 급진적 구조변동	급진적 사회변동과 고도의 기술 및 컴퓨터 및 전자산업화	정보중심적산업체제화 그리고 고도의 과학기술중심적인 산업변동
의사결정	대표적 민주주의는 변동하고 의사결정의 주축은 컴퓨터	소수의 민주주의에 의한 의사결정	대표 민주주의의 재진단
사회구조	새로운 기술 관료, 지식층 계층의 생성	새로운 전자촌을 중심한 가정, 원자적 인간군거생활(컴퓨터 중심)	고도의 기술자가 고도의 영향력 있는 사회
강조점	사회구조의 변동과 축원리 과학적, 논리적, 실증적 분석	추상적이고 이상적이나 정치적 변동이나 인격적 변동에 있어서 종합적 방향	더욱 실증적이고 내용분석에 대한 비판과 개인과 사회의 급진적 변동론적 시각

이상에서 보는 바와 같이 과학기술의 발전목표는 매우 고무적이라 할 수 있고, 이러한 목표달성을 위하여서는 행정부의 확고한 체제강화가 필요하다. 일반적으로 과학기술행정체제의 모형은 다음의 <표 11-10>과 같이 세 가지로 분류된다.[21]

[21] 최영환, "90년대의 행정환경과 국가과학기술 시스템" (기술혁신과 바람직한 행정체제에 관한 심포지움 발표논문) (서울: 고려대학교 행정문제연구소, 1988), p. 11.

〈표 11-10〉 과학기술행정체제의 모형

	보 유 수 단		
	종합조사	정책기획	집행관리
분 석 형 (Pluralist System)	○	△	–
집 중 형 (Centralist System)	○	○	○
조 화 형 (Concerted Action System)	○	○	△

첫째, 분산형은 연구개발자원이 풍부한 국가 예컨대 미국 등이 대표적인 경우이며 종합조정기능이 취약성 혹은 비효율적이라는 비판이 제기된다.

둘째, 집중형은 1970년대까지 유럽 여러 국가에서 많이 채택한 경우로서 특정부처의 비대화와 관료화로 인하여 협동적 노력과 비능률성의 문제가 제기된다.

셋째, 조화형은 과학기술전담부처를 구심체(focal point)로 하여 부처간의 참여와 협동을 얻는데 적합한 모형으로서 OECD 등에서 건의하는 모형이다. 우리나라의 경우 이러한 조화형의 모형을 채택하고 있다. 그러나 몇 가지 문제점은 과학기술처에 행정종합조정하는 기능의 미비, 정책기획과 연결되는 업무의 빈약, 각 부처의 기보존 정책수단기능과의 연결 등이 아직도 취약점이라 할 수 있다. 그러므로 조화형을 채택하되 몇 가지 보완적인 행정체제를 제기하면 ① 관련부처와의 연계를 조정하는 조직의 설치운영, ② 과학기술처가 정책기획을 할 수 있는 제도적 장치와 예산상의 조치(예컨대 특별회계 등), ③ 각종 기술업무 예컨대 전산화, 표준화, 에너지, 환경 등의 부문과 연결되는 과학기술행정체제의 연계성과 접목, ④ 각 중앙 행정부서에 과학기술전담관제의 신설, ⑤ 행정부서장들의 기술혁신과 행정정책의 의지의 필요성 등이 지적될 수 있다.

여덟째, 입법부 차원의 기술개발지수행정이다. 예컨대 입법정책으로서 과학기술의 생활화와 확대를 위한 입법정책은 물론 과학기술혁신을 위한 특별위원회 구성과 활동, 기술예측(technology forecasting)과 평가(technology assessment) 그리고 변동과 대응방안을 연구·발전시키는 전문연구소설치(예컨대 미국의회의 기술평가실(office of technology)) 등도 고려할 수 있다.[22]

아홉째, 대학, 연구기관(예 : 민간기업출연연구기관, 산업기술연구조합 등)의 상호 유기적 활성화를 위한 행정적 역할이 필요하다. 다음의 [그림 11-5]는 구체적으로 이러한 유기적 관련의 중요성을 나타내는 것으로서 각 조직체는 그 주된 목표와 부차적 목표로 분류할 수 있다.[23]

[그림 11-5] 대학연구기관의 유기적 관련

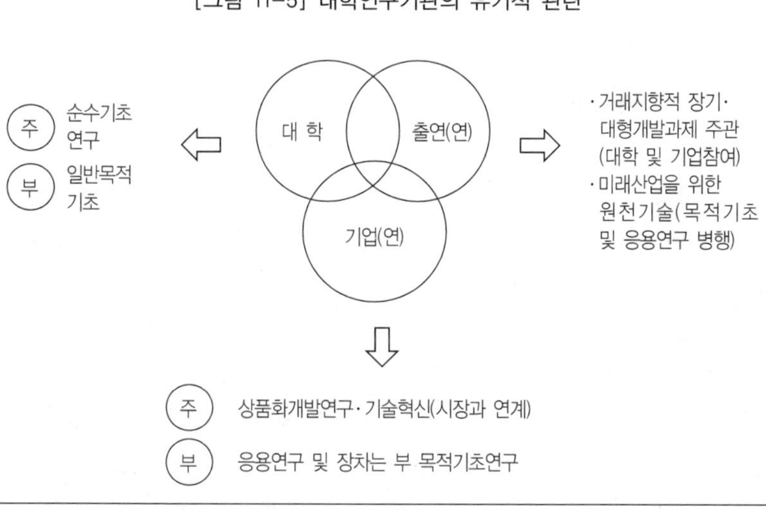

22 *Ibid.*, p. 16.

23 *Ibid.*, p. 20.

특히 이것과 관련하여 보다 구체적으로 행정분야에서 노력해야 할 점을 세분하여 보면[24] ① 정부가 연구비의 GNP 대비 5% 확보 ② 연구관리에서의 전문가 평가제 활용 ③ 연구비지급에 국·사립의 구별을 없앨 것 ④ 출연연구소는 대형과제, 대학은 기초과학연구와 미래산업대비연구 등 유대강화 ⑤ 연구에서의 다양성과 창의성의 특성인식 ⑥ 기초과학연구에 대한 정부의 충분한 예산지원 등을 지적할 수 있다.

열째, 과학기술혁신을 위한 수요면에서의 창출을 위한 행정정책적 지원이나 예를 들면 기술정책의 형성과정에 수요자를 대표하는 직능별대표자의 참여유도 혹은 정기적인 사회경제적 수요조사실태 그리고 기술시장(techno-market)의 확충과 국책기술개발사업(national technology project) 등의 추진 등을 지적할 수 있다.

제5절 / 결 론

이상에서 기술의 발전을 발전행정에서 유익한 순기능적 차원에서 그 발전전략을 논의하였다. 국가발전에 있어서 기술입국은 국가과학기술 system을 운영하는 주체자인 관계변수들의 확고부동한 가치관이 기술발전을 가져올 수 있고 그러한 주체들의 발전지향적 태도가 매우 중요한 것은 사실이다. 예컨대 정치지도자, 공무원, 기업인, 교육자, 과학기술자, 금융인, 또는 언론인 등의 기술혁신에 대한 의지가 선행요건이 된다는 것이다. 그러나 여기에서 간과할 수 없는 것은 기술의 발전의 역기능 문제를 심각하게 고려하지 않을 수 없다. 예컨대 Jaspers는 현대인들이 과학과 기술을 너무 숭상한 나머지

---

24 김호길, "과학기술과 행정" (기술혁신과 바람직한 행정체제에 관한 심포지움 발표논문) (서울: 고려대학교 행정문제연구소, 1988), p. 7.

과학적 미신을 믿고 산다고 지적한 말이나, Heidegger가 "인간을 죽음으로 몰아가는 무서운 것은 원자탄이나 대량살상 무기보다는 과학기술에 대한 맹목적이며 절대적인 신뢰다."라고 경고한 말은 매우 음미할 수 있는 것으로 생각된다. 과학기술의 지나친 맹신으로 인간 내면적 가치와 도덕성, 그리고 존엄성을 무시할 때 발전행정은 오히려 심각한 위기를 만나게 되고, 오히려 역기능으로 인하여 고통 받는 결과를 초래하게 될 것이기 때문이다.

제12장 행정발전과 행정개혁론

제1절 / 행정발전의 개념

행정발전이란 무엇인가? 하는 문제는 학자들의 관점에 따라 상이하다. Abueva[1]는 집합적인 의사결정을 하기 위한 정치제도나 정치의 능력을 증가시키는 것으로 보고 있다. 이한빈 교수는 정치발전이란 "정치적 경제적, 그리고 사회적 발전을 성취하기 위한 목적을 위해서 사회변동에 의해서 발생된 문제들을 계속적으로 대처하기 위한 행정제도의 능력을 증가시키는 것"[2]으로 보고 있다. L. Pye는 행정발전과 행정적 · 관료적 개혁으로 파악하고 있다.[3] 그런데 행정발전을 정치발전과 유사개념이나 동일개념으로 보고 있는 학자는 C. Friedrich나 S. Huntington을 들 수 있다. 예컨대 C. Friedrich는 정치발전을 행정의 근대화나 근대행정(modern administration)으로 보

---

1 Jose Veloso Abueva, "Administrative Culture and Behavior and Middle Civil Servants in the Philippines," in Edward W. Weidner(ed.), Development Administration in Asia (Durham N.C.: Duke University Press, 1970), pp. 132-186.

2 Hahn Been Lee, "The Concept, Structure and Structure of Administrative Reform: An Introduction," in Hahn-Been Lee and A Belardo G. Samonte (eds.), Administrative Reforms in Asia (Manila: Eastern Regional Organization for Public Administration, 1970), pp. 1-20.

3 Lucian W. Pye, Aspects of Political Development (Boston: Little, Brown, 1966).

며 근대국가에서 관료적 조직체와 관료제의 확대가 정부의 기능확대이고 근대화의 중심개념으로 보고 있다. 뿐만 아니라 A.F.K. Organski도[4] 행정발전을 정부의 인적, 물적 능력의 향상으로 보아 개념구별을 하지 않고 있으며 S.N. Eisenstadt 역시[5] 행정발전을 정치발전과 구별하지 않고 그 중요한 특색을 ① 정치적 역할(role)과 제도의 분화, ② 정치적 기능 확대, ③ 집권적 정치체제발전, ④ 권력배분, ⑤ 정부의 책임성(accountability)의 향상 등으로 나누어 설명하고 있다. 그러나 반면에 정치발전과 행정발전을 구별하는 학자로는 Fred Riggs, Zolberg, H. Goodnow 등을 들 수 있다. 즉 그들은 정치발전은 개발도상국의 경우 관료의 비대화현상이 정치발전의 역기능으로 나타나고 있다고 본다.[6]

그러나 정치발전과 행정발전을 상호의존적 관계나 균형적 관계로 보는 입장을 취하는 학자들은 R. Braibanti, H. Lasswell. J. Lapalombara, John D. Montgomery 또는 W. Ilchman 등을 열거할 수 있다. 이러한 학자들의 공통적인 특징은 정치발전과 행정발전은 공생성(symbiosis)관계로서 정치발전의 개념이나 행정발전의 개념이 서로 상충되는 것이 아니지만 각각 역할과 기능의 차이가 있으며 목표의 차이도 있을 수 있다고 하겠으나 이 양자의 개념은 어느 것을 우월하거나 열등하다고 보기 힘들고 국가발전의 전략에 있어서 상호보완적 의존적 관계로 체계화함이 바람직하다는 견해이다.

---

4 A.F.K. Organski, The Stages of Political Development (N.Y.: Kbof, 1965), p. 7.

5 S.N. Eisenstadt, "Bureaucracy and Political Development," in J. Lapalombara(ed.), Bureaucracy and Political Development (Princeton: Princeton University Press, 1963), pp. 99.

6 김광웅 외 5인 공저, 발전행정론(서울: 법문사, 1986), pp. 235-236.

제2절 / 행정개혁의 개념

행정개혁이란 무엇인가? 여기에 관련된 여러 학자들의 개념정의를 먼저 살펴본다.

John D. Montgomery는 행정개혁을 정치적 과정(political process)적 시각에서 관료와 일반사회 또는 관료내부의 관계를 조절하기 위한 것이라고 보고 있다.[7] 반면에 Gerald E. Gaiden은 행정개혁은 행정변동(administrative transformation)의 인위적 유도[8]라고 하며 그 중요한 요소는 도의적 의미, 인위적 변화, 행정적 저항을 포괄하는 개념으로 본다. 도의적 의미란 행정적인 과오의 치유적인 뜻을 말하며, 인위적 변형이란 의도적이고 인위적이며 계량적인 의미를 포괄한다. 그리고 행정적인 저항이란 현재의 제도와 체제를 지지하고 개혁을 반대하는 보수적인 입장을 의미한다.

Frederick C. Mosher는 정치개혁을 재조직(reorganization)의 관점에서 행정개선과 보다 나은 변화상태로 보고 있다.[9] 반면에 Yehezkel Dror는 행정개혁을 행정의 제도를 계량적이고 의도적으로 변화시키는 시작에서 행정개선과 행정개혁의 연속성을 인식하고 있다.[10] 흥미 있는 것은 P. Meadows 의 경우에는 행정개혁을 elite주의적 시각에서 elite집단과 계층의 활동과 행위라고 한다.[11] 여기에서 elite 계

---

7 John D. Montgomery, *Sources of Administrative Reform*: Problems of Power, Purpose and Politics, GAG Occasional Papers (Bloomington, Indiana: 1967), p. 1.

8 Gerold E. Caiden, *Administrative Reform* (Chicago: Aldine Publishing Co., 1969), p. 65.

9 Frederick C. Mosher, "Some Notes on Reorganizations in Public Agencies," in Roscoe C. Martin(ed.), *Public Administration and Democracy: Essays in Honor of Paul H. Appleby* (Syracuse; N.Y.: Syracuse University Press, 1965), p. 129.

10 Yehezkel Dror, *Ventures in Policy Science* (N.Y.: American Elsevier Publishing Co., 1971), p. 265.

11 P. Meadows, "Motivation for Change and Development Administration," in I. Swerdlow, *Development Administration* (Syracuse: Syracuse University Press, 1963), pp. 91-94.

층이란 사회구조와 역사적 배경에 따라서는 다른데, 예컨대 전통적 사회(traditional society)에서는 조정elite가, 자본주의사회구조에서는 중산층 이상의 경제적 계층이, 전체주의적 사회국가에서는 혁명지도자가, 그리고 식민지체제하의 국가에서는 식민통치자가, 나아가서는 신생국가(newborn nation)에서는 민족지도자가 여기에 해당되며 이러한 엘리트 계층이 행정개혁의 주도적 역할을 하게 되고 그들의 가치배분은 바로 행정개혁의 목표와 전략과도 연결될 수 있다.

행정개혁의 개념에 대한 국내의 학자들의 정의를 소개하면 다음과 같이 주요 학자들의 시각을 간략하게 요약할 수 있다.[12]

〈표 12-1〉 행정개혁의 개념

개념 / 학자명	개념의 중요핵심
박동서	목표지향, 새로운 방법의 고안과 적용, 의식적 노력
김규정	조직구조변동, 새로운 관리기술도입, 가치변동
백완기	환경적응과 대처 위한 행정부의 의식적 기획된 변화
이한빈	국가발전목표, 의도적, 새로운 아이디어, 행정체제 적응
유종해	변화, 발전, 행정과정
조석준	행정국가의 행태변화, 의도적, 세력, 행태적 측면 강조
유 훈	개선된 상태 지향, 계획적 변화
김수영	정치적 목표, 행정체계의 효율성, 계획적 변혁
박연호	국가발전목표를 위한 정치과정, 계획적인 행정변혁 추구 활동
김운태	행정체제의 모순과 병리진단과 그 치료에 관한 이론
신두범	국가발전을 위해 행정체계를 개혁하고자 하는 변화와 노력
오석홍 안해균	목표지향적, 동태성, 행동지향성, 포괄적 관련성, 지속성

12 백완기, 행정학(서울: 박영사, 1988), p. 419; 박연호, 행정학신론(서울: 박영사, 1986), p. 487.; 김운봉, 행정학원론(서울: 박영사, 1987), p. 815.; 신두범, 행정학개론(서울: 박영사, 1987), p. 572.; 박동서, 한국행정학(서울: 법문사, 1979), p. p. 520.; 유훈, 행정학원론(서울: 법문사, 1979), p. 306.; 유종해, 현대행정학(서울: 박영사, 1977), pp. 187-217.; 이한빈, 국가발전의 전략과 이론(서울: 법문사, 1969), p. 74.; 김규정, 행정학원론(서울: 법문사, 1983), p. 776.; 오석홍, "행정개혁론," 행정논총, 제24권 2호(1986), pp. 91-92.; 안해균, "행정학의 이론화를 위한 시론," 행정논총, 24권 2호, pp. 5-6.

이상과 같은 국내외 여러 학자들의 행정개혁의 개념의 정의에 관한 것을 고찰하여 보았다. 그러나 여기에서 행정개혁이란 보다 종합적 시각에 의하여 논의됨이 바람직하다고 본다. 따라서 행정개혁이란 행정의 목표를 성공적으로 달성하기 위한 제도적 변화, 가치의식과 행태의 변화, 그리고 행정환경과 구조의 개선을 포괄하는 전략이며 계량적이고 의식적 활동이라고 할 수 있다.

제3절／행정개혁의 접근방법

행정개혁의 접근방법과 중요한 학설을 간략하게 논의하기로 한다.

첫째, S.P. Robbins에 의하면[13] ① 구조적 접근방법, ② 기술적 접근방법, ③ 조직과정적 접근방법으로 삼분하고 있다. ①은 조직 내부구조의 개혁과 합리화에 초점을 두며 예컨대 조직의 명령체계, 합리적 배분, 책임의 한계, 계선(line)과 참모(staff)조직의 관계 등이다. ②는 조직구성원의 상호의존성(interdependence)과 사회, 기술적 변화, 행정사무의 기계화, 자동화 등이 중심이 된다. ③은 communication의 과정을 통하여 조직개혁의 참여를 확대하고, 또한 각 역할해당자에게 정보교환을 촉진시키는 것이다. 민주적 절차를 이루는 것을 말한다.

둘째, Moshe Weiss에 의하면 ① 구조적 접근방법, ② 기술적 접근방법, ③ 인간관계론적 접근방법, ④ 의사결정론적 접근방법, ⑤ 통합적 접근방법으로 나누고 있다.[14] 여기에서 ①, ②, ④는 앞서 논

---

13 Stephen R. Robbins, Organization Theory (Englewood Cliffs, N.Y.: Prentice-Hall, 1983), pp. 273-274.

14 Moshe Weiss, "Toward a Comprehensive Approach to Government Reorganization," *Phillippine Journal of Public Administration,* Vol. 11, No. 1(Jan. 1967), pp. 58-71.

의한 S.P. Robbins의 접근방법과 비슷하다. ③의 경우는 조직보다는 인간의 관계개선에 초점을 두는 것으로 예컨대 비공식적 인간관계(informal human relation)를 강조한다. Kurt Lewin의 인간조작적 전략(manipulative strategy)이나 집단역학(group dynomics), Argyris의 가치변화전략 등에서 체계화되고 되고 있다.[15] 그리고 ⑤의 종합적 접근방법이란 위의 여러 가지 접근방법을 상호보완적으로 행하는 것이 가장 효과적이며 어느 한 것의 장점만을 주장할 수 없다는 것이다. 이 경우는 "외적 환경에 따라 적절히 대처하여 행정의 목표를 수행해 나갈 것이 요청되고, 행정엘리트의 책임이 더욱 제고될 것이 예상된다."[16] 통합적 접근방법(integrated approach)은 다음과 같은 특징을 가진다.[17]

① 행정체계와 사회체계 및 정치체계와의 상호유기적 관련성

② 행정체계와 환경체계와의 상호관련성(예: 정치, 경제, 문화체계 등)

③ 행정체계와 환경체계와의 자동조절 mechanism과 환류(feedback)

④ 행정체계 각 부문간의 상호의존성과 조직재편과정(reorganization process)

⑤ 조직변화(organizational change)과 내적, 외적, 환경변동으로서 연속적인 과정으로서 재검토, 수정, 조정 등의 필요성 등이다.

셋째, G.E. Caiden에 의하면[18] ① 총체적 체제론적 접근방법(the whole system approach), ② 기관형성과 구조설계에 의한 접근방법

15 김수영, 행정개혁론 (서울: 박영사, 1988), pp. 46-48.

16 유종해, "행정개혁," 발전행정론(서울: 법문사, 1986), p. 415.

17 김영수, *op. cit.*, pp. 52-53.

18 G.E. Caiden, "Administrative Reform: A Prospects," *International Review of Administrative Sciences,* Nos. 1-2, 1978, pp. 110-112.; 김수영, *op. cit.*, pp. 37-40에서 재인용.

(institution-building and structural modeling), ③ 관리과정적 접근방법(management process), ④ 행태적 접근방법(behavioral analysis), ⑤ 행정산출적 접근방법(output orientation)을 열거하고 있다. 보다 구체적으로 내용을 요약하면 ①의 경우는 사회적 목표달성에 있어서 행정의 역할과 환경과 행정체제의 목표 간의 차이에 대한 초점을 두고 있다. ②의 경우는 행정체제내에 소수의 전략적인 기관을 수립하는 데 중요성을 두고 행정개혁의 자원의 사용을 극대화하고 합법성, 지도력, 시기, 이론적 근거, 적절성, 목표 등에 관심을 두고 있다. ③의 경우는 행정과정 예컨대 행정가의 전문성 증진, 행정조사연구, 목표달성을 위한 행정, 연구 성과물 수행 등에 중요한 비중을 두고 있으며, ④의 경우는 행정의 제도와 체제의 변화가 보다 미시적 차원에서 행정인들의 가치, 태도, 혹은 신념 등의 변화가 주는 객관적이고 실증적인 행위인 행태의 변화가 중요함을 강조하게 된다. 마지막으로 ⑤의 경우 행정의 결과적 산출물인 효과성, 참여성, 정치적 안정성, 신뢰성, 실적성, 의사결정의 결과 등을 중점적으로 강조하게 되는 방법이다.

이상에서 몇몇 학자들의 행정개혁의 접근방법을 살펴보았다. 요컨대 행정개혁의 이상적인 방법은 어느 한가지의 방법이 단선적이고 단편적인 것이므로 보다 통합적으로 여러 접근방법을 유기적이고 보완적인 관계로 보는 것이 매우 필요할 것이다.

제4절／행정개혁의 과정

행정개혁의 과정은 개혁에 필요한 여러 단계들을 상호연결시켜 작용하는 순환적인 행동과정이 주축을 이루고 있다.

〈표 12-2〉 행정개혁 과정의 학설

주 창 자	개혁과정의 단계
Lewin(1947)	해빙(unfreezing)－변동야기(changing)－재결빙(refreezing)
Parson와 Smelser (1956)	불만－교란의 증상－긴장의 극복－새로운 주장의 용인－실천방안 결정－쇄신의 시행－쇄신의 정착화
Mann과 Neff (1961)	개혁 전의 조직상태－개혁필요의 인정－개혁에 관한 계획－개혁의 시행－개혁의 정착화
Rogers(1962)	인지－관심－평가－시행－채택
Mosher(1967)	긴장의 증가－개혁필요인식의 촉발－개혁방안의 검토－논의－협상 및 결정－가능성 검토－시행
Shepard(1967)	개혁방안창출－채택－시행
Caiden(1969)	필요의 인지－목표·전략·전술의 인정－시행－평가
Hage와 Aiken (1970)	평가－개혁안의 제시－시행－정착화
Klonglan과 Coward, Jr.(1970)	인지－정보수집－평가－논리적 채택－시행－시행결과의 수용－사용채택
Robertson (1971)	문제지각－인지－이해－태도결정－정당화－시행－채택－불화－개혁과정재개
Milo(1971)	관념적 방안설정－잠정적인 채택－자원획득－시행－정착화
Zaltman과 Brooker(1971)	지각－동기유발－태도결정－정당화－시행－평가－채택 또는 거부－해결
Bedeian(1980)	최고관리층에 대한 개혁압력－개혁필요에 대한 각성－최도관리층의 개입－내부문제에 대한 인식의 변화－문제영역의 진단－구체적인 문제의 확인－새로운 해결방안의 개발－새로운 행동방안의 채택결심－새로운 해결방안의 실험적 적용－결과의 검토－긍정적인 결과에 의한 행동보강－새로운 방안의 수용
Hodge와 Anthony(1984)	거시적·미시적 환경의 압력－변동의 원인형성－지각과 분석－계획－태도의 해빙－변동목적 설정－변동내용과 방법의 결정－행동의 해빙－변동내용의 실험적 시행－실험결과의 확인－실험결과의 평가－수정시행－평가－최종수정－태도와 행동의 재결빙
Pages(1961)	인식－진단－시행

자료 : 김수영, 행정개혁론(서울: 박영사, 1988), p. 84.

대표적인 학자들의 예를 들면 Mosher의 경우는[19] 여섯 단계로 구분하고 있는데 긴장의 증가(increase of tension), 개혁인식의 촉발(spark), 개혁방안의 검토(reorganization studies), 결정의 도달(the reaching of decision), 가능성검토(feasibility studies), 그리고 개혁의 실행(implementation)이다.

Goodenough는 행정개혁의 과정을 다음과 같이 나누고 있다.[20]

① 착상(inspiration)단계 : 새로운 개혁에 대한 아이디어의 표출

② 의사유통(communication)단계 : 개혁의 착상을 위해 의견의 교환과 구체화

③ 개혁자의 조직단계 : 개혁 지지자의 지원

④ 저항에의 적응(adaptation to resistance)단계 : 변화나 개혁을 반대하는 적대감의 표시

⑤ 계획의 수행(enaction a program)단계 : 구체적인 새로운 단계의 체계적 수행

⑥ 일상화(routinization)단계 : 성공적인 개혁의 결과가 정착되는 단계이다.

다음에는 행정개혁의 단계에 관계되는 여러 학자들의 이론을 간략하게 요약하여 본다. 이 모든 단계에서는 공통적으로 ① 개혁의 필요성 인식, ② 개혁방안의 설정, ③ 시행단계, ④ 평가단계 등의 4구분으로 나누는 것이 바람직할 것으로 본다.

행정개혁의 순환과정을 체계적으로 논의하면 다음과 같다.[21]

---

19 F.C. Mosher, Government Reorganizations (Indianapolis: Bobbs-Merrill, Co., 1967), p. 142.

20 W.H. Goodenough, Coopcration in Change (New York: Russell Sage Foundation, 1963), pp. 1-128.

21 이 자료는 D. Easton의 체계이론(system theory)을 사용하여 체계화시킨 것이다.

[그림 12-1] 행정개혁의 순환과정

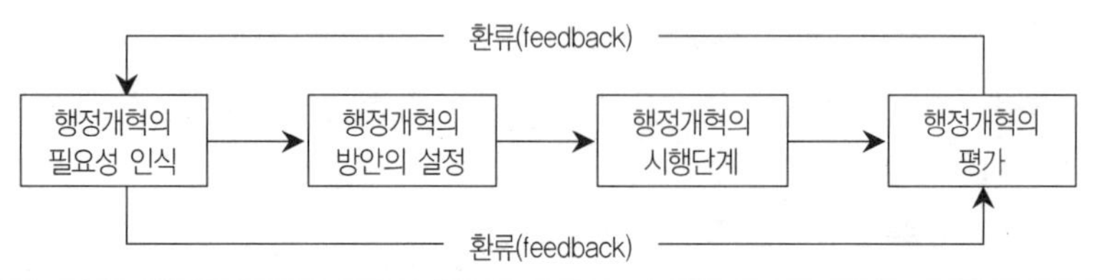

제5절 / 행정개혁의 저항

행정개혁의 이상적인 내용과 설계에도 불구하고 행정의 현상과 현실을 고수하거나 옹호하려는 보수적 세력과 저항세력은 있게 된다. 이 저항은 가상적인 변화의 결과를 원치 않고 자기보호를 하려는 행정행태라고 할 수 있다.

행정개혁에 대한 저항세력이 발생하는 원인을 논리적으로 분석하면 다음과 같이 요약할 수 있다.

① 정치적 원인 : 이것은 정치이념을 표방하거나 정당의 이익에 배치되는 경우에는 행정개혁을 반대하는 입장을 취하는 경우이다.

② 기득권의 침해 : 현재의 행정조직에 의하여 기득권을 가진 이익집단, 관료집단 등은 개혁에 의하여 침해를 받을 우려가 있어서 저항세력으로 남게 된다.

③ 헌법 구조적 원인 : 성문헌법은 불문헌법보다, 경성헌법은 연성헌법보다 행정개혁을 어렵게 하거나 장애요인으로 등장하게 된다.

④ 정치지도자의 인식부족 : 행정개혁에 대한 관련 정치지도자들의 개혁의사의 부족이나 의식부족으로 인하여 유발되는 저항세력의 경우이다.

⑤ 행정개혁의 내용의 애매성 : 행정개혁의 내용이 불명확하거나 애매한 경우에 생기는 불안감이 저항의 원인이 되는 경우이다.

⑥ 전통적인 가치관 : 이것은 주로 정치행정문화 또는 관습이나 행태의 원인으로서 행정개혁을 보는 행정인이나 정치인 또는 일반 시민들의 전통적인 가치관이 문화적 요인으로서 저항세력이 되는 경우이다.

⑦ 피개혁자의 업무능력 부족 : 행정개혁에 따라서 필요한 전문지식이나 행정기술의 결여 등으로 인하여 생기는 저항이다.

⑧ 관료제의 역기능으로 생긴 원인 : 원래 관료제는 보수적이고 현상유지적인 성격이 강하며 특히 경직성을 갖고 있다. 현상의 개혁을 원치 않는 역기능이 그 원인으로 저항을 유발한다.

⑨ 비공식적 인간관계의 과소평가 : 행정개혁에 관련되는 비공식 집단의 규범과 인간관계, 관례 등에 부합되지 않을 경우에는 저항이 생긴다.

⑩ 일반시민의 무관심과 참여부족 : 행정개혁이 성공하려면 일선 시민들의 인식과 참여가 요청된다. 행정개혁의 경우 참여가 부족하게 되고 무관심이 생겨서 저항으로 등장한다.

⑪ 행정정보의 비공개 : 행정개혁의 비민주성과 폐쇄성으로 인하여 정부불신과 행정불신의 결과는 저항으로 유발된다.

⑫ 행정의 공신력 부족: 행정윤리의 부족으로 이하여 관료들의 부패나 정치부패는 행정의 불신을 유발하고 공신력을 추락하게 된다. 따라서 행정개혁에 대하여 무관심을 가지고 신뢰성을 갖지 못하므로 인하여 생기는 저항세력이다.

제6절／행정개혁의 비교

각국의 행정개혁에 대하여 간략한 비교를 하기 위해서는 행정개혁의 배경, 예컨대 정치행정문화적 요소, 행정인의 질·양의 변화, 역사적 전개, 정치행정환경적 특색, 행정발달사적 변수 등이 고려되어야 할 것이다. 그리고 법적 제도적 장치의 특징 등도 여기에서 논의함이 필요할 것이나 여기에서는 주요국의 행정개혁을 간략하게 요약한다.

(1) 영 국

영국의 경우는 1832년에 선거법개정 이후 공무원제도와 지방공무원제도의 근대화가 촉진되고 1852년에 인사제도가 개혁되고 의회의 통제하에 들어가게 되었으며 1833년에 노스코트－트레블리안 위원회(Northcote and Trevelyan Commission)의 보고서가 작성되었다. 특히 중요한 것은 공무원제에 대한 왕립위원회의 보고, 대장성위원회보고(The Report of the Committee on the Treasury, 1917), 홀데인위원회 보고(The Haldane Committee Report, 1981), 대신권한위원회(The Committee on Ministrer' Powers or Donoughmore Committee, 1929)와 플턴위원회(Fulton Committee, 1968)의 보고를 들 수 있다.

첫째, Northcote and Trevelyan Commission에서는 ①공개경쟁시험, ②지적 사무와 일상사무로 양분, ③중앙인사행정기관의 운영, ④실적주의(merit system)의 채택, ⑤상하급의 이등급의 구분에 의한 공무원지위 ⑥시보기간과 환경보직제 실시 ⑦연금제도의 실시 등이다.

둘째, Haldane Committe에서는 ①내각의 구성원을 10~12인의 소수로 하고 각성의 활동에 대한 통제기능을 보유할 것, ②중앙정부가 지방정부와의 관계에 대하여 권한위임관계에 대한 문제와 특히 정보성의 설치의 권고, ③각성에서의 기능배분의 문제제시로서 10가지의 ⓐ재무 ⓑ외교 ⓒ국방 ⓓ조사 및 정보 ⓔ교육 ⓕ생산수송 및 상업 ⓖ고용 ⓗ보급 ⓘ보건 ⓙ사법 등이다. ④ 각성의 내부조직 문제로서 예컨대 ⓐ 예산의 관리면 ⓑ수반관리 ⓒ 행정기구문제 ⓓ 자문기관과의 협조문제 등이다. ⑤ 국회와 행정부와의 균형적 관계의 중요성 강조 등이다.

셋째, Fulton Committee에서는[22] ① 공직구조의 20등급 분류, ② 공직의 전문성 강조, ③ 공무원대학(civil service colleges)의 설치운영, ④ 공직과 타직종과의 인사교류의 촉진, ⑤ 업무성과의 측정제도화, ⑥ 정책기획(policy planning)의 담당 기획 · 조사기구 설치운영, ⑦ 인사성(civil service department)의 신설, ⑧ 조사위원회를 설치하여 행정공개를 촉진할 것이다.

넷째, 1970년대 이후의 영국행정개혁은

① 행정결정의 우선순위와 종합적 검토를 위한 기구 즉 Cabinet Office on Central Policy Review Staff의 설치

② 각 부의 기획담당기구 창설

③ 행정결정기능의 강화와 전문직업인 인력수용

④ 국방·외교기관들의 통합화

⑤ 공무원의 능력발전을 위한 Civil Service College 신설

⑥ 인사행정 전문기관인 인사성(Civil Service Department) 설치 등이다.

(2) 미 국

미국의 행정개혁의 경우 Cleveland Commission, Brownlow Committee, Hoover Commission, 연방문서위원회 등으로 나누어 간략하게 설명한다.

첫째, Cleverland Commission의 경우인데 이 위원회는 1910년에 2년간 시한을 걸쳐서 행정개혁안을 대통령에게 건의하는 대통령직속

---

22 김영종, op.cit., pp. 253-254.

통제위원회였다. 이 위원회에서는 ① 예산제도의 합리적 채택과 개혁을 위한 「예산회계법」을 입법화하는데 중요한 역할을 했으며, ② 공무원들의 인사제도의 체계화와 합리화를 위한 「직위분류법」의 입법화에 공헌을 하였다.[23]

둘째, Brown Committee는 1936년에 Roosevelt 대통령의 직속 하에 설치된 행정개혁위회이다. 이 위원회에서 개혁을 건의한 주요내용을 요약하면 ① 대통령의 백악관 막료로서 6인의 행정보좌관(Executive Assistant)의 설치, ② 예산국, 국가복지성(National Resources Board), 인사국의 신설, ③ 종래의 10성에 추가로 사회복지성(Dept of Social Welfare) 및 공공사업성(Dept of public works)의 설치, ④ 각 독립규제위원회의 통합과 국성에 흡수, ⑤ 회계제도의 분권화와 회계검사원장의 지출거부권한의 재무장관에로의 이관 등이었다.

셋째, 제1차 Hoover Comission[24]은 1947년 7월에 행정부의 행정업무의 능률화와 효과성을 위하여 설치되었으며 여기에서 건의된 주요 내용을 간략하게 요약하면 다음과 같다.

① 대통령직속하의 성청에 정부의 기구의 통합
② 대통령과 각성장관에게 막료기관의 설치
③ 행정공무원의 양성의 효율화
④ 행정업무의 분권화
⑤ 인권위원회의 개혁

넷째, 제2차 Hoover Commission은 1953년 7월에 Herbert Hoover를 위원장으로 12명의 구성원으로 설치된 행정개혁위원회이다.

제 Hoover Commission에서는 ① 대통령부의 개조로서 64개의 직속기관을 33개의 기관을 대통령이 지정하는 성의 행정관리를 하도

23 예산획계법은 1921, 직위분류법은 1923년에 각각 제정 되었다.
24 Elmer P, Whole, "Summary of Reports of the Hoover Commission", Public Administration Review (Spring, 1949), pp. 73-99.

록 했으며, ② 공무원제도에 있어서는 엽관제 및 실적제의 상호 적절한 조화와 균형문제 그리고 고급행정관의 전문인력 양성문제, ③ 공기업의 민간부문에의 이양문제, ④ 각종문서관리의 효율화와 간소화 등을 건의 하였다.

특히 여기에서 주목할 것은 1980년에 문서간소화법을 통과시켜 문서간소화의 책임을 연방정부가 지도록 하였다. 이 법에서는 ① 연방정부의 정보 수집의 효율화, ② 정부 프로그램의 능률화, ③ 정보관리 비용의 경감, ④ 개인 및 기업의 사적 비밀의 최대한 보장 등을 목적으로 입법화된 것이었다. 다음의 <표 12-3>은 지금까지 논의한 영국와 미국의 행정개혁위원회의 중요한 내용을 요약정리된 것을 비교한다.[25]

〈표 12-3〉 영국 · 미국 행정개혁위원회의 비교

	영국				미국		
	노스코트 트레블리안 위원회	Haldane 위원회	Fulton 위원회	Cleveland 위원회	Browlow 위원회	1차 Hoover 위원회	2차 Hoover 위원회
배경 및 목적	사회변동에 따른 공무원의 가치관의 변화로 정실주의인사제도의 개선을 위해.	낭비와 비효율을 시정하여 정부기능을 능률적으로 해결하기 위하여.	공무원제도 전반의 개선을 위해.	행정에 있어서 경비의 절약과 관리개선의 능률화 문제.	대기업의 권한강화로 행정관리와 기구개편 위해.	정부의 조직개편의 따라 효율적인 업무수행과 경비절감	국방비의 막대한 예산을 절감하기 위해 정부기능과 성의 재편성
업무 내용	공무원의 채용에 관한 내용.	내각, 부성간문제, 중앙정부와 지방과 행정기구와의 관계.	직위분류제를 도입, 공무원제의 문제점을 파악	연방정부의 예산, 인사 행정상의 관리 문제.	예산제도, 인사제도, 대통령의 막료제도, 행정기구의 조정	행정부예산 · 인사·외교 · 국방 등 전반에 걸쳐.	대통령부 개선, 문서 관리, 공무원제도
성과 및 특징	실적주의 제도확립, 현대적 관료제의 토대를 마련.	내각에 문제를 둔 것으로 문제분석과 사고방식에 발전을 가져옴.	공무원대학과 인사청이 창설됨. 인사제도에 대해 가장 획기적인 개혁.	참된 의미에서 예산제도의 필요성 강조	미국행정개혁을 지표로 함	70% 반영률로 행정발전에 지대한 공헌을 하였음. 성과주의, 예산제도 확립	50~70억의 예산절감과 정책적인 면에 관계함.

25 김수영, op. cit., p. 288.

제7절 / 한국의 행정개혁

한국의 행정개혁에 대한 제 1공화국에서 제 6공화국까지 중요내용을 요약 정리하여 보면 다음과 같다.

(1) 제 1공화국의 경우

첫째 1948년 7월 17일에 공시실시된 정부조직법에 의한 정부조직은 11부3처 3위원회로서 <표 12-4>에 보는 바와 같다.

그러나 위의 정부조직은 1949년 3월 25일 법률 제 22호로 보건부를 신설하였고 6·25 이후 전장의 복구를 위해 부흥부와 부흥위원회 설치, 해무청의 신설, 그 후 보건부와 사회부의 통합된 보건사회부를 설치하였다. 그리고 인사행정과 재무행정면에 약간의 제도적 개혁이 있었다(예 : 공무원 전형령제정, 예산분류제도실시 등).

〈표 12-4〉 제1공화국 정부조직표

대통령
부통령
고시위원회
감찰위원회
심계원
국무총리
총무처
공보처
법제처
임시관재총국
경제위원회
내무부
외무부
국방부
재무부
법무부
문교부
농림부
상공부
사회부
교통부
체신부

중앙행정기관 / 보조기관	계	원	11부	3처	청	외국	3위원회	1실	비 고
차관보									1실 : 공보실
실	65		11	3				1	3위원회 : 고시위원회
국	67		53	10				4	감찰위원회 경제위원회

자료 : 총무처, 정부조직 변천사, 1982.

(2) 제 2공화국의 경우

1960년 7월 1일 법률 제 522호로 정부의 재조직을 한 정부조직표는 <표 12-5>에서 보는 바와 같다.

〈표 12-5〉 제2공화국 정부조직표

국무총리
- 감찰위원회
- 원자력원
- 구황실재산사무총국
- 국무원사무처
- 공안위원회
- 외무부
- 내무부
- 재무부 — 전매청
- 법무부
- 국방부
- 문교부
- 부흥부 — 부흥위원회, 외자청
- 농림부
- 상공부 — 해무청
- 보건사회부
- 교통부
- 체신부

중앙행정기관 / 보조기관	계	1원	12부	1처	3청	외국	3위원회	실	비 고
차관보									1원 : 원자력원
실									3 위원회 : 감찰위원회 공안위원회
국	65		51	5	9				부흥위원회

자료 : 총무처, 정부조직 변천사, 1980, p. 97.

구체적으로 제 2공화국의 주요 행정개혁의 내용을 요약하면

① 조직면에서는 국무총리와 국무원의 지위강화, 국무원사무국의 처로 승격, 사정위원회폐지와 감찰위원회 부활, 기간산업부·건설부,

경제기획처, 공안위원회 신설, 내무·부흥 양부와 외자·해무 양청의 통폐합, 총리직속으로 통일문제연구소, 중앙정보부, 원자력원, 공안위원회 신설, 차관제신설(정무차관, 사무차관) 등이다.

② 인사행정면에서는 국무사무국의 국무원사무처로 승격, 인사행정의 인사국담당, 기획과 신설 등이다.

③ 재무행정면에서는 정무차관과 사무관이 설치되고 재무장관 산하의 예산국, 이재국, 사세국, 세관국, 관재국 등의 5국이 있고 총 296명의 공무원 중 별정직 5명과 일반직 291명으로 구성되어 있다.

(3) 제 3공화국의 경우

5·16 군사혁명 후 1961년 10월에 정부조직에 종합적인 개혁이 있었고 10·2 행정개혁은 다음과 같은 내용을 포함하고 있다. 예컨대 ① 국가기획제도의 도입, ② 재무부의 외자청의 폐지와 중앙조달청 신설, ③ 법제처 및 중앙공무원 교육원 설치, ④ 국방부의 조직 확대 강화, ⑤ 혁명재판소와 특별검찰부 설치 등이었다.

1963년 12월 14일 개정 정부조직법은 2원 13부 3처, 6청 7외국으로서 <표 12-6>과 같다.

따라서 제3공화국에서 변경된 행정개혁의 주요내용을 요약하면 ① 1964년 6월 대통령의 직속으로 행정개혁조사위원회 설치, ② 재무부소속으로 국세청신설, ③ 산림청과 수산청의 신설, ④ 과학기술처 신설 ⑤ 국토통일원의 신설, ⑥ 문화공보부 개편, ⑦ 관세청과 병무청 신설, ⑧ 소방사무의 지방자치단체로의 이관, ⑨ 내각사무처 설치와 행정관리국 신설, ⑩ 소청심사위원회와 인사위원회 설치, ⑪ 군사원호대상임용법 제정과 직위분류법 제정, ⑫ 지방공무원법의 제정, ⑬ 근무성적평정제도설치, ⑭ 재무행정면에서는 경제기획원이 신설, ⑮ 경제개발전담기구의 설치 등의 행정개혁이 있었다.

〈표 12-6〉 제3공화국 정부조직표

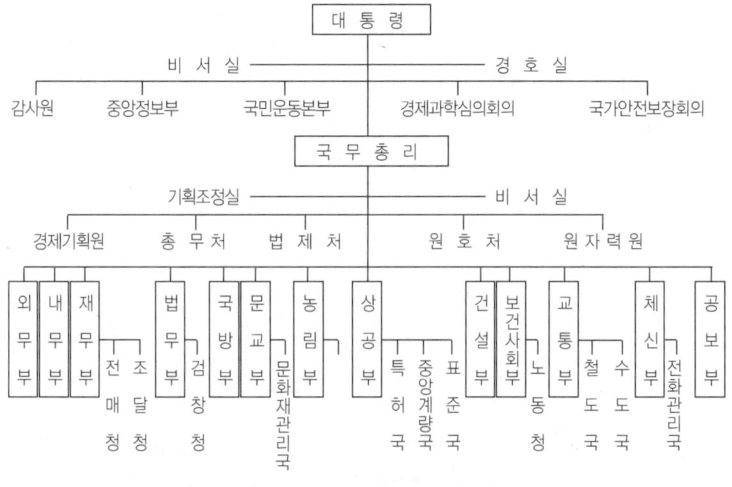

중앙행정기관 / 보조기관	계	1원	12부	1처	3청	외국	3위원회	실	비 고
차관보	9	2	7						2원 :
실	15	1	14						경제기획원
국	95	5	60	8	15	7			원자력원

자료 : 총무처, 정부조직 변천사, 1980, p. 99.

(4) 제 4공화국의 경우

1972년의 소위 유신헌법에 의한 제7차 개헌으로 이루어진 정부조직의 윤곽은 <표 12-7>에서 보는 바와 같다.

제4공화국 때에 있었던 행정개혁의 주요 내용을 요약하면 ① 중앙행정위원회를 설치할 수 있도록 하고, ② 실·국의 설치를 대통령에 위임, ③ 행정개혁위원회 설치근거를 마련하고 정식정부기관으로 변경, ④ 공업진흥청과 공업단지관리청 신설, ⑤ 원자력청 폐지, ⑥ 원·부·처·청의 처장·차관, 청장, 처장, 차관보와 실장 및 정부위원으로 임명가능하도록 하였고, ⑦ 공해문제를 전담할 환경청을 신설, ⑧ 동력자원부 설치, ⑨ 특허국의 특허청 승격, ⑩ 공무원제안제도의 실시, ⑪ 경제발전을 위한 행정기관의 분화(예 : 산림청이 내무부, 조달청이 경제기획원으로 이관), ⑫ 새마을사업과 방위산업의 효과적 달성을 위한 행정제도화(예 : 내무부에 지방행정차관보, 국방부에 방위산업차관보 신설)

〈표 12-7〉 제4공화국 정부조직(1973. 1. 15. 현재)

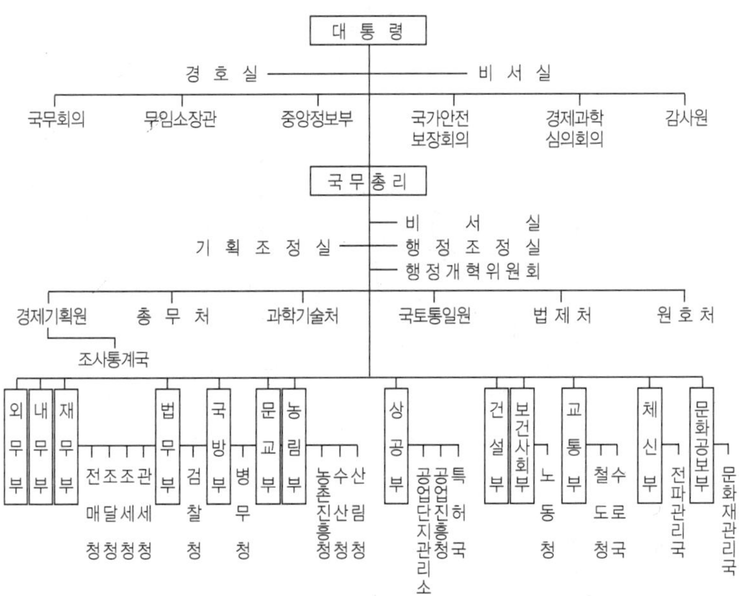

자료 : 총무처, 정부조직 변천사, 1980, p. 101.

(5) 제 5공화국의 경우

1980년대 초에 제 5공화국이 수립되면서 1981년 10월 15일에 소위 「10· 15행정개혁」이 있었고 1985년 말 현재 중앙행정조직도 2원, 16부, 4처, 14청, 3외국, 그리고 그 위원회로 개편되었는데 <표 12-9>는 바로 이러한 것을 나타내고 있다.

제5공화국의 수립 후 단행된 행정개혁은 첫째, 감축관리로서 작은 정부(small government)를 목표로 하는 행정개혁이었다. 예를 들면 장차관급의 경우와 일급의 경우를 보면 장관급 2명, 차관급 6명, 1급은 37명(195명의 위원) 등으로 대폭 감축되었다. 보다 구체적으로 직급별로 세분하여보면 <표 12-8>에 나타난 것과 같다.

〈표 12-8〉 직급별 감축내용

직급 \ 구분	감축전	감 축	감축후 정원
총 계	5,088	599(11.8%)	4,489
장 차 관 급	95	7 (7.4%)	88
1급 (차관보급)	195	37 (19%)	158
2·3급 (국장급급)	1,190	164(13.8%)	1,026
4급 (과장급)	3,608	391(10.8%)	3,217

자료 : 총무처, 행정개혁사, 1982, p. 46.

둘째, 유사중복조직체를 통합조정하였으며 구체적으로 ① 기획조정위의 폐지 및 심사분석국의 신설, ② 행정개혁위원회의 폐지와 총무처의 행정조정연구실을 개편, ③ 경제기획원의 경제협력기능을 재무부로 이관, ④ 국가안전보장회의의 사무국 폐지, ⑤ 차관보제도의 효율적 관리조정(<표 12-10> 참조), ⑥ 부처내의 국과의 대폭감축 조정(<표 12-11> 참조), ⑦ 특별지방행정기관의 조정(예 : 지방원호청, 지방체신청의 폐지와 지방병무청, 지방국토관리청, 전매지청의 개편) 등을 들 수 있다.

〈표 12-9〉 제5공화국의 중앙행정조직(1985년말 현재)

대통령
비서실
경호실
국무회의
국정자문회의
평화통일정책자문회의
국가안전보장회의
경제과학심의회의
감사원
국가안전기획부
국무회의
(부총리)
경제기획원
총무처
과학기술처
국토통일원
법제처
국가보훈처
사회정화위원회
비서실
행정조정실
정무장관(2)
비상기획위원회
해외협력위원회
외무부
내무부
재무부
법무부
국방부
문교부
체육부
농수산부
상공부
동력자원부
건설부
보건사회부
노동부
교통부
체신부
문화공보부
조달청
조사통계국
산림청
전매청
국세청
관세청
검찰청
병무청
농촌진흥청
수산청
공업진흥청
특허청
환경청
철도청
해운항만청
수로국
문화재관리국

1982	2	16	4	14	3	1	·체육부 신설(1982.3.20) ·전파관리국 폐지(1982.1.1)
1983	2	16	4	14	3	2	·해외협력위원회 신설(1983.1.27)
1984	2	16	4	14	3	2	·원호처를 국가보훈처로 명칭 변경(1986.1.1)

자료 : 총무처, 「총무처연보」, 1986, p. 19.

〈표 12-10〉 차관보의 조정내용

부 처	개 혁 전	조 정
계	20	12
경제기획원	기획, 경제협력	기획
외 무 부	정무, 경제	정무, 경제
내 무 부	지방행정	지방행정
재 무 부	재정, 국제, 금융, 세정	재정, 세정
국 방 부	관리, 인력, 군수, 방위산업	인력, 군수
농 수 산 부	농정, 농산, 식산, 식량	농정, 식산
상 공 부	상역, 기업, 중공업, 경공업	상역, 중공업

자료 : 총무처, 정부조직정비결과보고, 1981.

〈표 12-11〉 부처내의 국과의 조정내용

구분 \ 조정여부	조 정 전	조 정 후
국 수	201	160
조 수	1,098	693
국 당 과 수	5.4	6.1
국 당 평 균 인 원	36	46
과 당 평 균 인 원	12	14

자료 : 총무처, 정부조직정비결과보고, 1981.

(6) 제6공화국의 경우

1987년 제6공화국 수립 후 정부는 행정개혁위원회를 설치운영하여 1989년 7월 31일까지의 한시적인 기간을 통하여 기간 중 전체의회 19회, 운영협의회 72회, 분과위원회 42~60회, 전문위원회의

135회를 거쳐 행정개혁의 건의서를 작성하였다. 그 주요 내용을 요약하면 다음과 같다.[26]

첫째, 6공화국의 행정개혁의 기본방향을 ① 민주화 추진과 인권보호, ② 민간의 자진성과 창의성 신장, ③ 통일염원의 실현, ④ 국제화시대에 대응, ⑤ 지방화시대에 대비, ⑥ 지속적인 경제성장, ⑦ 복지형평의 구현, ⑧ 행정체제의 효율성 추진을 목표로 삼고 있으며 이러한 목표에 따라서 앞으로 행정개혁의 내용을 ① 정부기능과 민간기능의 재정립, ② 행정규제의 폐지· 완화 및 간소화, ③ 정부투자기관의 민영화, ④ 국가기능과 지방기능의 재조정, ⑤ 지방행정계층구조와 행정구역의 재검증, ⑥ 광역행정협의체제의 강화, ⑦ 서울특별시의 지위문제 및 수도권행정의 통합성 확보, ⑧ 중앙행정기관의 설치기준 정립, ⑨ 중앙행정기관의 공통하부조직 개편, ⑩ 국가안전기획부기능의 조정, ⑪ 감사원의 기능조정, ⑫ 공정거래 기능의 강화, ⑬ 과학기술행정 체제의 조정, ⑭ 통일행정체제의 조정, ⑮ 경찰의 중립성보장, ⑯ 검찰의 독립성 강화, ⑰ 교육행정조직의 개편, ⑱ 문화·공보기능의 분리개편과 체육 청소년행정기능의 재조정, ⑲ 사회복지 및 보건위생기능의 강화, ⑳ 노동행정체제의 조정, ㉑ 교통행정체제의 개편, ㉒ 공무원 보수체계의 개선, ㉓ 행정공개의 확대 등이다.

특히 여기에서 주목할 것은 행정개혁위원회가 건의한 내용이 민주화, 자율화, 그리고 국제화와 지방화시대에 걸맞는 행정조직의 개혁을 주장하고 있는데 구체적으로 몇 가지 주요내용을 발췌하면

① 정부 조직의 대폭적인 개편이다. 예컨대 "부총리는 경제기획원정관과 통일부장관이 각각 겸임토록 하는 복수부총리제로 개편"

26 행정개혁위원회, 행정개혁에 관한 건의(서울: 행정개혁위원회, 1989), pp.1-455.

한다든지[27] 처를 현재의 4개 처(총무, 과학기술, 법제, 국가보훈)에서 공보처와 환경처를 신설하여 6개 처로 개편한다든가 또는 문화공보부에서 공보처를 분리신설하고 환경청을 환경처로 격상하는 등이다. 그리고 현행 16부는 14부로 개현하게 되는데 아래의 <표 12-12>는 조직개편 총괄표를 보면 그 구체적 내용이 나타나 있다.

〈표 12-12〉 조직개편 총괄표

	계	기관	원	처	부	청	외국	위원회	대
현행	42	2	2	4	16	13	3	1	1
개편	39	2	2	6	14	13	2	0	0
증감	−3			+2	−2		−1	−1	−1

<표 12-13>은 행정개혁위원회가 건의한 중앙정부조직의 기구표로서 ×친 부분은 폐지를 건의한 것이고 굵은 표시로 되어있는 것은 신설 혹은 개혁을 건의한 내용이다.

② 중앙각부처의 각종 행정규제는 행정규제의 타당성, 적정성, 실효성, 그리고 규제절차의 간소화 등을 통하여 총 3,616종 중에서 849종의 개선이 필요하다. 그 중요한 개선내용의 총괄은 <표 12-14>와 같다.[28]

③ 특별지방행정기관과 지방자치단체와의 관계 재정립으로서 예컨대 지방병무청은 현행 체제로 유지하되 지방자치제로 통합하든지 또는 환경지청은 환경오염, 측정업무, 감시업무, 조정업무 위주로 전환하되 그 집행기능을 지방자치단체에 이관하는 것 등이다.

④ 광역행정협의체제의 강화로서 행정개혁위원회가 건의한 내용

27 행정개혁위원회, *op. cit.*, p.52.
28 *Ibid.*, p. 68.

은 "앞으로 본격적인 지방자치가 실시되면, 지방자치단체간 광역행정에 관한 문제는 자치단체 당사자간의 합의로 해결하는 것을 원칙으로 하여야 할 것이므로, 권역별 행정협의회의 활성화가 필요하다"[29]

⑤ 서울특별시 및 수도권행정의 통합성을 위하여 수도권광역행정위원회를 설치하고 현행 수도권정비심의위원회는 폐지하고 그 기능을 흡수하도록 한다. 특히 수도권광역행정위원회는 국무총리 소속으로 하되 국무총리를 위원장으로 하고 경제기획원장관을 부위원장으로 하며 위원은 15인 이내로 정한다.

⑥ 대통령 소속기관 중 국가안전기획부의경우는 안전기획부로 개칭하며, 그 기능도 국내외 정보수집, 분석기능과 국가보안법의 범죄에 대한 수사기능만 수행하고, 정치·행정·사회·문화 등의 사찰과 공작활동은 금지되며 또한 국가보안사령부의 경우는 군과 직접 관련된 정보기능만 수행토록 한다. 국가원로자문회의는 폐지하며, 감사원의 경우는 조사대형기관을 축소 조정하고, 회계조사의 경우는 국가, 지방자치단체가 임원을 임명 또는 임명승인하는 단체는 감사대상에서 제외하고, 직무감찰의 경우는 지방지치단체의 고유사무, 임원의 임명을 정부가 승인하는 단체, 기타 보조금을 받는 민간단체의 회계검사유관자의 직무는 직무감찰대상에서 제외하도록 한다.

⑦ 통일행정체제의 개혁으로서 국사통일원을 통일원으로 개칭하고 통일원장관이 통일담당 부총리를 겸임토록 하며 통일원장관을 위원장으로 하는 통일관계장관회의를 설치하되 외무, 국방, 교육, 문화, 체육, 공무처 및 안전기획부 등의 관계 부처장관을 포함시킨다. 특히 장·단기 정책수립과 교육·홍보 기능의 수행을 위해 통일정책실을 신설하고, 인적·물적 교류를 위한 교류협력국을 신설한다.

⑧ 경제조직의 개혁을 위하여 내무부에 경제개혁 의결기관인 경찰위원회를 설치하고 지방경제국을 시·도기관으로 설치하고 지방

---

29 *Ibid*., p. 104.

자치제 실시 후 자치경제제의 도입을 검토한다는 것이다.

⑨ 문교부를 교육부로 개칭하고 교육전문직으로 보직범위를 확대하고 체육부의 학교교육과 급식기능을 이관맡는 등이다.

⑩ 문화행정의 강화와 함께 체육부의 체육행정과 청소년기능을 통합하여 문화체육부를 신설한다는 등이다.

⑪ 행정공개의 확대를 위하여 행정정보공개법과 행정절차법을 제정실시하며 특히 공문서와 행정정보관리체계를 확립하도록 하되 각급 행정기관에 행정자료실(도서실)을 설치운영하고 민원실에는 행정정보의 안내와 문서열람창구를 설치 운영하도록 하는 등이다.

〈표 12-13〉 개편 정부조직표

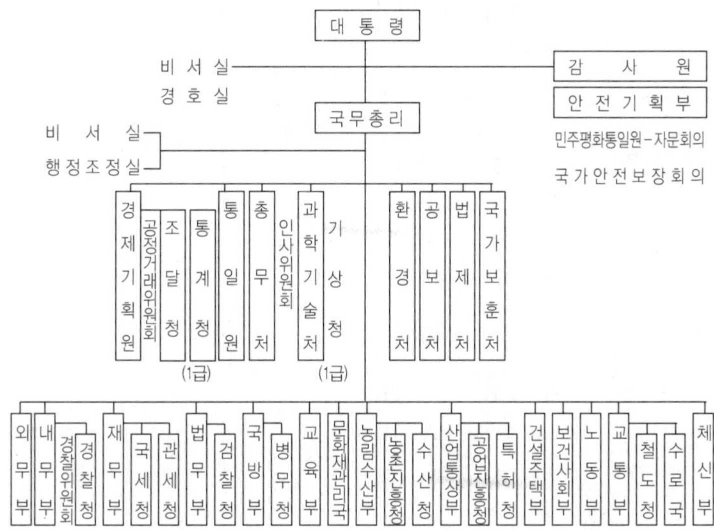

〈표 12-14〉 중앙행정기관의 행정개선내용통괄

구분 부처별	행정규제총수	존치	개선내용									비고
			계	폐지	통폐합	완화	간소화	위임	민간위탁	강화	기타	
계	3,616	2,767	849 (100%)	291 (34)	17 (2)	206 (24)	192 (23)	65 (8)	20 (2)	5 (1)	53 (6)	
경제기획원	10	5	5	3							2	
과학기술처	28	18	10	4		2	3		1			
국토통일원	10	6	4	4								
외무부	21	9	12	1			11					
내무부	225	217	8	1			6	1				
재무부	138	45	93	51		21	7	1	5		8	
국세청	195	135	60	12		25	18	2			3	
관세청	147	114	33	6		8	15		2		2	
법무부	124	113	11	1		5	3				2	
국방부	56	51	5			3	1				1	
병무청	39	32	7	4	1		2					
문교부	97	80	17	1		8	6	2				
체육부	16	15	1					1				
농림수산부	233	136	97	43		19	7	3				
산림청	126	79	47	29		5	7	3	2	1	22	
수산청	131	116	15	6		5	1	1			3	
상공부	129	99	30	21	2	4	3				2	
공업진흥청	71	51	20	12	2	2	4					
동력자원부	181	134	47	29	1	14				3		
건설부	242	208	34	11		4	9	9			1	
보건사회부	300	274	26	3	5	3	1	6	6		2	
환경청	85	50	35				16	19				
노동부	118	1101	8		2	3		3				
교통부	263	81	82	20	1	35	6	14	4		2	
철도청	56	47	9	1		8						

(7) 김영삼 정부의 경우

1993년에 김영삼 정부가 국민의 직접적인 선거에 의하여 탄생하였다. 이것은 1960년대 이후 처음으로 민간인 출신이 대통령이 당선되었다는 의미에서 흔히들 문민정부라고 부르기도 한다. 문민정부는 대통령이 취임사에서 공약한대로 경제건설, 부패척결, 그리고 사회기강의 확립이라는 3대 국정의 목표실현을 국민들에게 공약하였고 이러한 공약은 국민들에게 기대효과를 일으켜 집권초기에 90%이상의 높은 인기를 얻기도 하였다. 비록 이러한 당면의 국정목표는 집권중반 이후에 퇴색되거나 실패하고 말았다는 평가를 하지만 대통령 자신은 노력을 많이 한 것도 사실이다.

〈표 12-15〉 행정부(중앙행정기관)

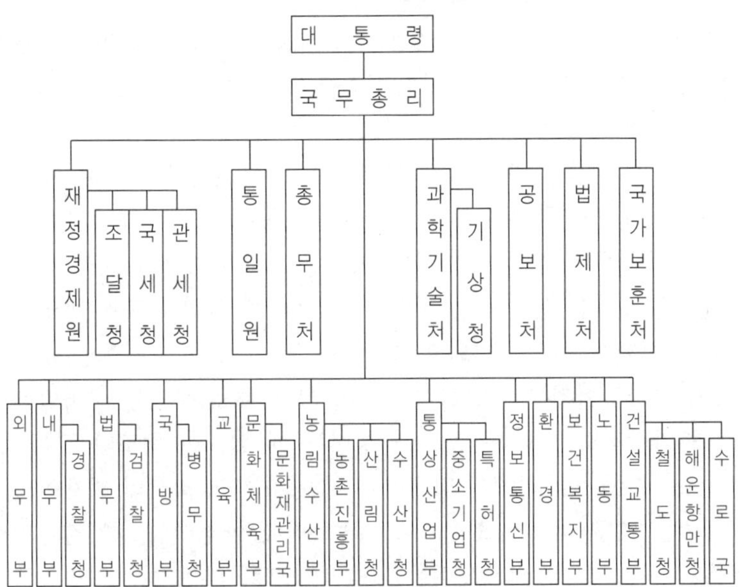

자료 : 전국 관공서총람, 한국정부연구소(1997. 7), p. 1257.

첫째, 김영삼 정부의 행정개혁은 <표 12-15>에서 보는 바와 같이 정부기구를 2원, 13부, 5처로 조직개편하였다. 특히 여기에서 주목하여야 할 것은 정부의 조직개편과정에 있어서 경제기획원과 재무부의 통폐합이며 이것은 1997년 12월 이후 소위 IMF체제에 들어가게 되는 원인의 하나로서 막강한 정부재정의 정책과정에서 정책결정기관과 집행기관이 상호견제나 억제 없이 지나치게 비대한 권한을 행사함으로써 국가의 재정정책의 실책을 범하게 되는 조직개편과정상의 문제점을 안고 있었다. 예컨대 원래의 경제기획원은 국가재정의 기획업무와 감독 혹은 평가를 주임무로 하였고, 재무부는 재정의 집행을 주임부로 하고 있다. 그런데 이러한 정책입안과 집행이 억제와 견제 없이 수행되면서부터는 정책의 오류를 구제하기가 거의 불가능하였다. 이러한 것은 외환관리나 경제정책 전반적인 부문에 걸쳐서 그 역기능이 노출되었다고 할 수 있다.

둘째, 건설부와 교통부의 통폐합이다. 현대사회에 있어서 건설업무와 교통부의 공통성과 관련성을 고려할 때 이러한 것은 상당히 의미 있는 것으로 판단된다. 그 산하에 철도청, 해운항만청, 그리고 수로국 등의 독립외청을 두는 것도 바람직하다고 본다.

셋째, 체신부를 개칭하여 정보통신부로 행정개혁한 것은 정보사회화의 세계적인 추세에 부응하는 행정개혁이라고 본다. 다만 정보화가 국민들의 삶의 질에 얼마나 영향을 줄 수 있으며 이러한 결과의 순기능과 역기능을 종합적으로 평가하여 정책결정에 반영하는 지혜를 반영하는 것도 필요할 것이다.

마지막으로 환경부의 신설이다. 오늘날 환경의 문제는 국가발전의 목표를 바람직하고 효과적으로 달성하는 데 필요한 척도가 된다. 환경부는 이러한 국가과제를 달성하는 데 필요한 정책적인 과제이므로 그 개편은 매우 의미가 있다고 본다. 그러나 환경부의 정책결정과정에 있어서 보다 실질적인 권한을 효과적으로 부여하는 입법조치가 수반되거나 환경부의 근무공직자들의 전문성과 윤리성의 제고가 극대화되는 것이 조직개편 이상으로 더욱 중요한 과제라 할 수 있다.

제8절 / 행정발전과 행정개혁의 접목

지금까지 논의한 행정개혁은 행정발전과 접목이 가능하다고 본다. 왜냐하면 행정발전은 행정체제의 발전이며 행정인의 태도와 역할의 변화이며 나아가서는 행정환경과 행정문화의 바람직한 방향으로의 변동을 포함하기 때문이다. 행정발전은 행정개혁이 독립변수적 역할로 인하여 종속적으로 나타나는 결과적 현상이라고도 할 수 있고, 행정발전이 독립변수로서 이루어지면 결과적으로 행정개혁이 이루어질 수 있다고 보는 입장이 있을 수 있다.

특히 제6공화국을 수립하면서 정부는 앞으로의 행정발전과 행정개혁의 이념적 지표를 ① 성숙된 민주사회의 발전, ② 균형된 복지형평사회, ③ 풍요한 사회에의 지속적 발전, ④ 민족의 통일번영사회로의 발전을 추구하고 있는 고로[30] 이러한 이념은 행정발전과 행정개혁의 공통적인 기초가 된다고 할 수 있을 것이다. 여기에서 행정발전과 행정개혁의 관계를 비교하고 접목한다면 ① 행정발전을 구조적 분화와 질적 변화, 목표지향성 ② 미래지향적 동태적 과정, ③ 인위적 의도적 행정의 변동, ④ 대외적 변수에 의하여 영향, ⑤ 독립변수 및 종속변수적 양면성, ⑥ 발전행정의 하위개념 ⑦ 정치발전과의 상호보완적 관계 등을 지적할 수 있다. 반면에 행정개혁은 ① 정치적 성격에 의하여 영향, ② 계량적 변화, ③ 동태적 행동지향적 성격, ④ 목표지향성, ⑤ 계속성과 지속성, ⑥ 체제변동과 행태의 변화, ⑦ 저항성 등이다.[31] 실제로 보면 행정발전과 행정개혁은 상호 공통성을 가지는데, 예컨대 ① 양자 모두 미래지향성을 추구하는 것, ② 행정체제의 변동과 가치관의 변화의 필요성, ③ 양자가 동태적 변화가 필요하고 또한 행정환경과 유기적 관련성을 가진다는 점, ④ 시간, 체제, 공간, 과정과 목표성을 가진다는 것, ⑤

[30] *Ibid.*, p. 16.

[31] 김규정, 행정학원론(서울: 법문사, 1985), pp. 130-133, pp. 776-793.

행정발전과 행정개혁은 독립변수성과 종속변수성을 가진다는 점, ⑥ 의도성, 계량적 변화(planned change)를 유도한다는 것 등이다. 따라서 행정발전은 미래지향적 가치개념이며 발전행정의 내표되는 하위개념이며 종속개념이고 행정개혁은 이러한 행정발전을 위한 수단과 방법이며 과정으로서의 의미를 가진다고 할 수 있다. 이 양자는 상호보완성과 유기성을 가지고 발전행정의 목표를 실현할 수 있을 것이다.

제9절 / 한국행정의 미래발전방향 모색

Ⅰ. 문제의 제기

현대는 과거의 연속이며 또한 미래와 연결되는 분기점이 된다. 주지하는 바와 같이 한국의 행정현상(administrative phenomena)은 그동안 급속한 경제변동과 산업화로 인하여 그 실체(reality)분석을 하기에는 다변수(multidimensional variables)적 측정방법이 필요하게 되었다.

미래사회에서 일어날 수 있는 현상들의 예측은 고도의 전문가들의 시각(예컨대 delphi technique)이 필요하고, 계량방법적 동원을 통하여서도 가능할 수 있다. 그러나 무엇보다도 미래행위의 현상들을 예측과 예방을 결합하는 개념으로서 파악할 때에는 그 과정성은 매우 중요한 의미로 부각되어진다.

행정현상을 미래행정적 차원에서 분석하려고 할 때, 필연적으로 대두되는 문제는 포괄적인 미래사회현상들인데 이러한 것은 일반적인 것과 한국적인 상황에 적용시켜 본 시각에서 진단된 분석틀을 열거할 수 있다. 그러한 분석틀(frame)은 미래사회학의 동원과 협조가 필요하게 되고, 나아가서는 미래행정철학의 지원이 요청된다. 뿐만 아니라 한국미래현상과 다른 외국 또는 보다 거시적(macro) 맥락(context)에서 미래세계의 현상들에 대한 미래학(futurology)이나 비교미래행정학(comparative future public administration)적 협조와 상호지원과 같은 것도 필요하게 될 것이다.

한국행정상의 미래현상에 대한 모형정립(model building)을 하기 위하여서는 여러 계량적(quantitative) 방법이나 질적 방법(qualitative approach) 등을 상호유기적으로 동원함이 바람직할 것이다. 그러나 본연구를 위하여서는 기존의 자료에 대한 문헌조사(library research)와 실증적 조사(empirical survey), 그리고 특히 개념적 미래모형설정을 제시하고자 한다.

II. 미래사회현상의 특징

미래행정의 실체를 분석하고, 나아가서 미래행정의 방향과 모형을 정립하기 위하여서는 무엇보다도 미래사회현상들을 먼저 진단하고 분석할 필요가 있다. 여기에서 우리는 먼저 미래사회현상을 고찰하고, 다음에는 미래행정현상를 개념화할 필요가 있을 것이다.

미래사회현상은 그 접근방법과 시각에 따라서 긍정적 또는 낙관적 시각과 부정적 또는 비관적 시각으로 양분될 수 있다. 뿐만 아니라 그 정도에 따라서 신중한 낙관론이나 신중한 비관론으로 세분될 수도 있다.

먼저 우리는 미래사회에서 발생하게 될 현상들에 대하여 몇몇 미래학자들의 시각과 초점을 간략하게 요약하면 다음과 같다.

첫째, Daniel Bell은 그의 “The Coming of Post-Industrial Society”란 책에서[32] ① 경제적 측면에서의 재화(goods) 산업에서 용역(services),

---

32 Daniel Bell, The Coming of Post Industrial Society (New York: Basic Book, Inc, 1973).

특히 정보(information) 산업중심의 경제현상과 경제활동의 변화, ② 전문적 기술적 계층(예 : technocrat or meritocrat)의 지배사회에서의 직업의 변화, ③ 이론적 지식과 사회적 구조의 축의 원리(axial principles)에 의한 변화, ④ 새로운 지적 기술에 의한 의사결정(decision making)의 발전 등으로 요약된다. 둘째, Alvin Toffler는 "The Third Wave"[33]에서 미래사회현상들의 특징을 ① 분권화된 경제와 사회구조의 변화, ② 전자촌(electronic cottange)과 가정을 중심으로 한 사회, ③ 소수기술 elite 중심의 의사결정과 미래사회, ④ 새로운 미래사회에 적응되는 재형성 등으로 요약하게 된다.

셋째, John Naisbitt는 그의 저 "Megatrends"[34]에서 미래사회의 특징을 ① 현대의 대표적 민주주의 형태를 재조명하게 되고, ② 고도의 기술과, ③ 의사결정을 위한 정보의 홍수, ④ 참여적 의사결정 및 분권주의화 등을 주장하고 있다.

위에서 논의한 세 학자들의 미래사회관을 간략하게 비교하여 보면 <표 12-15>와 같다.[35]

요컨대 상기한 학자들의 공통적 시각은 미래사회는 보다 과학적 기술과 정보산업, 지적계층의 노력과 확대, 그리고 전통적 의사결정과 대표민주주의제도는 커다란 시련과 변동을 가져올 것임을 예측하고 있다.

뿐만 아니라, Thomas E. Jones는[36] 서기 2000년대와 2100년대에 일어날 미래사회 현상들에 대하여 그 주요특징을 다음과 같이 주장하고 있다.

---

33 Alvin Toffler, The Third Wave (New York: Bantam Book, 1980)

34 John Naisbitt, *Megatrends* (New York: Warner Books Co., 1982)

35 Young Jong Kim, *An Analytical Study on University Students' Attitudes toward Future Society*(Unpublished)(Tallahassee: The Florida State University, 1984), pp. 1-13.

36 Thomas E. Jones, *Options for the Future: A Comparative Analysis of Policy-oriented Forecasts* (New York: Praeger Publishers, 1980), pp. 50-51.

〈표 12-15〉 주요 미래학자들의 미래 사회관

실체적 특징 \ 미래학자	Bell	Toffler	Naisbitt
산 업 구 조	서비스산업(service industry)과 정보산업(information industry)에로 급진적 구조변동	급진적 사회변동과 고도의 기술 및 컴퓨터 및 전자산업화	정보중심적 산업체제화 그리고 고도의 과학기술중심적인 산업변동
의 사 결 정	대표적 민주주의는 변동하고 의사결정의 주축은 컴퓨터	소수의 민주주의에 의한 의사결정	대표민주주의의 재진단
사 회 구 조	새로운 기술 관료, 그리고 지식층 계층의 성장	새로운 전자촌을 중심한 가정 원자적 인간 군거생활	고도의 기술자의 고도의 영향력 있는 사회
강 조 점	사회구조의 변동과 축원리, 과학적 윤리적 실증적 분석	추상적이고, 이념적이나 정치적 변동이나 인격적 변동에 있어서 종합적 방향	더욱 실증적이고, 내용분석에 대한 비판과 개인과 사회의 급진적 변동론적 시각

자료 : Young Jong Kim, "An Analytical Survey on University Student Attitudes toward Future Society" (Unpublished)(Tallahassee: The Florida State University, 1984), pp.1-20.

① 대규모의 대양농경과 통합적 단백질의 개발이 새로운 식료품의 차원으로 대치되게 될 것이다.

② 통제된 원자핵의 동력이 새로운 에너지의 자원으로 사용되게 될 것이다.

③ 새로운 광물질의 원료가 대양으로부터 추출되어 지게 될 것이다.

④ 지역적으로 기후통제가 실험적인 단계를 넘어서게 될 것이다.

⑤ 세계의 보편적인 언어가 자동화통신을 통하여 개발하게 될 것이다.

⑥ 세계인구는 80억 이상으로 증가하게 될 것이다.

⑦ 인간의 수명은 100세를 넘어가게 될 것이며 그 이유는 노령화 과정에 있어서 화학적 통제가 가능하게 될 것이기 때문이다.

⑧ 자동화장치는 극도로 발달되어, 자동화된 고속도로의 교통 또는 가정에서 원격조정화된 잡지 및 신문의 원본 복사가 가능하게 될 것이다.

⑨ 컴퓨터기계로서 직접적인 전자기계의 두뇌의 지적 능력을 증가케 할 수 있는 인간과 기기의 양립이 명백하게 가능하게 될 것이다.

⑩ 동력에 대한 통제의 가능성은 혁명적인 발전을 가능케 할 것이다.

특히 흥미 있는 것은, Joseph F. Coats는[37] 미래사회현상들의 60여 개를 장기적 전망과 경향의 시각에서 ① 일반적 사회경향 ② 기술적 측면 ③ 노동력 ④ 가치문제 ⑤ 가족관계 ⑥ 제도적 측면 등으로 세분하고 있다.

구체적으로, 첫째, 일반적 사회현상은 경제적 풍요와 교육의 확대, 지적생산의 활성화, 그리고 도시화의 가속화 등이다.

둘째, 기술경향으로서는 고도 첨단기술 및 연구개발의 확대와 경제사회에 있어서의 기술지배의 증대화를 들고 있다.

셋째, 노동력에 있어서는 전문성과 서비스 및 정보산업(information industry)의 성장과 후생복지제도의 확대이다.

넷째, 가치관의 변화에 있어서는 전통적 권위주의적 가치관의 후퇴와 다양한 가치관의 경향을 들 수 있다.

다섯째, 가족제도에 있어서는 노인인구의 증대 및 출산율의 저하, 그리고 여가활동의 증가 등을 들 수 있다.

이상과 같이 미래학자들은 미래현상들을 예측하고, 그 예측현상들에 대한 준비와 대책이 요구된다고 할 수 있다. 특히 여기에서

---

37 Joseph F. Coats, "Why Think about the Future: Some Administrative-Political Perspectives," Public Administration Review, Vol. 36(Sept/Oct., 1976), pp. 580-585.

주목할 것은 미래사회현상에 대하여 낙관적 시각과 비관적 시각으로서 크게 양분되고, 예측기간은 25~50년간을 두고 있으며, 특히 미래기획을 위하여서는 선별적 전략이 필요하다고 하는 사실이다.

요컨대, 미래현상에 대하여 낙관적 시각(optimistic view)과 비관적 시각(pessimistic view)으로 양분되어지는데, 낙관론자로서는 Herman Kahn, Daniel Bell, 그리고 Harrison Brown을 들 수 있고, 비관론자들로서는 Thomas Malthus, Kenneth Boulding, 그리고 Robert L. Heilbroner 등이다. 구체적으로 각 학자들 간의 시각의 차이는 <표 12-16>과 같이 요약될 수 있다.

〈표 12-16〉 주요 미래학자들의 낙관론 및 비관론

시각 / 학자	낙 관 론	시각 / 학자	비 관 론
Herman Kahn	미래는 부의 축적으로 천연자원의 공급부족과 공해문제는 극복가능	Kenneth Boulding	전쟁의 함정, 인구폭발 함정, 기술함정, 열역학 함정 등의 네 가지 비관적 함정에 몰입될 가능성
Daniel Bell	탈공업사회는 서비스경제의 출현, 이론지식의 우선권, 신기술의 개발로 신Utopia적인 사회로 등장	Robert L. Heilbroner	인구과잉, 과학기술 지식의 오용될 위험성으로 비관적 미래가 될 가능성
Harrison Brown, James Bonner, John Wier	자원개발, 인력개발, 인구증가, 식량증산, 창의적 인력가용성은 기술개발의 역기능을 극복할 수 있음	Robert Vacca	현대기술과 현대인간의 삶의 붕괴는 불가피하며, 아마 1985~1994년 동안에 일본이나 미국에서 붕괴의 결과가 초래될 것임

자료 : Young Jong Kim, "An Analytical Survey on University Student Attitudes toward Future Society" (Unpublished)(Tallahassee: The Florida State University, 1984), pp.1-20.

위에서 논의한 바와 같이 미래사회를 낙관적으로 볼 것인가, 혹은 비관적으로 볼 것인가 하는 문제는 학자들의 시각에 따라서 상반된 견해가 추출되는 것은 사실이다. 저자가 임의 추출하여 조사한 미국 플로리다 주립대학교 학생들의 미래사회관을 통계적으로 처리하여 본 결과 다음과 같은 것을 발견하였다.[38]

첫째, <표 12-17>에서 보는 바와 같이 기술개발의 미래에 대하여서는 낙관적으로 보는 견해가 52%, 극히 낙관적인 것이 34%, 계 86%가 낙관적이고 12%가 비관적이다. 즉 기술개발의 미래에 대하여 학생들의 대부분은 낙관적으로 보고 있다. 그리고 인구팽창의 미래에 대하여서는 52%가 비관적으로 보고 있어서 38%의 낙관적인 견해보다도 훨씬 높은 것을 알 수 있다. 뿐만 아니라, 종교의 미래에 있어서는 42%가 낙관적인 편이고, 38%가 비관적인 편으로 비교적 유사하게 비율을 차지하고 있다. 기술개발의 결실에 대하여, 그것이 대체적으로, 탈인간화나 몰인간화, 환경의 오염, 획일성이나 비인간성, 또는 자발성이나 융통성을 상실케 하는 역기능이 지적되고 있음에도 불구하고, 그 효율성이나 편의성, 그리고 생산성에 크게 기여할 수 있을 것이라고 보는 낙관적 견해는 역시 구조 기능주의적 사회구조와 의식구조의 자연적 산물로 해석되어진다고 할 수 있다. 뿐만 아니라, 인구의 팽창이 비관적 결과를 초래하게 될 것이라는 관점은 영양문제의 저하, 문맹자의 증가, 실업자문제, 환경적인 문제의 제기, 선진국과 자원이 부족한 개발도상국가 간의 괴리현상의 심화 등의 문제에 초점을 맞추어 볼 수 있다.[39]

다음에는 <표 12-18>에서 보는 바와 같이 첫째, 지식의 미래에 있어서는 무려 88% 이상이 낙관적인 시각으로 보는 반면에 겨우 8% 정도만이 비관적인 것으로 나타나 있다. 재론할 필요 없이 가장 학구

---

[38] Young Jong Kim, *op. cit.*, pp. 1-13. 이것은 저자가 직접 조사표 작성과 전화상담을 통하여 조사한 것을 처리하여 본 것이다.

[39] Thomas E. Jones, *op. cit.*, p. 263.

적인 학문연구에 전념할 대학생들이 보는 미래사회관은 지식의 개발이 생산발전과 국가발전에 크게 기여할 수 있는 것으로 보는 것은 바람직하다 아니할 수 없다 하겠다. 물론 지식의 발달은 인류의 평화에 기여할 수 있는 순기능적 측면에서 문제의 핵심을 지적할 수 있겠다.

〈표 12-17〉 미래사회에 관한 조사(Ⅰ)

(N=50)

정도	기술개발의 미래(%)	인구팽창의 미래(%)	종교의 미래(%)
극히 낙관적	34	6	12
낙관적	52	22	30
무응답	2	20	20
비관적	10	34	22
극히 비관적	2	18	16
합계	100	100	100

〈표 12-18〉 미래사회에 관한 조사(Ⅱ)

(N=50)

정도	지식의 미래(%)	군사력(%)	문맹(%)
극히 낙관적	32	2	6
낙관적	56	12	34
무응답	4	12	36
비관적	6	50	10
극히 비관적	2	24	14
합계	100	100	100

둘째, 군사력에 대하여 14%가 낙관적임에 반하여 무려 74% 이상이 비관적으로 보고 있는 점에 주의를 할 필요가 있을 것이다. 특히 우리는 미래사회가 핵무기전쟁과 긴장으로 인하여 전쟁의 발

생(세계대전)을 초대할 가능성을 예견할 수 있음은 틀림없는 사실이다. Herman Kahn은 미래사회가 매우 부유하고 풍요한 사회가 될 것이라는 명제 하에 국가간의 심각한 갈등은 경제적 만족으로 인하여 감소되어지기 때문에 탈공업사회인 미래사회는 상대적으로 전쟁의 위험성에서 탈피하게 될 수 있을 것이라고 낙관하고 있다.[40] 그러나 미국 대학생들은 미래사회가 군사력의 경쟁으로 인하여 특히 강대국가간의 핵전쟁이 발생하게 될 것이라는 비관적 견해를 보이고 있다. 따라서 이러한 관점을 고려할 때, 세계평화를 위한 국제정치나 행정적 노력이 각별히 요청된다고 할 수 있다.

셋째, 인류문명의 장래에 대하여서는 비관적이기 보다는(24%), 낙관적(40%)인 편이 훨씬 많은 비율을 차지하고 있다. 일반적으로 문화의 개념을 인간이 특정한 사회에서 존재하는 행동양식의 총체적 또는 포괄적 개념으로 파악할 때[41] 인간의 문화적 존재의미는 시간과 공간을 연결하는 연속선상에 큰 의미를 던져준다 할 수 있다. 미래사회의 문명도 단순히 기계나 물질문명의 차원을 넘어서 정신적 가치창조와 역사적 흐름의 주체자로서 이어지는 인간의 생의 흔적으로 볼 때 이들 대학생들의 낙관론은 바람직하다고 할 수 있다.

<표 12-19>에서 보는 바와 같이, 첫째, 정치권력의 미래에 대하여 낙관적인 것보다는(16%), 월등하게 비관적인 편이다(60%). 환언하면, 미국학생들은 정치권력은 지금까지 자유민주주의의 체제에 대하여 도전하게 되면서, 권력의 남용이나 지나친 집중으로 인하여 발생하게 될 현상, 예컨대 독재주의의 현상들이 계속 출현할까 염려하고 있는 것이다. 특히 개발도상국가에서는 권력의 남용이나 집중을 방지하기 위하여서는 국민들에게 권력의 위임을 최대한 허용하는 분권제도(예컨대 지방자치제도) 등을 제도적으로 장치함이 바

---

40 Herman Kahn, *The Next 200 Years: A Scenario for America and the World* (New York: William Morrow & Company Inc., 1976), p. 221.

41 김영종, 사회학개론 (4판)(서울: 형설출판사, 1979), p. 160.

람직하게 된다. 특히 여기서 미래사회학자들 중에서는 이 정치권력의 현상들에 대하여서는 상반된 견해를 가지고 있는데, Herman Kahn은 권력의 집중이 미래사회현상의 특징과 경향이라고 주장하는가 하면, John Naisbitt는 정치권력의 권력화경향을 특징이라고 주장하고 있음이 사실이다.

〈표 12-19〉 미래사회에 관한 조사(Ⅲ)

(N=50)

정 도	정치권력의 미래 (%)	사회적 이동성의 장래 (%)	전쟁, 폭력, 전체주의 (%)
극히 낙관적	4	18	2
낙관적	12	44	20
무응답	24	10	8
비관적	34	24	30
극히 비관적	26	4	40
합계	100	100	100

둘째, 사회적 이동성(social mobility)의 문제에 대하여 62%가 낙관적인 견해를 가지고 있으나, 28%가 비관적인 시각을 가지고 있다. 사회적 이동성은 국가발전의 정도이기도 한데 지역적인 수평적 이동성이나 수직적인 어떤 직업과 지위(status)에 있어서의 활발하고 역동적인(dynamic) 이동성은 매우 바람직한 현상으로 보고, 미래사회가 더욱 활발한 발전지향성(developmental orientation)을 가져오게 될 것이라는 면에서는 퍽 고무적인 현상이 될 것으로 본다.

셋째, 전쟁이나 폭력, 그리고 전체주의와 같은 현상들에 대하여 대부분의 학생들 즉 70%의 대학생들이 비관적으로 보는 반면에 22%의 대학생들은 낙관적으로 보고 있다. Francis Allen은 일찍이 지적하기를 세계 강대국들은 수세기 동안 놀랄만한 군사무기와 기술을 개발하여 왔으며, 특히 전쟁기술의 변화율은 가속화되고 있다고 했다.[42] 이 지구상에 현재 이 시간에도 피비린내 나는 전쟁이 계속되는 나라가 있고(예 : 이라크의 전쟁), 지구의 역사는 전쟁사라고도 할 만큼 전쟁의 공포가 계속되어 왔으며, 그 실증적인 예로서 우리들은 쿠바의 미사일 위기의 경우를 지적할 수 있다.[43]

뿐만 아니라, 국제적인 terrorism의 경우가 증가되고 있으며, 세계적으로 10%가, 중동지역에서는 25%가 증가되고 있다.[44] 이러한 것은 대학생들의 미래사회관을 비관적으로 보는 것과 일치된다.

<표 12-20>에서 세계의 실업자문제와 그 장래에 대하여는 56%가 비관적인데 반하여 34%가 낙관적인 견해를 보이고 있다. 세계의 실업자문제는 바로 세계경제와 관계가 있으며, 또한 세계의 인구증가 현상과 밀접한 관계 변수가 있다. 1970년대에 인도는 매 7일 동안에 10만 명의 새로운 직장이 필요하였고, 매 4명의 대학 졸업생들 중 대략 3명은 실업자의 현상이었다. 이와 같은 실례는 바로 세계의 미래는 실업문제로 어려움을 당하게 될 것이라는 비관적 견해와 일치되는 것이 아닐까?

〈표 12-20〉 미래사회에 관한 조사(Ⅳ)

(N=50)

정도	세계의 실업자문제와 그 미래(%)
극히 낙관적	2
낙관적	32
무응답	10
비관적	38
극히 비관적	18
합계	100

42 Francis Allen, Socio-Cultural Dynamics: *An Introduction to Social Change* (New York: The Macmillan Co., 1971).

43 Graham T. Allison, *The Essence of Decision Making* (Boston: Little, Brown and Company, 1971).

44 U.S. *News and World Report.*, Jan. 9. 1984, p. 30.

마지막으로 더욱 흥미 있는 것은 전체적으로 대학생들은 미래사회현상에 대하여 43.2%가 낙관적으로 보는 견해이고, 42.2%가 비관적으로 보는 견해이다. 이러한 현상은 역시 미래현상은 가변적이기 때문에 낙관적으로 볼 수도 있으며, 또한 비관적으로 볼 수 있는 현상으로 파악하게 된다.

요컨대, 우리들은 미래사회현상이 불확실한 변수적 흥미를 가진 실체이므로 낙관도 비관도 하기는 금물이 아닐까? 말하자면 통합적 시각에서 미래사회의 현상들을 분석하되, 그 개별적 특수성을 가진 것들에 대하여는 어느 쪽이 강조될 수 있는가 하는 것을 보다 실증적인 차원과 보편성과 통합적으로 고려하여 예측하는 지혜가 필요하게 될 것이다.

Ⅲ. 미래행정의 발전모형정립

(1) 모형정립의 개념

일반적으로 모형정립은 사회과학의 연구에서 매우 중요한 영역이라고 할 수 있다. 왜냐하면 모형정립은 실체(reality)를 가까이 접근할 수 있는 개념의 명료화를 가져올 수 있기 때문이다. 뿐만 아니라, 모형은 가능한 사회현상(social phenomena)을 통제하기 위한 설명을 하고 예측하기 위한 도구가 되고 있기도 하다.[45]

여기에서 우리는 보다 구체적으로 모형의 개념에 대하여 학자들의 논의를 간략하게 살펴보고, 저자로서의 개념정의를 하기로 한다.

Galt와 Smith[46]는 모형을 정의하기를: 모형이란 이론의 본체(body)에 있어서 어떤 단위가 되는 지적 구성요인이다. 따라서 모형은 사

[45] Young Jong Kim, *Bureaucratic Corruption*: The Case of Korea (Seoul: ChunChoo-Gak, Publishing Company, 1986), p. 7.

[46] Anthony H. Galt, et al., *Models and the Study of Social Change,* (New York: John Wiley and Sons, 1976), p. 27.

회행태면을 개념화하고 일반화하는데 사회과학자를 도와주거나 또는 구체적인 것을 추상화하는 장치를 통하거나 특수적인 것을 일반화하는 과정으로서 사회과학자들을 도와주기도 한다.

Waldo는 개념모형을 정의하기를[47] 개념모형은 실체를 모사하는데 필요하고 자료를 분류하는데 유익한 개념이나 또는 관계되는 개념군들을 개발하고, 정의하기 위한 의도적 시도라고 한다.

March는[48] 모형이란 실제시계의 전부 아닌 일부를 단순화한 구도이다. 즉 모형은 설명되어져야 할 현상을 더욱 단순화한 것이다.

이상과 같이 몇몇 학자들은 모형의 개념을 정의하고 있지만, 통합적 시각에서 모형의 개념을 설명하지 않고 있는 것 같다. 따라서 저자로서의 모형정립은 다음과 같이 개념화한다. 모형이란 실제세계의 일부로서 실체를 설명하기 위한 개념을 개발하거나, 또는 관계 개념군들을 단순화한 실제세계의 부분적 구도라고 설명할 수 있다.

(2) 한국미래사회와 행정현상분석

아래의 미래사회 예측은 필자가 1980년대 초 유학시절에 논의한 것으로 실제로 현재의 한국 미래사회의 현실과 비교하면 흥미있다. 일어날 가능성을 지닌 한국사회의 미래현상은 어떤 것이며 행정현상은 어떠한 것인가 하는 문제는 비록 가설적인 명제로 하더라도 퍽 흥미 있는 일이 아닐 수 없다. 우리가 앞에서 일반적으로 미래사회에 발생할 수 있는 현상들을 기술적이거나 실제적인 연구자료를 이용하여 고찰하였거나와 한국에서 일어날 수 있는 현상들은 단

---

47 Dwight Waldo, *Comparative Administration Theory*, edited by Preston Le Breton (Seattle: University of Washington Press, 1968), p. 125.

48 James G. March, An Introduction to Models in the Social Sciences (New York: Harper and Row, Publishers, 1975), pp. 19-24.

순한 접목의 범주를 넘어서 중요한 연구의 목표가 된다고 아니할 수 없다. 앞으로 1990년대 혹은 2000년대에 일어날 한국사회현상을 몇 가지 예측하여 가설화하여 보면 다음과 같다.

첫째, 한국사회구조는 더욱 분화되고 도시화(urbanization)될 것이며, 고도의 정보산업사회화가 될 것이다. 이러한 것은 경제성장과 생활수준의 향상을 의미하는 말이기도 하다.

한국의 경제성장은 80년대 후반과 90년대에 걸쳐 연평균 7% 전후의 성장을 계속함으로써 1인당 GNP는 1984년의 $2000에서, 1990년대에는 $2,550이상의 수준, 2000년대에는 $5000수준 이상으로 증가될 전망이다.[49] 뿐만 아니라, 도시화의 증대로 인하여 인구 2만 명 이상 읍과 시를 도시로 정의할 때 1980년에 66.7%의 도시화율은 1990년대에는 76.5%로 증가되고 더 나아가서는 2000년에는 82.5%가 될 것으로 전망되고, 특히 2000년대에는 인구 1,000명 중 825명은 도시에, 그리고 562명은 대도시로 주거하게 될 것 같다. 구체적 정보는 <표 12-21>과 같다.

〈표 12-21〉 도시화의 전망

(단위 : 천명, %)

구 분	1980년	1990년	2000년
전국인구(A)	38,124	44,117	49,354
도시인구(B)	25,428	33,730	40,700
6대 도시인구(C)	15,879	20,250	22,890
도시화율(B/A)	66.7	76.5	82.5
6대 도시(C/B)	62.4	60.0	56.2

특히 한국의 산업구조는 분화된 변동을 가져와 1차생산보다는 2

49 노화준, "행정관리발전의 목표와 전략," 한국행정학보(서울: 한국행정학회, 1986), pp. 38-39. 그러나 실제로 1991년 말 현재 한국의 1인당 GNP는 약 $6,000 정도의 수준에 이르고 있고 1995년경에는 $10,000을 넘을 전망이다.

차생산, 2차생산보다는 3차생산이 더욱 많은 비중과 비율을 차지하게 될 것이며, 나아가서는 고도의 지식산업이나 정보산업 등과 같은 탈공업사회에서 일어나고 있는 현상이[50] 한국에서도 나타나게 될 것으로 예측된다. 한국개발연구원에서는[51] 산업구조변화의 전망을 서기 2000년에 있어서 GNP의 구조화율은 농림어업에서는 7.5%, 광공업에서는 33.0%, 사회간접자본 및 기타 서비스업에서는 56.5%로 전망하고 있고, 광업자의 비율은 농림어업이 14.8%, 광공업이 28.9%, 그리고 사회간접자본 및 기타 서비스업은 56.8%로 예측하고 있어서 1984년 현재의 GNP에 있어서의 산업비율인 농림어업 14.0%, 광공업 30.4%, 사회간접자본 및 기타 서비스업 55.6%의 비율과 비교할 때 1차산업은 약 절반으로 줄어들고, 2차산업은 2.6%, 3차산업은 3.9% 정도로 증가되게 될 것이라는 전망을 하고 있다. 물론 취업인구에 있어서도 1984년 현재에 각각 1차 27.1%, 2차 24.2%, 3차 48.7%로서 약 절반으로 줄어들고, 그 대신에 2차산업에서는 4.7%, 그리고 3차산업에서는 5.6% 증가될 것으로 전망된다. 즉 3차산업의 인구가 계속하여 증가하게 될 것으로 예측되고 있다.

둘째, 한국 미래사회는 보다 분권적 민주화로 발전되어질 전망이고, 교육의 보편화도 더욱 확대되어질 것이다. 특히 우리 국민들의 대학교육열은 더욱 가속화되어 교육수준은 향상되어지고, 중산층은 확대되어지며, 나아가서는 도시화로 인하여 도시인구가 증가됨에 따라서 국민들의 정치의식과 수준은 성숙되어지게 될 것이다. 특히 남북한의 평화공존체제의 유지나 또는 통일문제는 낙관도 비관도 못하는 불명확한 상태의 전망이나, 명백한 것은 이데올로기 교육문제는 더욱 심각하게 논의하게 될 것이며, 정치지도자는 국민의 정치의식의 향상과 높은 수준으로 인하여 참된 민주적 발전의사를 가

---

50 Daniel Bell은 정보산업이란 용어를 사용함으로써 탈공업사회(post-industrial society)의 주요특징의 하나로 지적하고 있다.

51 한국개발연구원, 2000년을 향한 국가장기발전구상(총괄보고서, 1985), p. 62.

지고 있지 않으면 지도하기 어렵게 될 전망이다.

셋째, 전 세계가 점점 공간의 개념을 단축해가는 과학기술의 발달로 인한 영향은 바로 사회적 제제도와 경제적 체제에 대한 큰 변화를 촉진하여 결과적으로 한국은 보다 더 개방적 체제모형(open system model)을 중심으로 하여 국제사회로 변모하여 갈 것으로 예측되며, 이러한 것은 한국을 거대조직체제로 볼 때 개방체제가 조직발전에 큰 도움을 주게 된다고 판단되기 때문이다.[52]

특히 미래세계가 교통, 통신수단의 발전과 computer로 인한 공학적 발전, 그리고 과학과 기술의 발전으로 범세계적인 정보사회나 컴퓨터화한 사회(computerized society)로 만들어져서 지역이나 공간, 거리의 개념을 계속하여 단축시켜 나가게 될 것이다. 따라서 "한국사회는 그 생존과 번영을 위하여 경제적, 기술적, 정치적, 그리고 안보적 면에서 대외지향적 개방체제를 유지할 수밖에 없다."[53]

넷째, 미래한국사회는 급속한 과학기술의 발달과 도시화 또는 산업화 과정에서 과학기술의 용구문화와 전통적 규범문화간의 가치혼란현상이 발생할 가능성은 더욱 증대하여 갈 것이 예측된다. 특히 우리가 여기에서 지적하고 싶은 것은, 물량적·성공지향적 사회규범이 가속도적으로 보편화되어서[54] 윤리의식의 저하 또는 약화현상이 발생할 가능성이 매우 클 것으로 예측된다.

따라서 우리가 예측하는 것은 미래사회의 시민의식은 전통적인 집단주의문화의 의식성향보다는 개인주의적 의식성향으로, 권위주의보다는 평등주의 또는 민주주의적 가치체계로 변질되어질 것이고, 윤리적 의식의 강화로 인하여 물량주의적 가치관과 체계가 우세하게 될 것이다. 뿐만 아니라, 전통적인 한국인의 의식구조의 특

---

52 Gibson Burrell and Morgan Gareth, Sociological Paradigms and Organizational Analysis (London: Heinemann, 1979), p. 10, pp. 154-160.

53 이상조, "대학문화의 미래," 대학교육, 통권 17호(서울: 대학교육협의회, 1985), p. 33.

54 Young Jong Kim, op. cit., p. 116.

징인 정적 인간주의(emotional humanism)는 합리주의(rationalism)적 가치체계로 변동하게 될 가능성이 크다고 볼 수 있다. 물론 재론할 여지없이, 다원화된 사회와 급격한 사회변동은 각 이익집단(interests group)간의 갈등(conflict)과 혼란을 일으키고, 이러한 것은 정치발전(political development)이나 사회발전(social development)이 그동안 고도경제발전(economic development) 정책과의 적절한 조화와 균형을 이루지 못할 때 그 괴리현상(gap)은 더욱 국민들의 욕구 불만족을 상승시켜 미래사회는 예측 못할 사회적 불안과 정치적 불안이 따르게 될 수도 있을 것이다.[55]

다섯째, 미래사회는 행정수요의 다양화와 증대 및 확대가 더욱 가속화될 것이다. 행정수요(administrative demands)는 경제적 수요나 욕구보다는 사회, 문화적 수요나 정치적 욕구가 증대되어지게 될 것으로 예측된다.[56]

환언하면 이러한 행정수요의 증대현상은 개인적 욕구의 차원을 넘어서 사회적 집단적 수요(collective demands)의 현상으로 표출되기 때문에 여기에 정부로서는 다각적 수요에 대한 통합의 전략방안이 강구되어야 할 것으로 판단된다.

행정수요의 증대현상은 우리 미래사회인들의 의식구조의 변동과 함께, 삶의 질에 대한 욕구증대를 의미하기도 하며, 미래사회인들의 자아실현의식의 향상을 의미하기도 하며, 따라서 전반적으로 참여와 자율성, 그리고 분권에 대한 욕구 등은 미래사회인들의 행정수요의 핵심적인 요인이 될 것이다.

---

55 Ibid., p. 122.

56 박동서, 한국행정의 미래상(서울: 법문사, 1986), pp. 148-150.

(3) 미래행정의 발전모형

이상에서 우리는 미래사회의 일반적 현상들과 한국미래사회현상들의 특수적 현상들을 개념적인 가설로서 예측하여 보았다. 행정모형은 바로 이러한 미래사회현상들을 보다 조화와 균형 있게 수용하고, 조절하며 급격한 변동과정에서 발생할 수 있는 역기능과 충격들을 순화하면서 궁극적 인간의 삶의 질을 합리적으로 향상시키는 기능과 역할이라는 시각에서 그 이론적 모형을 몇 가지로 나누어 제시하고자 한다.

첫째, 미래행정의 모형은 사실(facts)와 가치(values)의 통합적 모형이 되어야 할 것이다. 원래 사실과 가치의 이분법(dichotomy)은 행정사적 측면에서도 학자들간에 많은 논의를 거듭하여온 것이 사실이다. 예컨대 미국 행정학의 경우 Woodrow Wilson의 정치와 행정의 이분법은 바로 가치와 사실의 이분법으로서 Nicholas Henry의 분류 중 Paradigm Ⅰ에 속하는 것이다(the politics/administration, 1900~1926).[57] 실제로 사실과 가치의 이원론은 사회의 성격과 사회과학의 특성에 따라서 그 실체(reality)분석은 상이할 수 있다. 특히 과학철학적 시각에서 볼 때 객관주의자들에게는 사실문제는 가치문제와 명백하게 구별되어지는데 반하여, 간주체적 인식론적 시각(epistemological view)은 사실과 가치의 구별은 불분명하다. 간주체적 관점(intersubjectivists' perspective)에서 볼 때 새로운 Paradigm은 분석의 기본적 단위로서 인간의 자아에 대한 적극적 사회적 성격과 대면적인 특성을 설명한 맥락(context)이 바람직하다고 보게 된다.[58] 미래행정현상과 연결시켜 볼 때 한국은 전술한 바와 같이 보다 고도의

---

[57] Nicholas Henry, "Paradigms of Public Administration," PAR, 35: 4 (July/August, 1975), pp. 378-386.

[58] Young Jong Kim, "Self-Diagnosis of Public Administration and Future Paradigm: A Special Consideration of Administrative Philosophy" in Essays and Papers of the Grand-rate School, Soong Jun University, Vol. 4, 1986, pp. 134-135.

과학기술과 지식 정보사회가 될 것이 예측되므로 여기에 미래행정은 기술과 효율성 또는 효과성을 목표로 나아갈 것이 자명한 일이다. 미래행정은 그렇다고 효율과 효과성과 기술성만을 강조할 수 없다. 주지하는 바와 같이 과학기술의 발전에 따른 역기능(예컨대 획일성과 몰인간성과 비인간화)을 최대한 줄일 수 있는 인간주의적 행정이 여기에 필요하게 될 것이다. 만약 물량적 과학과 기술의 만능시대를 이러한 인간주의적 행정(humanistic public administration)이 보완적 역할과 기능을 하지 못하면 과학기술의 역기능이 큰 영향을 주지 않을까 예측된다. 따라서 미래행정의 방향은 사실을 강조하는 면에서는 행정전산과 기술 등을 강조하게 되고 가치의 방향에서는 행정윤리나 철학, 그리고 정책의 평가나 가치, 그리고 발전행정과 미래행정 등을 강조하는 행정인의 교육도 필요하게 될 것이다.

사실과 가치의 연결하는 접목을 모형화하면 다음과 같이 표시될 수 있다.

[그림 12-2] 미래행정의 접목모형

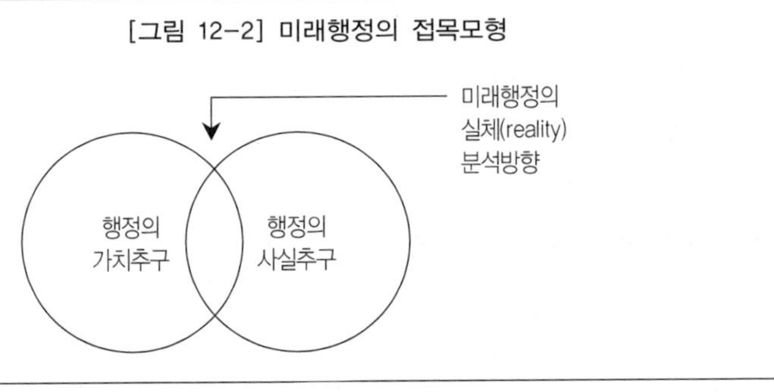

위의 [그림 12-2]에서 미래행정의 가치분석의 방향은 행정의 가치와 사실을 접목하는 연결부분이 바람직한 미래행정방향으로 볼 수 있으므로, 그 자체적 방법론으로서 행정인의 교육내용이나 정치결정방향에 반영시켜 나가는 것이 필요하게 될 것이다.

[그림 12-3] 지식의 전달체계

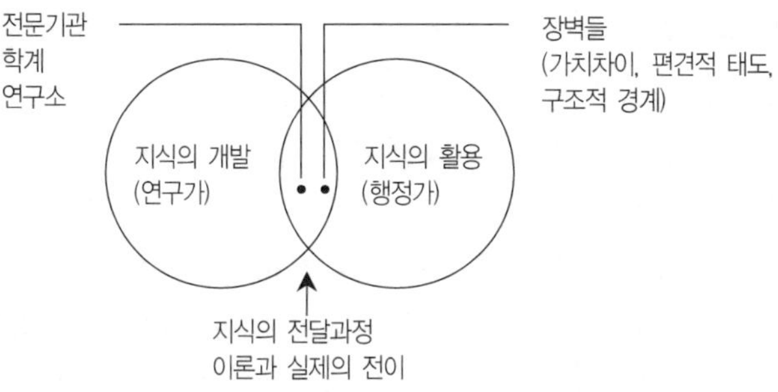

둘째, 미래행정의 방향은 행정이론(administration theory)과 실제를 접목하는 방향으로 나아가야 할 것으로 보인다. 학자들 간에는 이론의 문제에 대하여 인색할 정도로 최소 평가하는 경향이 있기도 하고, 최대 평가하는 경향도 있다. 모든 과학에 있어서와 마찬가지로, 사회과학에 있어서도 이론은 경험적으로 검증할 수 있는 어떤 규범과 같이 일반화되고 체계적으로 관련된 일련의 설명이다.[59] 마찬가지로 행정이론은 행정현상의 실체를 이해하고, 분석하며, 체계화하는데 있어서 과학적 틀(frame)을 제시하고 제공하는 것에 의미가 있으므로, 매우 중요하다 아니할 수 없다. 문제는 이론이 행정계나 연구기관 등에서 체계적으로 연구발표되고 있으나, 과연 이러한 틀이 행정현상의 실제의 장(field)에 얼마만큼 활용되거나 이용될 수 있는가하는 문제가 여기에서 핵심적으로 논의되어야 할 성격이다. 행정의 현실문제는 실증적인 문제로서 제기되고, 그 실제 문제를 보다 정확하게 이해하는 배경에는 행정이론의 문제가 대두된다. 지식의 전이현상에서 이론과 실제의 접목 과정은 괴리현상과 경계 등이 있어서는 안 되며, 그것을 종합하여 활용하는 전략이 필요한데

59 Richard S. Rudner, *Philosophy of Social Science* (Englewood Cliffs: Prentice-Hall, Inc., 1996), pp. 10-15.

구체적으로 [그림 12-3]에서 표시된다.[60]

셋째, 미래행정의 모형은 행정의 일반성과 전문성의 상호균형과 조화, 그리고 종합행정의 방향으로 그 전략방안이 강구되어 나가야 할 것으로 예측된다. 일반성이란 행정의 방향은 대민봉사와 고객중심(clients' orientation)으로서 고도의 전문성 기술이나 기능보다는 합리적 활동과 봉사적 기본자질과 교양을 구비한 공무원이 국가의 행정업무를 수행으로써 목표달성이 가능하리라고 보는 것이다. 이에 반하여 행정의 전문성은 보다 행정을 전문적 기술과 자격을 갖춘 전문직으로 보면서 특수한 직업적 교육과 자격이 필요한 기능으로 보는 것이다. Richard L. Schott는 전문성이란 "전문적 지식을 위한 장기적 교육과 훈련과 봉사의 이상과 성향"으로 개념화하고 있다.[61] 미래행정이 일반성을 구비하여야 한다는 것은 한국의 미래사회는 더욱 가치와 민주행정과 또 사회적 형평성, 그리고 자율성 및 참여성이 요청된다는 신행정학적 시각에서 미래행정의 실체를 분석하여 볼 때 그 정당성을 설명할 수 있다고 보며 미래행정이 보다 전문성을 가져와야 된다는 주장에는 행정의 지식이나 이론 또는 가치가 과학적이고 실증적인 응용문제로 실용화되려면 행정가는 보다 전문적인 기술과 지식이 필요하게 된다는 논거를 두고 있다.

Richard L. Schott는[62] 행정가와 전문가를 연속선상에 두면서 과학자는 전문가이고, 또한 행정가가 될 수 있다고 하면서 행정가를 응용 가식적인 측면에서 다루고 있다. 구제적인 것은 [그림 12-4]와 같다.

---

60 Young Jong Kim, op. cit., p. 135. Duncan, Jack W., "Knowledge Transfer in Administrative Science" in *Public Administration Review*, Vol. 40(July/Aug., 1980), pp. 344-345.

61 Richard L. Schott, "Public Administration as a Profession: Problems and Prospects" in *Public Administration Review,* Vol. 36, No. 3. (May/June, 1976), p. 253.

62 Ibid., p. 254.

[그림 12-4] 행정가의 타전문가와의 접목모형

진리(truth) ◀──			──▶ 권력(power)
장기적, 공식적 교육 필요)			공식적 교육 불필요
과 학 자	전 문 가	행 정 가	정 치 가

일반성을 제고하기 위하여서는 보다 철저한 교육훈련을 통하여 국민의 행정수요를 봉사할 수 있고, 공급할 수 있는 행정인의 의식구조와 사명감, 그리고 윤리의식을 고양시켜 나가야 할 것이다.

요컨대 행정인의 양성문제와 그리고 질적 향상, 그리고 행정인의 사명감 등은 미래행정에 있어서 일반가로서의 자질과 전문가로서의 접목을 위한 종합적 전략안이 요청되게 될 것이다.

넷째, 미래행정의 조직관리에 있어서는 보다 분권화된 조직관리와 행정으로 나아가되, 전통적인 사회문화적 역사적 변수, 그리고 지정학적인 안보행정 등을 고려하여 집권문제는 위기관리적 차원(crisis management)에서도 조화와 균형, 또는 보완이 필요하게 될 것이다.

미래의 한국사회조직은 더욱 분권화될 것으로 가설할 때(예컨대 현재 국민대다수의 여망인 지방자치제도의 실시 등) 여기에 필요한 제 행정의 원리와 방향으로 나아가야 할 것이다.

이와 같이 미래사회의 행정조직은 보다 권한의 위임이 하부조직으로 이양되어 분권화 현상은 보편화되어지고, 따라서 구성원들의 재량성이 증가하게 될 것이다.[63] 앞서 우리가 한국사회의 미래는 보다 분화되고, 산업화되며, 그리고 전문화될 것으로 명제하였으므로 여기에 상응하여 행정의 기능도 과학화와 기술화, 그리고 조직의 분권화가 되어져야 할 것이다. 관료구조의 경우도 현재의 중앙정부

---

63 백완기, "행정기능의 배분 및 재정립문제," 한국행정학보, 제20권 제1호 (서울: 한국행정학회, 1986), pp. 15-30.

의 권한은 더욱 지방정부로 대폭 이양되는 것이 바람직할 것이다.[64] 지역적인 자치단체만이 아니고, 조직체에서도 상부조직의 권한은 하부조직으로 권한이 위임되어지는 것이 바람직하다고 할 수 있다. 조직이 분권화될수록 상승하는 미래사회인들의 행정수요의 문제를 보다 원활히 공급할 수 있게 될 것이며, 특히 참여의욕과 자율성, 그리고 민주성에 더욱 접근할 수 있다는 장점을 갖는다. 물론 이렇게 될 경우 계선위주의 지나친 계층별(hierarchy)에서 오는 행정의 경직성과 역기능문제도 다소 완화될 수 있을 것이고, 행정의 목표가 근본적으로 봉사(service)에 있다는 중요성도 깊이 인식하게 될 수 있을 것이다. 그러므로 계선위주의 행정이 관료행정의 중요성으로 전환하게 될 것이다. 그러나 여기에서 중요한 것은 중앙정부는 행정에 관한 한 최소한의 지휘와 통솔, 또는 감독의 기능을 충실히 함으로써 행정의 자율성과 창의성을 보장할 수 있을 것이다. 간과하지 말아야 될 것은, 안보문제나 국방문제 등에 있어서는 위기관리적 차원에서 결코 소홀히 할 수 없으므로 분권보다는 집권적인 문제에서 이해할 수도 있을 것이다. 그러나 지정한 안보는 군사적 안보보다는 총체적 안보에 역점을 두어야 할 것인즉, 국민의 화합과 통합을 가져올 수 있는 길은 보다 민주적으로 행정이 정립되는 모형이 바람직하고, 따라서 보다 분권적인 행정의 방향으로 나가야 될 것으로 판단된다.

다섯째, 행정의 공신력의 제고와 함께 행정인의 능력개발은 물론, 특히 행정논의와 철학이 뚜렷한 발전적 elite의 양성이 필요하게 될 것이다.

발전의 개념에 있어서는 많은 변수가 있으나[65] 미래사회에 있어서

---

64 이 경우에 권한의 위임은 Frank P. Sherwood의 주장대로 decentralization의 개념보다도 devolution의 개념으로 파악할 수 있을 것이다. Frank P. Sherwood, "Devolution as a Problem of Organization Strategy," *in Comparative Urban Research*, edited by Robert T. Daland Beverly Hills: SAGE, Publications, 1969, p. 60-87.

는 공신력의 회복과 신뢰행정이 첨가되어야 할 것으로 강조된다. 왜냐하면 공신력은 한국사회의 발전의 가장 큰 과제요 변수(variable)로서 조직과 조직, 개인과 개인, 정부와 국민, 공식적 조직과 비공식적 조직(informal organization)그리고 개인과 이웃을 연결하는 공감대요, 화합과 평화의 다리(bridge)역할을 말한다. 공신력의 회복은 양심의 회복이요, 참다운 인간성의 회복이고 참다운 민주주의의 회복이다. 왜냐하면 공신력은 너와 나의 간주체적(intersubjective) 인간관계의 아름다운 상징(symbol)이 될 수 있기 때문이다.[66]

이와 같은 공신력을 강조하는 행정은 보다 행정정책결정에 일반시민들의 참여를 활성화하는 행정청문제(administration monitor system) 같은 제도적 장치도 필요하고 또한 일선 행정직(특히 대민봉사행정직 공무원)에 대한 시민의 평가제도(evaluation system)같은 것도 고려하여 승진이나 혹은 인사행정에 반영시키는 것이 바람직하게 될 것이다. 물론 여기에서 시민과 직접 대화를 하는 대화행정(dialogue administration)도 더욱 확대하여 나가야 할 것이다.

뿐만 아니라, 미래사회가 과학기술의 역기능으로 인하여 행정인들의 가치의식구조가 자칫 잘못하면 비인간적 기계적 능률성만 강조하는 행정체제의 방향으로 전개될 가능성이 충분히 많은 고로, 도덕적, 논리적, 발전적 행정인의 교육과 훈련은 다시 강조하지 않아도 중요한 것만은 사실이다.

"도덕적 이론적"이라는 말은 Machael Harmon주장대로,[67] 행위를 교정(correctness)한다는 뜻보다는 도덕적 기준에 의하여 결과를 연결시키는 절차의 특징이며, 이러한 절차에 의하여 나와 다른 사람의

---

65 김영종, "개발도상국가들의 관료부패모형정립," 한국행정학보, 제19권 제2호 (서울: 한국행정학회, 1985), pp. 147-149

66 김영종, "공신력의 회복," 지식인 2000인 선언(서울: 독서신문사, 1986), p.178.

67 Michael M. Harmon, *Action Theory for Public Administration*(New York: Longman, 1981), pp. 185-186.

행위의 평가를 도덕적으로 이해하는 근거가 되는 것이다. 한국미래사회에 행정이론이 가능할 수 있는가 하는 문제의 분석은 Dennis F. Thompson의 역설에서 잘 인지할 수 있다.[68]

행정논리는 가능하다. 행정논리가 가능하다고 보여주는 것은 행정논의를 실현하는 방법을 보여주는 것이 아니다. 그러나 왜 행정논의가 가능한가 하는 것은 단지 그것을 실행하는데 필요한 단계로서 뿐만 아니라 실행하는데 의미 깊은 내용을 주는데 꼭 필요한 단계도 되는 것이다.

[그림12-5] 미래행정의 인적자원관리 행정모형

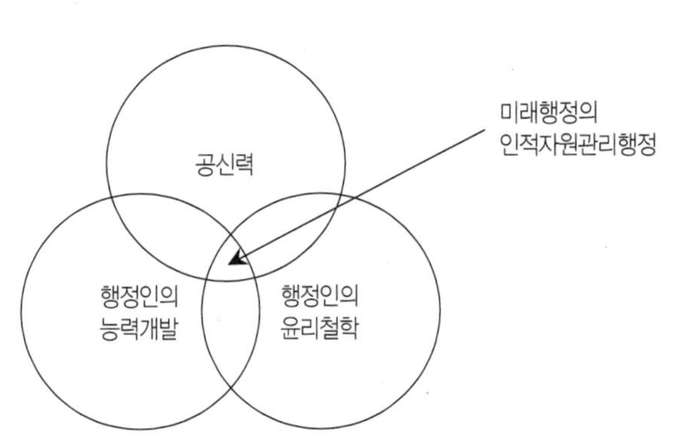

이와 같이 행정논리를 강조하는 미래행정은 "행정가의 이론적 행태나 논리적 학습관의 관계를 경험적으로 실증하기가 곤란하다고 하여도 결코 포기할 수 없는"[69] 미래행정모형의 대상이 되는 것이다. 이상과 같은 미래행정모형은 주로 미래사회가 몰가치적 인간관

68 Dennis F. Thompson, "The Possibility of Administration Ethics," *in Public Administration Review,* Vol. 45(Sept./Oct., 1985), p.560.

69 김영종, "현대행정학의 행정철학적 반성과 과제," 한국행정학보, 제 20권 제1호(서울: 한국행정학회, 1986), p.175.

의 발생과 행정철학적 배경이 빈곤한 행정인들의 행태, 제도적 결함, 또는 사회문화적 환경의 상호부적응에서 파생될 행정부패문제까지 예방하고 치유할 수 있는 개념적 모형이다. 간략하게 [그림 12-5]와 같이 표시될 수 있다.

제10절 ／ 결 론

행정발전의 궁극적 목적은 행정의 이념이나 발전의 이념과 맥락을 같이 한다고 할 수 있으며 그것은 바로 인간의 삶의 질(quality of life)과 행복의 증진이나 향상을 위하여 존재하는 봉사이며 합리적 조직적 행위라고 할 수 있을 것이다. 이러한 목표에 접근하기 위해서는 행정자체의 내부적인 발전이 필요하며 그것이 행정개혁이라는 절차와 방법 그리고 수단이 필요하게 된다. 따라서 행정발전은 행정개혁이라는 도구를 통하여 더 폭넓고 보장된 발전을 추구할 수 있을 것이다. 한국행정의 발전은 바로 한국행정의 개혁의 역사적 조명을 통하여 그 실체(reality)를 추구할 수 있게 된다. 그러나 행정개혁의 발자취를 찾아보는 것으로만은 행정발전의 방향을 바르게 볼 수 없고 행정발전의 미래지향적 목표를 발견할 수 있을 것이며 이러한 의미에서 미래사회의 여러 현상들 그리고 행정현상의 가능성들은 보다 체계적이고 과학적으로 분석하는 지혜가 필요하다 하겠다. 왜냐하면 행정문제의 발견과 문제의 해결(problem solving)과 접목되어져야 할 것이기 때문이다.

제13장 대학발전론

-대학의 민주화 및 대학문화발전전략-

제1절 / 문제의 발견

농사는 천하의 대본이요, 교육은 백년의 대계라고 한 우리의 옛 조상들의 교육철학의 바탕위에 이 땅에 1949년 교육법이 제정되고, 근대화된 교육이 실시된지 어언 40여년, 특히 6·25 동란, 4·19, 5·16, 10·26, 5·17, 6·29 등의 정치사회적 격동 속에서도 우리의 교육은 계속 성장하여 온 것이 사실이다.[1]

특히 "학술의 심오한 이념과…… 그 응용방법을 교수연구하며 지도적 인격을 도야"하는 것을 목적으로 한 대학의 경우에도 예외는 아니어서 2006년 현재 전국의 4년제 대학은 180개이고, 대학생은 172만 7,687명, 교원은 55,343명이나 되어, 8·15해방 당시의 28개 대학, 71,819명의 대학생, 978명의 교원에 비하면 어마어마한 양적 성장이라 아니할 수 없다.[2] 이러한 급속한 양적 팽창과 성장에도 불구하고, 오늘날 우리대학이 당면한 과제는 역사적으로 6·29 선언과 제 6공화국의 설립 이후 한꺼번에 표출되기 시작한 사회 각계각층의 갈등과 함께 우리 대학사회에서도 예외는 아니어서, 실로 특효

---

1 우리의 교육법은 1949년 12월 31일 법률 제86호로서 제정된 것으로서 그동안 25차례 이상의 개정을 거쳐왔다.

2 교육인적자원부(www.moe.go.kr), 2007.2.5. 검색

약이 없는 갈등현상이 거의 어느 대학에서나 분출되었다.

그 분출된 갈등의 원인이 정치행정의 부정과 부패척결을 주장하든, 대학조직 내부의 구조적 모순점을 시정하고자 하는 욕구이든, 또는 사회적 비도덕적 현안의 문제이든 간에 귀결점은 대학의 민주화를 요구하는 목소리와 상통하는 점이 대부분이라고 하겠다. 따라서 오늘날 우리 국가사회에 주어진 최대의 과제는 민주화이며 그것은 우리 대학사회에 주어진 긴급한 과제이기도 하다.[3] 왜냐하면 우리 대학은 그동안 역대정권들이 대학교육의 내용과 운영에 일일이 간섭하여 타율적으로 규제하여 왔는가 하면, 일부대학의 재단은 육영사업보다도 영리성을 목적으로 운영하여 오기도 하였고, 또한 대학행정이 권위적, 관료주의적 방법으로 운영되기도 하였으며, 또한 대학 내의 여러 기관에서 비공개적인 밀실행정과 비윤리적인 의사결정 및 부정과 부패 등의 사례가 비일비재한 복합적 원인이 있었기 때문이었다.

앞서 지적한 바와 같이 대학이 심오한 학문의 연구와 인격도야의 도장이며 진리탐구의 보루가 되어야 함에도 불구하고, 오늘날 우리 대학의 현실은 우리 사회의 갈등 표출 진원지의 역할을 하고 있으며, 이러한 대학을 원천으로 하여 재야, 정계, 언론계, 노동계, 또는 일부농민층까지 포함되는 거대한 연대적 세력을 확산하여, 우리 사회의 갈등을 더욱 심화하거나 표출되도록 부채질하고 있다.[4] 이와 같이 표출된 갈등의 해결은 대학사회의 민주화가 매우 중요한 문제해결(problem-solving)의 열쇠라고 본다. 특히 최근의 우리 국민들의

---

3 김영종, "민주사회발전을 향한 행정부패의 방지전략," 한국민주행정론 (서울: 고시원, 1988), pp. 396-421. 본 논문의 주제는 원래 "대학운영의 민주화"이나 필자는 "대학의 민주화"로 포괄적 개념으로 수정전개하였다. 왜냐하면 민주화는 대학전체의 조직, 구조, 운영, 이념, 방향, 행정, 형태 등을 포함하여 논의하여야 바람직하다고 보기 때문이다.

4 한영환, "전환기의 사회적 갈등과 대학의 위상," 대학발전을 위한 서울·경인지역 대학워크샵 자료 (서울: 서울대학교, 1989), pp. 26-27.

민주화에 대한 폭발적 욕구로 인한 복잡한 정치사회의 혼란과 다양한 의견의 체계화 내지 국민통합(national integration)의 길은 참된 민주화의 실현이 지름길이라고 판단되고, 특히 이러한 국가사회의 민주화는 대학사회의 민주화가 가장 핵심적인 방향이고, 나침반적 역할과 기능을 할 수 있다고 보기 때문이다. 그러나 불행하게도 민주화에 대한 개념의 다양성과 함께 그 전략도 매우 이론이 많을 뿐만 이니라, 오늘날 우리 대학의 현실은 민주화의 정확한 실체파악을 하지 못하고, 때로는 혼란과 이견만 속출하는 것이 또한 사실이다.

이 장에서는 대학발전의 과제인 대학운영과 대학사회의 민주화에 관한 실체분석과 그 실현을 위한 개념적 모형(conceptual model)정립을 시도한다.

또한 연구방법론을 대학의 민주화 실체를 찾아내고 실현방안을 강구하는 연구과정에서 주로 서술적(descriptive) 방법을 동원하고, 또한 규범적(normative) 방법을 보완하였다.[5]

제2절 / 대학의 민주화 개념

대학의 민주화란 무엇을 말하는가? 그것은 매우 다양하고 이견이 많으며 민주화에 대한 가설적 명제를 세울 수밖에 없다고 본다.

첫째, 대학인들의 인격과 가치를 존중하며 대학의 정책결정과정에 있어서 최대한 참여를 보장시켜 주는 의사결정의 질(quality of

[5] Stephen K. Bailey, "Objectives of the Theory of Public Administration," in Theory and Practice of Public Administration: Scope, Objectives, and Methods, edited by James C. Charlesworth. Monograph 8, pp. 128-139 (Philadelphia: American Academy of Political and Social Science, 1968.)

decision making)을 높인다는 뜻을 말한다. 이러한 맥락에서는 대학 행정 및 운영에 있어서 주요한 관계인들에게 그들의 의견을 최대한 청취하고 반응하는 절차를 말한다.

둘째, 대학의 자율성을 의미한다. 대학의 자율성(autonomy)이란 대학의 자치를 말하며 부당하고 비합리적인 외부의 간섭과 정치적 압력 등의 배제를 의미한다는 것이다. 따라서 이러한 의미에서는 문교부의 지나친 간섭과 지시 등의 배제를 포함하게 된다.[6]

셋째, 대학조직의 구조적 모순의 개선과 함께 대학학사행정이 권위주의나 관료주의적 행태에서 봉사적이고 합리적인 체제로 전환된다는 의미를 포함한다. 대학조직의 구조적 모순이란 대학인사 및 재무구조적 차원의 불합리성과 부적합성을 포함하며, 권위주의적 행태란 수직적 지배나 계층주의적 군림의 자세에 의한 직책이나 지위와 역할의 오용이나 남용을 의미하게 된다.

넷째, 대학의 민주화란 대학인에게 필요한 정보의 공개를 의미한다. 여기에서 정보(information)란 대학인들의 알 권리를 충족하여 줄 수 있는 인적, 물적, 제자료(data)와 정보원(information resource)의 집합적 총체적 개념이라고 할 수 있다.[7] 따라서 이러한 정보의 공개 원칙은 비밀주의적 밀실행정과 운영을 배제하고 보다 개방된 대학사회와 발전지향적 에너지가 될 수 있으므로 이러한 정보공개의 원칙과 행정관리는 대학민주화의 주요 내용이 될 수 있다.

다섯째, 대학민주화는 대학행정 및 운영에 보다 도덕성을 제고해주고, 나아가서는 각종의 교육부패의 척결을 의미하기도 한다. 예를 들면 대학입학과 편입에 있어서의 부정부패, 직원채용의 비리성, 대학공금과 예산의 부당한 사용 및 지출, 대학재단의 부패와 비리, 학

---

6 김영종, "민주화와 자율화에 따른 집단의 역할: 관료집단과 이익집단을 중심으로," 한국국민논리학회연차총회발의논문(1988), pp. 1-21.

7 방석현, 행정정보론(서울: 법문사, 1989), pp. 107-121.; 이윤식, "행정정보관리의 본질과 접근법에 관한 소고," 한국행정학회, 제22권 제2호(1988), pp. 461-495.

사운영상의 부조리, 대학의 설립목적 외의 방향으로 궤도이탈하는 기업적 영리성화 등을 포괄하는 사례를 지적할 수 있다. 따라서 이러한 의미에서는 대학의 민주화는 보다 깨끗하고, 도덕적이며 윤리적인 대학조직사회의 건설의 촉구가 대학민주화의 개념과 상통한다고 할 수 있다.[8]

여섯째, 거시적 시각(macro viewpoint)에서는 대학의 외적 환경적 변수, 예컨대 정부의 대학정책, 대학관계 법규범, 대학행정절차대학제도 등이 보다 합리적이고 형평성(equity)있는 개혁이 이루어져 나가는 과정을 포함한다고 할 수 있다.

일곱째, 미시적 시각(micro viewpoint)에서의 대학의 민주화는 대학생, 대학행정인, 대학경영자, 또는 대학교수 등의 모든 대학인들의 민주적 의식개혁 예컨대 인간의 존엄성과 가치를 존중하는 풍토의 조성, 그리고 도덕성과 윤리성의 제고 등이 포함되어져야 할 것이다.[9]

여덟째, 대학의 민주화는 이론적인 것이 아니라 실제적인 생활철학인 면에서[10] 대학인들의 준법정신과 질서의식, 도덕적, 윤리적 모범적인 시민생활 그 자체를 의미한다고 할 수 있다.

아홉째, 대학민주화는 목표지향적인 것만이 아니라 절차와 과정(process)의 양면성을 포괄하는 개념으로 볼 수 있으며 대학의 발전과 함께 미래지향적 가치개념이고 또한 그 목표를 실현하는 단계로서의 의미를 내포한다고 할 수 있다. 따라서 이러한 맥락에서 대학의 민주화는 추상적이고 이상적 세계의 가치체계(value system)만이 아니라 구체적이고 현실적이며 실제적인 삶 그 자체라고 할 수 있다.

이상에서 논의한 대학민주화의 개념의 틀은 대학민주화에 관련된

---

8 김영종, "기독교와 행정이념," 기독교와 문화(서울: 도서출판풍만, 1987), pp. 163-187.

9 김영종, "현대행정학의 행정철학적 반성과 과제," 한국행정학보, 제 20권 1호(1986), pp. 161-176.

10 저자는 이것을 생활민주주의라고 하고 싶다.

주요변수와 민주화 전략에 관련되는 매우 중요한 명제가 될 것으로 판단된다.

제3절 ／ 대학민주화의 주요변수

대학민주화에 영향을 줄 수 있는 주요변수가 무엇일까? 그 변수들(variables)의 실체를 파악하는 것은 매우 중요하다. 왜냐하면 변수의 분석은 민주화의 전략에도 연결되는 기초작업이라고 보기 때문이다. 실제로 그 변수는 매우 복잡하고 다양할 것이며, 또한 경험적인 요인분석(factor analysis) 등의 통계조사분석이 필요할 것이나, 여기에서는 개념적이고 이론적인 변수를 여섯 개로 설정하여 논의한다.

(1) 정치경제적 변동과 환경적 변수

대학민주화에 영향을 미치는 외적 변수(external variable)로서 정치경제적 변동의 환경적 변수는 매우 중요한 의미를 지니고 있다고 볼 수 있다. 바로 그것은 대학의 역할변화(role change)라고도 할 수 있고, 기능의 분화(functional differentiation)라고도 할 수 있다. 예컨대 대학은 합의를 바탕으로 하는 '학자사회로서의 대학'으로 보는 '협동 model'에서는 교권과 자유가 강조되는 반면, 획일적 기준, 규정 그리고 능률과 위계질서를 강조하는 '관료 model'에서는 관료적 감독과 통제를 강화하게 되고, 변형된 '정치 model'에서는 소위 '운동권학생들'은 대학내외의 갈등을 첨예화시키고 이를 정치화하는 경향으로 나타나게 된다. 특히 정치적 불안정이나 불신, 그리고 정치발전과 경제발전의 불균형, 혹은 정치행정의 부패나 비도덕성 등으로 인한 현상들은 한국대학생들의 자의식적 변수와 관련, 대학생들의 집단행동과 행태로 연결되는 동기가 되고, 나아가서는 과격급진주의적 집단행태로 변화되는 양상을 흔히 보게 된다.[11] 말하자면, 외적·정치경제적 변동에 민감한 대학생은 정치경제적 민주화와 함께 대학의 민주화를 주장하게 된다.

(2) 급속한 사회문화적 변동과 수요에 의한 변수

대학의 민주화에 영향을 주는 또 하나의 외적 변수는 사회문화적 변동과 수요에 의한 요인이다. 주지하는 바와 같이 6·29선언 이후 우리사회는 민주화에 대한 욕구가 사회의 각계각층에서 분수처럼 솟구치고 있고, 정치경제적 변동과 함께 사회적 변동도 매우 급속하게 흘러가고 있다. 이미 우리사회의 급속한 변동의 현상은 Daniel Bell,[12] Alvin Toffler,[13] John Naisbitt,[14] Tomas E. Jones,[15] Herman Kahn,[16] Joseph F. Coats[17] 등이 지적하는 바와 같이 경제적 풍요, 정보화된 사회, 교육의 보편화, 지식산업의 활성화 또는 과학기술의 합리화된 사회 또는 도시화의 가속화 등이 한국사회에도 이루어지

---

11 서광선, "오늘의 대학현실을 해부한다,"「신동아」, 통권 28권 105호(서울: 동아일보사, 1985), pp. 412-413. ; 김영종, "대학문화와 집단행태," op. cit., pp. 25-29.

12 Daniel Bell, The Comming of Post Industrial Society (New York: Basic Book, Inc., 1973).

13 Alvin Toffler, The Third Wave (New York: Bantom Book, 1980).

14 John Naisbitt, Megatrends (New York: Warner Books Co., 1982).

15 Thomas E. Jones, Options for the Future: A Comparative Analysis of Policy-oriented Forecasts (New York: Praeger Publishers, 1980), pp. 50-51.

16 Herman Kahn, The Next 200 Years. (New York: William Morrow and Company, Inc., 1976).

17 Joseph F. Coats, "Why Think about the Future: Some Administrative-Political Perspectives," Public Administration Review, Vol. 36(Sept./Oct., 1976), pp. 580-585.

고 있다고 볼 수 있다.[18] 이러한 급변하는 사회문화적 현상적 영향은 대학조직사회에도 영향을 주는 변수로 작용하여, 사회발전에 필요한 민주적 인간상, 합리적 인간상, 그리고 참된 인격을 구비한 전문적인, 실력있는 지도자상이 요청되고 있다고 할 수 있다. 그러나 우리사회의 현실은 몰인격적이며, 비인간적 가치관과 도덕성이 결여된 이기주의적 갈등과 혼란의 사회구조화되는 경우가 많으므로 대학은 보다 창조적, 민주적인 독립변수적 변동역군(change agent)을 교육, 배출하는 중대한 과제를 갖고 있다.

(3) 대학사회의 구조적 변수

대학의 민주화에 영향을 줄 수 있는 내적 주요 변수의 하나는 구조적 변수이다. 여기에서 대학사회의 구조적 변수(structural variable)란 대학구성 조직인들의 특질, 의사결정과정, 그리고 그들의 성향(orientation)등을 포괄하는 개념으로 정의한다. 왜 어떤 대학은 보다 민주화되고 자율화된 대학의 변화인 반면에, 어떤 대학은 아직도 구태의연한 권위주의적 관료주의모형에 머무르고 있는가 하는 문제는 대체적으로 구조적 변수와 매우 깊은 상관관계가 있다고 본다.[19] 그 이유는 대학조직발전(organization development)의 변화와 발전 역할자(change and development)의 변화와 발전 역할자(change and development agent)가 되지 못하기 때문이고, 조직 변화의 저항세력이 많기 때문이다. 이러한 구조적 요인에 있어서는 대학민주화에 필요한 인간관계(human relation)의 개선이나, 조직내부의 갈등문제, 조직의 개방화체제 전환문제, 대학사회의 주요한 의사결정과정의

---

18 김영종, "한국미래행정의 모형정립," 숭실대학교 사회과학논문집, 제4집(사회과학연구소, 1986), pp. 25-42.

19 김영종, "민주사회발전을 향한 행정부패의 방지전략," 한국행정학회 주최 제1차 국제 학술대회 발표논문(1988), pp. 402-405.

합리성과 참여성문제 등이 대학민주화의 척도로서 등장하게 된다.[20]

(4) 대학사회의 기풍(ethos)과 역사적 변수

대학의 민주화는 그 대학의 창립 이후의 역사적 전통과 학내의 기풍(ethos)에 따라서 변화를 받을 수 있다. 말하자면 설립의 이념과 졸업생 및 동문들의 전통과 그리고 교수들의 가르침 혹은 그 대학이 가지고 있는 특수한 교육적 프로그램과 내용의 전통 등의 포괄적인 개념이다. 이러한 기풍과 역사적 변수는 외적환경의 변화와 시간의 흐름에 따라 변질될 수 있으나, 대학설립 역사가 긴 대학일수록 보다 강도는 크고 높다고 할 수 있다. 따라서 민주화된 기풍과 역사를 가져온 대학일수록 민주발전의 속도와 방향은 보다 확실하다고 볼 수 있을 것이다.[21]

(5) 대학최고정책결정자의 leadership에 의한 변수

대학의 민주화는 대학의 최고정책결정자인 총장의 leadership 여하에 따라서 많은 영향을 받을 수 있다. 사실상 우리나라의 대학총장은 그 어느 조직체의 책임자보다도 대내외적으로 다양한 역할을 담당해야 할 위치에 있고 따라서 총장들의 민주적 지도력의 유형(leadership style), 혹은 지도자의 능력여하에 따라서 민주화는 달라질 수 있는 변수가 된다. 대학총장의 역할의 영역을 예로 들면[22] 대학행정과 발전의 최고 책임자, 사회적 관계에서의 공식적 대표자, 대학의 정책결정의 최고결정권자, 그리고 대정부관계에서의 대학의

---

20 유종해, 현대행정학(서울: 박영사, 1985), pp. 341-355.

21 T.M Lilla, "Ethic and the Public Service," The Public Interest, Vol 63(Spring, 1981), pp. 7-9.

22 허범, "총학장의 기능과 역할," 대학교육, 통권 26호(1987. 3), pp. 11-16.

최고대표자인 것이다. 뿐만 아니라 특히 대학의 위기와 갈등문제 해결의 최고책임자적 역할을 가진다고 할 수 있다. 따라서 만약 대학의 총장이 권위주의적 관료의 행태나 독재적 leadership 행태를 가지면 그 대학의 민주화는 곤경에 처하게 되고, 그 대신 민주적 발전지향적 leadership 행태의 경우에는 대학의 민주화는 보다 큰 '엔진'이 되어 가속화될 것으로 판단된다.[23]

(6) 대학문화주체들의 의식과 가치관의 변수

대학조직과 대학사회의 민주화는 대학문화의 주체들의 의식과 가치관이 민주화됨으로써 이루어질 수 있다. 여기에서 대학문화의 주체란 교수, 학생, 그리고 행정직원 등이며 대학문화란 그들의 신념(belief), 가치(value), 그리고 태도(attitude) 등의 복합적이고 집합적 개념이다.[24] 대학문화의 주체들의 의식과 가치관의 변화나 민주화의 내면화 여부는 실로 대학이 단순한 문화적응과 수용적인 기능의 차원을 넘어서, 혼탁하고 무질서한 일반사회에 보다 선도적인 민주발전적인 역할을 하게 되어야 한다. 따라서 이런 경우는 대학문화의 주체들은 문화창조적 역군(agent)의 기능을 보여주어야 한다는 것이다. 따라서 이러한 경우의 대학문화는 대학의 본질인 학문적이고 인격도야의 목적과 상응됨이 바람직할 것이다. 그리고 대학문화는 자주적, 자율적인가 혹은 타율적이며 추종적인가의 여부, 그리고 개방적 협동적이며 봉사적인가 또는 폐쇄적이고 이기적인가의 변수는 대학민주화의 관건이 될 것이다. 요컨대 대학문화주체들의 문화창

---

23 John J. Dilulio, "Recovering the Public Management Variable: Lessons from Schools, Prisons, and Armies," Public Administration Review, Vol. 49, No. 2(March/April, 1789), pp. 127-133. ; Michael Beer, Organization Change and Development(Santa Monica: Good Year Publishing Company Inc., 1980), pp. 65-68.

24 김영종, "대학문화와 집단행태," op. cit., pp. 6-9.

조적인 독립변수(independent variable) 여부가 대학민주화에 영향을 주게 될 것이다.

제4절 / 대학사회의 민주화 전략

대학사회의 민주화 전략은 위에서 논의한 대학사회의 민주화에 미치는 주요 변수의 적절한 조정에 의하여 이루어질 수 있다. 그 주요한 전략을 여기에서는 간략하게 설명한다.

(1) 관료주의적 교육정책과 지시로부터 자율화

대학 민주화의 첫째 되는 요건은 관료주의적 문교정책과 지시로부터의 탈피이다. 즉, 대학문화의 민주적 발전은 정치적 행정관료주의적 타율적 통제에 의하여 그 고유한 기능인 학내의 자율적 연구와 교수의 자유가 침해당하지 말아야 할 것이다. 대학문화의 자율화는 대학행정이 중앙집권적 관료체제로서의 대학의 구조를 탈피하여[25] "대학문화의 주체인 교수의 역할의 증대와 학생의 창의성의 존중 및 그들의 면학분위기를 더욱 고양시키고, 행정당국은 이러한 학문적 분위기를 조성하는데 큰 사명감과 책임감을 갖고서 지속적으로 대학의 문제는 대학으로 하여금 해결하게 하는 교육철학적 기초를 강조하기 위해서도 중요시된다."[26]

사실상 그동안 우리나라의 정부는 특히 문교부는 대학의 성장과정에 지나친 통제와 간섭의 일변도였다. 예컨대 1960년대 초에는

---

[25] 김규일, "대학행정의 기능적 통합모형에 관한 연구," 숭전대학교 논문집(사회과학편), 제 14집(1984), p. 11.

[26] 김영종, "대학문화와 집단행태," op. cit., p. 41.

군사정부가 단행했던 대학정비정책에 의한 무분별한 대학통제정책, 1969년 대학입학 예비고사제도 실시 이후 20여 년 동안 국가고사 기준의 학생선발체제, 1970년대 초 실험대학정책에서 비롯된 졸업 학점 감축, 계열별 모집 또는 대학 특성화정책, 1970년대 중반부터의 유신교육정책과 국책과목의 필수화 그리고 교수 재임용제도, 1980년대 시작과 함께 졸업정원제, 학생처벌과 관련된 각종 감시와 간섭 그리고 학생선발기준의 국가독점체제 등 정부와 교육부의 간섭, 지배, 통제, 그리고 조종의 연속이었다고 할 수 있다.[27]

위에서 지적한 이러한 정부의 타율적 대학지배의 결과는 기형적 대학문화를 초래하게 되었고 그 결과는 바로 대학문화의 획일성과 경직성을 가져오게 되었다.[28] 말하자면 대학문화의 다양성의 결여 증상을 일으키고, 지성적 자생력의 결핍을 초래해, 특히 대학생문화는 흑백론적인 사고방식과 가치판단의 논리, 독선적이고 획일적인 행동양식의 결과를 초래하게 되었다고 할 수 있다.[29]

이러한 관료주의적 지시문화적 요인의 시정은 여러 가지 방안을 지적 할 수 있겠으나 무엇보다도 중요한 것은 대학구성원의 양적 질적 전문성의 제고와 함께 문화관료집단 구성원들의 권위주의적 행태의 변화가 시급하고, 그들의 전문성 제고방안이 요청된다고 하겠다. 뿐만 아니라 그들의 도덕성과 민주성의 내면화(inteernalization)를 위한 인사정책적 행정개혁이 시급하다고 지적할 수 있다.

---

27 김인희, "대학의 발전과 정부의 역할, " 대학발전을 위한 서울·경인지역 대학 워크샵 자료(1989), pp. 40-41.

28 Ibid., pp. 40-41.

29 물론 이것은 우리나라의 대학입시제도에서부터 그리고 교실문화에서 획일적 주입식 교육의 근원까지 거슬러 올라갈 수 있다. 조요한, "대학, 진리와 정의, 그리고 사랑의 배움터." 「숭전대학신문」, 1986년 1월 8일자.

(2) 대학교육 운영내용과 프로그램의 변화와 민주화

대학교육의 운영내용은 교육법과 교과과정령, 학칙 등의 관계법규에 의하여 규정되어 있다. 그런데 오늘날 우리나라 대학의 교육내용은 많은 경우 역대정권담당자들의 권력연장과 정치적 목적을 위하여 편리한대로 교육내용이 조령모개식으로 바뀌어 왔었다. 예컨대 소위 국책과목이란 것을 만들어 어떤 특정자들의 이수가 없으면 졸업이 불가능하도록 하는 획일적 구속력을 가하기도 하였다.[30] 이러한 것은 대학의 자율성에 맡겨져 운영되어야 다양한 대학문화의 창조와 자생력을 길러가는 과정이 될 것이다. 특히 차제에 지적하고 싶은 것은 현행 국가관리적 대학입시제도도 점차적으로 완전히 그 대학의 자율적 관리에 맡기고 모든 교육의 내용도 궁극적으로 그 학교의 실정과 설립이념 그리고 교육목표방향으로 대폭 권한위임하여야 할 것이다. 특히 현행입시제도가 12년 교육이 단 하루에 인생을 결판내는 비민주성을 지양하고, 고등학교 재학생에게는 수시로(가령 1년에 2~3회 정도) 시험을 칠 수 있는 자격고시제도로 하여서 고등학교 졸업시까지의 가장 좋은 점수를 가지고 지망하는 대학에 제출하는 제도로 개선하는 방법이 어떨까 한다.[31]

그 다음 전공의 변경절차가 보다 융통성이 있어야겠고, 학점이수의 자율화 즉 part time 학생의 제도화, 특히 최근의 등록금문제도 신청학점에 비례한 차등제의 등록금액제도의 도입, 학교간의 재학생의 학점인정과 교류의 허용문제, 군입대 혹은 가정사정에 의한 복학시의 학기제 실시 등 산적한 문제들도 제도적 개혁으로 점차 민주화의 길로 가야 할 것으로 판단된다.

---

30 여기에서 국책과목이란 국가의 정책적 목적을 달성하기 위한 교과목을 말한다.

31 이 제도는 엄격한 공적관리제도가 있어야 할 것이다. 가령 미국의 SAT와 같은 시험제도이다(SAT= Scholastic Aptitude Test). 이 제도는 다행히도 저자가 제안한 후 오랜 후에 수시입학제도가 정책적으로 실시되었다.

(3) 대학의 의사결정과정상의 민주화

대학의 의사결정과정상의 민주화는 대학운영에 있어서 각 이해관계집단(interest groups)들의 참여를 최대한 보장하고 그들의 다양한 의견을 수렴하여 반영한다는 의미를 말한다. 대학조직체의 의사결정에 참여를 극대화한다는 것은 단점보다는 장점이 많은 즉, 예컨대 ① 조직의 질(quality of organization)을 향상시킬 수 있고, ② 조직구성원들의 상호이해와 수용력을 증대시키고, ③ 조직목표에 대한 책임감을 증대시키고, ④ 조직구성원들의 자율성과 일체의식과 성취동기의 심리적 만족과 안정을 도모하게 되고, ⑤ 문제의 공통인식을 통하여 해결 능력을 제고시켜서, ⑥ 궁극적으로는 건전한 대화문화와 협력을 통한 평화적 갈등해결의 능력을 높여 준다고 할 수 있다.[32]

이상과 같은 맥락에서 대학조직의 의사결정은 가급적 대학의 여러 이해집단과 또한 하위체계(subsystem)의 여러 조직구성원들의 참여적 의사결정을 제도적 장치를 통하여 수렴하는 것이 바람직할 것으로 본다. 특히 효과적인 의사결정과정의 참여를 위하여서는 타의에 의하여 억지로 참여하는 타율적인 동원 참여나 격식만 구비하는 상징적 참여(symbol participation), 비합법적이고 비합리적인 폭력참여(violent participation)나 혹은 특정한 자에게만 장기적으로 참여시키는 특권적 참여 등은 제외되어야 할 것이다. 자발적이고 보다 전문가적인 참여, 신뢰성에 기초한 참여 등이 대학사회의 의사결정에 바람직할 것으로 본다.

---

32 Gary, A Yukl, Leadership in Organizations(Englewood Cliffs: Prentice-Hall, Inc., 1981), pp. 208-209.

(4) 대학교수방법 및 평가개선과 행태의 민주화

대학교수는 대학의 민주적 문화개발과 창조에 핵심적인 위치와 역할자임에 틀림없다. 우리의 종래의 교육방법 특히 교수방법이 초·중등교육을 거쳐서 오는 동안 대학생들은 계속하여 상의하달식의 수직적인 주입식 강의 위주의 교실문화를 유지하여 온 것이 사실인 것 같다. 그런데 여기에서 지적하고 싶은 것은 대학생은 인생의 황금기로서 젊고 발랄하고 무엇인가 활동하고 싶어 하며 적극적인 태도를 가지는 시기임에 틀림이 없다. 그러한 대학생에게 보다 자율적인 탐구의욕과 연구의 논제가 주어지는 것이 바람직할 것으로 본다. 따라서 적어도 대학생들에게 스스로 연구하고 또한 발표하며, 때로는 소조직집단(small group)을 통하여 공동연구하여 발표할 수 있는 기회가 있는 것이 바람직할 것으로 본다. 평가방법은 강의, 발표, 과제, 출석, 중간고사, 학기말고사 또는 월례고사 등을 다양성있게 실시함이 좋을 것이다. 민주화시대에 걸맞는 대학교수의 교수방법은 보다 학생들에게 자율성과 민주성을 스스로 내면화(internalization)할 수 있는 기회를 많이 제공하는 것이 좋고 그 평가방법도 보다 객관적인 기준의 틀을 많이 두어 평균적인 입장을 취하는 것이 좋다고 본다. 구태의연한 교수 혼자만의 지식전달적인 권위주의적 방법은 앞으로 시정되는 것이 좋다고 본다. 그리고 교수는 그 지식과 학문의 전문성에서는 권위(authority)를 갖추고 있는 최고의 지성인이지만 그 행태는 보다 겸손하고 민주적이며 신뢰성과 논리성을 구비하여야 존경받을 수 있을 것으로 본다.[33]

33 김영종, "공신력의 회복," 지식인 2000인 선언(서울: 독서신문사, 1986), pp. 177-178.

(5) 대학생들의 의사표현방법의 민주적 변화

오늘날 우리 한국의 대학생들의 의사표현방법은 한마디로 위험수위에 올라와 있다고 할 수 있다.

대학운영의 민주화에 있어서 절대적인 요건은 대학생들의 집단의사방법은 보다 평화적이어야 하고 논리적이고 또한 합리적이어야 한다. 왜냐하면 민주화의 적은 폭력이기 때문이다. 이것과 관련하여 오늘날 우리 대학생들의 집단의사표시의 한 방법으로서 집단행태(collective behavior)와 시위문화의 평화적 정착이야말로 대학민주화의 과정에서 지극히 중요한 전략방안의 하나이다.

집단행태의 요인은 학자들 간의 시각에 따라 차이가 있다. 예컨대 Piven과 Cloward는 위기상황 때의 강력하고도 반항적인 태도가 집단행동의 요인으로 보는가 하면[34] McAdam은 조직력과 정치적 소지에 초점을 두는 정치적 요인을 지적하고 있다.[35] 그리고 Schwartz는 조직과 구조적 권력 내의 구조적 갈등관계에서 집단행태의 원인을 찾으려고 하고 있다.[36] 구체적인 것은 <표 13-1>을 참조하기 바란다.[37]

나아가서는 집단행태의 원인은 다시 고전적 이론, 자원이동 이론, 그리고 정치과정 이론으로 대별할 수 있다. 첫째, 고전적 이론은 집단행태를 정치적 견해보다는 사회심리적 불만의 노출의 시각으로 이해하려는 입장이고 그 역기능을 무질서, 고립, 그리고 비합리적 행태로서 공익에 결코 유익하지 못하다고 본다.[38]

---

34 Frances Fox Piven and Richard A. Cloward, Poor People's Movements(New York: Vintage Books, 1979).

35 Doug McAdam, Political Process and the Development of Black Insurgency (Chicago: The University of Chicago Press, 1982), pp. 5-19.

36 Schwartz, Michael, Radical Process and Social Structure (New York: Academic Press, 1976), pp. 1-50.

37 김영종, "대학문화와 집단행태," op. cit., p. 267.

38 Doug McAdam, op. cit., pp. 10-11.

〈표 13-1〉 주요 학자들의 집단행태이론의 비교

학자명 / 주요관점	Piven과 Cliward	McAdam	Schwartz
발생원인	발생과정상의 의식화 및 하위집단의 상황에서 발생	의식화를 중시하나 개인보다는 집단조직과 정치적 집단행동에 초점을 둔다.	지배계급과 피지배계급간의 갈등(특히 구조적 갈등)을 중시함.
주요변수	위기상황	정치적 조직적 상황	불평과 불만족
동원성과 조직의 지위	조직의 의식과 행태의 변형 수반	장기적 지속성을 위하여서는 조직적 자원의 수준에 의존한다(정치적 소지와 고유한 조직의 강점)	집단과 조직은 평등에 기인한 구성원들의 잠재적 구조적 권력을 조직화하여야 함(조직의 생명력을 강조)
결과처리(해결)	억압, 양보, 또는 협상으로 해결	조직력의 강화와 그 지속성이 집단행동의 성공을 초래함	성공과 실패의 집단행동 여부는 운동자와 구조와의 변증법에 달려 있다.
집단행동의 후퇴 원인	다조직적 전략의 선거정치화	과두제화와 대응화 및 고유한 기대도의 해체로 후퇴	채택되어지는 목표와 전략의 수단에 따라 결정
결론적인 차이	위기상황 때의 강력한 반항적인 태도가 집단행동의 요인	조직력과 정치적 소지에 초점을 두는 정치적 모형	조직과 구조적 권력간의 구조적 갈등(conflict)에 초점

주 : 이 표는 집단행태의 발생원인과 결과에 대한 대표적인 주요 학자들의 주장을 필자가 간략하게 요약체계화한 것이다.

둘째, 자원이동이론(resource mobilization)은 집단행태가 반드시 비합리적인 행동(irrational behavior)라고 보는 것이 아니고 오히려 폐쇄적이고 강압적인 정치체제의 실체에 전술적인 반응(tactical response)으로 보면서 공통적인 정치체제의 실체에 전술적인 반응(tactical response)으로 보면서 공통적 목표달성을 위한 공동행태로 파악한다.[39]

셋째, 정치과정(political process)이론인데 이것을 집단행태가 심리적이라기보다는 정치적인 발전단계의 연속과정으로 보게 된다.[40]

요컨대, 대학생들의 집단행태의 원인은 내적변수와 구조적 변수가 대학자체내의 문제가 되었으며 외적 변수로는 문교정책, 정치적 부패와 부조리, 정치권력의 비민주성 사용과 그 현상, 사회구조적 갈등과 불균형성장의 부산물 등의 결과로 유발된다고 보겠고, 나아가서는 대학생 자신의 정신적 내면적 갈등의 표출이라고 볼 수 있다. 문제는 그 원인이야 어떻든 그 의사표시의 방법은 보다 민주적이어야 하며 그것은 평화적이어야 한다.

(6) 대학운영의 분권화와 공개행정을 통한 민주화

대학의 민주화에 또 하나의 주요한 전략은 대학운영의 분권화를 통한 관료주의적 집권주의의 지양과 공개행정과 정보의 공개를 통한 비밀행정이나 밀실행정의 제정이다. 예컨대 대학행정의 최고책임자이며 의사결정의 최종결정자는 대학의 총장이지만, 대학운영의 민주화를 위해서 보다 과감하게 각 부서의 책임자에게 위임하거나 그 단과대학의 대학장에게 관련 업무에 관한 행정은 맡기는 것이 좋을 것 같다. Tannenbaum과 Schmidt의 연구에 의하면[41] 보스(Boss) 중심적 리더는 독재형이며 권위를 위임하지 않고 독단적으로 결정하여 사용하지만, 민주적 리더는 부하에게 권한위임의 폭을 넓혀가는 것이라고 지적하고 있다. 실제로 대학 운영에 있어서 Tannenbaum 과

---

39 김영종, “대학문화와 집단행태,” op, cit., pp. 256-302.

40 Ibid., p. 266.

41 Gart Y Yukl, op. cit., p. 205. ; Robert Tannenbaum and Warren Schmidt, "How to Choose a Leadership Pattern," in Organizational Design, Development and Behavior(Glenview: Scoff, Foresman and Company, 1977), pp. 157-272.

Schmidt가 주장하는 바와 같이 완전한 권위를 부하에게 위임하는 것이 과연 대학민주화냐 하는 문제는 충분한 비판을 받아야 하겠으나, 분권화 자체는 대학의 각 부서와 기관의 활성화를 북돋우어 관리발전(management development)을 도와주고, 그리고 상황변동에 대응력을 길러주며 나아가서는 각 부서의 책임자에게 책임감을 고취시켜주는 좋은 이점이 있어서 대학민주화에 도움을 준다고 본다.[42]

그러면 어떤 업무를 얼마만큼 위임할 것인가는 구체적으로 대학민주화의 가치 이념적 발전방향측면에서 구체적으로 검토되고 규정화하여 갈 것이다. 특히 대학차원과 각 학과(department) 차원의 분권화를 촉진시켜 그 기능을 활성화하여야 할 것이다. 그리고 대학의 최고대학행정 의결기관인 교무위원회의 경우는 단순한 보고사항보다는 대학의 민주화의 방향을 결정해주는 정책결정회의 기관으로서의 의미를 가진 기능과 역할이 주임무가 되어야 할 것으로 본다. 그리고 총장의 경우는 원대한 대학의 발전계획, 예산과 재원의 확보, 교수의 연구와 직원 등의 사기앙양방안의 강구, 학교의 양적 질적 발전방안의 강구를 위한 대내 대외적 총괄적 활동의 강화, 건학이념의 구현을 위한 기본구상과 지침의 결정, 학교의 이미지 개선을 위한 대표적 활동 등이 주요 업무로 취급되어야 할 것으로 본다.

다음은 대학의 행정은 보다 공개적인 방향으로 민주화되어야 할 것이다.

주지하는 바와 같이 오늘날 우리는 정보화시대와 정보사회(information society)에 살고 있다.[43] 정보조직사회에서도 적절한 정보의 획득과 활용은 대학의 민주화발전의 '엔진'이라고 할 수 있다. 어떤 의미에서는 정보의 공개는 대학인들의 '알 권리'에 대한 당연한 의무라고도 할 수 있다. 따라서 정보의 공개는 비밀과 밀실행정을 예

42 Gary A. Yukl, op. cit., p. 227.

43 정홍익, "정보사회의 행정역할과 과제," 한국행정학보, 제 21권 제 1호 (1987), pp. 115-132.

방하고 대학조직의 구성원들로 하여금 그들에게 만족과 활력을 투입시키고 대학문화의 동태적(dynamic)발전을 촉진시키는 역할과 기능을 한다. 정보의 공개는 대학운영과 관리를 합리화시키고 또한 대학의 비리와 부패를 방지하는데도 일조를 하게 된다. 왜냐하면 정보의 창출자와 취급자는 비밀정보를 통하여 비합리적 행정을 하거나 각종의 비도덕적인 이권에 개입하기가 쉽기 때문이다.

통합된 대학행정 정보관리체제(integrated university public management of information system)가 필요함을 지적하고 싶다.[44] 특히 대학행정정보 중 심장부라고 할 수 있는 도서관 자료의 정보교환 문제가 문교정책적 차원에서 시급히 지원하여 해결되어야 된다고 본다. 대학의 행정정보와 자료의 정보공개화 또는 상호교환제도(inter-library loan system)는 정부의 정책적 차원에서 지원하여 대학의 민주화에 기여해야 될 것으로 본다. 왜냐하면 어떠한 정보의 공개와 활성화는 대학의 학문적인 분위기의 창조에 기여하고 대학의 본질적 목적에 접근할 수 있기 때문이다.

(7) 대학의 구조적 부패척결과 도덕성 회복을 통한 민주화

대학민주화의 지름길은 대학조직이 보다 도덕성을 회복하는 일이다. 최근에 우리 사회에서 가장 관심 있게 논의되는 것은 역시 5공비리의 청산이고, 각종 부정부패의 척결이다. 그런데 안타까운 것은 정치적 부패(political corruption)나 관료부패(bureaucratic corruption) 혹은 사회적 부패(social corruption) 뿐만 아니라[45] 교육의 부패나 대

---

44 이것은 대학행정정보를 상호 연계시키고 관리하는 통합된 관리체계를 의미한다고 잠정적으로 정의한다. : Raymond McLeod, Management Information System (Chicago: Science Research Associates, Inc., 1986), pp. 17-36.

45 Young Jong Kim Bureaucratic Corruption: The Case of Korea (Seoul: Choon-Choo Gak Publishing Co., 1986), pp. 31-78.
최근 정부는 사립학교의 부패를 척결한다는 이유로 사립학교법을 개정

학사회의 부패문제를 지적하지 않을 수 없는 현실이 매우 안타깝고 유감일 뿐이다. 예를 들면 최근의 보도에 의하면[46] 명문사립대학 K 대학을 포함한 5개 대학에서 85명에 달하는 부정 편·입학생이 있었다는 것이 교육부감사에 의하여 적발된 사건을 보아도 알 수 있다. 대학의 민주화는 대학의 신뢰성의 회복과 도덕성의 회복 없이는 어떤 의미에서는 불가능하다고 할 수 있다. 왜냐하면 대학의 양심이 마비되고 더럽혀졌을 때는 대학의 권위는 추락되고 대학의 위기와 함께 대학민주화는 물거품처럼 사라지고 말게 된다고 보기 때문이다. 여기에서 간과할 수 없는 사실은 대학부패의 척결은 결코 대학 보직자들의 실정법적인 규범의 위반에서만이 아니라 대학인 모두에게 해당되는 것이라는 사실이다. 예컨대 대학 교수의 경우는 민주적 대학문화의 선도적 역할을 솔선수범하는 모범적인 인격자로서의 자세를 보여주도록 노력하여야 할 것이다. 말하자면 지식의 전승자, 지식의 창조자, 지식의 전파자(disseminator)와 소개자(introducer)로서 그리고 봉사자와 협력자로서의 역할 외에[47] 도덕적 논리적 생활의 모범적 역할자가 되어야 할 것으로 본다.

뿐만 아니라, 도덕성의 문제는 대학생들의 경우도 매우 시급하게 강조되는 것인데, 민주화의 실체는 요구하는 것(requesting)보다는 보여주는 것(showing)이며 발견하는 것(to find)보다는 만들어가는 것(to make)이 더욱 중요하다고 판단되기 때문이다.[48] 대학이 민주적이기 위해서는 대학의 문화가 보다 학구적이어야 하고 도덕적이어

하여 사립학교 원래의 설립 목표를 제한하는 정책을 실시하였다. 그러나 그것은 본질적인 문제를 오해한 정책실수라고 할 수 있다.

46 동아일보, 1989. 6. 10일자, p. 14. 중앙일보 1989. 6. 12일자, p. 2.

47 김경동, 현대사회와 인간의 이해(서울: 평화사, 1980), pp. 302-303.

48 Hodgkinson, Christopher, Towards a Philosophy of Administration (New York: St. Martin's Press, 1978), pp. 103-171. 대학생들의 도덕성의 문제는 옆 사람의 시험문제를 훔쳐보는 것부터, 리포트 작성에서의 표절, 혹은 대리로 보고서 작성을 하는 것 등 다양한 유형이 있다고 지적할 수 있다.

야 된다. 대학이 사회발전의 심장부라면 보다 깨끗한 양심이 살아 활동하는 대학이어야 하고 그러기 위해서는 대학인 모두가 보다 윤리적이고 도덕적인 생활의 모범을 보여 주어야 하겠다. 이런 의미에서 대학민주화는 구체적이고 실천적인 도덕적 생활의 실천의 의미를 강하게 내포하고 있다고 보는 것이다.

결론적으로 대학의 발전 특히 민주화를 위한 개념적 모형을 요약하면 첫째, 대학의 민주화의 일반적 모형적용이다. 즉 대학의 민주화는 한국정치 또는 경제, 문화 및 사회의 민주화의 하위체제(subsystem)로서 민주화이다.

〈표 13-2〉 대학의 민주화의 체제이론적 위치

한국사회의 민주화	(전체체제) (total system)
↓	
교육의 민주화	(중범위 체제) (middlerange system)
↓	
대학의 민주화	(하위체제) (subsystem)

주 : 이것은 대학의 민주화를 체제이론(system theory)의 시각에서 하위체제(subsystem)로 본 개념적 틀이다. 교육의 민주화의 상위체제는 물론 문화와 사회체제가 될 수 있을 것이나 생략하게 되었다.

둘째, 대학의 민주화는 세 가지 주요 민주화의 변수가 상호 연계성을 가지고 이루어지는 것이 바람직하다. 즉, 그것은 학교제도와 체제의 민주화와 구조적 요인으로 대학인 즉, 학교의 운영담당자, 대학교수, 그리고 학생들의 가치관과 의식의 민주화가 이루어져야 하겠고, 그 다음으로는 대학의 문화적 환경 즉 외적 환경이 민주화가 이루어져야 한다. 간략하게 그림으로 나타낸다([그림 13-1] 참조).

셋째, 대학의 발전모형은 발전지향적 가치개념의 일환으로서 이루어져야 되고 또한 조직간의 상호유기적 연관성(inter-organizational relation)과 조직내적 연관성(intra-organizational relation)이 잘 조화를 이루어져야 한다. 따라서 민주화는 발전(development)의 주요 변수로서의 의미가 있다. 따라서 통합적 시각에서 본 발전의 개념을 보면 민주화는 자율성과 서로 주요한 보완적 변수로 등장하게 된다.[49]

[그림 13-1] 대학의 민주화에 대한 주요변수 체계화

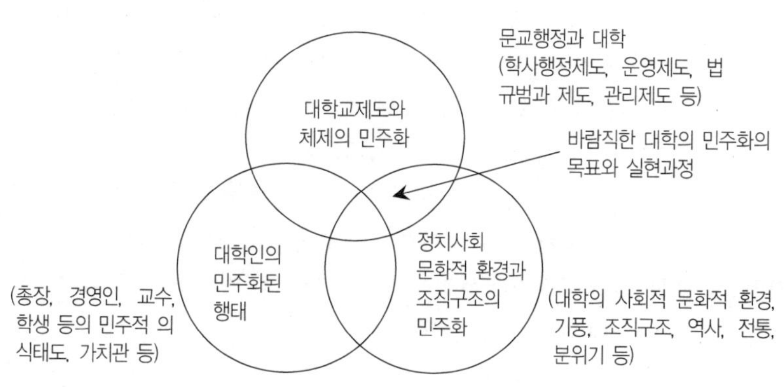

주 : 이 그림은 대학의 민주화에 대한 관계주요변수모형을 체계화하여 본 것이다.

요컨대, 오늘 우리의 대학이 비록 수많은 갈등을 겪으면서 이러한 민주화를 추구하여 나가지만, 진정한 의미의 민주화는 대학에 몸담고 있는 대학인 모두의 민주적 의식의 개혁이 절대적으로 필요하다고 하겠다.

49 김영종, "발전의 제 문제-통합적 시각을 중심으로," 국가발전의 사회과학 (서울: 박영사, 1987), p. 412.

제5절 / 대학문화의 발전전략

대학문화를 논할 때 먼저 대학문화가 단순히 일반문화의 하위개념이나 종속변수적 성격으로 보는 시각이 있을 수 있으며, 나아가서 대학문화가 일반문화를 창출하고 이끌어 갈 수 있는 독립변수적 의미가 강한 문화창조적 개념을 강조하는 시각이 있을 수 있다 하겠다. 이런 후자의 맥락에서 분석 할 때에는 대학의 학문의 자유나 자율성, 그리고 대학본질을 더욱 강조하게 되는 입장으로서 어떠한 정치적 권력이나 외적 변수가 대학의 본질적 기능인 문화창조적 의미에 깊이 개입하는 것을 배제하는 것이 바람직하다는 시각이라 할 수 있다. 이러한 것은 대학문화의 일반사회문화나 정치문화(political culture)와는 본질적으로 상이한 고유성 혹은 독립성 또는 특수성을 더욱 강조하는 시각이라고 할 수 있다.

물론 여기에서 광의의 일반문화에는 대학문화도 포함시킬 수 있으나 대학사회는 정치, 경제, 사회교육보다도 문화체계가 우위를 차지하는 문화적 공동체인 성격을 가지므로 대학문화의 특수성이나 독립성은 더욱 강조된다 할 것이다.[50]

대학문화의 주체가 대학의 교수, 학생, 그리고 직원들이라는 점을 고려할 때 대학문화의 형성은 그들의 신념(belief), 가치(value), 그리고 태도(attitude) 등이 중요한 변수로 작용하고 있음을 본다. 학생들의 자율적 조직이 학술연구, 종교활동, 봉사활동, 그리고 취미활동 등 대학문화에 미치는 영향이 중대하다고 아니 할 수 없다. 대학생들은 2년 또는 3년(전문대학), 4년(일반대학), 또는 6년(의과대학) 등의 기간 동안 대학문화의 활동에 관여하지마는, 대학의 교수는 거의 영구적으로 장기간 동안에 대학문화활동에 관여하는 변수가 크므로 실은 교수들의 연구활동과 신념, 그리고 가치적 측면은 매우 큰 역할과 기능을 발휘한다고 할 수 있다.

---

50 신오현, “대학문화의 본질,” 「대학교육」, 통권 17호(서울: 한국대학교육협의회, 1985), p. 15.

대학의 문화에 고려되어야 할 몇 가지 개념적 명제는 다음과 같은 점이 강조되어야 할 것이다.

첫째는 대학문화의 자율성의 문제이다. 대학문화는 일반사회문화와는 상이한 구조적 특성과 조직목표적 개별성을 가지고 있으므로 그 특수성을 최대한 보장해 주는 것이 바람직하다고 할 수 있다.

둘째는 대학문화를 다양성 속의 창의성을 최대한 보장하는 개념정립적인 의미로 설정하여야 할 것이다. 대학문화의 다양성이란 문화의 주제들의 자유로운 문화적 태도(attitude), 가치(value), 신념(belief) 등을 인정하여 준다는 것으로서의 그들의 개성과 독립성의 종합적·복합적 개념 등을 말한다. 조직의 발전이 분화성(differentiation)과 통합성(intergration)의 상호보완적 기능을 이룰 때[51] 이상적인 것처럼, 대학문화의 발전도 다양성과 창의성(여기에서는 문화창조론적 의미가 강하다)의 조화와 균형이 중요하다 하겠다.

셋째는 대학문화는 문화의 적응론과 문화창조론의 양자를 포괄하는 개념적 중요성을 부여하되, 대학문화가 일반문화를 창출하고 변동하는 의미를 강조함이 더욱 바람직하다 하겠다. 대학문화가 단순히 정치문화나 사회문화의 변동에 적응하여가는 종속변수적 의미만 지닌다면 어떻게 지성을 대표하고, 학문과 인격도야의 최고전당이라 할 수 있겠는가?

넷째는 대학문화는 보다 학문적이어야 하고 학구적이어야 하며, 단순한 지식전달체계 문화가 되어서는 안 된다. 지식의 전달보다도 지식을 산출하고, 또한 생활하며 활용할 수 있어야 한다. 대학은 전문적 기술인을 양성함과 동시에 심오한 인격을 구비한 지도자를 양성하고 배출하는 지도자적 문화의 산실이 되어야 한다.

다섯째는 대학문화는 미래사회를 선도하는 창의적 역할과 기능을

[51] Gibson Burrell and Gareth Morgan, Sociological Paradigams and Organizational Analysis (London: Heinemann, 1979), pp. 179-180.

감당하는 문화변동(cultural change)적 역군(agent)의 의미가 되어야 할 것이다. 대학문화는 미래사회에서 발생할 수 있는 여러 현상(phenomena)들을 예측하고, 문제의 발견(problem discovery)과 함께 문제해결(problem solving)을 제시함으로써[52] 문화변동을 동태적 시각(dynamic approach)에서 추출하고 산출하는 문화변동적 역할과 기능을 할 수 있어야 한다.

여섯째는 대학문화는 보다 더 개방적이면서 상호유기적이고, 또한 민주적인 모형을 보여주는 개념적 특징을 가져야 한다. 대학의 개성과 특수성은 인정하고 신장하되, 대학은 보다 협동적인 정보교환의 체제가 됨이 바람직하고, 보다 지역사회문화의 중심지가 되어야 하며, 나아가서는 민주적인 체제와 기능이 되어야 한다. 중앙집권적인 관료제적 대학행정문화는 결코 바람직하지 못하다. 대학문화가 민주적이어야 한다는 개념의 틀(frame)에서 간과해서는 안 되는 운영의 민주성의 본을 보여주어야 할 것이다.

요컨대 이상과 같은 대학문화의 개념틀(conceptual frame)에는 대학문화의 본질적 의미인 학문의 자유, 그리고 자율성의 바탕 위에서 문화변동론보다는 문화창조론적 시각, 문화의 종속변수적 개념보다는 독립변수적 의미의 중요성, 그리고 관료모형보다는 민주적 모형, 전문성은 물론 다양성과 함께 전인적 인격체를 배출하는 학문의 전당으로서 대학의 본질을 파악하는 면이 보다 바람직한 개념적 모형이 될 것이다. 특히 여기서 강조하고 싶은 것은 한국대학문화의 현실이나 현상은 보다 바람직한 미래지향적 가치성(future oriented value)을 함축하는 방향으로 새로이 점검되고 구축되어 나가야 할 중요한 시점에 도달되어 있다고 할 수 있다.

---

52 김영종, 현대행정학의 행정철학적 반성과 과제,「한국행정학보」제20권 제1호(서울: 한국행정학회, 1986), pp. 161-176.

한국대학문화는 한국사회문화의 하위개념이다. 대학인들의 가치(value), 신념(belief), 그리고 태도(attitude)의 집합적 혹은 총체적 개념(wholistic concept)은 바로 대학문화의 핵심이요, 구조적 요인들이다. 대학문화가 사회문화의 하위문화(sub-culture)라고 하여서 사회문화(social culture)는 중요하고 대학문화는 중요하지 않다는 의미는 결코 아니다. 오히려 대학문화도 사회문화의 발전에 대한 창조적 역군(creative agent)으로서의 의미가 있다. 말하자면 사회문화의 변동에 따라서 대학문화가 변동되는 상응적 의미가 아니라, 대학문화의 발전과 창조는 바로 사회문화를 변동시키고 발전시킨다는 그러한 의미를 더욱 강조할 때에 발전전략의 핵심이 도출될 수 있다. 즉, 사회문화의 종속변수(dependent variable)적 개념으로서의 대학문화가 아니라, 오히려 독립변수(independent variable)적 의미를 강조함을 말한다. 물론 대학문화는 그 시대와 그 사회의 특성에 따라서 변동할 수 있고 또 해야 된다. 전통사회의 대학과 비교할 때, 현대사회에 있어서의 대학은 모든 계층을 위한 대중교육과 보편적인 대학교육지향성을 지니고 있으므로 대학문화는 평등주의적 문화를 강조한다고 할 수 있다.[53]

대학문화의 주체가 교수, 학생, 그리고 행정직원이라고 볼 때 그들의 대학문화 창조에 대한 신념, 가치, 또는 태도는 바로 대학문화의 발전에 대한 핵심적 요인이 된다.

주지하는 바와 같이 학문의 자유는 대학의 자유에서 유래되었고, 기존의 온갖 dogma적 권위나 관행으로부터 독립하여 진리탐구와 창조적 연구, 또는 인격의 도치 등은 대학문화의 본질을 이루는 근원적 핵심이다. 물론 그러한 측면에서 볼 때는 대학인 중에서 교수와 연구에 주력을 두어야 할 것이다.

한국의 대학문화에서는 학문의 자유 이상으로 청년문화나 대학생

---

53 이상주, "대학문화의 미래,"「대학교육」, 통권 17호 (서울: 대학교육협의회, 1985), p. 33.

문화가 매우 중요한 의미를 가지고 있고, 그러한 것은 대학생들의 집단행태에서 표출되어 건전한 대학문화의 구축에 특별히 고려되어야 할 변수로 등장되어가고 있는 것은 부인 못할 사실이다. 우리가 대학문화의 발전전략을 논의할 때 단순히 학문의 자유나, 연구나, 교수하는 일이나, 또는 인격의 도치 등의 교과서적인 의미만을 강조할 수 없는 상황적 사실(facts)들이 있기 때문에, 여기에 근본적인 대학생문화가 대학문화의 창조와 발전전략을 위하여 반드시 논의되고 강조되어야 할 성격이 있는 것이다.

우리나라의 대학문화의 발전전략을 논할 때 앞으로 미래사회에 대한 변화와 개념적 정립과 그리고 예측을 먼저 논의할 필요가 있다.

일반적으로 미래사회에 일어날 현상들에 대하여 몇몇 미래학자들의 시각을 간략하게 열거하면 다음과 같다.[54]

Daniel Bell은 미래현상의 특징을 ① 주체적 측면에서의 재화(goods)산업에서 용역(services), 특히 정보(information)산업중심의 경제활동의 변화, ② 전문적, 기술적 계층의 지배사회에로의 직업의 변화, ③ 이론적 지식과 사회적 위신의 축의 원리(axial principle)에 의한 사회구조적 변화, ④ 새로운 지적 기술에 의한 의사결정의 발전으로 요약된다.[55]

Alvin Toffler는 ① 분권화된 경제와 사회구조의 변화, ② 전자촌(electeonic cottage)과 가정을 중심으로 한 사회, ③ 소수기술 elite중심의 의사결정과 미래사회, ④ 새로운 미래사회에 적응되는 성격의 재형성 등으로 특징화하고 있다.[56]

---

54 김영종, "현대행정학의 행정철학적 반성과 과제," 「한국행정학보」, 제20권 제 1호(서울: 한국행정학회, 1986), p. 170.

55 Daniel Bell, The Coming of Post-Industrial Society (New York: Basic Book, Inc., 1973).

56 Alvin Toffler, The Third Wave (New York: Bantam Book., 1980).

Naisbit는 급진적 미래사회 현상을 지적하면서 ① 현대의 대표적 민주주의 형태를 재조명하게 되고, ② 고도의 기술과, ③ 의사결정을 위한 정보의 홍수, ④ 참여적 의사결정 및 분권주의화 등을 지적하고 있다.[57]

특히 Joseph F. Coats는 미래현상들 60여 개를 장기적 전망과 경향의 시각에서 ① 일반적 사회경향, ② 기술적 측면, ③ 노동력, ④ 가치문제, ⑤ 가정관계, ⑥ 제도적 측면 등으로 세분하고 있다. 예컨대 첫째, 일반적 사회현상은 경제적 풍요나 교육의 확대, 지식산업의 활성화 그리고 도시화의 가속화 등이다.

둘째, 기술경향으로서는 고도첨단기술 및 연구개발의 확대와 경제사회에 있어서의 기술지배의 증대화를 들고 있으며,

셋째, 노동력에 있어서는 전문성과 서비스 및 정보산업(service industry)의 성장과 후생복지제도의 확대이다.

넷째, 가치관의 변화에 있어서는 전통적 권위주의적 가치관의 후퇴와 다양한 가치관의 경향을 들 수 있다. 그리고 다섯째, 가족제도에 있어서는 노인인구의 증대 및 출생률의 저하 그리고 여가활동의 증가 등을 들 수 있다.[58] 이상과 같은 제학자들의 미래사회관을 참고로 하고 한국적 상황에 적응하여 볼 때 서기 2000년대를 바로 보는 한국 대학문화의 형성을 위한 전제가 될 미래사회는 어떠한 현상들을 예측할 수 있을 것인가? 몇 가지 가설적인 논거를 제시하여 본다. 저자가 80년대 말에 예측한 한국사회의 구조적 특징을 2007년 현재의 정보사회의 길목에서 돌아보는 것은 흥미 있다.

첫째, 한국사회의 구조는 더욱 분화되고, 도시화(urbanization)될 것이며, 고도의 산업사회가 될 것이다. 이러한 것은 경제성장과 생활수준의 향상을 의미하는 말이기도 하다. 한국의 경제성장은 80년

---

57 John Naisbit, Megatrends (New York: Warner Books Co., 1982).

58 Joseph. F Coats, "Why about the Future: Some Administrative-Political Perspectives, "Public Administration Review, Vol. 36(Sept/Oct., 1976), pp. 580-585.

대 말과 90년대에 걸쳐 연평균 7%의 성장을 계속함으로써 1인당 GNP는 1984년의 $ 2,000에서 1990년에는 $ 2,550수준, 2000년에는 $ 5,000수준으로 증가될 전망이다.[59] 그러나 실제로 1991년 현재 한국의 1인당 GNP는 $ 6,000에 이르고 있다. 뿐만 아니라, 도시화의 증대로 인하여 인구 2만 명 이상 읍과 시를 도시로 정의할 때 1980년대 66.7%의 도시화율은 1970년에는 76.5%로 증가되고, 나아가서는 2000년에는 82.5%가 될 것으로 전망되고, 특히 2000년대에는 인구 1,000명 중 825명은 도시에, 그리고 562명은 대도시로 거주하게 될 것이다. 구체적인 자료는 <표 13-3>과 같다.

〈표 13-3〉 도시화의 전망

(단위 : 천 명,%)

구 분	1980년	1990년	2000년
전국인구(A)	38,124	44,117	49,354
도시인구(B)	25,428	33,730	40,700
6대도시인구*(C)	15,879	20,250	22,890
도시화율(B/A)	66.7	76.5	82.5
6대도시(C/B)	62.4	60.0	56.2

* 6대도시 : 서울, 부산, 대구, 인천, 광주, 대전

자료 : 김안제, "2000년대 환경변화와 지방행정,"「2000년대 지방행정의 좌표」(한국지방 행정연구소, 1986), P. 48.

둘째, 한국의 산업구조는 분화와 변동을 가져와 1차산업보다는 2차산업, 2차산업보다는 3차산업이 더욱 많은 비중과 비율을 차지하게 될 것이며, 나아가서는 장래의 지식산업이나 정보산업 등과 같은 탈공업사회의 현상이 한국에도 나타나게 될 것으로 전망된다. 산업구조의 변화와 전망은 <표 13-4>와 같다.

---

59 노화준, "행정관리발전의 목표와 전략,"「한국행정학보」(서울: 한국행정학회, 1986), PP. 38-39.

〈표 13-4〉 산업구조변화의 전망

산업 ＼ 산업구성비(%) ＼ 연도	1984		1990		2000	
	GNP	취업자	GNP	취업자	GNP	취업자
농림어업	14.0	27.1	11.0	21.2	7.5	14.8
광공업	30.4	24.2	31.9	27.0	33.0	28.9
사회간접자본 및 기타서비스업	55.6	48.7	57.1	51.8	59.5	56.3
합계	100.0	100.0	100.0	100.0	100.0	100.0

자료 : 한국발전연구원, "2000년을 향한 국가장기발전구상," 총괄보고서, 1985, p.62.

셋째, 한국미래사회는 보다 분권적 민주화로 발전되어질 것이고, 교육의 보편화가 되어질 것이다. 재론할 필요 없이 국민의 교육열은 가열화되어 교육수준은 향상되어지고, 중산층은 확대되며, 나아가서는 도시화로 인하여 더욱 도시인구가 집중되어질 것이다. 나아가서는 국민들의 경영의식은 더 성숙되어지고, 남북한의 평화공존체제의 유지나 또는 통일문제는 낙관도 비관도 못하는 불투명한 상태의 전망이다. 그러나 한 가지 뚜렷한 것은 이데올로기 교육문제나 무장문제는 더욱 심각하게 논의될 전망이고, 이 문제에 대한 철저한 전략문제가 중시된다.

넷째, 전 세계가 점점 공간의 개념을 단축해 가는 기술과학의 발달로 인한 영향은 바로 사회적 제제도와 경제적 체제에 대한 일대 변화를 촉진하여 결과적으로 개방적 체제모형(open system model)을 중심으로 하여 국제사회로 변모해야 할 것임은 자명한 사실이다.[60] 왜냐하면 개방체제모형은 한국사회의 발전과정에 상응하는 필연적 결과이기 때문이다. 특히 세계가 교통, 통신수단의 발달과, computer로 인한 공학적 발전, 그리고 과학과 기술의 발전은 범세계적인 정

60 Burrell, Gibson et al., op. cit., pp. 154-160.

보사회나 computerized society로 만들어서 지역이나 공간이나, 거리의 개념을 계속하여 단축시켜 나가게 될 것이다. 따라서 "한국사회는 그 생존과 번영을 위하여 경제적, 기술적, 정치적 그리고 안보적 면에서 대외지향적 개방체제를 유지할 수밖에 없다.[61]

다섯째, 미래의 한국사회는 급속한 과학기술의 발달과 산업화 및 도시화로 되어가는 과정에서 가치관의 혼란은 물론 용구문화화 전통적 규범문화(예 : 유교문화의 가치관)간의 가치혼재현상이 발생할 가능성이 매우 많을 것이다. 특히 물량적 성공지향적 사회규범이 가속도적으로 보편화되어서[62] 논리의식의 저하와 혼란을 야기시킬 가능성이 많이 일어날 것이다.

일반적으로 미래사회의 시만의 의식성향은 집단주의문화의 의식보다는 개인주의적 방향으로, 권위주의보다는 평등주의 또는 민주주의적 가치체계로 변질되어질 것이고, 논리적 의식의 양화로 인하여 물량주의적 가치관과 체계가 우세하게 될 것이다. 뿐만 아니라, 전통적인 한국인의 의식구조의 특징인 정적 인간주의는 합리주의적 가치체계로 변동될 가능성이 많아진다고 할 수 있다.

물론 재론할 여지없이, 다원화된 사회와 급격한 사회변동은 각 이익집단간의 갈등(conflict)와 혼란을 일으키고, 이러한 영향은 대학문화와 가치, 그리고 나아가서는 대학생들의 집단형태에까지 미칠 변수로 작용하게 될 것이다. 뿐만 아니라, 경제발전의 추세에 따른 적절한 정치발전이나, 사회발전 없이는 불균형성장에 따른 역기능으로 말미암아 더욱더 갈등과 불만의 상승으로 인하여 미래사회는 예측하지 못할 불안이 따를 수밖에 없다고도 생각된다.[63] 따라서 한국대학문화의 미래상은 다음과 같은 가설에서 성립되어야 바람직하다고 판단된다.

---

61 이상주, op. cit., p.34.

62 Young Jong Kim, Bureaucratic Corruption: The Case of Korea (Seoul: Chun Choo Gak, Publishing Company, 1986), p. 116.

63 Ibid., p. 122.

첫째, 미래의 한국대학문화는 학문중심적으로 발전하되, 전인적 인격의 함양을 위하여 그 기능은 강화되어야 할 것이다. 재론할 필요 없이 대학의 근본적 목적은 "국가와 인류사회 발전에 필요한 학술의 심오한 이론과 그 광범하고 정교한 응용방법을 교수연구하며 지도적 인격을 도치하는 것을 목적으로 한다."(교육법 제 108조)

주지하는 바와 같이, 대학문화의 핵심은 학문적 기능을 극대화하는 것이며, 이러한 것은 바로 대학의 자율적 기능이 더욱 강화되어야 한다. 대학이 학문적 기능을 제대로 수행하려고 하면, 대학의 권한과 책임이 강화되어야 함이 바람직하다고 판단되어지기 때문이다. 중요한 것은 대학에 몸을 담고 있는 대학인들의 대학관과 가치관이 정부의 관료들의 대학관과 현저하게 차이가 나타남으로서 대학의 자주적 독립권이 약화될 때 여기에서 대학의 문화발전에 장애가 되고, 또한 학생들의 집단행태의 이해와 해결에 오히려 역기능적 결과를 초래하게 될 수 있다. 다른 말로 말하자면 대학을 관료 model로 봄으로써 그 학문적 기능을 위계와 획일성, 또는 지나친 규제의 집단이나 조직으로 이해하는 시각은 지양되어야 할 것이다. 왜냐하면 "우리나라에 있어서도 관료들은 학생지도에 관한 한 그 유용성을 사실상 잃었다고 보여 지는 많은 징후들이" 나타나 있기 때문이다.[64] 대학은 변화의 역군으로서 또는 주창자로서의 역할과 기능을 수행하여야 되며 단순한 지식의 전달이나 보급을 하는 전수기능에 그쳐서는 바람직하지 못하다. 이러한 대학의 기능을 제고시키기 위하여서는 교수기능과 연구기능이 더욱 강화되어지든지 극대화될 필요가 있다.

둘째, 한국대학문화는 보다 자율성이 강화된 기초 위에서 민주적이어야 한다. 대학문화가 타율적 제도나 정치환경에서 그 고유한 기능인 학문의 연구와 교수가 자율성이란 조직철학에서 출발하고 발전되지 않는다면 의미가 없다고 할 수 있다. 현대의 행정은 신행

64 구광모, op. cit., p. 277.

정학적 기초 위에서 자율성이나 논리성, 또는 형평성, 민주성 등을 강조한다고 볼 때에 자율성은 바로 대학문화발전의 원동력적 의미가 된다.

대학문화는 정치적 변수에 의하며, 즉, 타율적 통제나 변수로서 그 고유한 기능인 학문의 자율적 연구와 교수의 자유를 침해당하지 말아야 하며, 그렇게 되는 것은 극히 바람직하지 못하다고 할 수 있다. 대학문화가 자율적이어야 한다는 명제는 대학행정은 보다 더 민주적 분권화가 필요하다는 명제를 필요로 하며 그것은 교수뿐만 아니라 학생들도 요구하는 문제이다. 자율적 민주행정은 권위적 위계체제나 중앙권적 관료체제로서의 대학의 조직구조를 탈피하여 대학문화의 주체인 교수의 역할의 증대와 학생의 창의성의 존중 및 그들의 면학분위기를 더욱 고양시키고, 행정 당국은 이러한 학문적 분위기를 조성하는 데 큰 사명감과 책임감을 갖고서 지속적으로 대학의 문제는 대학으로 하여금 해결하게 하는 교육철학적 기초를 강조하기 위하여서도 중요시된다.

자율적 기능의 강화는 의사결정과정(decision making process)에 있어서 질을 향상시키며, 참여성을 높여줌으로써 궁극적으로 문제해결의 능력을 인정하고, 또한 더욱 그러한 기능을 강화시킨다는 뜻이 있다.[65] 일반 행정의 궁극적 목적이 시민을 위한 공공역무(public service)를 제공하는 것처럼, 대학행정과 대학문화는 궁극적으로는 대학자체만 아니라 협동적 측면에서 대학사회의 발전은 물론 국가사회의 문화발전에 크게 기여해야 될 임무가 주어져 있으므로 더욱 대학문화의 창조적 자율성은 강조되고 고양되어야 할 것이다. 근래에는, 불행하게도 대학이 그 자율적 기능을 점점 상실하고, 실제로 관료적 권위주의의 위계질서 내에서 자율문제의 해결능력도 잃어가는 현상들을 흔히 볼 수 있는데, 안타까운 일이 아닐 수 없다.

셋째, 대학의 교수기능의 강화 문제를 강조할 수 있다. 대학문화

65 Young Jong Kim, op. cit., p. 241.

의 창조적 역할을 수행하는 데 가장 핵심을 이루는 것은 대학교수의 기능으로서 교수기능은 연구의 기능이나 사회봉사의 기능에 못지않게 중요하게 다루어져야 한다. 왜냐하면 "가르치는 일은 대학교수들이 갖추어야 할 기본적 자질이며 교육활동은 대학의 기본적 기능이 되어야 하기 때문이다."[66] 가르치는 교수기능은 단순히 교수의 전문적 영역의 지식의 소개나 전달에 그쳐서는 안 되며, 보다 효율적으로 흥미 있게 소기의 교수목표를 체계 있게 가르치는 의미를 부여하게 된다, 전국의 여러 학생생활연구소의 연구결과에 의하면, 대학신입생이나 학생들은 대학생활에 대한 불만요인 중 한결같이 강의의 형식이나 교수의 강의진행방식에 문제가 많다는 것을 지적하고 있다. 흥미 있는 것은 선진외국에서와 같이 교수기능에 대하여 매 학기 또는 매 학년, 과목이나 담당교수에 대하여 그 기간 동안의 교수활동을 학생의 반응을 통하여 평가하고 그 결과를 통합하여 교수들의 연구업적과 동등하게 중요시하여 인사행정에 반영하는 제도적 장치 같은 것은 퍽 바람직할 수가 있다. 또 하나 중요한 것은 학생들의 양적 팽창과 증가에 대하여 교수의 수도 상대적으로 비례하여 증가되어야 질적인 교수기능을 기대할 수가 있다는 점이다. 지나친 대단위 강의를 통하여서는 참다운 교수기능의 극대화를 기대하기 곤란하다. 대학은 지식의 전달 이상으로 인격도야와 전인적 인간의 양성을 목적으로 하기 때문이다. 그들과의 개별적 교수기능의 강화도 중요하지 않을 수 없다. 대학의 교수기능은 때로는 모형의 개발이나 공개강의 등의 방법을 통하여 더욱 연구되고 발전되어야 하되, 급진적 변동보다는 점진적으로 교수기능의 개선점이 개발되어야 할 것이다.

넷째, 대학생들의 대학생문화 또는 청년문화는 보다 개방적이어야 하되, 그보다 지성적이고 학구적이어야 한다. 대학문화가 사회문

---

66 이칭찬, "대학의 교수기능은 강화되어야 한다." 「대학교육」, 통권 21호 (서울: 대학교육협의회, 1986), pp. 100-101.

화의 하위문화(sub-culture)적 의미가 있다면, 대학생문화는 대학문화의 하위문화적 특징과 역할의 의미가 있다. 예컨대 대학간의 정보교환체제나 관리제도 같은 제도적 장치(institutionalization)가 필요하다. 현행한국의 대학문화는 너무 폐쇄적이다. 가장 학구적인 환경을 조성하는 데 필요한 각종 도서관 자료와 문헌, 기타 정보자료는 각 대학교 자체의 사용에 그치고 단순히 각 대학생과 교수에게만 열람 혹은 대여가 가능하고 타 대학과는 전혀 정보교환이 되지 못하고 있는 실정이다. 저자는 전국대학교수들의 연수과정의 기회가 있었을 때 한국대학의 도서관자료의 상호교환(inter-library system)에 대한 정책적 지원을 대학행정책임자에게 건의한 일이 있다. 물론 여기에는 부수적인 절차와 연구가 필요한 것인 줄 알지만, 장기적인 전략에서 대학문화는 보다 개별적 대학의 체제에서 탈피하여 대학과 대학 간의 문화적 연계가 필요하며, 학술적 자료의 교환과 협의 등이 요청된다고 할 수 있다. 나아가서는 대학원간의 학점교환제도나 대학간의 학점교환제도 혹은 특강제도 등 앞으로 많은 개방적 조치가 필요하다. 이러한 것은 대학의 조직은 넓게는 교육제도나 체제의 일환이나, 대학간의 교류는 하위체제로서의 조직발전, 즉 대학문화발전에 기여하는데 꼭 필요한 조직발전의 전략이 될 수 있기 때문이다.[67]

다섯째, 대학문화는 보다 다양성에서 창의성을 고양하고, 전인적 인간의 인격도야를 위한 발전전략으로 나아가야 할 것이다. 미래사회가 획일성이나, 탈인간성 혹은 몰인간성으로 나아갈 제반 여건이 되는 것은 과학기술의 역기능의 결과가 될 것임은 주지의 사실이다. 그러한 미래사회에서 발생할 가능성을 조금이라도 극소화하고, 획일적·능률적인 인간 혹은 지식의 전문성을 가진 인간을 배출한 대학문화의 의미는 보다 인간적이고 다양한 문화적 배경 속에서 인간의 인격을 도야하고 미래의 사회발전에 공헌할 수 있는 건전한 시민의

---

[67] Gibson Burrell, et al., *op. cit.*, pp. 161-181.

양성도 대학문화의 현장에서 배출되어야할 것이다. 지금의 대학생은 어려서부터 TV를 보면서 자랐고, 학교에서는 'OX'방식에 의한 테스트 교육을 받아, 그들의 사물에 대한 사고방식은 즉물적이라고 지적된다.[68] 오늘날의 대학생들은 이러한 배경서 성장하여 온고로 스스로 생각하는 번거로움을 거치지 않는 편리한 시대를 사는 대가로서 인간의 내면의 세계를 상실하였으므로, 전문적 인간도 중요하다. 이러한 대학문화의 허점을 보완하는 의미에서도 필요한 것은 오늘날 대학문화를 보다 다양성 있게 정책적으로 지원하는 전략이 필요하고, 특히 대학생들로 하여금 보다 전인적 인격의 도야를 위주로 하고 미래사회에 필요한 민주적 시민상을 길러주어야 할 것이다. 물론 대학인들에게 있어야할 기본적인 것은 건전한 국가관과 이데올로기의 교육도 필요하지만, 특히 필요한 것은 민주적 시민, 지덕을 겸비한 인격자로서 대학문화의 발전역할자로서 기능을 발휘할 수 있는 대학생들이 요청된다고 생각한다. 그러한 의미에서 현재 실시하고 있는 교양과목은 보다 효율적으로 실시하되 대학생들의 다양한 욕구와 인격의 도야에 필요한 과목을 폭넓게 개발하여 다양성과 창의성을 상호 조화하고 보완시켜 나가야 할 것이다. 뿐만 아니라 전문성과 전인성과 인간성 혹은 인격성을 겸비할 수 있는 대학문화의 창조가 필요하게 될 것이다.

여섯째, 대학문화는 보다 더 윤리성과 도덕성이 강조되는 측면에서 개발되어야 할 것이다. 근래에 대학문화의 가장 중추적인 역할을 감당할 대학인들의 윤리성, 도덕성의 많은 저락을 보면 매우 안타깝다. 실제로 일부 극소수라고는 하지만, 대학생들이 폭력이나 방화 등의 무질서한 방법으로 집단행태를 통하여 대학문화의 발전방향을 저해하는 현상들을 보고 실망하지 않을 수 없다. 대학생들이 부패되지 않은 정열이나 용기, 그리고 젊음과 의지를 가지고 기성

---

68 조요한, "대학, 진리와 정의, 그리고 사랑의 배움터," 「숭전대학신문」, 1986년 1월 8일자.

세대의 오염과 현실을 비판하는 것은 어떻게 보면 당연한 일일는지 모른다. 그러나 그러한 것은 방법론적으로 민주적이어야 하며, 지성인다운 태도여야 할 것이다. 우리의 미래사회 현상이 낙관적이거나 비관적이거나를 떠나서, 적어도 대학문화는 미래사회를 이끌어 갈 수 있는 역사적 의미를 지녔다고 할 수 있다. 대학문화는 한국이라는 지정학적 위치와 역사적·사회적 특수성을 고려하지 않을 수 없는 제약성이 있음이 사실이다. 오늘날 우리의 사회에 가장 필요한 것은 무엇보다도 상실되거나, 쇠퇴한 윤리의식을 다시 찾는 것이며, 또한 그것을 건전한 시민의 생활과 태도를 통하여 실천하는 것이다.

제6절／결 론

대학의 발전은 한국사회발전과 문화발전의 원동력이 된다고 할 수 있다. 왜냐하면 대학자체가 가지는 한국사회와 문화발전의 영향력이 크기 때문이다. 그러한 의미에서 대학은 민주화와 자율화가 필요하고 더욱 나아가서는 대학문화는 보다 질적으로 향상되어야 하고 학문적이고 학구적이어야 한다. 대학민주화는 외생적 변수에 의하여 많은 영향을 받아 왔다. 그러나 내생적 구조적 변수에 의하여 보다 대학은 자율화되고 민주화되어야 할 시대적 사명이 있다. 대학의 민주화에 미치는 다변수적 영향은 통합적 시각에서 보다 적절하게 조정되고 균형적으로 발전되어야 한다. 대학은 내일의 한국의 지도자를 배출하는 산실인고로 대학에 대한 지원과 관심과 노력이 보다 체계적으로 정책개발될 필요가 있을 것이다. 대학인은 보다 학구적이고 창조적이어야 하며 민주적이어야 할 것이다. 대학이 지성의 요람인고로 대학민주화와 대학문화 및 대학사회의 발전의 요체는 보다 지성적이어야 할 것으로 결론한다.

제14장 발전과 사회갈등문제론

제1절 / 문제의 제기

현재 한국사회에 부여된 시급하고도 주요한 국가적 과제는 지역 및 계층간의 갈등문제 해결이라고 할 수 있는데, 왜냐하면 심각한 갈등관계는 국가사회의 민주적 균형발전에 장애요인으로 판단되기 때문이다.

사실 지역간의 갈등은 역사적 문화적 그리고 전통적 요인과 역대 정치권력 elite들의 비민주적 정치 및 행정문화의 변수(variable)가 작용한 결과적 산물로 볼 수 있는 반면에, 계층간의 갈등은 제3· 4· 5 공화국을 거치는 동안 성장이데올로기(growth ideology)에 기한 고도의 불균형성장정책 추진과정에서 유발된 부산물이라고 할 수 있을 것 같다.

특히 이러한 지역 및 계층간의 갈등문제는 그동안 중요한 정치사회적 전환기에 있어서는 매우 심각하게 표출되어서 정치 및 사회의 불안과 불신을 유발하게 되었다고 볼 수 있다.

사실상 지역간 및 계층간의 갈등은 정도의 차이가 있지만, 세계 어느 국가사회에도 존재하는 보편적 현상(universal phenomena)이라고도 할 수 있지만,[1]한국의 경우는 이러한 갈등문제의 해결없이는

[1] Joe R. Feagin, Racial and Ethnic Relations (Englewood Cliffs: Prentice-Hall, Inc., 1978), pp. 87-91.

균형적 국가발전(balanced national development)을 기대하기도 어려울 뿐만 아니라, '성실한 사람이 보다 잘사는 사회', 또는 '국민의 화합과 민주화된 사회'를 기대하기가 곤란하다고 판단되기 때문이다.

갈등문제(conflict problem)의 실체에 접근하는 연구는 이론적 연구와 경험적인 연구(empirical study)의 상호 접목을 통하여 보다 바람직한 방향으로 나아갈 수 있을 것이다. 실증적 경험적 연구는 다양한 방법이 있겠으나 보다 객관적이고 일반화된 사회조사방법(social survey)을 택하게 된다.[2]

사회조사방법은 전국의 대학생을 모집단(population)으로 하고, 서울, 경상도, 전라도, 충청도의 지역표본도출(area sampling)된 대학생들 총 591명의 태도조사에서 나타난 그들의 갈등의식을 분석하려고 시도하였다. 지역 및 계층간의 갈등에 관한 대학생들의 태도조사는 문항 20개의 조사설문지를 자작, 사전조사(pretest)의 과정을 거쳐 표본지역의 대학생들에게서 조사수집된 자료는 computer에 의하여 SPSS(Statistical Package for the Social Sciences)의 crosstabulation의 분석기법에 의하여 통계처리 되었다.[3]

특히 갈등에 관한 이론과 경험적인 사회조사방법과의 상호 보완적이고 통합하는 통합적 방법(integrated approach)을 활용함이 바람직할 것이다.[4]

한국사회의 지역 및 계층간의 갈등문제를 대학생들의 갈등인식과 태도를 초점으로 하되, 대학생은 4년제 대학생들을 말함이며, 그 표본은 지역표본을 서울특별시, 경상도, 전라도, 충청도의 네 지역으

---

2 Donald P. Warwick and Charles A. Lininger, The Sample Survey: Theory and Practice (New York: McGraw-Hill Book Co., 1975), pp. 1-126.

3 Norman H. Nie, Hall C. Hadlai, Jean G. Jenkins, Karin Bent Steinbrenner and Dale H. Bent, SPSS (New York: McGraw-Hill Book Co., 1975), pp. 218-248.

4 Reichardt, Charles S. and Cook., Thoms D., Qualitative and Quantitative Methods in Evaluation Research (Beverly Hills : SAGE Publications, Inc., 1979), pp. 1-159.

로 나누어 각 지역에서 표본으로 수집된 응답자 591명을 모집단과 지역을 대표한다는 전제하에[5] 통계처리되었다.

갈등에 관한 조사방법은 여러 가지가 있겠으나, 객관적 경험적인 측정을 시도한 질문지법이 과연 얼마나 그 실체분석에 접근할 수 있을 것인가에 대한 것과, 조사된 표본지역이 과연 얼마나 모집단을 대표할 수 있을 것인가에 대하여서는 연구의 한계성이 있을 것이다.

제2절 / 갈등의 개념론

일반적으로 갈등문제를 보는 이론적 배경은 사회현상(social phenomena)을 접근하는 대립된 두 가지 시각 즉 균형론(equilibrium theory)과 갈등론(conflict theory)의 입장이 있다.[6] 균형론은 질서론(order theory)이라고도 하며 그 주요특징을 요약하면[7] ① 기능주의(functionalism)적 시각 ② 안정(stability), 통합(integration), 조정(coordination), 합의(consensus) ③ 지속성과 안정적 ④ 가치합의 등으로 사회를 보는 입장이다.

반면에 갈등론은 ① 강제성, 변동(change), 사회해체, ② 사회현상

---

5 1987년말 현재 전국 대학생은 서울시 311,852명, 경상도(부산 포함)가 271,450명, 전라도가 128,876명, 충청도가 121,026명으로 나타나 있다. 한국교육연감(서울: 대한교육연합회,1987), pp. 942-943. Alan Agresti and Barbara Finlay Agresti, Statistical Method for the Social Sciences (SanFrancisco: Dellen Publishing Co., 1979), p.20-22.
이 사회조사는 교육부 학술진흥재단의 지원으로 이루어진 연구이고 1988년 한국행정학보에 연구결과가 발표되었다.

6 Gibson Burrel and Gareth Morgan, Sociological Paradigm and Organizational Analysis (London: Heinemann, 1980), pp. 1-35.

7 김영종, "현대행정학의 행정학적 반성과 과제," 한국행정학보, 제20권1호 (1986), pp. 161-176.

의 분화와 변동, 그리고 갈등의 현상, ③ 지배, 박탈, 모순, 그리고 해방 등의 시각으로 사회현상을 보는 입장이다.[8]

사회현상을 갈등관계적 현상으로 보는 입장에서 갈등의 개념은 매우 다양하게 사용되어 지고 있는데 구체적으로 요약하면 다음과 같다.

첫째, 갈등은 미시적 분석(micro analysis)으로는 인간내면의 심리적 무규범(anomie)과 가치의식의 대립 또는 혼란으로 볼 수 있다.[9]

둘째, 중범위적 차원에서 조직과 집단관계를 논의할 때 조직내의 목표차이, 개인과 조직의 가치목표차이, 또는 집단 및 조직의 내부적 모순 혹은 의사결정의 과정(decision-making process)에서 유발되는 이해관계의 대립을 의미하기도 한다.

셋째, 거시적(macro) 시각에서 갈등은 사회체제(social system)와 환경 또는 이해관계의 대립, 사회계층간이나 계급간에 있어서 이해관계의 대립현상을 지칭할 수 있다.[10] 따라서 우리는 갈등의 개념을 다양한 관계변수들의 작용에 의하여 유발된 복합적인 현상(complex phenomena)으로 파악함이 바람직하다고 보게 된다. 이러한 맥락에서 갈등이란, 개인의 심리적 불안 또는 혼동의 상태, 또는 조직이나 사회계층 등의 이해관계의 충돌, 기대수준(expectation)과 가치관, 또는 인지 등의 차이에서 유발되는 사회적 현상이라고 할 수 있다.

---

[8] Ibid., pp. 161-176.

[9] Leonard Broom, Philip Selznick and Dorothy Broom Darroach, Sociology (New York: Harper & Row, Publishers, 1981), PP.175-176.

[10] Joe R. Feagin Racial and Ethnic Relations, op. cit., pp. 87-91.

제3절／갈등의 원인

갈등의 원인에 대한 실체분석은 어려운 연구문제인데, 왜냐하면 인간의 실체자체가 복합적 인간(complex man)이며,[11] 현대사회 그 자체가 복합적 조직사회로서 갈등의 원인변수가 매우 복잡하고 다양할 수 있기 때문이다. 그러나 여기에서 간단하게 그 요인들을 체계화하여 보면, 첫째로 개인, 조직, 또는 체제의 목표가 상호 양립될 수 없거나, 상충되는 경우 갈등관계가 유발될 수 있다.[12] 상충되는 목표(incompatible goals)는 상호 배타적 이해관계나 적대감정(emotional hostility) 또는 상이한 가치체계(differing value structures)를 유발하게 됨은 물론이다.

둘째, 일정한 범위의 한정된 자원의 획득과 사용에 관한 개인 또는 조직간의 경쟁관계를 유발, 갈등현상을 일으키며,[13] 한정된 자원(limited resources)이란 물적 경제적 또는 비물질적 가치나 권력 등을 포함한다.[14]

셋째, 인지 혹은 지각의 차이에서 유발되는 것으로, 사회현상을 보는 가치관, 경험, 신념, 태도 또는 동기 등의 상이성에서 유발되는 경우이다.

넷째, 지위(status)와 역할(role)관계의 부조화 및 불일치관계가 갈등을 유발하기도 한다. 예컨대 지위는 높은데 역할을 감당할 수 없거나, 지위의 변동으로 인하여 생긴 경우, 예컨대 동료였던 사람이 상관이 된 경우로서 지위의 부조화를 들 수 있다.[15]

---

[11] Paul. R Lawrence and Jay W. Lorsch, Developing Organizations: Diagnosis and Action (Menlo Park: Addison-Wesley Publishing Co., 1969), pp. 60-90.

[12] Clinton F. Fink, "Some Conceptral Difficulties in the Theory of Social Conflict," Jounal of Conflict Resolution (December, 1968), pp. 412-460.

[13] Dong McAdam, Political Process and the Development of Black Insurgenoy (Chicago : The University of Chicago Press, 1982), pp. 1-20.

[14] 오석홍, 조직이론(서울: 박영사, 1985), pp. 598-601.

다섯째, 편견과 고정관념이 역사적, 문화적, 심리적, 인종적 또는 신체적 조건 등의 차이에 의하여 이루어진 경우로서[16] 예컨대 미국의 이민초기 단계에 소수민족에 대한 차별대우[17]나 인종차별(discrimination)[18] 등이며 이러한 고정관념과 편견은 갈등의 주요원인으로 지적되어진다.[19]

여섯째, 다변수적 긴장(tension)이 개인과 집단의 심리에 영향을 주고, 이러한 사회심리적 불안감(socio-psychological anxiety)은 사회적 고립과 소외, 갈등을 유발시켜 집단행태(collective behavior)나 집단운동(collective movement)으로 확산되는 원인이 되기도 한다.[20]

일곱째, 시민들의 민주적 욕구기대에 관료집단 혹은 이익집단(interest groups)의 역할이 부응되지 못하거나, 정치적 사회적 발전의 속도가 경제적 성장속도에 불균형관계에 있을 때 정치, 사회적 불안과 갈등은 유발되고, 그 결과는 집단행태(collective behavior)로까지 표출되기도 한다. 구체적으로 [그림 14-1]은 시민의 민주화에 대한 기대가능성에 대하여 관료집단과 이익단체의 역할선이 평행선에 있지 못할 경우에 갈등을 유발시키고, 정치사회적 불안이 조성될 수 있다.[21]

---

15 Morton Deutsch, The Resolution of Conflict (New Haven: Yale University Press, 1973), pp. 3-143.

16 안신호, "집단고정관념 형성에 있어서의 감정과 지성의 효과," 심리학에서 본 지역감정(서울: 한국심리학회 춘계심포지움, 1988), pp. 3-36.

17 Hubert M. Blalock, Race and Ethnic Relations (Englewood Cliffs: Prentice-Hall, Inc., 1982), pp. 112-115.

18 Joe R. Feagin, op. cit., pp. 336-341.

19 김혜숙, 지역간 고정관념과 편견," 심리학에서 본 지역감정(서울: 한국심리학회, 1988), pp. 37-59. 여기에서 고정관념이란 집단의 사람들이 공통적으로 믿는 성격이나 행동양식을 말한다.

20 김영종, "대학문화와 집단행태," 한국사회와 이데올로기(서울: 형설출판사, 1987), pp. 205-302.

21 김영종, "민주화와 자율화에 따른 집단의 역할: 관료집단과 이익집단을 중심으로," 한국 국민윤리학회연차총회 발표논문(1988), pp. 1-21.

〈그림 14-1〉 시민의 민주적 욕구와 관료 및 이익집단의 역할관계

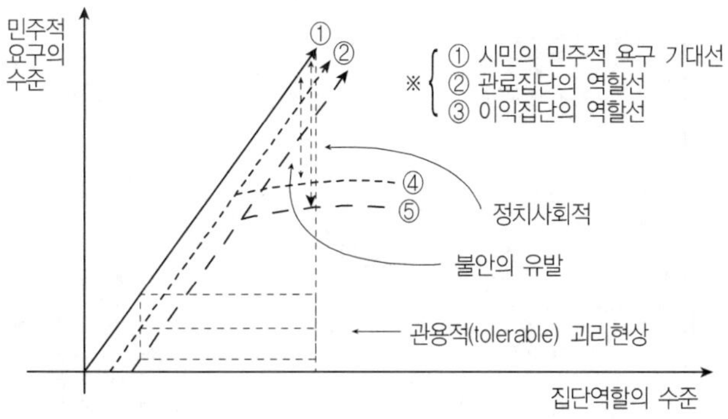

주 : 그림에서 ① 시민의 민주적 욕구기대선에 ②의 관료집단의 역할선이나 ③의 이익집단의 역할선이 비례적으로 평행되지 못하고 ④와 ⑤의 역할공급이 조절될 때 정치사회적 불안을 유발시킨다는 가설이다.

그리고 [그림 14-2]는 경제발전과 정치발전 또는 사회적 이동성 간의 불균형관계에서 유발되는 정치사회적 불안정 혹은 부패현상을 설명하는 내용의 그림이다.[22]

여덟째, 공직자들의 도덕성의 결여로 인한 행정부패현상이 불신을 유발하고 또한 갈등을 일으켜 급기야는 집단행태(collective behavior)로까지 확산하는 원인이 되기도 한다.[23] 예컨대 공직자들의 언행의 불일치, 약속이행의 정도, 공공정책의 일관성과 반응성 정도, 공정한 정책과 법규적용의 정도, 공직자들의 정직성 정도 등이 포함된다고 볼 수 있다.[24]

---

22 Ferrel Heady, Public Administration: A Comparative Perspective (New York: Marcel Dekker, Inc., 1979), pp. 98-99. James C. Davies, "Toward a Theory of Revolution: ASR, Vol. XXVII(Feb, 1962), pp. 5-19.

23 김영종, “민주사회발전을 향한 행정부패방지전략,” 민주사회의 성숙을 위한 공공행정(한국행정학회 제1차 국제학술발표대회 논문집, 1988), pp. 396-419.

24 배병룡, 이시원, “정부불신의 원인과 결과,” 한국행정학보, 제22권 제2호

[그림 14-2] 불균형성장과 갈등현상

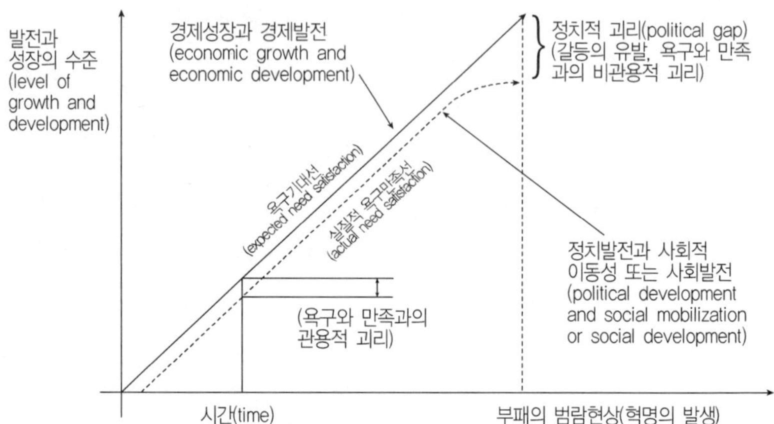

주 : 그림에서 경제성장의 속도에 정치발전과 사회발전의 속도가 평행되지 못할 때 정치적 괴리와 갈등 그리고 부패가 유발되고, 또한 시민의 욕구기대에 만족이 따르지 못할 때 갈등과 부패가 발생한다는 것으로 S.Huntington의 이론(political gap theory)과 J.Davies의 혁명이론을 상호 원용하여 개발한 것이다.

제4절 ／ 갈등의 실체발견: 경험적 접근

한국사회 갈등의 유무, 원인, 정도, 또는 해결방안 등을 논의하기 위한 이론적 연구는 경험적이며 실증적인 방법과 상호보완과 접목을 통하여 그 실체(reality) 접근에 바람직할 것이다.[25]

(1988), pp.393-427. Ibid., pp. 396-419.

25 김영종, "개발도상국가들의 관료부패모형정립: 한국을 중심으로," 한국행정학보, 제19권 제2호(1985. 12), pp. 143-144.

특히 한국사회의 갈등원인에 관하여서는 사회조사방법(social survey)에 의한 지역표본(area sampling)에 의하여 임의로 선정된 4개지역의 대학 즉 서울은 숭실대학교, 숙명여자대학교, 전라도는 전남대학교, 경상도는 경북대학교, 충청도는 충남대학교를 선정 각대학교의 행정학과 교수들의 협조를 얻어, 1988. 12. 1-1989. 1. 6기간 중에 우편에 의한 조사응답자 591명(회수율 90.9%)에 대한 조사분석을 하였다. 연구의 조사표는 20문항을 자작하되 갈등원인, 경험유무, 정도, 영향, 해소방안 등의 제요인을 초점으로 사전조사(pretest)를 거쳐 수정보완하고, 통계처리는 SPSS의 cross tabulation분석에 의한[26] 백분율과 X^2검증법을 활용하였으며, 컴퓨터처리는 숭실대학교의 전자계산소의 협조를 얻었다.

(1) 표본의 배경적 특징

피조사자 591명의 배경적 특징을 간략하게 요약하면 다음과 같다.

첫째, 지역별 분포는 서울이 298명(50.4%), 경상도 94명(15.9%), 전라도 105명(17.8%), 그리고 충청도 94명(15.9%)이었고, 남여성별로는 남학생이 433명(73.3%), 여학생이 151명(25.5%) 그리고 무응답이 7명(1.2%)이었다.

둘째, 연령별로 10~19세가 26명(4.4%), 20~29세가 559명(94.6%), 30~39세 6명(1.0%)으로서 거의 대부분의 학생들이 20대에 속하였다. 출생지별로는 경상도 152명(25.7%), 전라도 174명(29.4%), 충청

---

26 Crosstabulation분석은 둘 이상의 분류된 변수(classificatory variables)에 의한 사례의 공동빈도분포(joint frequency distribution)로서 chi-square, phi, Lamda, Tau, gamma등이 있으나 여기에서는 유의도 검증을 하기 위해서 편의상 X^2를 초점으로 활용한다. Nie, Norman H., et al, op. cit., pp. 218-248.

도 128명(21.7%), 강원도 14명(2.4%), 제주도 1명(0.2%), 경기도 33명(5.6%), 서울 89명(15.1%)이었다.

셋째, 성장지별로는 경상도 125명(21.2%), 전라도 146명(24.7%), 충청도 120명(20.3%), 강원도 11명(1.9%), 경기도 33명(5.6%), 서울 155명(26.2%), 그리고 기타 1명(0.2%)으로서 서울, 전라도, 경상도의 순서로 높은 비율을 차지하고 있었다. 반면에 부모의 직업별로는 공무원 100명(16.9%), 농어업 172명(29.1%), 공업 21명(3.6%), 상업 및 서비스업 159명(26.9%), 회사원 55명(9.3%), 노동 24명(4.1%), 언론인 3명(0.5%), 기타 55명(9.3%), 무응답 1명(0.2%)이었으며 농업, 상업 및 서비스업, 그리고 공무원의 순서로 높은 비율이었다.

넷째, 부모의 소득별로는 10만원 이하 32명(5.4%), 20만원 이하 37명(6.3%), 30만원 이하 87명(14.7%), 40만원 이하 79명(13.4%), 50만원 이하 111명(18.8%), 60만원 이하 69명(11.7%), 70만원 이하 21명(7.6%), 80만원 이하 7명(1.2%), 90만원 이하 7명(1.2%), 100만원 이하 39명(6.6%), 100만원 이상 34명(5.8%). 그리고 무응답이 30명(5.1%)으로서 부모들의 소득별 분포는 30~60만원에 70.2%가 집중되어 있었다.

반면에 거주기간별 현주소지에서 거주기간이 1~5년 278명(47.0%), 6~10년 111명(18.8%), 10~15년 76명(12.9%), 15~20년 54명(9.1%), 그리고 20년이상 72명(12.2%)으로서 거의 절반에 가까운 응답자가 1~5년의 현거주지 거주기간이었다.

다섯째, 종교별로는 기독교 172명(29.1%), 불교 98명(16.6%), 천주교 32명(5.4%), 유교 19명(3.2%), 기타 종교 132명(22.3%), 무종교 138명(23.4%)으로서 응답자중 76.6%가 종교를 가지고 있었다. 특히 기독교가 29.1%로서 제일 많은 비율을 가지고 있었고, 기타종교도 22.3%나 차지해 신흥종교나 군소종교를 가지고 있었다.

(2) 자료의 해석

갈등(지역 및 계층간)에 관한 대학생들의 태도조사의 분석 및 해석은 백분율에 의한 분석과 X^2의 검증에 대한 분석으로 양분하여 논의하되 지면관계로 가장 핵심이 되는 부분을 초점으로 간략하게 논의하려고 한다.

① 백분율에 의한 분석논의

첫째, 지역간의 갈등정도는 '매우 많다'가 33.7%, '많다'가 46.7%, '약간 있다'가 16.8%, '전혀 없다'는 1.2%, 계 80.4%의 응답자가 매우 많거나 많은 것으로 응답하여 지역간의 갈등이 심각한 것으로 판명되었고, 특히 '갈등이 전혀 없다'고 응답한 것은 불과 10명(1.2%)에 지나지 않았다(<표 14-1> 참조).

〈표 14-1〉 지역간 갈등정도

(N=591)

문 항	빈 도	%	누 계(%)
1. 매우 많다	199	33.7	33.7
2. 많다	276	46.7	80.4
3. 무응답	10	1.7	82.1
4. 약간 있다	99	16.8	98.8
5. 전혀 없다	7	1.2	100.0
총 계	591	100.0	

둘째, 지역간의 갈등원인은 '전통적 고정관념'이 30.5%, '불균형 경제개발이 36.5%', '역사적 문화적 차이가' 6.9%, '불공평한 인사정책'이 22.7%, '단순한 개인감정'이 2.9%, 그리고 '무응답'이 0.5%

로서 응답자의 67%되는 많은 대학생들이 갈등원인이 불균형적인 경제개발과 전통적인 고정관념으로 지적하였다. 지역간의 불균형개발은 제 3·4공화국 때의 박정권의 영남지역 편중의 지역개발정책에 기인된 것 같고, 전통적 고정관념(stereotype)은 편견의 인지 및 감정의 요소 중 인지요소에 해당하는 것으로서[27], 편견의 요인은 정치 및 사회적 또는 역사 문화적, 그리고 심리적 제변수에 의하여 내면화(internalization)[28]된 결과로 볼 수 있을 것이다. 그리고 역대 정권들의 불공평한 인사정책이 22.7%의 비율로 차지한 것은 제3공화국이후 정부엘리트들의 지역별 출신의 불균형적 진출이 두드러진 현상과 매우 일치한다고 볼 수 있을 것 같다[29](<표 14-2> 참조).

〈표 14-2〉 지역간 갈등원인

(N=591)

문 항	빈 도	%	누 계 (%)
1. 전통적 고정관념	180	30.5	30.5
2. 지역불균형 경제개발	216	36.5	67.0
3. 역사적 문화적 차이	41	6.9	73.9
4. 불공평한 인사정책	134	22.7	96.6
5. 단순한 개인감정	17	2.9	99.5
6. 무응답	3	.5	100.0
총 계	591	100.0	

27 안신호, op. cit., p. 4.

28 Ephraim H. Mizruchi, The Substance of Sociology (New York : Division of Meredith Publishing Co., 1967), pp. 149-155.

29 안병만, 한국정부론(서울: 다산출판사, 1985), pp. 182-191. 예컨대 제5공화국의 경우는 40%가 영남출신, 12%가 호남출신, 15%가 충청도출신의 정부엘리트로 구성되었다.

셋째로, 지역간의 갈등영향은 '매우 걱정된다'가 34.3%, '걱정된다'가 43.8%로서 무려 462명(78.2%)가 '걱정된다'고 보고 있고, '약간 걱정된다'가 16.0%를 포함하면 무려 557명(94.2%)이 '걱정된다'고 하였다. 반면에 갈등종류는 '선입견'이 50.6%, '경제적 불평등'이 16.9%, '사회적 불공평'이 13.9%, '정치적 불공평'이 11.8%의 순서로 높은 비율이었다. 특히 선입견의 문제가 주요한 갈등종류임을 주목할 필요가 있을 것 같다.

넷째, 지역간의 갈등지역은 경상도와 전라도간의 갈등문제가 거의 절대적인 다수비율인 96.4%를 차지하고 있었고 그 책임은 '정치인'이라고 한 것은 57.9%, '지역주민이다'라고 한 것이 25.9%를 차지하고 있었다. 이것은 다른 한 연구에서[30] 영호남지역의 심각성을 지적한 62.8%보다도 훨씬 높은 비율이었다. 그리고 그 원인은 복합적으로 분석되어야 하겠으나, 특히 호남의 일탈과 영남의 배타의식 또는 편견성, 부정성, 그리고 집단성 등의 요인이 중요한 의미로 등장되고 있다.[31] 그리고 정치사적 측면에서 볼 때, 정치권력자들은 정권연장을 위하여 오히려 지역간의 감정이나 갈등을 부추기는 사례들도 있었다[32](<표 14-3> 참조).

다섯째, 지역간의 갈등 경험유무는 '언제나 있다'가 5.8%, '가끔 있다'가 62.6%, 계 62.6%의 응답자가 경험한 것으로 나타났다. 그리고 갈등이 미치는 영향을 '지극히 해롭다'가 41.6%, '해롭다'가 42.3%, '약간 해롭다'가 10.5%, 계 94.4%의 응답자가 유해로운 것으로 보고 있었다. 대학생들의 대부분이 공통적으로 지역간의 갈등을 역기능현상으로 깊이 인식하고 있었다.

---

30 조경근, "영호남지역감정연구," 월간조선, 통권 8권 제9호(1987. 9), pp. 196-211.

31 Ibid., p. 197.

32 예컨대 제4공화국 때에는 당시 어느 공화당 중진대표는 영남지방에서 대통령이 나와야 된다는 것을 그 지역주민에게 호소하여 지역감정을 선거에 이용하기도 하였다.

〈표 14-3〉 지역간 갈등지역

(N=591)

문 항	빈 도	%	누 계 (%)
1. 경상도-전라도	570	96.4	96.4
2. 전라도-충청도	7	1.2	97.6
3. 강원도-전라도	2	.3	98.0
4. 서울·경기-전라도	9	1.5	99.5
5. 경상도-충청도	2	.3	99.8
6. 강원도-서울·경기	1	.2	100.0
총 계	591	100.0	

여섯째, 지역간의 갈등해소책은 ① 효과적 인사정책 11.2% ② 정치적 해결 27.6% ③ 경제적 해결 14.7% ④ 문화적 해결 4.6% ⑤ 상호교류에 의한 해결 41.6% 등으로 응답자들은 갈등해결을 상호교류나 정치적 해결을 우선적인 것으로 지적하였다. 그리고 해결전망은 낙관적인 것에는 49.4%, 극히 낙관적인 것은 6.6%, 계 333명(56.0%)이 갈등해소가 낙관적인 것으로 보고 있었다(<표 14-4> 참조).

〈표 14-4〉 갈등해소책(지역간)

(N=591)

문 항	빈 도	%	누 계 (%)
1. 효과적인 인사정책	66	11.2	11.2
2. 정치적 해결	163	27.6	38.7
3. 경제적 해결	87	14.7	53.5
4. 문화적 해결	27	4.6	58.0
5. 상호교류에 의한 해결	246	41.6	99.7
6. 무응답	2	.3	100.0
총 계	591	100.0	

일곱째, 계층간의 갈등정도는 '매우 높다'가 37.6%, '높다'가 50.8%, 계522명(88.3%)의 응답자가 높은 것으로 보고 있었고, 특히 지역간의 갈등정도 80.4%보다도 높은 것으로 발견되었다. 이것은 역대정권들이 괄목할만한 경제성장의 추구에도 불구하고, 소득의 분배와 균형적 사회발전을 위한 형평성(equity)에 대한 정책부족의 부산물이 계층간의 갈등을 유발시켰다고 보게 된다.[33]

〈표 14-5〉 계층간 갈등원인

(N=591)

문 항	빈 도	%	누계(%)
1. 경제적 소득격차	391	66.2	66.2
2. 정치권력 집중	62	10.5	76.6
3. 지위에 따른 차별	109	18.4	95.1
4. 교육기회의 불균형	7	1.2	96.3
5. 전통적 역사의 결과	17	2.9	99.2
6. 무응답	5	.8	100.0
총 계	591	100.0	

반면에, 계층간의 갈등의 원인은 ① 소득이 격차 66.2% ② 정치권력의 집중 10.5% ③ 사회적 지위에 따른 차별 18.4% 계 95.1% 이상의 응답자들이 경제적, 정치적 사회적 지위에 따른 차별로 갈등이 유발된 것으로 보고 있고, 특히 경제적 소득의 격차가 그 원인으로 보는 응답자가 66.2%이상이나 되었다. 이러한 것을 밑받침하는 것으로는 불평등도의 Gini계수변동이 '65년 0.448, '70년 0.332, '76년에는 0.391, '80년도에는 0.389로서 1970년까지 호전되다가 다

33 이종익, "민주발전과 지역개발," 한국행정학보, 제21권 제1호(1987. 6), pp. 283-300.

시 악화되는 것을 보아도 알 수 있으며,[34] 자본주의의 취약점이고, 불균형경제성장정책의 부산물이라 할 수 있다[35](<표 14-5> 참조).

여덟째, 지역과 계층간의 갈등의 심각성 정도는 '계층간의 갈등이 더욱 심각하다'고 한 것이 46.7%로서 '지역간의 갈등 심각성' 20.3%보다 무려 2배이상에 해당되었다. 뿐만 아니라 갈등이 해결안되는 원인이 '경제적 이유'가 53.8%로서 '정치적 이유' 19.5%나 '사회적 이유' 19.5%보다 훨씬 높은 비율이었다. 이것은 계층간의 갈등문제가 얼마나 심각한 것인가를 실증적으로 보여준 것이었다. 따라서 갈등이 가장 심한 것은 '빈부격차의 갈등'이라고 한 응답자가 73.3%로서 <표 14-6>에서 보는 어떤 갈등보다도 월등하게 높은 비율임이 발견되었다(<표 14-6> 참조).

〈표 14-6〉 갈등이 가장 심한 것은

(N=591)

문 항	빈 도	%	누 계 (%)
세대간의 소득격차	24	4.1	4.1
빈부격차의 갈등	433	73.3	77.3
무응답	16	2.7	80.0
직업간 차별갈등	38	6.4	86.5
신분과 지위의 갈등	80	13.5	100.0
총 계	591	100.0	

34 이경은, "정치체제와 정책의 산출," 한국행정학회연내학술대회발표논문(1988), p. 18.

35 김대환외 4인, "자유체제 위협하는 빈부격차," 신동아, 통권328호(1987. 1), pp. 195-214.

아홉째, 계층간의 갈등 경험유무는 '가끔있다' 63.1%, 언제나 있다가 16.6%로서 계 471명(79.7%)이 실제 경험을 했고, 이것은 지역간의 갈등경험 370명 (62.6%)보다도 훨씬 높은 비율이었다. 물론 그 갈등의 폐해는 '지극히 해롭다'거나 '해롭다'고 한 것이 각각 41.3%와 48.4%로서 지역간의 갈등 역기능 각각 41.6%보다도 더 높은 비율이었다.

특히 이러한 갈등 책임은 거의 대부분이 정치인(295명-49.9%)과 경제인(132명-22.3%)의 책임으로 보고 있으며 지역주민이나 가족 혹은 개인에게 책임이 있다고 한 응답자는 불과 106(18.0%)에 지나지 않았다.

갈등해소방안으로서 경제정책(239명－39.1%)이나 사회복지정책(225명－38.1%)을 통하여 가능할 것으로 보는 입장이 제일 높은 비율을 차지하였다. 이것은 불균형성장 정책의 시정이 필요한 것으로 보이는 중요한 자료라고 생각된다.[36] 그러나 효과적 행정정책(60명－10.2%)이나 바람직한 교육문화정책(41명－6.9%)의 실현을 통한 해소책도 결코 무시할 수 없다고 하겠다(<표 14-7> 참조).

〈표 14-7〉 갈등해소책(계층간)

(N=591)

문 항	빈 도	%	누 계 (%)
1.경제정책	231	39.1	39.1
2.사회복지정책	225	38.1	77.2
3.무응답	34	5.8	82.9
4.행정정책	60	10.2	93.1
5.교육문화정책	41	6.9	100.0
총 계	591	100.0	

36 정정길, 정책결정론(서울: 대명출판사, 1988), pp.144-154.

흥미 있는 것은 갈등해소의 전망에 대하여 '극히 낙관적'이거나 '낙관적'인 것은 219명(37.1%)이, '비관적'이거나 '극히 비관적'인 것은 211명(35.7%)이 응답하여 무응답자 161명(27.2%)을 제외하면 거의 비슷한 비율이었다. 그 누구도 미래사회현상을 정확하게 예측할 수 없는 불확실, 불투명한 통합적 현대조직환경에서[37] 한국미래사회의 계층간의 갈등해소 전망도 낙관이나 비관을 할 수 있고 미래사회관은 어떤 의미에서는 비교적 합리적인 가치판단과 태도인지도 모른다.

② X^2 검증방법을 통한 분석논의

여기에서는 X^2의 검증과 유의도에 의하여 이미 발견된 갈등문제를 논의하되, 지면 관계상 가장 중요하다고 판단되는 것을 발췌 논의하기로 한다.

첫째, <표 14-8>에서 남녀성별에 의한 갈등경험의 차이는 통계학적으로 의미 깊은 차이로 검증되었다(X^2=26.60295 P=0.0008). 즉, 남학생의 경우는 '언제나 있었다'가 79.4%, 여학생은 불과 14.7%이었고, '가끔 있었다'는 남녀 각각 77.7% 와 21.1%로서 남학생의 응답자가 훨씬 높은 경험을 한 것을 발견하였다. 남학생은 그 생태학적(ecological) 특징과 우리 사회구조적 요인상으로 활동무대가 넓고 사회적 관계를 많이 경험한 배경에서 갈등경험을 여학생보다도 많이 한 것으로 보여진다.

[37] 김영종, "한국미래행정의 모형정립," 숭실대학교 논문집(사회과학편), 제4집(1986), pp.25-42.

〈표 14-8〉 성별 (지역간 갈등의 경험유무)

(N=591)

%	언제나 있었다	가끔 있었다	무응답	거의 없었다	전혀 없었다	계
남자 1	27 6.2 79.4	261 60.3 77.7	17 3.9 89.5	103 23.8 63.2	25 58 64.1	433 73.3
여자 2	5 3.3 14.7	71 47.0 21.1	2 1.3 10.5	59 39.1 36.2	14 9.3 35.9	151 25.5
응답없음 3	2 28.6 5.9	4 57.1 1.2		1 14.3 .6		7 1.2
계 총계%	34 5.8	336 56.9	19 3.2	163 27.6	39 6.6	591 100.0

둘째, 성별에 의한 계층간의 갈등은 '빈부의 격차'에서 남녀학생 각각 73.3%와 25.6%. '사회적 신분과 지역의 차이'에서 남녀 각각 77.5%와 22.5%, '세대간의 갈등'에서 87.5%와 12.5%. '직업의 차이'에서 남녀 각각 52.6%와 42.1로서 남학생이 여학생보다 훨씬 높은 갈등을 느끼고 있음이 발견되었다.(X^2=19.61801, P<0.0119). 반면에 성별에 의한 계층간의 갈등경험은 '언제나 있었다'에 남녀 각각 84.7%와 14.3%, '가끔 있었다'는 남녀 각각 73.7%와 25.2%로서 성별에 의한 계층간 갈등경험이 있는 차이를 보였다.(X^2=15.68037, P=0.0472)

셋째, 출생지별에 의한 지역간의 갈등원인은 '전통적인 고정관념'의 경우 경상도 출신의 대학생이 38.3%로서 가장 높은 비율이었고, '지역간의 불균형 경제개발'의 경우는 전라도 출신의 응답자가 40.7%로서 가장 높은 비율이었다. 그리고 '역사적 문화적 차이'에 있어서는 39.0%를 차지한 경상도 출신의 대학생이, '정치인의 불공평한 인사정책'으로 보는 원인은 전라도 출신의 대학생들의 응답이 39.6%로서 제일 높은 비율이었다. 이러한 자료는 역대정권들의 불공평한 인사정책으로 지적된 선행연구와 유사한 실증적 자료로 판단된다.[38] 요컨대 지역갈등은 영남과 호남간의 출생지별에 따른 변수가 의미있는 것으로 발견되었다(X^2=87.94453, P=0.000, <표 14-9> 참조).

넷째, 출생지별에 의한 갈등은 '지역간의 선입감이 문제'라고 한 것은 경상도 출신의 대학생이 34.4%로서 제일 많은 비율인 반면에 '경제적 불공평'이라고 한 것은 전라도 출신의 대학생이 62.0%로서 가장 많은 비율이었다. '개인적 감정'이라고 한 것은 충청도 출신의 대학생이 29.7%로서 제일 많았고, '사회적 불공평'이라고 한 것은 전라도 출신의 응답자가 32.9%로서 제일 높은 비율이었다. 흥미있는 것은 지역간 갈등은 경상도 출신의 대학생이 선입감으로, 전라도 출신의 대학생은 경제적 불공평을 그 원인으로 지적하고 있음이 발견되었다. 이것 역시 역대정권들의 '호남푸대접'을 한 불균형지역발전정책의 부산물과 유관한 것 같다. 그 차이점은 의미있는 것으로 검증되었다.(X^2=94.24616, P=0.000)

뿐만 아니라, 출생지별에 의한 지역간 갈등책임이 '정치인에게 책임'이 있다고 한 것이 57.9%로서 가장 높은 비율이었고, '지역간의 공동책임'이 25.9%로서 차순위였다. 그리고 '경제인에게 책임'이 있다고 한 것은 충청도 출신의 대학생으로서 38.5%의 가장 높은 비율이었다(X^2=94.24616, P=0.000). 특히 갈등의 영향은 경상도 출신과 전라도 출신의 대학생들이 각각 53.2%와 64.6%로서 어느 지역 출신보다도 유해로운 것으로 보고 있었다.(X^2=41.63866, P=0.0142).

---

38 안병만, op. cit., pp.182-191.

〈표 14-9〉 출생지별 (지역간 갈등원인)

(N=591)

%	전통적인 고정관념 때문이다	지역의 불균형 경제개발 때문이다	역사적 문화적 차이 때문이다	정치인의 불공평한 인사정책 때문이다	단순한 개인감정 때문이다	무응답	계
1 경상도	69 45.4 38.3	40 26.3 18.5	16 10.5 39.0	25 16.4 18.7	2 1.3 11.8		152 254.7
2 전라도	27 15.5 15.0	88 50.6 40.7	4 2.3 9.8	53 30.5 39.6	2 1.1 11.8		174 29.4
3 충청도	38 29.7 21.1	41 32.0 19.0	9 7.0 22.0	35 27.3 26.1	4 3.1 23.5	1 .8 33.3	128 21.7
4 강원도	1 7.1 .6	6 42.9 2.8	2 14.3 4.9	4 28.6 3.0	1 7.1 5.9		14 21.7
5 제주도	1 100.0 .6						1 .2
6 경기도	14 42.4 7.8	9 27.3 4.2	4 12.1 9.8	3 9.1 2.2	3 9.1 17.6		33 5.6
7 서울	30 33.7 16.7	32 36.0 14.8	6 6.7 14.6	14 15.7 10.4	5 5.6 29.4	2 2.2 66.7	89 15.1
계 총계(%)	180 30.5	216 36.5	41 6.9	134 22.7	17 2.9	3 .5	591 100.0

다섯째, 성장별 지역간 갈등원인은 '전통적인 고정관념'은 경상도 출신의 대학생이 '지역간의 불균형 경제개발'이 그 원인으로 한 것은 전라도 출신의 대학생이 각각 33.3%와 34.4%로서 제일 높은 비율이었다. 그리고 '역사적 문화적 차이'라고 지적한 것은 서울에서 성장한 대학생들이 41.5%로서, '정치인들의 불공평한 인사정책'이라고 한 것은 전라도에서 성장한 대학생들이 35.1%로 각각 가장 높은 비율을 차지하고 있었다. 그리고 '단순한 개인감정'이 그 원인이라고 한 것은 서울과 경기도에서 성장한 학생들이 동일하게 29.4%로서 높은 비율이었고 의미있는 차이로 검증되었다(X^2=94.06064, P=0.000).

특히 <표 14-10>은 성장지별에 따른 지역간의 갈등지역인데 무려 96.4%의 압도적인 높은 비율이 경상도와 전라도 지역간의 갈등문제가 가장 심각한 것으로 지적되었다. 즉, 성장지의 배경에 관계없이 거의 대부분의 학생들이 경상도와 전라도 지역간의 갈등의 심각성을 지적하였고 의미있는 차이를 발견하였다(X^2=46.07317, P=0.0306).

<표 14-11>이 성장지별에 따른 응답 대학생들이 본 갈등해소책인데 '지역간의 갈등해소'가 41.6%로서 가장 높은 비율이었고, 특히 전라도 출신의 성장배경의 대학생들은 '효과적인 인사정책'과 '경제적 해결'을 각각 36%와 47.1%로서 가장 크게 강조하였고, 경상도의 성장배경인 대학생들은 '효과적 인사정책'과 '문화적 해결'을 각각 30.3%와 29.6%로서 제일 중요하다고 보았다. 충청도의 성장배경인 응답자는 '정치적 해결'과 '문화적 해결'을 각각 30.1%와 29.6%로서 제일 강조하였고, 서울의 경우는 '지역간의 상호교류'와 '문화적 해결'이 각각 30.1%와 29.6%로서 높은 비율로 나타났으며 이러한 것은 의미있는 차이로 발견되었다.(X^2=73.46016, P=0.0000).

성장별 지역간 계층간의 심각성은 '지역간의 갈등이 더욱 심각하다'고 전라도 성장배경 응답자가 28.3%로서 제일 높은 비율이고, '계층간의 갈등이 더욱 심하다'고 한 것은 27.5%의 서울 성장 배경의 대학생이 응답하였고 '양자 모두 심각하다'고 본 것은 역시 서

울의 성장배경 대학생들이었으며 의미 있는 차이로 검증되었다.(X^2 $=37.14486$, $P=0.0423$).

〈표 14-10〉 성장지별 (지역간의 갈등지역)

(N=591)

%	경상도-전라도	전라도-충청도	강원도-전라도	서울경기-전라도	경상도-충청도	강원도-서울경기	계
1 경상도	123 98.4 21.6	1 .8 14.3	1 .8 50.5				125 21.2
2 전라도	145 99.3 25.4			1 .7 11.1			146 24.7
3 충청도	107 89.2 18.8	6 5.0 85.7	1 .8 50.5	4 3.3 44.4	1 .8 50.5	1 .8 100.0	120 20.3
4 강원도	10 90.9 5.6			1 9.1 11.1			11 1.9
5 경기도	32 97.0 5.6						33 5.6
6 서울	152 98.1 26.7			3 1.9 33.3			155 26.2
7 기타	1 100.0 .2						1 .2
계 총계	570 96.4	7 1.2	2 .3	9 1.5	2 .3	1 .2	591 100.0

여섯째, 부모의 직업별에 의한 지역간의 갈등지역은 역시 경상도와 전라도의 갈등문제가 96.4%로서 압도적으로 높은 비율이었고, 특히 농어업과 상업 및 서비스업에 종사하는 직업의 자녀인 대학생들이 각각 29.1%와 27.2%로서 높은 비율을 가지고 있다(X^2= 129.79367, P=0.0000).

〈표 14-11〉 성장지별 (갈등해소방안)

(N=591)

%	효과적인 인사정책	정치적 해결	경제적 해결	문화적 해결	지역간의 상호교류에 의한 해결	무응답	계
1 경상도	20 16.0 30.3	28 22.4 17.2	12 9.6 13.8	8 6.4 29.6	55 44.0 22.4	2 1.6 100.0	125 21.2
2 전라도	24 16.4 36.4	37 25.3 22.7	41 28.1 47.1	1 .7 3.7	43 29.5 17.5		146 24.7
3 충청도	9 7.5 13.6	44 36.7 27.0	10 8.3 11.5	7 5.8 25.9	50 41.7 20.3		120 20.3
4 강원도	2 18.2 3.0	3 27.3 1.8		1 9.1 3.7	5 45.5 2.0		11 1.9
6 경기도	2 6.1 3.0	7 21.2 4.3	3 9.1 3.4	2 6.1 7.4	19 57.6 7.7		33 5.6
7 서울	9 5.8 13.6	44 28.4 27.0	20 12.9 23.0	8 5.2 29.6	74 47.7 30.1		155 26.2
8 기타			1 100.0 1.1				1 .2
계 총계(%)	66 11.2	163 27.6	87 14.7	27 4.6	246 41.6	2 .3	591 100.0

이러한 사실은 역대정권들이 농업정책의 불신 혹은 실패나 지역불균형적 발전정책의 부산물로 유발된 결과가 불만과 갈등을 가진 부모들의 갈등관이 그들 자녀들인 대학생들에게 정치사회화(political socialization)된 현상 때문이 아닌가 해석된다.[39]

일곱째, 부모들의 소득별에 따른 지역간의 갈등 책임 문제에 있어서, 60만원 이하의 저소득층의 부모의 자녀인 대학생들은 74.3%가 '정치인에게 책임이 있다'고 응답하였다. 그중 특히 31~60만원의 소득층의 부모의 자녀들이 가장 많은 비율이었는데, 50만원 이하는 20.8%, 30만원 이하는 14.9%, 40만원 이하는 14.3%, 그리고 60만원 이하가 11.1%였다.

'지역주민에게 책임이 있다'고 한 응답자는 월소득 30~70만원층이 제일 높은 비율이었고, '경제인에게 책임이 있다'고 한 경우에는 월소득 10만원 이하와 100만원 이상의 부모의 자녀들인 대학생들이 각각 동일하게 23.1%의 높은 비율이었다(X^2=60.89065, P=0.0465).

뿐만 아니라, 부모의 소득별 지역간 갈등경험 유무에서, 60만원 이하의 경우는 71.8%가 '가끔 경험한다'는 것으로 확인되었고, 60만원 이하의 소득자인 자녀는 64.8%가 '언제나 경험한다'는 것으로 응답하였다. 이것은 한국의 빈곤계층과 타계층에 비하여 일반적으로 부정적인 인식과 갈등을 느끼고, 그들의 자녀들은 자연적으로 그 영향을 받는 것으로 판단된다.[40] 이러한 것은 의미있는 차이를 보였다(X^2=65.33456, P=0.0200).

---

39 Wha Joon Rho, "Individual, Organizational and Sociopolitical Determinants of Organizational Identification," in Korean Public Bureaucracy (Seoul: Kyobo Publishing, Inc., 1982), pp.211-236.

40 최일섭, "빈곤계층의 실태와 사회정책적 과제," 사상과 정책(1984, 봄호), pp.63-76.

〈표 14-12〉 부모의 소득별(계층간 갈등정도)

(N=591)

%	매우 높다	높다	무응답	약간 높다	전혀 없다	계
1 10만원이하	19 59.4 8.6	7 21.9 2.3	2 6.3 13.3	4 12.5 7.7		32 5.4
2 20만원이하	24 64.9 10.8	8 21.6 2.7	2 5.4 13.3	2 5.4 3.8	1 2.7 50.0	37 6.3
3 30만원이하	40 46.0 18.0	38 43.7 12.7	4 4.6 26.7	5 5.7 9.6		87 14.7
4 40만원이하	28 35.4 12.6	44 55.7 14.7	1 1.3 6.7	6 9.9 11.5		79 13.4
5 50만원이하	43 38.7 19.4	55 49.5 18.3	2 1.8 13.3	11 9.9 21.2		111 18.8
6 60만원이하	21 30.4 9.5	41 59.4 13.7	1 1.4 6.7	6 8.7 11.5		69 11.7
7 70만원이하	11 24.4 5.0	30 66.7 10.0	1 2.2 6.7	3 6.7 5.8		45 7.6
8 80만원이하	2 9.5 .9	16 76.2 5.3		2 9.5 3.8	1 4.8 50.0	21 3.6
9 90만원이하	1 14.3 .5	5 71.4 1.7		1 14.3 1.9		7 1.2
10 100만원이하	15 38.5 6.8	20 51.3 6.7	1 2.6 6.7	3 7.7 5.8		39 6.6
11 100만원이상	10 29.4 4.5	21 61.8 7.0		3 8.8 5.8		34 5.8
12 응답없음	8 25.7 3.6	15 50.0 5.0	1 3.3 6.7	6 20.0 11.5		30 5.1
계 총계(%)	222 37.5	300 50.8	15 2.5	52 8.8	2 .3	591 100.0

<표 14-12>는 부모의 소득별 계층간의 갈등정도를 나타내는 통계자료이다. 흥미있는 것은 응답자 88.4%가 계층간의 갈등이 '매우 높다'거나 '높다'로 응답하였고, 지역간의 갈등정도 80.4%보다 훨씬 높은 편이다.[41] 주목할 것은 갈등의 정도가 60만원 이하 소득의 부모들의 자녀인 대학생의 78.9%가 '매우 높다'고 하였는데 반하여, 64.4%는 '높다'고 하였다. 요컨대, 소득의 격차로 인한 빈곤감과 갈등 및 소외감은 고소득 계층인 부모의 자녀들인 응답자보다 저소득층의 부모의 자녀들인 응답자가 훨씬 높을 것이라는 것은 거의 확실한 것 같다[42](X^2=77.37492, P=0.0014).

여덟째, 종교별에 따른 응답자들의 지역간 계층간의 갈등에 대한 심각성 정도는 응답자 중 20.3%가 지역간의 갈등을 46.7%가 계층간의 갈등을 더욱 심각하다고 지적하였고, 29.1%가 지역 및 계층간의 갈등 모두 다 심각하다고 하였다. 특히 종교별로는 기독교신자인 응답자가 25.4%로서 제일 많이 계층간의 갈등의 심각성을 지적하였다. 특히 종교인인 대학생 76.4%가 계층간의 갈등이 심각하다고 본데 반하여, 무종교인 대학생은 불과 23.6%에 불과하였다. 그리고 지역간의 갈등의 심각성도 종교인인 응답자가 73.3%의 높은 비율인 반면에 무종교인 대학생인 26.7%에 불과하였고 그것은 의미있는 차이로 검증되었다(X^2=32.39457, P=0.0393). 이러한 발견은 기독교의 본질자체가 소외된 자와 가난한 자를 찾아서 구원으로 인도하는데 있으므로, 이러한 종교를 가진 대학생보다 더 심리적 예민도가 종교인이 아닌 대학생이나 타종교보다 큰 것이 아닌가 생각된다.[43]

---

41 80.4%의 통계는 필자가 별도로 조사한 것으로 이 논문의 통계표에는 나타나 있지 않다.

42 박광주, "한국적 지도자본주의론에 대한 고찰," 현대사회, 통권28호(1987/겨울호), pp.28-83.

43 김영종, "기독교와 행정이념," 기독교와 문화(서울: 도서출판 풍만, 1987), pp.163-187.

지역간의 갈등해소책에 대한 종교별 응답자의 태도는 '극히 비관적'인 것이 41.6%, '낙관적'인 것이 27.6%였다. 특히 종교인들 중 기독교인 응답자인 29.7%가 '극히 비관적'이라고 응답하였고, 80.1%의 전체종교인이 '극히 비관적'이라고 하였다. 반면에 비종교인은 19.9%가 '극히 비관적'이 라고 응답하였다. 한마디로 종교인인 대학생들은 지역간의 갈등문제 해소를 비교적 비관적인 전망으로 보고 있음이 발견되었고, 그것은 의미 있는 차이로 검증되었다(X^2=43.32059, P=0.0129).

왜 종교를 가진 대학생들이 갈등해소를 비관적으로 전망 하는가 원인분석은 심층적인 연구가 필요하겠으나 종교기관이 사회봉사기관 그 자체와는 본질적인 의미의 차이도 있겠으나, 한국사회의 분배의 불균형을 해소하기 위한 노력이 더욱 요청된다는 내면적 인식의 정도와 특히 갈등해소의 핵심적인 역할담당자인 정부노력의 부족에 대한 문제의식을 종교인인 대학생들이 보다 강하게 느끼고 있다는 실증적인 자료로 보여진다.[44]

제5절 / 갈등문제 해결방안

이상에서 논의한 바와 같이 한국사회 갈등의 실체는 심각한 것으로 발견되었고, 특히 계층 간의 갈등이 지역 간의 갈등보다 더욱 심각한 것으로 발견되었다. 여기에서는 이러한 현존하는 갈등의 해소방안을 간략하게 제시한다.

---

44 소치준, "개신교회의 재정구조와 그 방향," 사상과 정책, Vol. 1(No.3, 1984, 여름호), pp.54-69.

(1) 행정정책적 방안

이 방안은 갈등의 실체 해결을 위한 제도적이고 체계적 공공정책과 정부의 봉사적 역할에 기한 정책적 해결이라 할 수 있다. 예컨대 지역감정을 유발할 소지가 될 출신지의 분류[45], 불균형적 지역개발, 그리고 불균형적 인사행정 등의 제도적 개발 등을 예시 할 수 있다.[46]

특히 현행 행정지역의 재조정의 추진 또는 지역간의 상호교류를 위한 제도적 장치도 고려할 필요가 있을 것이다. 뿐만 아니라 영호남간의 지역간의 이동성(mobility)과 계층간의 이동성 촉진, 지방색이 두드러지게 나타나는 현행 선거제도의 개선, 나아가서는 민주화와 자율화에 부응하는 지방자치제도의 조속한 실시 등이 필요할 것이다.

한마디로 지역간 부(wealth), 권력(power), 그리고 기회(opportunity)의 재분배를 과감하게 추진할 행정정책적 결단이 요청되는데, 왜냐하면 갈등의 유발은 물량적 소득의 격차만 아니라 비물량적 가치(value)의 불균형관계에서도 유발되기 때문이다.[47]

(2) 경제정책적 방안

지역 및 계층간의 갈등해소의 핵심적 방안의 하나는 불균형 경제정책의 시정이며 그것은 정치·사회적 불안의 해소적 차원에서 시급

---

45 이런 맥락에서 최근에 정부에서는 각종 민원관계 서류에 본적지 표시의 철폐를 행정조치한 것은 긍적인 평가로 볼 수 있다.

46 김영환 외 2인, "한국의 균형적 지역개발을 위한 지역정책에 관한 연구", 행정문제론집, 제7집(1986.12)(서울: 한양대학교 행정문제연구소, 1986), pp.229-283.

47 권력의 재분배(redistribution of power)란 분권지향의 적정모형이고, 기회의 재분배란 의사결정과정(decision making process)에서 참여(participation)의 확대를 위한 적정모형을 의미한다.

한 과제이다. 계층간의 갈등의 주요원인이 빈곤이라 할 때 다양한 원인이 고려되어야 하지만, 크게 개인적 자발적 요인과[48] 가정구조적 요인 등을 차치하고라도, 정치경제의 구조적 원인(political-economic structure factor) 이 지적되지 않을 수 없다. 예컨대 도시빈민계층 빈곤의 실태와 관련하여 서울의 경우, 빈곤가구 중 3분의 1이 전라도 출신이며, 충청도와 경상도 출신이 각각 5분의 1과 10분의 1로서 구성되어 있다. 그 이유는 1960-70년대에 영세이출농민을 흡수할 공업발전이 영남에 치우쳐 있었던 불균형적 지역개발경제정책의 산물이었다고 보여진다.[49] 특히 역대 정권들이 성장이데올로기(growth ideology)에 의한 대기업편중의 불균형경제성장 정책 모델과, 반사회적 기업부패의 부산물을 유발한 결과[50]를 고려하면, 그 치유책으로서 균형되고 안정과 조화된 경제정책이 필요하다고 판단된다. 이러한 맥락에서 건전한 경제정책을 위한 갈등해소적 정부의 역할을 요약하면 다음과 같다.

① 정치권력에 의한 특정산업이나 기업육성을 위한 특혜적 경제정책의 지양 ② 빈부격차의 부작용시정을 위한 정부의 역할증대 ③ 기업의 정당한 경쟁력 유도를 통한 기업의 체질개선 ④ 준조세와 같은 정당성이 결여된 강제적 기부금폐지 ⑤ 중소기업의 적극적 지원과 활성화 ⑥ 지방소재기업의 육성지원 ⑦ 기업의 논리성 제고를 위한 정책 지원 ⑧ 노사문제의 민주적 해결방안의 유도 등을 지적할 수 있다.[51]

---

48 김영종 외 공논저, "발전의 제문제," 국가발전의 사회과학(서울: 박영사, 1987), pp.394-414.

49 최일환, op. cit., p. 69.

50 전철환, "정경유착과 민주화의 과제," 계간경향 통권 18호 (1988, 봄호), pp.129-141.

51 김영종, "민주화와 자율화에 따른 집단의 역할," op, cit., pp.1-21.

(3) 사회복지정책적 방안

이 정책방안은 헌법규범이 보장하는 것으로서[52] 복지정책이 갈등 해소에 도움이 되는 논거는 소득의 재분배적 기능에 의한 계층간의 갈등을 치유할 수 있는 점과 특히 GNS(Gross National Satisfaction)적 사회통합(social integration)에 기여할 수 있다는 점을 강조하게 된다.[53] 아울러 공적부조제도(public assistance)와 사회보험(social insurance)의 제도 확대, 빈민계층에 대한 취업기회의 확대, 부동산의 투기억제와 토지공개념의 조기도입 및 의료보호의 확대실시, 그리고 직업훈련 등을 통한 기술교육의 확대 등이 필요할 것이다.

(4) 교육문화정책적 방안

교육문화 정책적 방안의 갈등 치유는 비물량적 가치측면의 적정 배분에 의한 방안이다. 예컨대 농어촌의 구조적 갈등의 문제는 경제외적 교육문화적 환경의 개선으로 어느 정도 치유될 수 있다. 근원적으로 교육문화적 정책은 이웃에 대한 사랑과 건전한 사회적 공동의식을 개발하고, 사회교육의 활성화와 강화를 통하여 건전한 윤리 도덕적 시민문화(civic cultural)의 육성이 시급하다고 하겠다. 특히 영호남의 갈등은 양지역기관의 주민이나 대학생들의 친선체육 또는 문화행사 등을 교류할 수 있도록 정책적 지원은 물론, 정치사회화 매체인 홍보자료를 통화여 망국병적인 지역감정 해소에 계도적 역할도 필요할 것이다.[54] 특히 교육문화적 정책추진의 내용에는

---

52 인간다운 생활을 보장한 이 규정은 1919년 Weimar헌법 151조, 일본헌법 25조, 이태리헌법 38조, 터키헌법 40조, 한국헌법 34조 등에서 찾아볼 수 있다.

53 여기에서 GNS란 GNP가 물량적 성장의 지표인데 비하여, 국민총만족도로서 복지지표적 가치의 측정개념이라고 할 수 있다.

54 조경근, "영호남지역감정연구," 월간조선, 통권 8권9호(1987년 9월호), pp.197-211.

교육시설과 기관의 지역적 불균형을 점검하고, 향토문화의 상호교류를 촉진하는 제도적 장치와 재정적 지원, 그리고 국민들의 가치의식구조의 개혁을 위한 방안의 강구 등도 포함되어야 할 것이다.[55]

(5) 입법정책적 방안

입법정책적 방안은 '지역 및 계층간의 갈등해소 촉진법(가칭)'의 입법화를 추진하고, 그 기본정신은 갈등해소를 위한 국가적 의지와 국민의 화합정신 등을 담아야 할 것이다. 나아가서는 모든 행정정책, 법률적 지원방안 등이 국가적 과제인 지역 및 계층간의 갈등해소 촉진에 필요한 내용과 정책지원 등을 포함하는 내용이 되어야 할 것이다.[56] 특히 이러한 내용이 입법화되기 위해서는 행정정책결정자와 입법관료, 혹은 관계 공무원들의 이해가 필요하고, 각계각층의 여론수렴의 절차가 입법정책과정에 필요할 것이다.

요컨대 인간의 사회현상이 근원적으로 갈등관계인가 혹은 균형관계인가 하는 분석시각은 끊임없이 논의되어 온 양대이론이다.[57] 예컨대 갈등이론은 R. Dahrendorf, L.A. Coser, D. Lockwood, 그리고 K. Marx등이 대표자이고, 균형이론(equilibrium theory) 또는 질서이론(order theory)은 T. Parsons, August Comte, Hebert Spencer, 그리고 Radcliff Brown 등을 중시한 구조기능주의적 서구학자들의 주장이 대표적이었다. 그런데 Lewis Coser의 주장에 의하면 사회적 갈등(social conflict)은 역기능(dysfunction)만 아닌 순기능적 역할도 있음이 강력하게 지적되고 있는데, 예컨대 사회적 관계와 구조의 유지, 조정, 적응, 또는 새로운 통합과정에 필요하다는 점이다.[58] 그러나

---

55 전철환, 배철한, "경제성장과 계층별소득분배론의 동향," 사상과 정책, 통권 2호(1984, 봄호), pp.33-62.

56 이 법은 국민 화합 면에서도 중요한 의미가 되는 입법이 될 것이며 보다 광범위한 입법공청회와 여론수렴의 선행절차가 필요할 것이다.

57 Gibson Burrell and Gareth Morgan, op. cit., pp. 1-35.

이 연구의 명제는 갈등의 문제를 역기능적 차원에서 초점을 맞추어 이론적 경험적 원인분석과 해결방안을 주로 논의하게 되었다.

제6절／결 론

결론적으로 한국사회의 지역 및 계층간의 갈등문제는 비교적 장기간 역사문화적 또는 정치경제적 변동과정을 통하여 누적되어 온 문제임이 사실인 것 같다. 그러나 한국사회의 지역 및 계층간의 갈등은 단순히 발전과정에서 발생한 자연적 결과라기 보다는, 근원적으로 정통성(legitimacy)과 민주성이 결여된 역대 정치권력자들이 성장 이데올로기(growth ideology)의 미명아래 특정재벌과 편중된 지역개발에 의한 불균형성장의 부산물이며, 편협된 인사정책[59]과 관료주의적 병폐, 또는 사회복지정책의 미비 등으로 인하여 유발된 복합적 현상이었다고 할 수 있다. 특히 1980년 5월의 광주의 민주화 운동의 근원 등은 그동안 누적된 갈등의 표출이었고, 제 12대 대통령 선거시와 제 13대 국회의원 선거시에 표출된 갈등의 심각성은 불행한 현상이었다고 할 것이다. 특히 1987년 6·29발언 이후 표면화된 노사 및 각 계층간의 갈등현상은 그동안 역대 정치권력자들의 권력남용과 부패, 불균형적 재벌기업인들의 비윤리적 부의 독점, 정경유착에서 유발된 신뢰성 추락, 급속한 사회변동과정에서 전통적 윤리와 가치관의 붕괴 및 anomie현상, 그리고 그동안의 잠재적 갈등(latent conflict)의 표출현상이라고 할 수 있을 것이다.[60]

---

58 Lewis Coser, The Functions of Social Conflict (New York: The Free Press, 1956), pp.151-155.

59 중앙일보, 1989. 4. 17일자. 윤덕중, "한국의 경제적 상류계층상 연구," 사상과 정책, 통권 2권 2호(1984, 봄호), pp. 93-105.

60 Morton Deutch, op, cit., pp. 11-15. Young Jong Kim, Bureaucratic

저자는 한국사회에서 현존하는 지역 및 계층간의 갈등현상의 실체를 실증적으로 발견하였으며, 이러한 것은 내일의 우리사회의 지도자가 될 대학생들만의 갈등관이 아닌 일반시민들의 태도라고도 확대 적용할 수도 있지 않을까 생각된다. 따라서 국가적 문제인 갈등문제 해소를 위하여서는 보다 통합된 처방과 치유 방안이 강구되어야 한다고 주장하다. 그것은 바로 행정정책적, 경제정책적, 사회복지정책적, 교육 및 문화정책, 그리고 입법정책적 상호 다면적이고 유기적인 통합된 정책방안(integrated public policy)의 추진 및 실시라고 지적하는 것이다. 특히 인간개개인의 존재론적 불안과 내면적, 정신적 질적 갈등의 실체분석과 심층적 연구가 필요하며, 갈등문제의 극소화내지 해소야 말로 발전행정의 궁극적 목적과 일치된다고 할 수 있다. 이러한 맥락에서 한국사회의 갈등문제는 균형적 발전행정 전략으로만 치유될 수 있다고 본다.

Corruption: The Case of Korea (Seoul: Choon Choo Gak Publishing Co., 1986), pp. 1-50.

제15장 발전이념 및 발전철학론

제1절 / 행정이념

행정이념은 행정의 최고가치와 지도정신을 의미하며 그것은 행정이 추구하는 방향과 원칙을 도와주는 역할과 기능을 말하는 것도 된다.

행정이념은 1887년의 미국행정학의 시작이라고 일컫는 W. Wilson의 "The Study of Administration" 의 논문에서부터 논의되어 왔다고도 할 수 있다.

즉 W. Wilson의 시각은 행정학의 실체를 이원론적(dichotomy) 차원에서 분석하였는데 정치현상은 바로 국가의 주요한 의사결정과정(decision making process)이라고 보는 반면, 행정은 그러한 국가의사의 결정을 효율적, 효과적으로 집행하는 기술(art)이라고 보는 것이다. 그후 100년이라는 세월이 흘러서 행정은 많은 이념적 갈등을 겪게 되었고 소위 paradigm의 정체성(identity)의 위기를 가져오기도 하였던 것은 주지의 사실이다.[1]

일반적으로 우리가 행정이념을 논의하려면 전통적 행정학과 새롭게 대두되는 행정학의 가설의 차이점을 먼저 비교할 필요가 있을 것이다. 구체적으로 다음과 같이 그 중요한 핵심을 제시하게 된다.

---

[1] 전종섭(윤재풍, 정용덕 공저), 행정학: 구상과 문제해결(서울: 박영사, 1987), p.80.

〈표 15-1〉 전통적 행정학과 새로이 대두되는 행정학의 비교

전통적 행정학의 가정	새로이 대두되는 행정학의 가정
정치 행정 이원론	정치행정의 상호관련성
행정의 중립성	논리적 책임
능률과 생산성	문제해결의 효과성
집권화와 통제	분권화와 참여
문화 횡단적 비교	문화 횡단적 비교와 국내의 비교
수동적 문제해결	능동적 문제해결
사실과 가치의 분리	사실과 가치의 비판적 검토
수직적 조정과 권위관계	수평적 협동관계와 인간유대관계
정보의 축적	정보의 공유와 정보망

자료 : 김영종외 공저. 관료제와 행정철학(서울: 법문사, 1987), p.26.

<표 15-1>에서 제시된 바와 같이 새롭게 대두되는 행정은 전통적 행정과는 달리 행정이 지향해야 되는 가치와 이념의 방향이 보다 인간적이고 역동적인 행정을 창조해야 할 것이다.

현대행정학이 행정이념적 갈등과 문제가 있다는 사실은 W. Scott와 D. Hart의 논거에서도 지적되어진다. 즉 행정학이 사실(facts)의 과학적 규명과 산출에 몰두한 나머지 행정학의 궁극적 목적이 바로 인간성과 밀접한 관련을 가지며, 보다 풍부한 삶의 질을 향상시키는 합리적 공동노력이라는 사실을 자칫 잘못하면 망각하기 쉽다.

환언하면 전통적 행정학이 행정의 과학성, 사실성, 기술성, 효율성과 효과성을 지나치게 강조하지 말고 행정의 도덕성과 신뢰성을 높이는 일에 더욱 힘써야 할 것이다.[2]

우리가 여기에서 행정의 이념문제를 논의하면서 특히 강조하고자 하는 가설은 1968년 이후의 신행정학적 이념의 배경을 가지고 설명하지 않으면 안 되겠다는 것이다. 신행정학은 New York주의 Minowbrook

[2] 김영종 외 공저, 관료제와 행정철학(서울: 법문사, 1987), p. 26.

에서 모였던 소장행정학자들의 종래의 행정학에 대한 비판적 시각으로서 그 주요한 행정이념적 시각을 가지고 있는데 그 구체적 내용은 다음과 같다.[3]

〈표 15-2〉 행정학의 문제점과 결과[4]

문 제 점 (problems)	결 과 (consequences)
① 행정학은 고유한 인간적 특색을 가지나, 그 인간상은 불명확하고 구체화되지 못하고 있다.	① 검토하지 않는 인간상은 단명적인 이론화와 정책결정의 근원이 된다.
② 고유한 인간성의 문제를 의식적으로 회피하는 것은 행정에 있어서 도덕적 혼란을 야기시켰다.	② 행정적 지도력을 유도하여 조직인의 목표와 조직과의 연결도 미숙하여 형이상학적 방향의 상실 결과가 초래된다.
③ 행정은 기술의 하녀로 전락되며 실제적으로 행정은 기술적 합리성과 효율성을 사용한 근사치의 문제에만 맴돈다.	③ 행정의 도덕적 파산지경이 되고 행정의 목적달성이 불가능하게 될 것이다.
④ 과학과 기술의 도구로서 지배하는 행정 엘리트의 통제실체를 가속화시킨다.	④ 도덕적 형이상학적 특색 없는 결과는 전체론적 행정통제의 방향으로 유도하게 된다.

① 사회의 형평성에 있어서의 반응성, 참여성 그리고 행정책임성을 강조하며 행정을 고객중심적 방향으로 유도함.

② 행정의 변동성과 반응성을 강조하여 변동절차의 제도화 및 효과적인 정책은 시민의 행정수요(administrative demands)에 알맞도록

3 김영종 외, op. cit., p. 22.

4 William G. Scott and David K. Hart, "Administrative Crisis: The Neglect of Metaphysical Speculation, Public Administration Review", Vol. 33(Sept/Oct., 1973), pp. 415-422.

개혁지향적일 것.

③ 민주적 행정(democrative administration)지향적인 철학을 가지고 특히 의사결정과정(decision making process)에 있어서의 시민의 최대한 참여 유도.

④ 권력배분과 계층제에 있어서 집권화보다는 분권화(decentralization) 그리고 권한의 위임의 최대화를 도모.

⑤ 특히 행정의 논리적 가치성을 강조하여 행정이 객관적 실증적 사실의 분석보다는 행정의 궁극적 목적을 시민의 행정수요에 대한 적절한 공급으로 보며 그 방법에 있어서도 보다 인간적이고 평가적일 것.

⑥ 행정의 생산성의 중요성으로서 행정은 효율성이나 효과성(effectiveness) 외에 보다 시민들의 참여와 그들의 복지 및 공공봉사(public service)에 주력하여야 행정의 궁극적 목적을 달성할 수 있다는 점 등이다.

여기에서 우리들은 행정이념의 방향과 가치를 확인하게 된다. 말하자면 행정의 이념은 미래지향적인 행정의 가치와 연결된다.

특히 강조하고 싶은 행정이념의 하나는 공신력과 신뢰성(public confidence)이라는 것이다. 공신력이나 신뢰성의 문제는 앞으로 행정학이 나아갈 중요한 방법의 하나인 동시에 특히 한국행정현상(administrative phenomena)을 통하여 제기되는 새로운 이념의 틀(framework)이기도 하다. 왜냐하면 그것은 행정이 궁극적으로 국민의 삶의 질을 향상시키는 봉사와 역할 기능이라는 명제에서 교호작용을 하는 큰 역사가 일어나기 때문이다.

제2절 / 행정이념과 발전철학방향

한국행정에 있어서 가장 강조해야 될 행정이념은 무엇일까? 바로 이것은 한국의 발전지표가 되기도 하고, 미래행정의 방향도 되기 때문에 그만큼 중요하다. 환언하면 한국행정현상의 진단을 통하여 미래행정의 paradigm을 형성하자는 것이 바로 행정이념의 발전방향이 되는 것이다. Hodgkinson의 지적대로[5] 행정이념은 가치의 세계(the world of value)이며 사실의 세계(the world of fact)와는 다른 상이한데, 전자는 만들어지는 세계(the world of value is made)이고, 후자는 주어진 세계(the world of fact is given)이다. 사실상 발전문제는 미래지향적 가치개념인고로 궁극적으로는 행정철학의 안내와 지도를 받아서 그 실체에 접근을 할 수 있다. 따라서 행정이념은 바로 국가발전의 전제가 되는 가치개념이며 행정현상의 실체분석을 통하여 미래행정의 구현을 위한 필연적인 요인이 된다. 이와 같은 맥락에서 한국행정의 이념적 특징은 무엇이 중요할까? 하는 문제는 매우 중요한 문제제기가 된다고 아니 할 수 없다.

첫째, 행정의 논리성과 도덕성문제이다. 일반적으로 우리나라의 행정학과 행정이념은 미국의 행정학이 논의된 지 약 100년을 거치는 동안 행정학의 실체분석에 관한 정체성(identity)의 위기를 거쳐 왔었고, 또한 한국에 미국의 행정학이 도입된 지 약 30여 년 동안 미국행정학이 가지고 있던 행정이념적인 영향을 많이 받았다고 할 수 있다. 특히 미국행정학은 전통적으로 구조기능주의적 맥락과 풍토에서 자라왔기 때문에 행정의 도덕성이나 논리성보다는 효율성이나 효과성 또는 기술성 등을 더욱 중시하여 온 것이 사실인 것 같다. 그런데 행정이념의 궁극적인 목표는 시민들에 대한 참다운 봉사를 제공함으로서 시민의 삶의 질과 행복을 추구하는 것으로 생각

---

[5] Christopher Hodgkinson, Towards a Philosophy of Administration (New York: St. Martin's Press, 1978), p. 104.

된다. 그렇다면 행정이념은 보다 논리적이고 도덕적인 면에 보다 초점을 두어야 할 것이다. 행정이 과학(science)으로서 의미를 강조하던 1956~1970년의 패러다임은[6] 행정의 사실성을 중시하고 과학적 방법과 관리적 방법론을 지나치게 주장함으로써 자칫 잘못하면 행정의 가치와 논리성을 소홀하게 여길 가능성이 있음이 사실이다.

한국적 상황에 적용하여 보면 과거 특히 70년대 이후 행정의 능률의 극대화를 주장한 제4공화국은 지나친 경제성이나 능률성을 강조하다보니 정치와 경제의 불균형발전이라는 기현상은 물론 행정의 도덕성과 논리성의 타락으로 불신을 받게되는 결과까지 도래하게 된 것이다. 특히 제5공화국 역시 각종의 대형사건이 터짐으로서 국민들에게 도덕성을 의심받게 되는 결과가 되었으며 이러한 것은 어느 역사를 막론하고 행정의 도덕성이 타락하고, 공신력을 상실하게 되며, 부패(corruption)문제를 척결하지 못한다면 매우 심각한 위기를 자초한다는 교훈을 입증하는 사례를 우리는 많이 보아오게 된 것이다.

한국행정이념으로서 특히 도덕성과 논리성을 강조해야 될 이유는 다른 개발도상국의 경우와 같이 부패는 망국병으로서 모든 사회적 기강을 무너뜨리고 국가발전에 큰 장애가 되는 불신풍조를 조성시키는 결과가 되기 때문이다.[7]

둘째, 민주행정의 이념이다. 한국은 그 무엇보다도 민주행정이 필요하다. 우리는 불행하게도 민주행정을 듣기는 들어도 그것을 강력하게 추진하는 추진력이 약한 것 같다. 그것은 바로 관료제의 민주화가 먼저 선행되어야 할 것은 물론이다. 민주행정의 척도를 무엇에 기준하는가에 따라서 물론 상이한 결과를 가져올 수 있음은 주지의 사실이다. 예컨대 민주행정은 국민의 참여를 최대한 활용하여

---

6 Nicholas Henry, Public Administration and Public Affairs (Englewood Cliffs : Prentice-Hall, Inc., 1975), pp. 15-17.

7 김영종 외, *op. cit.*, pp. 63-97.

의사결정(decision making)에 반영하여야 할 것이다. 소수에 의한 정책결정은 결코 민주행정의 표본이라 할 수 없다. 그리고 민주행정은 보다 자율성을 최대한 존중하는 풍토가 필요하다. 사사건건 모든 행정결정에 상부기관에 의한 지시로서 결정되어야 함은 관료주의적 주종관계이지 민주행정이라고 부를 수 없다. 나아가서 민주행정은 보다 행정이 공개적이어야 하고 비밀주의는 가급적 제거되어야 한다. 뿐만 아니라 민주행정은 보다 국민들의 실질적 삶의 질을 향상시킬 수 있는 수단적 방법적인 편에 서야 될 것이고 까다로운 형식주의나 또는 국민이 행정을 위하여 존재하는 것이 아니라 행정이 국민을 위해 존재하는 유목적적 의미가 있어야 할 것이다. 민주행정은 보다 분권적이고 행정권한과 가치 그리고 이익의 배분이 충실할 수 있는 방향으로 이루어져야 할 것이다. 따라서 자치행정의 정신과 이념은 한국의 행정에 꼭 필요하고 시급한 과제인 것이다.

셋째, 신뢰행정(confidence administration)이념의 시급성이다. 한국의 상황에서 볼 때 신뢰행정이념은 가장 큰 의미가 있는 발전지표요 가치이다.[8] 환언하면, 불신문제는 개인간의 불신과 조직간의 불신, 그리고 정부와 국민간의 불신문제 등으로 세분할 수 있는데 그 원인으로서는 환경면과 구조면, 행정인으로 세분될 수 있다.[9]

환경면으로서는 정치사적으로 통치자들의 통치 leadership에서 영향받은 불신성이나 권력가치의 지향성 또는 가치체계의 미분화성 등을 들 수 있다.

행정구조면에서는 비과학적 비현실적인 행정과 법령, 예산내용 그리고 보수구조 등을 들 수 있다.

행정인으로서 올바른 행정직관의 부족 그리고 공사구별의 불분명 등을 지적할 수 있다. 그러나 무엇보다도 중요한 원인으로서는 관료들의 부패현상(corruption phenomena)으로 인하여 행정기능의 합

---

8 김영종 외, 지식인선언(서울: 독서출판사, 1986), pp. 177-180.
9 박동서, 한국행정의 미래상(서울: 법문사, 1986), pp. 242-250.

리적 역할이 잘 수행되지 못하는 데서 오는 국민들의 불신성은 가장 중요한 이유가 될 수 있다. 따라서 신뢰성의 제고는 현재 한국 행정이 당면한 가장 큰 이념이요 가치라고 할 수 있다.

마지막으로 책임행정의 이념의 구현이다. 전통적으로 한국에 있어서의 관료주의적 행정은 백성에 군림하고 명령하고 또한 관이 민보다도 높다는 의식으로 책임행정보다는 권위주의적 행정(authoritative administration)으로 일관되어 왔었다. 물론 이러한 이유 중의 하나로 유교적 관료문화의 전통에서 받은 영향이 지대하였음을 지적하지 않을 수 없다. Gregory Henderson은 14-15세기 내지 16세기부터 금세기까지 한국민의 철학적 기초를 유교에서 분석하고 있으며, Arthur F. Wright도 주종관계, 권위주의적 복종관계, 그리고 규범과 과거지향적 철학으로 보고 있다. 확실히 한국행정현상의 근저에 흐르고 있는 권위주의적 행정행태는 미래지향적 발전지향적 측면에서 볼 때에 결코 행정이념의 가치로서 더 이상 존재의미가 없다고 할 수 있다.[10] 그 대신에 한국의 새로운 행정이념과 가치는 행정이 시민의 생활과 행복, 그리고 삶의 질을 향상시켜야 한다는 것의 절대적 명제하에서 그 존재의미가 있다고 할 수 있다. 다시 말하자면, 행정은 시민을 고객으로 삼고, 시민을 위한 최대한 편의와 봉사를 통하여 그들의 행정수요(administrative demands)를 충족시켜 나가야 할 것이다. 특히 그동안 한국의 경우 물량적 경제발전의 급속한 성장으로 인하여 여러 가지 국민들의 다양한 행정욕구가 상승일로에 있음을 잘 알고 있다.

예컨대[11] 정치적 참여의 욕구, 교육 또는 문화적 욕구, 사회적 욕구, 그리고 정신적 욕구 등이 새롭게 대두되고 있고 급속도로 상승되고 있다. 그런데 이러한 시민들의 상승되는 기대와 욕구에 상응

---

10 Gregory Henderson, *Korea: The Politics of Voltex* (Cambridge: Harvard University Press, 1968), p. 921.

11 김영한, 기독교와 문화(서울: 숭실대학교 한국기독교문화연구소, 1987), p. 2.

하는 공급이 되지 못할 때 여기에서 시민들은 좌절과 실망, 그리고 욕구불만으로 인한 사회적 불안감과 괴리, 그리고 계층간의 갈등 등의 현상들이 속출하게 되고 이에 따라서 예측할 수 없는 여러 가지 사회적 문제가 발생하기도 한다. 따라서 우리나라의 새로운 행정이념은 바로 이러한 욕구불만을 승화시키고 사회적 종합(social integration)을 통한 국가발전을 도모하기 위한 전략방안으로서도 봉사행정의 이념구현이 절실히 요청되는 것이다. 이러한 이념을 실질적으로 수행하는 위치에 있는 자는 제1차적으로는 행정 service를 제공하여 주는 행정공무원에게 책임이 부여되어 있음은 물론이다.

첫째, 행정이념의 실현주체인 인간의 본질과 실체에 대한 현상에서 새로운 행정이념에서 인간의 존재의미인 존엄성과 가치를 귀하게 여기고, 행정윤리성과 책임성을 강조하고 있다. 따라서 행정이념의 방향은 바로 보다 인간들의 존엄성과 가치를 인정하는 방향에서 봉사행정과 행정철학이 중시되어야 한다. 봉사행정과 행정윤리성이 강조되는 행정이념은 관료들의 행태가 합리적이고, 제도가 민주적이고 사회 문화적 환경이 정화되어야 할 선결문제이다. 바로 이러한 세 가지의 요인과 변수가 잘 조화되고 균형될 때 바람직한 결과가 도출될 수 있다. 관료부패가 감소될 수 있는 처방이나 치유관계로 본다는 것은 부패방지모형(Ⅲ)에서 지적될 수 있는데 그 구체적 사항은 다음과 같이 요약된다.[12]

① 부패와 관련된 관료행태는 행정훈련과 행정윤리 교육 프로그램에 의하여 통제될 필요가 있다.

이러한 부패행위의 통제는 행정이념적 차원에서 볼 때 매우 시급한 세계적 과제요 한국 현실이 당면한 가장 중요한 범국민적 과제라 아니할 수 없다. 행정이념이 윤리적이고 보다 봉사적이 되기 위

---

12 김영종, "개발도상국가들의 관료부패모형정립, 한국행정학보(제19권 2호), pp. 154-155."

하여 한국에서는 통합적인 부패방지모형인 부패방지법은 꼭 입법화 되어야 할 것이다. 이 법률은 진실로 제도적 통제역학(institutional control mechanism)적 의미가 강하게 작용한다고 할 수 있다. 사실 제도적 장치와 역학은 물론 중요한 의미를 가지고 있음에 틀림없으나 가장 이상적인 것은 자율적 내적 통제역학이나 통제기능이라고 할 수 있는데 이렇게 자율적 통제는 관료나 관계 모든 국민들이 보다 높은 윤리의식을 가질 필요가 있다.

② 관료제도는 보다 행정개혁(administrative innovation)적 차원에서 근대화되고 개선되며, 그리고 변화되어 나가야 할 것이다. 물론 제도는 이념의 결과적 의미라고 볼 때 복잡한 절차나 비현실적인 보수체계 등은 부패의 소지를 마련하게 되는 요건들이 될 수 있으므로 이러한 것은 역시 행정이념을 달성하는 데 장애가 되는 요인들이 된다. 그리고 기독교적인 관점에서도 바람직하지 못한 역기능을 초래하게 된다.

③ 사회문화적 환경에서도 부패의 소지를 제거하여야 되는데 예컨대 일반시민들의 문화적 가치관과 태도는 외적 변수로서 작용하게 된다. 깨끗하고 정화된 환경변수는 보다 참신한 행정이념을 구현시키는 데 큰 기능을 감당한다고 할 수 있다.

요컨대 행정이념에서 강조하는 인간의 본질과 실체는 사회현상(social phenomena)과 사회과학(social sciences)의 성격에 따라서 상이하지마는, 인간은 X이론적인(성악설) 게으르고 통제를 받아야 일하는 존재라는 주장과 또는 인간은 일을 싫어하는 것이 아니고, 자기책임을 질줄 알며 조직내에서 자율적으로 행동할 줄 아는 존재라는 주장의 Y이론(성선설)의 주장은 어느 것이든 별로 설득력이 있는 것이 아니다.[13] 오히려 Lawrence와 Lorsh가 주장하는 바와 같이 복합적 인간(complex man)으로서 인간의 실체를 이해하여야 할 것이

---

13 Douglas McGregor, *The Human Side of Enterprise* (New York: McGraw-Hill, 1960).

다.[14]

민주행정의 이념은 참여성(participation), 분권주의(decentralization), 윤리성(ethics), 가치성(value-orientation), 반응성(responsiveness), 자율성(autonomy), 책임성(responsibility), 민주적 행정(democratic administration), 그리고 생산성(production) 등을 포괄하는 개념이다.[15]

다음은 행정조직내의 인간관리면을 기계적 또는 비인간적 모형으로 활용하는 행정이념의 모형보다는 비합리적 감정적 또는 사회심리적인 면을 중요시하는 관리철학을 말한다. 물론 이러한 민주화의 이념은 1930년대 이후의 인간관계론(human relation)에서부터 출발했으나, 실제로 1970년대에 들어와서 특히 후기행태주의(post-behaviorism)적 이념의 지원을 받게 된다. 그러한 후기행태주의는 바로 Michael Harmon이 주장하는 행위이론(action theory)의 맥락과도 일치된다.

Michael Harmon의 행위이론에서 주장되는 명제를 통하여 나타나는 행정의 민주성의 이념은 행정은 보다 도덕적 윤리적이어야 하며 인간은 인식론적 차원에서 사회와의 관계에 있어서 적극적이고 사회적 자아의 개념으로 파악하게 된다.[16] 따라서 Harmon이 지적하는 것은 행정이 지나친 실증주의적 시각에서 행정현상과 문제들을 분석하는 것을 탈피하여 보다 윤리적 도덕적, 그리고 민주적 해결점 등을 찾으려는 후기행태주의적 흐름을 주장한다.

민주성의 이념은 행정이념으로서 최근에 더욱 강조된 중요한 가치지향적인 방향이 되고 있음이 틀림없다.

한국적 상황에 적용하여서 1960년대와 1970년대 이후 고도경제성장정책에서 제기된 물량적 경제성장 이데올로기는 결코 사회 각 분야에서 도출된 다양한 욕구를 수렴할 만한 민주적 발전 즉 사회

---

14 Paul R. Lawrence and Gay W. Lorsch, *Developing Organizations*: Diagnosis and Action (Massachusetts: Addision-Wesley Publishing Co., 1696), p. 65.

15 김영종 외, *op. cit.*, p.21.

16 Michael Harmon, *Action Theory for Public Administration* (New York: Longman, 1981), pp. 42-115.

발전이나 정치발전의 부진이나 침체가 그동안 사회 각 층에서 제기된 욕구불만을 해소하지 못하고 수많은 갈등을 야기시켜 사회적 불안을 조성하여 온 것이 사실이었다. 그러나 2000년대에 있어서 한국의 미래상은 바로 행정이념의 민주화를 통하여 국민의 존재와 존엄성을 확인하고 그들의 의사결정의 중요성을 수정하는 획기적인 변화가 기대된다 아니할 수 없다.

제3절 / 발전행정철학과 미래 패러다임(paradigm)

발전의 실체와 미래 패러다임은 궁극적으로는 발전행정철학적 접목을 통하여 가능하다고 할 수 있다. 첫째, 발전은 사회의 성격이나 사회과학의 접근의 여하에 따라서 달라질 수 있는 가치개념이고 시·공간과 역사적 문화적 변수와 또는 사회구조적 특징에 따라서 달라지는 패러다임적인 의미를 가지고 있기 때문이다.[17]

둘째, 발전행정철학은 발전에 관한 이론과 실제(practice)의 접목을 통하여 이루어지는 미래행정적 패러다임과 맥을 같이 한다고 할 수 있다. 다른 말로 말하면 발전에 관한 이론과 실제의 상호 종합된 방법(intergrated approach)이 필요하다고 하겠다.

셋째, 발전행정철학은 미래행정을 초점으로 하여 윤리성과 민주성이 주축으로한 발전패러다임의 기초하에서 시민을 위한 질이 좋은 봉사가 그 철학적 기초가 되어야 할 것이다.[18] 발전의 엔진과 가치는 이 세계를 형성하는 가치의 논리성과 적절성을 명확하게 하는

17 Young Jong Kim, 'Self-Diagnosis of Public Administration and Future Paradigm: A Social Consideration of Administrative Philosophy,' 숭전대학교 대학원 논문집, 제4집(1986), pp. 129-140.

18 *Ibid*., p. 136.

데 있다.[19] 발전철학은 이와 같이 윤리성과 도덕성 및 민주성이 핵심적인 가치가 되어야 할 것이다. 특히 한국적 상황에 적용할 때 책임성 있는 행정이 강조되어야 하고 그것은 새로운 한국적 신행정과 발전행정의 주축이 되어야 할 것이다. 행정윤리의 강조, 가치문제와 책임성의 강조는 미래행정과 발전행정의 중심이 되어야 하며 이것보다 더 중요한 것은 없다고 하겠다.[20] 행정윤리에 기초한 발전행정철학은 실현되어야 할 필요한 단계일 뿐만 아니라, 실제로 의미깊은 내용이 되어야 할 것이다.[21]

넷째, 발전행정철학은 전통적으로 내려오는 효율성(efficiency), 효과성(effectiveness), 그리고 민주화(democratization)의 상호조화와 균형위에서 방향을 결정하여야 할 것이다. 민주행정은 다음과 같은 기본적 가설 위에서 이루어진다.[22]

① 정부의 특권을 행사하는 개인들은 부패가능하다는 것.

② 공공봉사는 다양한 의사결정과정에 의하여 결정된다는 것.

③ 다양한 조직의 배치는 상이한 공공봉사를 제공하기 위하여 사용된다는 점.

④ 권력이 단순한 계층 제 조직과 책임성의 완성으로부터 도출된다는 것은 시간, 노력, 자원에 있어서 효율성의 극대화를 하지 못할 것이라는 것 등이다. 발전철학에 있어서 지금까지 우리 한국의 효율성, 효과성 주도형 모형은 재검토되고 수정되어야 할 것이다. 왜냐하면 민주행정은 의사결정의 질을 높이고 자율성을 강화하며 참

---

19 Terry L. Cooper, *The Responsible Administrator: An Approach to Ethics for the Administrative Role* (Port Washington: Kennikat Press, 1982), p. 13.

20 George H. Frederickson, *New Public Administration* (Alabama: The University of Alabama Press, 1980), p. 116.

21 Dennis F. Thompson, "The Possibility of Administrative Ethics" in *Public Administration Review*, Vol. 45(Sept/Oct., 1985), p. 561.

22 Rebert T. Golembieuski, *Public Administration as a Developing Discipline* (New York and Basel: Marcel Dekker, Inc., 1977), p. 172.

여의 확대로 조직이 활성화됨에 따라서 새로운 활력이 넘치는 조직 발전(organization development)이 이루어질 수 있기 때문이다.

끝으로 우리는 행정학의 정체성의 위기(identity crisis)는 이제 자기진단(self-diagnosis)적 과정을 거쳐야 할 단계에 왔다고 본다.[23] 말하자면 발전행정철학적 시각에서 발전의 실체(reality)를 발견하고 접근하는 과정과 목표, 보편성과 특수성의 접목, 시·공간의 접목, 물량성과 가치성의 조화, 효율성과 효과성 그리고 민주성의 조화와 균형, 윤리성과 도덕성 및 기능성의 조화, 그리고 특히 GNS(Gross National Satisfaction)와 GNP(Gross National Product)의 유기적 관련 및 보완 등의 관계변수의 접목에서 바람직한 미래패러다임을 발견할 수 있을 것이다.

제4절／결 론

발전행정은 궁극적으로 발전이념의 정립과 발전철학과 직결된다고 할 수 있다. 왜냐하면 발전행정의 문제는 미래지향적 가치개념이기 때문이다. 이러한 맥락에서 발전논리는 발전철학의 궁극적 밑받침하에서 논의되는 것이 바람직할 것이다. 발전철학은 사회의 성격이나 사회과학의 접근 또는 역사적 문화적 변수 등을 고려하여 그 궁극적인 패러다임(paradigm)을 설정하는 것이 바람직할 것이다.

---

23 Young Jong Kim, *op. cit.*, p. 139.

제16장 발전행정과 군의 근대화이론

제1절 / 근대화의 개념

근대화의 개념은 지금까지 수많은 학자들이 여러 가지의 상이한 의견을 제시하여 논의하여 왔다.

첫째, 구조기능주의적 접근에 의하면 근대화는 자율성, 민주성, 안정, 참여, 제도화, 분화, 평등성, 정당성, 분배와 통합 등을 주장하며 구조와 기능의 상호 관련성, 그리고 관계기관과 상호 총체적 연관관계를 목적으로 하는 것을 말한다.[1]

둘째, 근대화의 발전과 동일 혹은 유사개념으로 볼 때 그 개념은 다음과 같은 지표로 표현될 수 있다.

근대화는 시간과 장소, 과정과 목표, 질적인 것과 물량적, 인간과 환경의 변수, 정치와 경제, 구조적 분화와 통합, 의도적 방향으로 체제변화를 가져오고, 문제발견과 문제해결, 자율화와 민주와의 조화 등을 포함하는 미래지향적 가치개념으로 볼 수 있다.

셋째, 근대화를 어떤 측면에 초점을 두느냐에 따라서 정치적 근대화, 경제적 근대화, 사회적 근대화, 혹은 문화적 근대화를 강조하게 된다.

흥미 있는 것은 노정현의 근대화 개념에 관한 고급 공무원 174명을 대상으로 조사한 통계에 의하면[2] 근대화의 개념은 사회적 측면,

---

1 김영종, 발전행정론(서울: 법문사, 1993), pp. 17-18.

예컨대 사회분화의 고도화, 기능의 전문화, 민간생활의 사고의 합리화 등이 26.4%(46명)이었고, 경제적 측면, 예컨대 경제구조의 고도화와 국민생활의 증대화를 가리킨다는 것이 20.1%(35명)이었다. 그리고 정치적 측면, 예컨대 정치지도의 향상과 국민의 민주적 정치수준과 의식향상이 2.9%(5명), 그리고 문화적 측면이 2.0%(3명)이었다. 특히 위의 내용을 모두 포함한다는 견해가 44.8%(78명)이었고, 무응답은 2.3%(4명)이었다.

위에서 우리나라 고급공무원들은 근대화를 정치, 경제, 사회, 문화의 모든 면에서의 발전을 포함하는 포괄적인 개념으로 보고 있다는 것을 알 수 있다.

넷째, 근대화를 서구화와 산업화와 물량적·경제적 변화에 초점을 두었던 전통적 모형을 비판적으로 보는 시각이 있다. 즉, 1980년대 이후에 특히 새로운 개발도상국가의 발전론자들은 전통적 근대화 모형이 단선적이며 수렴적이기 때문에 새로운 근대화의 전략이 요청된다고 한다. 즉, 그 국가의 역사적·문화적·사회적·구조적 특수성을 고려하여 독립적인 근대화 모형을 주장하는 것이다. 이러한 시각은 근대화를 특수성과 보편성을 고려한 새로운 시작이라 할 수 있다(Heady, 1979, pp. 80-83).

예컨대 Joseph La Palombara에 의하면 근대화는 단선적 모형이 아니고, 그 나라의 특수성과 역사성에 의하여 재검토되어야 한다고 한다.

제2절 / 군의 순기능적 역할

우선 군의 순기능적인 역할을 논의해 보자.

---

2 노정현, 한국근대화론(서울: 박영사, 1984), p. 191.

첫째, 군은 국가의 존속성과 유지를 위하여 필수 불가결한 존재목적을 가진다. 즉, 군은 국가가 위기에 처할 때 국가통합조직의 계속성을 유지하기 위하여 적의 침략에 대한 방패적인 역할을 한다는 뜻이다.

둘째, 군은 전시뿐만 아니라 준전시 때에나 천재지변 시에 국가가 어려움을 당할 때 국민의 재산과 생명을 보존하며 사회적 질서를 유지하기 위하여 필연적으로 부여된 임무를 수행하는 집단이다. 여기에서 준전시는 적과 교전 중은 아니나 전시와 유사한 긴장상태를 말하고, 천재지변 시는 인간의 힘과는 무관한 자연적 재난의 경우를 포함하여 이러한 경우에 군은 위기에 처한 국민의 생명과 재산을 구출하거나 관리하는 특수한 임무가 부여된다.[3]

셋째, 군은 외적의 침략에 대비하는 목적 뿐만 아니라 국가가 내부적으로 극도로 질서가 위태롭거나 경찰로서 치안질서의 유지가 곤란한 경우 등의 비상사태시에 계엄선포 등을 통하며 질서유지를 하는 역할과 기능을 가진다.

넷째, 군의 국민형성(nation-building)과 근대화의 기능에 기여한다.[4] 앞에서도 논의하였지만 근대화(modernization)의 개념은 학자에 따라서 상이한 논의를 하고 있다. David Apter는 발전의 특수한 사례로 보고 있고, Edwin O. Reischauer는 산업기제의 발달로 인한 근대의 인류사회에서 발생하는 변화를 말하고, Edward Shils는 서구민주사회와 유사한 상태를 의미하는 것으로 보고, Wilbert E, Moore는 전통적 내지 전근대적 사회를 경제적으로 번영하고, 정치적으로 안정된 국가들을 특징하는 과학공업과 관련된 사회조직을 총체적으로 반영함을 의미한다.

Myron Weiner는 근대화를 산업화를 수반하는 행태와 가치의 유형이라 한다. 여기에서 근대화에 기여하는 것은 군은 주체적 집단

---

[3] 김영종, "평화시의 군과 사회," 국방논집 제12호(1990, 겨울), pp.66-89.

[4] 이동열, 한국군사제도론(서울: 일조각, 1982), pp. 130-137.

의식과 연대의식을 제기하는 기능과 역할을 말하며, 국민의 일체감(identity)형성을 위한 국민형성의 역할을 총칭한다.

다섯째, 군은 근대적 기술발전과 추진에 필요한 훈련장으로서 역할을 가진다. 특히 신생국의 경우 경제발전을 우선적 과제로 삼을 때 과학기술의 전문적 지식이 요구되며, 이러한 맥락에서 군의 우수한 장비, 구조, 조직, 기술 등을 활용하게 된다. 이것은 바로 군의 과학기술의 보급으로서의 기능이며, 이 경우 그 국가의 경제발전과 산업기술에 크게 기여하게 된다고 하겠다.[5]

이상에서 군집단의 순기능적 역할에 대하여 논의하였다. 그러나 군이 국가발전과 근대화에 과연 어떻게 기여하게 되는가 하는 문제는 역기능만으로는 부족하고 역기능도 논의하여 봄으로써 적절한 평가가 필요하게 될 것이다.

제3절 / 군의 역기능적 역할

군이 국가발전과 근대화 과정에 역기능적인 역할을 한다는 전제는 특히 군의 정치적 참여(political participation)에 관한 데서 출발한다.

Robert D. Putnam은 군이 정치에 관여하는 4가지 이유는 ① 사회·경제발전면(aspects of socio-economic development), ② 정치적 발전면(aspects of political development), ③ 군조직 자체의 성격(characteristics of the military establishment itself), ④ 외국의 영향(foreign influences)이라고 한다.[6]

---

5 김영종, 부패학(개정판)(서울: 숭실대 출판부, 1993), pp.108-110.

6 Robert D.Putnam, "Toward Explaining Military Intervention in Latin America Politics," in World Politics, Vol.xx, No.1 (Oct. 1967), p. 84.

한편, S. P Huntington은 군의 정치적 관여는 군사적이 아니라 정치적이며, 군의 사회적 성격이나 조직적 성격보다도 오히려 사회의 정치적 구조(political structure)와 제도적 구조(institutional structure)에 기인한다고 본다. 어쨌든 군의 정치적 요인으로 인하여 초래될 수 있는 역기능을 몇 가지로 요약하여 본다.

첫째, 사회의 기능분화를 저해하고 특히 민주주의 규범을 약화시키는 등 민주발전에 걸림돌이 된다는 점이다.[7] 이 경우와 관련하여 볼 때 제2차 세계대전 이후 수많은 신생국가에서 발생한 군사 쿠데타로 인한 헌정질서의 파괴와 정지는 그 명분은 제쳐 놓고라도 정당한 민주적 발전과정을 저해하는 정치관여의 결과가 되었다고 보게 된다. 예를 들면, Von der Mehden[8]이 지적하는 대로 제2차 세계대전 후 이 지구상에서 독립한 56개국의 국가 중 약 3분의 1 이상이 독립 후 군부의 정치관여로 쓰러졌다.

그리고 S. G. Finer[9]의 연구에 의하면 1962~1974년 사이에 세계에서 101차례의 군사쿠데타가 발생, 38개국에 군사정권이 수립되었는데, 이것은 당시에 세계 독립국가 150여 개국 중 25%에 해당한다고 한다. 물론, 군의 정치개입에 대하여 Practorianism적 역할로서 헌정의 수호자, 제도개혁의 권위, 그리고 민간정부의 후원자 등으로서 의미부여를 하기도 한다. 예를 들면, 1958년의 버마 Newin 장군의 헌법수호자의 역할, 1956년의 온두라스의 군사정권, 1959년 파키스탄의 Ayub Khan정부의 가치민주주의 계획 등을 지적하고 있다.

둘째, 군의 정치개입은 정치정당성을 제대로 창출하지 못하고 위

7 한용원, 군사발전론(서울: 박영사, 1981), pp. 67-68.

8 Von der Mehden, Politics of the Developing Nations(2nd ed.)(Englewood Cliffs:Prentice-Hall, Inc., 1969), pp. 1-250.

9 Ferrel Heady, Public Administration: A Comparative Perspective(2nd ed.)(New York: Marcel Dekker, Inc., 1979), pp. 254-256.

협적이거나 강압적이고 무능하며 부패하기 쉽다는 것이다. 환언하면 정치 전문가가 아닌 군대의 정권에 대한 관여는 오히려 바람직하지 못한 정치적 불안을 초래할 가능성이 많다는 것이다.

셋째, S. E. Finer가 지적한 바와 같이 정치문화에 대한 군사문화의 관여로 인하여 정치문화의 수준이 저급할 경우에 군사문화 폭력이나 위협으로 인하여 민간정부를 대치하여 심지어는 사이비 민간정부가 수립되기도 하고 정치적 참여와 토론을 약화시켜 급기야는 정당성이 약한 부문을 특례를 통하여 정권유지에 노력하는 등 정경유착에 의한 정치적 부패가 조장될 위험이 많다.[10]

넷째, 군사적 권위주의 문화는 정치문화에 침투하여 정권을 장악할 경우 많은 문제점이 유발된다.[11] 예컨대, ① 정치권력을 소수의 엘리트집단에 집중케 함으로써 국민들의 정치과정 참여를 약화 시키고, ② 정치권력의 분배과정에 소외된 자들의 저항을 받게 되며, ③ 체계적이고 일관성 있는 이데올로기 부족이 노출되고 정치적 안정과 제도화의 확립에 실패하게 되고, ④ 정통성이 취약하고 민주성의 결핍을 가져와 국민을 위한 행정봉사와 편의에 약한 정책결과를 초래하게 되고, ⑤ 인간의 존엄성과 가치의 존중을 통하여 진정한 민주행정과 민주정치의 실현을 소홀히 하게 되고, ⑥ 획일성과 일체성의 집단성의 집단문화를 강조하는 나머지 개인의 창의성과 가치, 그리고 다양성을 소홀히 하게 되어 다양한 행정수요의 공급에 인색하기 쉽다는 점 등이다.

다섯째, 군 관료문화가 행정문화에 침투하여 상당한 갈등을 유발하는 경우를 지적할 수 있다. 특히, 우리나라는 5·16 이후 군 관료가 행정관료에 무분별하게 특채되어 합리적인 행정질서를 불안케 하고 갈등도 야기시켰다. 사실상 전통적인 관료엘리트는 특수적이

10 Samual E. Finer, The Man on Horse Back: The Role of the Military in Politics(New York: Praeger Publishing Co., 1962), p. 28.

11 김영명, 제3세계의 군부통치와 정치경제(서울: 도서출판 한울, 1985), pp. 49-85.

고 전통적이며 안정지향적인데 비하여 군 관료엘리트는 개혁적이고 진보적이며 급진적이고 조급한 특성을 가진다.[12]

흥미있는 것은 우리나라의 경우 군 관료의 행정관료 특채가 제3공화국 이후 두드러진 특색이었다. 예컨대, 제3공화국 당시 3급(부이사관)의 평균 연령이 40세로서 4급(서기관) 46세, 5급(사무관) 42세보다도 훨씬 젊은 나이였고, 이는 바로 행정부의 주요 요직에 젊은 군 관료출신이 대거 채용되는 기현상의 한 증거였다.

안병만의 조사에 의하면[13] 제3공화국에서 군 출신 세력은 서울대(25%) 다음으로 많은 행정엘리트군(21%)을 형성하였으며, 제4공화국의경우는 15%, 제5공화국에 와서는 21%로 증가하였다.

도지사 이상 장차관급 최고관리층의 경우도 군 관료출신의 비율은 제1공화국과 제2공화국 때 각각 5%, 3%였으나, 제3공화국 때는 243명 중 80명(33%), 제4공화국에서는 108명 중 17명(16%)으로 나타났다.

특히 제5공화국 때에는 209명 중 47명(22%)으로써 제4공화국보다 증가하였다. 특히, 제6공화국에 들어와서는 소위 「유신사무관」 제도를 폐지하였으나, 1977~1987년 기간 중 586명(26.8%)이나 되는 군 관료출신을 특채하였다.

이상에서 우리는 군사문화가 정치 혹은 행정문화에 침투되어 국가의 중요한 정책결정과정에서 순기능으로 나타나기도 하지만 대부분의 경우 역기능을 초래하는 경우가 많은 점을 고려할 때 우리는 여기에서 우리나라의 사례에 접목, 비판하여 보아야 할 것이다.

12 이한빈, 사회변동과 행정(서울: 박영사 1973), pp. 15-70.
13 안병만, 한국정부론(서울: 다산출판사, 1985), pp. 1-200.

제4절 / 군의 사회발전을 위한 역할

사회발전을 위하여 군은 어떠한 역할을 하게 되는가? 그리고 한국적 현실은 어떠한가?를 살펴보기 전에 먼저 사회발전의 개념을 알아보기로 한다.

Ⅰ. 사회발전(social development)의 개념

발전이란 궁극적으로 물량적이고 경제적인 것이 아닌 인간의 삶의 질(quality of life) 향상에 목적이 있다. 즉, 발전은 인간에 관해서(about), 인간에 의하여(by), 그리고 인간을 위하여(for), 존재하는 것이다.[14]

그러므로 사회발전은 본질적으로 사회구조의 분화(structural differentiation)를 포함하여 사회적 이동성(social mobility)의 증가, 사회적 가치관의 증대, 사회통합과 사회변동에 대한 대응능력의 제고 등을 통한 인간의 개발이다. 여기에서 사회발전의 개념 중 강조되어야 할 부분은 다음과 같다.

① 인간의 삶의 질 향상을 위한 가치발전
② 사회적 형평성(social equity) 강조
③ 발전의 방향이고, 계획이며, 체제의 변화를 강조(system change)
④ 인간생활의 전반적인 복지정도를 나타내는 척도
⑤ 사회구조의 상호연관성과 균형적인 측정을 가능케 하는 정보의 역할
⑥ 복지의 수준과 분배의 측정이며, 복지의 총체적인 균형성을 강조한다.

---

14 김영종, 발전행정론(서울: 법문사, 1992), p. 150.

II. 군의 역할

사회발전을 위하여 군은 과연 어떤 역할을 하였는가?라는 문제는 상당한 심층적인 분석이 필요하다.

첫째, 군은 한국사회가 권위주의적 사회구조로 변화하는데 중요한 역할을 하였다. 이것은 군의 속성인 충성과 복종, 그리고 목적지향적인 가치관 등을 사회 구석구석에 정치사회화(political socialization), 혹은 군사회화(military socialization)함으로써 "백성을 충성의 의무에 의하여 국가에 종속시켰다"고 본다.[15] 이것은 "부모에 대한 자식의 무조건적 효도를 강요한 가부장제 가족주의의 윤리가 국가사회의 인간관계로 확대되어 권리와 책임을 자각하는 근대적 시민으로 성장치 못하게 하는 중요한 요인"이 되고 있다고 한다.[16]

이러한 주장의 배경은 바로 다음과 같은 특징을 함의하고 있다 예컨대, ① 관료적 권위주의가 사회조직의 원리로서 등장하고 있는 점, ② 한국사회의 운영이 민의에서보다는 기본적으로 관료중심의 기술 합리성을 추구하는 능률성과 효과적인 조직목표의 달성과 연결되어 있는 점, ③ 시민의 여러 이해관계 집단들은 핵심적인 정치결정과정에 철저하게 배제되어 왔다는 점 등이다.

둘째, 정부의 성장이데올로기(growth ideology) 중심적인 통치이데올로기에서 비정통적인 정권의 합리성을 포장하기 위한 정권안보적 정책결정은 민주적 사회발전을 크게 저해하는 원인이 되었다. 사회발전은 합리적이고 점진적이며, 순리를 따라서 자연적으로 발전되어야 한다. 그러나 그동안 3, 4, 5, 6공화국을 거치는 동안 비정통적인 정권안보와 경제성장을 강조하며 정치발전과 사회발전의 속도는 형평성을 가지지 못하고 Huntington이 지적하는 정치적 괴리(political gap) 현상을 초래하게 되었고 이것은 사회불안과 부패, 그리고 사회

---

15 이효재, "한국 사회구조의 성격," 한국사회변동이론(Ⅱ)(서울: 민중사, 1985), p. 142.

16 Ibid., p. 142.

적 갈등(social conflict)을 초래하였다. 이러한 갈등은 바로 계층간의 갈등과 지역간의 갈등 그리고 나아가서는 기업간의 갈등, 도시와 농촌의 갈등, 세대간의 갈등 등을 야기시키는 결과가 되었다. 필자가 조사한 한국사회의 갈등구조에 의하면 한국사회는 계층간의 갈등정도가 88.3%로써 지역간의 갈등정도 80.4%보다 훨씬 높은 것으로 나타나 있다.[17]

이것은 바로 그 원인이 30여 년간 군사통치구조에서 배태된 결과적 현상이었다. 예컨대 지역간의 갈등의 경우는 불균형 경제개발정책(36.5%)과 고정관념(30.5%), 그리고 불공정한 인사정책(22.7%)이 주류를 이루었고, 계층간의 경우는 소득의 격차(66.2%), 사회적 지위에 따른 차별(18.4%), 그리고 정치권력의 집중(10.5%) 등으로 나타나 있다는 것을 알 수 있었다.[18]

셋째, 가부장제적 권력 집중화를 통한 권위주의적 정치구조는 사회발전에 정경유착이란 정치·사회부패의 구조를 유발시켜 소위 부패공화국(ROTC)이란 부끄러운 이름은 낳는 원인을 제공하였다.

군이 정치발전에 순기능적인 역할을 할 수 있고, 사회발전에 크게 기여할 수 있다는데 결코 부정적 시각을 가지는 것이 아니다. 그러나 우리나라의 경우 3, 4, 5, 6 공화국을 거치는 동안 한국사회구조는 자율보다는 타율, 봉사보다는 권위, 시장경제보다는 중앙통제적 관치경제, 그리고 분권보다는 집권주의적 통치구조에서 길들여 왔다. 기업활동은 정치권력과 야합하지 않으면 생존이 불가능하게 되고, 정경유착으로 권력과 금력이 상호 교환되고 거대한 정치자금의 정권안보용으로 사용되는 등 부패의 온상이 되기도 하였다. 이러한 것은 근원적으로 제도화된 부패, 구조적인 부패, 그리고 조직적 부패의 결과적 현상으로 연결되었다.

---

17 김영종, 발전행정론, pp. 349-350.

18 이 조사는 필자가 교육부의 학술지원으로 전국 591명의 대학생을 임의추출, 1988. 12. 1~1989. 1. 6기간에 조사한 "한국사회의 지역 및 계층간의 갈등에 관한 연구" 결과이다.

넷째, 군은 우리 사회에 하면 된다는 신념을 심어주고 조직과 사회적 연대의식, 즉 집단문화의 기풍을 진작하는데 상당한 기여를 하였다. 군이 국민에게 심어주는 군사문화는 목적을 위하여는 수단과 방법을 가리지 않고 성취하여야 된다는 뚜렷한 신념을 심어준 결과 부정적으로는 절차의 비민주성과 비합리성이라는 비판적인 시각도 있겠으나 긍정적으로 보면, 확신과 용기와 신념을 부어주게 되었다. 그리고 특히 집단의 일체의식과 집단문화가 사회 전반에 확산되고 사회적 연대감을 조성하게 되는 것은 군의 속성이 사회문화에 영향을 준 단 하나의 결과라 할 수 있을 것이다.

집단문화는 개인문화와는 상당히 상치되는 개념임이 사실이다. 우리 사회는 근대화과정에서 올바른 개인문화와 집단문화의 조화와 균형이 이상적일 것이다.

제5절 / 바람직한 군의 위상과 방향

최근 우리사회는 30여년만에 문민통치구조시대에 돌입하였다. 앞으로 이 시대에 군의 바람직한 위상은 무엇일까? 그리고 그 방향은 어떠한 것인가?

첫째, 민·군 관계의 올바른 위상정립이다.

민·군관계란 군의 정치적·사회적 존재양식도 될 수 있고, 군부와 민간정부와의 관계, 군의 입장, 일반 민간인과의 관계 등이 된다. 어쨌든 문민시대에 있어서는 사랑과 신뢰받는 국민의 군으로서 공존과 동반자 그리고 협력자로서의 위상이 재정립되어야 할 것이다.

현대전은 총력전이고 군과 민이 하나가 되어야 유사시에 적의 침략을 봉쇄할 수 있음은 물론이다. 과거 군과 민의 반목과 불신, 그리고 긴장의 관계는 청산되어야 하겠고, 이제는 신뢰의 회복이 필요하다고 하겠다.

둘째, 군 내부의 끊임없는 민주적 개혁과 신뢰성 회복의 노력이 필요하다. 사랑받는 군으로서 태어나기 위하여서는 철저한 자기성찰과 반성이 필요하다. 문민정부 탄생 후 군은 최근에 여러 가지 개혁이 단행되고 있다. 진급과 관련된 부패, 공조직 청산, 군방군수산업물자 도입 및 현대화 계획과 관련한 군 부패의 구조가 드러나거나 개혁되고 있다. 최근 우리들을 크게 놀라게 한 것은 국민의 귀중한 세금으로 이루어진 국방현대화 계획과 관련된 소위 "율곡사업" 부패사건이었다. 잘못된 관리로 인하여 무려 2,000여억원이 손실되었고, 6공화국 당시의 국방관계 관련자들이 무려 250억 2,000만원 정도의 뇌물형 부패에 관련되어 있다는 보도이다. 군은 거듭나야 한다. 구조적 부패의 연결고리는 이제 과감하게 끊어버려야 할 것이다.

군의 구조적 부패가 주는 폐해는 ① 군의 사기를 저하시키고 공신력을 감퇴시키며, ② 군의 부패는 특수한 개인의 이기심과 탐욕을 채우기 위한 일탈행위로서 예산낭비와 군 조직의 위화감을 조성시킨다는 점, ③ 상하급간의 갈등과 불신을 조장시켜 조직의 계층간의 관계를 파괴시킨다는 점, ④ 군의 기강을 해이시키고 단결과 화해를 저해시킨다는 점, ⑤ 군과 민간의 갈등관계를 유발시킨다는 점, ⑥ 비민주적 절차와 행태, 그리고 군사문화 등으로 국방인력의 관리에 큰 손실을 주게 된다는 점 등을 지적할 수 있다.

셋째, 군의 직업성과 전문성을 개발하고 군의 본연의 임무에 충실할 수 있도록 최대한 정책지원이 필요할 것이다. 직업성은 직무만족(job satisfaction)을 포함한 조직의 안정성, 성장성, 보수, 동호관계, 직무내용, 직무환경 등의 여러 변수와 관련된 직업안정성의 보장을 뜻한다.[19]

---

19 정선구, "직업성 보장과 장교정년 개선방향," 국방정책 연구보고서, 국방연구원(1993), pp. 1-14.

군의 직업성을 보장해 주고, 특히 현대전은 과학 기술전이고 총력전임을 고려하여 군 인력의 전문성, 효율성, 효과성에 대한 제고가 고려되어야 한다. 군의 직업성을 논의할 때 경제적 안정은 물론 비물질적 부문에 걸쳐서 후생, 복지, 사회적 평가, 신뢰성의 제고 등 제도적 조직의 개선, 그리고 예산의 지원, 홍보활동 등 과감한 정책지원 등이 요청된다.

제6절／결 론

이상에서 우리는 한국 근대화 과정에서 군의 역할을 순기능, 역기능, 그리고 사회발전을 위한 역할평가 등을 중심으로 논의한 후 문민시대에 기대되는 군의 바람직한 위상 및 방향을 제시하였다.

결론적으로 군은 한국 근대화 과정에 있어서 긍정적 역할과 부정적 역할을 동시에 수행한 집단이다. 문민세대에서 바라는 바람직한 군의 위상은 이제는 군에 대한 새로운 이미지로서 사랑과 신뢰를 받는 국민의 군으로서 거듭나는 일이다, 이미 그 전초작업인 군의 개혁이 이루어지고 있음이 사실인 것 같다. 군은 국민의 생명, 재산, 국가의 보위, 헌정의 계속성 등을 책임맡은 최후의 보루임에 틀림없다.

우리 군은 한반도의 안보환경이 시시때때로 격변한다 하더라도 최후의 신뢰의 보루가 될 수 있도록 부단한 내부의 구조적 개혁이 있어야 되겠고, 국민은 군에 대한 새로운 인식의 전환과 지원이 필요하다. 그리고 정책결정자들도 군의 존재목적을 새롭게 재정립하면서 2000년대 있어서 국가의 발전을 향하여 참된 군의 위상을 발견하도록 하는 공동노력이 필요할 것이다.

제17장 사회주의 국가의 정치행정발전과 부패론

제1절 / 사회주의 국가의 붕괴과정배경

부패(corruption)문제는 원래 자본주의국가에서의 구조적 모순(structural contradiction)에서 유발된 필연적 결과라고 주장되어 온 것이 사실이다. 그러나 최근 수년간 즉 1989~1991년 기간 중 발생한 사회주의 국가들의 '몰락(collapse)'[1]과 '대실패(the grand failure)'[2], 또는 '사회주의의 위기'[3]라고 부르는 그 내면의 배경은 여러 가지의 상이한 시각으로 논의할 수 있으나, 실은 사회주의 국가의 정치·행정 체제의 내부구조의 부패에서 비롯된 역기능과 확산효과(spillover effect)적 산물이다. 이러한 맥락에서 부패는 자본주의 국가의 전유물인 것처럼 주장하여 온 종래의 사회주의자들의 시각은 그 설득력을 잃어가고 있다. 그리고 오히려 부패현상의 보편성을 지적하는 후기기능주의적(post-functionalist)시각이 더욱 문제의 실체접근에 가까운 논리적 전개라고 볼 수 있다. 그러나 사회주의 국가가 과연 자본주의 국가와 동일한 부패의 수준인가 또는 상이한가, 그리고

---

1 Leslie Holmes, The End of Communist Power: Anti-corruption Campaigns and Legitimate Crisis(New York: Oxford University Press, 1993), pp. 2-230.

2 Zbigniew Brzezinski, The Grand Failure(New York: Macmillian Publishing Co., 1990), pp. 25-78.

3 서진영, 사회주의의 위기와 생존전략(서울: 고려대학교 아세아문제연구소, 1993), pp. 28-95.

그 정도 및 원인, 처방은 어떠한가는 그 특수성과 보편성을 공히 고려하여야 할 것이므로 부패현상의 연구접근은 통합적 방법론(integrated approach)을 원용하는 것이 바람직할 것으로 판단된다. 여기에서는 사회주의 국가의 대표적인 사례라고 할 수 있는 중국과 북한의 정치, 행정의 부패를 중심으로 논의한다. 특히 사회주의 국가의 구조적 특징과 관련된 정보의 폐쇄성으로 인하여 자료수집의 곤란성, 그리고 검증가능성의 한계점 등이 논의의 전개에 상당한 영향을 주고 있다는 점을 먼저 밝혀둔다.

제2절 / 정치 행정부패의 개념틀

부패의 실체는 좀처럼 포착하기 어려운 '사회병(social disease)'이다. 그러므로 접근방법의 여하에 따라서는 상이한 개념적 정의가 가능할 뿐만 아니라, 실체접근의 난해성(difficulty) 때문에 "빙산일각", "독수리 눈", "스핑크스", "미확인 물체(unidentified flying object)", "괴물" 등의 이름에 비유되기도 한다. 특히 정치, 행정의 부패가 무엇을 의미하는가에 대하여서는 정치, 행정의 개념적 정의가 먼저 논의되어야 할 것이다. 그러나 여기에서는 일반적으로 사회주의 국가에서는 정치행정의 미분화 현상이 뚜렷하고, 실제로 일당독재의 국가(one party-state)이고, 폐쇄적 당관료주의 국가이며, 권위주의적 동원정치행정의 구조적 특징을 갖고 있다고 본다. 다음에 그 정치행정부패의 개념적 틀을 제시한다.

첫째, 정치행정 부패는 사회주의 국가의 정치 또는 행정 엘리트들의 정치, 행정문화(political and administrative culture)와 관련하여 일반시민들의 기대가능성을 일탈행위(deviant behavior)로서 정치행정의 권력을 오용, 남용하여 개인의 사익을 추구하는 일체의 불법적·비윤리적 행위를 말한다. 예를 들면 정치인이나 행정인이 일반사회의 건전한 윤리도덕과 합리적 규범의 가치판단의 기준을 넘어서 정치적 또는 행정권한을 일탈하여 뇌물을 받거나 부당한 이득을 취득하는 일탈행위는 여기에 해당한다.[4]

둘째, 정치행정부패는 개인적 행태보다는 정치행정의 제도나 체제의 미비나 취약성에서 배태된 산물(outputs)로서 부패의 토양이나, 소지(opportunity), 그리고 잘못된 제도 그 자체가 곧 부패라고 보는 개념정의이다. 이 경우는 사실상 제도적인 부패(institutional corruption)라고 할 것이다. Michael Johnston은 부패는 개인의 행태나, 구조적인 취약성, 또는 윤리적 효력의 부족에서보다는 정치제도의 긴장에서 유발된다고 보고 있다(Michael Johnston, 1982). 그러나 여기에서 유의할 것은 정책과 제도의 근원은 본질적으로 소수의 지배계층인 엘리트(elites)의 의식구조와 가치체계(value system)의 배분으로 이루어지며, 그것이 곧 제도이며 권력이라고 하는 엘리트이론에 의하면(T. R. Dye, 1975), 정치행정부패란, 정치·행정인이 취약한 통제제도를 이용하여 비정상적인 방법을 동원, 탐욕적 이득을 취득하는 일탈행위와 맥락을 공유한다. David Gould에 의하면 후진국이나 개발도상국의 경우는 사회기강이 해이되거나 정치적 정통성이 결여되거나, 또는 정부의 경제활동의 독점 등이 바로 부패소지가 되고, 이러한 취약점은 관리능력의 부족(mismanagement)으로 연결되어서 만연된 부패현상으로 나타난다.[5]

셋째, 정치·행정부패는 정치행정조직의 구조적 관점에서 접근하는 개념정의이다. 즉 정치행정의 역할담당자의 기능과 역할이 기대가능성에 미치지 못하는 경우로서 합리적 의사결정의 과정을 일탈하여 구조적 탐욕과 사익추구 등 일체의 비윤리적 행위의 총체적 개념이다. 이 경우는 구조기능주의(structural functionalism)적 접근과 관련

4 김영종, "북한의 정치부패와 인권," 북한연구, 통권 20호(1995), pp. 44-60.

5 David J. Gould et al., The Effects for Corruption on Administrative Performance: Illustration for Developing Countries (Washington, D.C.: The World Bank, 1983), pp. 1-78.

되는 것으로서 합리성, 목적성, 균형성, 내용성, 그리고 구조적 상호 관련성을 일탈한 비도덕적·비윤리적, 그리고 비합리적인 일체의 정치적 추문(political scandal)을 일컫는다.[6] 마지막으로, 정치행정부패란 정치인이나 또는 행정인, 그리고 이와 관련된 자들의 불법적이거나 부당한 공직남용, 사익추구, 그리고 공직의 책임과 국민의 기대가능성(expectation)을 일탈한 일체의 일탈행위(deviant behavior)를 말한다. 이러한 것은 보다 통합적 접근(integrated approach)에 의한 개념정의라고 할 수 있다.[7]

제3절 / 사회주의 국가의 부패 특징

사회주의 국가에 있어서의 정치행정 부패의 일반적 특징은 다음과 같이 지적될 수 있다. 예를 들면 이러한 국가들의 내적·구조적·권위주의적 정부관료제의 특수성에서 찾아 볼 수 있다. 좀더 구체적으로 그 내용을 논의하여 보자.

첫째, 급진적 구조주의(radical structuralism)적 패러다임(paradigm)의 조직이론에 근거한 관료제에서 나타난 부패현상이다.[8] 사회현상을 구조적 모순, 박탈, 소외, 갈등, 그리고 해방 등의 차원으로 보면서, 구조적 모순의 해결은 계급적 투쟁과 급진적 변화로서 이루어질 수 있다고 주장한다. 이러한 주장은 사실상 전체주의적 권위주의 정부를 창출하였고, 소수의 일당관료와 정치엘리트에 의한 권력남용형 정치행정부패를 유발한 근원이 되었다고 할 수 있다.

---

6 Suzanne Garment, Scandal: The Culture of Mistrust in America (New York: Times Books, 1991), pp. 1-88.

7 김영종, "부패문화의 개혁정책," 한국행정연구, 통권 2:1(1993), pp. 26-46.

8 Gibson Burrell and Gareth Morgan, Sociological Paradigms and Organizational Analysis (London: Heinemann, 1980), pp. 326-365.

둘째, 폐쇄적이고 이론적인 인간의 실체 분석에 의하여 이루어진 인간관이며 사회주의 정부관료제는 지배계급의 하수인이고 동원주의적 정치행정체제를 구비한 전체주의적 독재체제와 권위주의 체제에서 유발된 부산물이 부패라고 할 수 있다.[9]

셋째, 사회주의 국가의 부패는 직업적 관료의 역할과 기능보다는 오히려 당관료와 군관료가 권력우위를 차지하고 철저한 계층제적 지배와 명령의 복종관계가 우위를 차지하는 고전적 관료제의 역기능에서 파생된 결과라는 특징을 갖고 있다.

제4절 / 중국과 북한의 정치행정 부패모형 비교

Ⅰ. 중국과 북한의 부패원인과 결과

(1) 중국의 경우

정치행정부패를 그 원인과 결과, 그리고 처방에 대하여 논의하고자 한다.

첫째, 문화적 요인(cultural factors)이다. 즉 말하자면 중국의 경우 전통적으로 내려오는 정치·행정문화가 매우 권위적이며 가부장적인 가족문화에 터를 잡아 왔다. 가족관계를 강조함으로써 공사무분별의 탐욕 추구형의 부패가 성행하게 된다.[10]

따라서 중국의 지도자 행태는 봉건주의적 영향과 자본주의 영향을 많이 받아서 부패가 급증하고 있다고 등소평도 주장하였다.[11]

둘째, 정치사회와 관료사회의 구조적 측면에서 당관료와 당원들

9 박완신, 북한행정론(서울: 화성출판사, 1988), pp. 26-48.

10 Holmes, op. cit., pp. 35-106.

11 Xiaoping Deng, Fundamental Issues in Present Day China (Beijing: Foreign Language Press, 1987), p. 130.

의 특권의식과 권력남용에 의한 공금유용과 횡령 등이 부패의 요인이다. 중국은 1949년 10월 1일 중화인민공화국을 창립한 이후 공산당이 실질적인 통치권력구조의 핵심적인 역할을 하였다. 예컨대 1982년 7월의 중국공산당 제12기 전국대회에서 채택한 신당규약 총강을 보면 알 수 있다. "중국공산당은 중국노동계급의 선봉대이며 각 민족 인민의 이익을 반영하는 충실한 대표이며, 중국 사회주의 사업의 지도적 핵심이다. 당의 최종목표는 공산주의의 사회제도를 실현하는데 있고, 중국공산당은 마르크스 레닌주의, 모택동사상을 자기행동의 지침으로 한다"고 규정하고 있다.[12] 이처럼 당이 중국의 정치체제에 미치는 역할은 지대하며 이것은 당 간부의 권력과 지위가 막강하다는 것을 의미한다.[13] 당 관료나 정부기관의 관료가 그들의 권력과 지위를 이용하여 부패를 저지르는 것은 바로 권위주의적 의식구조에서 유발된 것이라고 할 수 있을 것이다.

셋째, 거시적 접근에서 보면 배금주의와 경제적 물량주의의 팽배에 대한 정치행정 통제가 미흡한 데서 부패가 유발된다. 예컨대 1985~1986년 기간에 중국의 대학생들이 부패풍조에 반대하여 학생들의 집단행태가 일어날 즈음 북경, 천진, 심양, 대련 등지의 1,763명의 중국의 대학생들을 대상으로 한 여론조사에서 밝혀진 것을 보면[14] 32.5%(471명)의 학생들이 당풍쇄신이 가장 중요한 정치적 과제라고 응답하였고, 20.3%(294명)가 체제개혁의 필요성을 주장하였다. 체제개혁 중 가장 중요한 것이 경제개혁이고 부의 분배과정에서 야기된 부의 독점을 방지할 제도적 장치가 필요하다는 것이다. 특히 여기서 주목할 사항은 중국에 있어서 경제적 부패문제는 국영기업, 당·정·군조직의 비호하에 행해지거나 직접 관여되고

---

12 중공개요(서울: 국토통일원, 1972), pp. 29-30.

13 김영종, "공산주의 국가에서의 관료부패에 관한 역할," 숭실대학교 사회과학연구소 논문집, 통권 7권(1989), pp. 39-53.

14 김대환, "중국관료사회의 부정부패현상과 파급영향," 공산권연구, 통권 109권(1988), p. 33.

있는 점이다. 그리고 상하관계나 소속이 다른 단위기관 간의 공동범죄가 많다는 점을 유의할 필요가 있다.

넷째, 중국의 부패현상은 중국의 개방정책의 영향으로 보는 외인론이다. 예를 들면 중국의 대부분의 관료부패가 경제특구에서 경제부패의 형태로 유발되고 해외부문의 개방에서 먼저 일어나는 것에서도 그 원인을 분석할 수 있다.[15] 다시 말하면 정치행정 부패는 무역과 투자가 집중된 지역에서 가장 문제가 먼저 제기되고 있다는 점, 특히 개방정책이 추진된 지 1~2년간 상당수의 간부가 부패하게 되었고 이들의 대부분이 경제범죄와 연관되어 있다고 본다. 사실 이러한 외인론은 실제로는 개방정책추진 이전에도 부패현상이 극심하였던 실증적인 사례를 고려하면 반드시 설득력있는 주장은 아닌 것 같다.

예를 들면 1949년 중화인민공화국 설립 당시만 하여도 정치행정 부패가 극심하였다. 또한 1951년 가을 '탐오정치조례'에 의한 '삼반오반운동' 즉, 반탐오, 반낭비, 반관료주의의 삼반과 뇌물수수, 탈세, 국가자재의 절취, 원료와 수공의 협잡, 그리고 국가경제정보의 절취와 누설 등의 척결운동이 실시되기도 하였다.[16] 그 뿐만 아니라 1964~1965년간의 '사청'운동이나 1970년 초 이후 '유기회불용과기취비', 즉 기회만 있으면 불법적인 뇌물수수나 불법거래가 급증하고 있었던 점을 지적할 수 있다. 이러한 논거의 하나는 중국이 경제특구 설립 이전에 직장획득과 거주이전 수혜를 위하여 '빈오수뇌'도 있었다는 것을 알 수 있다.

다섯째, 중국의 부패는 중앙집권적 권력의 집중과 그리고 군사문화적 권위주의에서 유발된 권력문화의 역기능이 부패를 촉진시켰다고 할 수 있다. 중국의 헌법 제 2조(1982년 제5기 전국인민대표대

---

15 금희연, 중국연구, 통권 4호(1993), pp. 158-181.

16 서울대학교 국제문제연구소, 중국정치경제사전(서울: 민음사, 1990), pp. 219-233.

회 제5차회의 채택)에 의하면 중화인민공화국의 모든 권력은 인민에게 속한다고 규정하고 있다. 그리고 제3조에서는 전국인민대표대회와 지방각급인민대회는 민주적 선거를 통하여 구성되며 인민에 대하여 책임을 지고 인민의 감시를 받는다고 규정하고 있다. 이러한 규정은 마치 자연법사상에 근거한 천부불가양도의 권리와 주권재민의 권리를 인정하는 것처럼 보인다. 그러나 실제로 일당독재의 공산당에 의하여 권력이 철저하게 독점되고 있다. 이러한 권력의 절대적 독점의 결과는 권력남용과 부패의 부산물을 낳게 된다고 하겠다. 예컨대 1989년 5월 중국의 천안문사건에서[17] 학생들은 중국의 지도자들인 등소평이나 이붕 등에 대한 권력부패와 정부무능, 그리고 부패추방과 민주화를 주장하였다. 그러나 이러한 학생들의 부패추방의 주장도 인민군의 무력에 의하여 무참히 진압되고 말았으며, 이것은 중국에 있어서의 군의 힘과 중요성을 의미하고 있다.

사실상 군은 중국공산당의 지도를 받는 당의 첨병이고 무장혁명단체로서 당의 적극적인 혁명노선을 지도하여 왔고 중국헌법 93조에 의하여 국가군사위원회가 전국의 무장력을 지도하고 있다. 특히 당중앙군사위원회 구성원인 등소평, 섭검영, 서향전, 양상곤 등이 국가중앙군사위원을 겸직하는 방법으로 당이 인민해방군을 완전 장악하고 있다.[18] 이와 같이 중국의 권력집중과 군사문화의 팽배, 그리고 권위주의적 정치구조 등은 필연적으로 정치행정의 부패를 유발하는 원인제공자라고 할 수 있다.

여섯째, 중국의 부패의 원인은 경제 및 행정정책의 제도적 불합리성과 관리의 잘못에서 유발되었다는 것으로서 "중국정부의 행정개혁과 정책이 내수를 위축시켰고, 지방정부의 자급자족 및 자립도를 증가시키는 데 주력한 결과 경제적 효율성을 저하시켜 자연 소비재의 공급부족을 초래했다"[19]는 지적이다. 즉 이러한 소비재의 부

---

17 동아일보, 1989. 12.23 일자.

18 중국개요(서울: 국토통일원, 1972).

족을 획득하기 위하여서는 비정상적인 관리와의 '관계'를 이용하게 되고 '주후문'이라는 부정한 방법에 의한 교환행위가 이루어지는 것이다. 공급이 부족한 재화의 획득, 재분배결정 과정, 관료의 역할, 그리고 뇌물의 개재 등이 부패의 연결고리를 잇게 하는 것이다. 특히 여기서 주목할 것은 1978년의 중국의 개혁 이후 사유재산권인정, 교환경제의 활성화, 가격변동제 실시, 그리고 시장기능의 증대 등으로 인하여 정치행정의 부패가 증대되었다는 것이다. 즉 '개혁부패'(reform corruption)[20]라고도 하는 개혁의 부산물로서의 부패가 파생되었다는 점도 유의하여야 한다. 중국의 부패현상이 가져다주는 역기능은 한두 가지가 아니다.

첫째, 우선 인민들의 중앙정부에 대한 불신과 불만이다. 이러한 결과로 반정부적 체제개혁과 집단행태의 원인이 되었다. 예를 들면 1989년의 천안문사건이 그 대표적인 실례이다. 그러나 중국은 이러한 자연발생적인 인민의 반부패저항운동을 수치로 알고 아직도 은폐를 시도하고 있다.[21] 즉 부패는 비생산과 비능률을 초래시키고 중국인민들의 갈등과 정부 불신을 가속화시킨다. 1989년의 천안문 사건 관계 연구학자 David Lampton(World Report, 1989)은 지적하기를 "당관료만 부패로 인하여 이익을 취하게 되고 지식층은 오히려 택시기사보다도 소득이 적다"고 주장하였다.

---

19 금희연, op. cit., pp. 158-181.

20 Stephen K. Ma, "Reform Corruption: A Discussion on China's Current Development," Pacific Affairs, Vol. 62(Spring, 1989), p. 44.

21 예를 들면 필자는 1995. 10. 6~10일 기간에 북경에서 개최된 제7회 반부패 국제회의(The 7th International Anti-Corruption Conference)에 제출한 논문제목과 제안서가 수락되고 공식적인 초청장이 발급되었다. 그러나 그후 논문의 완본에 중국의 천안문 사건에서 수많은 학생들이 반부패의 추방을 주장하다가 무참하게 희생되었다는 내용이 역사적인 실증자료가 제시되자 "이것은 중국정부에 대한 내정간섭이다"라고 강변하며 결국 논문 발표를 거절하였다. 그 논문의 제목은 「사회주의 국가에서의 부패비교: 러시아·중국·북한을 중심으로」이었다.

둘째, 당관료나 정부관료 등이 정치행정의 독점과 권력독점을 이용하여 '금권유착' 혹은 '관경유착' 등의 현상을 초래하여 경제전반에 걸쳐 혼란을 야기시키고 계층간의 갈등을 야기시키는 결과가 되었다고 할 수 있다. 즉, 중국에는 '관상'이 일반적인 현상으로 받아들여지고 있다.[22] 관상은 결국 특수적 권력독점형태인 '관도'의 형태로 변질되어 부패의 고리가 만연하게 되는 것이다.[23] 이와 같이 관리들의 상업행위는 권경유착 즉, 권력을 이용한 부패의 악순환을 초래하게 되고 일반 국민들의 불만의 요인으로 등장하게 됨은 물론이다.

셋째, 중국의 정치행정부패 방지는 당관료나 행정관료에 대한 비난이나 불신으로 되는 것이 아니라 보다 근원적으로 제도적 개혁과 연속성, 그리고 장치행정 지도자들의 솔선수범적인 태도가 요체라는 것을 시사하고 있다. 다시 말하면 중국은 정치 및 경제개혁을 통하여 국민들의 민주적 욕구와 생존, 그리고 인간다운 삶의 질(quality of life)의 향상에 노력하여야 할 것이다. 그리고 특히 공정한 분배제도의 개선과 정치행정 및 경제개혁은 물론이고 사회문화적 환경의 개혁 없이는 부패의 방지가 어렵다는 것을 의미한다. 우리가 여기에서 유의하여 보는 것은 경제특구에서와 자유기업의 활동, 외국자본의 도입, 그리고 점진적 개방화로 인하여 생산자와 소비자 모두에게 귀한 상품이나 물자를 얻기 위하여 뇌물수수가 보편

---

22 당정부간의 각종 공사 설립금지 조치가 있은 1988. 10.3 이후에도 6만개의 공사에 47,956명의 당·정·군 등의 간부가 관여하고 있다. 자세한 것은 다음 문헌을 참고할 것. Liu Jianjun, "China Cleans Up Companies to Stop Official Profiteering," Beijing Review(Nov. 13-19, 1989), p. 14.

23 여기에서 관도란 관료주의를 의미한다. 즉 상관에 대하여서는 무조건적으로 아부하고 아랫 사람에게는 권력을 미끼로 하여 포악한 짓을 자행하며, 전체적·획일적인 정책을 쓰면서, 인민의 의사를 무시하고 독선적인 행동을 하거나 또는 관료가 자기의 직책을 활용하여 투기를 통하여 경제적 이득을 챙기는 것이다. 자세한 것은 다음을 참고할 것. 중국의 비밀, 월간중앙 신년호 부록(서울: 중앙일보사, 1993), pp. 106-111.

화되고 있고, 부패과정에서 정치권력과 정실주의도 동원되고 있는 것을 인지하여야 할 것이다.[24]

이러한 맥락에서 중국공산당 제13차 전국대회에서 행한 조자양의 개혁보고서는 상당한 의미가 있다고 본다.[25] 즉 다음과 같은 내용의 개혁 방향이다.

1) 당정분리의 실시로서 당과 정부의 직능을 분리하고, 당은 인민을 지도하고 헌법과 법률의 범위 내에서 활동할 것, 2) 당의 지나친 권력집중을 하부기관에 이양할 것, 3) 정부집행기구의 개혁, 4) 간부인사제도의 개혁으로서 과학적인 인사관리를 할 것, 5) 사회에 있어서 협의 대화제의 필요, 6) 사회주의 법체계건설의 강화 등이다.

넷째, 중국의 정치행정부패의 결과적 의미는 사회주의 이데올로기에 근거한 체제와 구조의 허구성을 의미하며 또한 프롤레타리아(proletariat)독재의 환상의 실체를 의미한다. 프롤레타리아트 독재의 개념은 공장, 공업 노동자 계급의 권력 또는 그 계급의 정치적 지배를 의미한다.[26] 사회주의자들은 주장하기를 모든 사람에게 생산물의 분배를 받을 평등한 권리가 부여되고 있으며 분배수단은 사회소유로 옮기고 궁극적으로는 자본과 자본가를 공적으로 보고 계급의 폐지에 의한 평등한 분배생활을 향유하게 된다고 주장하나 실제로는 그러한 것은 환상에 불과한 허구라는 것이다. 다시 말하면 자본주의 국가이

---

24 Zbigniew Brzezinski, The Grand Failure (New York: Macmillian Publishing Co., 1990).

25 조자양, "중국적 사회주의 길을 따라 전진하라," 국제문화, 통권 19-2 (1988), pp. 127-133.

26 이것은 무산자계급의 해방과 지배를 의미하게 되고, 과격급진론적인 공산주의자들을 사유재산의 전폐와 여러 종류의 노동을 특정생산에 배분하여 생산된 것을 모든 사람들이 요구하는 대로 다같이 만족시킨다고 주장한다. 자세한 것은 다음 문헌을 참고할 것, 국민윤리교육연구회편, 인간과 국가(서울: 삼화출판사, 1977), pp. 273-275.

든 사회주의 국가이든 인간의 기본적인 욕구와 탐욕, 그리고 제도적 미비, 그리고 이러한 부패구조를 서식시키는 사회문화적 환경이 바로 부패병을 만연시키는 근원적 변수임을 인지케 하여 준다. 이러한 맥락에서 부패현상의 자기영속성(self-perpetuation)에 의한 보편적 현상시각은 중국에 있어서도 마찬가지라고 할 수 있다.[27]

(2) 북한의 경우

북한의 정치행정부패 현상은 과연 어느 정도이고 그 원인과 결과는 어떠한가 하는 것은 중요한 연구과제임에 틀림없다. 부패의 정도와 실제사례는 다음에서 논의하기로 하고 먼저 그 원인과 결과부터 논의한다.

첫째, 북한의 정부관료제의 구조적 병폐에서 유발된 필연적 결과라고 할 수 있다. 일반적으로 부패는 제도적 취약에서 부패의 기회가 제공되고, 이것을 통제할 만한 통제의지의 부족과 정치행정엘리트의 공직관의 부족, 그리고 사회문화 환경적인 부패토양과 유인의 변수가 핵심적인 부패변수인 것으로 알려져 있다. 북한의 경우는 1인 지배의 절대적, 권위주의적 권력구조하에서 김일성, 김정일로 이어지는 세습화가 구조화되어 있는 정치행정체제이다. 김일성은 1994. 7. 8일 사망하였으나 그의 신격화는 이미 잘 알려져 있다.[28]

"김일성은 백두산 정기를 타고나 천지조화를 다 안다. 축지법을 써서 하늘을 훨훨 날아다니며, 벽마루를 부쳤다 떼었다 하면서 하룻밤에 수 천리를 왕래한다."

---

27 Simcha B. Werner, "New Direction in the Study of Administrative Corruption," in Public Administration Review Vol. 43(March-April, 1983), pp. 146-154.

28 도홍렬외 공저, 김정일정권(서울: 남북문제연구소, 1993), pp. 51-52.

"모래알로 쌀을 만들며, 솔방울로 총탄을 만들고 가랑잎으로 대하를 건너간다. 김일성이 한번 노려보면 사나운 원수도 가을 풀같이 쓰러지며, 미소로 바라보면 마른 나무에도 잎이 돋고 꽃이 핀다."

"김일성이 1975년 5월 루마니아, 유고 등으로 여행할 때, 그가 지날 때마다 사시사철 눈보라가 휘몰아치던 히말라야 산줄기와 알프스 영봉들도 머리를 숙이고, 지중해와 대서양도 숨을 죽여 겨울 같은 길을 열어주었으며, 가시는 길을 따라 꽃물결이 일고 대륙을 뒤흔드는 환호성이 울렸다. 수령을 끝없이 존경하고 배우는 것은 세계인의 추세로서 수령을 모셨기에 20세기는 영광에 빛나고 있다."

여기에서 김일성 신격화의 실증적 증거의 하나로서 지적될 수 있는 것은 북한 전역에 세워져 있는 동상의 수를 보아도 알 수 있다. 예컨대 1991년 현재 북한 전역에는 크고 작은 김일성의 동상과 흉상이 35,000여개가 있으며, 특히 김일성의 개인숭배와 신격화는 그의 후계자인 김정일에게도 마찬가지로 적용되고 있다. 이러한 절대적 권위주의의 지배 하에서 유발된 권력의 남용과 오용은 필연적으로 만연된 부패현상의 근원이다.

둘째, 북한의 정치행정부패는 권위주의적 관료주의의 부산물이며, 일반국민들의 행정수요에 대한 공급의 부족, 그리고 폐쇄사회(closed society)와 명령경제(command economy)에서 유발된 필연적인 부산물이다. 권위주의적 관료주의는 국가의 정치행정적 의사결정 과정에 일반시민들의 참여가 차단되어 있고, 국민의 '알 권리'는 이러한 권위주의적 정권을 비합리적 방법으로 유지하기 위한 수단으로 유보되어 있다. 특히 북한의 경제는 최근 들어 마이너스 성장을 이루고 식량사정은 악화일로이다. 예를 들면, 1990년에는 −3.7%, 1991년에는 −5.2%, 그리고 1992년에는 −7.6%이다. 1992년의 경우 경상 GNP로 남한과 비교할 때, 남한의 2,945억 달러에 비교하면 14분의

1에 불과한 211억 달러이다. 더구나 북한 국가예산의 약 30%, GNP의 약 20~25%를 군사력 증강에 투자해 왔으므로 군비증강과 경제발전의 양대 목표의 동시추구에서 한계가 있음이 명백하게 드러나게 되었다고 할 수 있다. 이러한 폐쇄적 독재형 관료제는 비생산과 무능, 그리고 부패의 부산물을 가속화시키는 요인이 되기도 하였다. 최근에 귀순한 여만철씨의 증언에 의하면 북한의 부패구조의 수준은 매우 심각한 상태라고 하며 이러한 것은 근원적으로 북한 경제실패와 관료제의 병폐에서 기인된 것이라고 한다.[29]

셋째, 가족중심적 족벌체제 권력구조에서 파생된 비합리적 관료제도의 구조적 부산물이 정치행정 부패를 배태시키는 요인이라고 할 수 있다. 그 이유는 족벌관료구조는 필연적으로 권력쟁탈과 비합리적 연고주의, 파벌주의, 가족주의, 사인주의, 그리고 권위주의적 관료행태와 관련이 있다. 김일성의 경우 1970년대 초부터 김정일에게 세습에 의한 권력 승계를 시도하여 왔다. 뿐만 아니라 김정일의 여동생 김경희는 당 경공업위원장, 그 남편인 장성택은 당 청년사업부장, 김일성의 외5촌 동생인 강현주는 당 책임비서, 김일성의 친동생인 김영주는 부주석, 4촌 동생인 김창주가 부주석, 김일성의 후처 김성애가 여맹위원장, 그 소생 김평일은 핀란드대사였고, 고종사촌 양형섭은 최고인민회의 의장을 차지하는 등 엄청난 비율의 족벌관료체제의 인맥을 차지하고 있다.[30]

이러한 족벌체제적 권력구조는 주관적이고 특수한 인간관계를 배경으로 하여 국가의 정치행정 결정과정상의 객관성을 왜곡시킬 우려가 많다. 그리고 공직을 이용한 특수한 이익도모형의 부패구조에

---

29 여만철씨의 증언에 의하면 북한의 김일성별장은 약 80여개에 이르고 있는데 이 별장을 365일 관리하거나 경비하는 병력은 700~800명에 이른다. 이러한 병력이 1년에 김일성 주석이 일 년에 한번 잠깐 왔다 가는데 불과한 별장에 항상 대기하고 있는 것은 엄청난 국가예산 낭비이며 이것은 바로 권력의 신격화와 폐쇄적 관료주의에서 오는 부패라는 것이다.

30 중앙일보, 1994. 7.31.

휩쓸리게 되기도 한다. 특히 김일성 사후 권력승계과정과 향후 국가정책과정에서 야기될 수 있는 족벌간의 권력갈등의 가능성은 권력부패의 서식처로서 일조를 할 수 있다는 점도 배제할 수 없다.

넷째, 북한의 정치행정부패는 김일성 주체사상이란 정치적 상징(political symbol)에 의하여 절대적 지배권력을 유지하는 과정에서 파생하는 구조적 부산물이라 할 수 있다. 여기에서 주체사상이란 "마르크스-레닌 사회주의 이론을 북한의 실정에 맞게 적용한 사람중심의 사상"이다.[31] 다시 말하면 주체사상은 "겉으로는 자주성과 창조성을 내세우면서 김일성 중심의 지도노선에 반대하는 모든 세력을 제거하는 사상적 무기"로 사용하고 있다.[32] 특히 이러한 주체사상은 1992년에는 헌법을 개정하면서 김일성주체사상만이 사회주의의 완전한 승리의 요체인 것처럼 선전하는데 유의할 필요가 있다. 그러나 이러한 허구적 주체사상은 바로 구조적·제도적 부패의 근원이 될 수 있으며 다음과 같은 비판을 받게 된다.[33]

1) 주체사상은 일반시민들의 정치적 참여과정은 봉쇄되고 극소수의 정치엘리트들의 권력유지용 정치적 상징이라는 점.[34]

2) 주체사상은 인간을 획일화하거나 자율성을 배제하고 그리고 집단주의적 명령과 규범에 강제적으로 복종케 하는 독재통치논리의 귀결이라는 점.

3) 주체사상은 1인 독재의 명령과 행동의 사상이고 비민주적 폭력성을 내포한 적화통일의 논리라는 점 등이다.

---

31 도홍렬, op. cit., pp. 315-323.

32 강석승외 공저, 북한의 실상과 주변정세 (서울: 반도출판사, 1993).

33 김영종, "북한의 정치부패와 인권," 북한연구, 통권 20호(1995), pp. 44-60.

34 정치적 상징에 대하여서는 다음의 문헌을 참조할 것. Murray J. Edelman, The Symbolic Uses of Politics Urbana, The University of Illinois Press, 1985, pp. 1-221.

다음으로는 북한의 정치행정부패의 결과에 대하여 논의한다.

첫째, 북한의 정치행정부패는 결과적으로 북한주민들의 인권에 미치는 영향이 지대하다고 할 수 있다. 여기에서 북한식 인권개념은 "사회주의 제도하에서만 보장되며 이를 실현할 수 있는 물질적 조건에 의해 담보된다"고 한다. 북한의 경우 인권은 북한사회주의 체제에서만 보장된다는 주장이다. 그러나 이러한 주장은 국제인권단체들의 보고서나 귀순자들의 증언에 의하면 허구이다. 즉 북한주민은 철저하게 주민을 핵심계층, 동요계층, 그리고 소요계층으로 나누어 차별대우하고 있을 뿐만 아니라 여행통제, 언론통제, 종교탄압, 거주이전의 억제, 취업의 강제, 그리고 의식주 통제 등 철저하게 인권이 통제되어 있는 폐쇄사회이기도 하다. 그리고 자유의 정도에 따른 인권보장은 13등급에 속하는 최하위의 국가이다.[35] 특히 시베리아 하바로프스크 소재 북한 벌목장의 실태에서나 15~20만으로 추산되는 정치범들의 수용소의 실태는 바로 북한의 부패가 초래한 결과가 얼마나 심각한가를 말해준다.

둘째, 북한의 정치행정부패는 소수 지배계층의 탐욕충족은 될지언정 절대다수 북한주민들의 삶의 질과 행복을 심각하게 파괴하고 대다수 주민들의 불만을 야기시키는 결과를 초래하였다. 예를 들면 정치수용범들은 "겨울에는 난방장치나 조명이 거의 없는 암흑같은 수용소에서 최소한의 인간적 대우도 받지 못하는 생활을 하고 있으며, 최악의 경우 간수들에게 구타를 당해 현장에서 사망하는 경우까지 있을 정도"라고 알려져 있다.[36] 북한주민들의 불만과 불신이 장기적으로 한계상황에 도달하게 될 때 북한체제의 몰락 위기로 연

---

35 북한의 인권보장 정도는 세계 61개국 중 13등급으로서 앙골라, 캄보디아, 이라크, 소말리아, 루마니아, 알바니아, 몽골, 그리고 불가리아 등과 같은 수준으로 보고되고 있다. 자세한 것은 다음의 문헌을 참조할 것. 김영종, 북한의 복지행정정책, Vol. 9, 1992, p. 173.

36 북한수용소의 실태에 대하여서는 다음의 문헌을 참고할 것. 월간조선, 서울: 조선일보사, 1995.3.

결될 수 있다는 가설도 세운다.

셋째, 내부적 부패의 외부적 승화를 의도적으로 시도할 때에는 결과적으로 정치행정부패의 호도용으로 대외적인 테러나 폭력에 의한 평화 파괴적 형태로 표출될 수 있는 가능성도 결코 배제할 수 없다. 특히 북한 권력핵심부에서는 세계적화의 허황된 목표추구를 위해 시시때때로 야욕을 보여왔다. 예를 들면, 1968년의 1·21 청와대 습격사건, 1·23 미함 푸에블로의 공해상 납치, 1969년의 미정찰기 EC-121기의 공해상 격추, 1970년의 무장게릴라 육상남파, 1974년 박대통령 영부인 저격, 1976년 미군에 대한 도끼만행, 1983년 버마 아웅산 폭탄 테러, 1987년 KAL 858기 공중폭파로 민간인 탑승자 115명을 전원 살해한 사건, 그리고 1995년 10월에 충청도 지역에 무장간첩 남파사건 등 수없이 많다. 최근 1987~1991년간에 걸쳐서 주요사회주의 국가의 몰락이 바로 부패의 망국병에 근원이 있다고 볼 때 북한의 심각한 정치행정부패의 결과로서 체제붕괴나 혹은 대외적인 폭력의 전술전략의 방향으로 선회할 가능성을 결코 배제할 수 없다.

Ⅱ. 주요 정치행정 부패사례

(1) 중국의 경우

중국의 경우 정치행정 부패는 비교적 외부로 공개하지 않고 내부적으로 처리하는 경향이 있다. 왜냐하면 그들은 사회주의 국가의 체제의 우월성을 믿고 부패는 근본적으로 자본주의 체제의 구조적 모순에서 배태한 것이라고 주장해 왔기 때문이다.

중국의 북경시 간부 부패사례[37]

* 사건의 내용

북경시와 홍콩 대재벌인 장강실업집단간 합작투자로 추진했던 북경 중심부 왕부정의 상가, 사무실, 위락용 복합빌딩 '동방광장'(부지 9만 평방 미터) 건설사업 인허가 과정에서 발생한 불법 월권행위가 문제시된 것이다. 시 당국이 시 중심부 건축물의 고도를 45m로 제한하는 도시계획법상의 규정 위반, 70m로 건축할 수 있도록 승인한 데에서 문제가 되었다. 시 당서기, 시장비서관, 국장 등 관련 공무원 60여명에 대한 검찰수사가 시작되어(1994. 11) 사업승인, 은행대출 등과 관련 거액의 뇌물을 받은 왕보삼 상무부 부시장이 권총 자살하고, 소준상 전 주시장 겸 공안국장이 잠적하게 된다. 이와 관련하여 북경에 본부를 둔 중국최대 철강회사인 수도철강회사와 최대 투자 기업인 중국 국제신탁투자공사는 특별감사 결과 산하 기업체, 자회사들과 불법 내부거래를 자행, 공금을 유용한 것으로 드러났고, '수강'의 홍콩 현지법인 대표 주북방은 페루산 철광구입시 실제 자산가격의 3배가 넘는 3억 2,000만불을 지불하였고, '수강'의 이사장 주관오는 등소평과의 50년 이상의 교분을 바탕으로 출세가도를 달려왔고, 그의 장남 주북방은 등소평의 차남 등질방과 가까운 교우관계를 유지하여 왔다. 그리고 '중신'의 자회사인 상해 신탁투자 공사는 런던선물거래소에서의 구리 구입과정의 분쟁에 따른 소송패소로 4,200만 불의 국고 손실을 입힌 사실도 발견되었다.

* 사건의 처리

이 사건의 처리는 강택민 당총서기가 최고 사정기구인 당중앙 기율검사위에서의 연설을 통해 "부패척결 조치 없이는 개혁과 개방성

37 이 부패사례는 다음과 같은 자료에 근거한 것이다. 서울신문, 1995. 5. 21; 조선일보, 1995. 4. 29, 1995. 5. 3; 내외통신, 1994. 4. 30.

과가 무실화되고 집권당으로서 공산당의 존립기반마저 위협받을 것이라"고 하면서 성역없는 사정을 중단없이 추진하라고 하였다. 당중앙 기율검사위가 당·정 간부의 뇌물수수·월권·민폐조성행위 등 권력형 부패 근절을 촉구하고 위반자에 대한 중형주의 원칙을 명시한 긴급훈령을 시달하였다. 그리고 특히 강택민 중앙군사위 주석명의로 군수업체 등 경영활동을 하는 군조직에 대한 회계감사 의무화를 골자로 하는 법령을 공포하고 부패일소의 제도적 장치를 강화하였다.

특히 장관급인 국유기업체 이사장 주관오, 위명일을 해임하고 주국방을 전격 구속하였고, 등소평의 신임을 바탕으로 북경시에서 강력한 영향력을 하여온 진휘동 당서기를 인책해임, 후임에 위건행 당중앙 서기처·기율검사위 서기겸 정치국원을 임명하고, 진휘동은 사천성 동향인 등소평의 신임으로 10년간 북경 시장을 역임했으며, 천안문사태 무력지지 등의 공로로 시 당서기로 승진하였다.

*** 사건의 분석**

이 사건의 원인과 처리결과에 대한 분석은 다음과 같은 점이 특징이다.

1. 이 사건은 단순한 중국의 북경시 자체의 지역적 부패사건이 아니라 정·관·경, 그리고 권력기관이 복합적으로 연결된 부패사건이라고 보는 것이 타당할 것이다.

2. 개혁·개방 정책의 진행과정에서 발생한 권력형 부패행위로서 정경유착의 부패고리가 사회주의 국가에서도 발생하고 있는 점을 시사하는 중요한 부패사건이다.

3. 강택민의 권위와 통치권하에서 북경시의 부패사건을 직접 통제해 처리한 점이 특징인 사건이다.

4. 중국에서의 반부패 척결은 전인민적인 추방운동으로 가능하다는 점을 시사한다.

5. 중국의 정치행정 부패는 권력 및 기업과의 상호 거래형 부패가 동반하는 점을 암시한다.

6. 특히 중국의 부패현상은 단순한 적발이나 사법처리 등의 대중요법으로서는 치유할 수 없고 당·정·군·행정의 부패현상에 대한 총체적인 개혁의 필요성을 시사하고 있다.

7. 부패척결의 과정에서 강택민 지지세력인 상해봉과 기득권 상실을 우려하는 원로지도층 및 그 자녀인 태자당, 그리고 보수파 관료, 군부주류인 산동성출신 장성 산동봉 간의 이해대립 및 내부 갈등이 증폭될 가능성도 있다고 본다.

(2) 북한의 경우

북한의 경우 부패사례는 매우 포착하기 힘들다. 그 이유는 부패가 원래 빙산일각(iceberg model)의 속성도 있지만, 북한사회주의 국가의 비밀주의적 폐쇄성에 기인한다고 볼 수 있다. 그러나 이러한 부패사례의 출처도 귀순자나 국제적인 인권보호기관 등을 통하여 그 자료가 수집되어질 수 있다. 다음의 경우는 필자가 직접 귀순자의 면접을 통하여 얻은 정보에 의하여 그 원인과 처방을 분석한 것이다.

북한의 국경경비원과 통과료와 밀무역[38]

*** 사례의 내용**

북한과 중국의 국경을 경비하는 국경경비원들은 국경 밀무역업자와 결탁하여 이들로부터 뇌물로서 수백원에서 수천원의 통과료를 받아 치부하는 내용이다. 특히 흥미있는 것은 과거에는 국경통과를 묵인해 주는 대가로 약간의 술·돈·담배 등을 뇌물로 요구했으나

---

[38] 연합통신, 1994. 5. 7.

최근에는 안전하게 국경통과를 약속하는 대가로 수백·수천원의 통행료(뇌물)를 요구하고 있다는 것이다. 한편 북한과 중국을 왕래하는 밀무역업자들은 국경통과금으로 매번 1,000원(북한화폐) 상당의 현금과 물품을 북한의 북경 경비원들에게 주어야 한다는 것이다.

* 처리결과

이러한 사건은 분명히 군부패사건이다. 왜냐하면 국경경비의 임무는 주변정세에 기민하고 근무경력이 오래된 하사관, 즉 사관장, 상사, 중사, 그리고 하사 등이 주로 하며 고참하전사(병사) 등도 관련되어 있다. 이러한 것은 물론 군자체의 형법이나 '뇌물및기타직무태만처벌에관한법'에 의하여 처벌받을 수밖에 없다.

* 분석

국경경비원들의 국경 밀무역 투자는 국가보위부의 감시와 적발을 피해 은밀하게 점조직 형태로 이루어지고 있다. 이러한 뇌물수수행위로 말미암아 국경경비대원 중에는 군복무를 마치고 제대할 때 최고 10만원(북한화폐기준) 정도의 목돈을 챙겨 나가는 경우도 있다. 이러한 사례는 다음과 같은 점을 시사한다.

1. 북한의 부패사례는 정치행정부패만 아니라 군부패에까지 확산되어 있다.
2. 뇌물의 정도는 다양하나 국경경비가 강화되고 처벌과 적발이 엄격할수록 비용은 상승한다.
3. 부패의 적발은 은밀하기 때문에 어렵고, 특히 빙산일각모형이 적용된다.
4. 정치행정의 부패와 연관되어 있으며 권위주의적 권력형부패의 부산물은 하위체제까지 구조적으로 연결고리로 이어져 있다.

Ⅲ. 중국과 북한의 부패모형 비교

지금까지 우리는 중국과 북한의 부패에 대하여 그 원인과 결과 그리고 사례 등을 중심으로 논의하였다. 여기에서는 양국의 부패모형의 분석을 통하여 반부패 처방의 전략에 이르기까지 간략하게 논의한다.

첫째, 중국과 북한의 정치행정 부패현상에 대한 공통점은 다음과 같다.

(1) 부패현상의 원인이 양국 공히 중앙집권적 권위주의에 의한 절대권력의 남용이나 오용에 근거한 권력형 부패에 기인한 경우가 대부분이다. 주지하는 바와 같이 사회주의 국가에서의 지배권력의 핵심은 공산당의 1당독재와 그리고 소수 권력엘리트에 의한 권위주의적 통치구조의 원리가 적용되고 있다. 예를 들면 중국의 경우 중앙위폐회기간 중 중앙위 권한을 행사하며, 국가와 당에 관련된 모든 정책을 최종결정하고 당·국가·군을 지배하는 고위간부의 인사권을 장악하고 있는 핵심기구인 정치국 상무위원인 7명의 위원[39]이 당관료지배층이다. 좀더 구체적으로 1992년 이래 중국의 공산당원 수는 5천32만명에 달하나 실제로 이 거대한 조직을 지도하는 것은 3백여명의 중앙위원회이고, 이곳에서 선출된 30명 정도의 정치국 위원에게 권한이 주어져 있다. 더욱 흥미있는 것은 중국 최고의 의사결정기구인 중앙정치국 상무위원회를 지도하는 실질적인 최고 조직은 당의 고위원로인 장로정치기구이라는 것을 주목하여 볼 필요가 있다. 즉 당에서 은퇴한 실질적 권한자들이다. 예를 들면 등소평, 팽진, 진운, 양상곤, 이선념, 그리고 왕진 등이다.

---

39 정치국 상무의원은 제14기 당대회 전까지는 6명으로 구성되어 있었으나 1992년 10월 개최된 14전에서 7명으로 늘어났다. 그들은 주용기, 강택민, 이붕, 교석, 이서환, 유화청, 그리고 호금도 등이다. 관계문헌은 다음을 참고할 것. 중앙일보사, 중국의 비밀 (월간중앙 신년호 부록, 1993), pp. 211-215 참조.

한편 북한의 경우도 공산당 1당의 지배 권력 엘리트에 의하여 국가의 주요 정책결정이 이루어지며, 형식적으로는 최고 정책결정기관인 당 중앙위원회가 있으나, 실질적으로는 김일성·김정일로 연결되는 1인 절대권력의 지배구조하에 놓여 있다. 이러한 권위주의 정부는 결과적으로 국가의 전당료나 정치행정관료들에게 권력부패의 에토스(ethos)를 배양하는 소지가 되었다고 할 수 있다.

(2) 중국이나 북한의 경우나 양국 공히 부패원인에 있어서 문화적 요인이 상당히 중요한 부분을 차지하고 있다. 특히 중국의 경우는 전통적으로 유교문화의 가치관에서 관존민비적 의식구조하에 권위주의적 관료의 행태가 배태되었다고 할 수 있다. 그리고 북한의 경우도 14세기 이후에 중국으로 한반도에 유입한 유교문화의 영향이 정치행정관료의 부패문화형성에 상당한 요인으로 작용하고 있을 것으로 보인다.

(3) 양국 공히 부패사건의 은폐와 비밀주의적 정치행정의 속성 때문에 강력한 보도의 통제가 있어 왔다. 예를 들면 중국의 경우 1966~1977년까지 기간 중 인민일보에 나타난 부패사건의 보도는 매년 불과 9건 이하에 불과하다. 그러나 1978년 이후에는 다소 증가하기 시작하여 1980년대 중반기에는 40건까지 이르고 있다.[40] 북한의 경우는 공식적으로는 일체 부패사건을 일체 보도관제하여 왔으며, 그 이유는 일반 시민들의 불만이 상승되는 것을 막고 권위주의적 체제유지와 그리고 사회주의 체제의 우월성을 시위하려는 의도인 것처럼 보인다.

(4) 양국 공히 경제성장과 근대화의 과정상에 나타나는 필요악적 부산물이라는 시각이 있을 수 있다. 이러한 것은 기능주의적(functionalism) 접근시각에 양국 공히 사회주의 체제의 취약점을 인정하고 자본주의적 시장경제의 원리와 경제특구의 설정, 그리고 제한적인 사유재산제의 방향으로의 전개과정에서 물질적 수요의 급속한 증대와 아

---

40 Holmes, op. cit., pp. 51-52.

울러 인간 내면의 탐욕에 근거한 부패의 유행이라고 할 수 있다. 이러한 맥락에서 최근의 북한의 경우 소위 '외화벌이'의 국가적 장려와 이를 둘러싼 부패가 귀순자들의 증언으로 입증되고 있다. 그리고 중국의 경우도 '관상'의 경우에 나타난 행정관료부패가 만연되고 있다고 보도되고 있다.

(5) 양국 공히 어떠한 부패유형이 유행일까? 부패의 다양한 유형이 있으나 양국 공히 생계형 부패가 일반적으로 유행이다. 즉 일반 주민들이나 말단의 관리들은 부패자체가 그들 삶의 행태(modus operandi)로서 몫을 하고 있다고 보아야 할 것이다. 그러나 보다 실력있는 중상 이상의 당관료나 행정관료 등은 오히려 치부형 부패가 일반적인 특징이라고 하여야 좋을 것 같다. 왜냐하면 그들은 이미 생계유지보다는 축재의 욕망을 이루기 위한 부패행위를 하기 때문이다.

둘째, 중국과 북한의 부패현상의 차이점에 대하여 논의하여 보자.

(1) 중국의 경우 정치행정 부패의 주축을 이루는 것은 당관료로서 1978년 이후 57.6%를 차지하고 있으며, 그 다음은 41.6%를 차지하는 국가행정관료이고, 그 외 선거대표직 부패와 군관료가 각각 2%, 그리고 법률관료(officers of the law)는 6.8%를 차지하고 있다.[41] 반면에 북한의 경우 중국과 같은 부패정도의 차이에 대한 연구결과는 없다. 그러나 한 가지 분명한 사실은 북한의 경우는 정치(당), 행정, 군관료 어느 부서에 관계없이 부패가 만연되어 있다는 사실이다. 이러한 부패현실을 풍자한 표현은 귀순자들이 관계연구자료에서 이렇게 표현하고 있다.[42] "당 일꾼은 당당하게 인민의 등을 치며, 행정일꾼은 행세하면서 인민의 등을 치며, 안전부는 안전하게 인민의 등을 치며, 보위부는 보이지 않게 인민의 등을 치며, 군 간부는 군데군데에서 인민의 등을 친다." 그리고 군의 부패에 대한

[41] Ibid., p. 139.

[42] 도홍렬, op. cit., 315-323.

표현을 다음과 같이 하고 있다. "무력부에서는 무조건 떼어먹고, 연대에서는 연속적으로 떼어먹고, 중대에서는 중간중간 떼어먹고, 소대에서는 소리 없이 떼어먹고, 분대에서는 분별없이 떼어먹는다."

(2) 중국의 정치행정 부패는 개방화와 시장경제적 제도 도입과정에서 오는 물질주의적 가치관의 팽배에서 유발된 축재형 부패가 유행이라면, 북한의 정치행정 부패는 1인 권력의 절대주의적·권력구조적 카리스마 지배구조에서 근원한 권력남용형 부패와 그리고 국민의 생필품 부족현상에서 유발된 생계형 삶의 행태가 주축을 이루고 있다고 할 수 있다. 구체적으로 북한 정치엘리트들의 치부형, 권력형관계 부패는 물론이고 나아가서는 입당, 직장배치, 대학진학, 범죄단속, 식량과 생필품공급, 통행증발급, 그리고 운전면허증발급 등 어느 부분에서나 뇌물과 부패가 통한다. 뇌물거래의 형태는 고급관료에게는 외화($), 고급시계, TV, 냉장고, 카메라 등이 주로 사용되고, 반면에 하위직의 관료들에게는 담배나 술 등의 소모성 뇌물이 유행한다.[43]

(3) 중국의 경우는 집단지도체제와 원로정치, 그리고 중국식 사회주의의 실현과정에서 파생된 부패가 주종이나, 북한의 경우는 족벌주의적 권력구조의 비합리적 정치행정체제와 구조에서 파생된 결과적 산물이 바로 정치행정부패이다. 족벌관료구조는 연고주의, 사인주의, 권위주의적 관료행태로 연결되어 관료제도의 역기능을 배태시킨다. 특히 우리는 김일성의 족벌주의가 김정일로 하여금 그의 후계자로 삼는 최초의 사회주의 국가 세습제 국가가 된 점과 그리고 그의 친인척 대부분이 정치행정의 주요 직위를 독점하고 있다는 사실을 주목하여야 할 것이다.

(4) 반부패의 법적·제도적 장치에 있어서 중국은 최고인민감찰원, 최고인민검찰원 등의 조직이 있다. 주요 관련법은 공무원재산신고법(중화민국 1982년 7월 2일 공포), 1994년 1월 28일 '중기위' 제

---

43 내외통신, 1992. 5. 30; 1994. 4. 30.

65차 상임위원회에서 통과된 '중국공산당 기율검사기관 안전검사작업조례', 1994년 7월에 '당정기관과 그 작업인원이 직권을 이용한 기업금품의 무상점유·이용청산에 관한 국무원의 행정불합리 사무규정 실지의견' 등이 있다. 그리고 '해관의 맑은 행정에 대한 규정'은 해관공무원의 청렴성을 규정한 내용이다. 공직자의 부패사건의 경우 형법, 형사소송법, 인민검찰청조직법, 횡령 및 뇌물처벌특별가중처벌법 등이 규정되어 있다. 중화인민공화국 최고인민검찰원 검찰장(Procurator-General of the Supreme People's Procuratorate of the People's Republic of China)은 부패사건의 수사권한을 가진 최고 권력기관이다. 1988~1993년 기간 중 250,000건의 부패사건을 수사하였고, 그 중 70,000건은 10,000원(US$1=5.8원) 이상의 대형 부패관련자였고, 5,100명 이상의 공직자가 처벌받았고 그 중에는 6명 이상은 장관급 이상인 것이 밝혀졌다(Lin, 1993). 그리고 일반공무원의 감사업무는 감찰부가 있어서 감사와 감독을 받고 행정적인 책임을 부여하고 있다. 그 조직은 중화인민공화국 감찰부(Minister of Supervision of the People's Republic of China)의 조직이다. 반면에 북한의 경우는 1946년 12월 26일에 제정한 뇌물 및 기타 직무태만처벌에 관한 법령에서 각종의 공무원의 부패사건에 대한 처벌을 규정하고 있다. 특히 여기서 주목하여 볼 것은 공무원의 뇌물죄에 대하여 제7조에서 10년 이하의 징역 그리고 전부 또는 일부의 재산몰수에 처하는 것으로 되어 있고 정상이 중한 자는 사형이라는 극형에 처하고, 전부의 재산을 몰수하도록 되어 있다. 그리고 형법(1950년 채택) 제19장 178~193조에는 공무원으로서 탐욕과 이기적 목적으로 직권이나 직무상 사익을 취득하는 일체의 범죄와 부패사례에 대한 처벌을 규정하고 있다. 최소 1년 이상의 징역에 처하도록 되어 있다. 그리고 제23장 265~301조에는 군인, 군무원으로서 부패행위를 한 경우를 처벌하며, 직권남용이나 월권행위의 경우 정상이 중한 경우는 사형까지 처벌하는 엄격한 규정을 볼 수 있다.

제5절 / 결 론

지금까지 우리는 사회주의 국가의 부패현상에 대하여 중국과 북한을 중심으로 비교론적인 시각에서 논의하였다. 제1절에서는 정치행정의 부패연구의 필요성과 목적 등을 논의하였고, 제2절에서는 정치행정 부패의 개념이란 무엇인가를 논의하였다. 제3절에서는 사회주의 국가의 부패에 대한 일반적 특징을 급진적 구조주의, 폐쇄주의적 인간관에서, 그리고 계층제적 지배와 명령복종관계의 고전적 관료제의 역기능에서 그 특징을 찾아보려고 하였다. 제4절에서는 정치행정부패의 모형을 중국과 북한을 중심으로 비교하되 그 원인과 결과, 주요부패사례, 그리고 사례의 분석 등을 중심으로 비교하여 논의하였다.

부패는 본질적으로 정치행정의 비용을 증대시키고, 합리적 의사결정을 왜곡시키고, 뿐만 아니라 사회정의와 가치체계를 혼란시킨다. 특히 부패는 정부와 정치불신을 고조시키고, 사회적 갈등을 유발시키며, 최악의 경우 체제존립의 위기와 정권의 몰락을 야기시키기도 한다. 전통적으로 사회주의자들은 부패는 자본주의 국가의 구조적 모순에서 비롯되었다고 주장하여 왔다. 그러나 부패 현상이 자본주의 국가의 전용물이란 주장은 최근의 수년 동안에 연쇄적으로 소련과 동구 사회주의 국가들의 몰락이 부패에 근본적인 원인이 있다는 것을 보아도 설득력이 없는 것이다. 원래 정치행정의 부패는 국가의 기타 모든 기관에 파급효과를 미치는 고로 매우 심각한 것이다. 오늘날 사회주의 국가의 대표적인 국가인 중국과 북한의 경우가 보여주는 바와 같이 정치행정의 부패가 시사하는 점은 부패는 어느 국가에서나 보편적으로 일어나며 그리고 확산효과(spillover effect)가 있다는 것이다.

앞으로 정치행정 엘리트들은 체제존립의 영속성을 원한다면 정치행정부패의 방지대책을 심각하게 강구하여야 할 것이다. 그리고 무엇보다도 정치행정병폐의 결과로 인하여 파생한 인권의 보장과 아울러 인간의 삶의 질(quality of life)의 향상을 위한 획기적 개혁도 필요할 것으로 본다. 그리고 보다 체계적이고 효율적인 반부패정책을 수행하기 위하여 양국 공히 반부패정책수행 전담기구가 필요할 것이다.

뿐만 아니라 양국의 부패위기는 정권의 몰락을 촉진시키는 결과를 예상할 수도 있으니 이러한 예측에 대비한 정책대안도 장기적으로 수립하는 지혜도 필요할 것이다.

제18장 분권과 지방행정발전론

제1절 / 분권의 개념

분권(decentralization)이란 무엇을 의미하는가? 또한 지방화시대에 분권론은 어떤 의미를 갖고 있는가 살펴보는 것은 흥미있는 일이다. 분권이란 넓은 의미에서 중앙정부나 상위조직 혹은 상위직의 지도자가 지방정부나 또는 하위조직이나 하위직자에게 권한을 위임하는 것을 말한다. 그러나 이러한 개념에는 중앙정부가 지역적으로 상이한 지방정부에 자치권을 위임하는 형태의 분권을 자치권부여(devolution)라고 구별하는 학자들도 있다.[1] 뿐만 아니라 학자에 따라서는 조직내 분권(inter-organizational decentralization)과 조직간분권(intra-organizational decentralization)으로 구분하는 경우도 있다. 전자의 경우는 중앙정부의 권한이 지방자치단체에 분산되거나 상위지방자치단체의 권한이 하위지방자치단체에 위임되는 것을 일컬으며, 후자는 한 중앙조직의 상급자로부터 하급자에게 위임되거나 또는 한 지방자치단체 내에서 상급자에서 하급자에게 권한이 위임되는 경우를 말한다.[2] 이와 반대로 집권론(centralization)은 의사결정의 권

---

1 J. M. Pfiffner & F. P. Sherwood, *Administrative Organization* (Englewood Cliffs: Prentice Hall, 1960), pp. 1-125.

2 Suk Choon Cho, "Administrative Decentralization in the Government of the Republic of Korea," Unpublished Ph.D. dissertation, University of Minnesota,

한이 하부기관에 이양하지 않고 상층조직에 집중된 것을 말하며 권한의 위임극소화(to minimize the delegation of power)현상을 말한다. 분권과 구별되는 유사한 개념은 다음과 같다.

1) 분권(deconcentration) : 중앙정부체제내에서 기능 및 의사결정권을 하위직 공무원에게 위임하거나 지방행정기관을 책임을 이전하는 경우이다.

2) 위임(delegation) : 기능을 준정부조직(parastatal organization) 또는 특별조직 집행기관이나 특정개발기관으로 이전하는 것을 말한다.

3) 위양(devolution) : 중앙정부에서 지방정부로 의사결정권을 이전하는 것을 말한다.

4) 이전(transfer) : 공공부문의 책임을 비정부조직으로 이전하는 경우를 말한다.

제2절 / 지방행정발전과 분권론의 관계

지방행정발전을 위한 분권화의 역할과 기능을 논하기 전에 일반적으로 분권론이 주장되는 조직론적인 근거를 살펴보자.

첫째, 조직의 규모가 방대하고 조직의 생성이 비교적 길며 안정되어 있을 때에 분권론을 주장하게 된다.

둘째, 리더십 스타일이 민주적일 때 분권론이 주장된다. 1958년에 R. Tannenbaum과 W. H. Schmidt가 발표한 논문에서 부하중심적인 민주적인 지도자는 원칙적으로 분권을 한다고 주장하고 있다.[3]

1966, pp. 15-16; 유훈, 행정학 원론 (서울: 법문사, 1986), p. 251.

[3] Robert Tannenbaum and Warren H. Schmidt, "How to Choose a Leadership Pattern," *Harvard Business Review*(March-April, 1958), p.96.

셋째, 분권을 할 경우는 하위조직이나 부하에 대한 신뢰성과 자율성을 강조하게 되고 의사결정과정에 참여를 극대화하는 결과를 기대할 수 있다.[4] 참여와 자율성을 제고시키기 위하여서는 조직의 목표에 대한 공통적인 이해와 관심을 갖게 하면 조직의 변화와 발전을 위하여 보다 적극적으로 지원할 수 있게 된다.

넷째, 분권은 하위조직이나 하급자에게 책임을 부여하게 되고 사기를 앙양하게 되며 그리고 그들의 창의성을 개발하는 계기가 된다. 이 경우에 사위조직이나 상급자는 분명한 신뢰성과 목표에 대한 의지가 있어야 함은 물론이다.

다음에는 분권과 지방행정발전에 초점을 맞추어 논의하여 보자. 집권주의와 분권주의는 끊임없이 그 장단점을 논의하여 왔으나 오늘날에 있어서는 절대적 의미에서의 집권이나 분권주의는 사실상 의미가 없으며 절대적인 분권주의는 그 존재가치를 상실하였다고 본다. 오히려 상호 상대적이며 보완적인 관계에 있다고 할 수 있다. 다시 말하면 정치권력과 행정권을 중앙정부가 완전독점하거나 지방정부에만 완전히 위임할 수 없으며 특히 이 문제는 국가마다 그 역사성, 정치적 이념, 그리고 경제적·사회적 구조와 여건에 따라서 집권주의와 분권주의가 조화와 균형을 이루면서 발달하여 왔다는 점에 유의할 필요가 있다.[5] 특히 유의할 사항은 1930년대 이후부터 영국, 미국 등지에서 일어난 신중앙집권주의(new centralization)의 경향과 그 후 이에 반사적으로 일어난 신지방분권주의(new decentralization)의 경향이다. 전자의 경우는 절대주의 시대에서의 권력의 중앙집권과는 달리 현대행정국가(administrative state)에서의 행정부의 기능이 폭주하는 행정수요(administrative demands)에 대응하고 적절한 행정공급을 하기 위하여서 중앙정부의 권한이 강화되고 더 많은 기능이 부여되며, 그

4 Gary A. Yukl, *Leadership in Organizations* (Englewood Cliffs: Prentice-Hall, Inc., 1981), pp. 201-232.

5 김기옥, 지방자치행정론(서울: 박영사, 1997), pp. 52-55.

리고 조직과 예산이 증대하는 경향을 일컫는 것이다. 이와 반대로 신지방분권주의는 증대하는 행정수요를 공급하는 것은 중앙정부보다는 지방정부가 더욱 유리하며, 따라서 지방정부의 고유한 권한과 기능이 더 많이 확대개편되는 것이 바람직하다는 것을 말한다. 예컨대 프랑스의 경우 1982년에 "지방분권법(commune department)"과 "지역의 권리와 자유에 관한 법률"을 제정하여 지방자치단체에 대한 행정부의 통제가 후견적 감독에서 사후적 감독으로 변모하였다.[6] 이러한 신지방분권주의의 주장에는 1) 지방유관의 국가정책에 자치단체의 참여와 의사진술권 보장, 2) 중앙정부의 기본정책 수립과 지방정부의 정책집행임무 부여, 3) 자치단체 상호간의 협력관계 유지 등의 근거가 포함된다.

요컨대 분권주의는 지방행정의 발달에 지대한 기여를 하는 논리적이고 경험적인 장점을 소유하고 있다. 바로 그것은 한마디로 풀뿌리로부터의 민주주의(grass-root democracy)라는 행정철학과 가치관을 배경으로 하고 있음을 유의할 필요가 있을 것이다. 좀더 구체적으로 분권주의는 지방행정발달의 행정철학적인 기틀을 마련하였는데 그것은 바로 다음과 같은 점이다.[7]

첫째, 분권화는 지역행정기관과 관계공무원들의 행정능력을 강화시키고 지방행정의 발전과 우선순의를 식별(identification)할 수 있고 균형성장과 발전정책을 용이하게 할 수 있다.

둘째, 분권화는 국가통합과 정부의 정치적인 정통성을 증대시키고 나아가서는 지방기획과 집행(local planning and implementation)을 보다 효과적으로 조정할 수 있게 한다는 점이다.

---

6 *Ibid.*, p. 57.

7 Dennis A. Rondinell, "Government Decentralization in Comparative Perspective: Theory and Practice in Developing Countries," International Review of Administrative Sciences, Vol. 47(2)(March, 1981); 김번웅외 2인 공저, 한국행정개혁론 (서울: 박영사, 1997), pp. 348-349.

셋째, 분권화는 지방행정구역의 주민들로 하여금 지방행정정책의 의사결정과정에 접근할 수 있는 기회를 확대하고, 특히 정부의 하부구조(infrastructure) 및 사회복지 프로그램에 대한 일반국민들의 반응과 관심을 고조시켜 공공서비스를 보다 효율적으로 하는데 기여한다.

넷째, 분권화는 중앙정부와 지방정부간의 상호유기적인 관련성과 융통성을 증대시킴으로써 행정의 궁극적 목적인 인간의 삶의 질의 향상에 기여한다.

이상에서 분권화가 행정발전에 기여한다는 이론적인 근거들을 논의하였다. 그러나 한국의 현실을 고려할 때 1993년 이후 김영삼 정부는 지방자치제도의 정착을 위하여 지방의회의 구성과 지방자치단체장의 선거 등을 통하여 지방행정의 발전에 큰 전기를 마련하였으나 이와 동시에 분권화 프로그램을 실행하는 과정에서 야기되는 문제점도 지적하지 않을 수 없다. 분권화 프로그램이란 "의사결정권의 상당량을 광역, 지방 혹은 자치단체조직에 주는 방식으로 인식·계획·집행되는 프로젝트의 집합"이다.[8] 이러한 분권프로그램을 집행에 초점을 맞추는 이유는 1) 분권화에 관한 법률조항과 집행 사이에 괴리현상이 존재한다는 것, 2) 정치적 제약과 의사결정과정에 참여하는 사람들의 태도와 행태 아래서 성공적인 집행에 영향을 주게 된다는 것, 3) 프로그램이 집행되는 과정에서 빈번한 이익집단(interest groups)이 발생하고 그들의 기대욕구를 충족하지 못하면 심각한 긴장감이 야기되기 때문이다. [그림 18-1]에서 보면 분권화의 프로그램을 시행하는 과정에서 그 성과와 영향력을 환경 조건, 조직간의 관계, 프로그램 집행을 위한 조직자원, 그리고 집행기관의 특징과 같은 서로 관련된 변수들을 가상변수로 하여 작성한 개념모형으로 흥미있게 분석되어지고 있다.

---

[8] 김번웅외 2인 공저, *op.cit.*, p. 350.

[그림 18-1] 분권화 프로그램의 집행모형

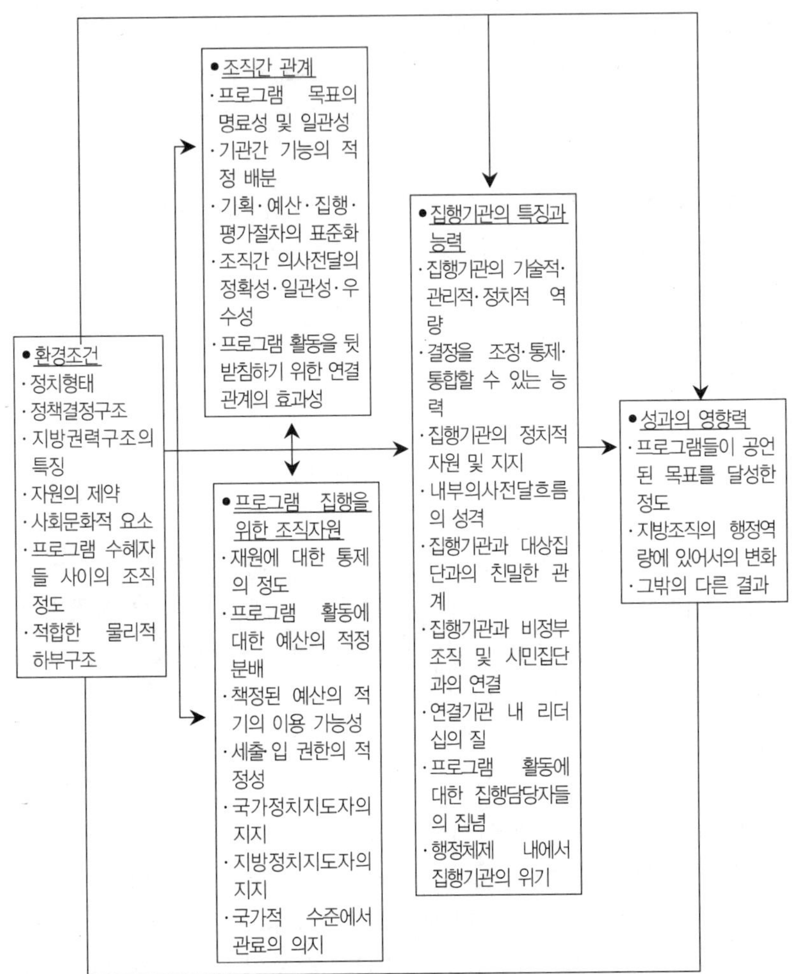

자료 : 김번웅외 2인 공저, 한국행정개혁론(서울: 법문사, 1997), p. 357.

제3절 ／ 분권의 비판

분권주의 또는 분권화는 세계적인 현상이고 특히 한국에 있어서는 1993년의 문민정부수립 후 민주화과정에서 가장 바람직한 행정개혁의 이념적인 가치철학으로 추구되어 왔다. 그러나 분권화를 효과적으로 추진하기 위하여 고려되어야 할 사항을 논의하여 보자.

첫째, 분권화를 이루고자 하는 정치행정인들의 의식구조가 선행되어야 한다. 그리고 일반시민들의 민주적인 의식도 동시에 고려되어야 한다.

둘째, 지방재정의 불균형과 빈약은 분권화를 수행하는데 큰 장애가 된다. 예컨대 국민경제의 발달로 인하여 어떤 특정지역의 경제특색은 없어지고 고유한 지방세원의 발굴과 유지가 어려워지고 지방세원의 발굴과 유지가 곤란하여졌다. 따라서 지방재정의 수요를 충족하기 위하여 중앙재정의 지원이 불가피하게 되었다. 사실 우리나라의 경우 과거 10여년간 내국세의 13.27%를 지방재정조정금으로 사용하여 왔으나 절대 규모면에서 일본의 국세3세(개인소득세, 법인세, 주세)의 32%에 비교하면 매우 적은 비율이다.[9] 지방자치제도가 제도적으로 실시되었다고 하여도 10여년이 되는 피지(Fiji)의 경우는 지방의회는 세입의 55%를 중앙정부로부터 교부받고 있고, 모로코(Moroco)에서는 중앙정부가 지방정부의 세출액 중 65%를 계속 지원하는 경우를 예를 들면 실질적으로 재정자립이 되지 않는 경우는 지방재정을 운영하기가 곤란하다고 할 수 있다. 1997년 현재 우리나라의 평균 재정자립도는 63.5%이며 서울, 인천, 대구, 부산, 대전, 경기, 광주 등의 대도시는 전국평균수준을 훨씬 넘고 있으나 이와 반대로 경남, 제주, 충북, 경북, 전북, 강원, 충남, 전남 등의 광역행정구역은 미달이다.[10]

---

9 지방자치실무연구소, 한국의 지방자치(서울: 의암출판, 1995), p.35.
10 김번웅, *op. cit.*, p.472. 재정자립도란 지방세+지방세발행액을 제외한 세

셋째, 분권화계획은 지역이기주의를 표출하는 역기능을 초래하기도 하였다. 예컨대 도로교통 부분에서는 연계도로 및 지하철의 건설비부담을 둘러싼 인접단체간에 공사비 '떠넘기기' 줄다리기가 벌어져 착공시기가 늦어진다든지 쓰레기처리문제에서도 지역 안에 첨예한 대립과 갈등을 초래하여 서로 자기지역에 쓰레기하치장을 설치하지 않겠다는 집단 이기주의를 유발하기도 하였다. 이러한 지역이기주의에는 다음과 같은 원인이 깔려 있다.[11] 즉, 왜곡된 사회구조가 낳은 지역주민들의 피해의식, 지방의회의원들의 역할과 기능의 부족, 그리고 역사적·문화적 유산들이라고 지적할 수 있다.

제4절 / 결 론

이상에서 우리는 분권론과 행정발전을 초점으로 살펴보았다. 최근 수년 동안 우리나라는 본격적인 분권화와 지방화시대에 돌입한 것 같은 느낌이다. 그것은 중앙의 논리에서 지방의 논리로 행정에 대한 주민욕구의 폭주와 지역경제와 국제화, 그리고 풀뿌리 민주주의를 위한 필연적인 산물이다. 특히 이러한 논리와 시실의 행정철학적인 배경에는 분권주의 내지 분권화의 근거가 실존하기 때문에 가능하다. 따라서 우리는 이러한 분권론이 지방행정발전에 크게 기여할 뿐만 아니라 발전행정의 큰 틀을 이루는데 근거가 되었으면 하는 것이다. 아직도 한국의 경우는 분권주의적 의식이 공직자와 일반시민에게 부족한 상태이므로 앞으로 반드시 제고시켜야 할 과제이기도 하다.

외수입에 일반회계예산을 나눈 값이다.

11 조창현, 한국지방자치의 이상과 현실(서울: 도서출판문원, 1995), pp. 345-347.

제19장 인적자원개발론

제1절／인적자원개발의 개념

인적자원개발을 논의하기 전에 자원개발부터 살펴보자. 고전적 의미에서의 자원개발은 주로 부존자원이나 천연자원을 의미하였으나 오늘날 현대적 의미에서는 단순한 자연자원(natural resources)을 의미하는 것이 아니라 인적자원(human resources)이나 문화적인 자원(cultural resources)을 포함하고 있다. 나아가서는 과학기술자원 또는 정보자원(information resources) 등의 고도의 무형의 질적이고 가치적인 자원을 포괄한다고 할 수 있다. 자원개발은 경제적이고 물량적인 자원만이 아니라 인적자본이 가장 중요하다. 발전행정적인 차원에서 보면 인력자원은 국가발전의 가장 중요한 동력이다. 인간자본이라고도 할 수 있고, 그리고 한 사회구조내에서 있는 모든 지식과 기능과 역량을 증진시키는 총체적인 과정이라고 할 수 있다.[1] 다시 말하면 인력자원은 궁극적으로는 근대화와 발전을 촉진하는 요인이다.

---

1 Fredrick Harbison and Charles A. Meyers, Education, Manpower, and Economic Growth(New York: McGraw-Hill Book Co., 1964), p. 2.

제2절 / 인적자원개발의 내용

Ⅰ. 국가발전의 개념

국가발전이 무엇인가에 대한 논의는 매우 중요하다. 그러나 국가발전의 실체의 파악은 관점과 접근방법에 따라서 상이한 것이 사실이다.

그러나 여기에서 국가발전의 문제를 통합적 시각에서 정치적·경제적·사회적 개발지표의 달성을 한 목표접근의 과정, 양적 설정과 바람직한 질적 가치의 향상, 수렴과 확산의 접목, 보편성(universality)과 특수성(specificity)의 종합이며 인간의 삶의 질(quality of life)의 향상과 물량적·경제적 생활의 풍부한 편의라고 할 수 있다.

국가발전을 논할 때, 발전지표를 제시함이 중요한데 몇 가지 간략하게 예시하면 다음과 같다.

첫째, 정치적 발전의 경우는 학자에 따라서는 상이한 주장을 하고 있으나, Lucian W. Pye의 경루를 예를 들면 ① 정치 참여성, ② 보편주의적 법시성, ③ 업적주의, ④ 경제적 기능의 확대, ⑤ 유효성과 능률성, ⑥ 행위의 합리성, ⑦ 구조의 분화(structure differentiation), ⑧ 구조적 과정의 통합주의를 발전의 지표로 삼고 있다. 한편 S.N. Esenstadt는 ① 분화와 통일된 정치성(polity), ② 정부활동의 확대, ③ 집단에서의 잠재력(potentiality)의 확대, ④ 제도적 책임성의 증대를 말하며, 환언하면 인적·양적 자원의 성공적 동원체제 즉, 근대국가(nation-state)의 형성이라고 할 수 있다.

둘째, 경제발전의 경우는 경제성장(growth)과 경제구조의 변동(change)의 복합적 개념으로서의 양적 변화와 양적 변화를 가능케 하는 구조적 내지 질적 변화(qualitative change)를 의미한다. 따라서 이 경우에의 발전의 지표는 1인당 GNP의 증가율이나 산업구조의 합리화, 수출산업의 보장, 즉 무역거래액이나 수출총액, 자본형성과 저축률, 고용율의 정도 등을 나타낸다. 특히 최근에는 평균수명(ALE-Average Life Expectency)을 지표로 나타내기도 한다.

셋째, 사회적 발전(social development)의 지표로서 사회적 구조의 분화(structural differentiation)와 사회적 통합(social integration)의 상호유기적 통합이라 할 수 있다. 여기에서는 구조적 분화의 경우는 계층적인 갈등의 벽, 도농간이나 지역간의 불균형 발전이 정립되고 사회통합의 경우는 하나의 목표전략을 향하여 정체성(identity)을 가지고 상호 밀접한 유효성을 유지하면서 조화와 균형을 이루어 나가는 것을 의미한다.

넷째, 문화적·심리적 발전의 지표를 보면, ① 인간적 기질, ② 자발적 의사표시와 태도, ③ 미래지향적 시각(time orientation), ④ 시간관념, ⑤ 계량성과 능률성, ⑥ 인격의 존엄성과 가치, ⑦ 합리적 사고, ⑧ 공평성과 형평성에 대한 신념 등을 들 수 있다. 특히, Lucian W. Pye의 경우는 민족적 주체성(personal identity)의 전체적인 개인의 주체성(personal identity)을 지적하는가 하면 Daniel Lerner는 새 환경에 잘 적응하는 심리적 능력, 감정이입(empathy) 그리고 Almond와 Verda는 시민문화, 즉 전통적 문화와 근대적 문화가 혼합된 제 3의 문화를 지적하고 있다.

요컨대, 국가발전의 다양한 목표설정 등 논자의 시각과 접근방법에 따라서 상이하나 문제의 핵심은 국가발전의 초점이 어느 면을 강조하느냐에 따라서 달라질 수 밖에 없으며, 국가발전의 미래지향적, 발전철학적 가치관 위에서 논의되어야 할 것이고 통합적 접근방법의 기초에서 국가발전의 조화와 균형, 그리고 각 목표의 보완적 관계를 고려하여야 보다 실체에 가깝게 접근할 수 있을 것이다. 특히 한국적 상황에서는 지금까지의 계량적·가시적·물량적·발전지표인 GNP지표보다는 GNS(Gross National Satisfaction)적 차원에서 보다 복합적이고 통합된 삶의 질(Quality of life)의 향상을 위한 발전지표가 고려되어야 할 것이다.

제3절 / 지도자자원 개발

국가발전이 그 나라 국민의 궁극적이고 최대의 관심사가 될 수 있음은 사실이고 이러한 발전지표에 접근하는데 있어서 지도자의 역할은 무엇일까? 여기에서 지도자의 개념은 단순히 정치지도자만 의미하는 것이 아니고 사회 각계각층의 조직과 집단의 책임자와 인도자를 포함하는 지도자를 말한다고 하겠다.

지도자가 국가발전을 위해서 하는 역할과 기능은 거시적으로는 국가의 발전기능의 향상을 가져올 수 있고 중범위적으로는 지도자가 소속한 조직의 변화와 발전을 통하여 국가발전에 기여하게 되고 또한 미시적으로는 자신의 의식과 행태의 변화를 통하여 근원적이고 본질적으로 이러한 거시적 또는 중범위적 변화와 발전의 원동력이 되고 있다.

첫째, 지도자의 국가발전을 위한 거시적 차원에서의 역할은 무엇보다도 정부관료에 있어서의 정치지도자나 관료들의 역할을 지적할 수 있다. 국가발전은 곧 관료제의 발전을 전제할 경우가 일반화라고 한다면 그들의 역할은 도덕성과 책임성이 무엇보다도 중요하다 하겠다. 특히 이 문제는 한국적 상황에 있어서는 무엇보다도 중요하다 하겠다. 국민의 대표자적 위치에 있는 정치지도자나 관료들이 보다 직무의 중요성을 인식하고 국민 앞에 모범적인 지도자상을 보여 줄 때 국가발전은 더욱 가속화될 수 있다. 이와 반대로 그들의 도덕성과 책임성이 결여될 때 국민들의 불신 받는 정부로서 신뢰성의 위기(crisis of confidence)를 초래하고 나아가서는 국가발전은 암초에 걸리게 될 것이다. "윗물이 맑아야 아랫물이 맑다"는 격언은 이 경우에는 매우 적절한 불변의 지표가 될 수 있는 행동기준이요 도덕성과 책임성의 판단기준이라 할 수 있다. 요컨대 거시적 시각에서의 이러한 지도자의 역할은 국가발전의 원동력을 지도자의 책임성과 도덕성에서 찾고자 하는 입장이 가장 중요한 내용이 되고 있다.

둘째, 중범위적 조직에서의 발전은 주로 조직발전(OD)의 전략에서의 지도자의 변화와 발전의 전략과 관계될 수 있으며 한 국가사회에서는 무수하게 많은 중소공사조직들(small and sized public and private organizations)이 산재하여 있으며, 이러한 것은 조직의 발전은 곧 국가조직의 발전과 연결될 수 있다. 환언하면 국가의 발전전략을 다원적 국가발생 기원과 접목시켜 볼 수 있는 발전전략에 의한 지도자의 역할이라 할 수 있다. 이러한 맥락에서는 지도자의 역할은 주로 조직변화의 궁극적인 기능으로 볼 수 있으며, 흔히 지적되는 OD기법에서도 논의되지만 특히 지도자 자신의 변화에 의한 조직의 발전과 변화를 시도하는 것이 가장 궁극적이고 중요한 역할이라 할 수 있다. 이 경우 적절한 Leadership은 민주적이어야 할 것이고 전문성·정보성·관용성·신뢰성·합리성, 그리고 추진력과 책임성 및 윤리성 등이 매우 중요한 변수로 등장한다고 하겠다.

셋째, 미시적 시각에서의 지도자의 역할은 국가조직으로서의 관료제, 일반적인 사회조직의 발전에 있어서의 역할 외에 지도자의 개인적·형태적 혹은 가치관과 의식수준 등의 변화를 통하여 국가발전을 도모하고자 하는 역할과 기능을 말한다. 재언하면 우리 사회에서는 참된 지도자가 없다고 하는 탄식소리가 들려오는데 이 경우 지도자는 국민들의 모범적인 인간상으로서의 미래지향적 솔선수범형 지도자의 이상향을 의미한다. 이러한 맥락에서는 관료제나 조직에 있어서는 물론 개인의 지도자로서의 자질의 변화와 그 기능 및 전문성의 향상, 그리고 특히 도덕적 가치관을 확고하게 행동하는 지도자의 역할을 말한다고 하겠다. 지도자의 형성이 환경적 영향에 의하여 형성된다고 한다면 이러한 미시적 차원에서의 역할은 지도자를 배출하게 되는 일반시민과 사회문화적 환경의 변화는 국가발전의 추진과정도 일맥상통한다고 하겠다. 그러한 의미에서 지도자의 의식의 변화에 미치는 환경은 도덕적이어야 하고 윤리적이어야 하며 더욱 순수하고 합리적이어야 할 것이다.

제4절 / 지도자적 인적자원 특질

국가발전을 위하여 요구되는 지도자의 인력은 어떤 유형의 인간상인가 하는 것은 흥미 있고도 매우 중요한 논의의 가치가 있다고 하겠다.

사실상 지도자의 특질은 동양에서나 서양 또는 국가의 구조와 환경 그리고 학자들에 따라서 상이한 내용이 됨은 물론이다.

예를 들면, 첫째, 동양에서는 지신인용엄이나 용지인신충 등이 지도자가 구비할 요건과 특질이며, 특히 이 경우는 군사지도자의 경우에 적용됨을 지적하고 있다. 뿐만 아니라 중국의 노자의 도덕경의 경우에서는 지도자가 갖추어야 할 인간상을 도, 덕, 인, 의, 예의 다섯 가지를 지적하고 있다.[2] 여기에서 도는 궁극적인 진리이며 덕은 실천하는 지도자적 성품이고 인은 친절을, 의는 정의감을 그리고 예는 마땅히 지켜야 할 예의와 범절, 그리고 겸손 등을 가리킨다고 하겠다.

둘째, 서양에서는 일찍부터 여러 학자들이 지도자가 갖추어야 할 인간상에 대하여 활발하게 논의해 왔다. 예컨대, Thomas Carlyle은 통제력과 용기를,[3] P. Napoleon은 지성(Intelligence)과 능력의 균형을 지적하였다. 그러나 F. Taylor는 ① 평범한 두뇌, ② 고등교육, ③ 특수한 기술과 지식, ④ 기지, ⑤ 정력, ⑥ 용기, ⑦ 성실, ⑧ 건강을 지적하였고,[4] Chester I. Barnard는 ① 활동성, ② 인내성, ③ 과단성, ④ 설득력, ⑤ 책임감, ⑥ 지적 능력을 내세우고 있으며,[5] L. Moore는 ①

---

[2] 김명훈, 리더십론(서울: 대왕사, 1983), pp. 157-158. 손자는 지, 신, 인, 용, 엄을 오덕이라 하였고 태공왕은 용, 지, 인, 신, 충을 오재라 하였다. 김종술, "도덕경 통해서 본 관리철학," 한국행정학회보, 19권 2호(1985), pp. 168-169.

[3] 김명훈, ibid., p. 158.

[4] Fredrick F. Taylor, Scientific Management: Comprising Shop Management (New York; Harper & Brother, 1930), p. 96.

민주적 태도, ② 박력, ③ 적극성, ④ 친절심, ⑤ 열정, ⑥ 동정심, ⑦ 신뢰성, ⑧ 인내성 등을 지적하고 있다.[6] H. Lasswell은 ① 비범한 능력, ② 업무에 대한 집중능력, ③ 체력 및 지식을 지적한다.[7]

흥미있는 것으로 C. Bird가 1940년대의 학자들의 제시로 인하여 열거한 인간상은 매우 중요한 시사점을 주는 것이다. <표 19-1>에서 제시된 것을 보면 지·능·기선력·외향성과 유머, 열성, 자신력, 공평성, 동정심 등이 상위권에 속하는 특성이라 할 수 있다.[8]

〈표 19-1〉 C. Bird의 리더의 특성

특 성	학자수	특 성	학자수
지 능	10	기선력	6
외향성	5	유 머	5
열 성	4	공평성	4
자신력	4	동정심	4
담대성	3	독창성	3
자립성	2	재 지	2
진취성	2	자제력	2
위 엄	2	관 용	2
우 정	2	정직성	2
공정성	2	신속성	2
침착성	2	자제력	2
사교성	2	암시성	2
언 변	2	활동성	2

자료 : L. Bird, Social Psychology(New York: Appleton Century Croft, Inc., 1940), pp. 378-379.

5 김명훈, op. cit., p. 158.

6 Chester I. Barnard, Organization and Management(Boston: Harvard University Press, 1969), p. 63.

7 H. Lasswell and A. Kaplan, Power and Society(New Haven; Yale University Press, 1956), p. 27.

8 L. Bird, Social Psychology(New York: Appleton Century Croft, 1940), pp. 378-379.

특히 최근에 Gary A. Yukl이 성공적인 지도자의 구비요건과 발전 전략을 단순히 자질중심적인 이론이나 후천적인 상황접근의 방향을 떠나서 보다 통합적인 시각에서 다루려고 노력하는데 주목할 필요가 있다. 환언하면 종래의 지도자의 이론을 보다 심층 깊게 논의하고 있으며, 특히 우수한 임무전문가, 부하와의 원활한 인간관계, 의사참여에 적극적인 자, 하의상달과 수평적 영향력을 중시하는 지도자, 그리고 관리에 있어서의 동기를 중시하는 자 등이 훌륭한 지도자가 구비하거나 고려하여야 할 중요사항임을 주시하고 있다.[9]

우리가 여기에서 중요한 지적사항은 과연 한국적인 상황에 필요한 지도자는 어떤 인력의 미래상을 구비해야 하는가이다.[10]

Ⅰ. 도덕지향적 인적자원

국가발전을 위한 지도자로서의 인간상의 첫 번째 요건은 도덕적 인간상이라 할 수 있다. 도덕적 인간상이 행정학적 인간상으로 조명하여 볼 때 가장 그 중요성을 인정하게 된 것은 아무래도 1960년대 말의 신행정학운동(New Public Administration Movement) 이후라고 하여도 과언이 아닐 것이다. 예를 들면 G. Frederickson이나 Frank Marini 등은 1940~1950년대의 한창 유행하였던 Herbert Simon을 중심으로 한 행태주의(Behaviorism)적 행정학이 지나치게 행정학의 과학적 지식과 효율성(Efficiency)과 효과성(Effectiveness)을 중심으로 한 결과적 목적지향적 산출과 실적(Performance)에 치중한 나머지 행정의 민주성과 사회적 형평성(Social Equity), 도덕성(Morality)과 논리성, 그리고 자율성(Autonomy), 가치성(Value) 등을

9 Gary A. Yukl. Leadership in Organizations (Englewood Cliffs; Prentice-Hall, Inc, 1981), pp. 268-290.

10 여기에서 정치, 사회, 경제, 혹은 교육, 문화 등의 다양한 조직체에서 필요한 지도자의 인간상을 포괄적으로 다룬다.

소홀하게 여겨 왔다고 지적하면서 특히 행정철학적 시각의 제기와 행정윤리적 문제의 중요성을 제기하고 있다.[11] 흥미있는 것은 T. M. Lilla는 그의 논문에서 다음과 같은 배경적 설명을 하고 있다.[12]

> "1960년은 행정학과 구체화된 민주주의적 풍토조성면에서 전기를 이루었던 해로 증명되었다. Kennedy행정부의 젊은 Elite들은 공공정책문제에 대비하여 최근의 과학적 관리법과 분석적 도구를 응용할 채비를 하였었다. 국방비의 조달로부터 정부의 예산에 이르기까지 만사를 합리화하기 위한 Washington정부의 분석도구는 더욱 활용되어 왔다. 그러나 부적합한 고전적 행정학은 분석적인 억지이론에만 굳히려고 하였고 비공식적인 도덕교육을 통하여 행정학도들에게 그러한 풍토를 조성했다. 공공정책은 결코 그러한 풍토가 되어서는 안 되는데도 행정학도들은 공공정책 프로그램이 공공정책 프로그램에 대한 분석적 기술에 불과한 것을 가르치고 있음을 발견하게 되었던 것이다. 그러나 기술은 많은 사람이 주장하듯이 집권자들의 편의를 위한 편견에 불과하였다. 따라서 국내나 국외에 비인간적 정치로 몰고가게 된 것이다. 요컨대, 정책분석(policy Analysis)은 비도덕적인 것이다"

여기에서 Mark Lilla는 현대행정학의 지향성에 대한 많은 시사점을 부여하고 있는데 행정학은 가치지향적·윤리지향적 그리고 미래지향적 방향으로 그 좌표성정이 중요함을 주장하고 있다.

1980년대에 들어와서 Michael Harmon도 사실(Fact)과 가치(Value)의 이분법적 구별을 포기하고 인간을 피동적 속성으로 보는 것이 아니고 능동적 사회적 주체로 이해하고 인간의 매일 생활하는 행위 그 자체에 큰 의미를 부여하면서 문제해결의 방법론에 도덕적 방법을 사용하여야 한다고 주장하고 있다.[13] 따라서 간주체적 의미와 문

---

[11] 김영종, "현대행정학의 행정철학적 반성과 과제," 한국행정학회보, 제 20권 제1호(1986. 6), pp. 165-166.

[12] T. M. Lilla, "Ethic and the Public Service," The Public Interest, Vol. 63(Spring, 1981), pp. 7-9.

제의 실체접근에서 도덕적 가치를 동원한다는 점에서는 비실증주의적(Antipositivism)이며 사회적 상호유기적 행동을 창출하고 제도화하는 과정은 보다 인간적 방법(Human Manner)에 의하여 제기될 수 있다고 주장하고 있다.[14]

보다 최근에 Dennis F. Thompson 은 행정윤리가 가능하다고 주장하면서 왜 행정윤리가 가능한가 함은 단지 그것을 실행하는데 필요한 단계로서 뿐만 아니라 실행하는데 의미 깊은 내용을 주는데 꼭 필요한 단계로 된다고 하고 있다.[15]

도덕적 인간상의 문제를 논하기 전에 행정윤리의 개념을 체계화시켜 보면,

① 행정윤리는 인간의 가치를 적극적으로 향상시키는 모든 행위를 포함한다는 견해(예 : Kaplan)[16]

② 행정윤리는 행정철학의 포괄적 개념(예 : 유종해)[17]

③ 행정윤리는 행정철학의 포괄적 개념(예 : Christopher Hodgkison)[18]

④ 행정윤리는 행정의 사명, 목표, 지향하여야 할 가치와 당위 등을 포함한다는 견해(예 : John M. Pfiffner and R. Vance Presthus) 등이 있다.[19]

---

13 김영종, op. cit., p. 174.

14 Michael M. Harmon, Action Theory for Public Administration(New York: Longman, 1981), pp. 185-186.

15 Dennis F. Thompson, "The Possibility of Administrative Ethics," Public Administration Review, Vol. 45 (Sept-Oct. 1985), p. 560.

16 Abraham Kaplan, American Ethics and Public Policy(New York: Oxford University Press, 1963), p. 16.

17 유종해, "민주사회에서의 행정윤리의 기능," 한국민주행정론(서울: 고시원, 1988). p. 24: Michael E. Urban, The Theology of Administration(Albany: Suny Press, 1992).

18 Christopher Hodgkison, Toward a Philosophy of Administration(New York: Suny Press, 1978).

19 John M. Pfiffner and R. Vance Presthus, Public Administration(Englewood Cliffs; Prentice-Hall, 1953), p. 561, 573.

여기에서 행정윤리는 바로 행정의 이념이며 행정의 실체의 궁극적인 목적인 행정철학의 일부의 내용도 되는 가치이고 또한 행정의 존재의미이며 방향이라 할 수 있다.

이와 같은 맥락에서 도덕지향적 인간상의 정립은 매우 중요한 행정학적 인간학의 방향이며 지도자의 기본적인 구비요건임에도 불구하고 한국적 상황은 결코 그렇지도 못하고 최근에 정부는 두 가지 정책결정을 하기에 이르렀다. 첫째는 금년 상반기에 총체적 위기로 진단하고 대통령의 특별담화발표와 특별사정전담반을 설치하여 각종의 사회적 기강을 바로잡기 위한 조치를 취하였는가 하면 범죄와의 전쟁을 선포하기에 이를 만큼 우리의 각계 지도자들의 도덕성은 위기에 놓인 수준이라 할 수 있다. 몇 가지 사례들을 제시하여 보면, 1989년의 경우 한 해 동안 지방공무원의 비위사실로 인하여 징계된 것은 1,562건으로 국가공무원의 646건에 비하여 2배 이상의 부패사건이 발생하였고, 특히 공직자의 부패사례는 1987년의 1,250건, 1988년 1,403건, 1989년 1,562건으로 점점 증가추세에 있다. 작년 1989년 한 해 동안 총 징계건수 1,562건의 내용 중 직무유기, 태만 등의 무사안일한 업무수행이 795건으로서 가장 많고 품위손상 등의 도덕적 타락형 부패가 149건, 그리고 뇌물수수가 108건 기타 권력남용형 부패가 그 나머지를 차지하고 있다.[20]

뿐만 아니라 국정감사자료에 의하면 1990년에는 공직자의 부패사건이 1990년 11월 말 현재만 하여도 무려 3,716건이나 되고 있으니 우리 사회의 지도자의 도덕성의 회복이 얼마나 시급한가를 보여준다. 최근에 더욱 우리를 놀라게 하고 분노케 하는 것은 일부 공직자들 예컨대 국회의원이 폭력배의 석방과 구명운동에 깊이 개입하는가 하면 일부 경찰에서는 범죄사건을 은폐하거나 문책이 두려워 보고도 안하고 범죄자와 공존하는 인상을 보여주는가 하면 현직

20 김영종, "조직화되는 지방행정부패: 주민통제가 시급," 빛과 소금, 통권 64권 (1990. 7), p. 27.

판사와 검사가 조직폭력배와 술자리를 하는 등 지도자들의 도덕적 위기를 실증적으로 보여주고 있는 사례들이 속출하고 있다.[21]

위와 같은 모든 실증적 자료들은 우리나라 공직자들과 지도자들의 도덕성의 중요성을 다시 한번 강요하게 된다.

II. 민주지향적 인적자원

민주지향적 혹은 민주성이 과연 무엇인가에 대한 논의는 그동안 수많은 학자들이 상이한 시각과 관점에서 하여 왔다. 예컨대 정치적 의미에서 정치적 민주성을 혹은 사회적 의미에서 사회적 민주성을 각각 논의하면서 권력의 분립이나 정치적 의사결정의 과정이나 혹은 참정권 등의 확보를 주장하기도 하며, 경제적 부의 균형과 형평성을 주장하기도 하고 또한 사회적 복지나 정의 또는 인격 등에 대하여 그 보장의 특징의 방향을 말하기도 한다.

뿐만 아니라 이데올로기적 의미에서는 자유민주주의(liberal democracy), 민중민주주의(populist democracy), 민족민주주의(national democracy), 인민민주주의(people democracy), 프롤레타리아 민주주의(proletariat democracy) 등으로 나누어 논의되기도 하며 우리는 자유민주주의의 강점을 갖고 있는 사회를 이상으로 하고 있다.[22]

먼저 민주성은 규모의 면에서 체계의 변화나 국가의 정책의 방향을 의미하는 거시적 시각이 있을 수 있고 미시적 시각에서는 개인의 의식과 활동, 생활 그리고 행동 자체의 문제를 지도자의 지도력의 자세에 따라서 특히 부하와의 권력의 위임 여부를 가지고서 의사결정을 할 때에 부하에게 적절하게 의사결정과정에서 참여를 확대하여 가는 과정을 의미할 수도 있다.[23]

---

21 동아일보, 1990. 12.6일자: 한국일보, 1990. 12.6일자.

22 양동만, 민주화와 위기(서울: 삼영, 1990), pp. 11-25.

23 이 문제에 대하여 Schmidt와 Tannenbaum은 1958년 유명한 독재형과 민

행정이념의 방향과 관련하여 행정의 본질과 실체를 보다 고객중심적이고 봉사중심적이며 또한 시민들의 삶의 질과 편의를 위주로 하는 공공성을 의미하는 것으로 볼 수 있다.[24]

그러나 여기에서 민주성은 보다 포괄적인 개념으로서 ① 지도자는 의사결정과정에서의 질을 높여서 소속 구성원들의 의견들을 최대한 반영하도록 노력할 것, ② 인격의 가치와 존엄성을 최대한 보장하는 방향으로 조직의 운영을 도모할 것, ③ 모범적인 생활과 솔선수범적인 책임감을 보여줄 것, ④ 지도자는 철저하고 성실한 삶을 통하여 성공적 결과를 가져올 수 있다는 확신을 가지고 봉사할 것 등을 포괄하는 개념으로 볼 수 있다.[25]

요컨대 민주지향성에서 우리 사회의 지도자가 구배해야 할 중요한 인상을 볼 수 있으며, 그것은 성실하고 정직한 사람이 보다 성공할 수 있는 사회적 분위기를 조성하는데 매우 중요한 변수로 작용하는 지도자의 인간상이라고 할 수 있다.

Ⅲ. 신뢰성 지향적 자원

신뢰성 혹은 공신력(public confidence)은 한국정치사회발전의 엔진이라고 할 수 있는데, 불행하게도 우리 사회는 신뢰성의 위기현상이 확실하게 보인다.[26]

주형의 Leadership의 형태에 대한 구별을 하고 있다. Robert Tannenbaum and Warren H. Schmidt, "How to Choose a Leadership Pattern," in Havard Business Review(March-April, 1958).

24 George Frendrickson, *New Public Administration*(Alabama: The University of Alabama Press, 1980), pp. 112-121.

25 김영종, "민주화와 자율화에 따른 집단의 역할," 국민윤리연구 (1989. 9), pp. 96-97.

26 김영종, "공신력의 회복," 지식인 200인 선언 (서울: 독서신문사, 1986), pp. 177-180.

지도자의 신뢰성의 위기는 그 조직의 위기를 의미하며 정부관료나 정치지도자 불신은 곧 그 정부의 불신이며 결과적으로는 국가발전의 큰 임무에 장애물이 된다고 할 수 있다.

여기에서 불신이란 학자들간에 여러 가지 논의가 있어 왔으나[27] 신뢰성의 연속선상에서 조직구성원의 기대가능성(expectation)에 대하여 지도자가 역할(role)을 하지 못함으로써 유발되는 괴리와 갈등현상이다. 따라서 이런 경우 지도자의 사회적 평가는 매우 낮거나 영향력을 잘 발휘할 수 없는 결과라고 할 수 있다. 사회 각계각층의 지도자에 대한 불신의 주체는 궁극적으로 그 조직구성원은 물론 국민전체이며 결과적으로 정부불신의 위기로 이어질 수 있는 것이다.[28] 반대로 지도자의 신뢰성의 회복은 곧 그 조직의 재생을 의미하며 조직발전(OD)의 동기를 만들게 되고 궁극적으로 국가발전과 연속선상에 접목된다고 할 수 있다.

따라서 이러한 맥락에서 불신, 즉 신뢰성의 위기는 심각하다고 하겠다. 최근의 한 연구보고에 의하면 이러한 신뢰성의 위기는 실증적으로 증명되고 있다고 할 수 있다. 예컨대 정직성에 대하여 우리나라의 경우 대학생의 85.5%가 정부를 높은 수준으로 불신하고 있으며 11.8%가 보통수준, 그리고 2.7%가 불신을 하지 않고 있다. 나아가서 성인의 경우 57.7%가 높은 불신을 22.7%가 보통수준, 19.6%가 불신을 하지 않고 있다는 사실이다. 즉, 전체 응답자 71.7%가 높은 불신수준을 17.2%가 보통수준, 12.2%가 불신을 하지 않은 것으로 나타나고 있다.[29] 구체적인 것은 <표 19-2>와 같다.

---

27 예컨대, Miller나 Stokes는 불신을 평가적·감정적 경향으로 보고 이종범 교수는 행정과 국민간의 거리감의 차원으로 보고 있다. Miller *et al.*, "Type-set: Impact of News Papers on Public Confidence," APSR, Vol. 73, 1979, pp. 67-84.

28 배병룡·이시원, "정부불신의 원인과 결과," 한국행정학회보, 제22권 제2호 (1988. 12), pp. 395-402.

29 *Ibid.*, pp. 410-411.

〈표 19-2〉 정부불신 대상별 불신정도

(대학생n=263, 성인n=260, 전체n=523)

		정부불신대상											
		정직성			정책집행			정책내용			정부능력		
		대학생	성인	전체	대학생	성인	전체	대학생	성인	전체	대학생	성인	전체
불신정도	상	32.7	11.2	22.0	28.9	8.5	18.7	30.0	10.0	20.0	20.9	5.0	11.5
	중상	52.8	46.5	49.7	53.6	35.8	44.8	47.5	55.0	51.2	46.4	41.4	43.7
	중	11.8	22.7	17.2	14.4	43.8	29.0	11.8	17.7	14.7	22.8	27.7	25.2
	중하	2.3	17.3	9.8	2.7	10.0	6.3	9.5	16.1	12.8	9.9	24.6	18.8
	하	0.4	2.3	1.4	0.4	1.9	1.2	1.2	1.2	1.2	0	1.6	0.8
계		100	100	100	100	100	100	100	100	100	100	100	100
		263	260	523	263	260	523	263	260	523	263	260	523

자료 : 배성룡·이시원, "정부불신의 원인과 결과," 한국행정학회보, 제2권 2호 (1988. 12), pp. 395-402.

주 : 위의 불신정도 상－하는 다음에 의거하여 구분되었다.

1. 정직성에 대한 불신의 경우 : 이를 측정하는 문항이 2개인데 Likert Type 5점 척도로 되어 있고 각 응답자가 각 문항에 체크한 점수를 더했으므로 어느 개인의 점수는 2에서부터 10 사이의 어느 점수에 해당된다. 이때 처음 문항의 경우, 공직자들은 정직하다고 생각하십니까? 12345(1 : 매우 그렇지 않다. 2 : 그렇지 않다. 3 : 그저 그렇다. 4 : 그렇다. 5 : 정말 그렇다.)의 형태로 되어 있는 것을 본고에서는 카테고리 1에 체크된 경우를 높은 불신, 5에 체크된 경우를 높은 신뢰로 취급하였다. 그리하여 어느 개인의 점수가 2,3점일 경우 불신정도 상(신뢰정도 하), 4,5점일 경우 불신정도 중상(신뢰정도 중하), 6점일 경우 불신정도 중(신뢰정도 중), 7,8점일 경우 불신정도 중하(신뢰정도 중상), 9,10점일 경우 불신정도 하(신뢰정도 상)로 취급하였다.
2. 정책집행 및 정부능력을 측정하는 문항도 각각 2개씩이므로 위의 절차를 따라 불신정도가 나누어졌다.
3. 정책내용의 경우는 이를 측정하는 문항이 7개이며, 7점 －35점을 5개의 불신정도로 나누었다.

위와 같은 경험적 자료에서 보는 바와 같이 결국 우리나라의 경우 정부불신 문제는 심각한 정도이다. 지도자의 신뢰성의 제고 문제가 매우 중요한 행정학적 인간학의 특징과 과제라고 할 수 있다. 신뢰성의 회복은 보다 건강한 사회의 지름길이요 밝은 사회의 큰 변수로서의 역할을 하게 되며 이것은 궁극적으로 국가발전의 촉매제라고 할 수 있다.

Ⅳ. 발전지향적 인적자원

발전지향적 인력이란 예컨대 ① 훌륭한 인격, 뛰어난 지성, 그리고 고결한 도덕적 성품을 의미하기도 하고,[30] ② 발전을 위한 미래상을 간직하고 현실충족을 참고 창조적 요소를 찾아 새로운 미래는 건설하려는 사람[31]이라고도 할 수 있다.

그런데 여기에서 발전지향적 인력은 미래지향적이고 가치지향적이며 특히 창조적이며 개혁적인 책임 있는 인력양성을 의미한다고 정의할 수 있다. 보다 구체적으로 발전지향적 지도자의 특징을 요약하면 다음과 같이 설명할 수 있을 것이다.[32]

① 변화하는 환경에서 과업을 예측하고 기존정책을 잘 조정하거나 개선할 것, ② 조직구성원에게 동기를 부여하고 활력소를 넣어줄 수 있을 것, ③ 미래지향적 확신과 궁극적 시각을 가질 것, ④ 상황파악과 기업가적 의지와 좋은 의사소통의 능력, ⑤ 공동의 선에 대한 책임의식과 윤리적 인간, ⑥ 바람직한 가치와 새로운 관점의 제시와 창조적 변화를 소유한 자, ⑦ 성실성과 전문성을 겸비하여 조직을 잘 이끌어 갈 수 있는 능력 등이라고 할 수 있다. 그리고 나아가서는 ① 인간적·자발적 의사표시를 하는 적극적인 태도, ② 미래지향적 시관, ③ 계획성과 능률성을 소유하고 있으며 합리

---

30 Edward Shils, "The Military in the Political Development of the New State," in John J. Johnson(ed.), *The Role of the Military in Underdeveloped Countries*(Princeton: Princeton University Press, 1962), p. 62.

31 이한빈, "발전형시관론," 행정논문, 제4권 2호(서울: 서울대 행정대학원, 1966), pp. 13-20.

32 박동서 외, 발전행정론(서울: 법문사, 1985), pp. 353-370.

적 사고를 가진 자, ④ 인간의 존엄성과 가치를 중하게 여기는 자, ⑤ 공평성과 형평성에 대한 신념을 가진 자 등이라고 지적할 수 있다.[33]

V. 평화지향적 인적자원

이 말은 지도자는 문제의 해결자가 되어야 하며 결코 문제를 만드는 자(Trouble Maker)가 되어서는 안 되겠다는 것이다. 그동안 우리 사회는 투쟁과 대결, 극단적인 긴장과 갈등의 소용돌이 속에서 많은 진통을 겪어 왔다. 그것은 때로는 지역간의 갈등이나 계층간의 갈등 등을 포함한다. 갈등이 무엇인가에 대해서는 그 실체분석에 대한 시각이 다양하게 논의되어 왔으나 한마디로 미시적 차원에서 개인의 심리적 불안과 혼동의 상태, 거시적 차원에서 사회체제나 정치체제 또는 경제체제간의 불균형에서 발생되는 괴리현상 등의 다변수적 종합현상(complex phenomena)이라 할 수 있다.[34]

필자가 조사한 바에 의하면 한국 사회의 지역간의 갈등정도는 80%가 매우 많거나 많은 것으로 판명되었고 반면에 계층간의 갈등은 88.3%가 매우 높거나 높은 것으로 발견되었으므로[35] 이러한 갈등문제의 해결은 역시 지도자의 지도력의 영향이 매우 중요하다. 문제는 우리 사회에서 보는 것처럼 얽힌 여러 가지의 갈등문제를 해결하는 자는 평화적이고 대화로써 해결하려고 하는 지도자문화가 사회각계각층으로 확산효과(spillover effect)를 거두어야 될 것으로 본다. 이러한 맥락에서 평화지향적이고 화해지향적인 지도자의 인간상은 매우 중요한 행정학적인 인간학의 추구하는 모형이라 아니할 수 없다.

---

33 김영종, 발전행정론, *op. cit.*, p. 48.

34 김영종, "한국사회의 지역 및 계층간의 갈등해소 방안에 관한 연구," 한국행정학회보, 제23권 제1호(1980), pp. 273-274.

35 *Ibid.*, pp. 278-282.

왜냐하면 원래 행동하는 지도자는 간주체적(Intersubjective) 상호 적극적이고 사회적인 인간성의 도구로써 행정의 문제를 해결할 수 있다고 보기 때문이다.[36]

제5절 / 지도자적 인적자원의 전략

이상적 지도자의 인적자원 양성안은 과연 무엇이 있겠는가? 그 구체적인 전략을 시론적으로 몇 가지 제시한다.

첫째, 행정정책적 방안으로서 지도자의 양성을 위한 제도적 장치를 마련하는 것이 필요하다. 예컨대, 문교정책당국과 협의하여 지도자 양성기관, 지도자 양성을 위한 특별프로그램 개발, 지도자 양성대학이나 전문기관의 설치, 교육훈련 전문기관 등을 설치함이 바람직하다고 본다.

둘째, 각 사회교육기관을 통하여 지도자가 구비할 자질의 특별교육 프로그램을 개발하고 범사회적이거나 범국민적인 지도자의 발굴과 정책적 지원 등을 지속적으로 실시함이 좋다고 본다.

셋째, 입법정책적으로 사회지도자 발굴과 교육훈련법(가칭)을 입법화하여 지도자의 양성, 교육, 지원, 신분보장을 정책적으로 지원한다.

넷째, 명예시민의 발굴을 제도적으로 지원하기 위하여 정책개발을 촉진한다. 여기에서 명예시민이란 사회에서 모범을 보인 지도자로서 예컨대 용감한 시민, 자원봉사 등으로서 국가발전에 크게 기여한 자, 도덕적 행동의 모법이 되는 자 등을 논의할 수 있다.

다섯째, 지도자가 갖추어야 할 조건과 자질을 초등학교에서부터 교육과정에 넣어서 조기교육을 하도록 하고 지도자의 품행을 언론

---

36 Harmon, *op. cit.*, pp. 185-186.

을 통하여 전 국민에게 계속적인 홍보와 캠페인을 하게 한다.

제6절 / 결 론

결론적으로 국가발전은 국가의 궁극적인 존재목적이요 과정이라 할 수 있으며 국가발전은 전국민의 행복과 복지를 극대화하여 줄 수 있는 방향으로 그 기능과 능력을 발휘하여야 할 것이다. 국가발전의 변수가 다양한 것은 사실이나, 궁극적이고 가장 시급한 변수는 국가사회의 각계각층의 유능하고도 바람직한 지도자들의 확산이라 할 수 있을 것이다.

그러나 불행하게도 오늘날 한국적 상황에서는 참된 지도자의 부재를 말하고 있는 것이 현실이다. 참된 지도자의 인간상의 규명과 그 구현방안은 바로 이러한 점에서 매우 시급한 국가적 과제라고 아니할 수 없다.

요컨대 행정학적 인간학은 인간의 실체를 '종합적 인간(Complex man)'으로 보는 고로 인간이 참된 이해를 통하여 지도자의 인간상도 궁극적으로 정립된다고 할 수 있다고 하겠다. 이러한 맥락에서 행정학적·인간학적 접근은 곧 통합적 접근이라 할 수 있고, 지도자 인적자원의 양성도 이러한 맥락에서 논의되어야 할 것이다.

제20장 발전과 부패문제론

제1절 / 부패의 개념정의

부패(corruption)란 무엇을 뜻하는가? 여기에 대한 시각은 다양한 접근을 동원하여 말 할 수 있으며 특히 지금까지 학자들의 견해가 다양하다. 부패의 개념에 관한 대표적인 학설은 윤리적 접근설(moral theory), 제도적 접근설(institutional theory), 시장교환설(market/exchange theory), 공익설(public interests theory), 권력설(power relations theory), 사회문화적 규범설(social cultural theory), 기능주의설(functional theory), 그리고 후기기능주의설(post functional theory) 등이 있으나,[1] 엄격하게 말한다면 부패의 개념의 실체는 사회과학의 철학적 접근과 사회구조적 성격과 특징에 따라서 다르고 사회적 변동의 정도에 따라서도 그 접근과 방법이 다를 수 있다. 예를 들면 주관주의적 입장(subjective view)에서는 부패개념의 실체보다 인간의 내면적 규범과 가치구조에 비중을 두고 인간심리적, 정신적, 도덕적, 가치적 문제까지 승화하면서 인간 내면의 가치규범의 상실과 퇴행을 부패에 접근시킬 것이고, 객관주의(objective view)차원에서는 부패의 실체를 외면적 실증적 존재에 초점을 두면서 인간행위의 외형적이고 실증적인 일탈(deviancy)과 불법의 결과적 산물(outputs)이라

1 김영종, 부패학(개정증보판)(서울: 숭실대학교 출판부, 1996), pp. 1-35.

고 본다. 부패의 개념의 초점을 규범인가? 제도인가? 또는 기능적인 면인가? 개인적인가? 또는 조직적인 것인가? 의 여러 가지 구별에 의하여서도 그 개념적 정의가 달라질 수 있을 뿐만 아니라 반드시 사적 이득이 있어야 하는가 또는 개인적 이득이 없는 것도 부패라고 할 수 있는가 하는 문제도 논의의 여지가 많다고 하겠다. 예를 들면 다국적기업에서나 또는 외국의 정부를 상대로 로비활동을 벌이는 경우 비록 뇌물의 공여를 통하여 자국의 이익의 극대화를 도모할지라도 개인적 특수이익을 도모하지 않는 경우 소위 애국적 부패(patriotic corruption)의 성격여부가 문제시 될 수 있기 때문이다.[2]

요컨대 부패의 개념에 관한 다양한 논의가 있음이 사실이나 본고에서는 보다 다면적이고 통합적인 이론(integrated theory)의 접근의 틀 안에서 부패의 개념을 이해하려고 한다. 따라서 이러한 개념적 틀에 의하여 부패란 일정한 조직과 지역 또는 국가를 중심으로 부패의 주체(예: 관료, 정치인, 기업인 등)와 객체(예: 시민)의 상호작용에 의하여 체제(system)의 미비와 환경의 유인효과에 의하여 유발된 행정현상(administrative phenomena)이고 사회적 기대가능성(expectancy)을 위반한 책임 있는 불법적이고 도덕적 비난가능성을 포괄한 일탈행위(devient behavior)라고 할 수 있다.

이러한 통합적 시각에 의한 부패의 개념의 틀은 부패에 관한 주요변수(variables)인 개인과 조직인의 행태적인 면, 규범의 일탈면, 체제나 제도의 미비적인 면, 시민문화적 환경, 내면적 요인과 외형적 행위를 포괄하는 것으로서 다양한 유형의 부패현상을 포함한다고 하겠다.[3]

---

[2] Simcha Werner는 이 경우 애국적 부패라고 지적하며 이것을 새로운 유형의 부패로서 적어도 자국의 차원에서 볼 때는 부패라고 할 수 있다고 주장한다. Simcha Werner B., "New Direction in the Study of Administrative Corruption" in the Public Administration Review(March/April, 1983), Vol. 43: 146-154.

[3] 이 부패의 개념틀은 정치적인 부패에서부터 행정, 기업, 사회적 부패를 포

제2절 / 발전의 장애: 부패현상의 역기능

부패의 역기능은 ① 국민적 불신감을 증폭시키고 ② 사회기강을 해이시키며 ③ 국가 사회의 무질서와 혼란을 야기시키고 ④ 국가정부의 공신력을 약화시켜 ⑤ 국민의 불만과 불평을 일으키고 ⑥ 특히 정치행정, 그리고 경제적인 생산에 있어서 고비용을 증대시키고 국가전반에 걸쳐서 사회적 갈등을 심화시켜 결국 최악의 경우는 국가사회의 몰락을 초래하게 된다.

부패란 탐욕과 이기심을 나타내는 인간 존재의 속성을 웅변으로 말해주는 것으로 볼 수 있으며 한국의 경우 경제발전과 성장이 가속되어 갈수록 아이러니컬하게도 부패는 더욱 극성을 부리기도 하였다. 특히 1970년대 이후에 경제성장이 가속화됨에 따라서 부패현상은 더욱 증가되고 구조화, 조직화, 관행화, 그리고 대형화되었다고 할 수 있다. 특히 부패의 확산효과(spillover effect)는 엄청난 심각성이 있다고 할 수 있다. 부패현상의 역기능을 요약하면 다음과 같다.

첫째, 부패는 정부의 신뢰성과 권위를 추락시키고 국민의 불신으로 말미암아 급기야는 아무리 좋은 정책도 효과적 기대를 하기 어렵게 한다.

둘째, 부패는 생산적인 능력과 힘을 약화시킬 뿐만 아니라 일반 국민들의 불만을 유발시키고, 도덕적 윤리의식을 희석시켜 사회적 갈등을 일으키게 된다.

셋째, 부패는 건전한 사회정의를 파괴시키고, 개인의 이기심과 탐욕을 채우기 위한 온갖 수단방법을 동원하게 되므로 민주적 국가발

함하고 나아가서는 심리적, 정신적 부패문제까지도 포괄하는 것으로 파악한다. 특히 범죄와의 전쟁은 바로 부패와의 전쟁을 의미할 만큼 범죄는 부패의 열매요 과실이며 근본적인 것은 부패심리적 근원적인 문제와의 전쟁이 필요하다고 하게 된다. Stuart H. Truab and Craig B. Little(ed.), Theories of Devience (Itasca: Peacock Publishers, FNC , 1975) pp. 1-272.

전을 저해하는 망국병에 이르게 한다.

넷째, 부패는 사회적 기강의 해이를 가져오게 하고, 국민의 저항감과 불만을 가지게 만든다. 특히 권력만능풍조와 물질만능주의, 그리고 벼락출세주의 등의 불건전한 사회사상의 팽배로 인하여 사회적 혼란을 야기시키며 정권의 몰락을 가져온다.

다섯째, 부패는 정치행정봉사의 부진과 정치행정가격의 상승으로 인하여 불공정한 정치행정공급의 성립이 되기 쉽다.

여섯째, 부패는 자본의 유출, 투자의 왜곡과 기술의 낭비, 그리고 자원의 낭비 등을 가져와 경제의 건전한 흐름과 발전을 저해시킨다.

일곱째, 부패는 정치권력의 정통성을 파괴하고 정치발전을 저해하며, 특히 행정능력의 감소와 정치능력의 감소 등을 초래하게 된다.

한국의 경우는 바로 위에서 언급한 부패문화의 역기능으로 인하여 역대정권의 대부분은 몰락하거나 시달리게 되었다. 이러한 맥락에서 신정부에 대한 국민들의 반부패정책의 기대는 새로운 한국의 창조와 정통성 있는 정부의 성공적 발전과 맥을 같이 한다고 할 수 있을 것이다.

한마디로 부패현상은 동태적으로 그 원인이 규명되고 복합적 현상으로서 통합적인 원인분석과 규명이 필요하다고 본다. 바로 이것은 1960년대의 기능주의자(functionalist)들의 시각이 부패를 발전과정의 부산물로 보는 시각이나 1970년대의 후기기능주의자(post-functionalist)들의 시각이 선후진국가에서 일어나는 보편적인 현상이고 자기 영속적(self-perpetuation)현상으로 파악하는 양 시각 모두가 문제점이 있는 것으로 본다. 즉 1980년대 이후에는 부패현상과 부패문화의 실체를 보편적 현상이고 특수적 현상으로서 특정조직과 국가의 사회구조적 특징과도 유관한 보완적이고 통합적인 사회현상이라고 보는 것이 실체접근에 가깝다고 하겠다.

제3절 / 효과적인 반부패정책이란?

(1) 제도적인 접근에 의한 분석

첫째, 다원적인 체계로 적실성이 부족한 정책이다. 우리나라의 공무원 부패방지는 다원적인 체계로 되어 있어 복잡하다. 예컨대 감사원법에 의하여 공무원은 회계검사와 직무감찰을 받도록 되어 있다. 감사원은 헌법에 의한 최고의 사정기관이요, 부패방지기구이다. 다른 한편 검찰은 공무원의 부패혐의 경우에 형법과 형사소송법, 그리고 검찰청법에 의하여 직접 수사할 수 있다. 공무원의 부패통제와 관련된 기관은 청와대, 국무총리실, 각 중앙부처, 각 지방자치단체, 입법부, 그리고 사법부에 이르기까지 감사기구가 조직되어 있다. 그리고 공직자윤리위원회도 행정부, 입법부, 그리고 사법부에 설치되어 있고, 심지어 전국의 지방자치단체에 이르기까지 설치되어 있어서 완벽한 제도적 장치를 하고 있는 것처럼 보인다. 그리고 부패방지관련 법규도 잘 입법화되어 있는 것처럼 수없이 많다. 예컨대, 감사원법, 검찰청법, 공무원법, 지방공무원법, 형법상의 공무원 범죄관련법, 형사소송법, 특정범죄가중처벌법, 공직자윤리법, 공무원 복무규정, 공무원 징계령, 공무원범죄에 관한 몰수특례법, 공직선거 및 선거부정방지법, 그리고 금융실명거래 및 비밀보장에 관한 긴급재정경제명령 등이다. 얼핏 보면 부패행위는 발붙이지 못할 것처럼 보인다. 그러나 사실은 이러한 다양하고 복잡한 법 구조는 오히려 효율성과 효과성이 떨어지고 적실성마저 없어서 부패통제를 제대로 하지 못하여 온 것이 사실인 것 같다.

둘째, 공직자윤리위원회의 비실효성을 지적할 수 있다. 현재 중앙부처에만도 265개에 이르는 공직자위원회는 그동안 부패방지를 위하여 어떤 역할을 하였을까? 공직자위원회가 1933년부터 1995년 사이에 행정부, 입법부, 그리고 사법부의 세 부처에서 공직자들의 재산등록사항을 심사한 결과는 흥미롭다. 정부공직자윤리위원회가 심사한 경우 법위반한 자를 소속기관장에게 징계요구를 한 것은 단 1명에 불과하였고, 경고조치는 12명에 그쳤다. 반면에 국회의 공직자위원회는 단 3명에게 경고시정을 하였고, 그리고 대법원의 공직자위원회는 단 2명에게 경고조치를 하는데 그쳤다. 공직자들의 청렴성이 갑자기 고양되지 않은 이상 사실상 공직자들의 재산등록법이라고 할 수 있는 이 제도는 과연 적절하게 운용되고 있는가를 재평가하여야 할 것이다.[4]

(2) 행정문화적인 접근분석

셋째, 공직자의 의식개혁의 미흡이다. 공직자의 공직관의 미흡은 상당한 문제점으로 지적된다. 우리나라의 공직자들은 보신주의, 형식주의, 파벌주의, 할거주의, 권위주의, 그리고 사인주의 등의 관료병폐가 고질화 되어온 것으로 알려져 왔다. 특히 문민정부수립 후 개혁과 사정바람에는 소위 "복지부동"의 소극적 자세로 국민에 대한 봉사를 게을리 한 것으로 비판받아 왔다. 그 주요한 원인은 대부분의 공무원들이 사기가 저하되어 있기 때문이다. 사기는 공무원이 국민에 대한 질 높은 행정서비스를 하는 원천이다. 사기저하는 여러 원인이 있겠으나 가시적으로는 미흡한 보수구조가 주된 원인이고 불가시적으로는 승진과 근무환경, 그리고 장래성 등이다. 1993년 현재 국영기업의 경우와 비교할 때 하위관리직의 경우는 85%, 중간관리직의 80%, 그리고 상위관리직의 74%의 수준인 공무원의 보수구조는 공무원의 범죄와 부패의 주요원인이 된다고도 할 수 있다. 그리고 승진적체문제도 잘 알려진 문제점인데 5급에서 4급의 평균승진 소요기간이 1992년 현재 12.2년이나 된다(김영종, 1993). 그리고 공직자의 의식은 아직도 구태의연한 권위주의와 보신주의의

---

4 정부공직자위원회, 연차보고서(서울: 총무처, 1994; 1995).

관행의 틀을 벗어나지 못하고 있다. 제도적인 문제와 함께 공무원의 의식개혁은 미흡하여 기회만 있으면 부패의 연결고리로 생계나 치부를 기대하고 있다. 대통령의 개혁의지는 특히 중하위층의 공무원에게는 제대로 전이되지 않고 있는 실정이다. 저명한 외신에서는[5] "노태우 전 대통령의 수천억원대 비자금 사건으로 한국국민들은 분노하고 있으나 한국 공무원들의 뇌물수뢰관행은 앞으로도 별 변화가 없을 것"이라고 보도하였다. 바로 이러한 것은 공직자의 의식개혁 없이는 부패추방이 불가능하다는 것을 시사하는 것이 아닐까?

넷째, 부패관행 개혁을 위한 사정교육정책 부재를 들 수 있다. 부패는 오랫동안 우리의 삶의 양식(modus operandi)이 되어 왔다. 부패의 나무는 시민이 공급하는 뇌물과 유인의 토양과 물에서 성장한다. 사실 부패는 시민의 부패문화가 공범이다. 예컨대 오랫동안의 "성금"과 "떡값"의 부패문화관행은 바로 정경유착이란 정치부패의 나무를 자라게 한 주범이었다. 그러면 이러한 부패문화를 어떻게 추방할 수 있을까? 여러 전략이 요청되나 바르게 살기 위한 범국민적 사정교육정책의 개발이 필요한데 이러한 정책발전 역시 미흡하였다. 이 결과 대통령의 부패척결 의지가 확고하고 사정기관이 열심히 활동하여도 부패의 악순환만 반복되고 있다. 공직자의 사정교육은 미흡한 공직의식을 개발하기 위하여 반드시 필요하다. 공직자는 공무원 교육기관에서 연차적 계획에 의하여 재교육과 훈련을 받는다. 재교육의 프로그램 자체에서 부패방지를 위한 공직윤리교육 과목이 설정되어 있지 않다. 이것은 결국 일부 회계공무원이나 감사직의 공무원들에게 감사기법이나 감사교육을 하는 감사원의 교육프로그램과 상이하다. 사정교육은 전 공무원에게 별도의 계획과 프로그램에 의하여 의무적으로 추진할 가치가 있지 않은가?

---

[5] 1995년 10월 30일자 미국의 Wall Street Journal을 말한다.

(3) 정책평가적인 접근분석

다섯째, 부패예방과 치유의 연계성 정책개발 미흡을 지적할 수 있다. 부패는 예방과 치유가 상호 연계되어야 효율성과 효과성을 발휘할 수 있다. 부패의 예방은 사전 예방교육으로 최소화할 수 있고, 치유는 부패의 발생시에 재발을 방지하게 위하여 관계 제도와 법규범과 그리고 관련 통제수단과 장치를 적용하는 것이다. 우리의 경우 이러한 예방과 치유가 상호 연계성이 부족하여 결국 사건이 터지면 그때그때 대응만 하는 땜질 반부패정책을 사용하여 왔다. 따라서 이러한 연계성이 강조되는 정책개발이 필요하다.

(4) 조직행태론적인 접근분석

여섯째, 반부패정책 결정권자의 의지부족이다. 반부패정책이 성공적으로 달성되려면 무엇보다도 최고정책결정권자의 확고부동한 의지가 선행되고 관련 하위 정책결정권자도 이에 부응하여 효율적으로 정책결정과 집행이 이루어져야 한다. 역대정권의 경우 대통령은 집권초기에는 인기위주와 정치적 상징으로서의 부패척결을 공약하였다가 불과 1~2년 후에는 후퇴하거나 심지어 대통령 자신의 최고측근자들까지도 부패관련자로 연루되어 국민의 지탄을 받는 경우가 일반적이었다. 그리고 역대 대통령들은 거의 모두가 부패사건으로 축출되거나 붕괴, 또는 사법처리되는 불행한 일이 계속되고 있다. 이것은 김영삼 현 정권의 경우도 결코 예외는 아니라는 데 문제의 심각성이 있다.

(5) 사회환경론적 접근분석

일곱째, 일반시민들의 부패토양 제공설이다. 부패란 주는 자와 받는 자의 쌍무적인 상호연계에서 일어나는 일탈행위이다. 그러한 의미에서 공직자의 뇌물수수를 조성하는 토양에 해당하는 사회적인 환경이 원인제공에 기여한다고 본다. 즉, 만연된 부패구조에는 일반 시민이 많은 경우에 그 원인제공자이라는 뜻이다. 공공부문(public sector)에서만 아니라 사부문(private sector)에서도 부패구조화는 사회 환경이 일조를 한다. 예컨대 중소기업이 대기업에서 하청이나 도급 수주과정에서 유리한 조건을 따기 위하여 뇌물을 제공하는 관례는 대표적인 사례이다.

(6) 통합적 접근

앞에서 논의한 여러 반부패정책은 어느 한 접근방법으로서는 소기의 성과를 기대할 수 없다. 이러한 다양한 제도를 상호 보완하여 이상적인 반부패정책을 추진하여야 한다. 이것은 통전적 혹은 통합적 반부패정책으로 부른다.

제4절 / 부패현상의 정도와 원인진단

한국을 부패공화국이라고 하는데 이러한 배경에는 심각한 부패현상이 우리 사회의 구석구석에 도사리고 있고 특히 우리의 삶의 양식(modus operandi)이 되고 있다는 것이다. 국제적으로 알려진 통계자료는 국제투명성위원회에서 발표된 2006년의 세계 각국의 부패지수(CPI)이다. 아래의 <표 20-1>에 의하면 우리나라는 부패지수 5.1로서 세계 163개국 중에서 42위를 차지하고 있다.

〈표 20-1〉 2006년 부패인식지수(CPI)

국가순위	국가, 영토	2006 CPI	신뢰구간	사용 자료
1	핀란드	9.6	9.4 - 9.7	7
	아이슬란드	9.6	9.5 - 9.7	6
	뉴질랜드	9.6	9.4 - 9.6	7
4	덴마크	9.5	9.4 - 9.6	7
5	싱가포르	9.4	9.2 - 9.5	9
6	스웨덴	9.2	9.0 - 9.3	7
7	스위스	9.1	8.9 - 9.2	7
8	노르웨이	8.8	8.4 - 9.1	7
9	호주	8.7	8.3 - 9.0	8
	네덜란드	8.7	8.3 - 9.0	7
11	오스트리아	8.6	8.2 - 8.9	7
	룩셈부르크	8.6	8.1 - 9.0	6
	영국	8.6	8.2 - 8.9	7
14	캐나다	8.5	8.0 - 8.9	7
15	홍콩	8.3	7.7 - 8.8	9
16	독일	8.0	7.8 - 8.4	7
17	일본	7.6	7.0 - 8.1	9
18	프랑스	7.4	6.7 - 7.8	7
	아일랜드	7.4	6.7 - 7.9	7
20	벨기에	7.3	6.6 - 7.9	7
	칠레	7.3	6.6 - 7.6	7
	미국	7.3	6.6 - 7.8	8
23	스페인	6.8	6.3 - 7.2	7
24	바베이도스	6.7	6.0 - 7.2	4
	에스토니아	6.7	6.1 - 7.4	8
26	마카오	6.6	5.4 - 7.1	3
	포르투갈	6.6	5.9 - 7.3	7
28	몰타	6.4	5.4 - 7.3	4
	슬로베니아	6.4	5.7 - 7.0	8
	우루과이	6.4	5.9 - 7.0	5

국가순위	국가, 영토	2006 CPI	신뢰구간	사용 자료
31	아랍에미리트	6.2	5.6 - 6.9	5
32	부탄	6.0	4.1 - 7.3	3
	카타르	6.0	5.6 - 6.5	5
34	이스라엘	5.9	5.2 - 6.5	7
	대만	5.9	5.6 - 6.2	9
36	바레인	5.7	5.3 - 6.2	5
37	보츠와나	5.6	4.8 - 6.6	6
	사이프러스	5.6	5.2 - 5.9	4
39	오만	5.4	4.1 - 6.2	3
40	요르단	5.3	4.5 - 5.7	7
41	헝가리	5.2	5.0 - 5.4	8
42	모리셔스	5.1	4.1 - 6.3	5
	대한민국	5.1	4.7 - 5.5	9
44	말레이시아	5.0	4.5 - 5.5	9
45	이탈리아	4.9	4.4 - 5.4	7
46	체코	4.8	4.4 - 5.2	8
	쿠웨이트	4.8	4.0 - 5.4	5
	리투아니아	4.8	4.2 - 5.6	6
49	라트비아	4.7	4.0 - 5.5	6
	슬로바키아	4.7	4.3 - 5.2	8
51	남아프리카	4.6	4.1 - 5.1	8
	튀니지	4.6	3.9 - 5.6	5
53	도미니카	4.5	3.5 - 5.3	3
54	그리스	4.4	3.9 - 5.0	7
55	코스타리카	4.1	3.3 - 4.8	5
	나미비아	4.1	3.6 - 4.9	6
57	불가리아	4.0	3.4 - 4.8	7
	엘살바도르	4.0	3.2 - 4.8	5
59	콜롬비아	3.9	3.5 - 4.7	7
60	터키	3.8	3.3 - 4.2	7

국가순위	국가, 영토	2006 CPI	신뢰구간	사용 자료
61	자메이카	3.7	3.4 - 4.0	5
	폴란드	3.7	3.2 - 4.4	8
63	레바논	3.6	3.2 - 3.8	3
	세이셸	3.6	3.2 - 3.8	3
	태국	3.6	3.2 - 3.9	9
66	벨리즈	3.5	2.3 - 4.0	3
	쿠바	3.5	1.8 - 4.7	3
	그레나다	3.5	2.3 - 4.1	3
69	크로아티아	3.4	3.1 - 3.7	7
70	브라질	3.3	3.1 - 3.6	7
	중국	3.3	3.0 - 3.6	9
	이집트	3.3	3.0 - 3.7	6
	가나	3.3	3.0 - 3.6	6
	인도	3.3	3.1 - 3.6	10
	멕시코	3.3	3.1 - 3.4	7
	페루	3.3	2.8 - 3.8	5
	사우디아라비아	3.3	2.2 - 3.7	3
	세네갈	3.3	2.8 - 3.7	5
79	부르키나파소	3.2	2.8 - 3.6	5
	레소토	3.2	2.9 - 3.6	5
	몰도바	3.2	2.7 - 3.8	7
	모로코	3.2	2.8 - 3.5	6
	트리니다드토바고	3.2	2.8 - 3.6	5
84	알제리	3.1	2.7 - 3.6	5
	마다가스카르	3.1	2.3 - 3.7	5
	모리타니아	3.1	2.1 - 3.7	4
	파나마	3.1	2.8 - 3.3	5
	루마니아	3.1	3.0 - 3.2	8
	스리랑카	3.1	2.7 - 3.5	6
90	가봉	3.0	2.4 - 3.3	4
91	세르비아	3.0	2.7 - 3.3	7
	수리남	3.0	2.7 - 3.3	4

국가순위	국가, 영토	2006 CPI	신뢰구간	사용 자료
93	아르헨티나	2.9	2.7 - 3.2	7
	아르메니아	2.9	2.7 - 3.0	6
	보스니아 헤르체고비나	2.9	2.7 - 3.1	6
	에리트레아	2.9	2.2 - 3.5	3
	시리아	2.9	2.3 - 3.2	3
	탄자니아	2.9	2.7 - 3.1	7
99	도미니카공화국	2.8	2.4 - 3.2	5
	그루지야	2.8	2.5 - 3.0	6
	말리	2.8	2.5 - 3.3	7
	몽고	2.8	2.3 - 3.4	5
	모잠비크	2.8	2.5 - 3.0	7
	우크라이나	2.8	2.5 - 3.0	6
105	볼리비아	2.7	2.4 - 3.0	6
	이란	2.7	2.3 - 3.1	3
	리비아	2.7	2.4 - 3.2	3
	마케도니아	2.7	2.6 - 2.9	6
	말라위	2.7	2.5 - 3.0	7
	우간다	2.7	2.4 - 3.0	7
111	알바니아	2.6	2.4 - 2.7	5
	과테말라	2.6	2.3 - 3.0	5
	카자흐스탄	2.6	2.3 - 2.8	6
	라오스	2.6	2.0 - 3.1	4
	니카라과	2.6	2.4 - 2.9	6
	파라과이	2.6	2.2 - 3.3	5
	동티모르	2.6	2.3 - 3.0	3
	베트남	2.6	2.4 - 2.9	8
	예멘	2.6	2.4 - 2.7	4
	잠비아	2.6	2.1 - 3.0	6
121	베냉	2.5	2.1 - 2.9	6
	감비아	2.5	2.3 - 2.8	6
	가이아나	2.5	2.2 - 2.6	5

국가순위	국가, 영토	2006 CPI	신뢰구간	사용 자료
121	온두라스	2.5	2.4 - 2.7	6
	네팔	2.5	2.3 - 2.9	5
	필리핀	2.5	2.3 - 2.8	9
	러시아	2.5	2.3 - 2.7	8
	르완다	2.5	2.3 - 2.6	3
	스와질란드	2.5	2.2 - 2.7	3
130	아제르바이잔	2.4	2.2 - 2.6	7
	부룬디	2.4	2.2 - 2.6	5
	중앙아프리카	2.4	2.2 - 2.5	3
	에티오피아	2.4	2.2 - 2.6	7
	인도네시아	2.4	2.2 - 2.6	10
	파푸아뉴기니	2.4	2.3 - 2.6	4
	토고	2.4	1.9 - 2.6	3
	짐바브웨	2.4	2.0 - 2.8	7
138	카메룬	2.3	2.1 - 2.5	7
	에콰도르	2.3	2.2 - 2.5	5
	니제르	2.3	2.1 - 2.6	5
	베네수엘라	2.3	2.2 - 2.4	7
142	앙골라	2.2	1.9 - 2.4	5
	콩고공화국	2.2	2.2 - 2.3	4
	케냐	2.2	2.0 - 2.4	7
	키르기스스탄	2.2	2.0 - 2.6	6
	나이지리아	2.2	2.0 - 2.3	7
	파키스탄	2.2	2.0 - 2.4	6
	시에라리온	2.2	2.2 - 2.3	3
	타지키스탄	2.2	2.0 - 2.4	6
	투르크메니스탄	2.2	1.9 - 2.5	4
151	벨로루시	2.1	1.9 - 2.2	4
	캄보디아	2.1	1.9 - 2.4	6
	코트디부아르	2.1	2.0 - 2.2	4
	적도기니	2.1	1.7 - 2.2	3
	우즈베키스탄	2.1	1.8 - 2.2	5

국가순위	국가, 영토	2006 CPI	신뢰구간	사용 자료
156	방글라데시	2.0	1.7 - 2.2	6
	차드	2.0	1.8 - 2.3	6
	콩고민주공화국	2.0	1.8 - 2.2	4
	수단	2.0	1.8 - 2.2	4
160	기니	1.9	1.7 - 2.1	3
	이라크	1.9	1.6 - 2.1	3
	미얀마	1.9	1.8 - 2.3	3
163	아이티	1.8	1.7 - 1.8	3

자료 : 한국 투명성 기구, 2006.

이와 같은 부패현상의 원인은 무엇일까? 그 원인을 한마디로 요약하기는 어려운 일이다. 그 이유는 원래 부패현상의 속성상 복합적인 원인변수가 논의되어야 하기 때문이고 그리고 이론적 논리와 상황논리, 그리고 구조적인 원인변수와 미시적 거시적 원인진단이 다면적으로 동원되어야 실체접근에 용이하기 때문이다.

첫째, 부패는 체제와 제도의 미비와 잘못된 관리(mismanagement)를 그 원인으로 볼 수 있다. 이러한 것은 부패의 소지(opportunity)를 용이하게 하는 외적 변수이며 거시적 차원에서의 원인 진단이라고 볼 수 있다.

둘째, 부패행위자의 개인적 행태와 가치관, 그리고 공직의식에서 문제의 원인을 추적하는 접근방법이 있다. 이러한 진단은 미시적 접근으로서 부패의 원인제공은 궁극적으로 부패행위자 자신에게 책임이 있다는 논리의 전개가 가능하게 된다.

셋째, 부패의 원인이 외부적인 환경 그리고 부패공급자와 유혹자, 그리고 시민의 윤리의식 수준 등에 있다는 주장이다.

넷째, 부패를 질적, 구조적 원인에서 추적하는 것으로서 오랫동안의 부패관행과 풍토(ethos) 그리고 관료구조의 내적 수준과 조직문화적인 차원에서 원인 추적이 가능하다.

다섯째, 부패를 역사적·맥락적 시각에서 그 원인을 추적하는 것으로서 이 경우는 특히 정치경제적(political economic approach) 분석이 동원된다. 특히 한국의 경우는 역사적으로 일제식민지 경험과 유교문화의 영향, 권위주의적 정권, 그리고 군사문화 등의 유산이 정치행정부패, 기업부패, 그리고 만연된 부패풍토의 조성에 상당한 매개변수적 역할을 하게 되었다고 보는 진단이다.

요컨대, 한국의 정경유착 부패원인은 마치 용광로(melting pot)처럼 정치인들과 기업인 혹은 시민들의 상호 탐욕적인 금권과 권력의 야합에 의한 부도덕적이고 불법적인 복합적 원인변수가 용해되어 나타나고 있다고 보는 것이 타당할 것이다.

제5절／바람직한 발전방향: 부패통제의 시스템과 그 역할

부패통제의 현재의 시스템은 지나치게 분산화되고 있어서 그 효율성과 효과성이 부족하다. 부패현상을 어떻게 통제하는가 하는 문제는 매우 중요한 문제이다. 물론 궁극적으로는 자율적인 도덕적인 통제 메카니즘(self-moralizing control mechanism)이 이상적이다(Werner, 1983). 그러나 이론적으로는 이러한 통제가 가능하고 또한 이상적이지만 실제로는 불가능할 때가 많다. 그 이유는 부패에 연루될 수 있는 공직자들의 공직윤리의식, 혹은 일반 시민들의 시민윤리의식이 부패유혹을 충분히 통제할 수 있는 수준에 이를 수 있을 경우에 가능하다.

그러나 부패통제의 제도화(institutionalization)에 의한 통제 메카니즘은 비록 자율적인 통제가 아닌 타율적인 통제이며 강요된 외부적인 통제라 할지라도 부패방지를 위한 메카니즘적인 차원에서 필수적이다. 그러므로 반부패정책에서 성공적인 국가들은 한결 같이 이러한 통제 메카니즘을 충분히 활용하고 있다. 특히 여기서 우리가 유의해야 할 사항은 제도적인 장치가 아무리 완벽해도 운영자들의 잘못된 관리(mismanagement) 때문에 부패통제가 제대로 되지 않고 있다는 사실이다. 그렇다고 하여도 제도적인 장치가 반부패제도 운영자들의 일탈적인 행태(deviant behavior)를 효율적이고 효과적으로 제어하지 못하면 반부패제도 자체가 문제가 있다는 것이 우리의 주장이다. 따라서 부패발생의 악순환의 연결고리, 예컨대 공공기관(Public Organization)과 민간기구(NGO: Non-Governmental Organization), 정부기관과 대기업, 정치인, 관료와 그리고 경제인, 심지어는 부패사정기관과 민간기구 등과의 깊은 내부적 부패사슬의 통제는 더욱 어렵게 된다. 따라서 우리는 최적의 부패통제의 메카니즘은 정부, 시민사회적인 환경, 그리고 나아가서는 사정기관, 나아가서는 개인들의 확고한 반부패의식 등이 활성화될 때 그 효과성은 극대화될 수 있다고 할 수 있다.

구조적인 부패현상을 혁신하는 것이 국가의 어떤 정책보다도 우선적으로 고려하여야 할 정책방향이다. 특히 한국의 경우는 부패문제가 국가사회의 구석구석에 오랫동안의 관행과 문화적인 현상으로 침투되어 있어서 이러한 부패문화현상을 근절하는 부패방지전략이 중요하다. 따라서 본고에서는 이러한 부패현상의 개혁을 위한 제도개혁방안을 논의한다.

첫째, 부패문화의 개혁과 통제를 위한 획기적인 입법정책적 혁신장치가 필요하다. 부패현상은 그 자체가 단순한 부패행위자의 차원에서가 아니라 부패행위에 미치는 외적변수인 체제와 제도의 요인에 귀인(attribution)된다고 볼 때 우선적으로 해야 할 것은 행정개혁적 차원에서의 철저한 부패방지의 제도적 장치가 급선무라고 할 수 있다. 제도적 장치의 대표적인 것은 부패방지의 특별법 제정과 운용이다. 부패방지를 논의하는 데 있어서 통합된 부패방지법(Integrated prevention of corrupt Act)(가칭)의 입법화는 만연된 부패문화를 통제하는 데 매우 중요하다고 본다. 통합된 부패방지법은 현재 산발적으로 입법화 되고 있는 부패관련법규, 예를 들면 공직자윤리법(1981.

12. 31. 법률 제3520), 공직자윤리법시행령(1982. 12.31. 대통령령 11021호), 공무원복무규정(1970. 6. 15. 대통령령 5043호), 공무원징계령(1970. 6. 15. 대통령령 제 5043호), 국회의원윤리실천규범(1970. 5. 20. 규칙 제158), 형법규정 중 부패 관련규정 등을 통합하거나 체계화하며 공직자에 대한 부패문제를 합리적으로 처리하자는 내용이다. 뿐만 아니라 이 부패방지법은 공무원이나 기업인, 정치인, 혹은 사회지도층 등을 포함하여 보다 포괄적으로 다루어서 부패관계의 구조적인 문제를 입법정책으로 해결하자는 것이다.

둘째, 행정윤리교육에 의한 의식개혁을 통하여 행정문화의 내면적·의식적 부패문화를 개선할 수 있다. 부패문화의 이상적 개혁은 의식개혁이 근본적으로 이루어지는 것이 바람직하다. 즉, 외면적 법제도적 차원의 개혁보다 인간 내면의 도덕적 양심과 윤리의식, 그리고 가치기준과 공직관이 더욱 확고하게 되는 것이 매우 중요하다. 공공의 봉사에 있어서 행정윤리는 법적규범이나 효과적인 의식과 함께 모든 공직자의 행정봉사의 기준이 되어야 하며 이것은 행정문화의 준칙이 될 때에 외부의 어떤 부패유인에도 흔들리지 않을 수 있다.

행정윤리는 행정책임으로 연결되는 행정인의 행위규범이 되기 때문에 부패문화를 순화시키는 자율적이면서 책임 있는 개혁의 엔진(engine)이 된다고 하겠다. 행정윤리의 의식이 어느 정도 위험수위인가 하는 것은 유종해의 연구에서 잘 나타나 있다. 한국 공직자의 69.1% 정도가 공직자의 업무수행 중 금품수수에 대하여 '급행료', '기름치기' 등의 명목으로 경우에 따라서 허용하는 것으로 보고되고 있다는 사실이다. 하태권의 최근 연구에서도 공무원의 63.5%가 부패사실을 묵인하고 있다고 하였다. 윤리의식의 교육은 구체적으로 각급의 공직자의 재교육기관을 통하여서 또는 행정학과 등의 매래의 공직자들의 교육기관을 통하여 그 구체적인 교육프로그램에 실행되는 것이 바람직하다고 하겠다.

셋째, 최고정책결정자의 정책결정의지는 물론 부패문화의 척결을 관장할 정책결정관계자들의 확고부동한 개혁의지는 매우 중요한 변수가 아닐 수 없다. 부패를 행정문화적 시각에서나 문화실재적 접근의 차원에서 그 실체를 접근할 때 부패문화의 개혁은 제도개혁의 문제보다는 부패문화에 젖어든 관료들의 의식과 행태 그리고 그들의 생활양식을 고쳐나가는 것이 더욱 효율적임에는 반론의 여지가 없다고 하겠다. 그럼에도 불구하고 우리는 부패문화의 개혁에 대한 문화실재적 방법론의 서방성의 한계와 취약성에 유의할 필요성이 있으며 그 결점을 보완할 제도적 접근이 유용함을 인정한다.

특히 제도개혁의 요체는 최고정책결정자의 가치배분에서 비롯된다는 엘리트이론의 배경에서 접근하면 부패문화의 통제 메카니즘은 바로 최고 정책결정자의 의지가 매우 중요한 변수임을 강조하지 않을 수 없다. 최근의 신정부에서의 부패척결과 부패문화개혁에 대한 최고정책결정자의 확고한 의지는 매우 단호하고 고무적이며, 실제로 그 의지는 가시적으로 나타나고 있음을 인지할 수 있다. 그러나 중요한 것은 그 개혁의지가 일관성이라든지, 반대세력의 거센 저항에 영향을 받아 무력해진다든지, 혹은 정치적 상징에 불과하다면 문제가 된다고 하겠다.

넷째, 반부패를 위한 제도적 개혁장치는 물론 환경적 개혁결정의 장치가 동시에 활용되어야 한다. 제도적 개혁장치는 부패문화를 통제하기 위한 특별한 제도적 장치, 예컨대 특별법 제정이나 특별기구 등을 의미하나, 환경적 개혁장치는 사회적 기관, 언론기관, 교육기관 기타 모든 공공기관을 통하여 도덕재무장과 의식개혁의 범국민적 추진운동을 의미한다. 지금까지 역대정부는 예외 없이 반부패정책을 추진하였으나 불행하게도 실패한 것은 제도적 장치와 의식개혁이 동시에 작동하지 못했다고 하는 점이다. 예컨대 반부패에 대한 강력한 제도적 장치를 하든지(예컨대 부패방지위원회의 설치를 통한 반부패정책의 강력한 추진) 또는 국민전체에 반부패에 대한 도덕재무장과 국민운동 추진 등의 반부패 환경의 강력한 정책추진이 선결된다고 할 수 있다. 이러한 두 가지 면에서 성공한 사례는 Hongkong이나 Singapore의 경우를 예로 들 수 있다. Hongkong의 경우는 ICAC(반부패독립위원회)에서 부패사건에 대한 독자적인 사법권을 행사하여 성공적으로 부패추방을 하고 있다. Singapore의 경우도 CPIB(부패사건조사국)에서 수상(Prime Minister) 직속 하에 부패사건의 독자적 조사, 수사, 반부패정책 등의 추진을 함으로써 매우 성공한 국가라 알려져 있다. 이상을 종합하여 볼 때 한국의 실례에서도 최고통치자의 반부패정책의지는 강력한 제도적·환경적인 부패문화개혁 장치와 연결될 때 성공적인 결과가 될 수 있다.

다섯째, 부패나무의 서식처인 조직문화의 개혁과 통제를 통하여 반부패의 효과를 극대화할 수 있도록 해야 한다. 부패현상은 이제 사회문화적인 현상으로 확산되고 있는 것이 한국적 현실이다. 그러나 부패의 서식장소는 특히 조직의 구조적 성격, 조직 지도자의 리더십, 조직의 환경, 그리고 조직 구성원들의 행태에 따라서 부패의 유형이나 정도의 차이가 날 수 있음은 물론이다. 문제는 만연된 부패의 조직구조상에서 어떤 특정인에 의한 도덕적·윤리적 공직관에 의한 반부패행태가 얼마나 조직문화를 정화시킬 수 있을까 하는 것이 매우 중요한 초점이 된다. 이러한 현실적 조직문화의 집단에서 우리는 조직의 감독자와 지도자의 솔선수범적인 반부패적·모범적 행태를 보여 줄 필요가 있고 이것은 조직의 문화에 구조적 부패문화의 개혁을 주도하는 역할을 하게 된다. 이러한 개혁의 전략으로서 조직의 지도자와 관리자는 변화의 역군(change-agent)으로서의 역할을 극대화해야 할 것이고, 이러한 조직문화의 반부패 확산효과는 보다 계획적(planned)이고 체계적이며, 강력한 정책개발과 프로그램에 의하여 우선 정부차원의 주도로 사회전체의 일반조직문화에 파급효과를 극대화하여야 할 것이다.

여섯째, 반부패를 위한 정책개혁에 대한 국민전체의 감시자와 감독자로서의 역할과 기능의 극대화를 도모하여야 한다. 다시 말하면 만연된 부패현상을 고발할 장치(whistle-blowing)가 정책적으로 개발되어야 할 것이다. 만연된 부패의 국민적 고발행위가 이론적으로 공익적 행위, 도덕적 행위가 되는 것을 전제할 때 부패의 고발창구를 확산시켜 부패의 서식처를 추방하는 것이 필요하다. 부패문화의 고발은 크게 둘로 요약할 수 있는데, 첫째는 조직내부의 구성에 의한 직접적인 고발형태이고, 둘째는 일반국민에 의한 제3자의 관찰결과에 의한 간접적인 고발형태이다. 전자의 경우는 이문옥 감사관의 감사비리 폭로사건이나, 윤석양 이병의 보안사 민간인 사찰의 폭로사건, 정윤옥 씨의 현대 비자금 폭로사건 등이 대표적이다. 그리고 후자의 경우는 국민들의 수시관찰에 의한 부패 고발의 경우이다. 어느 것이든 확실한 증거가 있으면, 반부패의 국가적 해결차원에서 고발자의 신분이 보장 될 뿐만 아니라 자유롭게 고발할 수 있는 범국민적 고발창구가 가장 편의하고 적절하게 언론기관, 행정기관, 또는 사회조직의 각 기관별로 제도적으로 보장되어야 할 것이다. 이러한 것은 부패문화의 추방에 대한 국민적 합의의 결과와 일치될 수 있다.

일곱째, 공직자의 사기앙양과 획기적 처우개선은 부패문화의 척결차원에서 보장되어야 할 것이다. 최근에 정부에서 IMF체제라는 차원에서 공무원의 보수에 대한 동결 또는 삭감조치는 적어도 부패방지정책적 차원에서 볼 때는 부적절한 조치이다. 국민과 고통을 분담한다는 대원칙은 바람직하나 공직자의 처우가 과학적으로 분석되지 않고 무조건 동결시킴은 바람직하지 않다고 본다. 이러한 구조적 취약점으로 인해 공직자가 물량적 유혹에 흔들리게 된다고 하겠다.

여덟째, 부패현상에 대한 개혁정책의 통합모형이다. 지금까지 논의한 부패현상의 개혁정책은 단선적인 개혁으로서 어느 한가지만으로는 결코 반부패개혁정책에서 성공할 수 없다. 앞에서 제시한 여러 반부패통제와 개혁정책은 보완적이고 통합적인 과제로서 가능한 동시에 작동되는 것이 필요하다. 말하자면 동시에 다면적인 반부패정책의 결정과 집행인 것이다.

제6절 ╱ 부패통제를 위한 입법방향

국민의 정부수립 후 절실히 요구되는 것은 김영삼 정부의 경우와 같은 반부패정책을 하지 말고 성공적인 반부패정책이 이루어져야 한다는 것이다. 본고에서는 시론적인 통합부패방지법이 함축하는 내용을 제시한다. 반부패정책에서 성공한 세계 주요국은 부패방지에 대한 독립법을 입법화하는 추세이다. 특히 1997년 5월에 결의한 'OECD의 반부패활동 결의(OECD ACTIONS TO FIGHT CORRUPTION)'에서 보여주는 바와 같이 1998년 12월 말까지 가입국들은 국제간의 거래에 있어서 뇌물수수를 형사처벌한다는 내용의 부패방지를 의무적으로 입법화할 것을 요구하고 있는 것을 주목하여야 할 것이다.[6]

심각한 부패현상의 척결은 한 국가의 국내문제를 뛰어넘어 이제는 국제적인 과제로 부상하고 있다. 예를 들면 금년 들어서 두 가지 반부패에 대한 국제적인 결정이 있었다. 그 하나는 지난 5월 28일에 프랑스 파리에서 회원국 29개국의 'OECD의 반부패활동결의'이다. 그 내용은 1994년과 1996년에 결의하였던 이사회의 권고 결의가 보다 구체적으로 일종의 국제조약의 형태로 이루어졌다는 점이다. 즉 OECD 회원국들은 금년 말까지 이 조약에 서명을 할 것과 1998년 4월 1일까지는 국제거래에 있어서 뇌물수수가 형사처벌하는 특별법을 국회에 제출하도록 하고, 1998년 12월 말까지는 반드시 뇌물수수의 형사처벌을 입법하도록 결의하였다. 또 하나의 반부패에 대한 중요한 국제적인 움직임은 지난 9월 7일~12일 기간 중 페루의 리마에서 세계 93개국이 제8회 국제반부패회의를 개최하였는데 폐회 전에 세계 93개국의 대표자들이 만장일치로 동의하여

---

[6] 이 내용에 대하여 자세한 것은 OECD의 "Revised Recommendation of the Council on Combating Bribery in International Business Transactions"을 참조할 것. 김영종, '지방행정부패방지를 위한 중장기정책,' 한국부패학회보, Vol.2 (1998.1), p. 16.

'리마선언(The Lima Declaration)'을 발표한 것이다. 그 내용은 첫째, 부패가 미치는 폐해를 심각하게 지적하였고, 둘째, UN(국제연합), OECD(경제협력개발기구), WORLD BANK(세계은행), IMF(국제통화기금), WTO(세계무역기구), EU(유럽연합), ICC(국제상공회의소), WCO(세계관세기구), INTERPOL(국제경찰기구), IAP(국제검찰기구), 그리고 IBA(국제변호사회) 등과 같은 국제적인 조직에서 반부패정책을 효과적으로 다루기 위한 구체적인 행동강령을 제정할 것을 촉구하였다. 셋째, 이러한 반부패의 행동강령을 국내법차원에서도 특별법 등을 통하여 구체적으로 제정할 것을 촉구하기로 결의하였다.

이보다 앞서 진행된 주요한 국제적인 반부패동향을 몇 가지만 예를 들어보자. 첫째, 1996년 3월 29일에는 베네수엘라에서 모인 미주기구(OAS)에서 국제 무역거래에 있어서 뇌물의 제공은 형사상 범죄가 된다는 것에 35개국 중 이미 25개국이 서명하였다. 둘째, 1997년 5월 21일에는 유럽연합(EU)에서는 유럽연합회원국과 비회원국에 대하여 뇌물의 거래금지와 형법상 범죄로 규정하는 것과 뇌물에 대하여 세금감면의 혜택제외 등을 결의하였다. 셋째, 1996년 12월에 유엔(UN)총회에서는 유엔의 경제사회이사회에서 건의한 국제상업거래에서의 뇌물과 부패금지의 선언문을 채택하였다. 넷째, 1996년 3월에는 국제상공회의소(ICC)에서는 국제기업간의 거래에 있어서 뇌물등의 거래금지와 행위기준 등을 정하기도 하였다. 다섯째, 1996년 10월에는 세계은행(World Bank)과 국제통화기금(IMF)의 연례회의에서는 회원국들이 국내에서 반부패정책을 수행하는데 국제적인 차원에서 적극적인 지원을 하도록 하는 결의를 선언하기도 하였다.

세계 주요국가들은 부패방지에 대한 특별법을 제정하여 운용하고 있다. 그 주요내용은 다음과 같다.

첫째, 반부패정책에서 성공한 국가들은 상당한 비율의 특별법을 입법화 그 효과성을 발휘하고 있다는 점이다. 예컨대 아시에서만이 아니라 세계에서도 가장 깨끗한 국가로 알려져 있는 싱가포르는

1937년(1960년 개정)에 부패방지법(Prevention of Corruption Act)을 입법하였고, 홍콩은 1948년(1971년 개정)에 뇌물방지법(Prevention of Bribering), 미국은 1978년(1989년 개정)에 정부윤리법(Ethics in Government Act)과 1934년(1977년 개정)에 해외부패관행법(Foreign Corrupt Practices Act)을 입법하였다. 그리고 호주의 경우도 가령 New South Wales 주에는 1989년에 독립부패방지위원법(Independent Commission Against Corruption Act)을 제정하였고 영국은 1906년에 부패방지법을 제정하였다. 그 외 아시아의 경우는 대부분의 국가가 독립적인 부패방지법을 입법하여 운영하고 있는데 타일랜드는 1975년에 반수뢰 및 부패방지법(Anti-Graft and Corruption Act), 필리핀은 1960년에 동일한 이름의 특별법을, 인도는 1947년, 말레이시아는 1961년, 인도는 1947년에 각각 부패방지관련 특별법을 제정하여 운영하고 있다. 그 외에 중국은 1987년 이후 부패문제가 심각하여 중국행정감찰규제령, 국가공무원임시규제령, 중국행정심판령, 국가공무원징계에 관한 임시규정 등을 통하여 부패통제와 방지를 유도하고 있다. 한편 러시아는 1917년에 뇌물수수자 처벌에 관한 포고령 : 공직사회부패척결에 관한 조치(대통령 포고령 361호)를 통하여 전공직자를 대상으로 엄격하게 부패를 통제, 부패관련자를 최고사형까지 규정하고 있다. 한편 네덜란드는 1976년에 제정된 형법에 부패관련자를 처벌하는 내용을 담고 있으며, 이태리는 1990년에 부패행위에 관한 형법상을 처벌을 강화하여 최고 20년의 징역을 규정하고 있다.

둘째, 세계 주요국의 반부패 성공국가들은 부패관련수사와 조사, 그리고 반부패정책이 특수한 독립기구에서 이루어지도록 하여 정치적인 영향과 외부의 압력을 배제하고 있다. 예컨대 싱가포르의 경우는 CPIB(Corrupt Practices Investigation Bureau)라는 부패주사 및 수사국을 독립적으로 설치하여 부패사건에 대하여 정치적인 영향을 받지 않고 독립적으로 조사나 수사를 할 수 있고, 특히 사건의 경중에 따라서는 사전영장 없이 부패혐의자를 구속할 수도 있다. 뿐만 아니라 흥미 있는 것은 부패관련혐의가 있는 경우는 은행장부와 관련서류, 그리고 계좌추적권도 부여하고 있다. 부패수사국장은 국가의 원수에 의하여 임명되나 정치적으로는 국립임은 물론이다. 한편 홍콩의 경우는 부패사건의 독립기구인 ICAC(Independent Commission Against Corruption)가 부패사건을 독립적으로 조사, 수사할 수 있다. 그리고 은행계좌추적권도 부여되어 있으며 부패관련의 재산처분에 대한 제한을 할 수 있는 권한도 부여되어 있고 또한 부패사건에 대한 사전 영장없이 긴급체포 할 수 있는 권한도 부여되어 있다. 특히 홍콩의 경우 우리가 주목할 것은 반부패교육, 출판, 정책수립 등도 ICAC가 부여받고 있으며 부패조사대상자는 정부관료, 입법부의원, 공기업 및 사기업인 등도 포함한다는 점이다. 다음에 호주의 경우는 New South Wales에서 설치된 ICC(Independent Commission Against Corruption)라는 독립부패방지위원이 부패사건에 관한한 막강한 권한을 부여받고 있으며 정치적으로는 독립적이다. 부패사건의 조사대상자는 정부의 관료, 정치인, 공직자, 사회지도층 등이 포함되며 부패행위의 개념도 법제 8조에 의하면 독직(official misconduct), 뇌물(bribery), 사기(fraud), 절도(theft), 횡령(embezzlement), 선거뇌물(election bribery), 세금포탈(tax evasion), 불법마약거래(illegal gambling), 기업위반(company violations), 그리고 폭력(violence) 등도 포함되는 등 매우 광범위하게 부패범위를 규정하고 있다. 특히 여기서 주목할 것은 ICC는 학교의 정규과목에 반부패교육을 규정하고 있으며, 부패예방교육과 청문회설치도 하여 운영하고 있는 점이 특징이다.

셋째, 세계 주요 국가들은 부패행위자에 대하여 비교적 처벌이 엄격하고 신상필벌의 원칙이 적용되어 국민들의 법감적과 정의감적에 일치되고 있다는 점이다. 예컨대, 부패행위에 대하여 싱가포르와 홍콩, 영국, 일본은 최고 7년까지의 징역을 처하도록 되어 있으며, 타이완, 타일랜드, 러시아, 중국 등은 최고 사형의 극형을, 이태리는 최고 20년의 징역, 필리핀은 최고 10년 징역 등을 규정하고 있다. 그러나 우리나라의 경우는 부패행위로 구속된 공직자에 대한 기소율이 일반범죄의 60%대에 비하여 불과 40%대에 불과하고 있으며, 뇌물죄의 경우는 구속기소된 공무원 중 88% 정도가 1심 또는 항소심에서 석방되고 있다. 그리고 1심에서 실형을 선고받은 경우는 전체기소자의 25.6%에 불과하고, 나머지는 집행유예(66.4%)나 선고유예(5.6%)에 불과하다는 사실을 보면 우리의 경우는 부패행위에 대한 사정기관의 관용이 너무 지나치다고 할 수 있다. 그리고 국가의 주요 경축절을 빌미로 하여 국민화합을 이유로 하여 국가의 중요한 부패사범을 대통령의 특별사면을 통하여 또다시 관용을 베푸는 경우가 흔하며(예컨대 한보부패사건) 국민들의 정의감정과 법집행의 형평성 등을 전복시켜 반부패정책은 그 효과성을 기대하기 어렵게 하고 있음은 심각한 문제라 할 수 있다.

이 통합부패방지법은 저자가 부패입법을 오래 동안 제안했던 내용으로서 현행 부패방지법(법률 제6494호, 2001. 7. 24)과는 차이가 있다.

통합부패방지법(시안)

<제1장 총칙>

부패방지를 위한 정부, 기업, 공공기관, 그리고 시민의 권리, 책임과 의무를 규정함으로써 부패추방이 국가적인 과제임을 선언한다. 특히 부패방지는 정, 경, 관, 기업, 일반 시민들의 협동적인 노력이 있어야 성공적인 목표달성이 가능함을 강조한다. 특히 부패추방이 정권의 일시적 정치적인 상징으로 추진하면 소기의 성과를 거둘 수 없다는 것을 강조한다. 따라서 반부패의 제도, 교육, 의식개혁, 그리고 시민들의 자발적이고 적극적인 협조만이 성공적인 효과를 거둘 수 있다는 것을 강조한다.

<제2장 공직자개념, 윤리 및 행동강령>

공직자의 개념을 확대하여 단지 일반직공무원만 아니라 별정직, 선거직, 정무직, 명예직, 국가지방직공무원을 포함하게 한다. 그리고 현지만 아니라 퇴직 후의 일정한 기간 동안도 준용한다. 그리고 사실상 사회의 지도층, 예

컨대 의사, 변호사, 사립대학교 교수, 공사기업의 임직원, 금융계의 임직원, 그리고 언론계의 중직 등도 포함하게 한다. 기존의 공직자윤리법이 공직자의 행동규범을 매우 추상적으로 정하고 있는 것과 달리 통합부패방지법(안)에서는 가능한 한 구체적이고 상세한 공직자의 행동강령을 마련함으로써 공직자들이 부패에 관련하여 대응할 행동강령을 제시한다. 선물의 개념을 구체화하여 뇌물과 구별토록 하며, 기존의 공직자윤리법에 있던 퇴직공직자의 유관기업에의 취업제한 규정을 존치, 이에 더하여 부패로 파면되었거나 해임된 공직자는 10년간 유관기업체에의 취업을 금지함으로써 공직자가 부패행위를 저지른 후에도 버젓이 유관기업의 로비스트로 취업하는 것을 원천봉쇄하도록 한다.

<제3장 재산등록과 공개 및 심사>

이 장은 현행 공직자윤리법을 폐지하고 대신에 그 주요규정을 보완하여 흡수한다.

우선 재산등록의무자를 대폭 확대한다. 특히 국세청, 관세청 등이 부패의 온상으로 의혹을 사온 기관의 경우에는 7급 이상의 공무원까지 재산등록을 의무화하도록 하여 공직사회의 투명성을 높이도록 하였다. 이와 같은 민원부서, 이권관련부서들의 경우 전공무원의 등록이 바람직하나 업무의 방대함으로 인하여 우선 7급 이상으로 조정한다. 등록의무재산에 있어서는 배우자의 직계존속의 재산까지 포함하여 부정재산의 은닉을 방지하도록 하였으며 등록의무재산의 범위를 대폭 확대한다. 등록재산에 관하여 허위의 의심이 있을 때에는 공직자윤리위원회는 감사원에 조사를 요청하여야 하고 감사원은 조사결과 부패방지위원회에 고발하도록 함으로써 등록재산의 실사와 처벌의 실효성을 담보하도록 하였다. 등록의무자 중 피부양자가 아닌 자가 재산등록사항의 고지를 거부할 수 있도록 한 공직자윤리법의 규정을 폐지한다.

<제4장 내부 및 외부고발자의 보호>

이 장은 공공기관에서 근무하는 공직자가 지득한 부패행위와 관련한 정보를 제공하였을 경우에 법적인 신분상의 보호조치를 강구하는 것이다. 아울러 일반시민이라 하더라도 부패사건과 관련된 정보를 제공했을 경우에는 그 신분상의 보호를 강구하는 제도적인 장치이다.

<제5장 돈세탁 규제>

돈세탁에 대한 규제의 필요성은 전직 두 대통령의 비자금 추적과정에서 무엇보다 절실히 제기되었다. 이른바 '금융실명거래및비밀보장에관한긴급제정명령' 및 그 시행령 등에서도 돈세탁규제의 내용은 들어 있지 않을 뿐만 아니라 오히려 지나친 비밀보장조항 때문에 계좌추적을 불가능하게 만들고 있다. 금융실명제에 관한 법률이 현재 시행되고 있는 한 단순한 가명금지 정도로는 미약하다.

<제6장 부패행위의 처벌>

공직자의 범죄에 관하여는 형법, 특가법의 규정이 주로 뇌물죄를 중심으로 규정되고 있다. 예컨대 형법 제135조는 공무원의 직무범죄 이외의 다른 범죄를 직권을 이용하여 범한 때에는 2분의 1의 가중처벌규정이 존재하고 있다. 동남아시아 각국의 입법례를 보면 형량이 매우 높고 엄중함을 특징으로 하고 있다. 공직자의 부패의 개념을 호주 부패방지법과 같이 보다 구체적으로 확대 적용하며(예: 공직자의 마약, 폭력, 사기, 밀수, 도박, 횡령 등) 보다 엄격하게 처벌하여 부패하여 취득하는 일시적인 만족보다 부패하지 않음으로써 얻는 청렴성과 도덕성이 보다 고무되도록 한다. 그리고 공직자행동강령에 위반하거나 재산등록제도의 취지에 반하는 행위를 벌하여 제2장과 제3장의 실효성을 확보하도록 한다. 방조와 교사범도 처벌한다. 특히 교사범위 경우 형법의 특별규정으로 정범의 실행착수여부에 관계없이 동일한 형을 부과하도록 하였다. 이 법의 죄를 범한 자에 대하여는 가석방의 규정을 적용하지 아니하도록 하였다. 부패행위는 단순한 뇌물수수만 아니라 국가예산의 고의 혹은 중대한 낭비행위, 공직자의 중대한 품위손상행위, 그리고 개인의 재산상의 이익을 취득하지 않았다고 하더라도 제3자에게 불법부당하게 이익을 취득케 한 행위 등을 포함한다.

<제7장 불법재산의 몰수>

공직자 부패와 범죄로 취득한 재산의 몰수 등에 관하여는 공무원 부정범죄수익의 몰수 등에 관한 특례법을 원용한다. 기존의 특수공직자범죄에서 본 법상의 부패행위를 추가한다. 현행부정축재에 관한 재산몰수 특례법은 폐지 · 흡수한다.

<제8장 로비규제>

일정한 자격자에 한하여 로비의 등록을 하게 하고 그 인원수도 제한하며 특히 어떤 기관에서 어떤 목적으로 로비가 필요한가 그 주요내용을 사전에 부패방지위원에 제출토록 한다. 특히 로비에 사용된 예산이나 지출내용도 보고토록 한다. 뇌물 등을 통하여 로비하는 것을 엄격하게 금지한다.

<제9장 부패방지위원회 설치>

부패방지위원은 부패문제에 대한 수사, 교육, 반부패정책결정, 그리고 타 기관에 업무협조를 요청하는 독립기관이다. 그 인원과 조직은 중앙과 지방에 각각 중앙부패방지위원과 지방부패방지위원으로 구성하며 9~15명씩 학식과 청렴성을 겸비한 위원을 대통령과 지방자치단체장이 국회와 지방의회의 동의를 얻어 임명한다. 그 소속은 독립기관으로 한다.

<제10장 반부패교육의 의무규정>

중고등학교의 사회교과과정에 반부패운동의 중요성과 필요성을 반영하고 가르친다. 모든 사회교육의 기관에 반부패교육을 정규과정 외에 일정한 비율로 반영하여 실시하도록 제도화한다.

<제11장 모범공직자 발굴과 특별승진 및 포상제도>

매년 모범공직자를 대폭 발굴하여 특별승진과 포상을 하도록 제도화한다. 매년 국가주요 공공기관을 대상으로 시민행정 모니터 제도를 실시하여 기관별로 평가하여 도덕성, 청렴성, 그리고 봉사성 등을 측정하여 발표한다. 이 평가는 해당 주민으로 하여금 비밀리에 투표하여 그 객관성과 합리성, 그리고 타당성과 신뢰성을 제고시킨다.

<제12장 공직자 사기조정위원회 설치운용>

공직자의 사기저하와 열악한 처우는 부패의 소지를 유발시키는 원인을 제공한다. 그러므로 공직자의 사기를 증대시키기 위한 방안은 반부패정책을 효과성을 제공시키는 중요한 역할을 한다. 이러한 맥락에서 본장은 사기조정위원회의 전문위원(9명 정도)을 설치 매년 그 결과를 대통령에 직접 보고하고 승진 등의 인사와, 복지와 후생, 그리고 봉급 등의 수준을 측정하여 정책에 반영시킨다.

제7절 / 결 론

지금까지 우리는 부패방지의 통제장치가 필요하며 부패방지법의 입법화가 시급하다는 것을 지적하였다. 시스템이 부패방지를 성공적으로 한다는 보장은 없다. 사실 그 시스템을 관리 운용하는 공직자의 태도나 리더십이 동반하여 동태적(dynamic)인 역할을 할 때 그 기능을 발휘할 수 있다. 따라서 궁극적으로 부패통제의 메카니즘(mechanism)은 미시적, 거시적, 그리고 중범위적인 지원수단을 총동원하여 입체적으로 통제하여야 효율성과 효과성을 극대화 할 수 있을 것이다.

제21장 정보사회와 발전행정론

제1절 / 정보사회의 개념

정보사회(information society)란 탈산업사회(post-industrial society)를 말하며 처리된 자료인 지식과 정보가 사회체제의 주축을 이루게 된 것을 말한다.[1] 정보사회가 되기까지의 단계는 전통사회(traditional society), 과도사회(transitional society), 산업사회(industrial society), 그리고 탈산업사회(post-industrial society)의 과정을 거치며 여기에서 말하는 정보사회는 바로 탈산업사회라고도 할 수 있다.

정보사회가 가지고 있는 개념상의 특징을 살펴보면 ① 고도의 지식사회화, ② 정보화의 확대와 증대, ③ 정보교환을 위한 생활공간의 확대, ④ 정보처리능력의 증대, ⑤ 과학과 기술의 발달, ⑥ 기술관료와 지식계급의 생성, ⑦ 의사결정과정의 고도화, ⑧ 정보의 가치가 산업사회에서의 물질이나 에너지 못지않게 중요해지는 사회, ⑨ 정보가치를 통한 발전전략을 수립하는 사회를 말한다.

1 김영종, 사회학개론(서울: 형설출판사, 1992), p. 296.

제2절 / 정보사회의 특징

정보사회의 특성을 정치, 경제, 과학과 기술, 내적 및 외적, 사회적, 그리고 가치와 이념적인 측면을 중심으로 분석하여 본다.

첫째, 정보사회에 있어서 정치적인 특징은 미래학자들의 시각에 따라서 다르다. 예컨대 Alvin Toffler는 소수에 의한 의사결정과 엘리트 민주주의를 주장하였고, D. Bell은 대표민주주의는 변동하고 의사결정의 주축은 컴퓨터라고 하였으며, J. Naisbitt는 대표민주주의의 재진단을 주장하고 있다.[2]

둘째, 경제적인 면에서 과학과 기술의 발달로 인하여 국민들의 다양한 수요를 공급하기 위한 서비스산업이 발달하고, 특히 정보산업의 발달과 지식집약적인 고부가가치형 산업구조가 성장할 것이다. 그리고 국제화와 개방화에 따라서 무역과 경제의 활발한 교류, 그리고 기술혁신의 수요도 일어나게 된다.

셋째, 사회적인 면에서 정보사회에서는 점점 다원화되고 다양화되며 사회적인 이동성도 커지게 될 것이다. 사회적인 지위는 바로 정보를 주도해 가는 사람이 하게 될 것이며 도시사회는 지방과의 격차가 감소되고 보편화된 사회가 될 것이다.

넷째, 과학기술적인 차원에서 정보사회는 과학과 기술의 발달에 의하여 인간의 삶의 질은 향상되고 의사결정의 핵심은 바로 컴퓨터에 의하여 결정된다. 컴퓨터는 인간의 모든 삶의 중요한 수단으로 활용되고 삶의 패턴은 크게 달라지게 된다. 예컨대 교육의 수단도 재택수업을 활용하고, 직장에서의 업무도 재택에서 가능하고 그것이 일반화되는 사회가 된다는 것이다.

---

[2] Alvin Toffler, The Third Wave(New York: Bantam Book, 1981): John Naisbitt, Megatrends(New York: Holt, Rinehart & Winston, 1980); Daniel Bell, The Coming of Post-Industrial Society(New York: Basic Book, Inc., 1973).

〈표 21-1〉 고도정보화사회의 순기능과 역기능

구분		순기능	역기능
개인·가정	능력	1. 창조적 능력의 함양	1. 논리적 사고능력의 저하
	일	2. 구속적이고 복잡한 일에서 해방	2. 스트레스와 불안의 고조 및 정보통신 관계노동자의 노동조건 악화
	커뮤니케이션	3. 별거가족과 우인·지인 상호간 커뮤니케이션의 증대	–
	선택행동	4. 상품의 적절한 선택	4. 정보과다에 따른 정보의 취사선택의 곤란
	가계관리	5. 가계의 합리적 관리	5. 개인 가족의 프라이버시 침해
사회생활	교육	6. 다양화 교육의 장을 제공	6. 교육의 획일화
	의료	7. 의료의 향상	7. 의료사고의 발생, 의료 데이터베이스의 오·악용
	복지	8. 영세민·노인보호 서비스	8. 의료·보호 서비스의 통합결여
		–	9. 정보이용 기회격차의 증대
	행정	10. 행정사무의 효율화, 의사결정의 신속화, 적성화	10. 주민 프라이버시 침해
	도시지역	11. 과소·과밀문제를 해소	11. 각종 기능의 대도시 집중
	안전	12. 방재·방범기능의 강화	12. 시스템 다운, 데이터 오·악용 등 사회적 혼란의 발생
경제·산업·기업	경제성장	13. 경제성장의 견인적 역할	13. 양질의 정보통신기술자 부족
		14. 새로운 사업기회의 제공	14. 산업구조의 급격한 변혁에 부적응
	생산	15. 성자원, 성에너지화	15. 과도한 자금부담으로 기업경영 압박
		16. 기업의 의사결정기능 강화	16. 비효율적인 네트워크화
	사무관리	17. 사무관리부문의 성역화 합리화 생산·유통 각 부문의 생산성·효율성의 향상	17. 일에 적응의 결여, 기업간 기술격차의 확대
	영업	18. 시장개발, 상품기획의 촉진 판매력 강화	18. 기업계열화 등으로 과점화 촉진
	판매	19. 고객에 적절히 대응	19. 소비자보호 문제
	고용·노동	20. 여성 고용기능의 증대	20. 노동수급의 불균형 발생
문화	문화전통	21. 지역마다 새로운 문화 창조	21. 문화적 독자성 상실
국제	국제전류	22. 이국문화권과 커뮤니케이션의 원활화	22. 국제간 정보격차의 확대 TDF(국제데이터유통) 문제발생
	경제관계	23. 국제경제기술협력 원활화	23. 국제경제마찰의 발생

자료 : 김번웅 외 2인 공저, 한국행정개혁론(서울: 법문사, 1997), p. 671.

다섯째, 외형상으로는 컴퓨터에 의한 원격통신(telecommunication)이 핵심기술의 기능을 수행하며 산업에 있어서도 정보산업이 주종을 이룬다. 특히 통신면에서 음성정보, 문자정보, 그림정보 등이 보급되고 정보매체도 종이에서 디스크나 테이프 형태로 전환하게 된다.

여섯째, 내적 특징으로서 공간의 개념이 축소되고 문화적인 통일성(conformity)과 다양성(variety)이 공존하는 사회가 된다. 인간은 지식지향적 인간(knowledge-directed person)으로 변화한다. 따라서 전문가의 지식이 일반화되는 현상을 초래하고 정보의 공유가 보편화되거나 공유하는 사회로 변화하게 된다.[3]

정보화사회가 되면 일어날 수 있는 가능성을 순기능과 역기능으로 분류하면 <표 21-1>과 같다.

제3절 / 정보사회의 역기능: 컴퓨터 범죄를 중심으로

Ⅰ. 정보사회와 컴퓨터범죄의 관계성

미래사회는 우리의 대부분의 삶의 구조가 고도의 전자장치인 컴퓨터에 의하여 통제되게 될 정보사회(Information society)가 될 것이라는 것이 일반적인 견해이다. 그것은 전통적인 사회구조적 틀을 깨뜨리고 인간의 내면적 가치와 의식구조까지도 변화를 주게 될 컴퓨터 문화의 이기가 줄 영향을 전망하게 되는 전제에서 출발한 논리적 귀결이기도 한 것이다. 그러나 컴퓨터의 효용이 우리의 삶의 구조를 바꾸어 놓게 될 중요한 역할과 기능을 긍정적으로 보는 견해가 있는가 하면, 컴퓨터는 인간내면의 가치를 획일성과 통제성에

3 안문석, 정보체계론(서울: 법문사, 1989), pp. 435-437.

두고 기계적, 몰인간적 인간상실을 염려하는 역기능적 입장도 만만치 낳다. 특히 최근에는 컴퓨터 범죄(computer crime)가 큰 국가사회적 문제로 부각되고 있는 추세이므로 여기에 대한 종합적 형사정책이 시급하다고 하는 언론이 대두되고 있음이 사실이다. 그런데 이러한 컴퓨터 범죄는 다음과 같은 범죄의 속성을 가지고 있다고 하겠다.

① 컴퓨터는 다원적인 변화를 일으킬 수 있는 첨단과학의 산물이지만 그 컴퓨터를 이용한 범죄는 엄청난 피해를 줄 수 있는 고도의 과학기술적·지능적·역기능적 산물이 될 수 있다.

② 컴퓨터 범죄는 범죄자체가 컴퓨터를 범죄도구로써 사용하게 되며 이것은 폭력주의(vandalism)와 고의적인 속임수 그리고 장난 등이 혼재되는 경우가 많다.

③ 컴퓨터 범죄는 고도의 전문성, 기술성 그리고 과학적 지능성이 범죄에 이용되므로 엄청난 피해가 일시에 발생하는 경우가 많다. 특히 컴퓨터 범죄는 그 범죄의 속성상 수사하기가 매우 까다롭고 어렵기 때문에 관계기관의 전문성이 요청되고, 면밀한 공조체제가 필요하다.

④ 컴퓨터 범죄는 가장 빠르고 가장 넓은 장소에 걸쳐서 일어날 수 있는 범죄이므로 때로는 국내 뿐만 아니라 국제적 공조체제가 필요한 경우가 많다.

⑤ 컴퓨터 범죄는 대부분 정부의 누설과 자료를 절취, 횡령, 또는 사기하는 경우가 많으며, 그것은 재산에 관한 범죄가 대부분이다.

이상과 같은 범죄속성을 지닌 컴퓨터 범죄는 폭력, 마약, 밀수 등의 사회적 병패(social corruption) 못지않게 정보사회화에 부응하여 증가일로에 있는 세계적이고 국제적인 범죄라고 하여도 과언이 아닐 것이다.

특히 우리나라도 최근에 행정전산화가 앞당겨지고 국가사회의 제반구조가 정보사회화 됨에 따라 컴퓨터는 이제 국가의 모든 영역, 예컨대 정치, 행정, 경제, 산업, 금융, 군사, 문화, 학술, 그리고 국민의 일상생활 정보에 이르기까지 일반화·보편화되는 추세에 있음은 주지의 사실이다. 이에 부응하여 컴퓨터의 범죄도 심각한 사회문제로 부각될 것이 예상되므로 여기에 대한 정부의 철저한 종합대책이 강구되어야 하므로 이러한 문제를 논의하는 것은 매우 의미있다고 하겠다.

II. 컴퓨터 범죄의 개념

컴퓨터 범죄(computer crime)란 무엇을 말하는가? 여기에 대한 몇몇 학자들의 개념정의를 우선 살펴보자.[4]

John Taber는 "컴퓨터 범죄란 직접적으로 그리고 컴퓨터의 수단에 의하여 발생하는 범죄" 라고 정의한다. 한편, Donn Parker는 보다 광범위한 정의를 내리고 있다. 그에 의하면 컴퓨터 범죄란 "피해자가 고통을 받거나 받을 수 있는 컴퓨터와 관련된, 어떤 형태로든 고의적인 행위(intentional act)"라고 말하고 있다. 나아가서는 그에 의하면 컴퓨터 범죄는 컴퓨터 범죄관련법에 관련된 특별한 행위가 될 것이라고 법적인 정의를 내리고 있다. 예를 들면 캘리포니아의 컴퓨터 범죄법 SB 835에 의하면 "컴퓨터 범죄란 어떤 사람이 다른 사람의 신용정보(credit information)에 관한 권한 밖의 정보를 얻기 위하여 악의로 컴퓨터 시스템이나 컴퓨터 연결망에 접근하거나 접근할 원인제공을 하는 것이다"라고 정의하고 있다(Any person who maliciously accesses or cause to be accessed and computer system or computer network for the purpose of obtaining unauthorized information concerning the credit information of another person).[5] 이

4 Buck Bloom Becker, Spectacular Computer Crime(Homewood: Dow Jones-Irwin, 1990), pp. 67-73.

경우 최고 $ 5,000까지의 벌금이나 16개월간의 징역에 처하도록 되어 있다. 그리고 1984년 6월에 입법된 연방정부의 컴퓨터 사기 및 남용방지법(Computer Fraud and Abuse Act of 1984)에 의하면 컴퓨터 범죄(컴퓨터를 이용한 불법적인 정보나 재산취득)에 있어서 경범일 경우는 $ 5,000 벌금이나 1년의 징역에 처해지나 중죄의 경우는 벌금 $ 10,000와 10년까지의 징역에 처할 수 있도록 규정하고 있다는 점이다.

이상에서 서술한 개념정의 외에도 컴퓨터 범죄의 개념은 다양하게 표현될 수 있다. 예를 들면 다음과 같다.[6]

① 재산범죄의 수단으로서 컴퓨터를 사용하는 경우.

② 컴퓨터의 조작이나 오용에 의하여 저질러진 사기, 횡령, 공갈, 그리고 다른 범죄(fraud, embezzlement, blackmail, and other crimes)

③ 범죄수행에 직접적으로 컴퓨터가 관련된 경우.

④ 범행을 위하여 특별한 컴퓨터 지식이 필요한 불법적 행위.

⑤ 컴퓨터에 의하여 자행되는 일종의 전문직업인의 범죄(white collar crime)라고 할 수 있다.

이상의 여러 정의를 종합하여 볼 때, 컴퓨터 범죄란 정보의 불법취득이나 재산적 가치를 불법적으로 취득할 목적으로 컴퓨터를 조작하거나 오용하는 개인이나 조직의 모든 불법적인 행위라고 할 수 있다.

---

[5] J. Van Dyun, The Human Factor in Computer Crime(Princeton: Detrocelli Books, 1985), p. 14.

[6] August Bequai, Technocrimes(Lexington: Lexington Books, 1987), p. 47.

Ⅲ. 컴퓨터 범죄의 실태

컴퓨터 범죄는 급격한 컴퓨터 보급과 함께 격증하게 되었다. 미국의 경우 10명 중 1명은 컴퓨터와 함께 일하면서 적어도 한번은 그의 평생에 절취를 하려고 시도하였다는 연구보고가 있다. 미국 변호사협회에 의하면 조사된 283개 기관 중 72개 기관이 200만에서 1천만 달러의 컴퓨터 범죄에 의한 손실을 보고 있다고 한다.[7] 그리고 몇 가지 통계에 나타난 컴퓨터 범죄의 결과를 정리하면 다음과 같다.[8]

① 미국의 산업안전협회에 의하면 컴퓨터에 의하여 30억 달러 이상의 손실이 있었고,

② 미 국무성은 1억 달러 이상의 컴퓨터 범죄에 의한 손실이 있었으며,

③ 미국의회에서는 10억 달러 이상의 컴퓨터 범죄에 의한 손실이 있었다.

④ 1964년에 Robert F. Hancock는 무려 5백만 달러의 가치가 되는 불법적인 산업정보를 Texaco 회사에 팔려고 하였는가 하면,

⑤ 1973년 경 뉴욕의 Dime은행 은행원은 무려 1백만 달러 이상의 돈을 컴퓨터를 이용하여 횡령하였다.

⑥ Los Angeles에 있는 전자제품공급회사의 Jerry라는 이름의 19세 된 소유주는 컴퓨터 설비 주문체계를 통하여 백만 달러치의 전화회사 설비를 절취하고 현재는 회사의 사장이 되었다. 1981년 Wall Street Journal에 의하면 이러한 운영이 결코 잘못된 것도 없었으나, 아직 은행규제를 받고 있다고 하였다. Jerry는 이제 31살로서 그의 회사는 컴퓨터 범죄의 어떤 기록을 가진 자와는 거래를 하지 않을 것이라고 한다. 그는 신문기자에게 과거 범죄기록을 질문을

---

7 Ibid., p. 51.

8 Parker, op. cit., pp. 29-93.

받았을 때 "어린애였을 때 어린애 같은 실수"였다고 하였다. 그는 계속하여 말하기를 "컴퓨터 범죄기록은 이미 기록에서 없어졌다. 그래서 은행에서는 이미 내가 합법적인 권위를 가진 거래자로 확인하고 있다"라고 하였다.

⑦ 뉴욕시에 있는 한 은행의 간부급 직원은 컴퓨터 터미널을 악용해 무려 150만 달러를 갖고 달아났다. 그는 뉴욕에 있는 Riker Island 교도소에서 20개월의 징역형을 받았다.

이상과 같은 여러 컴퓨터 범죄들을 예시하였으나 우리나라의 경우도 최근에 산업정보, 금융, 국가의 공공정보유출, 또는 개인의 사생활에 관한 비밀 등이 유출됨으로 인하여 많은 컴퓨터 범죄가 발생하기 시작했음은 주지의 사실이다.

Ⅳ. 컴퓨터 범죄의 원인

컴퓨터 범죄가 왜 발생하였는가하는 문제는 일반적인 범죄의 원인과 함께 컴퓨터 범죄의 특성과 속성상 발생하는 원인으로 크게 나누어 논의할 수 있다.

첫째, 일반적인 범죄의 원인은 다음과 같이 범죄사회학적 접근방법을 통하여 논의할 수 있다.[9]

① 생리학적 원인에서 범죄인의 신체적 특성이 있다고 보는 이론으로서, 예를 들면, Cesare Lombroso는 범죄인의 체질의 특성을 연구하였고, William Sheldon은 인간의 신체를 Endomorphy(만사태평형), Ectomorphy(신경질형), 그리고 Mesomorphy(공격형)으로 나누어서 공격형을 범죄와 상관관계가 가장 높은 체질로 분석하였다.

[9] 김영종, 부패학(서울: 숭실대 출판부, 1993), pp. 48-50.

② 정신적, 심리적 원인에서 범죄의 원인을 찾아보려고 한 이론이 있다. 예를 들면, 정신적 특수성을 가진 자, 신경쇠약, 정신착란, 정신병 질환 등이 외부로 나타나는 것이 범죄로 된다는 것이다.

③ 생채학적(ecological) 원인으로서 범죄의 원인을 사회문화적 환경의 영향으로 분석하는 이론이 있다. 예를 들면, 대도시의 빈민지역이 우범지역으로서 범죄발생에 중요한 생태적 환경이 된다는 것이다. Chicago 학파나 Ernest Burgers 또는 Clifford Shaw 등이 대표학자이다.

④ 이질적 사회조직(differential social organization)에서 그 원인을 분석하는 것으로서, 예컨대 Meron은 범죄의 원인을 무규범적 심리상태로 보고 있다. 즉, 사회의 가치구조(Value structure of society)와 목표달성과의 부조화와 불일치로 인하여 유발된 일탈행위, 또는 상대적 박탈감(relative deprivation)에서 탈피하기 위해 불법적 수단을 사용하는 것이 범죄행위가 된다는 것이다.

⑤ 문화적 요인으로서 문화의 복잡성과 물질주의, 그리고 비인간적 성격(impersonality) 등의 문화가 범죄발생의 원인이 된다고 한다. 이 경우는 범죄의 하위문화(criminal subculture), 예컨대 특정지역, 계층, 소집단, 연령층 등에 의하여 범죄행위가 상호학습되는 문화적 구조로 된다는 것이다.

둘째, 컴퓨터 범죄는 특수한 범죄의 특성을 가진 자만이 할 수 있는 범죄이다. 즉, 이 범죄는 보통인이 결코 할 수 없는 고도의 과학기술과 전문성을 지닌 사람만이 할 수 있는 것으로서 다음과 같은 특수한 범죄의 원인이 있다.[10]

① 부적절한 컴퓨터 범죄 예방안전장치(inadequate prevention measures)에 의하여 발생한다고 할 수 있다. 즉, 컴퓨터 범죄는 고도의 기술적

---

10 Dyunm op. cit., pp. 14-30.

인 범죄문제이므로 소프트웨어(software)나 하드웨어(hardware)시스템에 있어서 범죄예방의 사전장치가 이루어져야 할 것이다. 그런데 예방장치가 제대로 되지 않았을 때 이러한 범죄가 유발될 수 있다. 구체적인 것은 컴퓨터 범죄의 대책에서 논의된다.

② 개인적 인사행정상의 범죄유인이 원인이 되어 컴퓨터 범죄가 발생할 수 있다. 예를 들면 컴퓨터 요원의 선발과 채용과정에서 부적절한 기준과 요건이 원인이 된다든지, 컴퓨터 요원의 교육훈련과정상에 있어서 행정윤리교육의 결핍 또는 컴퓨터 요원의 욕구 불만과 사기저하를 지적할 수 있다.

③ 컴퓨터 요원에 대한 적절한 직업의 보상이 되지 못할 경우(inadequate rewards)가 범죄유발의 원인이 될 수 있다. 즉, 그들에 대한 급여체계와 구조가 불만의 원인이 된다든지, 직업안정, 신분보장, 승진기회의 박탈 또는 종업원의 복지문제 등이 제대로 되지 못할 경우 범죄유발의 원인으로 등장할 수 있다.

④ 컴퓨터 요원들의 작업환경, 감독의 부적절성, 그리고 조직문화의 불건전성 등이 지적될 수 있다. 조직의 감독자의 책임있는 업무의 확인과 감독이 필요하다. 무엇보다도 보안과 정보유출이 사전예방의 책임자는 평소에 철저한 감독이 요청되는데도 이러한 주어진 업무를 잘 감당하지 못하는 경우가 범죄유발의 원인이 될 수 있다. 특히 컴퓨터 요원이 소속한 조직문화가 건전한 직업윤리의 풍토라면 충분한 예방을 할 수 있을 경우가 많다고 하겠다.

⑤ 컴퓨터 사용자의 인간관계에 있어서 좋지 못하거나 적대감정 등이 쌓여서 이러한 범죄를 유발할 가능성이 있다. 인간관계에 있어서 동료간의 인간관계는 물론이고 자기 상급자와의 수직적인 인간관계의 개선이 필요하다. 특히 업무상 부적절한 배치나 신뢰성의 결핍, 그리고 개인고충의 적절한 해결이 제때에 되지 못하고 불만이 쌓여서 컴퓨터 범죄를 저지르는 원인이 될 수 있다.

⑥ 컴퓨터 범죄 예방과 대책에 관련된 제도 특히 법적 대응방안이 유효하게 이루어지지 못하고 있을 때 이러한 범죄유발의 기회가

더욱 쉬워진다고 하겠다. 컴퓨터 범죄에 관한 대책과 관련법규는 1973년에 스웨덴의 정보자료관련법(The Swedish Data Act)을 필두로 하여 미국의 각 주는 1976~1985년 기간 중에 무려 45개 주가 컴퓨터 범죄에 관한 법률을 제정하여 실시하고 있다.[11] 특히 1977년에 연방정부에서 컴퓨터 체계 보호법(Federal Computer Systems Protection Act)이 통과되었다. 그리고 영국에서는 1981년에 위조방지법(The Forgery & Couterfeiting Act), 호주에서는 1983~1985년 사이에 그리고 독일에서는 1986년에 경제범죄방지법(The Prevention of Economic Crime)이 제정되었다. 이와 같이 세계 각국은 컴퓨터 범죄를 방지하기 위한 입법화를 계속 추진하고 있는 실정이다.

V. 컴퓨터범죄의 대책

컴퓨터 범죄는 고도의 전문성, 기술성, 정보유출성 그리고 지능범죄성 및 일탈행위(deviant behavior) 등이 복합적으로 관련된 범죄이기 때문에 이러한 대책은 매우 까다롭고 치밀하지 않으면 소기의 성과를 거두기 힘들다고 하겠다. 여기에서는 이러한 컴퓨터 범죄의 대책을 보다 복합적이고 종합적인 형사정책을 중심으로 논의하려고 한다.

첫째, 컴퓨터 조작 행위자, 즉, 범죄자에 대한 철저한 사전 요원 보안(personal security)의 실시를 지적할 수 있다. 예를 들면, 범죄자의 신원에 대한 사전조사의 철저, 범죄자에 대한 올바른 직업관에 대한 교육, 행정윤리교육의 실시, 직업만족도의 조사, 사기의 고취, 정보처리에 대한 사전교육철저, 그리고 조직의 문화개선 등을 통하여 범죄예방을 할 수 있다. 범죄자의 사전직업교육실시는 범죄자가 직업윤리교육의 자율적 통제에 의하여 그러한 엄청난 범죄의 유혹

---

11 Ulrich Sieber, The International Handbook on Computer Crime(New York: John Wiley & Sons, 1986), pp. 42-52.

을 받지 않도록 의식개혁을 한다는 것이다. 이것을 특수한 업무에 종사하는 정보처리 관련자들에게 필수적인 프로그램이라 할 수 있다. 공무원이나 기업체의 채용시 뿐만 아니라 수시 교육이나 재훈련 교육프로그램을 적절하게 개발하여 소기의 성과를 획득할 수 있다. 또한 컴퓨터 범죄는 대부분이 정보의 불법적인 조작이나 유출을 통한 재산적 가치형성을 위한 재산범죄에 속하는 고로 관련자들의 사기조사(morale survey)를 인사행정정책차원에서 수시로 실시하여서 높은 사기를 유지하는 방안을 강구하는 것도 필요하다. 실제로 생계비에도 미달되는 열악한 보수구조는 컴퓨터 범죄를 유발할 중요한 소지를 마련하게 된다고 하겠다. 즉, 보수구조의 개선과 적절한 경제적 대우의 정책적 고려는 컴퓨터 범죄의 예방책으로서 의미있는 것이라고 할 수 있다. 다음으로 조직의 문화개선에 대한 것은 컴퓨터 관련자의 근무환경개선을 통하여 이룰 수 있다. 근무조건은 대부분의 경우 물리적 환경뿐만 아니라 인적 환경의 개선 등 구조적인 문제도 고려해야 할 것이다. 컴퓨터 관계자의 근무환경은 적절한 고충처리 실시나 혹은 인간관계(human relation)의 개선, 특히 동료나 상관과의 수평적 그리고 수직적 인간관계의 개선은 인적 환경의 근무조건을 풍족하게 할 것이다. 뿐만 아니라 컴퓨터 관련 종사자들의 의무를 적절하게 교대하는 것(rotating personnel duties)이 매우 중요한 전략 중의 하나다. 이러한 인적 요인의 중요한 내용은 다음과 같은 것이 포함될 수 있다.[12]

① 프로그램 담당자의 임무를 순환시킬 것.

② 항상 2인 이상이 컴퓨터 정보처리실에서 근무하도록 배정할 것.

③ 컴퓨터 오퍼레이터(computer operator)로 하여금 프로그램을 변경시키는 것을 금지시킬 것.

---

12 Duyn, po. cit., pp. 117-118.

④ 프로그래머(programmer)가 기계실에 들어와서 컴퓨터를 조작하는 것을 허용시키지 말 것.

⑤ 모든 정보처리 관련자들에게 1년에 의무적으로 2주 이상의 휴가를 부여할 것.

⑥ 고용인이 해고되었을 때 정보유출이 되지 않도록 특별한 조치를 취할 것.

⑦ 직장 밖에서 조직체의 주요한 정보를 토론하는 것은 정보의 유출의 염려가 있으므로 특별한 대책을 강구할 것 등이다.

얼핏 보기에는 상시적인 것 같지만 컴퓨터 범죄의 예방적 차원에서 고려할 때에는 상당히 중요한 내용임에 틀림없다고 하겠다.

둘째, 컴퓨터 하드웨어의 보안(hardware security)을 통하여 컴퓨터 범죄의 발생을 막을 수 있다. 즉, 컴퓨터 운영문제는 전적으로 전력(electric power)에 달렸지 컴퓨터 설비에 있어서의 실질적 투자에 관계되지 않는 고로 불만을 품은 고용인이나 외부의 폭력주의자들에 의한 태업(savotage)으로부터 보호하여 전원을 공급받는 모든 수단을 사용하는 것이 긴요하다.[13] 따라서 다음과 같은 컴퓨터 보안장치가 필요하다.[14]

① UPS 즉 방해받지 않는 전원공급체계(uninterruptible power supply)장치가 필요하다. UPS는 작고, 조용하고 효과적인 제조물로서 컴퓨터가 설치된 방 옆에 놓여져서 전원이 나갈 때 35분 동안 전원공급을 할 수 있도록 되어 있어서 컴퓨터의 정보가 손상을 받지 않도록 보장하게 되는 것이다.

② 터미널의 안전장치의 재확인이 필요하다. 예를 들면 컴퓨터의

---

13 Jack Bologna, Computer Crime: Ware of the Future(San Francisco: Assets Protection, 1981), pp. 1-61.

14 Becker, op. cit., pp. 77-141.

장치를 잠그거나 또는 자석으로 된 카드(magnetic-strip card)를 사용할 수 있다. 즉, 마그네틱카드가 부여한 것이 통제파일(control file)에 의하여 입증되면 터미널의 스위치는 켜도 된다. 만약 부정적이면 터미널은 닫게 된다.

③ 손가락 지문과 손바닥 지문(finger print & palm print)을 설치하는 일이다. 이것은 터미널에 딸린 손모양의 전자장치에 손가락이나 손바닥의 지문을 남겨서 사용자의 다른 사람이 터미널을 사용하려고 하면 열리지 않는다. 그러나 사용자가 입증되면 터미널은 자동적으로 스위치가 켜지는 전자장치를 하여 두면 컴퓨터 범죄를 막을 수 있다.

④ 서명분석과 목소리 흔적(signature analysis and voice print)을 남겨서 범죄를 예방 할 수 있다. 즉, 서명과 목소리가 통제파일(control file)과 일치되면 컴퓨터는 작동되지만 그렇지 않으면 작동되지 않는 시스템을 설치하여 컴퓨터 범죄를 예방할 수 있다고 하겠다.

⑤ 암호문의 입력과 해독법에 의하여 컴퓨터의 접근을 방지하고 컴퓨터를 예방할 수 있다. 이것은 DES(Data Encryption Standard)에 의하여 암호문을 입력하고 그것을 케이블, 마이크로웨이브(microwave), 그리고 인공위성 등에 의하여 보내고 그것을 개인의 전송수령자가 해독하는 방법이다. 이것에 대하여 미국에서는 1977년에 이미 NBS (National Bureau of Standards)가 설치되었고, 1980년에는 이미 상업목적으로 ANSI(American National Standards Institution)가 설치되어서 활용되고 있다.

⑥ MAC(Massage Authentication Code)와 음성확인체계(Voice Verification System)를 이용하여 컴퓨터 범죄를 예방할 수 있다. 이 방법은 MAC이라는 음성확인코드에 의하여 우선 사용자의 특성이 입력된다. 이러한 음성확인은 사용자의 자동이체번호, 목적, 사용 장소, 확인번호 등이 입력되고 이러한 암호문자의 번호와 일치하지 않으면 거절되는 것이다. 그 외에 음성확인체제는 미국의 Threshold Technology회사에 의하여 개척된 것이다. 이러한 시스템을 이용하여

시카고의 큰 은행들은 하루 평균 300억 달러의 예금을 전화음성의 요청에 의하여 자동이체하고 있다. 내용을 간략하게 설명하자면 이 시스템은 음성인식알고리즘(word-recognition algorithm)을 이용해 요청하는 자의 음성의 4단어를 선택하여 응답하는 방법을 택한다. 응답이 정확하고 사용자의 음성이 입증되면 자동이체절차가 개시된다. 그러나 만약 사용자의 반응이 정확하나 그의 음성이 입증될 수 없으면 자동이체가 불가능하게 되는 것이다. 이상에서 논의한 것이 컴퓨터의 하드웨어의 보안과 안전을 통하여 컴퓨터 범죄의 예방을 할 수 있는 방안이다.

셋째, 컴퓨터의 소프트웨어의 안전과 보안의 철저를 통하여 범죄를 예방할 수 있다. 즉, 소프트웨어 보안(software security)에 의한 컴퓨터 범죄 예방방법이다. 구체적으로 몇 가지 방법이 제시된다.[15]

① 소프트웨어 보호체제(software protection system)장치이다. 여기에 가장 중요한 방안을 RACF(Resource Access Control Facility) 방법이다. 이 방법은 컴퓨터를 입력할 때 사용자를 확인하고 단지 확인된 자에게만 컴퓨터 시스템에 접근가능하게 한다는 것이다. 만약 접근이 허용되지 않는 자가 자료와 정보에 접근을 시도할 때에는 탐색과 조사를 통하여 적절한 컴퓨터 사용자에게 보안위반의 보고를 하게 된다. 간단하게 말하면 이 RACF 방법은 컴퓨터 정보접근은 인가가 난 사람에게나 합법적인 사용자만이 접근할 수 있도록 함으로써 컴퓨터 범죄를 예방하려고 하는 것이다.[16] RACF정보화의 방법은 컴퓨터를 누가 사용할 것인가(Who), 그 시스템에서 어떤 자료를 사용할 것인가(What), 그리고 인가의 수준과 부수조건은 무엇인가(How)가 핵심적인 내용이라고 하겠다.

---

15 Ibid., pp. 77-141.

16 Sieber, op. cit., pp. 3-27

② IDS(Intruder Detection System)방법으로 컴퓨터 범죄를 예방할 수 있다. RACF와 달리 IDS방법은 어떤 Password도 받아주지만, 만약 그 Password가 효과가 없는 것이면 보안위반으로 즉각적으로 보안책임자에게 경고메시지가 전달된다. 뿐만 아니라 이 경우 무효인 Password가 입력된 터미널이 어떤 곳인지를 확인하여 주는 시스템이다.

③ 암호(Password)보안으로서 컴퓨터 범죄를 예방할 수 있다. 이것은 암호는 사용자의 파일에 의하여 어느 때든지 바랄 수 있으며 사용자 외에는 암호에 접근할 수 없다. 비록 사용자라 할지라도 사용자의 ID에 관해서만 아니라 자격정도까지도 입증할 수 있도록 하는 것이 이러한 보안방법이다.

④ 컴퓨터 사용 후 남은 정보를 얻는 방법(scavenging)을 철저하게 막아내는 것이 컴퓨터 범죄의 또 하나의 방법이다. 그 내용은 물리적인 잔여정보 취득방법으로서 컴퓨터 시설이 있는 쓰레기 등에서 관련된 여러 가지 정보를 수집하는 것을 막아야 할 것이다(예: 오피스간의 메모, 컴퓨터 리스팅, 투입된 자료, 자료교본 페이지 등). 뿐만 아니라 전자장치에 남아 있는 잔여정보를 취득하는 것(electronic scavenging)은 컴퓨터 관련 작업 후 컴퓨터에 남아있는 잔여자료를 캐내어 정보를 수집하는 범죄이므로 이러한 것은 모두 사용자가 깨끗하게 뒤처리를 함으로써 범죄를 예방할 수 있을 것이다.

⑤ 슬쩍 얹혀서 정보를 캐내는 컴퓨터 범죄(piggybacking)를 예방하는 것도 중요하다. 이것은 물리적으로나 전자장치에 의한 방법 어느 것으로나 가능하다. 물리적 방법으로는 인가난 고용인이 컴퓨터 사무실에 들어와서 비밀정보를 캐내어 사기나 횡령을 하는 컴퓨터 범죄이다. 이러한 인가난 고용인이란 컴퓨터 담당자가 아닌, 예를 들면 사무요원이나 청소요원 기타 관리요원 등이 될 수 있다. 다음으로는 전자장치에 의한 정보유출을 생각할 수 있다. 예를 들면 공식적인 프로그램이나 사용자가 잠깐 자리를 떠나서 쉬는 동안 또는 log off를 하지 않았을 때에 비록 사무실 출입이 허가된 자라

하더라도 이 틈을 이용하여 중대한 회사의 비밀정보를 빼내어 컴퓨터 범죄를 저지를 수 있다. 그러므로 이 경우 컴퓨터의 공식적인 사용자는 매우 세심한 주의를 하여서 반드시 log off를 하거나 예방조치를 취하고 이석을 하도록 하여야 할 것이다.

⑥ 사무실 요원들에 대한 철저한 사전교육을 통하여 컴퓨터 범죄를 막을 수 있다. 이것을 고용인들에게 철저한 사전교육을 실시하여 이와 같은 Piggybacking이 없도록 하는 방법이다.

⑦ 비인가된 자의 컴퓨터 접근(unauthorized accessing)을 막는 방법이 범죄를 예방하는 길이다. 비인가된 자가 컴퓨터의 정보를 취득하려고 접근하는 것을 "Hackers"나 "Electronic Invaders"라고 하는데 이러한 일은 대개 개인 컴퓨터(Personnel Computer)에 의해서 저질러진다. 이러한 전자침입자들은 최선을 다하여 정보에 접근하려고 하며 그들은 정부의 정보, 회사의 정보, 개인의 정보를 빼내어 막대한 손해를 입히는 컴퓨터 범죄자들이다. 이러한 자들에 대한 조사방법은 IDS에 의한 방법이다.[17]

⑧ Off-side 백업파워서비스는 하나의 필요한 보완장치이다. 백업은 상업적으로 필요한 파워서비스이거나 전원발생기이다. 백업비상전원은 자동적으로 전원이 연결되고 회사의 컴퓨터 운용이 아무런 장애를 받지 않고 컴퓨터 시설의 기능을 발휘할 수 있도록 자동적으로 연결되게 하는 것을 말한다.

Ⅳ. 결 론

컴퓨터 범죄는 고도의 전문성과 기술성을 지니고 있으면서도 그 규모가 엄청나게 클 수도 있는 범죄이다. 과학기술의 발달과 산업화, 그리고 특히 정보사회화로 돌입하면서 선진국의 경우는 컴퓨터

---

17 Dyun, op. cit., p. 91.

범죄에 대하여 이미 국가 사회적인 대책을 서두르고 있다. 뿐만 아니라 개발도상국가나 후진국의 경우도 과학기술이 발달되고 그리고 컴퓨터가 점점 보급되면서 이제 컴퓨터 범죄는 제 3세계에 있어서도 심각한 사회문제로 등장하고 있는 것이 사실이다.

한국의 경우는 이제 바야흐로 컴퓨터가 국가사회의 전 구조에 확대 보급되고 있다. 즉, 행정, 군사, 과학, 교육, 경제, 금융, 산업, 학술, 또는 개인의 생활정보에 이르기까지 다양하게 확대 보급되고 있다. 따라서 이 논문은 이러한 컴퓨터 범죄에 대한 대책을 초점으로 하여 논의하게 된 것이다. 즉 이러한 컴퓨터 범죄의 대책은 소프트웨어(software)나 하드웨어(hardware) 보안의 철저, 개인의 범죄 가능성에 대한 대책, 그리고 제도적, 국가사회적, 거시적 차원에서의 범죄형사정책이 가장 중요하다고 하겠다. 특히 여기에서 강조하고 싶은 것은 컴퓨터 범죄에 대한 법적, 제도적 대책이 또한 필요한데 한국의 경우도 컴퓨터 범죄에 대한 특별 대책이 시급하게 요청되고 특별법의 입법화는 물론 종합적인 형사정책이 강구되어야 할 것이다.

제4절 / 정보사회화에서의 발전행정전략

정보사회가 인간의 삶의 질을 향상시킬 것인가 여부는 낙관론과 비관론으로 서로 상이한 의견이다. 예컨대 Herman Kahn, Daniel Bell, Harrison B개주, John Wier 등은 낙관론적인 관점에서 미래사회는 서비스경제의 출현과 신지식기술의 개발과 그리고 창의적인 기술인력의 개발을 활용하여 풍요로운 사회가 될 것으로 본다. 반면에 Kenneth Boulding, Robert L. Heilbroner, Robert Vacca 등은 비관론적인 관점에서 미래의 정보사회는 정보의 폭주와 과잉, 그리고 과학기술의 지나친 발달은 몰인간적이고 비인간적인 사회가 되고 나아가서는 과학기술의 오용이나 남용의 결과로 인하여 엄청난 역기능을 초래하는 사회가 될 것으로 본다.[18] 정보사회에 있어서 고려되는 발전행정의 문제점은 다음과 같은 점이 지적된다.

첫째, 정보화사회가 정치발전에 미치는 영향을 분석하면 정치적 의사결정과정에서 집권주의적 모형이냐 분권주의적 모형이냐의 논의는 활발하나 합의된 의견은 없는 것 같다. 다만 의사결정과정에 있어서 소수의 엘리트에 의한 결정모형은 지배적인 의견인 것 같다. 그렇다면 다원주의적 민주주의 모형은 그 의미가 점차 퇴색되어지고 더 빠르고, 더 많으며, 더 정확한 정보를 가진 자가 결국 결정권자가 된다는 것을 추론할 수 있다.

둘째, 정보화사회는 경제와 산업구조에 영향을 주고 경제발전에 큰 변화를 가져온다. 예컨대 정보화사회에 있어서는 지금까지의 전통적인 1, 2, 3차 산업은 정보산업과 지식산업에 의하여 점점 쇠퇴하게 될 것이 예상된다. 오늘날 최근 수년간 미국 클린턴 행정부의 경우 경제활성화도 주로 정보산업에 의하여 주도되고 있다는 것이 검증된 연구가 되고 있다. 경제구조의 면에서 특히 고용조건과 고용형태가 변화하고 기업간의 경쟁은 기술축적과 기술경쟁이 주도하고 기술격차는 기업도산을 초래하게 될 것이다. 따라서 발전행정적인 면에서 어떻게 기술혁신을 이루느냐 하는 문제가 큰 핵심적인 발전전략을 이루게 될 것이다. 정보산업이 필연적으로 경제의 활성화와 성장을 촉진하는 촉매제가 될 것이 분명하나 외국에 비교하여 매우 낙후된 것이 사실이다. 예컨대 미국에 비교하여 25년, 일본에 비교하여 15년 정도가 낙후되어 있다는 것이다. 그러나 정보산업육성 목표는 2,000년까지는 선진국수준까지 도달하게 될 것으로 보이며 사계시장(약 5,000억불)의 10%를 복표로 하고 있다.[19]

---

[18] 김영종, 사회학개론(6판) (서울: 형설출판사, 1992), p. 286.

[19] 이윤식, 행정정보체제론(서울: 법영사, 1990), p. 81.

셋째, 정보화사회는 행정발전의 기능과 역할에 도움을 줄 수도 있고 또는 해를 줄 수도 있다. 예컨대 정보기술의 발달로 인하여 통치권자의 독재권력 수단에 악용되거나 여론조작을 통하여 정책집행을 오도하는 경우이다. 반면에 행정의 전산화는 행정의 엄청난 효율성과 효과성을 제고시켜 명실공이 국민의 삶의 질의 향상을 위하여 도움을 줄 수 있다. 이 경우 순기능면에서 행정은 "작고 효율적인 정부가 실현되며, 공개행정에 따른 시민참가의 증대로 시민의 욕구와 의사가 행정시책에 반영되어 행정의 민주성이 제고된다"고 보는 학자도 있다.[20]

제5절 / 결 론

이상에서 우리는 정보사회의 도래가 발전행정에 미칠 영향과 이에 대한 발전전략 등을 논의하였다. 요컨대 미래사회가 정보사회화될 것은 이론이 거의 없으며 이에 대한 영향분석은 낙관론과 비관론으로 상이한 견해 차이를 보이고 있다. 그러므로 미래사회를 보는 시각은 평면적인 입장으로서는 그 실체를 정확하게 볼 수 없고 오히려 입체적이고 동태적인 분석이 요청된다고 보아야 한다. 그러나 예컨대 저자가 직접 조사한 자료에 의하면 미래사회에 있어서의 지식은 88% 응답자는 낙관적인 견해를 보였고 12%의 응답자는 비관적인 견해를 보였음을 볼 때 정보사회에 있어서의 주축인 정보의 가치와 그 역할은 바람직한 방향으로 나아갈 것 같다. 그러나 총체적으로는 미래사회가 초래할 결과는 다양한 관련변수를 종합적으로 분석 처리하는 것이 요청된다.[21] 따라서 43%의 응답자는 낙관적인

---

20 Ibid., p. 85.

21 이 자료는 필자가 미국유학시절 미국주립대학교 학부와 대학원 학생들을

견해를, 42%의 응답자는 비관적인 태도를 보이고 있다는 점을 유의하여야 할 것이다. 요컨대 정보사회에서의 발전행정은 미래사회에서의 사회현상을 보다 심층적으로 관련 변수를 분석, 종합, 체계화하여 통합적으로 그 발전전략을 수립하여야 할 것이다.

임의 추출한 50명의 전문설문결과에 나온 자료이다 자세한 내용은 다음의 문헌을 참고할 것. 김영종, 사회학개론(6판)(서울: 형설출판사, 1992), pp. 287-288.

참고 문헌

(1) 국내문헌

[단행본]

강석승 외, 북한의 실상과 주변정세(서울: 반도출판서, 1993).

금희연, "중국연구"(통권 4호: 158-181, 1993).

김해동, 현대사회와 인간의 이해(서울: 화평사, 1980).

김공열, 북한관료제론(서울: 대영문화사, 1993).

김기우, 정치발전이론(서울: 박영사, 1988).

김광웅 외 공저, 발전행정론(서울: 법문사, 1986).

______, 관료와 발전(서울: 평민사, 1986).

김규정, 비교행정론(서울: 법문사, 1981).

______, 행정학원론(서울: 박영사, 1985).

김번웅 외2인 공저.「현대한국행정론」(서울: 박영사, 1991).

김수영, 행정개혁론(서울: 박영사, 1988).

김신복, 발전기획론(서울: 박영사, 1983).

김영종 외 공저, 관료제와 행정철학(서울: 법문사, 1987).

______, 사회학개론(6판)(서울: 형설출판사, 1996).

______, 신인사행정및 정책론(서울: 형설출판사, 1998).

______외 공저, 한국사회와 이데올로기(서울: 형설출판사, 1987).

______외 공저, 한국민주행정론(서울: 고시원, 1988).

______, 부패학(개정증보판)(서울: 숭실대 출판부, 2001).

김영한 외 공저, 기독교와 문화(서울 숭실대학교 한국기독교문화연구소, 1987).

김운봉, 행정학원론(서울: 박영사, 1986).
______, 정치학원론(서울: 박영사, 1988).
김철수, 헌법학개론(서울: 박영사, 1988).
김홍기, 관료제론(서울: 백산출판사, 1988).
내외통신(1994. 4. 30; 1992. 5. 31)
도홍렬 외, 김정일정권(서울: 남북문제연구소, 1993).
문기주, 제6공화국 한국헌법(서울 : 해암사, 1987).
박동서, 한국행정론(서울: 법문사, 1985).
______, 한국행정의 미래상(서울: 법문사, 1986).
______외 공저, 비교행정론(서울: 박영사, 1984).
박완신, 북한행정론(서울: 희성출판사, 1988).
박연호, 행정학신론(서울: 박영사, 1986).
방석현, 행정정보체계론(서울: 법문사, 1989).
백완기, 한국의 행정문화(서울: 고려대학출판부, 1984).
______, 행정학(서울: 박영사, 1985).
서울대학교국제문제연구, 중국정치경제사전(서울: 민음사, 1990, 219-233).
서진영, 사회주의의 위기와 생존전략(서울: 고려대학교 아세아문제연구소, 1993).
______, 모택동과 중국혁명(서울: 도서출판태암, 1989).
신두범, 행정학개론(서울: 박영사, 1987).
안병만, 한국정부론(서울: 다산출판사, 1985).
안병준 외 공저, 한국사회의 변화와 문제(서울: 법문사, 1986).
안해균, 한국행정체제론(서울: 서울대출판부, 1986).
연합통신(1994. 5. 7)
오석홍, 조직이론(서울: 박영사, 1985).
유기현, 인간관계론(서울: 무역경영사, 1975).
유종해, 현대행정학(서울: 박영사, 1985).
______, 행정의 이론(서울: 박영사, 1992).

______, 「행정의 윤리」(서울: 박영사. 1992).
유 훈, 행정학원론(서울: 법문사, 1985).
윤덕중, 범죄사회학(서울: 박영사, 1984).
윤재풍, 조직학원론(서울: 박영사, 1985).
이경구, 국가대표론(서울: 일조각, 1982).
이규이, 범죄학(서울: 박영사, 1984).
이대근, 한국사회의 변화와 문제(서울: 법문사, 1986).
이상규, 신행정법론(서울: 법문사, 1986).
이윤식, 행정정보체제론(서울: 법영사, 1990).
이지훈, 한국정치문화의 기본요인(서울: 고려대출판부, 1982).
이한빈, 사회변동과 행정(서울: 박영사, 1973).
______, 국가발전의 전략과 이론(서울: 법문사, 1969).
인민일보, 1990. 8. 9.
임용순, 역사를 바꾼 통치자들(서울: 미래사, 1995).
전종섭(전용덕·윤재풍 역), 행정학: 구상과 문제해결(서울: 박영사, 1987).

원전: Jun, Jong. S.(1981). Public Administration: Design and problem Solving, New York: Macmillan Publishing Co.

정인흥, 정치학원론(서울: 제일문화사, 1975).
정정길, 정책결정론(서울: 대명출판사, 1988).
정희래 외 공저, 국가발전의 사회과학(서울: 박영사, 1987).
중공개요(서울: 국토통일원, 1972).
중앙일보사, 중국의 비밀(월간중앙 부록)(서울: 중앙일보사, 1993. 1).
차기벽, 근대화정치론(서울: 박영사, 1980).
최요한, 의회정치의 이론과 실제(서울: 박영사, 1981).
한국개발연구소, 2000년을 향한 국가장기발전계획(서울: 한국개발연구소, 1987).
한국의 사회지표(Social Indicators in Korea)(서울: 경제기획원조사통계국, 1988).

황산덕, 법철학강의(서울: 박영사, 1971).
행정개혁위원회, 행정개혁에 관한 강의(서울: 행정개혁위원회, 1989).
허정현, 한국근대화론(서울: 박영사, 1984).

[논 문]

김광웅, "한국의회정치의 정착화," 국회보(통권 제 193호, 1982. 11).
김대환 외 4인, "자유체제 위협하는 빈부격차," 신동아(통권 제 328호, 1987. 1).
김대환, "중국관료사회의 부정부패 현상과 파급영향," 공산권연구(통권 109:33, 1988).
김동현, "감사원 감사비리의 전망,"「월간조선」, 1990년 7월호(통권 124), pp.188-203.
김석준, "전환기 한국행정의 새로운 패러다임 모색," 한국행정학보(통권 제 22권 제 2호, 1988).
김영환 외 2인, "한국의 균형적 지역개발을 위한 지역정책에 관한 연구," 한양대학교 행정문제논집 제 7집(1986).
김영종, "현대행정학의 행정철학적 반성과 과제," 한국행정학보(통권 제 20권 제 1호, 1986), pp. 161-171.
______, "한국사회의 지역 및 계층간의 갈등에 관한 연구," 한국행정학보(통권 제 23권 제 1호, 1989), pp. 271-295.
______, "대학의 민주화," 숭실대학교 대학원 논문집(제 7호, 1989), pp. 59-83.
______, "민주화와 자율화에 따른 집단의 역할: 관료집단과 이익집단을 중심으로,"(한국국민윤리학회 연차총회발표논문, 1988), pp. 95-105.
______, "민주사회발전을 향한 행정부패 방지전략," 민주사회의 성숙을 위한 공공행정(한국행정학회 제 1차 국제학술발표대회 논문집, 1988), pp. 396-421.

______, “개발도상국가의 관료부패모형정립: 한국을 중심으로,” 한국행정학보(통권 제 19권 제 2호, 1985. 12), pp. 141-164.

______, “한국미래행정의 모형정립,” 숭실대학교 논문집(사회과학편, 제 4집, 1986), pp. 25-42.

______, “사회적 갈등과 집단행태 및 조직적 범죄의 원인분석과 예방전략,” 교정(통권 제 157호, 1989. 5), pp. 44-61.

______, “한국관료부패와 부패방지,” 사상과 정책(통권 제 18호, 1988), pp. 155-171.

______, “Self-Diagnosis of Public Administration and Future Paradigm: A Special Consideration of Administrative Philosophy”, 숭실대학교 대학원 논문집(Ⅳ집), 1986, pp. 41-58.

______, "New Directions of Corruption Study in the 1980's," 숭실대학교 사회과학논문집(제3집, 1986), pp. 41-58.

______, “한국의회정치와 정치발전,” 민족지성(통권 제 4호, 1986. 6), pp. 110-120.

______, “북한의 정치부패와 인권,” 북한연구(통권 20호, 1995), pp. 44-60.

______, “부패문화의 개혁정책,” 한국행정연구(2-1: 26-46, 1993), pp. 26-46.

______, “공산주의국가에서의 관료부패에 관한 연구”(숭실대학교 사회과학연구소 논문 7집, 1989), pp. 39-53.

______, “사회주의 국가에서의 관료제연구,” 북한연구(통권 6호, 1991), pp. 7-23.

______, “개발도상국가의 관료부패모형연구,” 한국행정학보(19권 2호, 1985), pp. 146.

______, “평화시의 군과 사회,” 국방논집 제 12호(1990, 겨울), pp. 66-89.

______, “가상공간(사이버)에서의 부패: 행정윤리적 접근, 한국부패학회보 제6호(2002. 1), pp. 75-104.

김용구, “입법과정에 영향을 미치는 제요인에 관한 고찰,” 입법조사월보(통권 136호, 1983. 9/10).
______, “한국의 민원처리제도에 관한 고찰,” 입법조사월보(통권 136호, 1983. 9/10).
김용준, “과학기술의 변화와 문제,” 한국사회의 변화와 문제(서울: 법문사, 1986).
김인회, “대학발전과 정부의 역할,” 대학발전을 위한 서울, 경인지역 대학 워크샵 자료, 1989.
김종술, “행정이론의 규범성,” 한국행정학보(통권 제21권 제 1호).
김해동, “관료부패의 제조건,” 「행정논총」 (1983년 서울대행정대학원), 21:1, pp. 123-136.
김현구, “기술이전의 경로와 측정,” 한국행정학보(통권 제 23권 제 1호, 1989. 6).
김혜숙, “지역간 고정관념과 편견: 심리학에서 본 지역감정”(한국사회학회발표논문, 1988).
김호길, “과학기술과 행정,” 기술혁신과 바람직한 행정체제에 관한 심포지움 발표논문(고려대학교 행정문제연구소, 1988).
노치준, “개혁사회의 재정구조와 그 방향,” 사상과 정책(Vol. 1, No. 3, 1984, 여름호).
노화준, “행정관리발전의 목표와 전략,” 한국행정학보(통권 제 20권 제 1호, 1986).
박광주, “한국적 지도자본주의 의존에 대한 고찰,” 현대사회(통권 23호, 1987, 겨울호).
박문옥, “우리나라 의정의 나갈 길,” 국회보(통권 제 179호, 1981. 5/6).
박홍식(1990), “내부고발(whistle-blowing): 이론, 실제, 그리고 함축적 의미,” 「한국행정학보」 25(3), pp. 769-782.
배한복, “이념교육의 회고와 전망, 국제문제(통권 제203호, 1987. 7).
백완기, “행정기능의 배분 및 재정립문제,” 한국행정학보(통권 제20

권 제1호, 1986).
서광선, "오늘의 대학현실을 해부한다," 신동아(통권 제28권, 105호, 1985).
서성우, "북한의 인권실상," 북한(통권 252호: 50-57, 1992)
신생국의 행정제도(서울: 국회도서관, 1972).
신우현, "대학교화의 본질," 대학교육(한국대학교육협의회), 통권 제17호, 1985).
안해균, "행정개혁의 이론화를 위한 강의," 행정논총(통권 제 24권 제 2호, 1986).
어윤배, "관·산·학 협동관계의 회고와 전망," 한국행정학보(통권 제 21권 제 1호, 1987).
오명호, "사회과학에 있어서의 구조기능주의에 관한 소고," 행정문제논집 8집(1987-88)(한양대학교 행정문제연구소, 1988).
오석홍, "행정개혁론," 행정논총(통권 제 24권 제2호, 1986).
유석렬, "남북대화와 한국의 입장, 국제문제"(통권 제 204호, 1987, 8).
윤덕중, "한국의 경제적 상류계층상 연구," 사상과 정책(통권 제2권 제2호, 1984, 봄호).
윤석양(1990), "나에겐 아직도 갚아야 할 빚이 있다." 「신동아」 11월호(통권 374호), pp. 390-423.
윤세창, "행정권강화의 이론과 실제," 고대논문집(고려대사회과학, 1955).
이기상, "한국철학교육 이대로 좋은가?," 계간경향(통권 제 16호, 1987, 가을호).
이강은, "정치체제와 복지정책의 산출," 한국행정학회 연말학술대회 발표논문, 1988.
이상주, "대학문화의 미래," 대학교육(대학교육협의회, 통권 제17호, 1985).
이상우, "박정권하 권력형 부패의 정체," 신동아(통권 제 30권 제1호, 1987. 1)

이시원 · 배병룡, “정부불신의 원인과 결과,” 한국행정학보(통권 제 22권 제 2호, 1988).

이기상, “행정정보관리의 본질과 접근방법에 관한 소고” 한국행정학보(통권 제22권 제 2호, 1988).

이종익, “민주발전과 지역개발,” 한국행정학보(통권 제21권 제 1호, 1987, 6).

2000년을 향한 한국장기발전구상, 한국개발연구원, 1987.

전철환, “정경유착과 민주화의 과제,” 계간경향(통권 제 18호, 1988, 봄호).

정경모 외, “뇌물 및 기타 직무태만처벌에 관한 법령,” 북한 법령집 (서울: 대륙연구소, 1993).

정선구, “직업성 보장과 장교정년 개선방안,” 국방정책 연구보고서, 국방연구원(1993).

정성호(1991), “한국행정연구에 있어서 문화심리적 접근의 평가,” 「한국행정학보」 25:3, pp. 707-725.

정홍익, “정보사회의 행정역할과 과제,” 한국행정학보 (통권 제 21권 제 1호, 1987).

조경근, “영호남 지역 감정연구,” 월간조선(통권 제8권, 제9호, 1987, 9).

조요한, “대학, 진리와 정의, 그리고 사랑의 배움터,” 숭전대학신문, 1986, 1.8.

조자양, “중국적 사회주의 길을 따라 전진하라.,” 국제문화(19-2: 127-133, 1988).

조철옥(1985. 6), “원인과 귀인(causal attribution) 형태와 상벌체계의 현상에 관한 연구: 부정사건을 중심으로,” 「한국행정학보」 19:1, pp. 127-148.

______, “원인귀인(causal attribution)형태와 상벌체계의 괴리현상에 관한 연구: 부정사건을 중심으로,” 한국행정학보(통권 제 19권 제 1호, 1985. 6).

중소기업과 기술개발, 중소기업협동조합중앙회, 1988
중앙일보, 1994. 7. 31.
최일섭, "빈곤계층의 실태와 사회정책적 문제," 사상과 정책(1984, 봄호).
하태권(1993, 2), "민원행정에서의 행정부패," 「한국행정연구」 1:4, pp. 108-127.
한영환, "전환기의 사회적 갈등과 대학의 위상," 대학발전을 위한 서울·경인지역 대학워크샵 자료(서울대학교, 1989).
한국개발연구원, "2000년을 향한 한국장기발전구상"(총괄보서, 1985).
한승조, "한국의 민주화 어디로 갈 것인가." 민족지성(통권 제 19호, 1987, 9).
황인정, "경제발전," 발전행정론(서울: 법문사, 1985).
허 범, "총학장의 기능과 역할," 대학교육(통권 제 26호, 1987, 3).

(2) 외국문헌

Agresti, Alan& Agresti, Barbara Finalay, Statisical Method for the Social Sciences (San Francisco: Dellen Publishing co., 1979).
Allen, Francis, Socio-Cultural Dynamics: An Introduction to Social Chang(New York: The Macmillan co., 1971).
Almond, G.A& Verba, S The Civic Cultural(Princeton: The Princeton University Press, 1962).
Almond, Gabriel& Powell, Bingham, Comparative Politics: A Development Approach(Boston: Little, Brown, 1966).
Bartollas, Clemens& Miller, Stuart J. Correctional Administration(New York: Mc Graw-hill Book co. 1978).
Beer, Michael(1980), Organization and Development, Santa Monica: Goodyear co. inc, PP. 218-255.
Bayley, David H. (1966), "The Effects of Corruption in a Developing Nation," Western Political Quarterly, Vol. no. 4, pp. 719-732.

Beer, Michael, organization and Development, Santa Monica: Goodyear Publishing Company, Inc., 1980)

Bell, Danial, The Coming of Post Industrial Society(New York: Basic Book, Inc., 1973).

Bell, Simon and Stephen Morse. Measuring Sustainability: Learning from doing(London: Earthscan, 2003.

Bender, David L. & Leone, Bruno, Crime & Criminals(Sandiego: Green-heven Press, Inc., 1989).

Bertand, A.L Basic sociology: An Introduction to Theory and Method(New York: Appleton-Century-Crofts, 1967).

Bhatnagerm B., & Williams, A.C. Participatory Development and the World Bank: potential directions for change. World Bank Discussion Paper No. 183. Washington, DC: World Bank, 1992.

Blalock, Hubert M, Race and Ethics Relations(Englewood Cliffs: Prentice- Hall, Inc, 1982).

Blau P.M, The Dynamics of Bureaucracy(Chicago: chicago University Press, 1955).

Bloom Becker, Buck, Spectacular Computer Crimes(Homewood: Dow Jones Irwin, 1990).

Bologna, Jack, Computer Crimes: wave of the future(San Francisco: Assets Protection, 1981).

Bowcott, Owen & Hamilton, Sally, Beating the System(London: Bloomsbury, 1990).

Brzezinski, Zbigniew, The Grand Failure(New York: Macmilian Publishing co., 1990).

Budd. Richard W., Content Analysis of Communication(Belmont: Wadsworth Publishing co., Inc., 1979).

Burrel, Gibson & Morgan, Gareth, Sociological Paradingms and

Organizational Analysis(London: Heinemann, 1980).

Caiden, Gerald E, Administrative Reform(Chicago: Aldine Publising co., 1969).

Caiden, Gerald E. (1969). Administrative Reform, Chicago: Aldine Publising co., P. 65.

Carino. Ledivina V. (1986). Bureaucratic Corruption in Asia- Causes, Consequences and Controls, Quezon City: JMC Press, Inc., p. 114.

Cadiden, Gerald et al, "Administration Corruption" in Public Administration Review(1977, Vol. 37: 301-309).

Chackerian, Richard, Palmer, Monte & Fathaly, Omar, Political Development and Bureaucracy in Libya(Lexington: Lexington Books, 1977).

Clark, Ramsey, Crime in America (New York: Simon & Schuster, 1970).

Common, Michael. Sustainaility Policy and Policy: Limits to Economics (Cambridge University Press, 1995).

Coser, Lewis, The Functions of Social Conflict(New York: The Free Press, 1956).

Darling, Frank. L, The Westernization of Asia: A Comparative Political Analysis(Washington, D.C: Schenkman Publishing Co., 1980).

Darrow, Clarence, Crime: Its Cause and Treatment(Montclair: Patterson Smith, 1972).

Deng, Xiaopin, Fundamental Issues in Present-Day China(Beijing: Foreign Languages Press, 1987).

______, "Combat Economic Crimes," in Selected Works of Deng Xiaoping(1975-1982) (Beijing: Foreign Language Press, 1983).

Denhardt, Kathryn G, The Ethics of Public service(New York: Greenwood Press, 1988).

Dror Yehezkel, Ventures in Policy Science(New York: American Elsevier Publishing co., 1971).

Dwivedi, O.P. & Henderson, Keith M., Public Administration in the World Perspective(Ames: Iowa State University press, 1990).

Dye, Thomas R.(1981) Understanding Public Policy, (Englewood Cliffs: Prentice Hall Inc., 1981).

______, and Zeigler, L. Harmon, The Irony of Democracy (New York: Duxbury Press, 1975).

Easton, D., The Political System(New York: Algred Knopft, 1953).

Edelman, Murray, The Symbolic Uses of Politics(Urbana: The university of Illinois press, 1985).

Eisenstadt, S. N,. "Bureaucracy and Political Development," in J. Lapalombara(ed), Bureaucracy and Political Development (Princeton: Princeton University Press,1963).

Farmer, David John, Crime Control: The Use and Misuse of Polic Resources(New York: Plenum Press, 1984).

Fox, James Alan, Forecasting Crime Data(Lexington: D.C. Health and co., 1978).

Freagin Joe R, Racial and Ethics and Public Administration(New York: M.E.Sharp, Inc., 1993).

______, New Public Administration(Alabama: The University of Alabama Press, 1980).

Gable. Richard W, Development Administration: Background, Terms, Concepts, Theories, and A New Approach(Deavis: University of California, 1976).

Garment, Suzanne, Scandal: The Culture of Mistrust in America(New York: Times Books, 1991).

Galt, Antony H, Models and the Study of Social Change (New York: John Wiley and Sons ,1976).

Gibison, Burrell and Gareth, Morgan (1978), Sociological Paradigm and Organizational Analysis, London: Heinemann, pp. 1-35.

Giddens, Anth. The Consequences of Modernity(Stanford: Stanford University Press, 1990).

Gould, David J. (1983), "The Effects of Corruption on Administrative Performance: Illustration from Developing Countries," in World Bank. pp. 1-41.

Goodenough, Ward H, Culture, Language, and Society (Menlo Park: the Benjamian/Comming Publishing Company, Inc., 1981).

Gouldner, A.W, Patterns of Industrial Bureaucracy(Glence: Free Press, 1954).

Guy, Patters B, The Politics of Bureaucracy :A Comparative Perspective (New York: Longman, 1978).

Hagen, Evert E, On the Theory of Social Change(Homewood: The Dorsey Press, Inc., 1962).

Harmon, Michael, Action Theory for Public Administration(New York: Longman, 1981).

Heady, Ferrel, Public Administration: a Comparative Perspective (New York: Marcel Dekker, Inc., 1993).

______, Public Administration: a Comparative Perspective(3rd ed)(New York: Marcel Dekker, Inc., 1984).

Heidenheimer, Arnord J.(ed), Political Corruption: Readings in Comparative Analysis(New Brunswick: Transaction Books, 1978).

Henderson, Gregory, Korea: The Politics of Voltex(Cambridge: Harvard University Press, 1968).

Henry. Nicholas, Public Administration and Public Affairs(Englewood Cliff: Prentice-Hall, Inc., 1975).

Hodgkinson, Christopher, Towards a Philosophy of Administration(New York: St. Martin's Press, 1978).

Holmes, Lesslie, The End of Communist Power: Anti-Corruption Campaigns and Legitimation Crisis(New York: Oxford University Press, 1993).

Hommes, R. Conflicts Dilemmas of Decentralization. Annual World Bank Conference on Development Economics(Washington, DC: The World Bank, 1995).

Huntington, Samuel, Political Order in Changing Societies(New Haven: Yale University Press, 1969).

Heidenheimer, Arnold J. (ed)(1978), Political Corruption: Reading in Comparative Analysis, New Brunswick, New Jersey: Holt, Rinehart and Winston, pp.546-548.

Hoogvelt, Ankie M. M. (1976), The Sociology of Devloping Countries, in London: Mac Press.

Huntington, Samuel P.(1968), Political Order in Changing Societies, New Haven: Yale University Press, pp. 53-54.

Inkeles. Alex, What is sociology?(Englewood Cliffs: Prentice- Hall, Inc, 1964).

Johnston, Michael, Political Corruption and Public Policy in America (Monterey:Cole, 1982).

Jones, Thomas E. Options for the Future: A Comparative Analysis of Policy-Oriented Forecasts(New York: Praeger Publishers, 1980).

Jun, Jung Sup, Public Administration: Design and Problem Solving (서울: 박영사, 1988).

______, The Korean Experience(Seoul: Kyobo Publishing, Inc., 1985).

Kahn, Herman, The Next 200years(New York :William Morrow and Company, Inc., 1987).

Kaplan, Abraham, America Ethics and Public Policy(New York: Oxford University Press, 1963).

Kaynak, E, A Waiting and Economic Development(New York:

Praeger Publishers, 1986).

Kilpartick, Franklin P. & Cumming, Mitton c. The Image of the Federal Service(Washington: The Brookings Institution, 1964).

Kim Bun Woong, Bell, David S. Jr. and Lee, Chong Bum, Administrative Dynamics and Development: The Korean Experience (Seoul: Kyobo Publishing, Inc., 1985).

Klitgaad, Robert(1988), Controlling Corruption, Berkeley: University of California Press. pp.62-63.

Kim, Young Jong, Bureaucratic Corruption: The Case of Korea(4th ed.)(seoul: The Chomyung Press, 1994).

______, A Model Building of Bureaucratic Corruption in Developing Countries: The Case of Korea (Ph. D. Dissertation)(Tallahassee: The Florida State University, 1985).

______, Korean Public Administration and Corruption Studies(Seoul: Hak Mun Publishing co., 1996).

______, New Korean Public Administration and Corruption Studies (Seoul: Hyung seul Publishing co., 2003).

______, "Corruption in Socialist and Capitalist Countries" in Public Sector Ethics(New York: Federation Press, 1998).

Klaron, Peter & Bossert, Thomas J.(ed.), Promise of Development Theories of Change in Latin America(Boulder & London: Westview Press, 1986).

Klinger, Domald E, Public Personnel Management: Context and Strategies(Englewood Cliffs: Prentice- Hall, Inc., 1980).

Kiitgaard, Robert. Controling Corruption(Berkeley: The University of California, 1988).

Lawrence, Paul R. & Lorsh, Gey W, Developing Organizations: Diagnosis and Action(Massachusetts: Addison-Wesley Publishing Co., 1969).

Lerner, Daniel, Modernization: Social Aspect(New York: Macmillian and Free Press, 1968).

______, The Passing of Traditional East(Glencoe: Free Press, 1958).

Lewis, Carol W. (1991), The Ethics Challenge in Public Service, Washington, D.C: ASPA. pp.4-189.

Lin, Yuohai, "Introduction to the Punishment of Criminals Guilty of Embezzlement and Bribery by the People's Procuratorate of People's Republic of China," in Processings of International Anti-corruption Conference(Cancun, Maxico:1993, 245-248).

Lipset, Seymour M, Political Man(New York: Doubleday & Company, Inc., 1963).

Liu, A How China is Ruled(Englewood Cliffs: Prentice- Hall, 1983).

Lowenstein, Political Power and Governmental Process(Chicago: The University of Chicago, 1957).

Lowi, Theodore J, The End of Liberalism(New York: W. W. Norton and Company, 1979).

Ma, Stephen K., "Reform Corruption: A Discussion on China's Current Development," Pacific affairs (Vol. 62:44, spring 1989).

Magnnusen, Karl D, Organizational Design, Development, and Behavior (Glenview: Scott Foresman and company, 1977).

Meadows P, "Motivation for Change and Development Administration," in I'Swerdlow, Development Administration(Syracuse University Press, 1963).

Meltzer, Milton, Crime in America (New York: Morrow Junior Books, 1990).

Meyers, C.A. Education, Man Power and Economic Growth (New York: McGraw-Hill, 1964).

McAdam, Dong Douglas, Political Process and the Development of Black Insurgency(Chicago: The University Chicago Press, 1982).

McLead, Raymond, Management Information System(Chicago: Science Research Associates, Inc., 1986).

Michael, Beer, Organization Change and Development: A System View(Santa Monica: Good Year Publishing co., Inc., 1980).

Michael, Schwartz, Radical Process and Social Structure(New York: Academic Press, 1976).

Mizruchi, Ephrain H, The Substance of Sociology (New York :Pivision of Meredith Publishing Co., 1967).

Montgomery, John D. (1867), Sources of Administrative Reform: Problem of Power, Purpose and Politics, CAG Occasional Papers, Boomington: CAG, p.1.

Mosher, Frederick C. (1965), "Some notes on Reorganizations in Public Agencies," Roscoe C. Martin (ed.), Public Administration and Democracy, Syracuse University Press, pp. 129.

Morris, Fiorina, Keystone of Washington Establishment(New Haven: Yale University Press, 1977).

Morton, Deutsch, The Resolution of Conflict(New Haven: Yale University Press, 1973).

Mosher Frederic C, "Some Notes of Organizations in Public Agencies," in Roscoe Martin(ed), Public Administration and Democracy: Essays, in Honor on Paul H, Appleby (Syracuse, New York: Syracuse University Press, 1965).

______, Government Reorganization(Indianapolis: Bobbs-Merrills Co., 1967).

Myrdal, G. Asian Drama: An Enquiry into the Poverty Nations(New York: The Twentieth Century Fund, 1968).

Naisbitt, John, Megatrends(New York :Warner Books Co., 1982).

National Crime Prevention Institute, Understanding Crime Prevention(Louisville: University of Louisville, 1986).

Nye, J. S. (1967). "Corruption and Political Development: A Cost Benefit Analysis," American Political Science Review, Vol. LXI:2, pp. 417-427.

Oatman, Eric F, Crime and Society(New York: The H.W. Wilson Company, 1979).

O'Brien, Rober M. Crime & Victimization Data(London: SAGF Publications, 1985).

Origanski, A.F.K, The Stage of Political Development(New York: Knopft, 1965).

Ogburn, F. Social Change(New York: Dell, 1966).

Ostrom, Vincent, The Intellectual Crisis in American Public Administration (Alabama: The University of Alabama, 1974).

Parasakul, Lertporn (1982), Corruption in the Thai Bureaucracy(Ph.D. dessertation) University of Queensland, pp. 31-32.

Parke, Ross D.(ed). Readings in Social Development(New York: Holt, Rinehart and Winston, Inc, 1969).

Parker, Donn B, Fighting Computer Crime(New York: Charles Scribner's Sons, 1983)

Parsons, Malcolm B.(ed), Perspective in the Study of Politics(Chicago: Rand McNally, 1968).

Parsons, T, The Social System(London: Free Press, 1951).

Paul, S. Community Participation in Development Projects: The World Bank Experience. Discussion Paper No. 6 (Washington, DC: The World Bank, 1987).

Pearson, Margaret M, Joint Ventures in the People's Republic of China: The Control of Foreign Drest Investment under Socialism(Princeton: The Princeton University Press, 1991).

Powis, Robert E, The Money Launderers(Chicago: Probus Publishing Co., 1992).

Preston, P. W, Theories of Development(Boston: Routledge & Kegan Paul, 1982).

Prins, Herschel, Criminal Behavior: An Introduction to Criminology and the Penal System(London: Tavistock Publications, 1982).

Pye, Lucain W, Politics, Personality and Nation Building: Burma's Search for Identity (New Haven: Yale University Press, 1962).

______, Aspect of Political Development in the Administration State (New York: Oxford University Press, 1969).

Rao, P.K. Sustainable Development: Economics and Policy(Oxford: Balckwell Publishers, 2000).

Reichardt, Charle S. & Clock, Tomas B, Qualitative and Quantitative Methods in Evaluation Research(Beverly Hills: SAGE Publication Inc., 1979).

Quinze, Cao, "Guiding Principles and Countermeasures of Fighting Against Corruption and Upholding Honesty in China," in Proceedings of International Anti-Corruption Conference (Cancun, Mexico, Vol.2, 21-26, 1993).

Renshaw, Benjamin, Computer Security Techniques(Washington, D.C.: U.S. Department of Justice, 1986).

Riggs, Fred W. Administration in Developing Countries(Boston: Houghton Mifflin Company, 1964).

______, Administrative Development(New York: McGraw-Hill, 1966).

Rudner, Richard S, Philosophy of Social Science(Englewood Cliffs: Prentice-Hall, Inc., 1966).

Robbins, Stephen P, Organization Theory(Englewood Cliffs, New York: Prentice-Hall, 1983).

Schultz, T. W. The Economic Value of Education(New York: Columbia University Press ,1963).

Schumpeter, J. A, The Theory of Economic Development (Cambridge:

Havard University, 1949).

______, Capitalism, Socialism, and Democracy(New York: Harper, 1950).

Selznick P, TVA and Grass Roots(New York: Harper and Row, 1966).

Sherwood, Frank P, Institutionalizing the Grass Roots in Brazil(San Francisco: Chandler Publishing Co., 1967).

Shelly, Louis I, Crime and Modernization(Carbondale: Southern Illinois University Press, 1981).

SICA, Some Major Issues in Public Administration for development (Austin: The University of Texas, 1982).

Siever, Ulrich, The International Handbook on Computer Crime(New York: John Wiley & Sons, 1886)

Smelser, Neil, The Modernization of Social Relation in Modernization, ed. by Weidner(New York: Boston Books, 1966).

Silverman, J.M. Public Sector Decentralization: Economic Policy and Sector Investment Programs(Washington, DC: World Bank Technical Paper no. 188)(Africa Technical Department Series, 1992).

Smit, B.C, Decentralization: The Territorial Dimension of the State (Boston: George Allen & Unwin, 1985).

Spencer, Mitton H, Contemporary Economics(New York: Worth Publishers, Inc,1980).

Stewart, L (1980, Autumn). "Whistle Blowing: Implications for Organizational Communication," Journal of Communication, 80, pp.90-101.

Strasser, Hermann & Randall, Susan C. An Introduction to Theories of Social Change(London: Routledge and Kegan Paul, 1981).

Swanson, B.E.; Chinging Paradigms in Technology Assessment and Transfer: Unpubl. Ms.(Urban, IL: University of Illinois at

Urbana-Champaign, Department of Agricultural and Consumer Economics, INTERPAKS, 1997).

Teune, Henry& Mlinar, Edrarko, The Developmental Logic of Social Systems(Beverly Hills: SAGE Publications, 1978).

Thompson, Victor A, Modern Organization(New York: Alfred A. Knopft. 1961).

Todaro, Michael P, Economic Development in the Third World(New York: Longman, 1977).

Toffler, Alvin, The Third Wave(New Wave: Bantam Books, 1980).

Ulrich, Sieber, The International Handbook on Computer Crime(New York: John Wiley & Sons, 1986), pp. 42-52.

UNCTAD, Guidlines for the Study of the Transfer of Technology to Developing Countries(New York: UN, 1972).

Waldo, Dwight, Comparative Administration Theory, ed. by Preston Le Breton(Seattle: University of Washington Press, 1968).

Warwick, Donald P. & Lininger, Charles A, The Sample Survey: Theory and Practice(New York: McGraw-Hill Book Co., 1975).

Weidner, Edward W.(ed), Development Administration in Asia (Durham: Duke University Press, 1970).

Werner, Simcha B, "New Direction in the Study of Administrative Corruption," in Public Administration Review(Vol.43: 146-154, March-April 1983).

Werston, Paul B. Police Organization and Management(Boston: Holbrook Press, 1975).

Woods, Clyde M, Culture Change(Dubuque: W.M.C Brown Company Publishers, 1975).

Yukl, Gary A, Leadership in Organizations(Englewood Cliffs: Prentice-hall, Inc., 1981).

[논 문]

Abueva, Joes Veloso, "Administrative Culture and Behavior and Civil Servants in the Pilipphines," in Edward W. Weidner(ed), Development Administration in Asia (Durhan, NC: Duke University Press, 1970).

Alexander, King&Aklily, Lemma, "Science and Technology for Development," in Issue of Development: Towards a New Role for Science and Technology(New York: Pergamon Press, 1979).

Almond, Gabriel A, "Introduction: A Functional Approch to Comparative Politics," in Almond, G. and Coleman, J.(eds.), The Politics of the Developing Areas(Princeton, N.J: Princeton University Press, 1960).

Bayley, David H, "The Effects of Corruption in a Developing Nation," Western Political Quartery, Vol. XX, No. 4 (December,1966).

Bayley, Stephen K, "Objective of the Theory of public Administration," in Theory and Practice of Public Administration: Scope, Objectives, and Methods, ed. by Charlesworth, James C, Monograph (Philadelpia: American Academy of Political and Social Science , 1968).

Clenery,Hollis B, "Interaction Between Theory and Observation," in World Development, Vol. 11, No. 10(Oct., 1983).

Coats, Joseph F, " Why Think about the Future: Some Administrative Political Perspectives," Public Administration Review, Vol. 36 (Sept/Oct. 1976).

Dahl, Robert A, "The Science of Public Administration: Three Problems," Public Administration Review, No.1 (1947).

Dawson, Leslie M, :Facing the New Realities of International Development," Business Magazine(Jan./Feb. 19981).

Deuth, Karl W, "Social Mobilization and Political Development," American Political Science Review, Vol. Ⅳ, No. 3(Sep, 1961).

Diamont, "The Nature of Political Development," in political Development and Social Change, ed. by Finkle, Ason L. and Gable, Richard W.(New York: John Wiley, 1966).

Dilulio, John J, "Recovering the Public Management Variable: Lessons From Schools, Prisons, and Armies," Public Administration Review, Vol. 49, No.2(Mar./Apr.1989).

Eisenstadt, S. N, "Breakdown and Modernization," Economic Development and Cultural Chance(July 12, 1964).

______, "Studies in Modernization and Sociological Theory," in History and Theory(Vol. 13, 1974).

Fink, Clington F, "Some Conceptual Difficulties in the Theory of Social Conflict," Journal of Conflict Resolution(December, 1968).

Gant, George F, "A Note on Application of Development Administration", in Montgomery, John D. and Smithes, Arthur, Public Policy, Vol. Ⅸ(Cambridge, Mass: Graduate School of Public Administration, Harvard University, 1966).

Henry, Nicholas, "Paradigms of Public Administration," Public Administration Review, 35:4(July/August., 1975).

Hondale, George, "Development Administration in the Eighties: New Agenda or Old Perspectives," in Public Administrative Review, Vol. 42, No.2(Mar./Apr. 1982).

Huntington, Samuel A, "Political Development and Political Decay," World Politics(Vol.17,1965).

John, Thomas E, "Options for the Future: A Comparative Analysis of Policy-Oriented Forecasts" (New York: Praeger Publishers, 1980).

Jun, Jung Sup, "Renewing the Study of Comparative Administration:

Some Reflections on the Current Possibilities," in Public Administration Review, Vol. 36(Nov./Dec, 1976).

Kim, Hae Dong," Corruption: Its Concept, Scope and Causes," In Korea Journal of Public Administration, Vol. 14, No. 2(Seoul: Seoul National University, 1976).

Kim, Young Jong, "An Analytical Survey on University Student Attitudes toward Future Society" (Unpublished)(Tallahassee: The Florida State University, 1984).

______, "Self -Diagnosis of Public Administration and Future Paradigm: A Special Consideration of Administrative Philosophy," in Essays and Papers of the Graduate School, Soong Sil University, Vol. 14, 1986).

______, "A Personal Concept of Development Administration: (Unpublished)(Tallahassee: The Florida State University, 1984).

______, "The Structural Functional Theory" (Unpublished)(Tallahassee: The Florida State University, 1982).

______, "The New Anti-Corruption Strategy in Korea: Focused on Socio-Cultural Environmental Education," Korean Corruption Studies Review, Vol.10-3(2005): 1-27.

______, "Development Administration in the 1990s, ABAC Journal, Vol. 11-2, Assumption University(1991): 1-9.

Kluckhorn, Clyde, "The Concept of Culture," in Schonlar, Eger A.et al. Reading in Sociology(New York: Thomas Y. Crowell, 1971).

Lee, Han Been, "The Concept Structure and Structure of Administrative Reform: An Introduction," in Han-Been Lee and A. Belado G. Samonte(eds), Administrative Reforms in Asia (Manila: Eastern Regional Organization for Public Administration, 1970).

Kobeber, A. L. & Kluckhorn, C, "The Concept of Culture: A Critical Review of Definitions," Papers of Peabody Museum, Vol. Ⅶ (Cambridge: Harvard University, 1950).

Lilla, T. M, "Ethics and the Public Service," The Interest, Vol. 63(Spring, 1981).

Loveman, Bian, "The Comparative Administration Group. Development Administration and Development," Public Administration Review, Vol. 36 (Nov./Dec., 1976).

Merton, R. K." Bureaucratic Structure and Personality," in Social Theory and Social Structure(New York: Free Press, 1968).

Michael, Jonston, "The Political Consequences of Corruption," in Comparative Politics, Vol. 8, No.4(July, 1986).

Miller, S. M. The Philosophy of Welfare(London: Allen&Unwin, 1987).

Nye,J.S.," Corruption and Political Development A Cost: Benefit Analysis," American Political Science Review, Vol. LXI, No. 2(1967).

Palombara, Joseph L.A, "Bureaucracy and Political Development: Notes, Queries,and Dilemmas," in Bureaucracy and Political Development, ed. by Joseph La Palombara(Princeton: Princeton University Press, 1093).

Parsons, Macolm B, "Public Administration and Cultural change: A Note on Programs of Assistance and Development" Philippin Journal of Public Administration, Vol. 6(Jan, 1962).

Patrik, Glenda M., Political Culture," in Social Science Concept: A Systenatic Analysis, ed. By Giovanni Sartori(Beverly Hills: SAGE Publications, 1984).

Pye, Lucian W, "The Concept of Political Development," The Annals of Political and Social Science, No. 358(March, 1965).

Riggs, Fred, "Development," in Social Science Concept, ed .by

Giovannai Sartory(Beverly Hills: SAGE Publication, 1984).

______,"The Group and the Movement,"Public Administration Review, Vol.36(Nov./Dec, 1976).

Rho, Wha Joon, "Individual, Organizational and Sociopolitical Determinants of Organizational Identification," in Korea Public Bureaucracy(Seoul: Kyobo Publishing inc., 1982).

Rustow, Donkwart A., "Modernization and Comparative Politics," Comparative Polities, Vol.1, no. 1, 1968.

Scott, William G. & Hart, David R., "Administrative Crisis: The Neglect of Meta Physical Speculation," Public Administration Review, Vol.33(Sep./Oct.1973).

Scott, Richard L, "Public Administration as a Profession: Problems and Prospects," in Public Administration Review, Vol.36, No.3(May/June, 1976).

Stogdill, R.M., "Personal Factors Associated With Leadership," Journal of Psychology, Vol. 25, No. 64, 1948.

Tannen Baum, Robert& Schmidt, Warrer, "How to Choose a Leadership Pattern," in Organizational Design, Development and Behavior(Glenview: Scott, Foreman and Company, 1977).

Thompson, Denns F., "The Possibility of Administrations Ethics," in Public Administration Review, Vol.45(Sept./Oct., 1985).

Weber, Max," Essay on Bureaucracy," in Bureaucratic Power in National Politics, ed. by Rourke, Francis E.(Boston: Little Brown and Co., 1978).

Weidner, Myron,"Political Integration and Political Development," Annals, Vol. 358, 1965.

Werner, Simcha B.," New Directions in the Study of Administrative Corruption," in Public Administration Review, Vol. 43, No.2 (March/April, 1983).

Weiss, Moshe, "Toward a Comprehensive Approach to Government Reorganization," Philippine Journal of Public of Administration, Vol. 11, No. 1(Jan. 1967).

Whole, Elmer P., "Summary of Reports of the Hoover Commission," Public Administration Review(Spring, 1949).

사항 색인

ㄱ

가치의 세계 / 39, 113
가치중심적 행정(value-orientated administration) / 112
간접이전(indirect transfer) / 291
간주체적 / 24
간주체적(inter subjective) / 95
갈등 / 101
갈등문제(conflict problem) / 115
갈등이론(conflict theory) / 237, 262
갈등현상 264
감수성 훈련(sensitivity training) / 258
감정이입(empathy) / 57, 507
개방적 체제모형(open system model) / 357
개별 기술적 접근방법 (ideographic approach) / 18
경제발전모형(economic development model) / 60
경제성장(economic growth) / 155
경제성장률(economic growth rate) / 55
경제지표(economic indicators) / 55
경험적 접근방법(empirical approach) / 18
계량화(quantification) / 70
계획된 변동(planned change) / 251
공공봉사(public service) / 444
공공체성(community) / 89
공식적communication (formal communication) / 271
공신력(public confidence) / 109
공통의미(shared meaning) / 95
과정(process) / 33, 42
과학철학(philosophy of science) / 80
관료모델 / 17
관료부패현상 / 172
관료적 병리현상(pathodological phenomena) / 23
관료제발전 모형 / 23
관료제의 탈관료화 (debureaucratization) / 24
관료체제(bureaucratic system) / 125
관료행태(bureaucratic behavior) / 125
관료현상(bureaucratic phenomena) / 125
관리과학(management science) / 285
관리발전(management development) / 387
괴리현상(gap phenomena) / 172
괴물적 존재(monstrous existence) / 122
구조기능주의 모델 / 17
구조기능주의적 시각(structural functional approach) / 62, 74
구조적 갈등(structural conflict) / 35
구조적 변화(structural change) / 99
구조적 분화(structural differentiation) / 224
국민통합(national integration) / 371
국민형성(nation-building) / 457
국책기술개발사업(national technology project) / 308

군 관료문화 / 460
군사회화(military socialization) / 463
권력분립(seperation of powers) / 50
권력설(power-relation theory) / 124
권위주의(autho- ritarianism) / 89
권위주의적 행정
(authoritative administration) / 448
귀납적 방법(inductive methode) / 27
규모경제(economy of scale) / 171
규범적 접근방법(normative approach)
/ 18
규제(regulation) / 49
균형발전 이론모형 (equilibrium-
development model) / 25
균형이론(equilibrium theory) / 283,
438
균형적 국가발전(balanced national
development) / 408
균형적 발전전략(balanced
development strategy) / 63
근본적 욕구(fundamental desires) / 248
급진적 변화(radical transformation)
/ 234
급진적 인간주의
(radical humanism) / 237
기능분립(separation of functions) / 50
기반기술(infratechnology) / 303
기술이전(technology transfer) / 288
기술혁신(technological innovation) / 235
기업윤리모형(business ethics) / 274
기업조직문화모형(business organization
culture model) / 280

ㄴ

낙관적 시각(optimistic view) / 347
내각사무장(Cabinet Secretary) / 48
내생적 변수(endogenous variables)
/ 108
내재화단계(internalization stage / 290

ㄷ

다면적(multidimensional) / 123
단기계획 / 248
대면회의(confrontation meeting)
/ 260, 274
대인고권(Personalhoheit) / 44
대중사회(mass society) / 45
대학의 자율성(autonomy) / 372
대학조직발전(organization development)
/ 376
대화행정(dialogue administration) / 365
도덕성(Morality) / 512
도시화(urbanization) / 61
도입단계(introduction stage) / 290
독립변수(independent variable) / 62
동태적(dynamic) / 262, 388

ㄹ

리더십 모형 / 279

ㅁ

만들어지는 세계(the world of value
is made) / 39, 445
명령경제(command economy) / 481
명목주의(nominalism) / 81
명확성(clarity) / 270
목표(ends) / 33
목표(value) / 42, 65
문제해결(problem-solving) / 370, 394
문화발전모형(cultural development model)
/ 60
문화쇠퇴(cultural decay) / 231

문화적인 자원(cultural resources) / 505
문화지체(cultural lag) / 233, 288
문화창조성(creativity) / 232
물량적 개발(material development) / 16
미래지향(future-orientation) / 101

ㅂ

발산(divergency) / 32, 36
비공식적 communication(informal communication) / 271
비관적 시각(pessimistic view) / 347
비교 역사적 발전이론모형 / 19
비상업적 이전(non-commercial transfer) / 292
비생태론적 접근방법(nonecological approach) / 19
비실증주의(anti-positivism) / 40, 81

ㅅ

사기조사(morale survey) / 567
사실의 세계(the world of fact) / 39
사실의 세계(world of practice and facts) / 18
사실중심적 행정(facts-orientated administration) / 112
사인주의(personalism) 107
사회기강(social discipline) / 59
사회문화(social culture) / 395
사회발전(social development) / 177, 462
사회발전모형(social development model) / 60
사회변동(social change) / 229
사회부패(social corruption) / 125
사회심리적 불안정(socio-psychological anxiety) / 264
사회적 갈등(social conflict) / 438, 463
사회적 발전(social development) / 507
사회적 이동성(social mobilization) / 68
사회적 통합(social integration) / 56, 116
사회적 형평성(social equity) / 179
사회철학(philosophy of society) / 35
사회체제(social system) / 65, 224, 263
사회현상(Social phenomena) / 80
사회현상(social phenomena) / 262
산업주의(industrialism) / 45
삶의 질(quality of life) / 54, 58, 63, 123
상업적 이전(commercial transfer) / 292
상의자(consultant) / 254
상충되는 목표(incompatible goals) / 263, 411
상향식(bottom-up change) / 255
상황적응 이론모형 (contingency theory model) / 26
생산성(productivity) / 288, 451
서구화(westernization) / 67
선거부패 / 145
성장 이데올로기(growth ideology) / 172, 264
세속화의 정도(degree of secularization) / 71
소프트웨어 보호체제(software protection system) / 570
수렴(convergency) / 16, 32, 36
시관(time orientation) / 57
시민문화(civic culture) / 239
신뢰성(public confidence) / 444
신뢰의 위기(crisis of confidence) / 172
신뢰행정(confidence administration) / 447
신행정학(new public administration)

/ 19, 111
실재론(realism) / 178
실제와 사실의 세계(world of practice and facts) / 18

ㅇ

아노미(anomie)현상 / 143
양의 변화(change of quantity) / 16
양적(quantitative) / 33
엘리트 계층 / 314
역할기대(role-expectation) / 95
영토고권(Gebietshoheit) / 44
외부자문관(outside consultants) / 255
외생적 변수(exogenous variables) / 108
요인분석(factor analysis) / 374
원격통신(telecommunication) / 558
위기정부(crisis government) / 53
음성확인체계(Voice Verification System) / 569
의도적 변화(planned change) / 232
의사결정과정(decision making process) / 402, 435
의사결정론(determinism) / 178
의사자유론(voluntarism) / 81
이농현상(push factor) / 162
이원론적(dichotomy) / 441
인간적인 발전(human development) / 16
인간주의적 행정(humanistic public administration) / 360
인간학습(human learning) / 228
인과관계(causality) / 155
인식론적(epistemological) 차이 / 40
인위적 변형 / 313
인적자원(human resources) / 505
일관성(consistency) / 270
일반 법칙적 접근방법(nomothetic approach) / 19
일탈행위(deviant behavior) / 470

ㅈ

자기진단(self-diagnosis) / 454
자동조절장치(self-steering mechanism) / 22
자원이동이론(resource mobilization) / 385
자율적 혹은 도덕적 통제기능(self-control mechanism or self-moralizing control function) / 147
자주조직권 / 44
자치권부여(devolution) / 497
작은 정부(small government) / 331
잠재적 갈등(latent conflict) / 439
장기적 계획 / 247
저항의식(protest mentality) / 89
전략방법 / 18
전체체제(total system) / 20
정보사회(information society) / 113
정보산업(information industry) / 346
정보자원(information resources) / 505
정실주의(favorism) / 76
정책(public policy) / 243
정체성의 위기(identity crisis) / 454
정치, 행정문화(political and administrative culture) / 470
정치과정(political process) / 386
정치문화(political culture) / 392
정치발전(political development) / 34
정치발전모형(political development model) / 60
정치변동(political change) / 65
정치사회화(political socialization) / 431

정치적 과정(political process) / 313
정치적 괴리(political gap) / 463
정치적 구조(political structure) / 459
정치적 근대화(political modernization) / 72
정치적 의사결정(political decision making) / 79
정치적 제도성(political institutionalization) / 72
정치적 추문(political scandal) / 472
정치통합(political integration) / 69
정치행태(political behavior) / 97
정치환경적 모형(political environment model) / 281
정태적(static) / 20
제도적 구조(institutional structure) / 459
제도적 장치(institutionalization) / 404
제도적 접근방법(institutional approach) / 124
제도적 통제역학(institutional control mechanism) / 450
조성(assistance) / 49
조직문화(organizational culture) / 76
조직발전(organization development) / 247
조직발전모형(organization development model) / 273
조직변동(organization change) / 252
조직역학(organization dynamics) / 285
조직의 진단(organization diagnosis) / 255
조직의 질(quality of organization) / 382
존재(being) / 31
존재론(ontology) / 178
주택투자율 / 199
중기계획 / 247
중앙집권주의(centralization) / 499
지배적 발전 패러다임(dominant development paradigm) / 22
직접이전(direct transfer) / 291
진행(doing) / 31
질의 변화(change of quality) / 16
질적(qualitative) / 33
집단적 수요(collective demands) / 358
집단행태(collective behavior) / 384

ㅊ

참모집단(staff groups) / 255
체제모 / 357
총체적 개념 / 372

ㅌ

탈공업사회(post-industrial society) / 113
탈관료화(debureaucratization) / 24
탈산업사회(post-industrial society) / 555
통시적(diachronic) / 29
통일행정체제 / 334
통제(control) / 238
통제경제(control economy) / 46
통치권(Herrschaftgewalt) / 44
통합된 정책방안(integrated public policy) / 440
통합적 모형(integrated model) / 282
통합적 부패방지법 / 148
통합적 시각 / 353
통합적 이론모형 / 19
통합적 접근방법(integrated approach) / 152
특수문화 / 230
특수성(specificity) / 506

팀개발(team development) / 258

ㅍ

패러다임(paradigm) / 29, 454
평균수명(ALG-Average Life Expectancy) / 507
폐쇄사회(closed society) / 481
폐쇄조직(closed system) / 106
풀뿌리로부터의 민주주의(grass-root democracy) / 500
프롤레타리아(proletariat) / 516
프리즘 모델(prismatic model) / 17

ㅎ

하드웨어의 보안(hardware security) / 568
하위문화(sub-culture) / 395
하위체제(sub-system) / 26, 65
한강의 기적 / 168
행정개혁(administration innovation) / 33, 34
행정개혁(administrative innovation) / 106
행정공급(administrative supply) / 114
행정과학(science of administration) / 13
행정만족(administration satisfaction) / 114
행정문화 / 470
행정문화모형 / 20
행정발전 / 25
행정부패(administration corruption) / 58
행정수요(administration demands) / 91
행정수요(administrative demands) / 102, 111, 114
행정의 연구 / 13
행정이론(administration theory) / 361
행정청문제(administration monitor system) / 365
행정현상(administrative phenomena / 526
혁신가적 인격성(innovational personality) / 235
협동적 행위(cooperative action) / 39
확산효과(spillover effect) / 469
환경적응성(adaptation) / 232
효과성(effectiveness) / 444
후기기능주의(post-functionalism) / 58
후기행태주의(post-behaviorism) / 96
2분법적(dichotomy) / 269

인물색인

A.L. Kroeber / 227
A.O Hirschman / 159
Alex Inkeles / 233
Alexander King / 287
Alfred Diamant / 69
ALG-Average Life Expectency / 507
Alvin L. Bertrand / 235
Alvin Toffler / 55
Arnold M. Rose / 227
August Comte / 438
Auguste Comte / 21
Barriton Moore / 27
Burry Z. Possner / 275
C. Friedrich / 311
C. Kluckhorn / 227
C.E. Black / 27
Christopher Hodgkinson / 445
Clyde M. Woods / 228
Colin Clark / 55
D. Easton / 19, 319
D. Hart / 442
D. Katz / 19
D. Lockwood / 263
D. Waldo / 23
Daniel Bell / 113, 304
Daniel Lerner / 507
Dennis F. Thompson / 366
Dunkwart Rustow / 54
Durkeim / 229, 237
E.E. Hagen / 20
E.K. Trimberger / 27
E.L. Trist / 26
Edward W. Weidner / 26
Fred W. Riggs / 25
Frederick C. Mosher / 313
G. A. Almond / 233
G. Myrdal / 20
G.C. Homans / 19
G.M. Stalker / 26
Gabriel Almond / 67
George Gant / 15
George H. Frederickson / 96
George Hondale / 17, 77
Gerald E. Gaiden / 313
GNS(Gross National Satisfaction) / 42
H. Lasswell / 312
Hae-Dong Kim / 134
Hahn Been Lee / 311
Harrison Brown / 347
Hebert Spencer / 283
Henry Teune / 225
Herman Kahn / 55
Huge Grotius / 54
J. S. Nye / 127
J. Woodwar / 26
J.A. Schumpeter / 235
J.T. Dunlop / 19
J.W. Lorsch / 26
John D. Montgomery / 312
John Locke / 54

John Naisbitt / 55
Jone C. Camillus / 241
Jong S. Jun / 24
Jong Sup Jun / 173
Joseph F. Coats / 55, 346
Joseph LaPalombara / 25
K. Marx / 438
Karl W. Deutch / 182
Kenneth Bouldin / 347
Kim, Young Jong / 97, 159, 243
Kurt Lewin / 316
L. Pye / 311
L.A. Coser / 263
L.A. Coser / 264
Max Weber / 99
Meville C. Branch / 241
Michael Beer / 273
Michael Crozier / 23
Michael Harmon / 95
Milton Esman / 26
Montesquieu / 50
Moshe Weiss / 315
Nicholas Henry / 359
P. M. Blau / 100
P.R. Lawrence / 26
Philip Selznick / 23
R. Beckhards / 256
R. Dahrendorf / 263, 264
R.L. Kahn / 19
Radcliff Brown / 438
Richard Hal / 26
Richard L. Schott / 362
Robert Dahl / 78
Robert K, Merton / 23
Robert L. Heilbroner / 573
Rousseau / 54
S.Huntington / 414
S.N. Eisenstadt / 25, 54
S.P. Robbins / 315
Seymour M. Lipset / 182
Sidney Verba / 21
SPS(Strategic Planning System) / 244
T. Burns / 26
T. Parsons / 229
Thomas E, Jones / 55
Thomas Malthu / 347
Thomas R. Dye / 83
Tomas R. Dye / 79
Victor A. Thompson / 23
Voltaire / 54
W. Buckley / 20
W. Ilchman / 312
W. Scott / 442
W. Wilson / 441
W.H. Goodenough / 319
W.W. Rostow / 156
Warren H. Schmidt / 275
Zdravko Mlinar / 225

신발전 행정이론

2007년 2월 23일 초판 1쇄 발행
2007년 2월 28일 초판 1쇄 발행

지은이 김 영 종
e-mail) yjkim@ssu.ac.kr

펴낸곳 **숭실대학교 출판부**
서울 동작구 상도동 511

대 표 TEL.02)820-0771 FAX.02)817-5297

등 록 제14-2호('82.1.25)

찍은곳 한컴인쇄정보(02-2274-3394)

ISBN 978-89-7450-213-3 93350 값 20,000원